中国广告年鉴

2022

CHINA ADVERTISING YEARBOOK

中 国 广 告 协 会
《现代广告》杂志社 编

新 华 出 版 社

图书在版编目（CIP）数据

中国广告年鉴 . 2022 / 中国广告协会，《现代广告》杂志社编 .
— 北京 : 新华出版社 , 2022.9
ISBN 978-7-5166-6418-6
Ⅰ . ①中… Ⅱ . ①中… ②现… Ⅲ . ①广告－中国－ 2022 －年鉴
Ⅳ . ① F713.8-54
中国版本图书馆 CIP 数据核字 (2022) 第 159923 号

中国广告年鉴 2022
CHINA ADVERTISING YEARBOOK

编　　者：中国广告协会　《现代广告》杂志社

责任编辑：李　宇　　　　封面设计：经观视觉中心

出版发行：新华出版社
地　　址：北京石景山区京原路 8 号　　　　邮　　编：100040
网　　址：http://www.xinhuapub.com

照　　排：经观视觉中心
印　　刷：中鑫顺诚（北京）印刷科技有限公司

成品尺寸：210mm×285mm
印　　张：33
字　　数：511 千字
版　　次：2022 年 10 月第 1 版　　　　印　　次：2022 年 10 月第一次印刷

书　　号：ISBN 978-7-5166-6418-6
定　　价：480.00 元

编辑说明

1.《中国广告年鉴》是由中国广告协会主办，各级市场监督管理机关、广告行业组织、广告业界共同参与编写的广告行业大型资料性工具书。《中国广告年鉴》2022 年版收编了 2021 年与中国广告业发展有关的主要文献资料。

2.“大事记”以日期为序。

3. 本年鉴收集的资料和数据中，没包括我国台湾地区、香港特别行政区和澳门特别行政区。

4. 为便于读者查阅，书末附有“广告刊户名录”。

5. 限于编辑水平和所掌握的资料，缺点和错误在所难免，欢迎读者批评指正。

中国广告年鉴 2022
CHINA ADVERTISING YEARBOOK

编辑委员会

刘春喜　　中广协副会长、内蒙古伊利实业集团股份有限公司副总裁

关瑞鸿　　中广协培训部主任

杜永红　　中广协副会长、中国联合网络通信集团有限公司冬奥会办公室主任兼市场部副总经理

李　红　　中广协综合部主任

肖水贤　　中广协副会长、阿里巴巴（中国）有限公司集团平台治理部副总裁

肖书霞　　中广协活动会展部主任

吴　晨　　中广协副会长、广州立白企业集团有限公司副总裁

张　丽　　中广协副会长、南京银都奥美广告有限公司董事长

陈　刚　　中广协学术委员会主任、北京大学新闻与传播学院院长、北京大学新媒体营销传播研究中心主任

陈　岩　　中广协副会长，分众传媒有限公司首席战略官、专业合伙人

陈钿隆　　中广协副会长，广东省广告集团股份有限公司党委书记、董事长

邵京平　　中广协副会长、北京京东世纪贸易有限公司京东集团副总裁、京东零售市场营销部与商业化中心负责人

牧夏妮　　中广协外联部主任

郑　岚　　中广协副会长、碧桂园集团品牌事业部总经理

孟雅娟　　中广协法律咨询部主任

钱俊冬　　中广协副会长、三人行传媒集团股份有限公司董事长兼 CEO

徐立军　　中广协副会长，中央广播电视总台总经理室副召集人，央拓国际融合传播集团有限公司总经理，央视市场研究股份有限公司执行董事兼总经理

徐　俊　　中广协副会长、达邦（上海）管理有限公司 WPP 集团大中华区首席执行官

栾　娜　　中广协副会长、腾讯公司副总裁

郭志宏　　中广协副会长、宝洁（中国）有限公司中国区政府事务总经理

梅　刚　　中广协副会长、四川郎酒股份有限公司常务副总经理兼销售公司总经理

贺寿天　　江苏省广告协会会长
耿　庆　　大连市广告协会秘书长
耿春平　　山东省广告协会副会长兼秘书长
黄丽娟　　湖北省广告协会会长
黄应寿　　福建省广告协会终身荣誉会长
黄贵春　　广西壮族自治区广告协会会长
董　飞　　河北省广告协会副秘书长
董宏亮　　河南省广告协会秘书长
曾小明　　湖南省广告协会会长
潘　杰　　青海省广告协会会长
熊中明　　深圳市广告协会秘书长
张吉成　　青岛市广告协会会长
丁彦丰　　北京市广告协会秘书长
陈钿隆　　广东省广告协会会长
李海峰　　黑龙江省广告协会秘书长

《现代广告》杂志社年鉴编辑部

主　　任：刘文哲
副 主 任：关瑞鸿、潘　华
特邀编辑：陆　斌、吕加斌、刘博天、刘晓琴、段　航、储方圆、黄　婷
设计制作：张　萧、赵子旋、刘会芹
编　　务：李　盈
出版顾问：柏　群

中国广告年鉴 2022
CHINA ADVERTISING YEARBOOK

专家指导委员会

姜智彬　　上海外国语大学卓越学院教授

姚　曦　　武汉大学新闻与传播学院教授

倪　宁　　中国人民大学新闻学院教授，中国广告协会学术委员会副主任

黄升民　　中国传媒大学广告学院教授

黄合水　　厦门大学新闻传播学院教授

中国广告年鉴 2022
CHINA ADVERTISING YEARBOOK

广告经营单位
形象展示

Display of Advertising Operators

BCAA
广告经营业务　空间管理业务　平面设计业务
www.bcaa.cc
招商热线 Tel（010）64557741 / 64557759 / 64557777

CNAA
一级广告企业
Advertising Agency-Level 1

中国广告年鉴 2022
CHINA ADVERTISING YEARBOOK
第二十六期
26th Issue

目 录

全国各地区广告业发展与广告监管情况

“十四五”广告产业发展规划

广告行业组织

广告标准与行业规范

中国广告协会“CNAA Ⅰ”“CNAA Ⅱ”“CNAA Ⅲ”证明商标企业

广告专著与学术论文选登

广告教育

广告监测与研究机构

广告出版物与广告专业网站

广告行业展会、论坛

广告案例

广告人物

广告优秀作品评选

公益广告

广告经营单位选介

附录

广告刊户名录

领导讲话

Speeches by Leaders

履职尽责强监管 担当作为促发展 努力构建新时代广告监管工作新格局

——在全国市场监管部门广告监管工作座谈会上的讲话

国家市场监督管理总局党组成员、副局长 秦宜智

（2021 年 4 月 14 日）

这次会议的主要任务是，深入学习习近平新时代中国特色社会主义思想，全面贯彻党的十九大和十九届二中、三中、四中、五中全会精神，落实全国市场监管工作会议部署，总结 2020 年和“十三五”时期广告监管工作，分析当前形势，谋划“十四五”目标任务，部署 2021 年广告监管重点工作。

湖北、吉林、江苏、浙江、河南、陕西等六省市场监管部门负责同志作了交流发言，从不同的角度介绍了各自的经验做法，讲得都很好。其他省区市市场监管部门也都有各自的经验，因为时间所限，不能逐一作大会交流，在下午分组讨论的环节，希望大家进行深入的学习、交流、借鉴。下面，我讲几点意见。

一、担当作为，锐意进取，2020 年和“十三五”时期广告监管工作取得积极成效

2020 年是我国历史上极不平凡的一年。以习近平同志为核心的党中央团结带领全党全国各族人民，统筹疫情防控和经济社会发展，决胜全面建成小康社会，决战脱贫攻坚，我国成为全球唯一实现经济正增长的主要经济体，取得人民满意、世界瞩目、可以载入史册的巨大成就。全国市场监管部门广告监管条线，坚决落实党中央、国务院决策部署，按照总局党组的工作安排，持续强化广告监管执法，用心指导广告业发展，履职尽责，担当作为，各项工作取得新的进展。

（一）广告导向监管始终保持高压态势。全系统广告监管条线认真贯彻落实习近平总书记关于“广告宣传也要讲导向”的重要指示精神，建立完善广告应急处置机制，对涉及导向问题、政治敏感或者违背公序良俗的虚假违法广告，坚决从严从快查处，有力维护了广告宣传正确导向。总局配合中央宣传部开展“倡导讲品味讲格调讲责任、抵制低俗庸俗媚俗”工作，印发实施《关于开展清理整治含有“软色情”等低俗庸俗媚俗广告的通知》，部署开展“软色情”广告整治行动。仅江苏一省，就立案查处 21 件“软色情”违法广告，罚没款 181 万元。各地不断提高政治站位，增强政治判断力、政治领悟力和政治执行力，快速处置借中央领导同志肖像进行营销炒作有关案件，对含有“特供”“专供”等内容广告开展集中查处行动，以实际行动践行“两个维护”。河南省对总局交办的案件线索，不到 1 个月就全部办结，体现了我们这支队伍的战斗力和执行力。北京市加大舆情预警、研判力度，专门制定应急预案，对涉及导向问题和违背公序良俗的广告内容，一经发现快速反应，果断采取措施停止发布，有效控制了导向问题广告的不良社会影响。

（二）广告监管在疫情防控和“六稳”“六保”中彰显使命担当。面对突如其来的新冠肺炎疫情，全系统广告监管条线迅速行动，主动出击，重拳治乱，短期内稳定了广告市场秩序，有力支撑了疫情防控和经济社会

发展大局。市场监管总局等八部门联合开展打击整治非法制售口罩等防护产品专项行动，持续加强涉及疫情防控内容广告的专项监测，共监测相关广告 570 多万条次。全系统广告监管条线普遍采用“公告”“通告”“通知”“告诫书”等多种形式，组织开展专项整治，严厉打击涉及非法野生动物交易、非法售卖口罩等防护用品以及借机发“疫情财”的虚假违法广告，从重从快严肃查处了一批“涉疫”违法广告，为疫情防控工作大局贡献了力量。浙江省派发“涉疫”违法广告线索 18 批次、292 条，相关典型案例被媒体曝光，有效发挥了震慑作用。上海市立案查处“涉疫”违法广告 57 件，罚没款 831 万余元，其中 2 件移送公安机关。

总局积极落实党中央、国务院关于“六稳”“六保”工作有关要求，联合有关部门及时出台支持复工复产十条，推动广告行业文化事业建设费实现全年免征，仅广东一省就为广告市场主体减负 10 亿元。全系统广告监管条线结合本地实际情况，紧扣做好“六稳”工作、落实“六保”任务，千方百计支持广告企业纾困解难、复工复产。河北省开展“提升品牌、共促发展”广告助企专项活动，帮扶企业 143 家，增加直接销售额 1.8 亿元。全系统广告监管条线加强对广告产业园区的指导，督促辖区内广告产业园区积极落实复工复产政策，帮扶中小企业渡过难关，在关键时刻彰显了初心使命和责任担当。常州国家广告产业园区出台房租减免、助企稳岗、金融支持等政策措施，兑现政策补贴累计 1300 万元。

（三）新业态新领域广告监管取得新突破。全系统广告监管条线坚决贯彻中央领导同志批示精神，准确把握直播营销新业态中的法律问题，划清红线底线，聚焦难点痛点，多措并举，加强对直播营销的规制引导。总局研究出台《关于加强网络直播营销活动监管的指导意见》，明确各方主体责任与义务、禁止性规定、经营活动规范和打击重点。总局联合中央网信办等八部门开展为期半年的网络直播行业专项整治和规范管理行动，共查处网络直播营销案件 72 件，罚没金额 629.4 万元。组织召开互联网企业行政指导会，指导行业协会发布《网络直播营销行为规范》《网络直播营销选品规范》，引导互联网企业落实主体责任。各地立足实际，积极加强直播营销活动监管。江苏省召开“网络直播带货”广告监管研讨会，开展网络问卷调查，探索创新监管模式。浙江省约谈电子商务平台经营者和 MCN（Multi-Channel Network）机构 42 家，立案调查 8 起案件，移送公安部门 1 起，快速查办了李湘、穆雅斓直播带货虚假宣传案件，及时释放了“直播带货不是法外之地”的监管信号。

（四）重点领域广告监测监管展现新作为。总局研究制定《广告违法行为监测编码（2020 年版）》《第三方广告监测机构行为规范》，全国互联网广告监测中心技术迭代升级，全年抽查监测互联网广告 2.3 亿条次，发现涉嫌违法广告线索 93.80 万条次。全国移动端互联网广告监测（深圳）中心建设取得积极进展。全系统广告监管条线聚焦药品、保健食品、医疗、房地产、金融投资理财等事关人民群众健康和财产安全的重点领域，重拳打击虚假违法广告，全年共查处违法广告案件 3.7 万余件，罚没金额 5.67 亿元，有力维护了广告市场秩序和广大消费者合法权益。总局加强跨地区违法广告案件统一调度指挥，挂牌督办 3 批次重大案件，立案 97 件，办结 58 件。上海市查处违法广告案件 5674 件，罚没款 8788 万元；浙江省查处违法广告案件 4993 件，罚没款 6492 万元；河南省查处违法广告案件 2250 件，罚没款 3818 万元。各地集中曝光虚假违法广告典型案例 1477 件，对不法分子形成有力震慑，有力保障了全国两会、上海进博会、深圳特区成立 40 周年和长江禁渔、乱占耕地、“专供特供”专项整治等重大活动、重点工作开展。

（五）广告领域简政放权取得新成绩。总局认真落实政府职能转变和“放管服”改革要求，研究起草广告行政许可制度改革方案，积极稳妥推进广告行政许可制度改革。组织开展广告审查抽查工作，加强重点地区、重点类别广告监管，督促问题广告整改，保障广告审查工作质量。各地不断优化广告审查政务服务，精减申请材料，压缩办理时限，推行网上办理，持续深化广告审查便利化改革。2020 年，全国广告审查机关共审查批准“三品一械”广告 97755 件，其中，药品广告 19957 件、医疗器械广告 62886 件、保健食品广告 14787 件、特殊医学用途配方食品广告 125 件。浙江省实现“材料无纸化、企业零次跑、领件零上门、存档零纸件”，数据共享率达40%以上，审查5个工作日完成率达80%。青海省“三品一械”广告审查实现“一网通办”和“不见面”“零跑路”。

（六）指导广告业发展取得新进展。总局组织开展首次全国广告业统计工作，为摸清全国广告业发展底数迈出重要一步，得到国务院领导同志充分肯定。总局对北京、上海、广东、陕西、内蒙古、黑龙江、西藏、宁夏、新疆和新疆生产建设兵团等10个省级市场监管部门予以通报表扬。组织编制广告产业“十四五”规划，研究提出广告业发展指数。加强对国家广告产业园区的管理，组织对吉林省广告产业园区开展第三方评估，对常州国家广告产业园区等4家园区进行考核，继续跟踪审计原广告产业试点园区中央财政补助资金使用情况。落实《公益广告促进和管理暂行办法》，组织开展公益广告发布情况抽查工作，鼓励优秀公益广告作品创作传播，指导相关行业协会发挥行业组织作用，倡议广告企业开展制止餐饮浪费主题公益广告的创作和传播。2020年，全国各地围绕疫情防控主题，通过作品征集、广告赛事等多种方式，精心策划组织公益广告宣传，为战“疫”鼓舞士气。江苏省开展“同心战‘疫’、爱在春天”公益传播作品征集活动。南京市开展“金梧桐”公益广告创意设计大赛。四川省成功举办“举广告之力 亮锦绣天府”第二届公益广告大赛。

（七）广告协同监管开创新局面。总局会同中央宣传部等部门修订完善部际联席会议工作制度，联合印发部际联席会议工作要点，联合开展网络直播行业专项整治和医疗美容广告联合执法行动，部际联席会议工作机制更加完善，部门之间协调沟通、信息共享、执法协作更加紧密，协同监管持续强化。中央宣传部对刊播虚假违法广告的新闻媒体，及时予以公开曝光。中央网信办加强对平台广告位和广告内容的审核巡查，强化内容管理。公安部立案查处虚假广告犯罪案件38起，破获了一批虚假广告及关联犯罪案件。卫生健康委严格医疗广告出证管理和医疗机构监督管理，严肃处罚涉案医疗机构。人民银行积极构建金融广告信息共享、分析研判、监测预警、综合施策工作机制。广电总局及时叫停“刮油汤”“瘦身贴”等18条违规广告，严厉查处养生节目变相发布广告等违法行为，通报对电视频道的处罚情况。银保监会加大指导力度，督促退缴汪涵、刘国梁等明星代言费1375万元，最大限度减少非法集资受害者损失。各地进一步健全完善联席会议制度和工作机制，监管合力有效加强。

2020年的工作，使“十三五”时期广告监管成效进一步彰显，完成了五年工作的圆满收官。“十三五”时期，是广告监管工作服务保障经济高质量发展、维护公平竞争市场秩序、保护消费者合法权益、促进精神文明建设的五年。

这五年，广告导向监管持续强化。习近平总书记在2016年在党的新闻舆论工作座谈会上，把广告宣传同新闻舆论工作同步部署，深刻指出“广告宣传也要讲导向”，为广告监管指明了前进方向，提供了根本遵循。五年来，我们紧紧围绕新中国成立70周年、党的十九大胜利召开、建党100周年等重大活动，健全完善应急处置机制，实施定向监测，依法从严从快查处了一大批涉及导向问题、政治敏感性或者社会影响大的违法广告案件，守护广告宣传正确导向成为社会共识。

这五年，广告监管体制机制实现重大改革。党中央对市场监管体制作出重大改革，建立起统一的市场监管体制，实现了分段、分领域监管向统一、综合监管的转变。改革中，“三品一械”广告审查职能统一划归市场监管部门，广告审查、广告监测、监管执法和指导行业发展闭环贯通，综合执法、信用监管、智慧监管和“双随机、一公开”深入推进，市场监管事业和广告监管工作掀开了新的一页。

这五年，广告市场秩序总体平稳。我们身体力行以人民为中心的发展思想，牢牢把握监管执法这个重心，抓住执法办案这个关键，聚焦导向监管、智慧监管、信用监管、协同监管，创新广告监管理念，完善广告监管措施，丰富广告监测手段，逐步形成以导向监管为重点、以信用监管为依托、以智慧监管为支撑、以协同监管为抓手的新型广告市场监管体系，形成了更加统一、有机联动、上下贯通的广告监管机制，广告市场监管的科学性和有效性不断提升，监管执法力度和强度不断加强，人民群众合法权益得到有力保护。2016—2020年，我们共组织查办违法广告案件 17.2 万件，罚没金额 31.51 亿元，传统媒体广告监测违法率保持低位运行，互联网广告监测违法率比之前下降约 90%。

这五年，广告领域“放管服”改革不断深化。我们按照“简政放权”“宽进严管”的改革思路，积极推进广告审批事项清理，先后依法取消外商投资广告企业项目审批、户外广告登记、固定形式印刷品广告登记、外商投资广告企业设立分支机构审批、烟草广告审批等行政审批事项，推动废止《广告管理条例实施细则》《烟草广告管理暂行办法》《广告经营资格检查办法》《印刷品广告管理办法》《户外广告登记管理规定》等规章，市场准入类行政审批事项清理完成，“三品一械”广告发布前行政许可事项改革有序推进。我国广告行业市场准入实现“内外一致”、更加便捷，广告市场竞争更加充分，新业态新模式不断涌现，传播载体和方式迭代创新，产业形态日益多元，市场活力有效激发，改革红利持续释放。

这五年，我国广告产业全面进入创新发展、集约发展、高质量发展新阶段。国家广告产业园区增至 29 家，培育了一批各具特色的省级、市级广告产业园区，以国家广告产业园区为骨干、区域广告产业园区为补充的广告业集聚区框架基本形成，集聚、辐射和带动作用更加明显。全国广告经营额从“十三五”初期的 5973.41 亿元，增加至 2020 年的 9445.52 亿元，年均增幅超过 11.62%，年均增速超过同期 GDP，在国民经济中的比重不断提高。广告产业数字化进程加速，全媒体、融媒体运营方式基本确立，互联网广告产业规模迅速扩大，2020 年互联网广告仅发布收入就达到 3794.92 亿元，占发布环节收入的 66.65%，成为广告市场发展的主导力量。公益广告在弘扬社会主义核心价值观、加强社会主义精神文明建设中持续发挥导向引领作用。广告正在成为创造新市场、新消费，促进经济发展、文化繁荣、社会进步的重要力量。

这五年，广告领域法制建设全面提速。我们深入推进新《广告法》宣贯工作，加快修订完善《广告法》配套规章，推动废止《化妆品广告管理办法》《兽药广告审查办法》《农药广告审查办法》《酒类广告管理办法》等多部行政规章，制定出台《互联网广告管理暂行办法》《广告发布登记管理规定》《公益广告促进和管理暂行办法》《药品、医疗器械、保健食品、特殊医学用途配方食品广告审查管理暂行办法》，研究制定《国家广告产业园区管理办法》《关于加强广告产业园区规范建设促进广告产业园区健康发展的指导意见》《关于国家广告产业园区认定工作的程序规定》《关于国家广告产业园区考核工作的程序规定》《关于广告产业园区建设和运营报告制度》《广告监测工作规则》，修订完善《广告业统计调查制度》，推动广告监管和发展指标列入全国文明城市测评体系和平安建设综治考核体系。各地积极推动出台地方性立法和规范性文件，广告领域法制体系更加完善。

五年来，全系统广告监管条线经历了重大改革、应对了重大挑战、经受了严峻考验，在工作实践中践行初心使命，积累了宝贵经验和有效方法，需要我们长期坚持和发扬。

一是坚持正确导向。广告是意识形态工作的重要阵地，必须旗帜鲜明坚持党的领导，牢牢把握广告宣传政治方向，着力提高政治判断力、政治领悟力和政治执行力，在广告宣传中贯彻落实好党的理论和路线、方针、政策，弘扬好社会主义核心价值观，实现社会效益与经济效益相统一。必须坚持以人民为中心的发展思想，发挥广告在引领经济消费与引领社会风尚方面的双重作用，保护好消费者的合法权益，更好满足人民群众对美好生活的向往。

二是坚持服务发展。广告是国民经济的重要组成部分，必须坚决贯彻党和国家发展战略，紧紧围绕党和国家工作大局，推动广告业发展在立足新发展阶段、贯彻新发展理念、构建新发展格局中体现作为，实现自身发展。突出广告引领驱动和桥梁纽带作用，破解广告业发展的制约瓶颈和难点痛点，积极服务国内国际双循环，围绕党和国家“一带一路”、京津冀协同、长江经济带、粤港澳大湾区等发展战略实施，开拓新市场，扩大新消费，激发新动能。

三是坚持改革创新。广告业处在数字经济与传统媒体融合发展的前沿，新业态新模式层出不穷，必须坚持“放管服”改革方向，弘扬创新精神，帮扶广告业市场主体优化发展环境，减轻行业负担，实现健康发展。要推动技术创新，积极运用大数据、云计算、人工智能等新技术，加快广告业数字化发展；推动内容创新，与现代制造业、服务业、文化业等深度融合，实现广告业跨行业、跨领域发展；推动管理创新，引导广告业市场主体转型升级、优化治理，与产业链上下游企业优势互补、资源共享；推动人才创新，着力培育讲政治、有创意、善经营、会管理的广告业复合型人才队伍。

四是坚持社会共治。必须坚持部门联动、协同共治，凝聚社会各方力量，共同提升广告监管效能，重拳打击虚假违法广告，规范广告经营行为，营造良好竞争环境。必须加强行业信用管理，健全行业信用制度，完善行业信用体系，提升行业信用水平，促进广告行业诚实守信。加强行业自律管理，健全广告行业自律规则和职业道德准则，推进广告市场自我管理、自我规范、自我净化，构建“主体自治、行业自律、政府监管、社会监督”的广告市场社会共治格局。

五年艰苦奋斗，成绩来之不易。这些成绩的取得，得益于党中央、国务院决策部署，得益于有关部门大力配合，得益于地方党委政府和社会各界关心支持，更离不开全系统广告监管条线广大干部职工的勇毅担当、拼搏奋斗，离不开广大人民群众的支持、参与、监督和鼓励。在此，我代表总局党组，向长期以来给予广告工作宝贵支持的各级领导和社会各界，向整治虚假违法广告部际联席会议成员单位，向各行业协会，向广告监管条线广大干部职工表示衷心的感谢！

在肯定成绩的同时，还要清醒看到我们工作中的许多不足，主要是：虚假违法广告多发态势尚未扭转，投诉举报居高不下，人民群众的满意度、获得感还有待提升。今年第一季度，全国 12315 平台共接收消费者投诉举报 188.42 万件，广告问题占 35.26 万件；传统媒体违法广告有所反弹回潮，2020 年条次违法率和时长违法率分别比 2019 年上升 0.23 和 2.6 个百分点；医疗、药品、保健食品、教育培训、金融投资理财等领域虚假违法广告，严重损害着消费者利益；互联网广告乱象丛生，个别市场主体违法行为屡禁不止、屡罚不改；广告产业发展不平衡、不充分，欠发达地区在服务理念、创意策划、新媒体技术应用等方面较为落后，距离高质量发展要求尚有较大差距；对广告业发展规律研究不深，对新趋势新问题研究不够，指导产业发展在体制、机制、方法、措施等方面存在滞后产业发展需要的现象；监测体系不健全，监测制度不完善，监测基础不牢固，监测数据安全存在重大风险和漏洞；等等。这些问题，必须引起我们高度重视，更需要我们勇于担当、攻坚克难，在下一步工作中予以解决。

二、统一思想，提高认识，准确把握 2021 年和“十四五”广告监管工作的总体要求

习近平总书记对广告监管工作的重要指示，为我们提供了根本遵循。党的十九届五中全会、中央经济工作会议深刻分析了当前形势，对今年和“十四五”时期经济社会发展作出战略部署，为我们指明了前进方向。党中央、国务院领导同志就广告工作多次作出批示，提出明确要求。我们要切实增强使命感、责任感、紧迫感，以更高的站位、更高的标准来审视和把握 2021 年和“十四五”时期广告监管工作。

（一）从做到“两个维护”的高度，充分认识做好 2021 年广告监管工作的重大意义。2021 年是中国共产党成立 100 周年。庆祝建党 100 周年，举国关注、举世瞩目，是党和国家政治生活中的一件大事，也是我们全体共产党员、全国各族人民、全社会各界人士都共同感到自豪、感到骄傲、渴望参与的一件盛事，是国际社会观察中国，认识中国共产党的初心和使命，认识中国道路、中国经验、中国理念的一个重要窗口。党中央成立了庆祝活动领导小组及其办公室，明确将整治借庆祝名义从事商业谋利活动的任务交给市场监管部门。总局党组充分信任广告监管条线，将这项光荣艰巨的任务交给了我们。总局成立了专项工作组，广告监管司牵头，法规、执法稽查、信用监管、价监竞争、网监等司局依据各自职责开展专项工作，建立例会、信息报送、督查督办、部际协作、集中曝光等制度，纪检监察部门全程监督。前期，总局已经印发了相关工作方案，明确提出“十个严禁”，组织召开互联网企业行政约谈会，对重点互联网企业开展了现场督促指导，挂牌督办了一批案件线索。

中央明确要求，这项工作从年初开始，贯通全年。全系统广告监管条线要切实把思想和行动统一到党中央决策部署上来，从做到“两个维护”的政治高度，不讲条件、不讲困难，坚决打击各种“蹭热点”“搭便车”借机商业炒作现象，坚决禁止借庆祝名义从事商业谋利活动，坚决维护商业营销宣传正确政治方向和价值导向，确保所有商业营销宣传活动，都要站稳政治立场、维护群众利益、遵循公序良俗，都要体现和贯彻习近平新时代中国特色社会主义思想，体现和贯彻党的十九大和十九届二中、三中、四中、五中全会精神，体现和传播社会主义核心价值观，体现和弘扬共产党好、社会主义好、改革开放好、伟大祖国好、各族人民好的时代主旋律，激励和动员人民群众更加紧密地团结在以习近平同志为核心的党中央周围。

（二）从把握新发展阶段、贯彻新发展理念、构建新发展格局的高度，深刻理解“十四五”时期广告监管工作面临的机遇和挑战。“十四五”时期是我国全面建成小康社会、实现第一个百年奋斗目标之后，乘势而上开启全面建设社会主义现代化国家新征程、向第二个百年奋斗目标进军的第一个五年，将是广告业深入贯彻新发展理念、奋力实现高质量发展的关键五年。加快构建以国内大循环为主体、国内国际双循环相互促进的新发展格局，将开拓广告业更加广阔的发展空间，赋予广告业更加重要的使命担当。展望“十四五”，广告业面临着前所未有的机遇，但也面临着严峻挑战。

从机遇来看，我国经济增长保持韧性，长期向好的基本面没有改变，人民生活水平日益提高，消费能力不断提升，市场需求扩大，供给侧结构性改革持续深化，为广告业发展奠定了坚实的经济社会基础。国家推动实施系列重大发展战略，加快建设现代化经济体系和高标准市场体系，持续优化法制环境和营商环境，尤其是文化事业建设费减免征收，将进一步优化广告业发展环境，激发广告业发展活力。数字技术创新迭代，数字经济蓬勃发展，将驱动广告业数字化转型，有望实现跨越式发展。制造强国、质量强国、文化强国等系列措施陆续落实，全社会对品牌建设的认识提升到新高度，将激发和释放广告业新的功能和价值。

从挑战来看，世界正经历“百年未有之大变局”，全球经济在深度调整中曲折徘徊，全球产业链、供应链、价值链屡遭破坏，经济和贸易活动频受冲击，政治经济发展的不确定性不断凸显。我国经济处于结构和布局调整的大周期，处于转方式、调结构、换动力的攻关期，客观上加剧了经济发展的不确定性压力，可能将给广告业发展特别是众多中小微企业生存发展带来暂时困难。从广告业自身来看，传统广告公司和媒体经营机构转型发展较为缓慢，在市场竞争冲击下生存空间受到挤压。广告业内部结构不尽合理，产业链各环节资源相对分散，高端服务能力较弱的问题依然存在。互联网与移动端广告呈现大体量、跨地域、快消耗、个体化等特征。各类虚假违法广告和以攫取个人隐私和注意力为目的的广告诱骗行为屡禁不止，对社会文明和群众生活造成严重干扰，广告监管面临覆盖不全、取证固证难等问题。

全系统广告监管条线要善于抓住机遇，勇于应对挑战，更加注重监管理念和方法、手段创新，不断提高监管能力，推动广告工作在经济社会发展中发挥更大作用。

（三）从贯彻实施“十四五”规划和2035年远景目标纲要的高度，准确把握当前和今后一个时期广告监管总体要求和工作思路。总体要求是：坚持以习近平新时代中国特色社会主义思想为指导，深入贯彻党的十九大和十九届二中、三中、四中、五中全会精神，深入落实习近平总书记“广告宣传也要讲导向”的重要指示精神，坚持新发展理念，坚持守正创新，以服务国家经济社会发展和改善民生为目的，以提升广告产业实力与市场竞争能力为目标，努力推进广告业数字化、品牌化、规模化发展，积极探索广告发展新技术、新模式、新业态，深入推进广告领域“放管服”改革，持续加强事中事后监管，推动实现广告业高质量发展，为确保“十四五”开好局、起好步作出新贡献。

工作中要注意把握以下八个方面：

一是着力确保广告宣传正确导向。提高政治站位，增强“四个意识”、坚定“四个自信”、做到“两个维护”，始终把牢广告工作的正确政治方向、舆论导向和价值取向，健全完善应急反应机制，组织开展广告重点监测、专项监测，及时发现并从重从快查处涉及导向问题、政治敏感性问题以及妨碍社会公共秩序、违背社会良好风尚、造成恶劣社会影响的违法广告，营造风清气正的广告市场环境。

二是着力创新广告监管理念机制。坚持导向监管、智慧监管、信用监管、协同监管，构建事中事后监管长效机制，促进发展与依法规范并重，维护广告市场良好秩序。坚持治“果”和治“因”并重，注重源头治“因”、过程治“因”，发挥广告监管前哨作用，综合施策、协同监管，进一步增强人民群众的获得感、幸福感、安全感。

三是着力促进广告产业转型升级。加快推进人工智能、5G、物联网、大数据、区块链等新技术在广告业结合应用，提升广告策划、创意、设计、制作、管理的专业化水平，鼓励支持广告业态、模式创新，推动广告产业链资源共享、优势互补，跨行业、跨领域发展。提升广告产业园区核心竞争力，增创集约化发展优势，促进广告业集约化发展。

四是着力提升产业服务大局能力。着眼于构建新发展格局，依托我国强大国内市场，推动广告产业与相关产业全方位、深层次、宽领域融合发展，发挥广告产业的先导作用，将广告服务贯穿于生产、流通、消费各个环节，进一步推动广告工作在服务保障“一带一路”建设、京津冀协同发展、长江经济带发展、粤港澳大湾区建设、海南自贸港建设等国家重大战略实施中彰显更大作为。

五是着力健全广告法律法规体系。加快推进修订《广告法》《互联网广告管理暂行办法》等基础法律法规，完善指导广告产业发展的政策体系，针对互联网广告治理、绝对化用语等及时组织研究、加强指引规范，鼓励有条件的地方研究出台贯彻上位法精神、符合本地实际的地方性法规规章。

六是着力构建社会共治体系。坚持依靠人民，促进社会共治，增强监管合力，构建“企业自治、行业自律、社会监督、政府监管”的多元化社会共治体系。强化广告市场主体责任，发挥行业组织作用，推动企业和行业自我管理、自我规范、自我净化。畅通社会监督渠道，发挥好群众信访、投诉、举报和新闻媒体、社会舆论监督作用。

七是着力推动公益广告可持续发展。贯彻落实《公益广告促进和管理暂行办法》，鼓励各地区、各行业细化政策措施，推动公益广告制度化、规范化发展。动员社会力量广泛参与，借助政府、媒体、企业等各方力量，提高公益广告创意、设计、制作、传播水平，助力全社会形成适应新时代要求的思想观念、精神面貌、文明风尚、行为规范。

八是着力夯实产业发展基础。全面提高广告人才能力素质，培养一批讲政治、有创意、善经营、会管理的创新人才队伍，推动广告产业高质量发展。加强广告产业统计基础工作，推动广告业统计标准化、指标化、系统化，不断提升广告业统计的规范性、科学性、权威性。加强广告理论研究，建设与我国广告市场发展水平相适应的广告理论研究体系。

三、突出重点，狠抓落实，全力以赴做好2021年广告监管工作

（一）聚焦落实党中央重大决策部署，强化广告导向监管。

一是坚决整治借庆祝建党100周年等名义从事商业炒作牟利行为。深入贯彻习近平总书记关于“广告宣传也要讲导向”的重要指示精神，坚决落实党中央关于庆祝建党100周年有关部署要求，严格按照总局工作方案有关安排和具体要求，扎实组织开展违法违规商业营销宣传集中整治行动，落实落细各项工作措施，严厉打击借庆祝名义从事商业炒作牟利等违法违规行为。要坚持预防在先，充分运用行政指导、约谈、培训等各类措施，面向媒体单位、平台企业、广告公司等广告市场主体，加强思想教育、政策引导，把庆祝建党100周年的重大政治意义讲清楚，把广告市场主体的责任义务讲清楚，把“十个严禁”的底线红线讲清楚，把违法违规行为的严重后果讲清楚，督促广告市场主体严格落实主体责任，自觉抵制借庆祝名义从事商业炒作牟利等行为，从源头上防范违法违规问题发生。要强化监测预警，集中市场监管部门各级各类监测资源，开展涉及建党100周年导向问题广告专项监测，结合监管执法实践，不断丰富完善监测关键词库，提高监测效能，对发现的涉嫌违法线索第一时间派发，第一时间处置，抓早抓小，及时消除

隐患，把影响控制在最小范围、最初阶段。坚持严格执法，对涉及导向问题的违法违规商业营销宣传行为，零容忍、出重拳，依法从严从重从快处理，让监管“长出牙齿”，形成有力震慑。加强工作衔接，充分发挥协调机制作用，搞好内部联动，强化外部协同，疑难问题共同分析研判，重大问题及时请示报告，形成监管合力。

二是抓好党中央重大决策贯彻落实。深入学习贯彻习近平总书记的重要讲话和指示批示精神，紧紧围绕党中央、国务院重大决策部署，聚焦人民群众的“急难愁盼”，充分发挥广告监管职能作用，主动担当、积极履职，全力以赴做好疫情防控、长江禁渔以及打击乱占耕地、仿冒知名医院名称、违法医疗美容、非法代孕等专项整治工作，以实际行动和工作成效践行“两个维护”。

三是推动建设广告道德委员会。明确广告道德委员会非官方、非常设咨询议事机构定位，健全完善工作职责、组织机构和运行机制，引导广告从业人员强化社会责任意识和道德水平，依法自我管理、自我约束，促成法律层面、道德层面、行业自律层面协同施治的工作格局。坚持边探索、边完善，指导支持广告道德委员会积极发挥作用，把开展广告道德评议与严禁借庆祝名义从事商业活动结合起来，与加强广告监管执法、促进广告产业发展结合起来，教育引导广大广告从业人员自觉抵制借庆祝名义进行商业炒作牟利行为，主动唱响共产党好、社会主义好、伟大祖国好的主旋律，为建党 100 周年营造好氛围、传播正能量。

（二）聚焦保障民生福祉，加强重点领域广告监管。

一是加强广告监测。各省局要严格落实属地监测监管责任，统筹做好省域内各类媒体媒介广告监测工作，明确辖区内各级市场监管部门广告监测责任，从监管实际出发，从有利于提高监测监管效率出发，宜统则统，宜分则分，着力构建主体明确、权责清晰、运转高效的监测责任体系，确保监测到位、监管到位。加强广告监测能力建设，浙江、江苏、深圳要指导支持全国互联网广告监测中心、全国移动端互联网广告监测（深圳）中心、江苏省广告监测中心，提高监测效能，发挥好排头兵作用，保障总局广告监测工作有序有力开展。各地要持续加强监测能力建设，强化组织保障，增加资源投入，确保工作不松、标准不变、力度不减，为加强广告监管执法提供有力支撑。深入推进广告监测专项整改，坚持问题导向，坚持抓源治本，健全完善广告监测各项制度，严格监督管理，切实维护监测工作公平公正和数据安全，坚决防范廉政风险。规范监测线索处置，加强监测与执法工作衔接，对监测发现的涉嫌违法线索，不能一停了之、以停代管，经调查符合立案标准的，必须严格依法立案调查，对情节轻微不予处罚的，也要严格依照法定程序规范处理。加强监测数据采集、研判、存储、应用等全过程安全管理，确保每一条监测数据运行都有迹可循、有源可溯，任何单位和个人不得篡改。通过购买社会服务开展监测的，要严格规范采购程序和要求，慎重选择合作对象，严格合同约束，加强监督检查，定期开展监测数据复核和系统安全评估，对第三方监测机构行为进行有效监督，发现问题，及时纠正，问题严重的，坚决解除合同，依法严肃追究责任。积极推进广告监测制度改革，加强监测工作顶层设计，坚持问题导向和目标导向相统一，健全完善广告监测体制机制，推进建设统一规范、安全高效的广告监测体系。不断完善广告监测平台系统功能，加强监测技术研发运用，依托互联网、大数据、人工智能、区块链等技术，提升广告监测能力和网络存证能力，提高广告监管智慧化水平。

二是严格广告执法。聚焦人民群众反映最强烈、最深恶痛绝的突出问题，选准切入点，重拳出击，严查严办一批重大广告违法案件，打出实效，打出声威，打出震慑。结合开展党史学习教育“我为群众办实事”实践活动，从群众最需要处入手、从最突出的问题抓起，围绕保护老年人和青少年切身权益，组织开展“护苗助老”专项行动，包括“守护夕阳红——医疗、药品、保健食品虚假违法广告整治”和“呵护青少年健康成长——教育培训类广告清理整治”两项专项整治，实施精准打击，全链条查办，从严从重处罚，真正做到查办一案、警示一片、震慑几年。持续保持重点领域广告执法高压态势，突出医疗、药品、保健食品、金融理财等关切民生的重点领域，以及互联网、移动端等问题多发领域，加强日常监管执法，适时组织集中查处行动，全面净化广告市场环境。加强广告新业态监管，认真落实中央财经委员会第九次会议精神，坚持发展与规范并重，严厉打击网络直播营销违法行为，抓好《关于加强网络直播营销活动监管的指导意见》贯彻落实，细化工作措施，加强督促检查，确保各项任务落实落地、见到实效。

三是严格“三品一械”广告审查。坚持人民至上、生命至上，全面落实“四个最严”要求，严守安全底线，严格审查标准，从严把关，坚决杜绝违规审查以及打“擦边球”现象，守护人民群众身体健康和生命安全。加强广告审查监督检查，持续开展广告审查抽查复核工作，发现问题，及时整改，确保广告审查质量。加大广告审查业务指导力度，加强对疑难业务问题的研究，制定出台广告审查疑难业务问题指导性文件，明确政策口径，夯实工作基础。

四是创新广告监管机制。推动广告监管制度创新、机制创新，健全重大案件挂牌督办制度、典型案件公开曝光制度，完善跨区域联合办案机制，更好地发挥总局和地方两个积极性，形成上下联动、全国一盘棋的协同作战合力。对广告违法问题突出，违法广告数量、违法率居高不下的省份，总局将把有关情况直接通报省局主要负责同志，责成限期整改。对问题整改不力或整改成效不明显的，总局将对省局进行约谈，并将有关情况向全系统进行通报。深化广告协同监管，充分发挥整治虚假违法广告联席会议机制作用，切实履行牵头协调责任，增强工作主动性，加强信息共享，强化联合部署、联合约谈告诫、联合执法、联合调研，不断提升联席会议协调调度能力，提高协同监管水平。强化行刑衔接，对违法情节严重、影响恶劣、构成犯罪的广告违法案件，坚决移送司法机关，依法追究刑事责任，更好发挥刑事打击的惩戒震慑作用。坚持依法行政，严格依法办案，严格执法程序，严格执法标准，严格裁量权行使，推进行政执法与纪检监察贯通协同，坚决杜绝有案不立、有责不究以及办人情案、关系案等问题，做到严格规范公正文明执法。加强广告法治建设，适应广告市场新形势和监管实践发展，加快推进《互联网广告管理暂行办法》修订进程，适时启动《广告法》修订工作，为强化广告监管执法提供法制保障。

（三）聚焦实现高质量发展，提高服务广告业发展能力。

一是发挥政策规划的战略导向作用。组织开展《广告产业发展“十三五”规划》实施情况评估，科学编制《“十四五”广告产业发展规划》，研究制定促进新时代广告业高质量发展的指导意见，为指导广告产业发展、布局重大工程项目、合理配置产业资源，促进广告业高质量发展提供规划指引和政策支撑。继续推动减轻广告业市场主体税费负担。

二是加强广告业统计。健全广告业统计工作长效机制，摸清发展底数，加强分析研判，编制广告业发展指数，提高广告业统计工作的规范性、科学性、权威性，为各地更有针对性地指导广告业发展工作提供决策依据和参考。

三是规范广告产业园区发展。严格国家广告产业园区管理，进一步规范园区认定、评估等管理制度，加强中央财政资金使用情况监督管理，组织开展国家广告产业试点园区资金使用情况“回头看”，严格执行机构编制管理规定，保障园区工作规范可持续发展。搭建国家广告产业园区间的交流沟通平台，支持园区服务国家战略实施，引导园区发展向专业化、产业链高端延伸，实现更高质量、更高水平发展。

四是促进公益广告发展。积极履行促进公益广告发展职责，组织开展公益广告发布情况检查，加大优秀公益广告作品推广力度，推动修订《公益广告促进和管理暂行办法》，更好激发和释放公益广告在经济社会发展中的积极作用。

五是深化广告领域“放管服”改革。持续优化广告审查政务服务，全面落实“一网通办”“跨省通办”要求，加快推进广告审查信息化建设，推进“三品一械”广告审查全程网办，确保 2021 年底前如期实现“跨省通办”，为企业提供更加高效便捷的服务。坚持放管服结合，把公正监管作为简政放权的必要保障，根据“证照分离”改革要求，积极推动依法取消广告发布登记，创新和加强事中事后监管，做到放出活力、管出公平、服出效率。

（四）聚焦加强作风建设，锻造过硬广告监管队伍。

一是强化廉政风险防控。认真贯彻落实十九届中央纪委五次全会、国务院第三次廉政工作会议精神，贯彻落实总局党风廉政建设工作部署，深刻汲取桑林严重违纪违法案件教训，用身边人身边事深入开展警示教育，进一步增强对纪律规矩的敬畏意识，严守底线，做到依法用权、秉公用权、廉洁用权。扎实做好“以案促改”工作，全面梳理排查广告监测、广告审查、广告执法、指导广告业发展等各业务领域和工作流程中的廉政风险点，研究提出有效防范措施，完善权力运行和监督制约机制，全方位扎紧制度笼子，形成刚性约束。正确处理好与新闻媒体、广告企业、监测机构等监管服务对象的关系，划清红线，守住底线，切实把“亲”“清”的要求落到实处，筑牢廉政防线。

二是锤炼过硬作风。聚焦落实中央重大决策部署，从政治上强化履职担当，把握好政治和业务的关系，善于在业务中把握政治问题、体现政治要求，在全力抓好广告监管重点工作落实中，坚决防止和克服形式主义、官僚主义，用斗争实践锤炼作风，用履职成效检验作风，努力在实践中锻造一支政治坚定、担当作为、风清气正的广告监管工作队伍。

三是提升干部队伍能力。加大业务培训力度，加强广告执法、广告监测、广告审查、广告发展等业务培训，创新培训方式，提高培训质量，扩大培训的覆盖面，提升广告监管干部队伍履职能力。总局今年将示范组织广告监管与指导广告业发展、广告监管专家人才两期培训班，希望各省级局也结合工作实际，加大培训力度，有针对性地组织好培训工作。

同志们，惟其艰难，方显勇毅。做好 2021 年广告监管工作，责任重大，使命光荣。让我们紧密团结在以习近平同志为核心的党中央周围，以习近平新时代中国特色社会主义思想为指导，齐心协力，开拓创新，奋发工作，扎扎实实落实好、完成好全年工作目标任务，为“十四五”开好局、起好步作出应有贡献，以优异的工作成绩庆祝建党 100 周年。

在第 28 届中国国际广告节主论坛上的致辞

市场监管总局广告监管司司长 柴保国

（2021 年 12 月 11 日）

各位嘉宾，女士们、先生们：

大家上午好！非常高兴参加第 28 届中国国际广告节。首先，我谨代表市场监管总局广告监管司向论坛的召开表示热烈的祝贺！向所有致力于维护广告市场秩序、推动广告产业健康发展的业界同人表示崇高的敬意！向所有关注支持中国广告事业的朋友表示衷心的感谢！

中国国际广告节主论坛一年一届，主论坛围绕广告行业发展紧跟潮流、洞察趋势、关注热点、响应号召，已成为广告从业人员把握市场脉搏、凝聚共识、互惠共赢的交流平台，多年来为推动我国广告产业不断向好发展做出了贡献。本届广告节主论坛围绕数字化转型升级、自主品牌建设策略等多项议题展开，高度契合政策导向，满足业内需求，相信会为全体广告人提供一场思想盛宴！

今年以来，市场监管总局广告监管司以习近平新时代中国特色社会主义思想为指导，深入落实党中央重大决策和总局党组工作部署，坚持以人民为中心，牢固树立新发展理念，进一步创新广告监管理念、监管机制、监管方式，守正创新、服务发展、推进共治，广告市场秩序总体稳定，广告发展环境进一步优化，广告市场规模进一步壮大。据不完全统计，前三季度，我国头部企事业单位广告业务收入已经达到 9403 亿元，比去年同期增长 20.91%，我国广告市场规模将在今年突破 1 万亿大关。

当前，国民经济保持韧性增长，人民生活水平日益提高，消费能力不断提升，市场需求不断扩大，供给侧结构性改革不断深化，为广告产业持续发展奠定了经济和社会基础。国家推动实施系列重大发展战略，加快建设现代化经济体系和高标准市场体系，优化法制环境和营商环境，尤其是文化事业建设费减免征收，将进一步增强广告产业发展活力。数字技术创新迭代与数字经济蓬勃发展，将驱动广告产业全面实施数字化转型，促进广告产业跨越式发展。

但是，我们也要看到，广告行业也面临着不少挑战。传统广告公司和媒体经营机构转型发展较为缓慢，在市场竞争冲击下生存空间受到挤压。产业内部结构不尽合理，产业链各环节资源相对分散，高端服务能力较弱的问题总体上依然存在。互联网与移动端广告呈现大体量、跨地域、快消耗、个体化等特征。与此同时，各类虚假违法广告和种种以攫取个人隐私和注意力为目的的广告诱骗行为屡禁不止，不断改头换面，对社会文明和人民生活造成严重干扰，对此群众反映强烈。

2022 年，我们将深入贯彻落实习近平总书记“广告宣传也要讲导向”重要指示精神，进一步提高政治站位，把牢广告监管工作正确政治方向、舆论导向和价值取向，部署开展借“党的二十大”等名义从事商业炒作牟利整治行动，及时发现并从重从快查处借“党的二十大”违规从事商业炒作牟利等行为。

我们将继续聚焦核心职能履职尽责，组织开展文娱领域综合治理行动，依法规范明星代言、网络直播活动。我们将认真落实党中央国务院“双减”政策，清理整治校外培训广告，严厉打击变相发布校外培训广告以及夸大培训效果、误导公众教育观念等虚假违法广告行为。

我们将围绕医疗、药品、保健食品等重点领域，聚焦《医疗养生》《金融理财》《电视购物》等节（栏）目，组织开展传统媒体广告乱象整治工作，净化传统媒体广告市场环境。我们将以修订《互联网广告管理暂行办法》为契机，加强对大型网络平台的监管力度，依法查处互联网虚假违法广告，重点打击违法弹窗广告、短视频等群众反映强烈的“操心事、烦心事、揪心事”，助力数字经济规范健康发展。

同时，我们将编制印发《“十四五”广告产业发展规划》实施，联合国家发展改革委出台促进新时代广告业高质量发展的指导意见，积极争取广告业政策红利，推动广告领域文化建设事业费免征政策延续或者长期执行，为广告业市场主体特别是小微企业健康发展营造良好政策环境，持续推动我国广告产业实现高质量发展。

“十四五”时期，将是广告产业深入践行新发展理念，努力实现高质量发展的关键时期。我们呼吁，中国广告协会要发挥桥梁纽带和引领带动作用，引导各类广告市场主体和全体广告从业人员强化社会责任意识和道德水平，依法依规自我管理、自我约束，积极推动建立法律层面、道德层面和行业自律层面多管齐下的广告行业治理新格局，助力中国广告业实现更大突破！

最后，预祝本次论坛圆满成功，谢谢大家！

树立人民至上理念 服务行业健康发展 努力开创新时代广协工作新局面

——中国广告协会第六届理事会工作报告

中国广告协会会长　张国华

（2021 年 12 月 10 日）

各位代表：

今天我们隆重举行中国广告协会第七届会员代表大会。受中国广告协会（以下简称“中广协”）第六届理事会委托，现在我代表理事会向大会作工作报告，请各位代表审议。

一、第六届理事会主要工作情况

2015 年，中广协召开第六届会员代表大会完成换届。六年来，全国广告经营额从“十三五”初期的 5973.41 亿元增长到 2020 年的 9445.52 亿元，其中互联网广告产业规模迅速扩大，其市场份额已占到广告业经营总额的 80% 左右，成为广告市场发展的主导力量，广告所特有的服务生产、引导消费、塑造品牌、助力发展、传播文明等重要作用进一步彰显。在中央和国家机关工委、民政部、市场监管总局等部门的领导和支持下，第六届理事会坚持以习近平新时代中国特色社会主义思想为指导，引领全行业高举中国特色社会主义伟大旗帜，深入贯彻党的十九大和十九届二中、三中、四中、五中、六中全会精神，在“五位一体”总体布局中服务广告业持续健康发展。按照《广告法》和《中国广告协会章程》等相关规定，第六届理事会坚持党建引领，依法规范办会，确立“脱钩不脱轨、脱钩不脱管、脱钩不脱为、脱钩不脱位”的原则和“服务行业自律、服务行业维权、服务行业发展”的理念，紧密围绕“提供服务、反映诉求、规范行为”的基本职能开展业务工作，对内狠抓改革创新，对外充分发挥社会组织应有的作用，协会工作深获政府信任、社会认可、行业满意和会员拥护。

（一）坚持党的领导，弘扬行业正能量

1. 遵照党中央、国务院决策部署，完成脱钩改革

按照中办、国办《行业协会商会与行政机关脱钩总体方案》，中广协于 2018 年 2 月正式与原工商总局脱钩。中广协进一步解放思想，认准改革方向，直面脱钩带来的机遇和挑战，以服务会员为中心，贴近市场、贴近行业，找准行业的痛点难点，不断提升服务水平，得到了会员单位和全行业的广泛认可。

2. 坚持“四个不脱离”原则，加强党的建设

脱钩后，中广协确立了“四个不脱离”原则，把加强党建内容写入《协会章程》，平时严格执行“三会一课”制度，推动党史学习教育等重点党务工作有序开展，协会党员党性修养不断提升，模范带头作用充分发挥。中广协党建工作受到工委和相关部门的高度肯定。

3. 围绕抗击疫情大局，引领全行业承担社会责任

2020 年初，新冠肺炎疫情突然袭来，中广协团结带领会员单位和行业企业制作传播抗疫公益广告、策划系列公益活动，为抗击疫情贡献力量。自 2020 年 1 月 25 日大年初一起，联合国家卫健委等部门发起抗击

疫情公益广告宣传行动，推出《向医护人员致敬》《中国力量》《岁月静好》等不同主题的系列作品，从户外广告到多种媒体、从国内到海外，营造全社会积极战“疫”的氛围。400多家广告企业参与这次公益行动，300多位明星代言推广，宣传覆盖300多个城市，投放120万个广告点位，总刊例价超过20亿元。公益行动受到工委、市场监管总局、民政部、国家卫健委等部门的充分肯定，总局秦宜智副局长作出专门批示予以鼓励。

疫情发生后，中广协采取措施帮助行业企业纾困解难、复工复产。发起“百企千岗就业帮扶”公益行动解决湖北高校毕业生就业问题，100余家企业踊跃参与，共提供2000多个就业岗位。

4. 团结全行业共谋发展，突出社会效益和行业情怀

一是举办中国广告四十年纪念大会。2019年1月，中广协联合相关行业组织共同举办“中国广告四十年纪念大会”，回顾改革开放以来广告业发展历程，总结成功经验，并向各个时期的代表人物、代表单位致敬，全行业空前团结。

二是重视公益性活动。自2017年以来，中广协加大公益传播工作力度，举办了“中国公益广告论坛”“中国广电公益广告大会暨全国广电公益广告论坛”及三届“北京国际公益广告大会”等大型公益广告活动。

三是在业务工作中彰显行业情怀。积极协助市场监管总局在甘肃省礼县祁山镇、河北省平山县西柏坡开展扶贫工作；在广告节上辟出专门场地安排革命老区品牌展销；联合人民日报旗下电商平台“人民优选”共同举办“百城百县直播助农”。积极响应中央号召，发出《关于制止餐饮浪费的倡议书》《规范明星代言共塑文娱生态倡议书》等。

（二）坚持正确导向，服务行业自律

1. 发起成立广告道德委员会，推进广告领域道德建设

2021年9月，在整治虚假违法广告部际联席会议指导下，中广协发起成立广告道德委员会，中广协会长张国华同志任广告道德委员会主任委员，委员会办事机构设在中广协。广告道德委员会的成立体现了党和国家对广告领域道德建设的高度重视，也为协会服务行业自律提供了更有力的抓手。

2. 提供法律咨询，树立业界标杆

本届理事会以来，中广协依法为企业发布广告提供合法性咨询服务，共出具权威性广告咨询意见书11000多件。自2018年起，与中央广播电视总台开展合作，每年为总台审查广告近万条，进一步提升了协会合法性咨询服务的影响力。

3. 制定行业规范，完善自律机制

一是针对互联网广告、乳粉广告、化妆品广告、未成年人广告等热点问题，搭建交流平台，加强自律规范；二是在广告节上举办“广告市场社会共治论坛”，积极参与社会共治；三是发布《广告自律宣言》《广告代言自律倡议书》等，倡导广告活动主体承担社会责任；四是针对网络直播营销新型商业模式加大规范力度。2020年7月中广协出台了《网络直播营销行为规范》。这是全国第一个行业规范性文件，获得业界一致认可。2021年3月，发布了《网络直播营销选品规范》，为直播选品、直播销售和售后服务等活动提供行为指南。

4. 推进广告标准建设，促进行业健康发展

根据原工商总局联合国家标准委出台的《关于加强广告业标准化工作的指导意见》，中广协积极向互联网广告专业技术领域进军。一是制定《中国广告协会团体标准管理办法》，建立了我国广告行业组织首个团标体系；二是开展国家标准建设，修订《互动广告国家标准》；三是联合中国信通院及行业有关各方制定发布《移动互联网广告标识技术规范》《互联网广告发布者广告审查标准》等；四是与中国通信标准化协会（CCSA）成立互联网广告标准联合工作组，推进制定《移动互联网应用程序广告行为规范》等团标。

同时，联合中国信通院成立互联网广告技术实验室，提供行业公共服务技术产品。一是协调各方发布全行业统一的互联网广告“IPv4地址库”和“IPv6地址库”；二是推出“一般无效流量数据服务产品”；三是与媒体评估委员会（MRC）、可信自律组织（TAG）等国际组织合作，引进国际认证项目，营造数字广告绿色生态；四是推进“金标尺”“银标尺”“铜标尺”和“精工尺”

证明商标使用管理工作，提升数字媒体的合规性与透明度；五是构建国产自主广告标识体系。

为落实国家新出台的法律法规、促进互联网广告企业适应新的形势，中广协正抓紧制定新法律框架下的标准和规范，包括《互联网广告数据应用和安全技术要求》《互联网广告数据匿名实施指南》等。

（三）反映合理诉求，服务行业维权

1. 积极争取政策支持，推动减征、取消广告业文化事业建设费

自 2017 年以来，中广协先后 4 次向国务院领导写信、先后 10 余次向有关部门反映行业合理诉求，建议全面取消广告业文化事业建设费。在各方共同努力下，2019 年 4 月，国务院出台了五年内减半征收文化事业建设费的政策。协会即时向全国各省（区、市）政府办公厅、税务局、市场监管局等职能部门行函，力促国务院政策在各地用足用好、及时落地。2020 年 5 月，财政部发布公告，明确 2020 年全年免征文化事业建设费，已经征收的予以返还。2021 年 3 月，财政部、税务总局发布公告，明确文化事业建设费减免政策延长至 2021 年 12 月 31 日。在两年多的时间里，广告业连续三次迎来政策利好，显示了国家在为企业减负的大背景下对广告业的重视，也是中广协积极争取国家政策支持、不遗余力地服务行业维权的体现。前不久，中广协再次给国务院领导写信，争取能够取消文化建设事业费。

2. 参与政府法律、政策制订，反映行业合理诉求

一是积极参与《个人信息保护法》《数据安全管理办法（征求意见稿）》《网络数据安全管理条例（征求意见稿）》《互联网广告管理暂行办法》《广告业“十四五”规划》等立法立规和政策制定工作，从兼顾网络安全、个人信息保护与互联网广告发展等角度，向全国人大、中央网信办、市场监管总局等反映行业意见；二是就《关于广告费和业务宣传费支出税前扣除政策的通知》中“有效期”问题，向财政部争取到政策红利的延续；三是针对修订《深圳经济特区医疗条例》拟禁止医疗广告问题，争取到深圳市人大同意删除相关内容。

3. 发挥“减震器”作用，解决纠纷、调和矛盾

针对一些广告经营单位对监管部门执法办案有不同的理解和认识，中广协就特定案件向有关部门提出法律意见，积极沟通、解决矛盾，为众多知名企业提供了切实有效的帮助。据不完全统计，六年来中广协与各级政府主管部门沟通交流近千次，尽最大努力维护行业企业正当权益。

（四）提升服务水平，更好服务行业发展

1. 打造品牌活动，全面提升影响

近年来，协会形成了包括中国国际广告节、中国广告论坛、北京国际公益广告大会、中国户外广告论坛等大型活动在内的品牌活动体系，并着力强化各项活动的专业性、权威性，不断为活动增添新的亮点，提升活动的行业价值。

一是创新求变、融汇多元，自 2020 年起，将中国国际广告节长期落地厦门，努力打造中外广告人的节日和文创产业集聚地。

二是找准主题、提升品质，紧密围绕行业发展趋势，设计广告节、广告论坛等品牌活动的主题和内容，帮助行业总结经验、破解难题。广告节为增加活动吸引力，引进“广告圈吐槽会”“总裁读书会”等特别专场；为给地方产业发展赋能，增加了当地特色展会；为促进新业态发展，增加了丰富的直播元素。

三是优化奖项、提升高度。2018 年，由“长城奖”“黄河奖”和大学生“学院奖”组成的中国广告业大奖，经全国评比达标表彰工作小组批准认定为全行业唯一的国家级奖项。

2. 开展专业培训，培育行业人才

一是专业培训不断拓展。六年来，中广协为行业培训专业人员 7000 多人次，切实提升了广告从业人员的专业素质和技能。2020 年 7 月，发布并实施《广告审查员培训评价办法》，推广实施“广告审查员制度”。

二是成功申报教育部职业技能等级证书培训评价组织。中广协于 2020 年在教育部第四批“1+X”证书申报中成功获得“广告审查”和“网络直播运营”两项证书，为行业培训工作打开了新的局面。

3. 创新证明商标使用管理，促进广告企业提升资质

中广协一级企业、二级企业、三级企业（“CNAA Ⅰ”“CNAA Ⅱ”“CNAA Ⅲ”）证明商标，已成为很多地方企业参与招投标的重要加分项，不少地方政府对获得中广协证明商标的企业给予奖励。

4. 推进学术研究，理论指导实践

一是在原工商总局支持下，国家广告研究院由中广协与中国传媒大学合作主办；二是自 2015 年起连续七年发布《中国广告市场报告》；三是联合腾讯、百度等行业头部企业发布《中国数字营销人才能力评估标准》；四是成功举办中国广告发展四十年学术论坛；五是自 2020 年起重新启动《中国广告年鉴》。

5. 做好“走出去”“请进来”工作，提升我国广告业国际影响力

一是认真履行国际广告协会（IAA）中国分会职责。2019 年 2 月，张国华会长当选国际广告协会全球副主席，体现了国际广告界对中国广告发展成就的认可；二是与 30 多个国际行业组织、20 多个国际奖项（活动）建立联系，组织业界参加世界广告大会、戛纳狮子创意节等国际行业盛会；三是举办“一带一路”广告合作论坛、“品牌全球化论坛”；四是深化国际合作项目，推动中国品牌走向世界，讲好中国故事，传播好中国声音。

（五）加强队伍建设和系统建设

1. 协会秘书处建章立制、深化改革

一是开展人事改革。协会秘书处先后两次实施双向选择、逐级聘用，形成了能上能下、能进能出的用人机制。二是加强制度建设。2020 年出台 19 项内控制度，进一步促进依法规范办会。

2. 协会会员队伍不断壮大

截至 2021 年 11 月底，中广协共有有效会员约 2200 家，是 2015 年全部 428 家的 5 倍还多。其中，互联网企业数量显著增加，行业头部资源向协会集聚，会员代表性更加广泛，协会实力进一步增强。

3. 分支机构活力显著提升

近年来，根据行业发展形势，中广协在广告业各细分领域加强分支机构建设，成立了互联网广告委员会、公益广告委员会、社会化营销分会等，分支机构数量从 2015 年的 14 个发展到目前的 29 个。

4. 联合各地协会共谋发展

中广协协调全国广协一盘棋，与各地协会保持密切联系，分享发展经验，支持地方协会开展各种专业活动。各地广协对中广协高度信任、积极配合，在加强行业自律、开展品牌活动、服务行业企业、助力行业发展等方面，给予中广协大力支持，共同构筑起全国广协相辅相成、协调统一、密切联动的工作网络。

二、第六届理事会主要经验

本届理事会所取得的各项成绩，是党中央、国务院对广告业高度重视的结果，是工委、民政部、市场监管总局等部门指导和帮助的结果，是各兄弟协会、各地方协会团结协助的结果，是全体会员单位和全行业对协会充分信任的结果。回顾第六届理事会工作，可以总结出以下经验：

（一）必须坚持党的领导，坚持正确导向

坚持党的领导，是十九届六中全会总结的中国共产党百年奋斗历史经验中最重要、最宝贵的一条。党的领导，是各项事业取得成功的根本保证，是开展一切工作的政治前提；引导广大会员单位和行业企业一心向党、永远跟党走，是中广协作为全国性行业协会的根本价值所在。党确立习近平同志党中央的核心、全党的核心地位，确立习近平新时代中国特色社会主义思想的指导地位，反映了全党全军全国各族人民共同心愿。习近平总书记强调“广告宣传也要讲导向”，为广告业健康发展提供了基本遵循。讲政治、讲导向，是新时代广告业健康发展的必然要求。

（二）必须坚持以价值为导向

一个名副其实的行业组织，必须具有行业认可的价值和影响力。只有真正为行业提供有价值的服务，会员单位才会相信协会、拥护协会、依靠协会。脱钩后，中广协转变作风，把自己定位为会员和行业的“服务员”，将提供服务作为协会生存发展的立足点，切实增强服务本领、开拓服务领域，想行业之所想、急会员之所急，千方百计为会员提供帮助、解决问题，千方百计为行业探索规律、指引方向。中广协发挥桥梁纽带作用，积极沟通政府与市场；讲担当、讲情怀，弘扬行业正能量；讲法治、讲诚信，营造行业良好生态等种种作为，都是坚持价值导向的体现。

（三）必须坚持严守行为底线、顺应形势发展

法律是从事广告活动的“底线”，是对广告活动主体最基本的要求。同时，法律也是保护广告活动主体合法权益的“利器”，是促进广告业科学发展的“指南”。虚假违法广告不但令消费者对广告丧失信心，更阻碍了广告业的持续健康发展。只有进一步规范广告行为、放弃投机取巧之心，专心致志、一门心思做内容、做技术，着眼于提升广告质量和创作水平，才能真正实现经济效益、社会效益双丰收，才能真正发挥出广告的积极作用，实现国家广告战略的宏伟目标。

近年来，针对数字经济快速发展带来的一些新问题，国家出台了不少法律法规；针对互联网广告领域的一些乱象，广告监管部门不断加大执法力度。协会要及时发挥引导、提示和告诫作用，保证广大行业企业少出问题、少走弯路、少受损失。要保持高度的政治敏锐性，正视法律政策叠加对广告业造成的影响，及时学习领会中央政策精神、及时了解国家立法意图，积极接受政府部门加强监管，主动适应新的形势和新的要求，推动整个行业发展行稳致远。

三、下一步工作展望

新一届理事会要切实增强使命感和责任感，认真谋划、精心部署，引领全行业围绕中心、服务大局，让广告更好地发挥促进经济社会发展的重要作用，在立足新发展阶段、贯彻新发展理念、构建新发展格局中有所作为。

（一）在新发展阶段推动协会实现高质量发展

1. 认真学习贯彻六中全会精神，牢固树立“人民至上”的理念

中广协全体会员要深入学习领会党的十九届六中全会精神，增强“四个意识”、坚定“四个自信”、做到“两个维护”，把学习贯彻全会精神作为推动广告业高质量发展的精神动力和思想源泉。要牢固树立“人民至上”的理念，始终坚持全心全意为人民服务的根本宗旨，在开发新的应用技术、推出新的营销模式时，首先要考虑是否对人民有利、是否对广大消费者有利，坚持发展成果由人民共享，坚定不移地走全体人民共同富裕的道路。

2. 加强党建引领，争创一流社会组织

继续坚持“四个不脱离”原则，加强党建引导，提高政治站位，保证协会始终在党的领导下开展工作，始终为国家发展大局服务。要进一步贯彻“服务行业自律、服务行业维权、服务行业发展”的理念，不断巩固提升协会行业地位，争创一流社会组织。

3. 抓好规范化建设，坚守社会组织底线

加强和完善制度建设，严格按照有关部门的要求约束自身行为，自觉接受工委、民政部、市场监管总局等部门的指导，主动接受社会公众的监督，保证在国家法律和政策规定框架内开展活动、规范运作、有序经营。

4. 适应新形势新任务，更好服务行业发展

坚持守正创新，不断强化协会核心竞争力，打造协会品牌项目，发挥好协会政治引领平台、信息服务平台、行业维权平台、诚信自律平台和服务发展平台的作用，更好地贯彻落实国家发展战略，为行业的高质量发展献计出力。

（二）为贯彻实施“十四五”规划贡献协会力量

1. 用广告助推品牌建设

办好中国国际广告节、中国广告论坛、中国户外广告论坛等大型行业活动，打造符合时代要求的国际化广告生态圈，帮助优质企业塑造品牌，提升品牌价值和竞争力，多渠道、全方位为行业企业发展赋能。

2. 用广告拉动消费升级

紧跟广告业新技术、新模式、新业态，着力培养广告业复合型人才，推动融合发展，为行业转型赋能。通过广告业转型升级，提升消费者的消费认知和消费习惯，助推消费升级。

3. 用广告助力中国品牌走向世界

加强国际交流合作，服务国家“一带一路”倡议和“走出去”战略，助力中国企业融入国际广告产业链，支持优秀的广告、文创产品和服务走向国际市场，展示可信、可爱、可敬的中国形象。适时组织召开“首届国际数字广告大会”。

4. 用广告服务文化繁荣和社会进步

进一步提升中国广告业大奖作为全行业唯一国家级

奖项的品牌价值，办好北京国际公益广告大会、315 消费者权益保护公益广告大赛，加强公益传播，促进全社会形成适应新时代要求的文明风尚和行为规范。

（三）为构建社会共治体系发挥协会作用

1. 建立完善职业道德准则，做好广告道德委员会工作

制定广告道德自律规范，开展广告道德点评，坚决抵制“饭圈文化”等不良倾向；对严重违反广告道德规范的广告活动主体进行约谈、批评，涉嫌违法的提请监管部门查处；加强广告道德建设研究，为政府部门决策提供参考。

2. 提升法律服务水平，健全行业自律规则

做好广告合法性咨询服务，扩大法律服务辐射领域，助力构建“主体自治、行业自律、政府监管、社会监督”的广告市场社会共治格局。指导企业采取措施主动适应国家新出台的与行业发展相关的法律法规，降低违法风险，减少企业损失。

3. 加强广告业标准建设，打造良好的广告生态

加快推进互联网广告领域中具有创新技术和市场竞争优势的服务项目（如国产自主广告标识体系、“IPv6 地址库”等）落地，推进相关团体标准的制定和发布，倡导全行业共同执行自律标准，营造真实、透明、高效的广告环境。

4. 反映行业诉求，为政府部门决策提供行业建议和参考

充分发挥协会的梁纽带作用，积极建言献策，参与广告立法立规工作，更好地反映行业意见建议，协调各方、化解矛盾，维护行业企业合法权益。

5. 加强广告理论研究和舆论宣传

进一步加强广告理论研究，做好《中国广告市场报告》《中国广告年鉴》编撰工作。办好《现代广告》杂志，重视新媒体，着力打造协会全新宣传矩阵。

各位代表、各位来宾，中国广告业未来的高质量发展，值得大家共同努力。让我们在总结以往经验的基础上开拓创新、奋勇向前，推动广告业发展迈上新的台阶，为全面建设社会主义现代化强国做出新的贡献，以优异成绩迎接党的二十大胜利召开！

中国广告年鉴 2022

CHINA ADVERTISING YEARBOOK

中国广告业发展综述

Survey of the Development of China Advertising Industry

承前启后 创新发展理念 构筑广告业的新格局
——2021 年中国广告业发展综述

陈刚　董婧

2021 年，是“十四五”的开局之年，十四五时期是我国全面建成小康社会、实现第一个百年奋斗目标之后，乘势而上开启全面建设社会主义现代化国家新征程、向第二个百年奋斗目标进军的第一个五年。站在“两个一百年”奋斗目标的历史交汇点上，“十四五”规划的发布与实施，不仅为我国未来五年的发展明确了目标与方向，也同时标志着我国社会经济进入了又一个新的、重要的战略发展期。

2021 年，面对新冠肺炎疫情暴发后给全球带来的经济倒退与低迷，以及复杂多变的国际环境，我国实现了经济的持续恢复发展。根据国家统计局最新发布的《中华人民共和国 2021 年国民经济和社会发展统计公报》显示，2021 年，我国全年国内生产总值为 1143670 亿元，比上年增长 8.1，其中全年最终消费支出拉动国内生产总值增长 5.3%，全年社会消费品零售总额 440823 亿元，比上年增长 12.5%[1]。数字增长的背后，反映出了产业发展的活力和信心。只是，作为新旧交替的一年，2021 年不可避免地要经历一些震荡、调整与变化，这其中既包括在高速发展过程中的放缓与调适，也包括对野蛮生长过后的反思与纠偏。

一

在数字化发展、数字经济发展上升为关乎中华民族伟大复兴重要战略的大背景下，数字营销传播迎来了更大的发展空间。2021 年 3 月发布的《中华人民共和国国民经济和社会发展第十四个五年规划和 2035 年远景目标纲要》中，首次将数字化作为单独部分进行阐述和部署，在第五篇“加快数字化发展，建设数字中国”中明确指出“迎接数字时代，激活数据要素潜能，推进网络强国建设，加快建设数字经济、数字社会、数字政府，以数字化转型整体驱动生产方式、生活方式和治理方式变革”[2]。2021 年 10 月 19 日，在新华社刊发的《把握数字经济发展趋势和规律，推动我国数字经济健康发展》的讲话文章中提到“要站在统筹中华民族伟大复兴战略全局和世界百年未有之大变局的高度，统筹国内国际两个大局、发展安全两件大事，充分发挥海量数据和丰富应用场景优势，促进数字技术与实体经济深度融合，赋能传统产业转型升级，催生新产业新业态新模式，不断做强做优做大我国数字经济”[3]。据中国互联网信息中心（CNNIC）发布的第 49 次《中国互联网发展状况统计报告》显示，截至 2021 年 12 月，我国网民规模达 10.32 亿，互联网普及率达 73%，较 2020 年 12 月提升 2.6 个百分点。我国手机网民规模达 10.29 亿，网民使用手机上网的比例为 99.7%。使用网络支付、网络购物、网络新闻、网上外卖的用户分别占网民整体的 87.6%、81.6%、74.7%、52.7%[4]，数字生活与现实生活已实现深度融合。

2021 年，在互联网广告的拉动下，广告业的整体收入仍呈现出稳步增长的趋势。国家市场监督管理总局广告监督管理司司长柴保国在第 28 节中国国际广告节的开幕式中曾分享“据不完全统计，今年三季度，我国头部企业事业单位广告业务收入已经达到了9403亿元，比去年同期增长20.91%，我国广告市场规模预计将在今年突破1万亿元大关”[5]。在《2019年中国广告发展综述》中，笔者曾以广告营业额为标准，提出将中国的数字营销平台分为“领航阵营”“头部阵营”“中坚阵营”“基础阵营”分类方法，并在后续的报告、研究中延续了这个标准。(1) 2021年处于领军阵营（广告收入超过1000亿元）的仍是阿里和字节跳动两家公司，且领先优势不断扩大。根据目前可供查询的公开资料显示，两家公司2021年的广告收入都已超过2000亿元，虽然两家公司在2021年均受到政策等外部环境的不同影响，但凭借强大的数据和平台优势，阿里的广告收入已逼近3000亿元。字节跳动也因流量优势、直播电商的持续发展等在广告收入方面持续大幅增长。（2）与去年相比，头部阵营（广告收入在500~1000亿元）除了腾讯、百度、京东外，新增了拼多多。拼多多在阿里、京东二分天下的电商市场早地抓住了中低端商家和下沉市场，走了一条农村包围城市的道路。虽然有关拼多多靠补贴换市场、利用低价心理等增长模式至今仍存在很大争议，但其确实已成为一股不可忽视的电商力量。据拼多多已对外公布的相关数据，2021年前三季度的广告收入已近510亿元，超过同期的京东广告营收。（3）中坚阵营（广告收入在100~500亿元）包括美团、快手、小米、微博四家平台。虽然美团在2021因涉及“二选一”垄断问题被进行相应处罚，但因其在社区电商、本地生活等方面的布局与发展，仍实现了当年的营收增长，且在用户数量和用户黏性上也获得了突破，从而为其广告收入的增长打下了基础。(4) 处于基础阵营（广告收入在10~100亿）的代表平台有爱奇艺、哔哩哔哩、知乎、360等，其中哔哩哔哩（B站）和知乎首次进入基础阵营，尤其是B站因为牢牢把握住年轻人、Z时代的用户群体加之自身品牌加之的提升，广告收入已连续10个季度增长超预期，连续6个季度同比增长超100%，广告业务成为B站收入增长的新驱动引擎[6]。而360相比往年虽然仍稳定在该阵营，但收入数据却出现明显下降。

面对数字营销的强韧增长，2021年的传统广告也略有恢复。据CTR央视市场研究发布的《2021年全年广告市场数据》显示，2021年全年广告刊例花费较2020年有明显提升，同比增长11.2%，各渠道均呈现复苏趋势，除传统户外广告外，皆有回升，其中电视广告增长1.3%，广播广告增长3.4%[7]。面对数字化，传统媒体也在经历了挣扎、困惑后，进入了媒体深度融合的实践探索阶段，通过组织结构、经营模式等多方面的综合创新，积极地融入数字化转型发展的大趋势中。

二

“双循环”的新发展格局下，企业开始探索品牌传播的数字化转型路径。2020年，新冠肺炎疫情暴发之初，可能谁都未曾预料，它的出现会对人类的生活与生产方式产生如此深刻并长远的影响。它一方面加速了整个社会的数字化进程，坚定了各行各业进行数字化转型的决心，另一方面，在走向一切皆数据、万物皆互联的今天，经济全球化的进程和方式正在被改变和重新思考。2020年4月，习近平总书记曾强调要构建以国内大循环为主体、国内国际双循环相互促进的新发展格局。2021年3月，双循环的新发展格局作为我国“十四五”时期的指导思想写入其中。伴随着传统经济与数字经济的不断融合，如今的国内市场也不再是传统意义的国内市场。比如在直播电商中很多达人都在为海外产品带货，这其中既有耳熟能详的大牌，也不乏鲜为人知的小众品牌，再如2021年1月7日在天猫小黑盒主办的第三届中国新品消费盛典上，天猫联合包括古驰、阿玛尼、宝格丽、小米、鄂尔多斯等103个国内外知名品牌发布了新品首秀……实现国内大循环的过程中，企业所面临的也是同样复杂和激烈的国际竞争。愈发激烈的市场竞争环境必然推动本土化品牌建设的升级。早在2014年，习近平总书记就曾提出“推动中国制造向中国创造转变”“中国速度向中国质量转变”“中国产品向中国品牌转变”的“三个转变”；随后，2017年国务院同意将每年的5月10日设立为“中国品牌日”；十四五规划中也从“制造业产品‘创品牌’、开展中国品牌创建行动、推动中国品牌走出去、实施文化品牌战略”等内容和层面对品牌建设进行要求和规划，因此无论是从数字营销发展阶段的层面，还是从更为长期的企业参与市场竞争的角度来看，积极探索符合数字化发展、符合双循环新发展格局的品牌建设路径将大有裨益。

2021 年，越来越多的企业在经历了前些年强调流量为王的短平快式的营销传播模式后，开启了品牌建设数字化转型的探索之路，通过对私域流量的运营，对创意内容生产的加强等方式，将营销的重点向在数字生活空间树立品牌形象，形成品牌美誉度倾斜。据艾瑞咨询发布的《2021 年种草内容平台营销价值表皮书》显示，种草内容平台在品牌主市场营销预算中已占到平均 57% 的比例。[8] 企业愈发重视数字营销过程中的内容建设，加强对内容生产机制的研究，不仅需要通过千人千面的内容去提升营销的精准性，而且要求结合平台特点去不断的生产优质的创意内容，不仅使用程序化创意技术、MCN 机构去完成内容生产，也开始自建团队，成为内容生产的主体。2021 年在巨量算数发布的《中国营销创意生态报告》中也指出，“现在，部分广告主已经搭建自己的 in-house 团队，直接完成部分营销创意产出并直接进行投放”。[9] 在用产品和服务增加消费者黏性和品牌忠诚度的前中后，借助好的内容去打动消费者，唤起情感上的同频共振，通过优质内容在互联网平台实现从种草到割草的全链路营销，进而从单纯的消费产品上升为共创产品和品牌。这一变化趋势的出现，不仅是因为互联网平台流量红利的消失迫使企业寻找新的增长方式和导流渠道，也是企业越来越关注通过大数据、数字技术的积累和发展去推动长期品牌建设的体现。在创意内容的形式上，短视频仍然是最主要的内容载体。这一方面得益于 5G 等互联网基础设施的建设和普及，另一方面也是因为相较于图片和文字，短视频所承载的信息更充分、更真实，更容易获得信任，进而促进转化。可以更好地表现品牌想要传递给消费者的情感、价值观，从而与消费者建立关系，进行互动。互联网平台和各类数字营销服务的提供方，通过自身数字化程度和专业能力的提升，助力企业在日益激烈的国内市场竞争中实现从产品到品牌的竞争升级，为传统企业的数字营销和数字化转型赋能。面对市场环境、广告主需求、数字技术等诸多因素变化与升级，2021 年阿里巴巴推出“全域增长体系”，相比较 2016 年提出全域营销，该套体系更强调强以消费者为核心的全域运营体系。“通过此套体系，品牌不仅可以收获全域消费者管理能力，还可大大促进品牌内部的组织协同，串联起品牌内部包括电商部、市场部、零售部在内的多个部门，实现品牌在阿里巴巴全渠道确定性的高效增长”。[10] 字节跳动旗下的巨量引擎也正式发布了“巨量引擎全量增长方案”，致力于将品牌建设、心智种草、销售转化融为一体，促进营销与经营一体化，助力企业实现长期价值 [11]。2021 年 10 月，小红书发布了“IDEA”营销方法论，基于小红书平台的数据，帮助企业找到最新的流行趋势和用户需求，进而帮助企业定义产品，抢占赛道、最终用户品牌 [12]……

三

营销技术发展日益精细化，广告业的数字化升级进入新的阶段。5G、大数据、云计算、人工智能的发展进一步推进了数字产业化和产业数字化的步伐，据信通院《中国数字经济发展白皮书》显示，2020 年我国数字产业化规模达到 7.5 万亿元，占 GDP 的比重为 7.3%；数字产业化规模达到 31.7 万亿元，占 GDP 的比重为 31.2%[13]。通过大数据分析、算法算力能力的提升，人工智能技术正在更快更好的应用于数字营销的投放、发布、优化等环节，促进营销技术从粗放到精细，从细分到整合，在不断提升营销传播全流程的数字化程度的基础上，让技术变得更智能、更便捷。2021 年，互联网平台、数字营销传播服务机构等营销技术的提供方都致力于通过技术升级，优化用户体验。比如 2021 年京东京准通推出的“全新整合营销平台——营销方略”，就是从最基础的人、货、场多维场景出发，站在客户的视角上，主动提供更加细化的投放策略服务，帮助商户用最低的学习成本来打造数智化全链路营销中枢 [14]。营销方略与京东之前营销工具的最大不同就是从强调平台转为强调服务。除此之外，平台内的数据、技术整合也是 2021 营销技术的变化特点之一。通过整合，有利于企业获得更丰富的平台数据，在与自有数据进行打通之后，实现从营销到运营、经营的统一。快手也在2021年底推出了“数字市井生态”，通过“一站式开放平台”整合快手站内的工具资源，为各类经营者和品牌实现全面赋能。

2021 年下半年起，有关元宇宙的话题成为广告产业乃至整个社会探讨的热点。尤其是在扎克伯格宣布将 Facebook 更名为“Meta”，并对外宣布了其未来在元宇宙方面的战略性思考和实践之后，更是将元宇宙这一话题推向了封口浪尖。百度、字节跳动、蓝标等众多国内企业纷纷宣布、曝光自己的元宇宙布局。诸多高校、科研院所推出元宇宙研究报告，以元宇宙为主题的期刊论文也在不到半年的时间内从 70 余篇猛增至近 400 篇……虽然，目前对于元宇宙的认知和价值，仍存在很多争议，但是从笔者看来，元宇宙是数字社会体系的一个部分，是互联网未来发展所必须经过的阶段，元宇宙的发展将会为数字营销、为广告业的发展注入新的动能，并加速产业格局的调整。

四

《数据安全法》《个人信息保护法》的出台和实施，为数字营销发展营造更加规范清朗的发展空间。如今，数据已成为我国经济赖以发展的基础性、战略性要素。围绕数据安全的立法和管理，已成为数字社会治理中非常重要的一个部分。相对开放的政策环境为我国互联网早期发展赢得了时间和机会，只是，没有规矩不成方圆，在充分发挥数据价值，推动产业发展的同时，必须加强对数据的监管。2021 年《数据安全法》和《个人信息保护法》相继出台并实施，为数据要素市场化发展、数据安全保障和个人权益保护奠定了基础[15]。数字营销传播必须在相关法律法规框架内发挥作用和价值。从短期看，基于消费者个人数据的画像、洞察、个性化推送等会受到不同程度的限制，影响了以精准为特点的数字营销的发展，但是从长远来看，法律法规和配套监管措施的出台，有利于促进行业自律体系建设，推动相关技术的创新发展，是行业健康、快速、得以长久发展的保障。比如，隐私计算技术的发展将有可能为数据安全、隐私保护与数字营销之间找到一个平衡点。“隐私计算”是指在保证数据提供方不泄露原始数据的前提下，对数据进行分析计算的一系列信息技术，保障数据在流通与融合过程中的“可用不可见”。

互联网企业在做大做强的过程中，必须承担更多的社会责任，在法律约束、技术发展、行业自律的共同作用下为人民群众的美好生活服务。除了《数据安全法》《个人信息保护法》以外，互联网企业追求多元发展、版图扩张后带来的垄断、不正当竞争等问题也引起了监管及相关部门的重视。2021 年，国家市场监管总局因阿里巴巴、美团等实施的“二选一”行为涉嫌垄断做出行政处罚，高额罚单的背后并非是对产业发展的限制，而是为技术创新、企业竞争营造更加公平、规范的环境。此外，工信部也启动了包括“外链屏蔽”在内的为期半年的互联网行业专项整治行动……平台之间的壁垒解除，将促进互联网实现真正的“互联互通”，更好的发挥大数据的价值。在不断做大做强的变化过程中，作为我国数字经济、数字社会发展的重要单元和支撑，互联网企业的责任与使命已不仅仅停留在推动技术创新、产业升级层面，而应在实现自身有序发展的同时承担更多的社会责任。2021 年，诸多互联网企业都在助力乡村振兴，推动共同富裕方面持续发力。截至 2021 年 12 月，我国农村网民规模为 2.84 亿人，占网民整体的 27.6%，农村地区互联网普及率为 57.6%，城乡地区的互联网普及率差异进一步缩小[16]。数字新基建的稳步推进为互联网催生的新业态新模式在农村的落地提供了基础。2021 年，抖音电商带动 179.3 万款农特产品走向全国、抖音三农相关视频日均播放量超过 42 亿次。拼多多设立“百亿农研专项，进一步推进互联网 + 农业的转型升级。2021 年全国 28 个省（自治区、直辖市）共出现 7023 个淘宝村，较 2020 年增加 1598 个，连续四年增量保持在 1000 个以上”[17]，2009 年时，我国仅有 3 个淘宝村，发展至今，为我国乡村振兴大背景下的共同富裕提供可行性。

五

商业与公益的结合日益频繁，借助数字营销技术更好更有效的传播社会正能量。伴随着人工智能在营销传播领域应用的普及与升级，商业传播中的千人千面、品效合一早已成为行业共识，相比之下，公益广告在传播理念、传播内容、传播载体、传播形式等方面都相对滞后，长此以往不仅会限制公益广告的发展和价值发挥，也会对我国投入的公益广告资源造成浪费，因此，如何适应技术的变化，进行公益传播的发展创新，提升公益传播效果是亟待解决的问题。近几年，以公益为主题的赛事、交流日益多元，如中国广告黄河奖、北京国际公益广告大会等，在国内外产生了广泛影响，也不乏优秀的公益传播实践在商业类评选中赢得大奖的案例。腾讯公益发起的“我是创益人”、字节公益与巨量引擎联合发起的“公益创享季”等带动了更多 NGO、广告人、广告主的参与，通过与数字技术、数字平台的结合，公益传播的效果在逐步提升。荣获第 28 届中国国际广告黄河奖互联网类金奖的作品《没有尽头的朝圣》请来了《冈仁波齐》的主演们，重复着与当年相似的动作，每走几步就弯腰捡起垃圾瓶，通过与腾讯广告的合作在互联网进行数字化传播，呼吁和带动更多的人通过捐款加入这场对大自然的朝圣之中。2021 年奥利奥联合腾讯公益，发起“分开的奥利奥，分不开的爱”活动。基于对身处城市的 996 父母们没有时间陪伴孩子的洞察，奥利奥推出了“分开的奥利奥”特别产品，一半送给缺少陪伴的孩子，一半送给总在忙碌的父母，孩子可以在饼干背面写话给父母，以此提醒父母多多陪伴孩子。奥利奥在北京和上海的部分地区，设置了儿童节特别版自动贩卖机，打卡即有机会 get 限量版奥利奥。呼吁大家将目光聚焦城市 996 儿童，帮助他们找回失去的爱与温暖[18]。这些在公益传播方面的探索与实践既是广告业传播社会正能量，不断满足人民群众日益增长的美好生活的需要应有的作为，也是科技向善，互联网企业社会责任重要体现。

六

社会新阶段、产业新格局为广告业的发展带来了新的机遇与挑战，2021 年中国广告业的行业探索与实践，继续走在产业数字化的前沿，在广告研究方面，围绕着产业转型、数字营销创新实践方面的梳理和总结极大丰富，具有中国特色的，原创的理论创新始终缺乏。面对快速变化、深入转型所带来的不确定性和不稳定性，更需要新的理念、新的理论的指导，因此广告的学术研究应该始终致力于适应新时代、数字化需求的理论模式的建构。

2021 年围绕着广告业发展过程中的共同关切，广告学界也给予了相应的关注、讨论与研究。比如：2021 年 8 月，由复旦大学新闻学院、上海市广告协会等共同主办了建党百年视阈下的“国家叙事”暨上海第三届数字公益广告论坛，除了主旨演讲、圆桌论坛外，还围绕“国家叙事：在公益广告作品中表达国家理想”“创意传播：在公益广告创作中讲好中国故事”“公共表达：在技术赋能下展现品牌社会责任”等话题设置了分论坛，论坛举办同期还举办了建党百年主题公益广告展组成。2021 年 11 月，第四届智能科学与广告发展国际学术研讨会在上海举办。该会议由上海外国语大学主办，从 2018 年至今已成功举办 4 年。本次会议来自中国、美国、英国等国家的八十多位专家学者通过线上线下相结合的形式共同商讨智能广告议题。会议以人工智能作为广告产业发展的时代背景，聚焦区块链、计算技术等更多前沿技术领域，探索新文科背景下广告学科发展与教育改革的新机遇，新思路和新战略，全面深刻的讨论，审视了人工智能对劳动力市场、社会经济、产业结构以及教育体系的潜在影响，对促进广告产业与广告理论的变革创新以及人工智能与广告教育的深度融合具有重要意义。在数字人才培养方面，实战教学继续深入开展，北京大学数字营销实战教学创新项目从 2015 年至今已实施七年，今年除了保持原有的营销技术实战以外，强调价值引领，负责人陈刚教授特意选择了“美丽公约”的公益项目作为命题，在夯实理论基础，提升专业技能的同时，培养学生的公益使命感、社会责任感。除此之外，中国传媒大学、暨南大学、深圳大学、中国人民大学也通过与腾讯广告、巨量引擎、代理公司等教学合作开启同类型的实战课程。

2021 年，对中国的广告业发展而言，是一个重大的标志性的历史转折之年。全球格局的变化、中国社会的转型，推动中国的广告业进入新的历史阶段。在双循环的大背景下，在“十四五”规划的指导下，在大力发展数字经济的新格局下，广告业与社会经济发展之间的关系和相互作用，也不再仅仅停留在“晴雨表”的层面。因此，广告业的发展应该在新的时代背景、产业背景和发展阶段中抓住机会，找准定位、深刻洞察、转型创新，在双循环中发挥更大的作用，在我国数字经济发展中更好地创造价值，服务社会的发展。

（陈刚，北京大学新闻与传播学院院长、教授，中广协学术委员会主任；董婧，北京大学新媒体营销传播研究中心副主任，中广协学术委员会委员）

【参考文献】

[1] 国家统计局：《中华人民共和国 2021 年国民经济和社会发展统计公报》，2022 年 2 月 28 日，http://www.stats.gov.cn/tjsj/zxfb/202202/t20220227_1827960.html.

[2] 《中华人民共和国国民经济和社会发展第十四个五年规划和 2035 年远景目标纲要》，2021 年 3 月 13 日，http://www.xinhuanet.com/2021-03/13/c_1127205564_6.htm.

[3] 新华社，《习近平主持中央政治局第三十四次集体学习：把握数字经济发展趋势和规律 推动我国数字经济健康发展》，2021 年 10 月 19 日，http://www.gov.cn/xinwen/2021-10/19/content_5643653.htm.

[4] 中国互联网信息中心（CNNIC），《第 49 次中国互联网发展状况统计报告》，2022 年 2 月 25 日，http://www.cnnic.net.cn/hlwfzyj/hlwxzbg/hlwtjbg/202202/P020220311493378715650.pdf.

[5] 中国广告协会，《2021 年广告市场规模预计破万亿，第 28 节中国国际广告节在厦门开幕》，2021 年 12 月 12 日，https://mp.weixin.qq.com/s/awB00xl7ZdwRxAguLJc-TA.

[6] 哔哩哔哩商业动态：《B 站李旎：在 B 站，构建数字世界的品牌资产》，2021 年 12 月 13 日，https://mp.weixin.qq.com/s/o9Yh7OJL7N7aYclNxB0iyw.

[7] CTR 洞察，《2021 年广告市场同比增长 11.2%》，2022 年 2 月 28 日，https://mp.weixin.qq.com/s/5-0blfvDQM5sj1tn0t45Yw.

[8] 艾瑞，《2021 年种草内容平台营销价值白皮书》，2021 年 11 月 19 日，https://mp.weixin.qq.com/s/7RdFWFDVMPpxQ_9sSPnkcA.

[9] 巨量算数，《2021 中国营销创意生态报告丨变化与趋势》，2021 年 12 月 21 日，https://mp.weixin.qq.com/s/nO4L4VHkZ1rddw9ALV8Kgw.

[10] 阿里妈妈数字营销，《全域营销升级：阿里巴巴推出全域增长体系》，2021 年 9 月 3 日，https://mp.weixin.qq.com/s/gtwAF9AJGvrhXt-Mn8cm7Q.

[11] 巨量引擎营销观察，《巨量引擎发布全量增长方案，迈向营销与经营一体化时代》，2022 年 1 月 6 日，https://mp.weixin.qq.com/s/JU8Aikda-_aEGlJrxuzlJw.

[12] 小红书商业动态，《2021 金投赏小红书专场，IDEA 营销方法论首次揭晓》，2021 年 10 月 14 日，https://mp.weixin.qq.com/s/52DluUDgeAf7A_GoMNcyxQ.

[13] 中国信通院，《中国数字经济发展白皮书》，2021 年 4 月，第 14—15 页 .

[14] 京东营销 360 学习平台，《京准通七周年：营销方略全新上限，打造数智化全链路营销中枢》，2021 年 9 月 18 日，https://mp.weixin.qq.com/s/m0O5MhQqSeBMXYLqQKtPuw.

[15] 中国信通院，《大数据白皮书》，2021 年 12 月，第 16 页 .

[16] 中国互联网信息中心（CNNIC）：《第 49 次中国互联网发展状况统计报告》，2022 年 2 月 25 日，http://www.cnnic.net.cn/hlwfzyj/hlwxzbg/hlwtjbg/202202/P020220311493378715650.pdf.

[17] 阿里研究院，《2021 年淘宝村名单出炉 全国淘宝村数量已突破 7000！》，2021 年 10 月 11 日，https://mp.weixin.qq.com/s/vG5mBKsA9NB_WiWN55KT-w.

[18] 奥利奥官方微博，2021 年 5 月 28 日，https://weibo.com/3283000062/KhwzOetAS?from=page_1006063283000062_profile&wvr=6&mod=weibotime&type=comment.

大事记

Chronicle of Events

2021 年中国广告业大事记

一月

1 月 1 日，微信视频号以“追光”为主题，从早上 6 点开始，连续直播 17 小时，跨越 30 余座城市地标，以时间为线，纵览全球日出，传达“万物之中，希望至美”的信念。整场直播观看人数超过 150 万人，点赞超过 263 万次。本次追光直播由 @ 共青团中央、@ 微信派、@ 广东台触电新闻视频号联合播出。

1 月 5 日，国家广播电视总局发出《关于停止播出“中医新知甩脂贴”等部分版本广告的通知》，要求立即清理和停止播出相关违规广告。广电总局强调，各级广播电视机构要提高政治站位，强化政治担当，牢牢把握正确的政治方向、舆论导向和价值取向，始终将社会效益放在首位，严格遵守广播电视广告播出的相关法律法规，严格广告播出审查和监测监管，发现问题严肃处理，维护良好的播出秩序。

1 月 12 日，由中关村互动营销实验室主办，北京师范大学新闻传播学院承办的《2020 中国互联网广告数据报告》发布会在北京师范大学京师大厦和腾讯会议、B 站直播间同步举办。报告显示，2020 年中国互联网克服全球疫情的严重影响，互联网广告全年收入 4971.61 亿元，比 2019 年度增长 13.85%，增幅较上年减缓 4.35 个百分点，仍维持增长态势。小微、新锐广告主进入市场不仅填补了大品牌投入放缓的市场份额，还支持起互联网广告市场的二位数增长，为实体经济复苏开启了本土时代新路径。

2021 年 1 月 14 日，在知乎上线第十年的时间节点，知乎发布由 SG 胜加广告公司创作的十周年品牌宣传片《有问题 就会有答案》。该宣传片总时长 3 分 50 秒，以相当宏大的视角切入，提出了“无人区”这一概念，同时在画面中放大“举手”这一参与感和表现欲很强的动作意象，串联起观点性极强的文案语境，明确传达了知乎全新的品牌主张“有问题，就会有答案”。第三方调研数据显示，该宣传片成功帮助知乎实现了人们对品牌定位的快速认同，完成了品牌形象升级，获得了广泛传播和喜爱。

1 月 16 日，由中国文联文艺工作者职业道德建设委员会全体会议审议通过的《文艺工作者广告代言自律公约》正式发布执行。公约指出，为积极培育和践行社会主义核心价值观，加强文艺工作者职业道德建设和文艺界行风建设，引导督促文艺工作者遵守法律法规，恪守职业道德，履行社会责任，规范广告代言行为，弘扬行业良好风尚，树立健康积极向上的社会形象，广大文艺工作者要自觉响应遵守本公约，接受群众、舆论和社会监督。

1 月 27 日，上海市市场监督管理局决定在本市范围内开展不正当竞争专项整治行动，本次专项整治行动重点打击在互联网平台经济领域、防疫领域、长江禁渔等工作中发现的不正当竞争行为，以及网络购物、网络带货直播等领域中存在的刷单炒信、虚假宣传和商业诋毁等行为。

二月

2 月 11 日，一部时长 90 秒的公益广告短片《妈妈的请假条》经 2021 年央视春晚现场向全球热播后，用

90 秒视觉冲击力再现出千万名战斗在扶贫攻坚第一线队员们真实工作生活的形象。该片由中央广播电视总台摄制，中共云南省委宣传部协助拍摄，以一名扶贫工作队员舍小家顾大局深入贫困村开展脱贫攻坚的感人故事，让人们看到了中国共产党人的初心和使命，责任和担当。

2 月 14 日，正值情人节之际，支付宝联合口袋铃声推出“在吗”口令，只要在支付宝搜索框输入“在吗”口令，就会收到一首情歌，并配有一句“在吗”开头的土味情话。歌曲和情话的推送也是随机的。用户可以点击“分享”按钮就会自动生成一张有告白文案的信封海报。该活动 18 小时内吸引到了 150 万的用户参与，并且节后用户活跃度又出现了新的小高潮。

2 月 19 日，最高人民检察院、国家市场监督管理总局和国家药品监督管理局联合发布《15 个落实食品药品安全“四个最严”要求专项行动典型案例》。案例包括江苏苏州皙莱雅化妆品有限公司经营冒用他人厂名厂址的化妆品、发布虚假广告案。

2 月 28 日，中国广告协会召开网络直播运营 1+X 产教融合研讨会暨智库成立仪式。本次活动由中广协联合人民网人民优选、新华社经济参考报（网）、央视网共同发起，旨在深入落实国家职业教育改革措施，对 1+X 证书制度进行试点，全面推开职业技能等级证书培训评价工作，携手电商龙头企业、相关院校、产业基地、技术平台等多方资源，从人才培养入手，推进网络直播产业持续健康发展。

2 月春节期间，成都国际金融中心双塔一场场流光溢彩、璀璨夺目的视觉盛宴吸引了众多网友的目光，一分多钟的“光影梦幻”视频网络播放量超过百万，自此双子塔这一地标媒体正式出圈。天府国际金融中心双塔采用京东方显示技术，218 米高的双子塔身安装有 5.2 万平方米的 LED 屏幕，8K 的高清效果，通过显示屏 + 通讯 + 算法的物联网解决方案，实现双塔视频内容显示的高度同步及画面的完美呈现，使灯光与建筑融于一体。

三月

3 月 1 日，中国广告协会和可信责任组织共同发布面向中国市场的 TAG 国际标准。该标准中，特别是流量反欺诈项目将为中国企业提供强有力的认证，并作为防止数字广告欺诈的重要工具。为符合中国市场实际情况及本地化标准，双方依据中国国家标准 GB/T 34090.2—2017《互动广告》第 2 部分：投放验证要求相关内容，共同制定 TAG 反欺诈认证项目国际标准。企业仍可选择使用媒体评估委员会（MRC）的一般无效流量（GIVT）指南。

3 月 8 日，三八国际妇女节之际，珀莱雅联合《中国妇女报》发起 # 性别不是边界线 偏见才是 # 主题活动，邀请新生代 Rapper 于贞出演主题片，并联合 10 位 KOL 录下他们的声音，向所有人发出疑问，给出他们的回答。号召大家对抗性别偏见，打破刻板印象。

3 月 16 日，为热烈庆祝建党 100 周年，人民日报数字传播有限公司主办、中国公共关系协会新闻与传播委员会协办的 “征途·奋斗——庆祝建党百年楼宇屏媒联动活动”启动仪式隆重举行。人民日报数字传播联合新潮传媒、迪岸双赢传媒、分众传媒、梯影传媒、华铁传媒、海信集团、京东数科、中运科技、纳尼亚传媒、天地互联、热点传媒等十余家楼宇和户外媒体公司，通过定期定时推送内容，充分发挥楼宇屏媒的传播力、影响力，做大人民日报建党百年主题宣传在“屏”端渠道的传播广度。

3 月 20 日，问答式在线社区知乎向美国证券交易委员会（SEC）今日更新 F-1 招股文件，计划以“ZH”为代码在纽约证券交易所挂牌上市。知乎此次公开发行将同步进行私募配售（CPP），最高融资额超 10 亿美元。此次，阿里、京东、腾讯、Lilith Games 一并参与私募配售，合计认购 2.5 亿美元等值股份。

3 月 21 日，哔哩哔哩电竞与上汽 MG 名爵举办 Z 世代“新主场挑战赛”暨战略合作发布会。发布会现场，双方共同宣布，MG 成为哔哩哔哩电竞战略合作伙伴，BLG 平安银行俱乐部独家汽车合作伙伴，杭州闪电队独家汽车合作伙伴。双方表示将集结新时代共创精神，为年轻人打造新主场，探索提供年轻人专享的未来生活体验方式。

3 月 22 日，中国广告协会发布《网络直播营销选品规范》，多家拥有众多头部主播的 MCN 机构参加会议，对中广协的网络直播营销活动规范表示支持并签署了《诚信自律承诺书》。淘宝、抖音电商、快手、B 站、小红书等头部平台企业代表参加发布会，认为《选品规范》能够为业务提供风险提示，对相关业务开展起到保驾护航的作用。

3 月 27 日，由于部分国际行业组织和跨国企业基于个别反华势力虚构的谣言，抵制新疆维吾尔自治区的棉花和相关产品，并就此发表声明、终止合作、取消许可。中国广告协会、中国广告协会广告代言人委员会及各会员单位迅速作出回应：坚决反对一切恶意抹黑中国的恶劣行径。

3 月 30 日，雷军在小米春季新品发布会的第二场宣布小米换了新 LOGO 并正式启用。小米新 LOGO 从原来的方形变成椭圆形，由国际著名设计师原研哉设计。原研哉为小米品牌视觉融入东方哲学的思考，从“科技与生命的关系”出发，提出全新的设计理念。

3 月 31 日，国家广播电视总局发布《关于 2020 年度法治政府建设情况的报告》，报告指出要加强重点领域执法。严肃查处广播电台、电视台违规行为。按照“双随机，一公开”监管工作要求，抽查 56 个地级以上广播电台、电视台，并督促违规机构及时整改。加大广播电视广告监管力度，停播 18 条违规商业广告，组织约谈违规卫视频道，向各省广电局转交违规线索、投诉信息。

四月

4 月 7 日，2021 上海国际广告节“数字燥物”首席营销官峰会成功举办。峰会邀请来自元气森林、瑞琪奥兰、每日黑巧、OATLY、小鹏汽车等流量新品牌，宝洁、联合利华等传统快消巨头品牌，爱奇艺、饿了么、快手、微博等一线互联网公司，益普索、文明广告、CCE Group、萤若科技、蔚迈等行业一线的精英高管们出席本次活动并担任演讲嘉宾，在各自的专业领域分析、讨论数字化时代下新品牌、新营销的最新趋势。

4 月 10 日，市场监管总局对阿里巴巴“二选一”垄断行为依法做出行政处罚决定，责令阿里巴巴集团停止违法行为，并处以其 2019 年中国境内销售额 4557.12 亿元 4% 的罚款，计 182.28 亿元。同时，按照行政处罚法坚持处罚与教育相结合的原则，向阿里巴巴集团发出《行政指导书》，要求其围绕严格落实平台企业主体责任、加强内控合规管理、维护公平竞争、保护平台内商家和消费者合法权益等方面进行全面整改，并连续三年向市场监管总局提交自查合规报告。

4 月 12 日，国家广播电视总局传媒机构管理司和信息中心对“全国优秀广播电视公益广告作品库”平台进行了全新改版升级，强化了作品收集汇总、推荐分发、上传下载、在线播放、数据统计等多项功能，优化了作品标签设置、主题分类、推荐展示、查找搜索功能。作品库的改版升级，为进一步推进公益广告宣传发挥了积极作用。

4 月 14 日，全国市场监管部门广告监管工作座谈会在湖北省武汉市召开。市场监管总局党组成员、副局长（正部长级）秦宜智出席会议并讲话。会议肯定了“十三五”时期特别是 2020 年全系统广告条线持续强化广告监管执法、用心指导广告业发展等各项工作取得的成绩，强调要深入贯彻落实习近平总书记“广告宣传也要讲导向”的重要指示精神，以服务国家经济社会发展和改善民生为目的，以提高广告产业实力与市场竞争能力为目标，着力确保广告宣传导向正确，着力创新广告监管理念机制，着力夯实广告产业发展基础，着力促进广告产业转型升级，着力提升产业服务大局能力，着力健全广告法律法规体系，着力构建社会共治体系，着力推动公益广告可持续发展，深入推进广告领域“放管服”改革，推动实现广告业高质量发展，为“十四五”开好局、起好步作出新贡献。

4 月 19 日，国家广播电视总局发布《2020 年全国广播电视行业统计公报》，报告指出 2020 年全国制作专题服务类广播节目开设“众志成城 共同战疫”专栏专区，涌现出《逆行者》《在武汉》等优秀节目和作品。播出广播公益广告节目时间 54.99 万小时，同比增长 42.76%，占播出广播广告节目时间的 38.89%，比 2019 年提高了 10.25 个百分点；播出电视公益广告节目时间 98.47 万小时，同比增长 42.65%，占播出电视广告节目时间的 43.77%，比 2019 年提高了 11.20 个百分点，推出了《口罩的一切》《因为你改变了我》等公益广告，有力服务了疫情防控等工作。

4 月 22 日，快手在光合创作者大会上公布 2021 年平台生态战略，快手将在三个方面进行突破：一是构建直播 2.0 时代，二是推进泛生活服务，三是提升平台的社区及社交价值。重点围绕推进泛生活服务展开突破，扩大内容与创作者的覆盖面，纳入各种产业及稀缺资源内容，加强需求之间的匹配。

4 月 22 日，广电总局召开关于打击电信网络诈骗会议。会议强调，一方面要配合公安、无线电管理部门强化“黑广播”治理，大力整顿“灰广播”失范失序行为；另一方面加强广告播出管理，坚决打击利用广播电视和网络视听平台进行电信诈骗、金融诈骗等行为，坚决整治虚假和夸张夸大宣传、违规播出医药保健食品类广告和超时超量播放广告等问题，切实维护人民群众利益。

4 月 27 日，由天闻地铁传媒联合长沙银行共同打造的长沙地铁数字艺术馆正式落成。长沙地铁数字媒体艺术馆位于长沙地铁溁湾镇站中，以 2000 平方米换乘空间为基础，由 6 个大型钢结构立体 LED 艺术装置构成，所有展出内容均由双 8K 媒体艺术装置进行动态化呈现，将原本的地铁通勤空间打造成丰富光影质感的艺术空间，充满科技感和潮流感。

五月

5 月 14 日，福特汽车获得智能汽车中控屏广告专利，试图通过车机屏幕向用户推送广告。该专利显示，车内的摄像头将识别视野范围内广告牌中出现的品牌及产品，并向用户推送相关品牌网站、电话等信息。

5 月 18 日，网易云音乐与全球三大唱片公司之一的索尼音乐娱乐达成全新版权合作，网易云音乐将获得索尼音乐娱乐数年期的海量曲库授权。同时，双方还将在音乐宣发、流媒体服务、在线 K 歌、音乐 Mlog 等层面开展更多创新探索和全新合作。索尼与网易云音乐系首度达成直接版权协议，显示此前腾讯音乐独占索尼音乐大陆地区版权的局面成为历史。

5 月 15 日到 16 日，2021（第十七届）中国广告论坛暨首届中国绿色直播生态博览会在杭州举办。论坛主题为“时代定义广告，广告顺应时代——构建中国广告新发展格局”，邀请相关政府部门、行业组织及产学研专家等，有将近 1000 位行业嘉宾和代表出席，共同解读广告行业新的市场环境，发展趋势，洞察新的增长机遇，共谋行业发展。

5 月 21 日，快手官方宣布与中央广播电视总台签署授权合作协议，平台已获得东京奥运会与北京 2022 年冬奥会视频点播及短视频权利，正式成为东京奥运会与北京 2022 年冬奥会持权转播机构，这意味着快手已成为全球首家获得奥运会转播版权的短视频、直播平台。

5 月 25 日，由国家互联网信息办公室、公安部、商务部、文化和旅游部、国家税务总局、国家市场监督管理总局、国家广播电视总局七部门联合发布的《网络直播营销管理办法（试行）》正式实施。《办法》指出，直播间运营者、直播营销人员发布的直播内容构成商业广告的，应当履行广告发布者、广告经营者或者广告代言人的责任和义务。

六月

6 月 1 日，东方彩妆品牌花西子正式对外公布了品牌虚拟形象——“花西子”。“花西子”是一位清新脱俗、温婉淡雅的古典少女，同时也是一位自信优雅的时尚佳人，是花西子品牌人格化的集中展现她是花西子在百年品牌愿景下推出的一个关键性人物，也是花西子品牌人格化道路上的一个重要里程碑。

6 月 2 日，全国打击侵犯知识产权和制售假冒伪劣商品工作领导小组发布《2021 年全国打击侵犯知识产权和制售假冒伪劣商品工作要点》，报告指出，规范“直播带货”等网络经营活动秩序，严厉打击制售侵权假冒商品和发布虚假广告、虚假宣传行为，集中整治电商刷单网站和平台，依法严厉打击电商刷单炒信、买卖快递单号等行为。

6 月 3 日，蜜雪冰城在 B 站等网络媒体官方账号上发布了一支洗脑宣传 MV，该 MV 中的主题曲因为病毒性的旋律和歌词，马上吸引了多圈层 UP 主的自发二创，随后这支主题曲快速引爆了各大社交媒体，形成了一场全民狂欢的事件营销。

6 月 24 日，为隆重庆祝中国共产党成立 100 周年，结合党史学习教育，中宣部宣教局会同人民日报社新媒体中心制作了系列“七一”宣传海报，宣传展示李大钊、彭湃、方志敏等优秀共产党员的光辉形象和感人事迹。营造同庆百年华诞，共铸历史伟业的浓厚氛围。

6 月 28 日起，人民日报数字传播联动华铁传媒、小热点、纳尼亚传媒、中运科技、京东科技和新潮传媒等多家屏媒机构，在北京、上海、广东、天津等省市区域的 10 万个电子屏幕点位高频次刊播了为期 8 天的“奋斗百年路 启航新征程”主题海报，涵盖地标大屏、生活社区、高铁列车、汽车客运、电梯智慧屏等渠道，营造了共庆百年华诞、共铸历史伟业的浓厚氛围。

6 月 29 日，第七届 GDMS 全球数字营销峰会在上海跨国采购会展中心正式召开，百位品牌营销领域拓荒者，聚焦私营定制、私域流量、社交媒体 & 直播电商、新零售、B To B 营销、内容营销等领域带来了前瞻性洞察与分享。以及“GDMS x The Trade Desk：品牌出海营销论坛 ”“全域新增长——悠易 2021 数智营销专场”“意略明专场”“快手磁力引擎分论坛”四大合作伙伴专场。

七月

7 月 6 日，中央广播电视总台与腾讯在北京联合举办发布会，宣布腾讯成为中央广播电视总台 2020 东京奥运会及 2022 北京冬奥会赛事转播视频战略合作伙伴。在北京冬奥会期间，腾讯还将与总台继续加深合作，整合全平台资源并发挥社交优势，用区块链、AI 音视频创新等前沿科技助力中国冰雪运动的全面发展，为中国互联网用户提供更优质的冬奥内容与创新互动体验。

7 月 12 日，腾讯云与全球知名的波士顿咨询公司达成战略合作，将发挥双方的技术、资源和品牌优势，在金融、零售等多个领域开展全面合作，为企业提供上云的整体架构设计、员工赋能方案和市场营销方案等，共同助力企业的数字化转型。腾讯云表示，目前旗下的基础设施已覆盖五大洲 27 个地区，泰国曼谷、印尼雅加达、新加坡、日本东京等地均已开设数据中心，为当地企业提供更多本地化服务。

7 月 21 日，2021 上海国际广告节暨数字广告高峰论坛开幕。本次活动以打造数字化广告节为目标，涵盖高峰论坛、颁奖典礼、展览展示和新锐挑战营四大板块。内容聚焦“数字广告”发展，包括广告业数字化转型、长三角广告一体化发展和数字时代青年人才的培养等，助力上海打造国际数字广告之都。

7 月 21 日，鸿星尔克宣布向河南捐赠 5000 万元物资，这一低调的公益行为受到网友自发宣传，登上微博热搜第一位；同时大量网友涌入鸿星尔克直播间，购买鸿星尔克产品，使得鸿星尔克 23 日当日销售额同比增长超 52 倍。

7 月 22 日，英超联盟宣布与爱奇艺体育正式达成合作，爱奇艺体育将成为英格兰足球超级联赛中国大陆及澳门地区独家新媒体转播平台，将全程直播 2021/22—2024/25 四个赛季英超联赛全部赛事。据悉，自成立以来，爱奇艺体育便持续深耕全球头部足球赛事 IP，先后与欧足联、西甲联赛、亚足联、英超联盟等世界著名赛事机构达成深度合作，形成了丰富的足球顶级版权赛事 IP 矩阵。

7 月 28 日，由中国广告协会户外广告分会牵头组织，全国各地出租车媒体组成的“全国出租车媒体合作平台”在 2021（西宁）中国户外广告论坛上正式宣布成立。“全国出租车媒体合作平台”是由中国广告协会户外广告分会组织成立的、户外广告行业垂直细分领域的共建共享的非营利性平台，该平台旨在进一步规范全国出租车媒体市场，统筹行业资源、优势互补、形成合力，共同探索资源合作方式、分享创新成果、统一技术端口，协力推进全国出租车媒体行业健康发展。

7 月 28 日，由中国广告协会、西宁市人民政府主办，中国广告协会户外广告分会、青海海畅广告、益世传媒共同承办的以“新起点 共未来”为主题的 2021 年中国户外广告论坛在青海省会西宁开幕。重点围绕中国户外媒体的新形势、新消费、数据化赋能中国户外媒体、品牌对户外广告新需求等议题展开研讨。

7 月 29 日，阿里妈妈 m partner C 位私享会上，阳狮集团正式成为阿里妈妈 Uni Desk 全域数智营销超级营销伙伴。阳狮电商 Performics 联合首席执行官段思锐（Cyril Drouin）代表阳狮集团进行签约。

7 月 30 日，群邑中国和快手举办了深度业务交流会，双方共同推出“快邑计划”。在战略业务、科学技术、引领创新及能力共建四大维度进行深度联动，探索合作新模式，挖掘数字化增长“密码”，共同推动产业发展提速增效。

八月

8 月 2 日，国家广播电视总局统计 2021 年上半年广播电视服务业数据，统计数据显示 2021 年上半年全国广播电视服务业总收入 4645.53 亿元，同比增长 22.31%。其中：广告收入 1177.42 亿元，同比增长 47.89%。上半年广播电视机构融合发展业务收入 6.18 亿元，同比增长 29.67%，其中广播电视机构新媒体广告收入 91.58 亿元。

8 月 11 日，上海市市场监管局开展借庆祝建党 100 周年名义进行商业营销宣传集中整治，以“建党 100 周年”“建党 100”等作为关键字进行专项监测和检查。截至目前，共监测本市主要媒体发布的各类广告 133.7 万条，立案查办相关违法违规商业营销宣传案件 24 件。共排查相关主体 109832 户，指导自查 6830 户，约谈告诫 238 户，发现涉嫌违法违规线索 773 条，下架商品 4939 件，责令停止发布 69 次。

8 月 11 日，万达电影发布《关于子公司拟与关联方开展广告业务合作暨关联交易的提示性公告》，公告表示，为进一步整合全国万达广场室内外广告媒体资源，拓展广告业务覆盖范围，提高长期盈利能力，公司旗下全资子公司万达传媒拟与关联方珠海万达商业管理集团股份有限公司开展广告业务合作及签订合作框架协议，自 2021 年 9 月 1 日起代理协议中约定的全国万达广场室内外广告媒体业务，合作期限 3 年。

8 月 20 日，在线音频平台喜马拉雅发起品牌焕新活动，正式更换 slogan 为“每一天的精神食粮”。喜马拉雅表示，希望为用户和其家人提供具有向上的精神引领性的优质内容，帮助人们在信息爆炸的时代，找到内心的定力和定见，让随波逐流的时间也能有所收获和沉淀。

8 月 31 日，国家广播电视总局发布《中共国家广播电视总局党组关于推动党建和业务工作深度融合的实施意见》，报告指出把意识形态工作要求与日常管理、行业管理和社会治理有机结合，持续整治违法违规视听网站、视听节目和违规广告等问题，净化荧屏声频和网络空间，稳妥处置重大突发事件和热点敏感问题舆论引导，提升防范化解意识形态领域风险的能力。

九月

9 月 2 日，阿里妈妈举办 2021 年度 m 峰会，官宣数智化商业战略，推出品牌升级、技术创新、经营力重塑等三大全新计划。带来了 4.0 品牌新主张：“阿里妈妈，让每一份经营都算数”，并从视觉形象、技术迭新等多方面进行品牌升级。

9 月 4 日，反诈主播陈警官“反诈警官老陈”在短视频直播平台上与其他主播进行连麦，宣传“国家反诈中心”APP，取得了强烈的反差和传播效果，使得“国家反诈中心”APP 登上了各大应用商店的下载榜单。

9 月 10 日，由整治虚假违法广告部际联席会议指导，中国广告协会发起成立广告道德委员会。广告道德委员会由知名专家学者、高等院校、研究机构代表以及群团组织、有关行业协会代表等组成。旨在深入贯彻落实习近平总书记关于“广告宣传也要讲导向”重要指示精神，在广告业倡导讲品位讲格调讲责任，抵制低俗庸俗媚俗，弘扬社会主义核心价值观，加强德治建设、强化道德约束，自觉提升广告行业思想文化内涵，为人民群众提供健康有益的广告文化产品。

9 月 15 日，由小红书出品的 2021WILL 未来品牌大赏正式上线。元气森林唐彬森、泡泡玛特王宁、完美日记黄锦峰、茶颜悦色小葱 4 名新消费品牌创始人首次齐聚，与小红书创始人木兰展开对话。此外，首届 WILL 未来品牌大赏召集近 70 位外部评审委员，围绕“未来品牌”相关奖项进行提名、打分和投票。最终，喜茶、观夏、茶颜悦色、可可满分和好瓶 HowBottle 等 19 个品牌获得包括产品设计、内容创造、ESG 在内的 11 个奖项。

9 月 16 日，雅仕维传媒集团自主研发设计的 AR 智能游戏在香港投入使用。这款 APP 名为“Where We Wow”（围威喂），主要采用 AR+ 媒体形式打造互动体验式户外广告，深入用户心理，运用“寻宝地图”概念，创意升级“户外＋线上”玩法，创新引领户外广告的新趋势。

9 月 17 日，国家广播电视总局办公厅发布《关于停止利用广播电视和网络视听节目宣传推销槟榔及其制品的通知》。通知指出，广电总局决定，自即日起，停止利用广播电视和网络视听节目宣传推销槟榔及其制品。

9 月 24 日至 26 日，长安福特利用户外广告的新型形式＋新型技术制造了一场以“盲盒”为锚点的户外场景营销活动。长安福特在重庆观音桥广场上打造了一个相当于 57 万个小盲盒的超大 EVOS 盲盒，应用新技术搭建了一个“元宇宙”空间，以裸眼 3D 模拟动画让大众体验到了置身车内的畅快和新潮，同时现场还设置了 AR 游戏互动环节。最大程度提升了用户的互动体验，拉近了品牌和消费者之间的距离。

9 月 25 日，由中国广告协会、中国企业联合会管理现代化工作委员会联合分众传媒打造的“国货发展高峰论坛”在上海举行。来自雪花啤酒等国牌代表品牌齐聚上海，分享身为中国品牌崛起的经验与心得，助力国牌崛起，成就民族自豪。

十月

10 月 11 日，2021 中国广告业大奖终审会在江苏南京正式召开。参赛作品数量总计达 10000 余件。评委数量也再创新高，涵盖全行业近 70 位大咖；类别也更加多元，覆盖高校学术专家、国内外知名品牌、媒体、顶尖营销咨询机构、4A 广告公司、本土创意热店等多方主体。共有近 1700 件长城奖、1500 件黄河奖优秀作品晋级进入终审。

10 月 18 日，“2021 抖音潮流艺术计划”正式启动。近百位国内外潮流艺术家集体入驻抖音，借助短视频和直播的力量，传播艺术作品、打造个人艺术 IP。在为期近三个月的时间内，抖音潮流艺术计划将联合艺术家、抖音艺术作者和艺术爱好者，发起艺术作品海选征集、线上虚拟艺术展、线下公益艺术特展等活动。

10 月 21 日，教育部、市场监管总局、中央网信办、工业和信息化部、公安部等五部门近日联合印发《关于加强高等学历继续教育广告发布管理的通知》。指出，高等学历继续教育广告信息必须真实、准确、合法，不得出现“快速取证”“免考包过”“考不过退款”等对教育效果作出明示或者暗示的保证性承诺；不得模糊自学考试助学活动与主考学校学历教育的关系区别；不得混淆技师学院、专修学院、研修学院等非学历高等教育机构与开展学历教育高校的性质区别。《通知》要求，高校应严格履行办学主体责任，完善广告宣传统一归口管理制度。

10 月 22 日，国家知识产权局、国家市场监督管理总局印发《北京 2022 年冬奥会和冬残奥会奥林匹克标志知识产权保护专项行动方案》，方案指出，以广播电台、电视台、门户网站、社交网站、自媒体平台为重点，规范在广告宣传、营销中使用奥林匹克标志的行为。严厉打击未经权利人许可，利用冬奥会和冬残奥会有关元素发布广告，足以引人误认为与权利人之间有赞助或其他支持关系的、误导消费者的违法广告。

10 月 26 日，国家广播电视总局发布《广电总局规划财务司负责人解读〈广播电视和网络视听“十四五”发展规划〉》。报告指出，“十四五”时期，广电总局将深入贯彻落实影视业综合改革和文娱领域综合治理的工作部署要求，不断加强对网络秀场直播和电商直播、短视频等新业态管理，深入整治泛娱乐化、低俗庸俗媚俗、追星炒星、天价片酬、违规广告等问题，营造行业健康发展良好环境。

10 月 28 日，工业和信息化部信息通信管理局组织召开了行政指导会，规范企业电脑 PC 端应用软件弹窗信息行为。阿里巴巴、腾讯、百度、360 等企业代表参会。会议要求，相关企业要认真落实企业主体责任：一是充分保障用户知情权，明确告知用户弹窗信息来源，不得以“默认同意”等方式强制用户接受产品自启动进行弹窗或提供相关服务；二是尊重用户选择权，为用户提供清晰、有效、显著的弹窗信息关闭选项，不得采用虚假或过小关闭按钮误导用户；三是进一步优化改进产品，避免开机时集中弹窗，影响用户正常使用，切实保障用户权益。

10 月 28 日，由秒针系统及秒针营销科学院举办的“演替 · 共生”2021 第五届营销科学大会在上海圆满收官。本届大会的内容设置围绕“个保法后的营销趋势”“新锐品牌发展路径”“流量与品牌增长”“私域助力企业进化”等时下热议及前瞻话题。

十一月

11 月 2 日，全国公益广告大赛圆满落幕。本届大赛由中央文明办、人民日报社、中国宋庆龄基金会联合主办，·人民日报社政治文化部、人民日报传媒广告有限公司、中国宋庆龄青少年科技文化交流中心承办，人民日报媒体技术股份有限公司协办。最终评选出平面类社会组奖项 7 件，大学生组奖项 12 件，青少年组奖项 4 件，视频类社会组奖项 13 件，大学生组奖项 8 件，青少年组奖项 2 件。

11 月 5 日，网易严选和罗永浩推出了《啥是好东西》广告片。其中罗永浩作为网易严选的好物推荐官，严肃认真地吐槽了常见广告套路的浮夸之风，之后说出网易严选产品的卖点，传达“好产品本身就是最好的广告”的理念。反套路的风格，幽默有趣的情节，让这支广告受到了网民的喜爱。

11 月 5 日，国家市场监管总局向全国 942 家互联网平台企业和各地市场监管部门印发《关于规范“双十一”网络促销经营活动的工作提示》，规范促销经营行为，切实维护“双十一”期间网络交易市场秩序，保护消费者合法权益。报告指出，严格规范广告发布行为。提升广告审核水平，杜绝虚假宣传、低俗广告，有效拦截虚假违法广告。

11 月 9 日，市场监管总局、中央宣传部、中央网信办教育部、民政部、住房城乡建设、国务院国资委、广电总局联合发布了《关于做好校外培训广告管控的通知》，通知要求，教培机构不论是学科还是非学科，都不得在主流媒体、网络平台、公共场所、居民区等线上线下空间，刊登、播发面向中小学（含幼儿园）的校外培训广告，以确保“双减”政策的落实。

11 月 12 日，抖音官方微信公众号发布《关于腾讯与抖音商谈对等开放的说明》。文中指出，日前抖音收到来自腾讯创作服务平台的申请，希望接入抖音开放平台。腾讯方面称，有大量全网热门的影视综独家版权作品的二创短视频可以外发到抖音，补充抖音内容生态。抖音表示，腾讯这一举措响应了工信部关于互联互通的要求，非常高兴腾讯版权内容在抖音上分享，这将有助于同时改善腾讯和抖音双方用户的体验。

11 月 23 日至 24 日，中国通信标准化协会（CCSA）和中国广告协会（CAA）联合举办了 TC11 WG1 “移动互联网＋广告”子工作组暨互联网广告标准联合工作组第四次会议。来自 CCSA 和 CAA 会员单位的 120 余位代表参加了会议。会议通过了互联网广告标准联合工作组审查通过 3 项标准，分别是《互联网广告场景下 IP 地址地理信息技术要求》《互联网广告发布者广告审核规程指南》《互联网广告受众测量技术要求》，共同促进广告产业健康发展。

11 月 26 日，由巨量引擎主办，字节跳动公益、今日头条文史频道和光明网联合发起的“焕新非遗”公益行动启动仪式在青岛冰山之角举行。活动现场巨量引擎巨量学运营总监孙亚伟发布了“焕新非遗”扶持计划——在未来六个月里，“焕新非遗”将为全国 10+ 城市超过 500 位“非遗”传承人量身定制融媒体培训课程，让非遗传承人了解和掌握通过外部平台宣传、介绍非遗项目的传播方法论。

11 月 28 日，在腾讯 QQ 浏览器 2021AI 算法大赛颁奖典礼上，QQ 浏览器发布全新技术品牌“QQ 浏览器实验室”。该技术品牌依靠 AI、搜索、大数据、推荐算法的技术研究，提升信息与服务的获取效率，革新用户与世界的交互方式，探索下一代信息与服务获取方式和交互方式。

十二月

12 月 3 日，国家市场监督总局法规司引发《全国市场监管系统法治宣传教育第八个五年规划（2021—2025 年）》，规划指出，大力宣传网络平台监管、广告监管、价格监管、信用监管、规范直销与打击传销等法律法规，为市场主体提供更加公正、透明、规范、便捷、可预期的制度环境。

12 月 8 日至 9 日，由国家广播电视总局、北京市人民政府指导，中共北京市委宣传部、北京市广播电视局主办的以“公益传播 光影同行”为主题的第三届北京国际公益广告大会以“线上 +”形式举办。本届大会通过开幕式、高峰论坛、大师盛宴、主题论坛、公益盛典、系列活动、优秀作品展映展示等多版块精彩内容，汇集国内外创意和公益领域的专家学者和从业者表达观点、分享洞察，聚焦新视听高质量发展和国际传播能力建设，助力公益广告国际传播和推动人类命运共同体建设。

12 月 10 日至 13 日，由中国广告协会主办，厦门市人民政府支持的第 28 届中国国际广告节在厦门圆满举办。本届广告节涵盖奖项赛事、高峰论坛、媒体推介、展览展示、营销互动等丰富的内容，构建起行业资源共享的广告生态圈，吸引了众多广告及相关行业企业参与。除了常规的活动，还举办了广告人吐槽会、创意分享会、总裁读书会、营销科学论坛等，此外中国大学生广告艺术节学院奖颁奖仪式也将首次在广告节现场举行。

12 月 11 日，2021 年中国广告业大奖——黄河奖、第四届“3 · 15 消费者权益保护公益广告大赛”结果公布。包括《一百年，一切为了人民》在内的 201 个公益广告从 4320 件征集作品中脱颖而出，分别获得全场大奖、金奖、银奖、铜奖和优秀作品奖。

12 月 12 日，中国广告业大奖——长城奖公布了 135 件金、银、铜奖以及 10 个学术类奖项。本届长城奖征集各地参评作品共计 4000 余件，囊括了 2021 年度业内最具有引领性、创新性的优秀作品。“共青团中央 × 知乎五四微电影《重逢》”“微信「十年一刻」十周年特别策划”“百度 x 士力架：‘横扫饿兽做回自己’新春营销”“蕉内三部曲”等代表着新创意、新模式、新形式的作品荣获了金奖荣誉。

12 月 12 日，由中共北京市委宣传部、北京市广播电视局组织举办的第三届北京国际公益广告大会圆满落幕。共收到 5166 件来自世界各地的公益广告作品，其中发布类公益广告 1730 件，未发布类 3436 件。17 位业内嘉宾共聚现场对入围终审作品进行了专业评审。本届大会征集作品总数与第二届 (2912 件)、第一届 (2338 件) 相比，分别增长了 77% 和 120%。公益盛典现场推荐了 2021 年第三届北京国际公益广告大会创意征集大赛评选的优秀公益广告作品。公布北京市广播电视局 2021 广播电视扶持作品、机构和国家广电总局扶持优秀公益广告作品、机构。

12 月 21 日，由人民日报海外网主办的第三届全球华人生活短视频大赛颁奖盛典在人民日报社举行。人民日报海外网舆情中心发布了《中国数字乡村网络舆情报告 (2021)》，基于近年来中国数字乡村舆情大数据监测统计，对数字乡村建设的网络舆论状况、传播特征和趋势等内容进行分析。研究发现，数字乡村舆论热度明显上升，2018 年至 2021 年数据总量高达 1.01 亿次。其中，短视频作为一种新型传播媒介，发展势头尤为迅猛，数字乡村类题材短视频数量较去年增长了 30 倍之多。

12 月 21 日，资生堂集团通过其官网宣布与腾讯公司达成三年期全球战略合作。未来，资生堂集团将联合腾讯，通过数字化解决方案逐步在智慧零售、创新模式、虚拟沉浸式品牌体验和针对特定人群的智能护肤方案等领域展开合作。

12 月 27 日，在一年一度的百度战略级大会 Create 2021 （百度 AI 开发者大会）上，百度希壤与蓝色光标宣布达成战略合作。双方将携手推动元宇宙技术与营销的有机融合，以希壤虚拟空间为基石，共同助力品牌方在元宇宙时代与消费者建立新连接、开拓新场景，赋能营销形态进化。

12 月 27 日至 28 日，娃哈哈集团“新饮擎，共前行”2022 年销售工作会议暨新品发布会在杭州举行。现场，宗馥莉代表娃哈哈集团发表了 2022 年全国销售工作会议讲话，这也是她本月出任娃哈哈集团副董事长兼总经理后首次公开出席集团重要活动。此次娃哈哈针对 2022 年品牌营销规划提出了四大举措：一大战役打响“水的翻身仗”、两大 IP 助力品牌年轻化、三大品类锁定细分市场、四大产品持续造血渠道。同时，会议还发布了非常可乐无糖版、“電敬”苏打水、“入茶里”低糖饮料、晶睛 & 励力高蛋白牛奶等 20 余款新品。

中国广告年鉴 2022
CHINA ADVERTISING YEARBOOK

政策、法规

Policies，Laws and Regulations

2021 年广告政策与法规

刘双舟

2021 年广告监管法律政策变化较大，《广告法》进行了 2015 年修订实施以来的第二修改，与广告监管密切相关的《行政处罚法》也完成了第三次修订。对互联网广告影响较大的《数据安全法》和《个人信息保护法》正式实施。国家市场监管管理总局开始着手修改《互联网广告管理暂行办法》，更名为《互联网广告管理办法》，并正式向全社会公开征求意见。为贯彻落实中共中央办公厅、国务院办公厅印发的《关于进一步减轻义务教育阶段学生作业负担和校外培训负担的意见》，指导各地做好校外培训广告管控工作，国家市场监督管理总局等部委联合发布了《关于做好校外培训广告管控的通知》。这一年影响广告业和广告监管的政策和规范性文件还有：《医疗美容广告执法指南》《关于开展儿童青少年近视防控产品违法违规商业营销宣传专项整治行动的通知》《关于开展打击网售假冒检验检测报告违法行为专项整治行动的通知》《关于进一步规范婴幼儿配方乳粉产品标签标识的公告》《关于加强互联网信息服务算法综合治理的指导意见》《保护未成年人免受烟侵害守护成长专项行动方案》等。

一、2021 年广告相关法律法规的完善

（一）《广告法》进行第二次修正

2021 年 4 月 29 日，《全国人民代表大会常务委员会关于修改〈中华人民共和国道路交通安全法〉等八部法律的决定》对《中华人民共和国广告法》作出修改。这是自 2015 年修订实施以来《广告法》的第二次修改。修改的内容包括：第一，删去第二十九条中的“并向县级以上地方市场监督管理部门办理广告发布登记”；第二，删去第五十五条第三款、第五十七条、第五十八条第三款中的“吊销广告发布登记证件”；第三，删去第六十条。

《广告法》的这次修改结束了广告发布登记制度。2016 年 11 月 1 日原国家工商行政管理总局令第 89 号发布的《广告发布登记管理规定》随后被废止。广告发布登记制度的终止并不意味着广告监管力度的减弱，市场监管部门仍将进一步履行广告监管职责，加强事中事后监管，督促指导广播电台、电视台、报刊出版单位认真落实主体责任，健全广告发布管理制度，依法依规经营。继续加大广告监管执法力度，开展“双随机、一公开”监管，建立健全广告监测制度，完善监测措施，及时发现和依法查处违法广告行为。强化协同监管，充分发挥整治虚假违法广告联席会议机制作用，加强与宣传、广电等部门的协作配合，强化信息共享、联合监管，共同做好广告发布机构监管工作。

（二）《行政处罚法》进行第三次修订

2021 年 1 月 22 日，第十三届全国人大常委会第二十五次会议审议通过新修订的《中华人民共和国行政处罚法》，于 2021 年 7 月 15 日起正式施行。行政处罚是行政机关有效实施行政管理，保障法律、法规贯彻施行的重要手段。现行行政处罚法于 1996 年由第八届全国人大第四次会议通过，2009 年和 2017 年先后两次作了个别条文修改，对行政处罚的种类、设定和实施作了基本规定。该法颁布施行以来，对增强行政机关及其工作人员依法行政理念，依法惩处各类行政违法行为，

推动解决乱处罚问题，保护公民、法人和其他组织合法权益发挥了重要作用，积累了宝贵经验，同时，执法实践中也提出了一些新问题。通过这次修订，把党的十八大以来全面依法治国、深化行政执法领域改革的重要成果落实在了法律中。此次修订最大的亮点就是贯彻党中央重大改革决策部署，推动行政处罚制度进步。比如，增加了综合行政执法制度的规定；增加了行政处罚权下放到乡镇街道的规定，推动执法重心下移；将行政执法“三项制度”纳入行政处罚法中；适当扩大行政处罚设定权限；完善行刑衔接制度；完善程序规定，推进严格规范公正文明执法，保障执法既有力度又有温度，保障当事人合法权益；适应新形势发展，对非现场执法进一步规范；补充行政处罚种类，引入行为罚、资格罚等方面的行政处罚种类；要求违法所得除依法退赔外予以没收；延长涉及公民生命健康安全、金融安全且有危害后果的违法行为的追责期限。

行政处罚法是对违法广告案件进行行政处罚的重要法律依据，在广告监管执法行政中发挥着重要作用。这次新修订的行政处罚法，坚持问题导向，总结改革经验，进一步完善了行政处罚制度，为市场监管部门严格依法行政提供了充分的法律依据，也是对市场监管行政执法工作的更高要求。为了贯彻落实新修订的《中华人民共和国行政处罚法》，国家市场监督管理总局将对《国家市场监督管理总局规章制定程序规定》《市场监督管理投诉举报处理暂行办法》两部规章的部分条款内容进行修改。

（三）《数据安全法》实施

随着信息技术和人类生产生活交汇融合，各类数据迅猛增长、海量聚集，对经济发展、社会治理、人民生活都产生了重大而深刻的影响。数据安全已成为事关国家安全与经济社会发展的重大问题。党的十九大报告提出，推动互联网、大数据、人工智能和实体经济深度融合，党的十九届四中全会决定明确将数据作为新的生产要素。制定一部数据安全领域的基础性法律十分必要：首先，数据是国家基础性战略资源，没有数据安全就没有国家安全。其次，各类数据的拥有主体多样，处理活动复杂，安全风险加大，必须通过立法建立健全各项制度措施，切实加强数据安全保护，维护公民、组织的合法权益。再次，发挥数据的基础资源作用和创新引擎作用，加快形成以创新为主要引领和支撑的数字经济，更好服务我国经济社会发展，必须通过立法规范数据活动，完善数据安全治理体系，以安全保发展、以发展促安全。最后，为适应电子政务发展的需要，提升政府决策、管理、服务的科学性和效率，应当通过立法明确政务数据安全管理制度和开放利用规则，大力推进政务数据资源开放和开发利用。2021 年 6 月 10 日，第十三届全国人民代表大会常务委员会第二十九次会议通过《中华人民共和国数据安全法》，自 2021 年 9 月 1 日起施行。

根据《数据安全法》的规定，数据是指任何以电子或者其他方式对信息的记录。数据处理，包括数据的收集、存储、使用、加工、传输、提供、公开等。数据安全，是指通过采取必要措施，确保数据处于有效保护和合法利用的状态，以及具备保障持续安全状态的能力。开展数据处理活动，应当遵守法律、法规，尊重社会公德和伦理，遵守商业道德和职业道德，诚实守信，履行数据安全保护义务，承担社会责任，不得危害国家安全、公共利益，不得损害个人、组织的合法权益。利用互联网等信息网络开展数据处理活动，应当在网络安全等级保护制度的基础上，履行上述数据安全保护义务。任何组织、个人收集数据，应当采取合法、正当的方式，不得窃取或者以其他非法方式获取数据。从事数据交易中介服务的机构提供服务，应当要求数据提供方说明数据来源，审核交易双方的身份，并留存审核、交易记录。

流量红利、数据红利在给整个行业带来了巨大发展机遇的同时，互联网广告业存在一些不规范操作的模糊地带，互联网广告对用户数据获取和使用不需要得到用户的明确授权，数据成本低，导致存在过度索取数据、滥用数据的现象。随着《数据安全法》的实施，大数据将进入一个更加注重数据安全、隐私安全的新发展阶段，不仅意味着从法律角度明确消除了数据活动的灰色地带，也标志着数据安全正式上升到国家层面。互联网广告的一个显著特点是程序化，而程序化的基础是海量的用户行为数据和用户个人信息数据。《数据安全法》的实施会给广告行业带来影响，会直接影响依靠个人隐私数据营销的广告主的精准营销，一些数据服务也需要重新评估其合规性，用户数据的获取将需要单独取得用户授权，这将会提高数据成本并有可能降低可触达用户的比例。但长远来看是利大于弊的，有法可依是大势所趋，依靠数据的野蛮生长将不复存在。《数据安全法》的实施将进一步完善了数据安全领域的法律体系，为消费者个人提供了较为完善的法律保护条框，也为数字营销行业从业者提供了更为具体的合规指导。数据使用和操作规范化，会使消费者得到更好的保护，消费市场会更繁荣，营销的需求会更加旺盛，数字营销行业也会更加繁荣。加强数据保护会让行业更规范和有序，进入高质量发展阶段。

（四）《个人信息保护法》实施

随着信息化与经济社会持续深度融合，网络已成为生产生活的新空间、经济发展的新引擎、交流合作的新纽带。截至 2020 年 3 月，我国互联网用户已达 9 亿，互联网网站超过 400 万个、应用程序数量超过 300 万个，个人信息的收集、使用更为广泛。在现实生活中，一些企业、机构甚至个人，从商业利益等出发，随意收集、违法获取、过度使用、非法买卖个人信息，利用个人信息侵扰人民群众生活安宁、危害人民群众生命健康和财产安全等问题仍十分突出。在信息化时代，个人信息保护已成为广大人民群众最关心最直接最现实的利益问题之一。党中央高度重视网络空间法治建设，对个人信息保护立法工作作出部署。习近平总书记多次强调，要坚持网络安全为人民、网络安全靠人民，保障个人信息安全，维护公民在网络空间的合法权益，对加强个人信息保护工作提出明确要求。制定《个人信息保护法》具有重要意义：第一，制定个人信息保护法是进一步加强个人信息保护法制保障的客观要求。第二，制定个人信息保护法是维护网络空间良好生态的现实需要。第三，制定个人信息保护法是促进数字经济健康发展的重要举措。为及时回应广大人民群众的呼声和期待，落实党中央部署要求，第十三届全国人民代表大会常务委员会第三十次会议于 2021 年 8 月 20 日通过《中华人民共和国个人信息保护法》，并于 2021 年 11 月 1 日起施行。

《个人信息保护法》的主要内容有：第一，确立个人信息保护原则，强调处理个人信息应当遵循合法、正当、必要和诚信原则，具有明确、合理的目的并与处理目的直接相关，采取对个人权益影响最小的方式，限于实现处理目的的最小范围，公开处理规则，保证信息质量，采取安全保护措施等。第二，紧紧围绕规范个人信息处理活动、保障个人信息权益，构建了以“告知—同意”为核心的个人信息处理规则。要求处理个人信息应当在事先充分告知的前提下取得个人同意，个人信息处理的重要事项发生变更的应当重新向个人告知并取得同意。第三，禁止“大数据杀熟”。《个人信息保护法》明确规定：个人信息处理者利用个人信息进行自动化决策，应当保证决策的透明度和结果公平、公正，不得对个人在交易价格等交易条件上实行不合理的差别待遇。第四，严格保护敏感个人信息。为保护未成年人的个人信息权益和身心健康，《个人信息保护法》特别将不满十四周岁未成年人的个人信息确定为敏感个人信息予以严格保护。第五，赋予个人充分权利。将个人在个人信息处理活动中的各项权利，包括知悉个人信息处理规则和处理事项、同意和撤回同意，以及个人信息的查询、复制、更正、删除等总结提升为知情权、决定权，明确个人有权限制个人信息的处理。同时，为了适应互联网应用和服务多样化的实际，满足日益增长的跨平台转移个人信息的需求，对个人信息可携带权作了原则规定，要求在符合国家网信部门规定条件的情形下，个人信息处理者应当为个人提供转移其个人信息的途径。第六，强化个人信息处理者义务，强调个人信息处理者应当对其个人信息处理活动负责，并采取必要措施保障所处理的个人信息的安全。第七，对大型互联网平台设定了特别的个人信息保护义务，包括：按照国家规定建立健全个人信息保护合规制度体系，成立主要由外部成员组成的独立机构对个人信息保护情况进行监督；遵循公开、公平、公正的原则，制定平台规则；对严重违法处理个人信息的平台内产品或者服务提供者，停止提供服务；定期发布个人信息保护社会责任报告，接受社会监督。个人信息保护法的上述规定是为了提高大型互联网平台经营业务的透明度，完善平台治理，强化外部监督，形成全社会共同参与的个人信息保护机制。

二、广告相关规章的完善

（一）《互联网广告管理办法（公开征求意见稿）》发布

为进一步规范互联网广告活动，保护消费者的合法权益，促进互联网广告业健康发展，市场监管总局组织开展《互联网广告管理暂行办法》（以下简称《暂行办法》）修订工作，将《暂行办法》更名为《互联网广告管理办法》，并起草了《互联网广告管理办法（公开征求意见稿）》

2016年，原工商总局制定了《暂行办法》，为维护公平竞争、规范有序的广告市场环境提供了法律支撑。近年来，随着互联网广告在广告形式、经营模式、投放方式等方面不断发展变化，特别是在新媒体、自媒体时代，互联网广告进一步从电脑端向移动端扩展，多样性、多元性、广泛性的特征更趋明显，《暂行办法》已不能完全适应当前互联网广告监管新形势新要求。《暂行办法》公布施行已有较长时间，所依据的《中华人民共和国广告法》等有关上位法均已进行了修订和调整，市场监管、宣传、广播电视等相关部门职责也有较大调整。2019年《电子商务法》的颁布施行，明确了电子商务领域有关监管原则和监管方式，为互联网广告监管工作提供了新的法律依据和立法借鉴。2019年《反不正当竞争法》修订施行，对互联网领域不正当竞争行为作出明确规定，《暂行办法》中的有关规定需要调整。同时，随着平台经济的高速发展，互联网广告环节多、链条长、主体复杂、执法办案难度大，各类大型主流互联网平台企业的头部效应非常明显，客观上要求进一步压实各类平台经营者责任，《暂行办法》的有关规定已经与当前的法律法规要求和互联网广告监管形势不完全适应，亟须进一步修改完善。2018年国务院机构改革以来，对市场监管部门广告监管工作职责进行了较大调整，按照“七个统一”的原则整合相近职责，将原工商、食药监等部门广告审批、监管职责统一由市场监管总局承担，实现了统一广告管理。随着机构改革和职能调整，地方市场监管部门人员变化较大，部分人员广告监管工作经验、专业知识相对缺乏。在调研中，各地均反映需要总局进一步加强指导，以更好地开展互联网广告监管执法工作。

修订后的《办法》共31条，主要修订内容如下：一是修改了规章名称。考虑到《暂行办法》颁布、施行已经超过五年，互联网广告监管领域制度已经比较成熟，不宜继续保留“暂行”二字，故将《互联网广告管理暂行办法》修改为《互联网广告管理办法》。二是调整了适用范围。针对当前互联网广告发展新情况和新业态，明确将以互联网直播等方式直接或者间接地推销商品或者服务的商业广告、跨境电商广告纳入《办法》调整范围；进一步强化对弹出广告“一键关闭”、植入广告等领域的制度规定，回应社会关切。三是明确了相关定义。依据《广告法》对广告发布者的规定，明确将“发布展示”作为广告发布者的认定条件，删除了“核对内容”“决定广告发布”的条件，确保互联网广告发布者定义与传统广告媒体相一致。同时，尝试明确互联网信息服务提供者的定义。四是删去了程序化购买的有关规定。程序化购买属于互联网广告行业的一种经营模式，在法律层面并未新创设出一个区别于“广告经营者”的市场主体，对广告内容没有本质影响，且现行《暂行办法》相关程序化购买规定导致互联网平台责任过轻，不利于规范互联网平台的广告活动。五是强化了相关主体责任。如增加了对含有链接的广告、学前教育和中小学教育广告的专门规定，强化了互联网平台经营者责任；进一步细化广告主、互联网广告经营者、互联网广告发布者和互联网信息服务提供者责任规定，明确了互联网平台经营者配合广告监测、协助监管、提供统计数据等义务。六是调整了相关内容。按照《电子商务法》《反不正当竞争法》《行政处罚法》和市场监管总局《市场监督管理行政处罚程序规定》的有关规定对《暂行办法》的相关内容作了调整。为增强对广告代言人的监管力度，《办法》还对广告代言人的管辖作了特别规定。

制定《互联网广告管理办法》已经列入国家市场监管管理总局2022年的立法计划，《互联网广告管理办法》的出台将会给广告监管和广告行业带来重大影响。

（二）《网络交易监督管理办法》实施

《电子商务法》自2019年1月1日施行以来，全国市场监管部门大力开展法律宣传，依法推进网络交易市场监管工作，持续提升监管执法规范化水平。原工商总局令第 60 号《网络交易管理办法》针对网络交易概念定义、适用范围、网络交易经营者权利责任义务、监督管理等内容作出了规定，自施行以来，在依法加强网络交易监管执法，维护网络市场良好秩序，维护各方主体合法权益，推动网络经济快速发展等方面起到了积极作用。在《电子商务法》颁布实施后，依照法律最新规定对《网络交易管理办法》相关内容予以修订，既是贯彻落实依法治国精神、更好履行市场监管职责的需要，又是促进数字经济发展的客观要求。为更好地贯彻落实《电子商务法》，规范网络交易市场秩序，维护各方主体合法权益，促进网络交易持续健康发展，市场监管总局在修改《网络交易管理办法》基础上制定了《网络交易监督管理办法》（以下简称《办法》），2021 年 3 月 15 日由国家市场监督管理总局令第 37 号公布，于自 2021 年 5 月 1 日起施行。2014 年 1 月 26 日原国家工商行政管理总局令第 60 号公布的《网络交易管理办法》同时废止。

《办法》作为贯彻落实《电子商务法》的重要部门规章，对完善网络交易监管制度体系、持续净化网络交易空间、维护公平竞争的网络交易秩序、营造安全放心的网络消费环境具有重要现实意义。《办法》的主要亮点有：针对网络经营主体登记问题，对《电子商务法》规定的“零星小额”和“便民劳务”两类免于登记情形进行了具体界定，提升网络经营主体整体合规度。针对“社交电商”“直播带货”等网络交易新业态，界定了网络服务提供者的角色定位，明确了各参与方的责任义务。针对网络交易平台经营者，严格压实主体责任，督促其切实规范经营行为、强化内部治理。针对网络消费者个人信息的收集使用规则作出详细规定，切实保护个人信息安全。针对虚构交易、误导性展示评价、虚构流量数据等新型不正当竞争行为进行了明确规制，禁止各类网络消费侵权行为。《办法》对压实平台主体责任作出了一系列规定，主要包括：一是平台经营者应当对平台内经营者提交的信息进行核验登记，并每年两次向市场监管部门报送经营者身份信息；二是平台经营者应当显著区分标记已登记和未登记的经营者，确保消费者能够清晰辨认；三是平台经营者应当对平台内经营活动建立检查监控制度，对有关违法行为及时处置和报告；四是平台经营者对平台内经营者采取警示、暂停或者终止服务等措施的，应当自决定作出处理措施之日起一个工作日内予以公示有关信息；五是规定平台经营者应当按照市场监管部门在监管执法活动中的要求，提供平台内经营者身份信息、商品或者服务信息、交易信息，并在技术方面积极配合市场监督管理部门开展网络交易违法行为监测工作等。

现实中，人们时常会莫名收到很多商业广告推送，严重影响了其日常生活。针对这一广告乱象，《办法》对推送商业信息行为予以规制，第十六条明确规定，网络交易经营者向消费者发送商业性信息，应以消费者同意或者请求为前提，并且发送的商业性信息中，应当明示其真实身份和联系方式，并向消费者提供显著、简便、免费的拒绝继续接收的方式。消费者明确拒绝后，不得以原名义或新名义再次发送。此外，《办法》对广告行业的影响还体现在个人信息保护和打击虚假宣传方面。强化网络消费者个人信息保护是《办法》的一个突出亮点。数据和流量成为网络市场竞争的关键要素，平台乃至较大规模的普通经营者都能通过滥用个人信息不当获利。针对部分网络平台、经营者过度收集个人信息问题，《办法》设置了个人信息保护的专门条款，规定网络交易经营者收集、使用消费者个人信息，应当遵循合法、正当、必要的原则，明示收集、使用信息的目的、方式和范围，并经消费者同意，不得强迫或者变相强迫消费者同意收集、使用与经营活动无直接关系的信息。同时，《办法》要求经营者在收集、使用个人生物特征、医疗健康、金融账户、个人行踪等敏感信息时，必须逐项取得消费者同意。针对经营者尤其大型平台企业与自身关联主体之间共用个人信息的问题，《办法》明确规定经营者未经被收集者授权同意，不得向包括关联方在内的任何第三方提供。《办法》对电商经营者实施的虚假或者引人误解的商业宣传等不正当竞争行为进行列举式规定。《办法》第十四条列举了以下行为构成网络交易经营者的不正当竞争行为：（一）虚构交易、编造用户评价；（二）采用误导性展示等方式，将好评前置、差评后置，或者不显著区分不同商品或者服务的评价等；（三）采用谎称现货、虚构预订、虚假抢购等方式进行虚假营销；（四）虚构点击量、关注度等流量数据，以及虚构点赞、打赏等交易互动数据；（五）实施混淆行为，引人误认为是他人商品、服务或者与他人存在特定联系；（六）编造、传播虚假信息或者误导性信息，损害竞争对手的商业信誉、商品声誉。

三、广告相关政策与规范性文件动态

（一）关于进一步减轻义务教育阶段学生作业负担和校外培训负担的意见

2021 年，为深入贯彻党的十九大和十九届五中全会精神，切实提升学校育人水平，持续规范校外培训，有效减轻义务教育阶段学生过重作业负担和校外培训负担，中共中央办公厅、国务院办公厅印发了《关于进一步减轻义务教育阶段学生作业负担和校外培训负担的意见》，并要求各地区各部门结合实际认真贯彻落实。“意见”要求市场监管部门要做好非学科类培训机构登记工作和校外培训机构收费、广告、反垄断等方面监管工作，加大执法检查力度，会同教育部门依法依规严肃查处违法违规培训行为。

（二）关于做好校外培训广告管控的通知

为贯彻落实中共中央办公厅、国务院办公厅印发的《关于进一步减轻义务教育阶段学生作业负担和校外培训负担的意见》，指导各地做好校外培训广告管控工作，国家市场监督管理总局、中央宣传部、中央网信办、教育部、民政部、住房城乡建设部、国务院国资委、广电总局联合发布了《关于做好校外培训广告管控的通知》，主要内容包括：一是要求严格落实有关政策文件要求，不区分学科类、非学科类，要确保做到主流媒体及其新媒体、网络平台以及公共场所、居民区等线上线下空间不刊登、不播发面向中小学（含幼儿园）的校外培训广告。二是加强日常管控，将校外培训广告管控纳入互联网信息管理的重点内容，对于违反政策代理、制作、刊登、播发校外培训广告的电商平台和其他互联网企业，要坚决依法处置。三是强化跨部门协同监管，要求市场监管部门会同教育等有关部门强化对校外培训广告监管，加强广告执法，严厉打击相关虚假违法广告。

（三）医疗美容广告执法指南

为规范和加强医疗美容广告监管，有效维护医疗美容广告市场秩序，保护消费者合法权益，依据《中华人民共和国广告法》《医疗广告管理办法》等法律、法规和规章的规定，市场监管总局制定了《医疗美容广告执法指南》（2021 年第 37 号公告）。

《医疗美容广告执法指南》（以下简称《指南》）旨在向地方各级市场监管部门提示医疗美容广告监管工作中需要重点关注的问题，为地方各级市场监管部门加强医疗美容广告监管工作提供指引。医疗美容是指运用手术、药物、医疗器械以及其他具有创伤性或者侵入性的医学技术方法对人的容貌和人体各部位形态进行的修复与再塑。医疗美容广告，是指通过一定媒介或者形式直接或间接介绍美容医疗机构或者医疗美容服务的商业广告。

《指南》明确：医疗美容广告属于医疗广告，广告主必须依法取得医疗机构执业许可证才能发布或者委托发布医疗美容广告。广告主发布医疗美容广告，必须依法取得《医疗广告审查证明》；广告经营者、广告发布者设计、制作、代理、发布医疗美容广告必须依法查验《医疗广告审查证明》，并严格按核准内容发布。美容医疗机构依据《消费者权益保护法》《电子商务法》等法律法规及国务院卫生健康行政部门规定的内容、形式和途径主动公开医疗美容服务信息，不具有商业目的，一般不视为商业广告行为。

《指南》要求市场监管部门依法整治各类医疗美容广告乱象，着力解决危害性大、群众反映集中的问题，对以下情形予以重点打击：（一）违背社会良好风尚，制造“容貌焦虑”，将容貌不佳与“低能”“懒惰”“贫穷”等负面评价因素做不当关联或者将容貌出众与“高素质”“勤奋”“成功”等积极评价因素做不当关联。（二）违反药品、医疗器械、广告等法律法规规定，对未经药品管理部门审批或者备案的药品、医疗器械作广告。（三）宣传未经卫生健康行政部门审批、备案的诊疗科目和服务项目。（四）宣传诊疗效果或者对诊疗的安全性、功效做保证性承诺。（五）利用行业协会以及其他社会社团或组织的名义、形象作证明，使用患者名义或者形象进行诊疗前后效果对比或者作证明。（六）利用广告代言人为医疗美容做推荐、证明。医疗美容广告中出现的所谓“推荐官”“体验官”等，以自己名义或者形象为医疗美容做推荐证明的，应当被认定为广告代言人。（七）以介绍健康、养生知识、人物专访、新闻报道等形式变相发布医疗美容广告。（八）对食品、保健食品、消毒产品、化妆品宣传与医疗美容相关的疾病治疗功能。（九）其他违反广告法律法规规定，严重侵害群众权益的行为。

《指南》指出，医疗美容广告中涉及“医生”“专家”的，市场监管部门应注意以下情形：（一）医疗美容广告中出现的卫生技术人员、医疗教育科研机构及其人员的名义、形象属实的，应认定为使用医生或者专业人士为医疗广告代言的广告违法行为。（二）广告中将未依法取得医师执业资格或医疗教育、科研相关职称的人宣称为“医生”“医学专家”等医学专业人士，足以误导消费者认为其属于医生等专业人士的，应认定为虚假医疗美容广告。相关人员涉嫌非法行医的，要及时通报同级卫生健康行政部门。（三）对卫生技术人员、医疗教育科研人员的专访、专题报道中出现有关美容医疗机构的地址和联系方式等内容的，应认定为以介绍健康、养生知识、人物专访、新闻报道等形式变相发布医疗美容广告。

（四）关于开展儿童青少年近视防控产品违法违规商业营销宣传专项整治行动的通知

儿童青少年近视防控产品违法违规商业营销宣传严重误导近视儿童青少年和家长，威胁儿童青少年视力健康。为维护公平有序的市场环境，呵护儿童青少年健康成长，市场监管总局决定自 2021 年 11 月到 2022 年 3 月组织开展儿童青少年近视防控产品违法违规商业营销宣传专项整治行动。《通知》要求：第一，严厉打击儿童青少年近视防控产品虚假违法营销宣传行为。在目前医疗技术条件下，近视不能治愈。各地市场监管部门要依法从严查处使用“康复”“恢复”“降低度数”“近视治愈”“近视克星”“度数修复”等误导性表述对儿童青少年近视防控产品进行营销宣传的行为。加大对冒用中医药名义或者假借中医药理论、技术进行营销宣传欺骗消费者行为的打击力度。严厉打击使用患者名义或者形象进行诊疗前后效果对比或者作证明，以及宣传诊疗效果或者对诊疗的安全性、功效做保证性承诺的虚假违法广告。第二，加大监测、抽查力度。强化广告和网络交易监测，不断强化监测技术应用，重点关注开学季、节假日、网络集中促销期等时间节点，开展网络市场专项监测，清理整治违法违规内容。加大对重点市场主体的“双随机、一公开”抽查力度，依法依规严厉查处相关问题。第三，加强重点媒介、区域监管。坚持线上线下一体化监管，紧盯受众面广、社会影响大的重点媒体和广告发布渠道加强监管执法。强化互联网平台监管，加大对违法平台的惩戒力度，净化线上商业营销宣传环境。扎实做好城市主干道、公共交通工具、人口流量较大的公共场所等重点区域户外广告位、广告牌排查工作，从严查处学校、医院周边的儿童青少年近视防控产品虚假违法户外广告。第四，强化行政指导。加大对儿童青少年近视防控产品生产经营企业、广告制作发布单位等市场主体的行政指导力度，促进企业知法守法，提升依法经营意识。及时约谈本地区重要互联网企业，要求其严格遵守相关法律法规规定，切实承担平台主体责任，不断完善平台规则，强化内部审核。指导电商平台进一步加强平台内经营者身份信息管理、公示，严格落实护眼仪等医疗器械及有关特殊商品经营资质审查责任。

（五）关于开展打击网售假冒检验检测报告违法行为专项整治行动的通知

国家市场监督管理总局办公厅发布了《关于开展打击网售假冒检验检测报告违法行为专项整治行动的通知》（市监检测发〔2021〕54 号）。通知指出：近期，舆情反映部分网络交易平台存在买卖假冒检验检测报告等违法行为，严重扰乱检验检测市场秩序。为维护公平有序的市场环境、打击违法行为、维护消费者权益，市场监管总局决定自 7 月中旬到 9 月中旬开展打击网售假冒检验检测报告违法行为专项整治行动。“清理整顿虚假广告宣传信息”是《通知》中的重点任务之一。要求对网络交易平台出现的“不送样检测”“检验检测包过”“一天出报告”“急速出报告”“不过全额退款”等涉嫌虚假广告宣传的信息进行清理整顿，依照《反不正当竞争法》《广告法》等法律法规追究法律责任。

（六）关于进一步规范婴幼儿配方乳粉产品标签标识的公告

为进一步规范婴幼儿配方乳粉产品标签标识，督促企业落实主体责任，维护消费者合法权益，依据《中华人民共和国食品安全法》《中华人民共和国消费者权益保护法》等规定，国家市场监督管理总局发布了《关于进一步规范婴幼儿配方乳粉产品标签标识的公告》（2021 年第 38 号）。《公告》要求：婴幼儿配方乳粉产品标签应当符合食品安全法律、法规、标准和产品配方注册相关规定，标识内容应当真实准确、清晰易辨，不得含有虚假、夸大、使消费者误解的文字、图形或者绝对化的内容。适用于 0 ～ 6 月龄的婴儿配方乳粉不得进行含量声称和功能声称。适用于 6 月龄以上的较大婴儿和幼儿配方乳粉不得对其必需成分进行含量声称和功能声称，其可选择成分可以文字形式在非主要展示版面进行食品安全国家标准允许的含量声称和功能声称。产品标签主要展示版面应当标注产品名称、净含量（规格）、注册号，可配符合食品安全国家标准要求且不会使消费者误解的图形，也可在主要展示版面的边角标注已注册商标，不得标注其他内容。产品名称中有某种动物性来源字样的，其生乳、乳粉、乳清粉等乳蛋白来源应当全部来自该物种。使用的同一种乳蛋白原料有两种或两种以上动物性来源的，应当在配料表中标注各种动物性来源原料所占比例。产品标签配料表中的复合配料应当严格按照食品安全国家标准的要求标注。如果某种配料是两种或两种以上的其他配料构成的复合配料（不包括复合食品添加剂），应在配料表中标示复合配料的名称，随后将复合配料的原始配料在括号内按加入量的递减顺序标示。产品标签上的推荐食用量或喂哺量建议应当有科学依据，表述严谨，不得使用“必须”“严格”等字样。

（七）关于加强互联网信息服务算法综合治理的指导意见

互联网信息服务算法在加速互联网信息传播、繁荣数字经济、促进社会发展等方面发挥了重要作用。与此同时，算法不合理应用也影响了正常的传播秩序、市场秩序和社会秩序，给维护意识形态安全、社会公平公正和网民合法权益带来挑战。为加强互联网信息服务算法综合治理，促进行业健康有序繁荣发展，国家互联网信息办公室、中央宣传部、教育部、科学技术部、工业和信息化部、公安部、文化和旅游部、国家市场监督管理总局、国家广播电视总局等九部委制定了《关于加强互联网信息服务算法综合治理的指导意见》（以下简称《意见》）。《意见》要求构建算法安全监管体系，有效监测算法安全风险，积极开展算法安全评估，有序推进算法备案工作，持续推进监管模式创新，严厉打击违法违规行为。《意见》还要求促进算法生态规范发展，树立算法正确导向，推动算法公开透明，鼓励算法创新发展，防范算法滥用风险。

（八）保护未成年人免受烟侵害守护成长专项行动方案

为贯彻落实新修订的《中华人民共和国未成年人保护法》关于保护未成年人免受烟侵害的规定，依法保障和维护未成年人身体健康和合法权益，国家烟草专卖局、国家市场监督管理总局决定联合开展保护未成年人免受烟侵害“守护成长”专项行动。要求全面从严监管电子烟经营行为。落实国家市场监督管理总局和国家烟草专卖局联合印发的《关于禁止向未成年人出售电子烟的通告》（国家市场监督管理总局 国家烟草专卖局通告 2018 年第 26 号）、国家烟草专卖局和国家市场监督管理总局联合印发的《关于进一步保护未成年人免受电子烟侵害的通告》（国家烟草专卖局 国家市场监督管理总局通告 2019 年第 1 号）精神，全面清理互联网改头换面、变相销售电子烟行为及虚假违法广告。各地烟草专卖行政主管部门要约谈电子烟企业和互联网企业，压实主体责任，防止互联网领域电子烟对未成年人的侵害。

附件：

关于《中华人民共和国行政处罚法（修订草案）》的说明

一、修改的必要性和起草过程

行政处罚是行政机关有效实施行政管理，保障法律、法规贯彻施行的重要手段。现行行政处罚法于 1996 年由第八届全国人大第四次会议通过，2009 年和 2017 年先后两次作了个别条文修改，对行政处罚的种类、设定和实施作了基本规定。该法颁布施行以来，对增强行政机关及其工作人员依法行政理念，依法惩处各类行政违法行为，推动解决乱处罚问题，保护公民、法人和其他组织合法权益发挥了重要作用，积累了宝贵经验，同时，执法实践中也提出了一些新问题。党的十八大以来，以习近平同志为核心的党中央推进全面依法治国，深化行政执法体制改革，建立权责统一、权威高效的行政执法体制；完善行政执法程序，坚持严格规范公正文明执法。为贯彻落实党中央重大改革决策部署，推进国家治理体系和治理能力现代化，加强法治政府建设，完善行政处罚制度，解决执法实践中遇到的突出问题，有必要修改行政处罚法。

党的十八大以来，先后有近两百名全国人大代表、政协委员提出修改行政处罚法的议案、建议和提案，有关方面也陆续提出修改行政处罚法的意见和建议。行政处罚法修改列入十三届全国人大常委会立法规划。法制工作委员会于 2018 年启动行政处罚法的修改工作，先后到北京、江西、广东、内蒙古、天津、河南等地进行调研，多次召开国务院部门、地方人大、政府法制机构、专家学者、律师和企业座谈会，听取各方面的意见和建议。通过上海虹桥街道基层立法联系点走访基层执法部门了解实际情况，委托部分国务院部门、地方人大、基层立法联系点收集法律实施过程中存在的突出问题。通过课题委托、专题研究等方式，认真研究相关问题。在广泛征求意见和深入研究的基础上，2019 年 10 月形成修改草案征求意见稿，书面征求国务院部门、31 个省（区、市）和部分设区的市人大常委会法制工作机构，以及基层立法联系点、部分高等院校、科研单位的意见。召开座谈会，专门听取部分省、直辖市人大常委会法制工作机构主要负责同志意见。2020 年 1 月，分别召开中央政法委、中央改革办、中央依法治国办、中央编办以及部分国务院部门、法院系统同志参加的座谈会，再次征求意见。根据各方面意见，对征求意见稿进一步修改完善，形成了行政处罚法修订草案。

二、修改的指导思想和主要考虑

修改工作坚持以习近平新时代中国特色社会主义思想为指导，深入贯彻党的十九大和十九届二中、三中、四中全会精神，全面贯彻习近平总书记全面依法治国新理念新思想新战略，适应推进全面依法治国的需要，落实完善行政执法体制、严格规范公正文明执法的改革要求，推进国家治理体系和治理能力现代化。

根据各方面意见，修改工作把握以下几点：一是贯彻落实党中央重大决策部署，立法主动适应改革需要，体现和巩固行政执法领域中取得的重大改革成果。二是坚持问题导向，适应实践需要，扩大地方的行政处罚设定权限，加大重点领域行政处罚力度。三是坚持权由法定的法治原则，增加综合行政执法，赋予乡镇街道行政处罚权，完善行政处罚程序，严格行政执法责任，更好地保障严格规范公正文明执法。四是把握通用性，从行政处罚法是行政处罚领域的通用规范出发，认真总结实践经验，发展和完善行政处罚的实体和程序规则，为单行法律、法规设定行政处罚和行政机关实施行政处罚提供基本遵循。

三、修改的主要内容

（一）关于行政处罚的定义和种类

现行行政处罚法第八条列举了七项行政处罚种类。一些意见反映，行政处罚法未对行政处罚进行界定，所列举的处罚种类较少，不利于行政执法实践和法律的实施。据此，做以下修改：一是增加行政处罚的定义，明确行政处罚是指行政机关在行政管理过程中，对违反行政管理秩序的公民、法人或者其他组织，以依法减损权利或者增加义务的方式予以惩戒的行为。二是将现行单行法律、法规中已经明确规定，行政执法实践中常用的行政处罚种类纳入本法，增加规定通报批评、降低资质等级、不得申请行政许可、限制开展生产经营活动、限制从业、责令停止行为、责令作出行为等行政处罚种类。（修订草案第二条、第九条）

（二）关于地方性法规设定行政处罚的权限

现行行政处罚法第十一条规定：“地方性法规可以设定除限制人身自由、吊销企业营业执照以外的行政处罚。”“法律、行政法规对违法行为已经作出行政处罚规定，地方性法规需要作出具体规定的，必须在法律、行政法规规定的给予行政处罚的行为、种类和幅度的范围内规定。”多年来，一些地方人大同志反映，现行行政处罚法中有关地方性法规设定行政处罚的规定限制过严，地方保障法律法规实施的手段受限，建议扩大地方性法规的行政处罚设定权限。为充分发挥地方性法规在地方治理中的作用，增加规定：地方性法规为实施法律、行政法规，对法律、行政法规未规定的违法行为可以补充设定行政处罚。地方性法规拟补充设定行政处罚的，应当通过听证会、论证会等形式听取意见，并向制定机关作出说明。（修订草案第十二条第三款）

（三）关于行政处罚实施主体

根据党和国家机构改革和行政执法体制改革要求，明确综合行政执法的法律地位，增加规定：国家在城市管理、市场监管、生态环境、文化市场、交通运输、农业等领域实行综合行政执法，相对集中行政处罚权，由一个行政机关统一实施相关领域的行政处罚。同时，根据基层整合审批服务执法力量改革要求，推进行政执法权限和力量向基层延伸和下沉，增加规定：省、自治区、直辖市根据当地实际情况，可以决定符合条件的乡镇人民政府、街道办事处对其管辖区域内的违法行为行使有关县级人民政府部门的部分行政处罚权。（修订草案第十七条第一款、第二十二条第二款）

（四）关于行政处罚的适用

经过多年的执法实践，行政处罚的适用规则不断发展完善，在总结实践经验基础上，做以下补充完善：一是明确行政机关实施行政处罚时，有违法所得的，应当予以没收。二是规范行政处罚自由裁量权行使，完善从轻、减轻的法定情形，增加规定当事人有证据证明没有主观过错的，不予行政处罚，法律、行政法规有特别规定的，依照其规定；行政机关可以依法制定行政处罚裁量基准。三是加大重点领域执法力度，涉及公民生命健康安全的违法行为的追责期限由两年延长至五年。四是增加“从旧兼从轻”适用规则，行政处罚的依据适用违法行为发生时的法律、法规和规章的规定，但是新的法律、法规和规章的规定更有利于当事人的，适用新的法律、法规和规章的规定。五是完善行政处罚决定无效制度，行政处罚没有法定依据或者实施主体不具有行政主体资格的，行政处罚无效；不遵守法定程序构成重大且明显违法的，行政处罚无效。六是明确行政处罚证据种类和适用规则，规定证据必须经查证属实，方可作为认定案件事实的根据；以非法手段取得的证据，不得作为认定案件事实的根据。七是进一步明确适用范围，外国人、无国籍人、外国组织在中华人民共和国领域内有违法行为，应当给予行政处罚的，适用本法，法律另有规定的除外。（修订草案第二十六条、第三十条、第三十一条、第三十三条第一款、第三十四条、第三十五条、第四十三条、第七十九条）

（五）关于行政处罚的程序

为推进严格规范公正文明执法，巩固行政执法公示制度、行政执法全过程记录制度、重大执法决定法制审核制度“三项制度”改革成果，进一步完善行政处罚程序，做以下修改：一是明确公示要求，增加规定行政处罚的实施机关、立案依据、实施程序和救济渠道等信息应当公示；行政处罚决定应当依法公开。二是体现全程记录，增加规定行政机关应当依法以文字、音像等形式，对行政处罚的启动、调查取证、审核、决定、送达、执行等进行全过程记录，归档保存。三是细化法制审核程序，列明适用情形，明确未经法制审核或者审核未通过的不得做出行政处罚决定。四是规范非现场执法，增加规定行政机关依照法律、行政法规规定利用电子技术监控设备收集、固定违法事实的，应当经过法制和技术审核，确保设置合理、标准合格、标志明显，设置地点应当向社会公布，并对记录内容和方便当事人查询作出相应规定。五是进一步完善回避制度，细化回避情形，明确对回避申请应当依法审查，但不停止调查或者实施行政处罚。六是增加规定发生重大传染病疫情等突发事件，为了控制、减轻和消除突发事件引起的社会危害，行政机关对违反突发事件应对措施的行为，依法从重处罚，并可以简化程序。七是适应行政执法实际需要，将适用简易程序的罚款数额由五十元以上和一千元以下，分别提高至二百元以上和三千元以下。八是增加立案程序，除当场作出的行政处罚外，行政机关认为符合立案标准的，应当立案。九是完善听证程序，扩大适用范围，适当延长申请期限，明确行政机关应当结合听证笔录作出决定。（修订草案第三十六条、第三十八条、第四十条、第四十四条、第四十五条第一款、第四十六条、第四十七条、第五十条第二款、第五十四条第三款、第五十八条、第五十九条、第六十条）

（六）关于行政处罚的执行

为保障行政处罚决定的依法履行，补充完善执行制度，做以下修改：一是适应行政执法实际需要，将行政机关当场收缴的罚款数额由二十元以下提高至一百元以下。二是与行政强制法相衔接，完善行政处罚的强制执行程序，规定当事人逾期不履行行政处罚决定的，行政机关可以根据法律规定实施行政强制执行。三是明确行政机关批准延期、分期缴纳罚款的，申请人民法院强制执行的期限，自暂缓或者分期缴纳罚款期限结束之日起计算。四是明确当事人申请行政复议或者提起行政诉讼的，加处罚款的数额在行政复议或者行政诉讼期间不予计算。（修订草案第六十三条、第六十七条、第六十八条第二款）

（七）关于执法监督

为贯彻落实行政执法责任制和责任追究制度，强化对行政处罚行为的监督，做以下修改：一是增加规定罚款、没收违法所得或者没收非法财物拍卖的款项，不得同做出行政处罚决定的行政机关及其工作人员的考核、考评直接或者变相挂钩。二是增加规定县级以上人民政府应当定期组织开展行政执法评议、考核，加强对行政处罚的监督检查，规范和保障行政处罚的实施。（修订草案第六十九条第三款、第七十条第一款）

此外，修订草案对管辖、行政执法协助、行政执法资格等规定也作了补充完善。

（附件资料来源：中国人大网 http://www.npc.gov.cn/npc/c30834/202101/5936c4478a8b4d79a0edcdc589151a9b.shtml）

广告监管

Advertising Supervision

2021 年广告市场监管执法工作重点和成效

刘双舟

2021 年是中国共产党成立 100 周年，全国市场监管部门深入贯彻落实习近平总书记“广告宣传也要讲导向”的重要指示精神，以服务国家经济社会发展和改善民生为目的，以提高广告产业实力与市场竞争能力为目标，按照国家市场监督管理宗教局的统一部署，加大重点领域的广告监管，并开展了一系列重点工作，维护了消费者的权益，净化了市场环境，促进了行业发展，为“十四五”开局起好步作出了积极的贡献。

一、2021 年广告监管工作重点和成效

（一）继续做好广告导向监管

2021 年是中国共产党成立 100 周年，全国市场监管部门持续推进违法违规商业营销宣传集中整治行动，严厉查处借庆祝中国共产党成立 100 周年名义开展违法违规商业营销宣传行为，切实维护了党和国家形象，确保商业营销宣传正确导向。

（二）贯彻整治虚假违法广告部际联席会议部署，持续打击虚假广告

2021 年，整治虚假违法广告部际联席会议各成员单位坚持以习近平新时代中国特色社会主义思想为指导，认真贯彻落实党中央、国务院决策部署，统筹疫情防控和经济社会发展，协调联动、齐抓共管。在严厉打击借庆祝建党百年名义从事商业炒作牟利行为、集中整治重点领域虚假违法广告、完善广告监管规则等方面做了大量卓有成效的工作，广告市场秩序稳步向好，为保障建党 100 周年系列庆祝活动顺利开展、促进经济增长、保障民生权益作出了积极贡献。

（三）组织开展“铁拳”行动

2021 年 4 月，国家市场监督管理总局印发《2021 民生领域案件查办“铁拳”行动方案》，在全国范围组织开展“铁拳”行动。“铁拳”行动坚持问题导向、目标导向，聚焦关系群众生命健康安全的重点商品，贴近群众生活的重点服务行业，以及农村与城乡接合部市场、制售假冒伪劣产品多发的重点区域，重拳出击，重点打击八类违法行为：一是销售药残超标的畜产品、水产品及未经检验检疫或检出“瘦肉精”的肉类；二是宣称减肥和降糖降压降脂等功能的食品中添加药品；三是生产销售“偷工减料”劣质钢筋、线缆；四是生产销售劣质儿童玩具；五是中介机构“乱收费”；六是翻新“黑气瓶”；七是农村市场“山寨”酒水饮料、节令食品；八是“神医”“神药”等虚假广告。考虑到实际情况不同，各地“规定动作”与“自选动作”相结合，进一步突出重点，适当增加新的内容。

总局制定《2021 民生领域案件查办“铁拳”行动宣传工作方案》，要求各地市场监管部门坚持办案与宣传统筹考虑，加强组织策划，有计划地开展宣传活动，持续释放震慑效果。各省（区、市）和新疆生产建设兵团均制定了“铁拳”行动方案，全国市场监管部门以案件查办为抓手，切实解决民生诉求，回应社会关切，查处了一批有重大震慑力的大案要案，取得了显著成效，受到了社会各界的广泛关注。

（四）开展“护苗助老”专项整治行动

2021 年 4 月，国家市场监管总局以“护苗助老”为主题在全国组织开展“‘守护夕阳红’——医疗、药品、

保健食品虚假违法广告整治行动”和“‘呵护青少年健康成长’——教育培训类广告清理整治行动”，集中整治市场突出问题，重点查办“神医”“神药”广告，严厉打击利用科研单位、学术机构、教育机构等名义或形象作推荐、证明的教育培训类广告，严厉打击误导青少年的假扮“名师”广告，从严查处含有“软色情”内容的教育培训广告。一是严格“三品一械”广告审查。严把审查关口、严格审查标准、确保审查质量，依法公示经审查批准的“三品一械”广告信息，为公众查询提供方便。二是加强相关广告监测。对媒体发布的医疗、医疗美容、药品、保健食品以及教育培训广告开展专项监测，及时发现虚假违法广告线索。三是做好重点案件查办，严查虚假违法广告。四是加强行政指导。运用建议、劝告、约谈等多种方式，加强对主要医疗机构、校外教育培训机构、传统媒体、互联网企业和广告设计制作单位的行政指导。支持相关行业协会发挥作用，鼓励经营者主动整改，引导经营者自觉规范经营行为。据不完全统计，截至 2021 年 6 月 15 日，全国各级市场监管部门查办医疗、药品、保健食品虚假违法广告案件 678 件，处罚金额 1408 万元；查办教育培训类虚假违法广告案件 242 件，处罚金额 306 万元。

（五）成立广告道德委员会

2021 年 9 月 10 日广告道德委员会成立大会暨第一次全体会议在北京召开。为进一步推进广告领域道德建设，根据整治虚假违法广告部际联席会议 2021 年第一次全体会议决议，国家市场监管总局、中央宣传部、中央网信办和广电总局等部门以联席会议联络办公室名义指导中国广告协会发起成立广告道德委员会。广告道德委员会作为咨询性非常设机构，主要任务是积极组织开展公益宣传，研究制定广告道德规范，加强广告道德评价评议活动，引导广告行业加强道德自律，落实广告也要讲导向的要求，自觉践行和弘扬社会主义核心价值观。

（六）加强校外培训广告管控

2021 年 7 月，中办、国办印发《关于进一步减轻义务教育阶段学生作业负担和校外培训负担的意见》，将落实“双减”文件精神，加强校外培训广告管控列为整治行动核心内容，及时部署地方集中力量加大对中小学校外培训违法广告打击力度。国家市场监督管理总局联合八部门印发《关于做好校外培训广告管控的通知》，从组织清理整治、加强日常管控、健全管控机制、抓好组织实施等 4 个方面，对校外培训广告清理整治工作作出全面部署。

（七）加大对医美广告监管力度，严厉打击相关违法行为

近年来，医疗美容行业发展迅速，但虚假宣传等违法行为也引起社会关注。2021 年 11 月 2 日，国家市场监督管理总局以 2021 年第 37 号公告形式发布《医疗美容广告执法指南》。各地市场监管部门以落实《医疗美容广告执法指南》为契机，联合相关部门，加大了对医疗美容广告的监管力度。国家市场监督管理总局还及时公布了 10 起医疗美容领域广告违法典型案例，要求相关市场主体应以案为戒，加强对广告法律法规和行业规范的学习，树立守法经营的意识，自觉规范经营行为，依法诚信开展医疗美容广告活动。

（八）开展儿童青少年近视防控产品违法违规商业营销宣传专项整治行动

2021 年 11 月，国家市场监督管理总局办公厅发布了《关于开展儿童青少年近视防控产品违法违规商业营销宣传专项整治行动的通知》。通知指出，儿童青少年近视防控产品违法违规商业营销宣传严重误导近视儿童青少年和家长，威胁儿童青少年视力健康。为维护公平有序的市场环境，呵护儿童青少年健康成长，市场监管总局决定自 2021 年 11 月到 2022 年 3 月组织开展儿童青少年近视防控产品违法违规商业营销宣传专项整治行动。通知明确重点任务。一是严厉打击儿童青少年近视防控产品虚假违法营销宣传行为。在目前医疗技术条件下，近视不能治愈。各地市场监管部门要依法从严查处使用“康复”“恢复”“降低度数”“近视治愈”“近视克星”“度数修复”等误导性表述对儿童青少年近视防控产品进行营销宣传的行为。加大对冒用中医药名义或者假借中医药理论、技术进行营销宣传欺骗消费者行为的打击力度。严厉打击使用患者名义或者形象进行诊疗前后效果对比或者作证明，以及宣传诊疗效果或者对诊疗的安全性、功效做保证性承诺的虚假违法广告。二是加大监测、抽查力度。强化广告和网络交易监测，不断强化监测技术应用，重点关注开学季、节假日、网络集中促销期等时间节点，开展网络市场专项监测，清理整治违法违规内容。加大对重点市场主体的“双随机、一公开”抽查力度，依法依规严厉查处相关问题。三是加强重点媒介、区域监管。坚持线上线下一体化监管，紧盯受众面广、社会影响大的重点媒体和广告发布渠道加强监管执法。强化互联网平台监管，加大对违法平台的惩戒力度，净化线上商业营销宣传环境。扎实做好城市主干道、公共交通工具、人口流量较大的公共场所等重点区域户外广告位、广告牌排查工作，从严查处学校、医院周边的儿童青少年近视防控产品虚假违法户外广告。　四是强化行政指导。加大对儿童青少年近视防控产品生产经营企业、广告制作发布单位等市场主体的行政指导力度，促进企业知法守法，提升依法经营意识。及时约谈本地区重要互联网企业，要求其严格遵守相关法律法规规定，切实承担平台主体责任，不断完善平台规则，强化内部审核。指导电商平台进一步加强平台内经营者身份信息管理、公示，严格落实护眼仪等医疗器械及有关特殊商品经营资质审查责任。

（九）严打网售假冒检验检测报告违法行为

2021 年 7 月初，有媒体反映部分网络交易平台存在买卖假冒检验检测报告等违法行为，严重扰乱检验检测市场秩序。市场监管总局高度重视，迅速组织执法力量调查核实，回应社会关切，并在全国范围内部署开展打击网售假冒检验检测报告违法行为专项整治行动，重点督促网络交易平台核查经营者资质、清理整顿虚假广告宣传信息，依法严查相关违法行为，全力维护消费者权益，守护公平有序的市场环境。按照市场监管总局统一部署和要求，各地市场监管部门与公安、网信等相关单位协同配合，全面排查、严厉打击违法行为。专项整治行动成效显著，各地市场监管部门共督促相关平台对 2702 家含有相关违规宣传信息的平台内经营者进行处置，涉及虚假广告宣传 308 件。

二、2021 年广告违法案件的特征与趋势

（一）违查处的法广告案件明显增加

2018 年后，年度查办广告违法案件总量出现缓慢下降趋势。但是在疫情期间又开始反弹，尤其是 2021 年度，案件总量 42699 件，与 2020 年度相比，增幅达 13.9%，创了 2015 年广告法修订实施以来查处案件量的新高。（见下图 1）

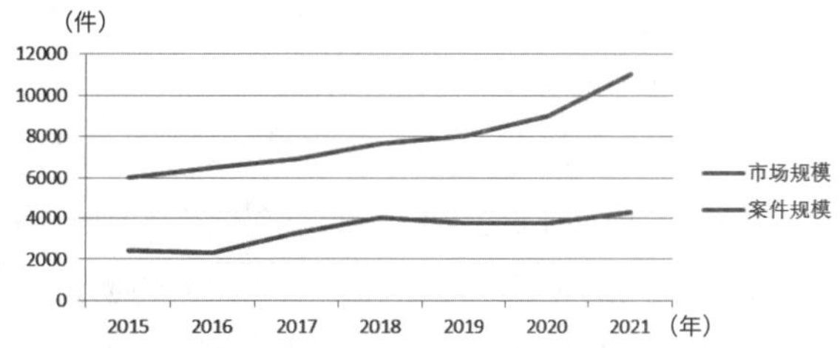

图 1 广告法修订实施以来历年查办案件总量与行业发展规模趋势

初步分析查办案件总量增加的原因主要有两个方面：一是广告行业发展规模的快速增长。与受疫情影响的其他行业不同，广告行业发展规模在疫情期间不但没有下降，反而逆势快速增长，全年度营业额首次突破 1 万亿元大关，2021 年全行业营业额达 1.1 万亿元。行业的快速发展和广告总量的增加是案件增加的一个主要原因；二是广告监管执法模式的改进，随着广告监测等智慧监管的手段的推广普及和运用，发现违法案件线索的能力了大大提高。以北京市为例，全市互联网广告的监测范围由 2018 年的 11 家网站扩大到现在的包括 PC 端网站、移动端 App、公众号、微信小程序在内的 1300 余家，实现了对重点类别广告的全网监测。截至目前，平台累计搜索监测互联网广告 15.87 亿条，发现涉嫌违法广告 9.65 万条，违法广告的发现能力大幅提升。实现了运用互联网技术在线实时监测，完整记录违法广告监测的全过程，监管信息可查询、可追溯、可运用，有效提升了广告市场监管效能。

（二）互联网违法广告案件占比出现下降

随着移动互联网广告快速发展和互联网广告模式的不断创新，广告法修订实施以来，互联网广告案件在全国查处的年度违法广告案件中占比迅速上升，在 2018 年占比超过了 50%，并在 2020 年占比达到峰值 62.40%。但是 2021 年度的执法案件数据显示，互联网广告案件占比出现广告法修订实施以来的首次下降，占比 55.55%，同比比 2020 年下降了 6.85 个百分点（见下图 2）

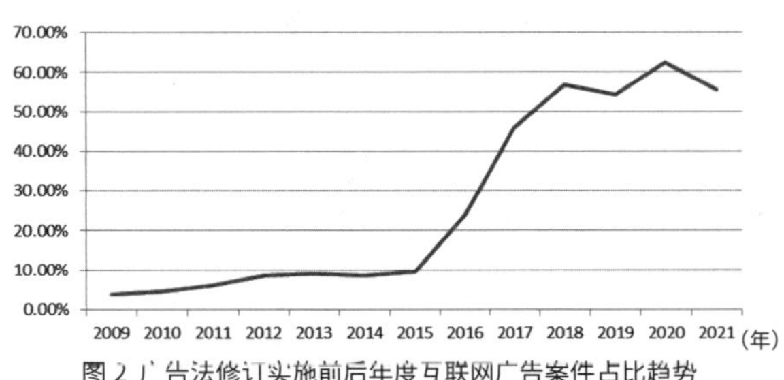

图 2 广告法修订实施前后年度互联网广告案件占比趋势

互联网广告案件量在 2016—2017 年度首次超过传统媒介违法广告案件量，两者案件量占比差距越来越大。但是疫情期间，互联网广告案件增幅趋缓，而传统媒体广告案件量大幅攀升，两者的案件量越来越接近，年度案件的媒介结构正在发生反转。（见下图 3）

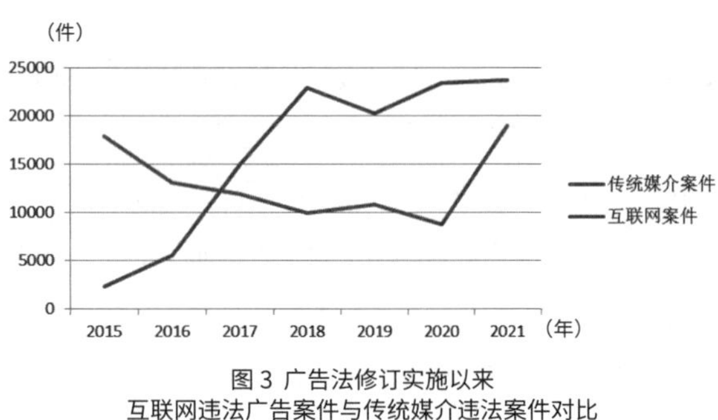

图 3 广告法修订实施以来
互联网违法广告案件与传统媒介违法案件对比

广告法修订实施以来，互联网广告案件的快速增长一直是年度案件总量攀升的主要因素。但是这种情况在疫情期间正在发生变化。2021 年度案件总量增幅达 13.9%，与此同时，互联网广告案件的增幅仅为 1.67%。这表明，互联网广告案件应不再是年度案件总量攀升的主要因素，年度案件量增加的主要因素来自传统媒介广告案件。

从互联网广告案件的内部结构来看，疫情期间搜索平台案件有所下降外，互联网广告案件的增长主要来自门户网站和电商平台，其中电商平台增幅明显。疫情期间，传统媒体广告案件中，电视、广播、期刊和报纸等媒介的广告案件变化不大或略有下降。传统媒体增加的广告案件主要来自户外广告和印刷品广告，这两类媒体的违法广告案件增长趋势明显。传统媒体广告监管执法重点在户外和印刷品领域。与 2020 年相比，2021 年度户外广告违法案件量增幅达 52.94%，印刷品违法广告案件量增幅达 39.7%。

（三）食品广告领域违法案件最多

按照违法广告案件行业领域统计的数据显示，疫情期间违法广告案件量排名始终靠前的行业和领域是食品广告（含保健制品）、房地产广告、医疗服务广告和药品广告等。与 2020 年度相比，2021 年度食品广告（含保健食品）案件量增长了 48.32%、房地产案件量增长了 44.21%、医疗服务广告案量增长了 24.72%、药品违法广告案件增长了 20.16%。其中，食品（含保健食品）违法广告案件量长期占据第一位。2021 年度食品（含保健食品）违法广告案件量约占年度案件总量的 15%。

广告法修订实施以来，食品广告违法案件量一直居高不下，但是从案件结构上分析，保健食品广告违法案件量占比在逐年下降，由最高年份 2015 年度的 42.93%，下降到 2021 年度的 8.73%。这表明，食品广告违法案件增加的原因与保健食品无关，而应当从其他方面寻找原因。（见下图 4）

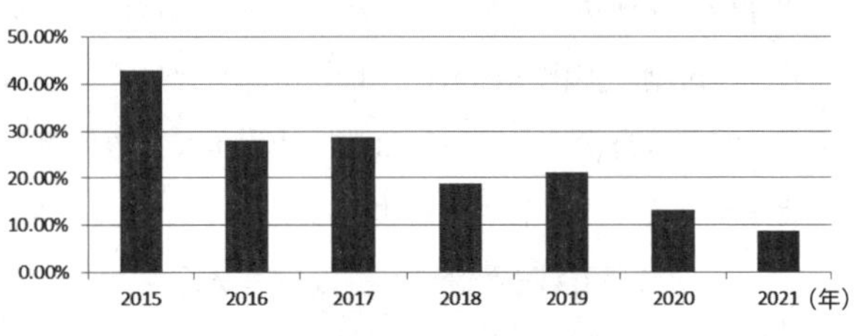

图 4 广告法修订实施后
保健食品违法广告案件量占食品违法广告案件量的比重

统计数据显示：疫情期间医疗服务、药品和医疗器械三个领域的违法案件量整体都呈现上升趋势。

（四）虚假广告案件仍应是监管重点

广告法修订实施以来，虚假广告案件在全年查办案件中的占比整体呈上升趋势，并在 2017 年度突破 50%。但是疫情期间的统计数据显示，虚假广告案件量的增幅在 2021 年首度出现下降。与 2020 年相比，2021 年度虚假广告案件占比 57.53%，下降了 3.21 个百分点（见下图 5）

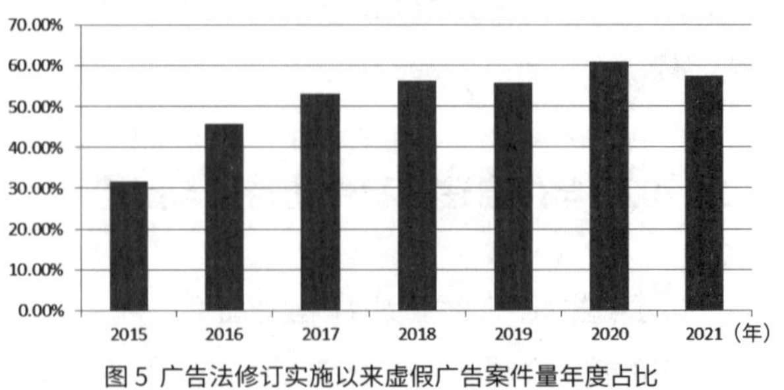

图 5 广告法修订实施以来虚假广告案件量年度占比

（五）违法案件罚没款总额由降转升

从案件罚没数额的结构上分析，疫情期间，绝大部分违法案件的处罚额度在1万元之下。2020年度和2021年度，罚款额度在1万元以下的案件占比都在70%以上，说明疫情期间广告违法案件的处罚力度不大。但是从罚没总额来看，疫情期间开始由降转升。这主要是案件总量快速增加造成的。

从具体的领域来看，2021年度违法食品广告案件占全年案件量约15%，但是罚没总额仅占年度罚款总额的8.67%；而2021年度房地产广告案件量占比约为8.69%，但是罚没总额占比高达23.88%。虽然不同领域广告违法情况有所不同，但是考虑到食品领域违法广告案件量长期居高不下，是否与处罚力度是否有关，值得进一步思考。

2021年广告市场执法通知、公报

关于做好校外培训广告管控的通知

（国市监广发〔2021〕70号）

各省、自治区、直辖市和新疆生产建设兵团市场监管局（厅、委）、党委宣传部、网信办、教育厅（教委）、民政厅（局）、住房和城乡建设厅（委、管委、局）、国资委、广播电视局（文化体育广电和旅游局）：

为贯彻落实中共中央办公厅、国务院办公厅印发的《关于进一步减轻义务教育阶段学生作业负担和校外培训负担的意见》，指导各地做好校外培训广告管控工作，现就有关事项通知如下。

一、组织清理整治

（一）目标要求。严格落实有关政策文件要求，不区分学科类、非学科类，要确保做到主流媒体及其新媒体、网络平台以及公共场所、居民区等线上线下空间不刊登、不播发面向中小学（含幼儿园）的校外培训广告。要集中时间、集中力量对主流媒体及其新媒体、网络平台以及公共场所、居民区等线上线下空间校外培训广告开展全面排查，清理存量、杜绝增量。要综合运用舆论引导、企业自律、行业管理、市场准入、监管执法、社会共治等多种手段，确保“双减”政策要求落实到位。

（二）组织传播平台自查。立即组织主流媒体及其新媒体、网络平台企业、户外广告位经营管理单位等相关市场主体开展自查整改。要求相关传播平台全面梳理在播、在刊广告，发现校外培训广告立即停止刊播。进一步完善广告发布审核制度，堵塞管理漏洞，尤其注意防止以节（栏）目、“软文”等方式变相发布校外培训广告。对于未按要求停止刊播的，由有关部门依法依规追究相关单位和人员责任；广告内容虚假违法且未按期自行整改的，依法从重处罚。

（三）加大监管力度。要畅通举报投诉途径、加大线索梳理和广告监测力度，及时发现、制止发布校外培训广告行为。要结合地方实际，对辖区内重点媒体、网络平台企业、主要校外培训机构以及广告经营、制作企业开展联合约谈，适时组织联合执法行动，形成高压态势。要依法从严查处利用节（栏）目、“软文”等方式变相发布校外培训广告的行为，对于夸大培训效果、误导公众教育观念、制造焦虑的虚假违法校外培训广告依法从重处罚。要加大校园内及校园周边环境整治力度，严厉查处在中小学校、幼儿园内开展商业广告活动以及利用中小学和幼儿园的教材、教辅材料、练习册、文具、教具、校服、校车等发布或变相发布广告的行为。要适时曝光典型违法违规案例，形成有效震慑。

二、加强日常管控

（一）强化广告管控与校外培训机构审批管理的协同。市场监管部门要会同行业主管部门将校外培训广告管控纳入对校外培训机构日常监管和专项检查的范围。对于违反政策规定发布校外培训广告的校外培训机构，要加大对其日常监管力度和随机抽查频次。要将校外培训机构广告活动情况作为对其相关资质管理的重要内容，对于多次违规发布校外培训广告或者发布虚假违法校外培训广告情节恶劣的，要依法依规予以处理。

（二）强化广告管控与媒体管理的协同。要将校外培训广告管控纳入报纸、期刊、广播、电视等传统媒体行业管理重点内容，对于违反政策代理、制作、刊登、播发校外培训广告的传统媒体单位，要依法依规追究单位及有关人员责任。要将校外培训广告管控纳入互联网信息管理的重点内容，对于违反政策代理、制作、刊登、播发校外培训广告的电商平台和其他互联网企业，要坚决依法处置。

（三）强化国有企业等单位所属广告牌和广告位的管控。要将不刊登、不播发校外培训广告作为加强国有企业管理的一项工作任务，坚决杜绝铁路、地铁、公交车、国有厂矿单位以及公交站台所属广告牌广告位刊发校外培训广告。

（四）支持基层开展户外广告日常管理。要调动乡镇、街道主动参与校外培训广告管控工作的积极性，支持基层对商业楼宇、居民区等进行网格化管理，加大排查力度，及时发现和制止发布校外培训广告行为。要结合地方实际，积极组织、支持、引导社区工作者、志愿者等加入广告管控工作，发挥社会共治效果。

三、健全管控机制

（一）强化跨部门协同监管。要充分发挥“双减”工作专门协调机制作用，做好校外培训广告管控工作。宣传、网信、广电、新闻出版等部门要加强对广播电视、报纸、期刊和网络平台的管理，确保各类线上线下传播平台落实好政策要求。市场监管部门会同教育等有关部门强化对校外培训广告监管，加强广告执法，严厉打击相关虚假违法广告。教育部门、民政部门按照职责分工，依法做好校外培训机构的年审年检工作，对经市场监管等有关部门确认并移交的校外培训机构违法违规发布校外培训广告的情形，依法在年检、评估、信用信息管理等工作中作出相应处理。国有资产管理部门要督促、指导国有企业落实政策要求，加强对所属广告位、广告牌的管理。城市管理部门要做好对城市公共场所广告位、广告牌设施设置的管理工作。市场监管部门要会同城市管理部门加强对校园周边等重点区域的排查，依法制止随意散发校外培训宣传品的行为，保持校园周边环境干净有序。

（二）强化分析研判和舆情应对。建立健全信息共享和分析研判机制，及时发现变相、变种校外培训广告，完善管控手段。针对广告的宣传舆论属性，建立健全重点舆情联合应对机制，对涉校外培训广告舆情联合研判、联合应对，及时处置舆情事件。

（三）强化信用监管和行业自律。推动信用监管与行业监管联动，加强严重违法失信名单管理，建立健全失信联合惩戒制度，依法依规严惩制作、发布虚假违法校外培训广告行为。引导行业自律，充分发挥行业协会作用，推动相关市场主体自觉遵守有关政策要求。

四、抓好组织实施

（一）加强组织领导。要在地方党委、政府统一领导下，把做好校外培训广告管控工作作为一项重要政治任务，切实做到认识到位、措施到位、责任到位。要制定广告管控工作方案，加强对当地主要校外培训机构、主流媒体及其新媒体、网络平台等的重点监管，做好对学校、商业楼宇、居民小区等区域的日常监管。

（二）强化督促指导。要将校外培训广告管控纳入教育督导范围，层层传导压力、压实责任。要加强条线指导，综合施策，积极稳妥推进工作，让校外培训广告管控工作得到群众拥护、社会理解和市场主体信服。要及时研判形势、更新管控措施，有效应对变相发布校外培训广告等新问题。

（三）做好宣传引导。要加强政策宣传解读，消除社会误读误解。要加强对学生、家长的引导，通过开展家访活动、印发宣传资料、制作发布公益广告等多种形式，宣传国家政策要求，宣讲正确的育人观念，缓解家长焦虑情绪。

各地有关部门要及时总结成绩和存在的问题，向上级机关报告。

市场监管总局 中央宣传部 中央网信办

教育部 民政部 住房城乡建设部

国务院国资委 广电总局

2021 年 11 月 3 日

市场监管总局关于发布《医疗美容广告执法指南》的公告

（2021 年第 37 号）

为规范和加强医疗美容广告监管，有效维护医疗美容广告市场秩序，保护消费者合法权益，依据《中华人民共和国广告法》《医疗广告管理办法》等法律、法规和规章的规定，市场监管总局制定了《医疗美容广告执法指南》（附后），现予以发布。

特此公告。

市场监管总局

2021 年 11 月 1 日

医疗美容广告执法指南

严厉打击虚假违法医疗美容广告对于保护消费者合法权益、维护人民群众身体健康和生命安全意义重大。为规范和加强医疗美容广告监管，有效维护医疗美容广告市场秩序，保护消费者合法权益，依据《中华人民共和国广告法》《医疗广告管理办法》等法律、法规和规章的规定，制定本指南。

一、本指南旨在向地方各级市场监管部门提示医疗美容广告监管工作中需要重点关注的问题，为地方各级市场监管部门加强医疗美容广告监管工作提供指引。

二、本指南所称医疗美容，是指运用手术、药物、医疗器械以及其他具有创伤性或者侵入性的医学技术方法对人的容貌和人体各部位形态进行的修复与再塑。

本指南所称医疗美容广告，是指通过一定媒介或者形式直接或间接介绍美容医疗机构或者医疗美容服务的商业广告。

三、医疗美容广告属于医疗广告，广告主必须依法取得医疗机构执业许可证才能发布或者委托发布医疗美容广告。广告主发布医疗美容广告，必须依法取得《医疗广告审查证明》；广告经营者、广告发布者设计、制作、代理、发布医疗美容广告必须依法查验《医疗广告审查证明》，并严格按核准内容发布。

四、美容医疗机构依据《消费者权益保护法》《电子商务法》等法律法规及国务院卫生健康行政部门规定的内容、形式和途径主动公开医疗美容服务信息，不具有商业目的，一般不视为商业广告行为。

五、市场监管部门依法整治各类医疗美容广告乱象，着力解决危害性大、群众反映集中的问题，对以下情形予以重点打击：

（一）违背社会良好风尚，制造“容貌焦虑”，将容貌不佳与“低能”“懒惰”“贫穷”等负面评价因素做不当关联或者将容貌出众与“高素质”“勤奋”“成功”等积极评价因素做不当关联。

（二）违反药品、医疗器械、广告等法律法规规定，对未经药品管理部门审批或者备案的药品、医疗器械作广告。

（三）宣传未经卫生健康行政部门审批、备案的诊疗科目和服务项目。

（四）宣传诊疗效果或者对诊疗的安全性、功效做保证性承诺。

（五）利用行业协会以及其他社会社团或组织的名义、形象作证明，使用患者名义或者形象进行诊疗前后效果对比或者作证明。

（六）利用广告代言人为医疗美容做推荐、证明。医疗美容广告中出现的所谓“推荐官”“体验官”等，以自己名义或者形象为医疗美容做推荐证明的，应当被认定为广告代言人。

（七）以介绍健康、养生知识、人物专访、新闻报道等形式变相发布医疗美容广告。

（八）对食品、保健食品、消毒产品、化妆品宣传与医疗美容相关的疾病治疗功能。

（九）其他违反广告法律法规规定，严重侵害群众权益的行为。

六、市场监管部门在医疗美容广告监管过程中，发现从事医疗美容活动的机构未取得执业许可或未经过备案的，以及生活美容机构等非医疗机构开展医疗美容广告宣传的，要及时通报同级卫生健康行政部门。

七、市场监管部门在医疗美容广告监管过程中，发现相关广告主未取得《医疗广告审查证明》或者未按《医疗广告审查证明》内容发布医疗广告的，依照《广告法》处理的同时，要通报同级卫生健康行政部门。

八、医疗美容广告中涉及“医生”“专家”的，市场监管部门应注意以下情形：

（一）医疗美容广告中出现的卫生技术人员、医疗教育科研机构及其人员的名义、形象属实的，应认定为使用医生或者专业人士为医疗广告代言的广告违法行为。

（二）广告中将未依法取得医师执业资格或医疗教育、科研相关职称的人宣称为“医生”“医学专家”等医学专业人士，足以误导消费者认为其属于医生等专业人士的，应认定为虚假医疗美容广告。相关人员涉嫌非法行医的，要及时通报同级卫生健康行政部门。

（三）对卫生技术人员、医疗教育科研人员的专访、专题报道中出现有关美容医疗机构的地址和联系方式等内容的，应认定为以介绍健康、养生知识、人物专访、新闻报道等形式变相发布医疗美容广告。

九、各级市场监管部门在医疗美容广告监管过程中，发现相关违法行为涉嫌犯罪的，依照有关规定移送公安机关。

十、各级市场监管部门要指导、督促网络平台建立健全内部审核机制，在广告发布、提供互联网信息服务过程中，拦截违法违规医疗美容广告宣传信息。网络平台经营者未依法履行平台责任的，市场监管部门依法从严查处。

市场监管总局办公厅关于开展儿童青少年近视防控产品违法违规商业营销宣传专项整治行动的通知

（市监广发〔2021〕81 号）

各省、自治区、直辖市和新疆生产建设兵团市场监管局（厅、委）：

儿童青少年近视防控产品违法违规商业营销宣传严重误导近视儿童青少年和家长，威胁儿童青少年视力健康。为维护公平有序的市场环境，呵护儿童青少年健康成长，市场监管总局决定自 2021 年 11 月到 2022 年 3 月组织开展儿童青少年近视防控产品违法违规商业营销宣传专项整治行动。现将有关事项通知如下：

一、重点任务

（一）严厉打击儿童青少年近视防控产品虚假违法营销宣传行为。在目前医疗技术条件下，近视不能治愈。各地市场监管部门要依法从严查处使用“康复”“恢复”“降低度数”“近视治愈”“近视克星”“度数修复”等误导性表述对儿童青少年近视防控产品进行营销宣传的行为。加大对冒用中医药名义或者假借中医药理论、技术进行营销宣传欺骗消费者行为的打击力度。严厉打击使用患者名义或者形象进行诊疗前后效果对比或者作证明，以及宣传诊疗效果或者对诊疗的安全性、功效做保证性承诺的虚假违法广告。

（二）加大监测、抽查力度。强化广告和网络交易监测，不断强化监测技术应用，重点关注开学季、节假日、网络集中促销期等时间节点，开展网络市场专项监测，清理整治违法违规内容。加大对重点市场主体的“双随机、一公开”抽查力度，依法依规严厉查处相关问题。

（三）加强重点媒介、区域监管。坚持线上线下一体化监管，紧盯受众面广、社会影响大的重点媒体和广告发布渠道加强监管执法。强化互联网平台监管，加大对违法平台的惩戒力度，净化线上商业营销宣传环境。扎实做好城市主干道、公共交通工具、人口流量较大的公共场所等重点区域户外广告位、广告牌排查工作，从严查处学校、医院周边的儿童青少年近视防控产品虚假违法户外广告。

（四）强化行政指导。加大对儿童青少年近视防控产品生产经营企业、广告制作发布单位等市场主体的行政指导力度，促进企业知法守法，提升依法经营意识。及时约谈本地区重要互联网企业，要求其严格遵守相关法律法规规定，切实承担平台主体责任，不断完善平台规则，强化内部审核。指导电商平台进一步加强平台内经营者身份信息管理、公示，严格落实护眼仪等医疗器械及有关特殊商品经营资质审查责任。

二、工作要求

（一）提高认识，扎实推进。各地市场监管部门要提高政治站位，充分认识开展本次专项整治行动的重要性和必要性，加强组织领导，周密部署安排，细化工作措施，强化执法办案，确保专项整治行动取得实效。

（二）协同配合，形成合力。各地市场监管部门要强化与卫生健康、中医药、教育、网信等部门信息沟通和配合协作，形成监管合力。要发挥市场监管部门综合执法优势，多条线共同发力，确保整治成效。要切实落实行刑衔接相关要求，执法中发现涉嫌犯罪的，坚决移送司法机关。

（三）广泛宣传，形成震慑。大力宣传专项整治行动开展情况，积极引导企业依法合规经营。及时曝光典型案件，强化警示教育，不断增强市场监管执法的影响力与震慑力。

各省级市场监管部门要认真总结本地区工作，梳理专项整治行动开展情况，及时报送典型案例。请于 2021 年 12 月 31 日前、2022 年 4 月 8 日前将专项行动开展情况及《儿童青少年近视防控产品违法违规商业营销宣传专项整治行动统计表》报市场监管总局广告监管司。

市场监管总局办公厅

2021 年 10 月 29 日

全国各地区广告业发展与广告监管情况

Provincial Advertising Supervision and Developing

北京市

2021 年，北京市广告监管系统认真贯彻落实国家局和市局相关工作部署，针对首都广告市场的新形势和新问题，充分发挥自身职能，努力构建科学有效的监管机制，促进首都广告行业健康发展。

2021 年开展的重点工作，取得的成效

（一）认真开展教育培训类广告综合治理

按照北京“双减”工作市级专班关于加强教育培训类广告综合治理的要求，为进一步强化教育培训类广告的监测监管工作，促进教育培训类广告规范发展，切实保护青少年合法权益，2021 年 4 月以来，全市广告监管系统积极开展教育培训类广告的专项整治工作，采取了以下工作措施：

1. 严格违法判定标准，为进一步全面加强对利用广播、电视、报纸、期刊、互联网等大众传播媒介发布教育培训类广告的监测，广告处多次与广告监测中心开会会商，锁定监测关键词以及《广告法》禁止的其他内容。采取对教育培训类广告全面从严监测，发现涉嫌违法广告及时分派至辖区进行调查处理，并进行督办。

2. 广告处制定了《关于进一步加强校外培训广告管理的通知》《教育培训类广告负面清单》以及《北京市市场监管局关于学科类校外培训广告整治行动方案》，明确在我市电视、广播、报纸、期刊，户外（含地铁、公交）、居民区内的各类广告牌、电梯内的广告设施以及网络平台、新媒体等各种媒介和公共场所不得发布面向学龄前儿童、义务教育阶段和普通高中学生的校外培训广告的措施落实到位，有效规范北京教育培训广告市场秩序。

3. 积极指导各区局严格按照《广告法》等广告监管法律规范和本市“双减”工作要求，积极履行广告监管职能，突出《教育培训广告负面清单》管理，充分发挥市局、区局和市场所三级广告监测监管网络作用，提升对校外培训广告的发现能力，督促广告发布单位全面停止发布校外培训广告，不得发布含有违法违规内容的教育培训广告。在注重监管执法的同时，各区局还积极采取行政告诫、行政约谈、行政建议等行政指导手段，对广告发布活动提出了严格要求。2021 年全市共查处教育类违法广告案件 151 件，罚没款 861.6 万元。

（二）开展“护苗助老”整治行动

根据总局《在广告监管领域开展“互苗助老”系列整治行动的通知》相关部署，全市广告监管系统积极开展以“护苗助老”为主题的医疗、药品、保健食品虚假违法广告整治行动和教育培训类广告清理整治行动。

广告处根据整治行动要求，梳理了工作重点及开展的时间节点，要求各区局按照任务部署进行分工，明确工作职责，细化工作措施，确保各项工作任务落到实处，取得实效。全市广告监管系统加强对全市电视、广播、报纸、期刊以及各大门户网站、电商平台等互联网媒介的广告监测，各区局要求各市场监管所加强对辖区内企业自设网站的监测检查，结合开展的校外培训机构专项整治行动，着重打击以介绍健康、养生知识等形式变相发布虚假医疗、药品、保健食品广告，误导老年人、青少年的所谓“神医”“名师”广告，依法严肃查处未经医疗广告审批发布广告、夸大效果以及违背公序良俗的医疗美容虚假违法广告等行为。

（三）坚持日常监管和专项整治相结合，健全广告监管长效机制

2021 年，全市广告监管系统依据《广告法》《反不正当竞争法》等法律法规，进一步加大广告执法力度，严厉打击各种违法广告行为。2021 年全市广告监管部门共查处广告案件 2086 件，罚没款 5756.3 万元。

同时，结合开展学党史为民办实事活动要求，切实解决群众反映突出的重点问题，2021 年全市广告监管系统继续开展互联网广告专项整治工作，重点打击涉及导向问题、软色情违法弹窗广告等虚假违法广告，不断增强人民群众的获得感、幸福感和安全感。

（四）开展违法违规商业营销宣传专项整治工作

为贯彻落实党中央关于庆祝建党100周年各项部署，严格规范商业营销宣传行为，按照总局《关于开展违法违规商业营销宣传集中整治行动的工作方案》《关于成立整治借庆祝名义从事商业谋利活动专项工作组的通知》要求，市局成立了整治借庆祝名义从事商业谋利活动专项工作组，办公室设在广告处。

为进一步明确工作任务，积极稳妥推进专项整治工作，广告处起草了《关于开展违法违规商业营销宣传专项整治工作方案》，对专项整治工作的重点工作任务提出具体要求，并向属地市场监管部门制发了两期业务指导，进一步统一监管执法标准，指导属地做好监督检查、执法办案工作。对于在执法中遇到的问题及时进行指导，对于争议较大的问题，及时收集整理，主动向总局汇报。

（五）认真做好广告业统计工作

根据《广告业统计调查制度》（国统制〔2020〕27 号）和国家市场监管总局办公厅《关于开展 2019—2020 年度全国广告业统计工作的通知》要求，广告业于 2020 年起执行新的统计调查制度。2021 年继续指导全市广告监管系统开展广告业统计工作。2021 年 3 月开展了 2020 年度调查，对全市 2347 家规模以上广告企业、513 家从事广告业务的事业单位，以及 2679 家规模以下从事广告业务的企业进行了调查，逐一通知企业登录统计系统进行填报。

（六）积极开展重点企业服务工作

一是深入企业调研，总局领导和局领导带队走访腾讯文化传媒、字节跳动、奥美广告、中央电视台等重点企业，听取企业经营现状和存在问题，检查企业落实广告审核登记制度情况。二是组织广告企业座谈会，共邀请蓝色光标、今日头条、巴士传媒、万达传媒、首都机场广告公司等 21 家规模以上广告企业代表参与座谈。听取企业目前发展的情况和遇到的问题和需要行业主管部门协助协调落实的行业支持措施，参会企业在引进和培养人才、减免文化事业建设费、扶持公益广告发展、给予税收优惠等方面提出了政策需求。三是协助有关部门提供“一业一册”“一业一单”有关材料，补充完善广告类检查内容和检查标准，积极促进行业规范发展。

（七）研究制定“十四五”时期广告业高质量发展措施

拟订了广告市场规模跃升行动、广告产业园区提质增效行动、公益广告风尚引领行动三项措施。为推动市级广告产业园区认定工作，草拟了《北京市市级广告产业园区认定管理办法》，并召开企业座谈会，听取企业对设立北京市级广告产业园区的想法和建议。

（八）扎实做好保健食品广告审查工作

2021 年广告处共完成保健食品广告审查 507 件，其中审批通过颁发保健食品广审许可 429 件，不予许可 85 件。按照国务院办公厅《关于加快推进政务服务“跨省通办”的指导意见》《北京市市场监督管理局推进京津冀协同发展工作方案》相关要求，已完成保健食品广告审查、特殊医学用途配方食品广告审查事项“跨省通办”工作任务，可为申请人提供申请受理、审查决定等全流程网上服务，具备申请人异地网上申请业务、市场监管部门为申请人远程办理的能力。根据市政务局《2021 年北京数字服务实施方案》相关要求，不断研究许可业务全方位数字化升级，通过政府端电子印章的应用，实现了广告审查决定书电子化，可网上生成审查决定书并即时送达申请人。2021 年对该事项完成了统一身份认证系统接入、办件数据汇聚等工作，通过明确申请条件、申报方式、受理模式、审核程序、办理时限、发证发照方式等内容，及时更新首都之窗办事指南，不断提升保健食品广告审查事项标准化程度。持续探索“中华人民共和国居民身份证”“北京市居住证”在事项办理中的应用问题，争取实现企业电子印章在事项中使用，不断提升许可事项办理电子化的广度和深度。

江苏省

2021 年，在省局党组的正确领导下，广告监管处紧紧围绕省局“两反两保”工作大局，强化监管守底线，服务行业促发展，各项工作有序开展，“十四五”取得良好开局。省局直接转办涉嫌违法广告线索 2625 条次。全省查办虚假违法广告案件 3656 件，罚没款 4996 万元。传统媒体广告违法率继续保持全国最低。总局公布的《2020 年度中国广告业发展指数情况通报》中，我省广告业发展状况荣列最高等次先导级。

一、围绕建党百年，突出正确导向引领

一是牵头开展违法违规商业营销宣传集中整治行动。严厉打击利用建党 100 周年等重大政治事件进行商业炒作的行为。公布涉导向问题违法广告典型案例，发布广告导向宣传“十个严禁”。妥善处置涉及全省 10 个市、255 家企业地图使用不规范举报问题。部署整治借党史学习教育之名进行商业牟利行为。全年共立案查处相关案件 103 件，罚没款 507 余万元。

二是筹办公益传播设计大赛及作品展。省局连续七年举办“紫金奖”公益传播设计大赛。2021 年，为营造建党百年喜庆氛围，大赛以“永远跟党走”为赛事主题，共征集到作品 4409 件。6 月 5 日，大赛优秀作品展在南京举办，得到省委宣传部张爱军部长、省政府马欣副省长高度评价，张部长主动提出延长展期以扩大宣传效果。我局获大赛组织促进奖。

二、围绕“两反两保”，加强重点领域监管

一是开展金融领域和长江禁渔广告监管。部署开展非法金融领域违法广告清理整治行动，开展“防非”普法宣传，联合省整治虚假违法广告联席会议相关成员单位派出 4 个检查组，对各地整治工作情况进行检查，共查处案件 16 件，罚没款 66.32 万元。开展长江“十年禁渔”专项广告监测，确保“所有环节无广告”，截至 12 月底，共监测发现违法广告 757 条次，立案 253 件，罚没款 73.7 万元。

二是加大民生领域广告整治力度。结合“我为群众办实事”实践活动，在全省开展“护苗助老”专项行动，行动期间，全省共查办相关案件 458 件，罚没款 532.74 万元。落实“双减”政策要求，发布禁止性提示，公布典型案例，牵头八部门制定工作方案。部署对冒用知名医院名称标识发布医疗广告专项监测。开展购物频道、文娱领域综合治理，强化广告代言行为监管。

三是围绕舆情热点实施靶向监管。针对“福建欧艾非法添加激素事件”，加强消毒产品、日化用品以及食品广告监测监管，对苏宁易购、南京头条、抖音等 16 家网络平台相关企业及 5 家传统媒体单位进行行政约谈。对“3 · 15”晚会曝光公司，包括广告经营活动主体，360 搜索、UC 浏览器广告代理商开展排查。

三、围绕智慧监管，强化监管效能提升

一是推动软硬件设施迭代更新。以“传统媒体 + 户外 + 互联网”三合一广告监管体系为核心，建成“江苏省广告智慧监管系统”，2020 年，该系统被评为全国市场监管十佳创新举措。今年，启动了二期开发任务，推动广告监管业务数据互通互联，深化监测数据应用。

二是高质量完成总局交办监测任务。受总局委托，我局从今年 1 月 1 日起，承担 148 家中央级和省级媒体广告监测任务。以承接总局任务为契机，对广告监测监管软硬件和管理机制进行了改进，采用了更先进的硬件设备、信息推流模式和数据存储方式，监测监管质效大幅提升。全年共监测广告 808181 条次，发现涉嫌违法 4123 条次；共监测广告时长9890.82小时，发现涉嫌违法979.13小时。数据已常态化上传总局，由总局派发属地查处。总局秦宜智副局长（正部长级）专程来省局调研，对我局广告监管监测工作给予充分肯定。总局广告司专门给省局发函予以感谢。

四、围绕创新驱动，激发行业发展活力

一是编制《江苏省广告监管和产业发展“十四五”规划》。结合我省广告监管和产业发展实际，以高质量监管推动高质量发展为主线，明确 6 项 16 个主要发展指标、8 项重点任务、8 个专项计划。制定发布广告监管和产业发展一体化五年规划，在全国尚属首创。

二是推进各级广告产业园区建设。机构改革后，在全国率先制定出台了省级广告产业园区管理办法。积极推进省级广告产业园区培育，新认定盐城、扬州 2 家省级广告产业园区。截至目前，全省共有国家级广告产业园区 3 家，省级广告产业园区 9 家，市级广告产业园区 1 家，13 个地级市实现广告产业园区全覆盖。

三是充分发挥高质量奖补资金作用。完成省广告业发展奖补资金项目申报评审工作，对各地广告产业园区申报的 12 个项目给予 460 万元资金扶持。

此外，认真完成广告业统计工作；举办广告监管、广告人才培训班；签署了《长三角地区广告监管、发展一体化工作合作备忘录》。

安徽省

2021 年，安徽省广告监管工作坚持以习近平新时代中国特色社会主义思想为指导，认真落实省委、省政府和总局工作部署，牢固树立新发展理念，持续加大监管执法力度，有力维护良好广告市场秩序，推动全省广告业高质量发展。

一、强化广告导向监管。组织开展违法违规商业营销宣传集中整治行动，及时召开行政指导会，压紧压实省属主要媒体、重点广告企业等市场主体责任；向社会公开发布《关于加强广告宣传导向审查的提示》，明确广告发布及商业营销宣传“十个不准”；多次印发工作提示函，加强对整治行动的督查指导；鼓励媒体、企业积极创作、发布优秀公益广告作品，为庆祝中国共产党成立 100 周年营造良好氛围。整治期间，全省查处相关违法广告案件 54 件。总局专项行动简报三次报道我局工作开展情况。

二、加大广告监测力度。一是及时妥善处置总局传统媒体、互联网、移动互联网三个监测平台派发的涉嫌违法广告线索 2826 条次，处置率达 100%。二是加强省局广告监测平台建设，完成传统媒体广告监测服务更新采购，进一步规范广告监测数据采集、线索派发、线索处置、督导通报等工作流程，促进广告监测工作制度化、规范化。2021 年，省局广告监测平台抽查监测全省省、市两级主要传统媒体广告 499.8 万条次，条次违法率为 0.28%。

三、突出重点领域监管。聚焦医疗、药品、食品、保健食品、房地产、金融投资理财、教育培训等事关人民群众健康和财产安全的重点领域，加大监管执法力度。一是组织开展“护苗助老”系列整治行动，加强对医疗、药品、保健食品、医疗美容、教育培训、近视防控等广告的监管，专项整治期间，全省共监测广告 27.6 万条次，查处违法广告案件 382 件。二是妥善处置“3.15”晚会曝光违法广告线索。对央视“3.15”晚会曝光违法广告涉及我省的 2 家广告企业以及其代理广告业务的 158 家医疗机构开展专项检查，排查门户网站、微信公众号广告 1626 条次，查办案件 18 件。三是围绕“双减”“文娱领域综合治理”等重点任务，结合安徽实际，联合省有关部门制定广告监管工作措施，推动整治工作深入开展。四是严把“三品一械”广告审查关，审查“三品一械”广告 4022 件，同比增长 54.7%。

四、强化广告案件查办。一是加大广告违法线索处置力度，指导各市局及时处置总局、省局派发违法广告线索情况并对线索处置情况进行通报；在合肥市局召开了广告违法线索督办工作推进会，向相关市局下发《督办函》。二是加大广告案件督办力度，及时处置总局督办、转办的广告违法线索 9 件，下发案件查办情况通报 1 起。2021 年，全省查处各类虚假违法广告案件 2233 件，同比增长 30.7%。省局还向社会公布广告违法典型案例两批共 20 件。

五、强化广告协同监管。一是强化部门协同，会同省局整治虚假违法广告联席会议成员单位印发了《安徽省整治虚假违法广告联席会议 2021 年工作要点》，完善了联席会议工作制度，召开了联席会议。各成员单位密切配合，充分发挥各自职能优势，实现广告全链条监管，形成了工作合力。会同省委宣传部、省广电局联合约谈 21 家省属媒体。二是加强与沪苏浙市场监管部门的协作，共同签署了《长三角地区广告监管、发展一体化工作合作备忘录》。

六、强化广告信用监管。加强广告企业信用分类结果应用，在广告监管领域“双随机、一公开”抽查中对守信、警示、失信、严重失信类广告企业递加比例进行抽取，增强检查的针对性和有效性。充分整合日常监管各项任务，认真落实全省广告监管领域“双随机、一公开”年度抽查工作，确保按期完成抽查任务。

七、推进产业园区建设。一是加强对广告产业园建设的指导，赴芜湖、宿州调研园区发展情况，赴合肥、铜陵指导申报省级广告产业园。二是修订《安徽省广告产业园区管理办法》，进一步规范省级广告产业园申报和建设。三是及时指导芜湖国家广告产业园做好迎接总局考核组对园区的考核评估工作。截至 2021 年底，芜湖广告产业园入驻企业 235 家，营收 118.4 亿元，纳税 2.68 亿元；宿州广告产业园入驻企业 96 家，营收 1.1 亿元，纳税 800 万元；六安广告产业园入驻企业 99 家，营收 3.2 亿元，纳税 379 万元。

八、发挥公益广告作用。联合省文明办、省教育厅、省文旅厅、省广电局等四部门组织开展第三届安徽省优秀公益广告作品征集推选活动，指导省广告协会做好宣传引导、作品征集、组织评选等具体工作。此次征集活动共收到来自全国 24 个省区市的参赛作品 2171 件，共推选出优秀公益广告作品 157 件，并通过省内主要媒体、广告发布单位进行宣传推广，进一步扩大活动影响力。在 2021 中国公益广告“黄河奖”评选中，我省两件作品获铜奖。

福建省

今年以来，福建省市场监管系统紧紧围绕全国市场监管工作电视电话会议和武汉全国广告工作会议精神，按照总局领导提出的“围绕重点任务，坚持问题导向，打破惯性思维，不断创新监管模式，提高监管水平”要求，以规范广告市场、服务经济社会发展为目标，以智慧监管、媒体自律和集中整治为手段，强化广告监管执法职能，营造了公平、公正、诚信、和谐的广告市场环境，有力促进了地方经济社会高质量发展。主要成效体现在四个方面：

一、强化导向监管，维护意识形态安全

突出抓好三项重点工作：

一是扎实开展违法违规商业营销宣传专项整治。按照市场监管总局《关于开展违法违规商业营销宣传集中整治行动工作方案的通知》《市场监管总局办公厅、中国人民银行办公厅关于对仿纪念币（钞）类物品组织开展重点排查的通知》《关于整治借党史学习教育之名开展商业炒作牟利的通知》工作要求，我局制定细化工作方案，成立局分管领导为组长的整治工作领导小组，定期向总局报送阶段性工作进展。通过实地督查、定期通报工作进展情况和编发《专题简报》等方式认真组织全省各级市场监管部门深入开展专项整治行动，截至目前，共立案查处 102 件，结案 75 件，罚没款 395.43 万元，向全省广告经营主体发出导向广告审查 14 条禁止性条款的提示。

二是强化广告导向线索处置和典型案例导向作用。从快查处市场监管总局交办的 5 条涉及广告导向线索。指导厦门市局和泉州市局立案查处“哥俩好”汽车摆件广告案件 3 件，共处以 61 万元罚款。公布一批共 8 个涉广告导向的典型案例，1 个案例入选总局导向典型案例。

三是充分发挥公益广告正面导向作用。联合福建省广电局组织开展庆祝建党 100 周年主题公益广告作品展播，全省共征集公益广告作品 118 件，我局微信公众号连续 5 天推送 11 篇文章，宣传展播影视类 10 件，平面类 20 件，学习强国等重要媒体予以转载宣传。协助开展网络餐饮公益广告制作宣传。全省未发生广告导向舆情事件。

二、突出重点领域，规范广告市场秩序

突出抓好四项重点工作：

一是强化重点领域专项整治。共牵头和参与专项整治 26 个，全省共查处各类广告违法案件 2023 件，同比增长 4.52%，罚没 1782.09 万元，同比增长 26.07%，移送司法机关 3 件，公布 6 批次 60 件广告典型案例，3 个案例被总局采用。组织开展“护苗助老”系列整治行动，立案查处 439 件，罚没 397 万元，行政约谈 153 次。开展对含有协和、同仁等相关字词违法医疗广告线索的查处，进一步规范整治医疗机构名称管理。开展查处“抗幽门螺旋杆菌牙膏”违法广告整治，及时组织查处 44 条线索。处置各类广告投诉举报和移送线索 41 条次，已立案 15 件。指导处置漳州“欧艾公司大头娃娃”广告违法事件，处以顶格 100 万元罚款。指导宁德市局和泉州市局开展“违法广告随手拍”工作，共收集照片 271 张，获得线索 45 条，对其中 13 个线索予以立案。

二是狠抓上级重大决策部署落实。根据市场监管总局、福建省委宣传部和省网信办部署，制定下发细化工作

方案，深入推进文娱领域专项整治。同时，作为专项治理领导小组成员单位，我局参与制定《福建省文娱领域综合治理工作任务清单》，认真落实市场监管领域综合治理任务。截至目前，全省12315未受理到相关明星代言、娱乐周边商品等相关投诉举报，未接到总局转办的涉及我省文娱领域垄断线索。通过部署广告专项监测，未发现相关文娱领域涉嫌违法广告和明星代言相关违法广告线索。此外，我局还组织开展粉丝群体领域有关综合治理以及长江禁捕、扫黑除恶、规范公务员培训市场秩序、农村人居环境整治、英雄烈士保护、青少年近视防控产品、打击非法医疗美容服务、打击非法应用人类辅助生殖技术违法犯罪等专项整治工作。

三是配合开展“点题整治”专项工作。配合做好天价岩茶、片仔癀价格炒作等福建省纪委“点题整治”专项工作，全省共立案相关广告案件75件。配合省、市组织人事部门密集约谈公务员考试培训机构共11次，及时处置相关违法行为，规范公务员考试市场秩序。

四是加强校外培训广告管控取得有效进展。按照职责分工，我局成立落实“双减”工作专班，会同省教育厅等11部门出台《福建省整治校外培训机构不规范问题减轻中小学生课外负担行动方案》，将“广告宣传”列入五大整治内容。同时，会同福建省教育厅、广电局、广电网络集团和广播影视集团等部门对校外培训形成高压监管态势，对校外培训广告进行拉网式排查，清理存量、杜绝增量。会同福建省委宣传部、省教育厅等部门，共同贯彻落实市场监管总局等八部门《关于做好校外培训广告管控的通知》要求，进一步推动校外培训广告管控工作走深走实。今年以来，全省共立案查处校外培训机构违法广告案件203件，公布36个校外培训机构发布虚假广告、侵害消费者权益和未按规定明码标价等典型案例，发挥以案释法、警示教育和社会监督的作用。

三、创新监管手段，提高智慧监管水平

突出抓好四项重点工作：

一是持续推进广告监测监管。根据市场监管总局和省局广告监测数据显示，全年共监测传统媒体广告329.5万条次，涉嫌违法5837条次，条次违法率0.18%，共监测互联网媒体广告1258.7万条次，涉嫌违法1894条次，条次违法率0.02%，两项相加，合计监测条次违法率0.059%，广告监测违法率低位运行，从好到差排名全国前列，全省广告市场秩序总体稳中向好。

二是不断提升监测能力。通过购买第三方服务方式，建立“传统媒体＋互联网媒体”一体化广告监测系统，首次实现我省互联网广告的自主监测，预计年监测传统媒体广告超过400万条次，日监测互联网媒体数量不少于100家，年监测超过500家，年监测广告将超过1300万条次。

三是推进广告智慧监管项目建设。依托我局信息“一体化”平台建设，设计开发广告智慧监管系统，其中“三品一械”广告审查系统已完成上线，并已实现“一网通办”“跨省通办”，预计明年1月底前完成广告监管、业务支撑等所有智慧监管子系统上线。

四是深化放管服改革。持续深化广告审查政务服务，为企业提供更加高效便捷服务，全年共审查批准1297件广告申请，其中药品408件，医疗器械642件，保健食品247件。坚持放管服结合，认真落实“证照分离”改革举措，取消“广告发布登记”行政许可事项，创新和加强事中事后监管，做到放出活力、管出水平、服出效率。

四、认真研究谋划，推进广告产业发展

紧紧围绕市场监管总局秦宜智副局长提出的“努力推进广告业数字化、品牌化、规模化发展，积极探索广告发展新技术、新模式、新业态”要求，力促全省广告业发展取得新进步。突出抓好三项重点工作：

一是积极推动广告产业园区创新发展。我省海西国家广告产业园区为“一园两区四点”布局，于2014年经省政府批准同意、并报原国家工商总局考核评审通过设立。产业园区下辖福州区园和泉州区园，两区园均经当地政府批准设立，并符合当地区域经济发展总体规划。其中福州区园按照“一园四点”的规划布局，以闽台AD广告创意园为核心包括闽侯海峡传媒港、闽侯广告生产制造园和长乐海西广告创意园，着力开发海峡两岸共同广告市场，总体规划占地面积为2974亩，已投入使用739亩。泉州是著名侨乡和台湾汉族同胞主要祖籍地，是福建省三

大中心城市之一，拥有国内地级市中最多的驰名商标和最大的广告资源。泉州区园总面积 508 亩，其中核心区“领SHOW 天地文化广告创意产业园”是泉州市重点建设、精心打造的现代服务业集聚区，更是福建省、泉州市的文化创意示范基地。目前，福州区园和泉州区园建设和运营主体明确，各自均拥有功能完善的公共服务平台和支撑体系，能够为园区入驻企业提供专业服务和基本公共服务，形成了以广告产业为核心，文创、电商、新媒体、直播、短视频等为辅的产业链条。近些年，我局通过座谈交流、现场指导、互动学习等方式，研究探讨促进园区创新可持续发展的有效路径，先后指导福州市出台《关于促进福建海西国家广告产业园区（福州园）发展的若干意见》《福建海西国家广告产业园区（福州园）建设运营实施意见》，泉州丰泽区出台《丰泽区关于加快发展文化创意产业发展暂行办法》《丰泽区促进楼宇经济发展若干措施（试行）》《丰泽区促进数字经济发展若干措施（试行）》《丰泽区关于加快电子商务发展若干意见》等政策规定，以适应新形势下广告产业园区的发展，进一步推动园区高质量提升，实现广告产业集约化、规模化。

二是组织开展广告业统计工作。按照市场监管总局组织的全国广告业统计口径，2020 年我省广告业营业额为 122 亿元，比增 24%，我省广告产业实力居全国第 9 位。

三是努力构建社会共治局面。12 月 1 日，组织召开全省整治虚假违法广告联席会议，通报了我省广告行业发展、案件查办和行业监测情况，各成员单位汇报交流今年以来的工作，审议通过了明年工作要点，并观看了我局广告监测系统。同时，加大调研考察力度，通过走访座谈、联合调研等方式，加强与市场监管总局广告司、省直广告联席成员单位、各市县局、各级广告行业协会以及广告业主体之间的沟通联系，共开展 29 场 85 人次参与的现场调研，掌握一手资料，指导服务广告企业，努力构建全社会共治局面。

山东省

2021 年，山东省市场监管局认真贯彻落实国家市场监管总局和省委省政府决策部署，自觉把围绕中心、服务大局作为广告监管工作主线，开拓创新，强化监管，优化服务，着力规范广告市场秩序，扎实推进广告产业健康发展，全省广告监管工作取得新突破。全省广告经营单位达到 17.3 万户，广告经营收入 599.6 亿元，同比分别增长 3.75% 和 4.08%。被省委宣传部、省人力资源和社会保障厅、省文化和旅游厅联合表彰为第二届中国国际文化旅游博览会先进集体。2021 年我省广告监管主要亮点工作：

一、突出导向监管，自觉把违法违规商业营销宣传集中整治行动融入全省建党 100 周年安保维稳工作大局，全力维护广告领域意识形态安全。广告监管部门以更高的政治站位、更严的标准要求，牢牢把握广告监管工作的政治属性，全力引导维护广告宣传正确导向。及时制定印发工作方案，成立专项工作组全面部署调度。印发《关于严格规范商业营销宣传行为的通告》，提醒告诫广大经营者要严格规范商业营销宣传行为。组织召开网络交易平台座谈会，督促 12 家平台及相关企业履行法定责任，自觉严格规范商业营销宣传行为。加强督导调度，狠抓工作落实。全省查处相关广告案件 29 件，罚没款 160.3 万元。我省查办的案件入选总局第一批违法违规商业营销宣传整治典型案例。广告处被山东省委、省政府表彰为全省建党 100 周年安保维稳先进集体。

二、主动将“护苗助老”专项行动纳入中共山东省委党史学习教育“我为群众办实事”重点民生项目清单，高位推动，确保实效。按照总局统一部署和省委目标要求，聚焦群众“急难愁盼”，省市场监管局牵头，省卫生健康委、省药监局配合，加大对重点媒体、重点领域的专项监测，健全应急处置机制，及时发现违法广告线索，确保第一时间依法从快从严处置。查处相关案件 376 件，罚没款 355.5 万元，曝光案例 94 件。整治工作取得明显成效。全省相关广告违法率整体下降趋势明显，全省广告经营者、广告发布者今年主动要求参加广告审查员培训人数较上年明显增加，从业人员自律意识进一步提高。《山东新闻联播》《市场监督管理》等对省局“护苗助老”整治行动进行专题报道。

三、主动将房地产、互联网金融虚假违法广告整治纳入总局 2021 民生领域案件查办“铁拳”行动，大力整治重点领域虚假违法广告。对事关人民群众生命财产安全的虚假违法广告，重拳出击，严厉打击，查处了一批大案要案，全省系统查处医疗、药品、房地产、互联网金融等广告案件 884 件，罚没款 2115.77 万元，“铁拳”行动受到了社会各界的广泛关注，取得了显著成效，让人民群众切实感受到广告市场环境持续净化。

四、注重开拓创新，推动网络直播营销经济健康发展。破解网络直播营销数据“下载难、存储难、违法线索识别难”难题，对省内 185 个粉丝量多、带货量大、具有代表性的直播间开展抽查监测。强化部门间和系统内的协同配合。与省委网信办、省公安厅、省广电局 4 部门召开网络直播营销行政指导会，通过直播带货违法案例分析，对国内头部平台企业及省内部分电商、MCN 机构进行指导，并提出具体工作要求及指导意见，推动网络直播营销经济健康长远发展。

五、强化服务指导，答好广告产业发展新课题。一是加强顶层设计，强化规划引领。加强与总局和省“十四五”发展规划的衔接，广泛调研并征集社会各方意见建议，科学编制、制定印发《山东省广告产业发展“十四五”规划》，对山东省“十四五”期间广告产业发展进行全面谋划部署。二是组织开展广告赛会活动，推动广告产业创新发展。联合省教育厅开展“庆祝中国共产党成立 100 周年”公益广告大赛暨山东省第十一届“学院创意杯”、2021 年度“泰山杯”广告大赛，共征集各类作品 6975 件，评选出获奖作品 893 件。参加第二届中国国际文化旅游博览会，举办山东省优秀广告作品展。三是支持广告产业园区做大做强。修订《山东省广告产业园区认定管理办法》，规范全省广告产业园区建设和管理。目前，我省拥有青岛、烟台、潍坊、菏泽 4 家国家广告产业园，数量居全国首位；拥有 7 家省级广告产业园。组织对 11 家广告产业园区建设、运营和公共服务能力进行考核评估，推动全省广告产业高质量发展。

湖南省

2021 年，湖南省市场监督管理局广告处在省局党组的正确领导下，坚持以党建为引领，全处同志忠诚履职、凝心聚力、担当作为，业务、法治等各项工作齐头并进、增亮添彩、成效显著。

一、政治统领、高点站位，始终扛牢支部党建第一责任

深入学习习近平新时代中国特色社会主义思想，扎实开展党史学习教育，组织支部学习、支部书记“微党课”、主题党日 19 次，做到培根铸魂、学思践悟、融会贯通。以“五化”建设为抓手，深入开展“三会一课”、民主评议党员等活动，党员先锋模范和支部战斗堡垒作用得到有效发挥。根据省局党组要求，认真开展巡察整改，实行“三单两制”，确保“条条要整改、件件有着落”，4 个方面 15 个问题全部整改到位，整改完成率 100%。根据省局党组统一部署，深入开展队伍作风纪律教育整顿工作，做到“四个深入”，即深入学习贯彻、深入谈心谈话、深入查摆问题、深入整改问题，收到初步成效。本人带头自觉遵守中央八项规定和廉政纪律各项规定要求，主动接受驻局纪检监察组和机关纪委监督，严格按照要求报告个人重大事项。同时，严格教育管理党员干部，开展警示教育，不越红线，不踩底线，不碰高压线，做忠诚干净担当的好干部。

二、严格对标、担当作为，始终履行导向监管第一要务

一是坚持以导向监管为中心，学思践悟切实提高“政治站位”。深入贯彻落实习近平总书记关于“广告宣传也要讲导向”重要指示精神，切实增强提高政治判断力、政治领悟力、政治执行力。及时向省委宣传部、统战部和省局党组报告广告导向监管情况。同时组织全系统开展广告行政约谈 800 余次，行政约谈和指导市场主体 2700 余家。其中省局 4 次召开行政指导会，约谈省级新闻媒体 30 多家，要求切实提高政治站位，强化行业自律，落实“三审”制度，发挥引领表率作用。

二是坚持以平台监测为基础，铸牢织密广告监管“天罗地网”。印发《关于进一步加强广告监测工作的通知》《关于加强 LED 户外大屏广告监测工作的通知》《关于进一步加强农村户外广告监测工作的通知》。充分利用总局、省局监测平台定向监测、专项监测。用科技织密“天网”，用“担当”擦亮“天眼”，让虚假违法广告在“三湘大地”无处遁形，全年常态化监测各类广告 1000 万条次。

三是坚持以专项整治为手段，持续净化广告“市场空间”。根据总局部署，统筹兼顾，挂图作战，突出重点类别、重点地区、重点媒体、重点时间节点，扎实组织开展借庆祝名义从事商业谋利、护苗助老、铁拳、医美、教育双减、文娱综合治理等大专项行动。严厉查处整治政治导向、神医神药神食、房地产、投融资、教育培训等虚假违法广告，全省共立案 1394 件，罚款 2288 万元。

四是坚持以全程网办为推动，把牢广告审批第一道“准入关口”。持续推进全程网办，积极对接跨省通办，落实“四个最严”要求，全年共办理广告审查 2025 件，驳回 1600 余件，接受咨询服务 3357 人次。确保每一件

广告行政审批都经得起核查、检验。

五是坚持以完善机制为目标，强力提高监管执法“综合效能”。印发《湖南省“十四五”广告产业发展规划》《湖南省省级广告产业园区管理办法》《湖南省广告产业发展工作联席会议 2021 年工作要点》《湖南省广告产业发展工作联席会议工作制度》。向曙光局长主持召开省广告产业发展工作联席会议第八次会议，为促进我省广告产业高质量发展规划了蓝图，指明了方向。

六是坚持以园区创建为抓手，助力广告产业航母“扬帆远航”。坚持监管执法与产业发展相促进、相融合、相提升，圆满完成总局对我省长沙、怀化国家广告园区评估考核。进一步夯实“一核三园五基地”广告产业发展格局，提质增效。会同省广告协会开展以发展红色旅游、助力“三高四新”等内容为主题的“韶山—井冈山”红色旅游铁路公益广告作品征集活动、湖南省公益广告暨第八届湖南省大学生公益广告大赛。让优秀广告文化成为湖湘文化的重要组成部分，推进文化自信的一道靓丽风景线。

三、规范公正、文明执法，始终夯实法治建设第一要求

深入贯彻落实习近平法治思想，完善行政程序制度、权力清单制度，落实行政执法责任制，行政执法“三项”制度，开展“双随机、一公开”和执法案件评查，组织全系统广告执法业务培训。完善整治虚假违法广告联席会议制、集中监测制、联合通报制、典型违法广告公告制、信用监管制和违法广告责任追究制等制度，形成决策科学、权责明确、分工合理、监管有力的广告监管制度体系。

在省局党组坚强领导下，我省广告监管和产业发展成效显著、硕果累累。2021 年 10 月 29 日，省政协召开电视开机广告“微建议”办理协商会。11 月 5 日，省委宣传部召开文娱领域综合治理工作会，省委常委、宣传部部长杨浩东充分肯定省市场监管局“四个强化”很好，工作很有成效。11 月 29 日，中国广告协会会长张国华来湘调研，盛情点赞“广告湘军”。12 月 12 日，在厦门举办的第 28 届中国国际广告节上，湖南获得国家公益广告最高奖项“黄河奖”金奖和奖牌总数均居全国第一。

中国广告年鉴 2022

CHINA ADVERTISING YEARBOOK

"十四五"
广告产业发展规划

Development Plan Of Advertising Industry In The 14th Five-Year Plan

市场监管总局关于印发《“十四五”广告产业发展规划》的通知

国家药监局、国家知识产权局，各省、自治区、直辖市和新疆生产建设兵团市场监管局（厅、委），总局各司局、各直属单位：

《“十四五”广告产业发展规划》已经2022年3月22日市场监管总局第5次局务会议通过，现印发给你们，请结合实际认真贯彻实施。

市场监管总局

2022年4月22日

附件：“十四五”广告产业发展规划

“十四五”广告产业发展规划

为促进广告产业高质量发展，根据《中华人民共和国国民经济和社会发展第十四个五年规划和2035年远景目标纲要》和《“十四五”市场监管现代化规划》，制定本规划。

一、发展环境

“十三五”时期，我国广告产业迅速发展，新技术、新业态、新模式不断涌现，广告产业在服务国家创新发展、促进消费和扩大内需、推动社会主义精神文明建设中进一步发挥作用，彰显价值。

（一）产业基础

发展环境持续优化。我国经济运行总体平稳，消费对经济增长的拉动作用不断增强，广告市场需求持续增长。广告领域“放管服”改革扎实推进，广告行政许可事项大幅削减。依法取消外商投资广告企业项目审批许可、户外广告登记等行政许可事项，清理废止《广告经营资格检查办法》《户外广告登记管理规定》等规章，基本完成与广告市场准入有关的行政许可事项清理工作。《广告法》等法律法规进一步修订完善。广告产业减税降费逐步落实。自2016年5月1日起，对月销售额不超过2万元的增值税小规模纳税人免征文化事业建设费。自2019年7月1日起减半征收文化事业建设费，2020年和2021年全年免征文化事业建设费。广告行业组织改革稳步推进。

发展态势稳中向好。广告市场规模稳居世界第二，大型广告产业市场主体数量稳步增长。截至“十三五”期末，全国从事广告业务的事业单位和规模以上企业17660家，其中 2020 年广告业务收入 10 亿元以上的事业单位和规模以上企业 131 家。广告产业集约化发展水平不断提升，以 29 家国家广告产业园区为骨干、省级及以下广告产业园区为基础的广告产业集聚区框架体系基本形成。

数字化转型加速。大数据、云计算、人工智能等现代信息技术在广告领域广泛运用，广告服务数字化、智能化、精准化水平持续提高，数字经济和传统媒体深度融合，各类媒体围绕数字化进行战略布局，传统媒体逐步展开数字化升级改造。一批各具特色、优势互补的新兴产业增长引擎出现。2020 年，互联网广告发布业务收入占全国事业单位和规模以上企业广告发布业务收入的 66.65%，其中移动互联网广告占 51.96%，信息服务等其他互联网广告服务迅速增长。广告产业成为推动数字经济发展的重要力量。

综合效益不断凸显。广告产业与国民经济三大产业融合发展，服务自主品牌建设和促进消费的积极作用持续加强。创新创业活力激发，带动就业人数持续增长。公益广告促进和发展机制进一步完善，公益广告弘扬社会主义核心价值观的积极作用进一步彰显，在抗击新冠肺炎疫情等工作中发挥了良好的宣传引导作用。

市场秩序平稳规范。广告导向监管不断强化，广告舆论阵地建设有力推进。涵盖电视、广播、报纸、互联网、移动端等媒介的广告监测体系逐步建立。广告监管执法不断强化，涉及民生等重点领域虚假违法广告治理力度不断加大，增强了人民群众的获得感、幸福感、安全感。重点案件协调督办机制逐步完善，协同共治理念不断深化，各级整治虚假违法广告联席会议机制作用充分发挥。

（二）发展机遇和面临挑战

“十四五”时期是我国全面建成小康社会、实现第一个百年奋斗目标之后，乘势而上开启全面建设社会主义现代化国家新征程、向第二个百年奋斗目标进军的第一个五年。进入新发展阶段，我国发展仍然处于重要战略机遇期，但机遇和挑战都有新的发展变化。广告产业是经济发展的助推器，也是社会文明的重要载体。新发展理念深入贯彻，有效市场和有为政府更好结合，经济发展长期向好，人民生活水平日益提高，消费能力不断提升，市场需求不断扩大，供给侧结构性改革不断深化，需求侧管理不断加强，现代信息化技术广泛运用，为广告产业高质量发展带来新的政策机遇、市场机遇和技术机遇。加快构建以国内大循环为主体、国内国际双循环相互促进的新发展格局，加快培育完整内需体系，加快推进社会主义文化强国建设，开展中国品牌创建行动，赋予广告产业更广阔的发展空间和更大的责任担当。

当今世界正经历百年未有之大变局，新冠肺炎疫情影响广泛深远，国际环境日趋复杂，不稳定性不确定性明显增加，广告产业发展面临诸多压力。广告产业发展不平衡问题突出，发展要素地域分布高度集中，区域协调发展有待加强。广告领域新技术广泛普及，新业态加快涌现，给广告市场规范健康发展、用户数据安全保护等带来新的问题和挑战。重点领域广告违法问题易发多发，广告市场秩序持续好转的基础依然薄弱。广告营销重传播轻创意的问题较为普遍，广告作品的文化内涵和创意水平有待进一步提升。

二、指导思想、基本原则和发展目标

（一）指导思想

以习近平新时代中国特色社会主义思想为指导，全面贯彻党的十九大和十九届历次全会精神，立足新发展阶段，完整、准确、全面贯彻新发展理念，积极服务构建新发展格局，以推动广告产业高质量发展为主题，坚持正确导向，弘扬社会主义核心价值观，坚持创新驱动发展，提升自主品牌影响力和竞争力，进一步提高广告产业服务能力，优化广告产业发展结构和区域布局，提升广告作品文化内涵和创意水平，高标准规范广告市场，为实现经济行稳致远、社会安定和谐、全面建设社会主义现代化国家做出新的更大贡献。

（二）基本原则

坚持正确导向。坚决贯彻落实习近平总书记“广告宣传也要讲导向”重要指示精神，不断提高政治领悟力、政治判断力和政治执行力，牢牢把握广告宣传正确导向，提升广告作品文化内涵，宣传中国品牌，展示中国形象，讲好中国故事，弘扬中国精神。

坚持服务大局。充分发挥广告产业作为生产性服务业的积极作用，准确把握产业经济属性和文化属性，主动服务文化强国建设、服务扩大内需和提升品牌附加值、服务区域协调发展。坚持把社会效益放在首位，实现社会效益和经济效益相统一。

坚持新发展理念。完整、准确、全面贯彻创新、协调、绿色、开放、共享的新发展理念，鼓励技术创新、模式创新、业态创新，围绕产业链部署创新链、围绕创新链布局产业链，推动区域协调发展和产业链上下游协同发展，倡导绿色消费理念，推动数据信息等核心资源共享，着力提升全产业国际竞争力。

坚持规范发展。综合运用市场、行政、法律、信用、社会参与等多种手段，加强广告市场秩序综合治理。创新监管方式，提高监管效能，健全长效机制，依法监管，廉洁监管，营造公平竞争的市场环境，促进广告产业规范、健康、可持续发展。

坚持更好满足美好生活需要。牢固树立以人民为中心的创作生产导向，以满足人民日益增长的美好生活需要为根本目的，不断扩大优质广告作品供给，客观、真实、艺术地传递商品和服务信息，引导树立正确的消费观、审美观和价值观。

（三）发展目标

广告产业向专业化和价值链高端延伸，促进消费、提升商品和服务附加值、传播社会文明、吸纳就业的作用进一步凸显。产业发展环境进一步优化，发展质量效益明显提升，规模增速适应经济社会发展需求，产业结构更加科学合理，各类市场主体活力进一步激发。产业创新能力和服务能力不断提高，产业资源配置更趋合理，有利于服务区域经济社会协调发展的广告产业发展体系逐渐完善。广告法制体系进一步完善，广告监管智慧化水平有效提升，广告市场秩序持续向好。广告作品质量进一步提升，彰显文化自信和社会主义核心价值观的广告主流文化全面建立，广告产业对于提高国家文化软实力的支撑作用进一步增强。

三、重点任务

（一）把牢政治方向，维护正确导向

坚持广告宣传的正确导向，提高政治站位，始终把牢广告宣传的正确政治方向、舆论导向和价值取向，坚定维护意识形态安全。突出导向监管，精准识别、及时处置、严厉打击借严肃政治议题等进行广告宣传炒作等违法违规行为，依法查处损害国家尊严或利益、妨碍社会公共秩序、违背社会良好风尚的虚假违法广告。加强宣传教育，引导广告从业人员提升思想政治素质、职业道德修养。

把弘扬社会主义核心价值观融入广告作品创作全过程，实施广告作品质量提升行动。坚持正确创作方向，倡导讲品味、讲格调、讲责任，抵制低俗庸俗媚俗广告作品。加强中华优秀传统文化与现代理念的融合，以广告创意引领健康的审美观和消费观，提升广告营销策划的文化内涵和审美情趣，提高品牌附加值。建立健全科学合理的广告作品评价体系，完善价值取向、艺术水准、受众反应、社会影响等主要评价标准。

大力发展公益广告，进一步完善公益广告可持续发展机制，传播社会主义先进文化，倡导良好道德风尚，促进公民文明素质和社会文明程度提高，维护国家和社会公共利益。鼓励、支持、引导社会各界以提供资金、技术、劳动力、智力成果、媒介资源等方式积极参与公益广告的设计、制作、发布。鼓励开展公益广告学术讨论和发展研究，鼓励具备条件的地方建设公益广告创新研究基地，鼓励规范开展全国性、区域性公益广告赛事。

专栏一：公益广告振兴行动

修订完善《公益广告促进和管理暂行办法》，进一步拓宽公益广告资金渠道，鼓励政府购买公益广告服务，加强公益广告作品知识产权保护。

建立面向社会的综合性公益广告服务平台，实现作品征集、展示、分享、管理、评价一体化，促进公益广告作品资源和数据互通共享、监督管理高效便捷。建设10~20 个国家级公益广告创新研究基地。

实施“数字化＋公益广告”行动，充分发挥数字思维和利用数字技术手段，创新公益广告产品和服务，引导支持建设数字公益广告研究创作基地。

实施“中华优秀文化＋公益广告”行动，推动公益广告提升中华优秀文化内涵，推动文化传承，弘扬中华传统美德。

（二）优化政策供给，激发产业活力

深入推进广告领域“放管服”改革，优化广告审查

政务服务，加强事中事后监管，营造公平规范的市场环境。进一步保障公平竞争秩序，预防和制止广告领域市场垄断、限制竞争和商业贿赂等不正当竞争行为。健全公共广告位资源招投标等制度，切实保护相关广告产业市场主体合法权益。

制定出台符合广告产业发展特征和发展需求的宏观政策，充分激发各类市场主体活力。符合条件的广告产业市场主体，按规定可享受文化产业、现代服务业或高新技术企业相关支持政策。按规定落实减税降费政策，降低广告产业市场主体经营成本。支持广告产业市场主体多渠道融资。

专栏二：广告领域“放管服”改革

进一步优化广告审查政务服务，明确广告审查范围，加强政务数据共享和证明事项互认共享，着力推进减环节、减材料、减时限，提高审查效率，实现审查结果信息公开共享，推行全程网办、跨省通办。

（三）鼓励创新驱动，促进产业升级

鼓励广告产业技术创新与应用，深入推进广告产业数字化转型。鼓励支持互联网、人工智能、区块链、大数据、云计算等技术在广告产业广泛应用，加强基础性和关键性技术研发。推动将符合条件的广告产业市场主体纳入研发费用加计扣除等政策适用范围，符合条件的广告企业可申请认定高新技术企业。统筹数据开发利用、隐私保护和公共安全，加快建立广告数据资源产权、交易流通和安全保护等基础制度和标准规范，发展数据资产评估、登记结算、交易撮合、争议仲裁等市场运营体系，推动大数据高效流动与规范合理利用。鼓励传统广告媒体数字化改造和转型升级。

鼓励广告业态和模式创新，促进广告产业加快融入建设网络强国、数字中国进程。推动广告产业助力在线新经济发展，引导具有在线、智能、交互特征的新业态新模式发展。探索建立数字广告应用场景创新研究平台，支持创新研究的实践应用。提高广告作品原创能力，建立健全广告作品创作生产的激励机制和评价机制，丰富优质广告作品供给。规范各类广告作品评比活动。

（四）优化产业结构，提高专业水平

推动产业链上下游、大中小市场主体资源共享，优势互补，和谐共生，协同发展。鼓励广告作品原创设计，鼓励创建、培育广告服务自主品牌，鼓励对设计、制作、发布等各环节先进技术申请专利，加大知识产权保护力度。引导广告产业市场主体增加

营销策划、创意设计、制作和信息技术研发等方面投入，大力提升广告服务专业化水平，强化广告产业知识密集型、人才密集型、技术密集型等产业特征，推动广告产业向价值链高端延伸。

科学布局各级广告产业园区和广告产业发展基地，构建符合广告产业集约化、专业化发展要求，符合区域经济协调发展需求的广告产业集聚区框架。支持各级各类广告产业集聚区加强专业服务平台建设，降低入驻企业经营成本，提高抗风险能力。支持具备条件且确有需求的广告产业集聚区建设双创基地。

专栏三：广告产业高质量发展引领工程

支持国家广告产业园区提质增效。引导和支持国家广告产业园区积极与地区支柱产业、主导产业、特色产业融合发展，发挥比较优势，实现差异化发展。鼓励东部地区国家广告产业园区按照市场导向原则，加强与中西部园区对口交流和合作，探索异地孵化、飞地经济、伙伴园区等多种合作机制。加强国家广告产业园区数据统计和动态管理。

科学编制广告产业发展指数。搭建综合立体、系统科学的广告产业发展指数指标体系，以指数形式分析呈现广告产业发展水平、发展环境和综合效益，引导促进广告产业高质量发展。

（五）促进产业融合，提升服务能力

围绕加快构建以国内大循环为主体、国内国际双循环相互促进的新发展格局，大力促进广告产业与农业、制造业及其他服务业全方位、深层次、宽领域融合发展，形成有利于塑造中国品牌、有利于提振需求、有利于提升我国文化软实力的广告服务能力和服务模式。围绕实施乡村振兴战略，推动提升农业品牌附加值。培育广告服务自主品牌，提升广告服务国际竞争力。

进一步提升广告产业大中型企事业单位竞争能力。培育一批拥有自主品牌和较强创新能力的大中型广告企业。鼓励具有资本优势、技术优势和规模优势的广告企

业创新服务方式，增强规模化经营、系统化服务、国际化竞争的广告服务能力。鼓励具备条件的企事业单位平台化拓展。

支持广告产业中小微企业创新发展。构建从捕捉寻找、孵化培育、成长扶持到推广壮大的优质广告企业梯度培育机制。引导广告产业头部企事业单位发挥辐射带动作用，通过分享资源、共享平台、项目合作等方式，带动中小微广告企业创新发展。鼓励产业集聚区、高等院校向中小微广告企业开放公共服务平台、实验设施、专业设备等资源，降低企业经营成本。不断提高中小微广告企业市场运营能力和服务水平，鼓励向“专精特新”方向发展，开展专业化特色化广告业务。

专栏四：广告产业服务能力提升行动

开展广告产业小微企业质量管理体系认证提升行动，鼓励建立运行科学有效的广告企业管理和服务质量管理体系，提升广告服务质量，促进产品和服务推广。

开展广告企业“大帮小”行动，依托国家广告产业园区和大型广告企业，建设一批服务于各行业中小微企业的广告服务平台，引导大型广告企事业单位对接服务中小微企业广告需求，降低品牌营销成本，增加品牌附加值。

（六）完善法律法规，引导规范发展

健全广告法律法规体系，加快推进广告相关法律法规制修订工作。鼓励有条件的地方出台相关地方性法规、地方政府规章。加快推进广告服务标准建设。探索制定国家标准，鼓励制定团体标准。推动制定涵盖广告产业链各流程环节的技术标准、管理标准。开展广告服务标准、服务认证试点，推动广告企业开展企业标准自我声明公开。

大力推动广告产业与网络环境净化、城市规划、城市安全、隐私数据安全协调发展。聚焦提升用户体验，规范相关广告的展示方式、展示时长、展示频率和展示数量。聚焦美化城市环境、彰显城市文化、提升城市运行安全品质，引导以“安全、美观”为目标规范城市户外广告设施管理，坚持规划引领并主动融入城市规划，提升城市户外广告设施设置的安全性和规范性。规范各类广告服务者数据处理活动，保障数据安全，保护个人隐私和消费者合法权益。坚持绿色发展，支持研发和推广使用绿色环保广告材料，支持开展高耗能材料节能改造，积极传播绿色消费理念。

专栏五：广告法律法规体系的健全完善

加强对广告产业规范发展问题的研究，修订完善《广告法》《互联网广告管理暂行办法》《公益广告促进和管理暂行办法》。

（七）提高治理能力，维护良好秩序

健全监管规则。根据监管实际需要，细化广告内容准则和广告发布要求，科学规范行政处罚裁量标准，提升监管规范化、精细化水平。完善互联网广告管理规则，压实互联网平台责任，推动互联网平台落实广告审核责任，建立健全广告业务的承接登记、审核、档案管理制度。

强化智慧监管。积极适应广告新业态新模式发展要求，依托互联网、人工智能、区块链、大数据、云计算等技术，提高违法广告发现能力，强化网络存证功能，减轻人工审核负担，提高执法效能，提升广告监管智慧化水平。

加强信用监管。依托国家企业信用信息公示系统，推动广告监管数据在信用信息公示平台归集标注。推进广告产业市场主体信用体系建设，探索建立部门间企业信用信息共享和失信联合惩戒机制和信用修复机制，加快推动实现“一处违法，处处受限”新局面。

完善协同监管。切实发挥整治虚假违法广告部际联席会议机制作用，坚持齐抓共管、各尽其责、综合治理，形成监管工作合力。探索对重大违法线索实行联席会议统一挂牌督办，对苗头性、倾向性问题统一调研会商，对重大典型案件集中曝光。做好行政执法与刑事司法的有效衔接。深化廉洁监管。加强依法行政、廉洁监管教育，切实增强广告监管执法队伍廉洁自律意识，构建公正、廉洁的广告监管工作体系。建立健全广告违法线索管理制度，实现线索登记、派发、跟踪、处置、反馈全流程闭环管理。推进落实行政执法与纪检监察监督贯通协同工作。

推进社会共治。强化市场主体责任，发挥广告行业组织和各领域行业组织作用，加强自律规范，提升诚信水平，推动实现企业和行业自我管理、自我规范、自我净化。畅通社会监督渠道，将群众信访、投诉、举报、舆情作为监管的风向标，融入广告监管大数据，使社会监督成为广告监管的重要力量。

专栏六：广告监管能力提升行动

健全完善广告监测制度，落实属地广告监测责任，提高广告监测数据质量，保障广告监测数据安全，强化广告监测风险防控，推进建设统一规范、安全高效的广告监测体系。

加快推进竞争政策与大数据中心广告监测能力建设，优化广告监测资源配置，推动区域广告监测工作协调发展。加强广告监管信息化建设，整合广告监测、广告审查、广告执法、广告业统计数据资源，推进构建标准统一、上下联通、数据共享、安全高效的一体化广告监管平台。

（八）强化人才培养，激发人才活力

全面提高广告领域人才能力素质。优化人才结构，加快培养广告产业发展研究、品牌营销策划、广告创意设计、信息数字技术、大数据分析运用、媒体融合传播等跨界型、复合型人才。建立健全广告领域人才培养机制和评价机制，推动制修订广告产业相关国家职业技能标准，加快形成政府、行业、学校、企业等共同培养人才的联动效应。拓宽人才培养国际视野，加强人才培养国际交流。鼓励引进境外高端人才，为符合条件的境外高端人才申请工作许可、办理签证和申请居留许可提供便利。创新人才培养模式，鼓励普通高等学校、职业学校与各级各类广告产业集聚区、各类广告产业市场主体开展产学研合作。

专栏七：广告领域人才培养行动

开展职业技能和职业道德提升行动。建设广告领域人才培训平台，面向各类广告产业市场主体，组织开展管理人员、创意设计人员、技术人员、合规人员远程培训，提升从业人员基本素质、专业技能和法律素养，培训 10 万人次。集合相关领域专家，打造 50 门精品课程，提高培训平台权威性和吸引力。鼓励、支持各地根据需要建设区域性广告人才培训平台，开设具有本地文化特色、符合本地主导产业品牌需求和产业发展实际的培训课程。

加强广告监管人员培训。打造精品课程，提升培训实效，加快推进市场监管部门广告监管干部业务培训。

（九）推动协调发展，扩大对外开放

充分发挥广告产业对于经济社会发展的积极作用，深入推进西部大开发、东北全面振兴、中部地区崛起、东部率先发展，支持特殊类型地区加快发展。统筹发达地区和欠发达地区、东中西部和东北地区共同发展，提升区域合作层次和水平，引导广告产业相关资源向不同地区相对平衡配置，建立健全区域间产业发展帮扶合作互助机制，鼓励区域间产业有序转移，开展在产业分工、产业要素、产业基础设施、产业园区等方面的对口协调联动。鼓励各地根据发展水平和发展需求，因地制宜、科学合理研究制定差异化广告产业政策。

积极服务京津冀协同发展、长江经济带发展、粤港澳大湾区建设、长三角一体化发展等重大区域战略，积极服务推动城市群一体化发展。引导各区域、各城市群根据资源禀赋和功能定位，走特色化、差异化发展之路，推动相关区域内广告产业协同发展，形成区域性广告产业发展中心和较为完善的广告产业链。支持有序发展广告产业聚集区，依法开展区域性广告产业发展交流活动，建立健全上下游毗邻省市和城市群规划对接机制，协调解决地区间合作发展重大问题。

聚焦全面推进乡村振兴，积极推动广告市场下沉，提升乡村地区广告服务水平。鼓励、支持广告产业服务塑造农业品牌，促进特色农产品、乡村旅游消费。强化中小城市广告产业服务功能，形成广告服务下沉新支点。

积极服务实施更大范围、更宽领域、更深层次对外开放，加强广告领域国际合作。推动与共建“一带一路”国家广告服务贸易投资合作优化升级。积极履行区域全面经济伙伴关系协定等国际条约义务。鼓励具有国际视野、国际思维、国际品质和民族特色的国内广告产业市场主体走向国际市场，参与国际竞争。支持、鼓励广告服务向国际化延伸。提升国内广告产业市场主体对中国企业拓展海外市场的服务能力。积极参与和深化国际交流，展示中国广告形象。

（十）加强产业统计，鼓励产业研究

健全完善广告产业统计调查长效机制，加强名录库维护，完善统计制度，优化统计系统，进一步提高广告产业统计工作规范性、科学性、权威性。鼓励各地在名录库维护、数据审核、数据评估等方面创新探索，提高工作成效。支持各地根据实际情况，按照统一标准自建广告业统计系统。支持和鼓励通过向社会购买服务组织实施统计调查和资料开发。加强分类调查，完善细分类别统计体系。

规范并加强广告产业统计数据应用，循序渐进推动数据公布。深挖数据价值，为科学制定产业规划和产业政策、有效开展市场监管提供数据参考。丰富广告产业发展数据来源，推动行业组织和各类广告产业市场主体有序开放数据，整合数据资源，推动建立广告产业数据共享机制。

坚持广告产业相关研究基础性、系统性与前瞻性并重的原则。鼓励、支持开展广告产业发展、广告监管、广告营销策划、广告产业相关信息化技术、广告材料绿色环保技术等领域的研究，增加国家和地方社会科学、高新技术重点课题中广告产业相关课题占比。鼓励各地根据需要建立广告产业发展和广告监管智库或成立专门的研究机构，积极推动建设 1—2 个广告领域国家市场监督管理重点实验室。

四、组织实施

（一）加强组织领导

坚持和加强党对广告产业发展工作的领导，把党的领导贯穿到规划实施的各领域和全过程。各地市场监管部门要积极落实指导广告业发展主体责任，健全体制机制，完善政策措施，强化工作职能，广泛调动社会各界力量，共同推进规划贯彻落实并提供坚强保证。鼓励各地市场监管部门结合本地资源禀赋和发展特征，制定区域广告产业发展规划，完善相关配套政策，立足当地经济社会发展大局推动广告业高质量发展，狠抓工作落实。

（二）健全保障体系

各地市场监管部门要立足充分发挥广告产业对于经济社会发展的积极作用，主动向当地党委、政府报告规划要求和规划实施进展情况，加强与宣传、发展改革、科技、工业和信息化、财政、商务、文化和旅游、税务、统计等有关部门的沟通协调，积极争取支持，确保规划重点任务顺利实施，主要目标顺利实现。建立和完善工作协调机制，着力构建规划与政策协调联动机制，营造良好发展环境。

（三）强化评估考核

针对规划实施情况建立及时的跟踪评估和监测考核机制，推动规划如期有效落实。加强对规划实施情况的动态监测与评估，强化监测评估结果应用。加强对规划实施的组织协调，对规划确定的重点任务要明确责任和进度要求，确保如期完成。组织开展规划实施情况阶段性总结或评估工作，并推动将规划实施成果纳入政府综合评价和绩效考核范畴，建立规划实施长效机制。

上海广告产业发展“十四五”规划

上海市市场监督管理局

（2021 年 11 月 15 日）

作为重要的现代服务业、专业服务业，广告产业在上海强化“四大功能”、打响“四大品牌”、助力城市数字化转型、提升城市服务能级和核心竞争力等方面发挥着积极作用。为促进上海广告产业发展和服务能级提升，根据《上海市国民经济和社会发展第十四个五年规划纲要》《上海市服务业发展“十四五”规划》《上海市市场监管现代化“十四五”规划》等相关文件精神，制定本规划。

一、规划背景

（一）发展基础

“十三五”期间，上海经济稳步增长，广告业发展稳中有进，基本实现了“十三五”规划的目标，取得了丰硕成果，概括为六方面内容。

——产业规模平稳增长。“十三五”时期，上海广告产业规模总体保持平稳增长态势。与“十二五”末相比，广告经营单位从 159298 户增长至 494171 户，增幅 210%。广告营业年收入从 1679 亿元增长至 1793 亿元，同期在全国占比约 18%。中广国际产业园区广告企业进一步集聚，数量约 1550 家，广告营业年收入逾 100 亿元。

——产业结构不断优化。截至“十三五”末，上海广告传媒类上市公司共计 14 家。伴随数字经济的发展，数字广告产业新动能正在形成，上海互联网广告收入在“十三五”期间从 71 亿元增长至 455 亿元。在电视、广播、报纸、期刊和互联网等五类大众传播媒介中，互联网媒体的广告营业收入占总体份额的比重由 48%增加至 70%。一批具有自主知识产权的创新型的数字技术公司和创意热店快速成长，广告创意创新人才汇聚，新兴产业要素成为广告产业数字智能化发展的重要力量。

——国际化水平快速提升。“十三五”期间，更多具有国际影响力的跨国广告公司入驻上海，外商投资广告公司从 492 家增长至 6631 家，增长 12 倍，新设年均增幅逾 70%。本土广告企业国际化竞争能力不断增强，戛纳国际广告节获得 4 项金狮奖、10 项银狮奖。“上海国际广告节”的设立为广告业国际化交流搭建了平台，吸引国内外广告行业组织和顶级广告人才汇集聚智。

——公益广告稳步发展。“十三五”期间，主流媒体投放公益广告稳中有升。新媒介在公益广告发布活动中作用凸显。上海市公益广告创新研究发展中心成立，“申通德高杯”公益广告创意大赛、“上海大学生公益广告大赛”等活动持续开展，行业参与度高，社会影响力更加广泛。

——行业组织体系日趋完善。“十三五”期间，广告行业组织完成与行政机关脱钩改革，成为依法自治的现代社会组织。行业标准研究和制定等工作稳步推进。上海广告研究院、上海广告博物馆等智库机构相继成立，将为本市广告业规划发展和行业管理提供有力专业技术支撑。

——广告监管成效明显。“十三五”期间，本市贯彻新修订的《中华人民共和国广告法》《互联网广告管理暂行办法》，持续加强对虚假违法广告的处罚力度，共查办各类广告案件 23969 件，较“十二五”时期增长 231%。全国广告监测数据统计显示，上海广告涉嫌违法率为全国最低。在广告发布从传统媒体向互联网转变的特殊时期，本市继续保持了良好的广告市场秩序。

（二）发展机遇

“十四五”时期，我国的经济发展将走向以国内大循环为主体、国内国际双循环相互促进的新发展格局。上海要成为国内大循环的中心节点和国内国际双循环的战略链接，代表国家参与国际合作与竞争。广告产业作为经济发展的重要驱动力和现代服务产业，将在其中发挥重要作用，迎来新的发展机遇。

1. 政策环境

《长江三角洲区域一体化发展规划纲要》的实施为上海广告业的发展提供了新的历史机遇，在共同打造数字长三角的过程中，将推动上海成为区域广告业价值链和创新服务链的中心。“一带一路”建设、自贸区新片区建设等改革开放措施的深入推进，将促使上海广告产业国际化进程在质量和速度上得到大幅度提升，广告产业“走出去”和“引进来”将会双向加速。《上海市国民经济和社会发展第十四个五年规划纲要》明确城市数字化转型和“五个中心”核心功能迈上新台阶的目标，将进一步完善行业发展的内外部环境，推动全球性广告资源要素向上海集聚，为广告产业提供更好更大的发展空间。

2. 科技环境

新一轮科技革命将继续推动广告新媒介和新业态快速发展，广告业的核心竞争力将由“创意”转向“创意+技术”的双核模式。“十四五”期间，上海科技创新中心建设、数字经济加速推进，重点布局人工智能产业，建成新型全球智慧城市的排头兵，科技创新策源能力全面提升，这些将为广告产业高质量发展创造前所未有的技术环境。

3. 人才环境

上海拥有丰富的广告教育资源，同时又是海外留学生回归的首选之地，为行业输送大量广告专业人才。上海人才政策、“上海国际广告节”平台吸引国内外高端广告人才汇聚。广告创意资源优势明显，海派文化独具魅力，对广告相关专业人才具有较强的吸引力。人才的孵化和集聚，将为上海广告产业创新发展提供不竭的动力。

（三）面临挑战

全球化经济发展中不确定因素增多，广告行业发展不平衡不充分问题等，给广告业的发展带来挑战。

1. 产业转型动能不足

新技术革命对上海广告业的产业结构优化升级提出新挑战。高成长性、高附加值业态发展缓慢，新技术对产业的赋能作用未充分发挥。产业园区的集聚动力发生转换，区位竞争优势下降。

上海广告业参与国际市场竞争尚不充分，在全球广告资源的集聚和配置方面能力欠缺，影响力不强。

2. 公共服务体系不完善

随着广告边界不断扩展、产业融合不断加剧、广告业态快速发展变化，广告标准化体系建设相对滞后，公共服务体系供给尚显不足。

3. 人才培育制度供给不充分

广告业的人才培养不能充分满足市场需要，广告教育与业界缺乏整合资源配置的有效机制。广告从业人员的职业培训和能力提升缺乏激励保障机制，广告人才数据库建设滞后，高端广告人才配置效率尚需优化。同时，显著增高的人力成本对广告企业的运营带来较大挑战。

二、指导思想、发展原则和发展目标

（一）指导思想

深入贯彻党的十九大和十九届二中、三中、四中、五中全会精神，坚持以习近平新时代中国特色社会主义思想为指导，牢固树立“创新、协调、绿色、开放、共享”的发展理念，深刻领会“以国内大循环为主体、国内国际双循环相互促进的新发展格局”战略判断，围绕上海市“五个中心”建设，按照“四个放在”要求，落实“四大功能”定位，抢抓发展机遇，推动提升广告产业专业服务能级，为上海建设成为卓越的全球城市和国际文化大都市，提供更加全面高效的服务。

（二）发展原则

1. 坚持市场导向的原则

尊重市场发展规律，发挥市场在资源配置中的决定性作用，通过竞争促进产业发展；同时高效利用政府在产业规划、产业引导和政策扶持等方面的作用，推动广告产业高质量发展。

2. 坚持问题导向的原则

致力于打破制约广告产业发展的瓶颈，找准突破发展的切入点，解决产业发展中的核心问题，补齐行业创新要素的短板，加快培育技术和数据要素市场，推动广告产业在新技术变革中具备较强的创新优势和创新活力。

3. 坚持创新引领的原则

着眼于数字媒体和信息技术革命对广告产业的影响和变化，坚持创新引领的原则，以创新驱动广告产业的高质量发展，推动“政产学研用”一体化，打通创新链、价值链和产业链，优化创新生态。

4. 坚持社会共治的原则

加强广告市场秩序的社会共治，健全完善广告市场现代化治理体系，强化制度供给，充分调动和发挥社会力量，形成政府主导、社会协同、公众参与的治理模式，以高水平治理推动高质量发展。

（三）发展目标

围绕上海城市发展的总目标，在长三角区域经济一体化发展和上海整体推进数字化转型中，推进广告产业智能化、集约化、国际化、品牌化，打造“四个高地”，努力将上海建设成为具有世界影响力的“国际数字广告之都”。

——打造智能广告发展创新高地。加快推进 5G、人工智能等技术在广告业的应用，布局智能化广告产业生态系统。

——打造产业标准引领创新高地。加快形成广告业服务和技术标准体系，制定数字广告的上海标准，引领行业高质量发展。

——打造国际广告要素集聚高地。聚集中外广告龙头企业和国际高端人才，提升上海国际广告高端要素资源配置和竞争转化能力。

——打造全球品牌服务创新高地。发挥“创意＋技术”双核心优势，为中外品牌全球拓展提供优质服务。

三、重点任务

（一）培育广告产业转型发展新动能

促进广告业转型升级。鼓励具有自主知识产权的创新型广告企业发展高附加值、高成长性广告业态，改变广告业低端服务过剩、高端服务不足的市场格局。

形成多元化和多层次的广告市场主体。培“强”培“优”，打造头部广告企业，形成 5 家左右营收规模百亿以上的具有全球竞争力的广告企业，促进大型广告集团和优质广告企业在“长三角区域一体化发展”“一带一路”建设和自贸区新片区建设中发挥示范引领作用。支持中小企业围绕“创意＋技术”的核心竞争力形成特色优势，形成 20 家左右广告营业收入 20 亿元到 100 亿元之间的骨干型广告企业。增强小微广告企业的品牌意识，形成数量众多且富有活力的细分领域品牌服务企业。吸引更多优秀的创新型广告企业入驻上海，促进长三角三省一市广告业协同发展。支持互联网平台企业广告业务的繁荣健康发展。

打造“1 ＋ X”广告产业园区发展格局。为进一步促进广告业集约发展，充分发挥中广国际广告产业园区作为国家级广告产业园区的示范引领作用，支持普陀区、青浦区、虹口区等创建广告产业园区，推动全市广告产业园区和文化创意园区联动发展，形成新的集聚优势，吸引智能化、数字化广告企业入驻，更好地服务数字经济发展。“十四五”末，广告产业园区年广告营收占全市广告营业收入比重大幅提升。

（二）布局智能化广告产业生态系统

鼓励广告业技术创新与应用。加快推进 5G、人工智能、虚拟现实、物联网、区块链等技术在广告业的应用，打通广告业的创新链、产业链、资本链，推动广告业在促进在线新经济发展中发挥更大作用。

形成智能广告的上海标准。以标准建设引领、规范智能广告发展。制订 5G 和人工智能时代的细分领域专业性技术标准，健全完善智能广告的管理规范，推动信息数据的高效流动与规范合理利用。

探索广告业快速融合发展模式。发展智能化广告相关的硬件和软件行业，支持跨行业、跨区域、跨所有制并购活动，为广告业智能化发展提供更多创新性金融服务。

共建智能化城市公共空间。探索智能化广告经营业态的管理模式，服务户外广告的数字化、场景化、平台化、智能化发展，打造数个具有影响力的户外广告地标，让户外广告融入城市亮丽和谐的市容景观之中，成为城市活力的象征。

（三）提升国际化水平和影响力

全面提升“上海国际广告节”的影响力。完善和丰富“上海国际广告节”的平台功能，加强数字广告等广告领域新技术、新趋势的国内外交流，吸引集聚国际广告资源和人才，使之成为亚太地区最具影响力的广告业展示活动。

服务深化改革开放大局。支持广告业主动适应经济国内国际双循环新趋势，用好国内国际两种资源、打通国际国内两个市场，支持本土广告企业开展国际化经营，扩大出海业务，加大国际人才招引政策支持力度，提升专业服务业国际竞争力，实现“引进来”和“走出去”双向加速。

促进国际经济贸易交流。支持广告业服务“一带一路”建设和区域全面经济伙伴关系协定（RCEP），助力中国品牌拓展国际市场。

提升国际高端要素集聚能力。充分发挥优势企业对国际要素资源的高效配置和高频流动作用。加大与其他国家广告行业组织、管理部门和研究机构等的合作，促进广告研究的国际交流，形成中国特色广告理论体系，增强上海在全球广告领域的影响力。

（四）创新广告人才培养机制

加强广告人才培养的顶层设计。整合本市高校广告教育资源和广告业界资源，探索产教融合机制，建设高水平广告人才教育和培训平台，实施产学研联动，形成上海特色的广告人才培养模式。

实施广告从业人员技能提升计划。制订本市各类广告从业者培养计划，加强广告职业技能与素质培养，支持建设高水平的广告人才培养实训基地。

建设广告人才信息数据库。推进广告人才市场发展，提高广告人才的开发利用效率，把上海打造成全球中高端广告人才的交流中心。

（五）推进公益广告持续健康发展

完善公益广告管理机制。健全公益广告管理制度，规范公益广告管理。倡导广告企业履行社会责任，建立健全对各类公益广告主体及相关方的激励机制，支持建立公益广告发展基金，推进公益广告持续健康发展。

加强公益广告研究。充分发挥公益广告发展研究中心作用，支持公益广告专项研究，提升公益广告的质量和内涵。

打造公益广告品牌赛事和活动。充分发挥公益广告在弘扬和践行社会主义核心价值观中的作用，用好用活红色文化、海派文化、江南文化资源，打造公益广告品牌赛事和活动，建立公益广告作品库，以公益广告带动全社会公益活动，提升城市品格与精神。

加快建立公益广告评价体系。形成科学化、制度化、常态化的评价机制，增强公益广告的专业性、艺术性、传播力和感染力。

（六）完善广告公共服务体系

加强广告业标准体系建设。鼓励行业协会、企业、社会组织参与标准化建设，不断细化广告产业链各流程的技术标准、管理标准等，促进企业实行标准化服务，争取形成广泛认同的行业标准。

支持第三方评估业务规范健康发展。推进第三方评估机构不断提升广告效果与服务评估的水平，保证公信力和权威性。通过公平、公正的公共服务，推动广告行业有序竞争。

强化广告业知识产权的创造、保护和运用。构建广告企业无形资产评估体系，在信贷、融资、并购等市场活动中按照文化企业无形资产评估规定对广告企业进行评估。

强化广告产业发展公共服务平台建设。加快推进上海广告数字博物馆、广告法律智能服务平台等重点项目建设，提升广告业公共服务水平。

建设高水平的广告研究机构与智库。发挥上海广告研究院平台作用，集聚覆盖广告学界、业界各领域专业人才，完善专家库建设，提升广告业研究水平，服务广告行业发展需要。

（七）持续提升广告市场规范化水平

加强广告监管力度。坚持导向监管、智慧监管、信用监管、协同监管，严厉查处各类虚假违法广告，保障上海广告市场平稳有序。

健全完善广告监管体系。进一步完善广告监管制度和标准。依托长三角市场监管一体化平台，探索长三角地区广告监管一体化模式，加强风险分类监管，推进执法标准的统一，不断提高依法行政、规范监管的水平。

提升广告智慧监管水平。优化升级广告监测体系，通过数字智能技术赋能提升监管效能。打通广告监管数据联通渠道，加强大数据分析研判与监管应用，为精准监管提供支撑。

推进广告市场的社会共治。充分发挥行业组织作用，加强从业人员培训，健全完善行业规范标准，强化企业主体责任落实，畅通投诉举报渠道，加强监管信息公开，加强社会监督，形成社会共治格局，持续提升本市广告业规范化水平，切实保护消费者合法权益，维护社会经济秩序，为广告业的健康发展营造良好环境。

四、政策措施

（一）支持广告业数字化发展政策

深入贯彻习近平总书记关于网络强国、数字中国、智慧社会战略部署，贯彻落实市委、市政府《关于全面推进上海城市数字化转型的意见》，顺应经济数字化转型趋势，推动出台支持本市数字广告发展的政策，加强本市广告业数字化、智能化发展的顶层设计，激发广告领域技术创新和社会创造力，推动上海广告业更高质量发展，充分发挥广告业对经济发展的拉动促进作用。

（二）财政支持政策

综合运用多种资金渠道，支持、促进广告产业智能化、集约化、国际化和品牌化发展。对广告业中发挥引领作用的重点项目和广告业的重点公共服务平台建设项目，支持项目运营方按照有关规定申请“市服务业发展引导资金”“市促进文化创意产业发展财政扶持资金”等资金支持。研究开展将广告行业企业纳入“上海市服务贸易发展专项资金”支持范围的相关工作。支持广告企业制定品牌发展战略、开展品牌培育，对符合申请条件的广告企业，可按照《上海市促进产业高质量发展专项资金管理办法》的规定，申请资金支持。对中小型广告企业改制上市培育项目，经认定符合条件的，可由相关专项资金给予支持。引导鼓励广告业高新技术和创新融合项目争取高新技术财政支持政策。

（三）税收优惠政策

创新财税分享机制，探索长三角新设企业税收跨地区分享，推动长三角范围内产业协同。对被认定为高新技术企业的广告企业，可按规定给予企业所得税优惠政策。广告企业发生的社会公益性捐赠支出，符合条件的，按照税法规定在计算应纳税所得额时扣除。积极实施国家鼓励企业自主创新、节能减排、资源综合利用等方面的税收优惠政策。

（四）投融资政策

支持广告业投资主体的多元化，鼓励符合条件的广告企业在境内外挂牌上市。鼓励银行、券商、保险公司、创业风险投资机构、融资担保机构、产权服务机构等支持广告业发展，加快开发适应广告业发展需求的金融产品与服务。加强广告业投融资担保体系建设，积极推动融资性担保公司按照风险可控和商业可持续的原则，为符合国家产业政策的中小广告企业提供短期贷款担保。

五、规划实施

市市场监督管理局作为指导广告业发展的主管部门，在规划实施中，应加强对促进广告业发展工作的组织领导，重视在规划实施中与其他产业以及相关行业、领域规划的衔接和协调，主动加强与相关部门的协作，建立和完善工作协调机制，推进解决广告业发展中遇到的问题；要建立规划实施评估机制和规划实施专家智库，交流规划实施信息，研讨解决规划实施中问题。

各区政府要充分认识广告业在经济社会发展中的积极作用，切实贯彻落实市政府支持、促进广告业发展的各项政策，结合辖区实际为辖区广告园区、广告企业的发展营造良好环境。

市广告协会要充分发挥专业组织协调服务作用，协助市、区政府有关部门的工作，并组织广告市场主体落实规划的各项目标。通过行业服务和协调推进实施“十四五”规划。在规划实施中做好政府与广告业间的纽带，加强对规划的宣传，积极收集、反映广告业界对于规划实施的意见，研讨解决规划实施中的问题，提出规划实施建议。

本市广告业各类市场主体、相关高校及研究机构、广告从业者要增强对本市广告业发展的责任感和使命感，积极参与规划实施，抓住发展机遇，做精做强，为提升服务水平和行业健康发展做出积极贡献。同时，要发挥行业优势，大力宣传广告业在经济和社会发展中的重要作用、在行业规范管理方面的有效措施，塑造广告业良好的社会形象，增强消费者对美好生活的获得感和满意度，营造广告业健康发展的社会氛围。

浙江省广告产业发展“十四五”规划

浙江省市场监督管理局
（2021 年 3 月 26 日）

广告业是现代服务业和文化产业的重要组成部分，在服务推进经济转型升级、引导扩大消费、促进经济增长、繁荣社会文化中发挥着十分重要的作用。本规划根据《浙江省国民经济和社会发展第十四个五年规划和二〇三五年远景目标纲要》和“十四五”时期国家广告产业发展相关精神要求制定，主要阐明“十四五”期间浙江省广告产业发展的目标方向和重点任务，引领广告产业高质量发展。

一、“十三五”时期浙江广告产业发展成效明显，为“十四五”广告产业高质量发展奠定坚实基础

“十三五”期间，省委、省政府高度重视广告产业发展工作，深入实施广告发展战略。各地、各部门坚持服务发展与加强监管两手抓，着力优化法治环境、营商环境和市场环境，推动转型升级，激发创新活力，厚植功能效用，广告产业发展取得显著成效。

（一）产业环境持续改善。广告领域简政放权持续推进，广告业文化事业建设费减半征收和免征政策落地惠企，省外异地审查类广告发布事前备案取消，广告发布登记告知承诺制全面实施。新《浙江省广告管理条例》修订施行，地方广告法治体系进一步健全。率先出台《广告经营单位业务管理规范》《互联网广告标注与传输技术规范》省级地方标准。率先创设互联网广告信用评价。传统媒体“五位一体”、互联网“三位一体”广告监管机制成为全国样板。全国互联网广告监测中心落地浙江，区域一体协同治理得到加强。连年开展重点领域广告专项整治，广告市场秩序持续向好。

（二）产业地位日益凸现。广告产业融入文化浙江建设大局，进入打造万亿级文化产业战略，纳入文化产业八大提升计划，列入文化产业人才培育发展规划。广告经营单位从 3 万余户增至 9.2 万余户，规上企业达 735 家，行业从业人员达 43 万人。2020 年，全省从事广告业务企事业单位实现广告业务收入预计达 800 亿元，年均增长 40% 以上，广告市场规模位居全国前列。

（三）产业结构持续优化。国家广告产业园区增至 3 个，占全国十分之一，杭州、宁波、温州三大园区共集聚广告及关联企业 2434 家，2020 年广告业务收入达 187.1 亿元；省级广告产业园区总量增至 17 个，省级以上广告资质企业总数达 198 家，资源整合集聚效应显现，产业规模化、集约化水平显著提高。互联网广告头部企业龙头带动作用突出，传统与现代传媒广告企业相得益彰，小微广告经营单位稳步发展，优势互补、协调互动产业格局基本形成，发展基础进一步夯实。

（四）产业创新活力迸发。借力互联网技术和数字化媒体快速发展，互联网广告迅速崛起，广告新业态新模式成长态势强劲，引领全国广告业创新发展地位凸显，带领全省广告产业迈入全新发展阶段。2020 年互联网广告业务收入预计达 520 亿元，占全省广告业务收入六成以上。主流媒体主动革新、积极转型，广告服务推陈出新，产品体系多元开发，经营模式持续优化，拥抱新媒体、融媒体战略推进成效显著。四家创意设计中心（创意产业园）被认定为首批国家“广告业创新创业示范基地”，位居全国之首。

（五）产业效应持续增强。全省广告从业主体和从业人员坚持广告宣传导向底线，大力弘扬社会主义核心价值

观，引领社会新风尚，未发生区域性系统性严重导向风险事件。充分发挥舆论传播优势，深化“讲文明、树新风”“放心消费在浙江”等主题公益广告活动，大力开展疫情防控、复工复产公益广告宣传，产生良好社会效应。连年举办“金桂杯”广告创意大赛，参赛作品3651件，优秀作品展播率达100%，助力小微企业和区域经济发展实效明显。成功举办“浙港澳广告论坛”“中国广告论坛”等活动，浙江广告业在国内外影响不断扩大。

我省广告业发展虽具有良好的基础，但也要清醒地看到存在着一些短板弱项，主要存在以下问题：政策引导与孵化力度有待进一步提升，融资难现象仍普遍存在；产学研融合还不够深入，广告人才职称体系和晋升通道尚未建立；产业结构不尽合理，规上企业占比不大，小微广告企业竞争力不强，产业园区特色化发展需进一步强化；广告监管领域的技术革新与大数据应用还跟不上产业发展变化的步伐。

二、立足争创社会主义现代化先行省，开启我省广告产业高质量发展新征程

“十四五”时期是乘势而上开启全面建设社会主义现代化国家新征程、向第二个百年奋斗目标进军的第一个五年。今后五年，是忠实践行“八八战略”、奋力打造“重要窗口”、建设社会主义现代化先行省的关键时期，是把握新发展阶段、贯彻新发展理念、构建新发展格局的重要时期，也是我省广告产业发展的重要战略机遇期、关键突破期。

（一）指导思想

坚持以习近平新时代中国特色社会主义思想为指导，深入贯彻党的十九大和十九届二中、三中、四中、五中全会和省委十四届八次全会精神，科学把握新发展阶段，坚决贯彻新发展理念，服务构建新发展格局，忠实践行“八八”战略、奋力打造“重要窗口”，紧扣导向、经济、文化、社会的广告产业特质属性，围绕建成网络强省、数字浙江，全面深化改革、加快转型升级、促进创新融合，推进广告产业高质量发展，助力打造文化产业高地，提高对国民经济发展贡献率，服务新时代文化浙江工程建设，让广告产业在经济发展、文化繁荣、社会进步中发挥更大作用，为我省争创社会主义现代化先行省作出积极贡献。

（二）基本原则

——坚持绿色发展，全面倡导经济社会绿色转型。推进广告产业在社会主义意识形态方面发挥重要导向作用，大力弘扬社会主义核心价值观。倡导积极向上的社会风尚，践行绿色生产生活方式，实现广告业低碳发展，促进碳达峰、碳中和，促进经济社会发展全面绿色转型，促进“两山理论”在广告产业的生动实践。

——坚持创新发展，全面激发广告产业发展活力。坚持创新在广告产业发展中的核心地位和战略支撑。加强理念创新、科技创新、业态创新和载体创新，推动广告产业结构优化升级。以数字科技创新为动力，用技术引领广告产业快速发展。

——坚持协调发展，全面促进广告产业结构优化。推动广告产业在区域、城乡、产业、市场主体之间协调发展，推动各类广告要素资源合理配置和有序流动，推动广告产业在服务乡村振兴、推动产业融合发展方面发挥积极作用。

——坚持开放发展，全面推动国内国际交流合作。有效整合与集聚省内外、国内外资源，加强广告产业链上下游和区域间分工协作。对接长三角一体化、“一带一路”国家战略，坚持“走出去”“引进来”相互促进，不断增强我省广告产业国内国际竞争力。

——坚持共享发展，全面完善广告产业服务机制。立足资源优势，构建具有地域特色的广告产业服务平台，发挥广告产业在促进地方经济发展、推动社会公共服务体系高质量建设方面的重要作用，发挥广告产业在政治、经济、社会、生活等领域的积极作用。

（三）发展目标

以争创全国广告产业高质量发展先行省、广告市场省域治理现代化示范区为总目标，到2025年，产业规模、产业结构、产业载体、产业环境等方面形成完善体系，广告经济属性进一步彰显，国民经济“晴雨表”贡献价值进一步提升，全省广告业务收入达1200亿元，广告产业增加值占国民生产总值比重达1.32%以上，各项主要发展指标继续稳居全国前列。

——实现产业优质高效发展。推动产业结构优化升级，改造升级传统业态，培育壮大大传播、新业态。推动“小企优美化”“中企精专化”“规上规模化”，推动园区特色化发展，推动产业统筹、互补、提质、提速，实现我省广告产业高质量发展。

——形成产业人才技术双高地。完善广告人才评价体系，推进“政企校＋产学研”深度融合，鼓励国内外人才汇流，形成多层次多元化的广告业人才培养体系。推进数字赋能广告行业，技术驱动广告产业升级，实现数字技术在全省广告领域快速发展。

——建成广告产业协作开放共赢圈。打造“广告+”的产业生态体系，创新合作共赢模式，促进全省广告产业协同融合发展，建立长三角广告产业园区联盟，搭建广告业国际合作交流平台，发展更高层次广告产业经济。

——成为“重要窗口”建设助推器。传播社会正能量，提升广告产业文化软实力。带动社会创业创新，增加就业岗位。传递商业信息，更好满足人民日益增长的美好生活需要。宣传法规政策信息，履行社会共治责任，充分展示我省广告业有责任、敢担当、积极向上的社会形象。

专栏 1 我省广告产业“十四五”期间发展主要指标

类别	指标名称	2020 年预计值	2025 年	累计增长率（%）	指标属性
产业规模	全省广告单位数量（家）	92000	100000	9	预期性
产业集聚	广告从业人员（万人）	43	50	15	预期性
	广告业务收入（亿元）	800	1200	50	预期性
	其中：互联网广告业务收入（亿元）	520	900	70	预期性
	广告业务收入占 GDP 比重（%）	1.2	1.32	10	预期性
	规模以上广告企业数量（家）	735	850	15	预期性
产业支撑	规模以上企业广告业务收入（亿元）	550	900	60	预期性
	规模以上广告企业户均利润（万元 / 户）	650	750	15	预期性
	省级以上广告产业园区入园广告及关联企业数（个）	2800	3800	35	预期性
	园区年广告业务收入（亿元）	310	430	40	预期性
	获得省级以上广告资质认定的企业总数（家）	198	300	—	预期性
	规模以上广告企业创意设计人员占从业人员比重（%）	21	30	40	预期性
产业规范	广告中高级人才占从业人员比例（%）	35	38	—	预期性
	广告人才库人才数量（个）	—	1500	—	预期性
	广告实践基地个数（个）	—	40	—	预期性
	广告公共服务平台数量（个）	—	20	—	预期性
	省级优秀广告人才（人）	20	200	—	预期性
	诚信广告企业占广告企业总数的比例（%）	99.5	99.6	—	约束性
	广告抽查监测合法率（%）	99.6	99.7	—	约束性
	广告行业自律规范（个）	5	10	—	预期性
	公益广告占广告发布总量比例（%）	3.2	3.5	—	预期性

三、对标广告产业发展目标，努力完“十四五”时期八项重点任务

（一）健全导向管理，推进广告产业绿色发展

——强化广告导向引领。健全由市场监管部门牵头、相关职能部门共同参与的广告导向联合监管机制，确保广告宣传在社会主义意识形态上的正确引领。建设广告导向实时监测立体网络，完善广告导向监管协调与应急处置机制，强化导向监管预警研判，确保不发生系统性区域性广告导向风险事件。

——健全公益广告体系。统筹各类媒介发布资源，鼓励各类广告媒介单位承担公益广告发布主体责任，增加互联网公益广告发布力度。建设和完善公益广告作品库，鼓励开展公益广告学术研究，鼓励公益广告创新研究基地建设，支持成立促进公益广告发展的专业机构，多渠道筹集公益广告资金，积极推进政府采购公益广告服务，推动省市县三级媒体对投放的公益广告减免相关费用，健全公益广告可持续发展机制。到 2025 年，发布公益广告占发布广告比例达 3.5%。

专栏 2 公益广告发展计划

> 搭建公益广告交流平台。开设公益广告制作发布网络载体，邀请省内各大高校及专业广告公司制作并上传高质量的公益广告公开课；组织召开全省公益广告工作座谈，邀请政府部门、媒体单位、科研院校、广告公司共同探讨公益广告发展工作。
>
> 建立公益广告创作研究示范基地。利用政府部门、广告园区、企业单位、广告协会、社会资源等多方力量共同打造公益广告研究制作基地。全省建立研究示范基地 15 个以上。
>
> 完善公益广告赛事比选制度。由宣传部、文明办、网信办、市场监督管理局等联合组织举办反对餐饮浪费、放心消费在浙江等主题公益广告大赛活动，对优秀作品予以表彰奖励，在全社会进行推广展播。每年全省各级组织各类主题公益广告宣传活动不少于 15 次。

——倡导广告绿色发展。加强广告制作、传播低碳化，发挥广告产业对消费的引导作用，在广告设计、制作、营销等环节注重健康与品质要素，引导消费者绿色消费，促进需求侧改革碳达标。

（二）加快转型升级，构建广告产业高质量发展新格局

——形成特色产业结构。紧密结合浙江经济特色，推动广告业特色化发展。依托文化大省优势，做大做强广告创意产业。依托网络经济大省优势，培育一批有全国知名度的广告媒体平台。依托数字经济大省优势，培育壮大新媒体广告产业。

——推进扩大产业规模。建立广告企业名录库，动态分类，结合全省滚动实施“小微企业成长计划”等行动，坚持因地制宜，实施“小企优美化”“中企精专化”“规上规模化”三大工程，研究发展对策，建立规上企业超越计划、小微企业扶持计划、互联网新业态企业培育计划等梯队培育体系。组织小微广告企业积极参与“首贷户拓展三年行动”等计划。至 2025 年，全省广告经营单位总量 10 万家以上，其中规模以上广告企业数量达 850 家。

——促进产业转型升级。借助大数据、云计算等信息化技术，深化产业跨界融合，以数字化转型、网络化融合、智能化创新、多元化供给、协同化推进构建浙江省“互联网 + 广告”产业发展模式，引导发展大传播、新业态，打造广告产业数字变革高地。搭建头部企业、小微企业、新业态企业共享平台，强弱互助、以强带弱，提升互联网与数字化运用能力，有序拓展业务领域，做强做优头部企业。到 2025 年，互联网广告业务年收入达到 900 亿元。

专栏 3 小微广告企业扶持计划

> 遵循“小企优美化”“中企精专化”的发展思路，扶持计划致力于打造中小企业“自我造血”的长效机制，帮助小微企业练好“内功”，为可持续发展提供内生动力，夯实产业发展基础。
>
> 梯队赋能计划：建立小微广告企业专项扶持计划和创新创业扶持计划，鼓励小微企业积极创新和研发，从中选拔一批优质企业重点培养成骨干企业。优选 1000 家小微广告企业进入全省“小

微企业培育库”，到 2025 年新培育规上广告企业 100 家以上。

融资赋能计划：各级广告行业协会充分应用现有小微企业信用贷合作平台，组织小微广告企业参与信用评级，推荐优质小微广告企业获得信用贷款，解决小微广告企业融资难题，助力小微企业主自我“造血”。

知识赋能计划：邀请广告业界、学界经验人士，为小微企业主提供专业知识指导，推动建立小微企业主免费法律咨询平台，推出行业信息速递等知识服务。

技术赋能计划：建立以互联网头部企业、数字技术企业、小微广告企业、通信信息企业为主体的平台，将互联网新技术全面覆盖到传统小微广告企业，推动企业数字化转型。运用短视频、社交媒体、虚拟现实等技术丰富广告传播形式，拓展广告营销手段。

合作赋能计划：构建广告战略合作平台，鼓励大中型企业带动产业链上下游小微企业，实现产业集聚和抱团发展。

专栏 4　规上企业超越计划

培育上市公司。以新技术研发、新业态培育、新模式创造为方向，支持企业 IPO 上市和发展并购重组。鼓励企业规模化、连锁化发展，支持建立全产业链一体化的专业化企业集团。到 2025 年新增广告企业上市公司 5 家以上。

培育顶尖广告企业。对标北京、上海、广州三大城市，引育一批具有国内、国际影响力的行业顶尖企业，辐射带动整个浙江广告产业发展。

推进规上企业做大做强。完善广告企业数据库，对接近规模条件的企业加强指导，发现一批、培育一批，加大要素保障力度、政策支持力度和融资服务力度，为加快壮大规上企业提供储备。到 2025 年，新培育进入全国广告行业头部企业 3 家。

强化激励引导。鼓励有条件的地方，对培育规上企业成绩突出和新上规模企业给予表彰和奖励。

专栏 5　互联网新业态广告企业培育计划

发挥网络经济大省优势，培育以“互联网 + 高科技 + 新模式 + 新消费 + 跨界”为特点的新业态广告企业，引导发展服务互联网生态、平台经济产业链、数字技术创新产业等新经济模式的新型广告业态。到 2025 年培育新业态广告企业 2000 家，推进设立从事广告业务的融媒体中心 50 家。支持新业态广告企业入驻广告文化创意产业园，提供政策及配套措施，进行孵化和培育。鼓励技术研发和跨学科技术人才招募，从税收、金融政策方面鼓励新技术、新模式的应用创新和推广。建立新业态企业融资渠道体系，帮助新业态企业的资源对接和跨平台合作。鼓励差异化竞争，鼓励企业间纵向联合，鼓励企业与高校相关专业间的横向联合人才孵化计划。关注知识产权产业的创新力量和趋势，推动本省特色品牌、乡村品牌、旅游产业和文化产业的知识产权战略与广告企业的合作。

（三）激发内生动力，推动广告产业园区可持续发展

——谋划产业发展布局。以地区分布全域化、运营管理多元化、开发建设集约化、业态发展综合化为指导，以 3 个国家园区、17 个省级园区及地方相关产业园区为依托，促进园区与本地实体经济、文化产业的深度融合，构建以杭州、宁波、温州为中心，其他城市为辅助，层次分明、定位清晰、优势互补、协同发展的全省广告产业园区整体布局。鼓励各地做优一批集聚效应好、营商环境优、产业特色鲜明的广告产业园区集群。以地方经济发展和广告产业发展为基础，形成以产业园区、龙头企业为核心，多种类型广告业态向周边辐射的广告产业空间布局。

——支持园区特色发展。从政策与资金方面打造与提升公共服务平台，为园区发展提供良好基础。促进广告产业园区建设与当地经济发展、产业转型紧密结合，坚持园区建设立足面向市场，尊重经济规律和产业特点，紧紧围绕市场需求和属地特性制定园区的运营、招商、孵化等计划。建立园区特色化、多元化发展目标，增强园区企业市场竞争力，提高产业联动与对所在区域经济发展的带动作用。

——促进园区平衡协作。以产业链为主轴聚集，以空间聚集为主要特点，聚合产业资源，提高各产业要素间流动与协作。加强企业间按照产业链分工与协作，增强产业集聚效应。集聚塑造产业发展整体氛围，形成企业、人才、技术、资金的强大合力，形成本区域产业市场竞争力。推动产业要素快速流动，促进园区生态平衡与可持续发展。至 2025 年，省级以上广告产业园区入园企业及关联企业数达 3800 家，园区年广告业务收入达 430 亿元。

专栏 6 国家广告产业园区发展重点

杭州国家广告产业园区（一园两区）：完善“政府主导、企业参与”的市场化运作模式，坚持“整合协作、联动发展”，发挥国家广告园区在杭州区域和全省范围的辐射带动作用，打造特色鲜明、强企众多、产业联动的国内外知名综合型智慧广告产业园区。

运河园区：依托园区内全国互联网广告监测中心，拓展综合型广告业态，以互联网技术、数字技术企业为招商目标，整合园区内专业企业，龙头驱动、以点带面、点面结合，带动整个园区做大做强；融合发展，推进园区广告产业关联发展；延伸广告产业链，拓宽广告园区内部上下游产业链以及广告产业的发展空间。

西湖园区：培育以现代数字技术为支撑，互联网、移动互联网等新媒体广告企业为核心的新媒体型广告业态，联手区域周边大学共同建立实践基地和创新创业实训平台，打通产学研一体化服务体系，为广告企业人才培养、信息共享与交互、数字化广告发展提供服务平台。

宁波国家广告产业园区：发挥产业园区集聚效应，带动全市广告产业强劲发展。增强园区招商力度，夯实园区企业基础，拓展园区培育纵深，扩大园区规上企业基数。重点招商引进或培育 3~5 家行业龙头，以点带面，助推全产业链优化升级，打造热带雨林式产业生态系统。立足宁波港口经济和实体经济，以合作互补促成产业融合，以创意创新助推地方经济，以园区产业集聚效应为优势，借助“创意 +”“互联网 +”的东风快速转型，加快打造独具特色的国内外知名综合型广告产业园。

温州国家广告产业园区：改造升级传统升级型广告业态，融入更多新媒体、新业态的发展战略。重视外贸、电商资源在产业园转型中的关键作用，发挥跨境电商突出优势，打造跨境电商全链路运营。顺应变化，做好互联网转型、数字化转型。发挥政产学研紧密结合特色，打造新型产学研基地，形成产学研一体化合作机制。以互联网、数字技术为支撑，以互联网广告和广告新业态发展为契机，形成多元化多业态发展并存的广告产业园区。

（四）坚持创新驱动，打造广告产业科技创新新高地

——推动数字技术赋能广告业。鼓励广告业数字技术创新，引领广告业态创新，打造以数字技术为核心的新型广告产业矩阵，以数字技术驱动广告产业升级，将数字化服务能力打造为我省广告产业的核心竞争力。

——实施“大数据普惠计划”。鼓励广告企业走到产业链前端，参与产品开发，帮助浙江“品字标”企业快速成长。利用浙江平台经济资源优势，高效利用广告传播作用，普惠“浙江制造”。

——发展广告智能化产业链。推动人工智能技术企业与我省广告公司间的技术合作，完善广告技术产业链，持续推进人工智能广告、增强现实技术、虚拟现实技术及 3D 全息投影技术发展，鼓励智能化广告在消费市场中的实际应用，提升消费者体验，助推智能化广告向零售业延伸发展。

（五）加强人才培养，夯实广告产业创新发展基础

——培育壮大人才队伍。围绕广告产业强省建设，“十四五”之初继续深化落实《浙江省文化产业人才发展规划（2017-2022）》，未来五年突出以广告创意设计和经营人才为培养重点，加快培养和引进一批具有较高层次和水平的广告产业人才队伍，形成我省广告产业人才国际化、专业化竞争比较优势。到 2025 年，培训广告相关从业人员 8000 人以上，评选省级优秀广告人才 200 名以上，规模以上广告企业创意设计人员占从业人员总数的 30% 以上，其中高级人才占 38%。

——注重人才平台建设。深化政产学研用深度融合，推动校企合作共建广告人才培养基地，加快建设广告产业研究中心，建立广告专业人才库，发挥全国互联网广告监测中心作用和大型广告企业龙头效应，形成多层次多元化的人才培养体系。到 2025 年，共建广告实践基地总数达 40 个，广告专业人才库人才数量达 1500 人。

——加强人才合作交流。鼓励各地选派各类广告专业人才赴国内外知名企业交流学习，提升交流层次，拓展交流范围和领域，学习新理念、新技术、新模式，提升广告人才的国际化视野和水平。

——开辟广告展示平台。借助戛纳广告奖、中国广告长城奖和黄河奖等各类国内外广告赛事及我省“金桂杯”广告创意大赛等载体，鼓励和引导全省广告业为小微企业和区域经济形象宣传、品牌塑造、市场推广等提供优质专业服务，挖掘培养更多优秀广告人才。到 2025 年，获得国际国内各类广告大赛优秀以上作品 200 件以上。

专栏 7 加强广告人才培养

完善广告人才培育体系：调动广告企业、高校、科研机构和其他社会资源，加强政企合作、校企合作，抓紧培养善于开拓广告产业新领域的拔尖创新人才、掌握现代传媒技术的专门人才、适应广告走出去需要的国际化人才。支持省内高校广告相关专业的人才培养。加强广告产业领域在职教育和培训，定期组织省内广告人才进修、培训。鼓励行业协会和龙头企业有针对性地开展广告专业人才培训。

加大广告人才引进力度：鼓励广告企业、高等院校和科研机构引进国内外广告产业领军人才。推动高校与龙头广告企业、广告产业园区的深度联合，探索建立广告创意实验室、广告产品研究中心、广告创意学院。在龙头广告企业建设一批大学生就业实践基地，将符合条件的广告产业园区认定为学生创业创新实习基地。鼓励采取签约、项目合作、技术入股、岗位聘任等方式，向海内外多渠道引进优秀广告人才和广告名家大师。

优化广告人才服务保障：完善金融服务、知识产权服务、职称评定、创业环境、办公条件、居住用房、医疗保障等方面服务，为广告产业人才创业创新营造优厚的环境。加快建设全省广告产业人才信息库，建立社会化、开放式的人才资源信息共享机制，提高全省广告产业人才配置效率。发挥广告协会作用，加强行业交流和行业自律，调动广告人才积极性。

（六）促进区域合作，推动广告产业区域协同发展

——推进长三角广告产业区域合作。借助长三角一体化国家战略深入实施为契机，搭建供需对接平台，深化长三角广告产业合作内涵，优化广告产业协同发展格局，推动区域内广告企业优势互补，拓展发展空间，提高产业竞争力，提升资本合作能级，扩大我省广告产业的合力和影响力。

——搭建广告产业服务交流平台。组建专业性广告行业协会与产业联盟，建立地区间广告产业合作机制，依托行业协会成立协同创新研究中心，推动全省广告产业的交流与合作，实现企业间资源共享和业务对接，通过品牌产品、品牌企业、品牌产业和品牌区域四位联动形成区域品牌经济，构建区域公共品牌。

——打造“广告 +”产业生态体系。加强广告产业与产业链上下游企业、其他产业之间的互动与协作，强化资金、技术、人才等要素支撑，支持上下游企业加强产业协同，构建融合共生、互动发展的协同机制，增强广告产业链韧性。

（七）打造交流平台，提升广告产业市场影响力

——培育大型广告媒体平台。实施更加积极主动、更高水平的广告产业对外对内开放战略，谋划建设更高水平的开放平台载体，培育和打造若干具有全国知名度和影响力的广告媒体平台，利用媒体资源，助力广告产业发展。

——举办国际性展会论坛。坚持“走出去”和“引进来”，对接“一带一路”国家战略，有效整合集聚国内外优质资源，构建与发达国家的市场协同，发展更高层次的广告产业经济，扩大产业国内国际影响力。通过举办国际性的数字技术与广告产业博览会、交流论坛等，创建浙江省广告产业与国际交流合作平台窗口，打造更多有国际影响力的广告企业。

（八）参与社会共治，厚植广告产业社会服务效能

——树立城市形象，提升文化软实力。运用广告强大的传播功能，助力城市形象对外输出。利用杭州举办亚运会的影响力，在城市形象广告、城市视觉符号设计、城市宣传口号、社交媒体平台等方面，围绕城市间不同发展方向与定位，推进实施相关广告战略，助力厚植城市文化软实力。

——带动创业创新，增加就业岗位。鼓励高校毕业生积极参与数字技术、文化创意类企业的研发、推广和销售，加快提升小微广告经营单位创新能力，适应市场变化，创造就业岗位，吸纳就业人员，缓解就业市场压力，引导电商平台企业与区域特色产业、乡村特色经济合作对接，开展针对性的广告营销专业知识技能培训，增加本地就业。

——传播政策信息，履行社会责任。促进公共政策传播广告化发展，以群众喜闻乐见的形式传播大政方针，通过简单通俗的宣传，加深社会大众对公共政策的理解和记忆。以活泼美丽的方式宣传区域特色产业、民俗景观，提高人民群众的获得感与幸福感。加强广告信息规范，普及和宣传科学知识，杜绝不良广告信息的误导与欺诈。

——服务乡村振兴，打造美丽乡村。以公益广告和农业品牌全产业链服务为抓手，广告产业赋能乡村振兴战略，加强信息传播与交流，促进产品流通与销售，提高乡村综合效益和竞争力，实现乡村产业发展。

专栏 8 广告产业社会服务计划

探索搭建政府宣传推广类项目的招投标平台，帮助浙江广告企业更多参与杭州亚运及后亚运期间城市和乡村名片的国际化传播，推动浙江文化和浙江品牌在国际舞台上的亮相和对话。

依托浙江省数字经济窗口的大背景，推进建立区域化广告服务产业链。建立以杭州为中心的数字经济广告服务产业链、金华温州地区的外贸企业电商营销服务产业链；宁波、绍兴、台州等地的区域化服务制造业广告服务集群。

引导广告行业服务产业端和消费端服务链搭建。围绕电商经济和美好生活战略愿景，做好消费端消费者市场的营销服务创新；支持浙江新消费（新国货）品牌走出去，做好产业端的品牌及产品营销服务，助力新消费趋势下的国货品牌。

拍摄美丽乡村公益形象广告，结合乡村特色资源和优势，推动农业品牌全产业链发展。到 2025 年服务乡村覆盖面达 30% 以上。

四、落实要素保障，奋力实现规划目标任务

（一）加大政策扶持力度

——提升政府服务指导效能。广告产业发展工作是一项系统工程，是推进文化产业发展和新时代文化浙江工程建设的重点内容之一。各级市场监管部门牵头制定各项目标任务的分解落实方案和职责分工，协调各相关部门把广告产业发展放在重要位置。各相关责任部门各司其职，形成合力，增强广告产业对政治、经济、社会、文化、生活的深刻影响和链路效能，形成完整的产业引导、孵化、扶持机制，大力推动我省广告产业健康有序发展。

——扩大政策红利惠企成效。利用企业政策云平台，汇总梳理与精准推送小微广告企业相关政策，确保广告企业及时了解国家扶持政策动向，充分享受政策红利。全面提升现有 3 个国家级广告产业园区、17 个省级广告产业园区运营质量。推选符合条件的小微广告企业进入小微企

业培育库，扶持一批优质小微广告企业快速成长。

——提高财政金融支持力度。全面落实促进实体经济更好更快发展若干财政政策，按规定落实税费减免政策，贯彻落实纳税缴费便利化改革，更好地惠及广告产业发展。加强对广告企业的税收服务，支持传统国有媒体转企改制，享受国家有关文化体制改革的税收优惠政策，对经认定的高新技术企业按 15% 的税率征收企业所得税；对企业实际发生的职工教育经费支出，按规定予以税前扣除。关注关心小微广告企业的生存及发展空间，给予小微企业更多的优惠政策。搭建广告企业与金融机构对接平台，鼓励金融机构加大对广告企业信贷支持，拓展符合广告企业发展特点的融资方式。

——完善人才培养保障措施。推动广告产业人才队伍建设融入省小微企业职业技能提升行动，引导各地重视广告产业人才的培养、引进和使用。研究推出广告高端人才特别是新媒体、大数据技术、互联网技术、广告创意、设计制作等专业杰出人才鼓励政策。完善广告人才评价体系，探索开展广告人才专业水平评审试点工作，鼓励有条件的地方设立包括广告人才在内的文化产业人才专项激励资金，鼓励社会资本积极参与，为营造良好广告人才发展环境创造制度优势。

（二）增强现代治理能力

——建立科学监管机制。对涉及导向问题的违法广告行为坚持零容忍，从快从严处置。对事关人民群众人身健康财产安全的重点领域虚假违法广告行为坚持集中整治与常态化监管相结合，及时发现违法线索、分类处置、精准打击。对广告新业态新模式，坚持审慎包容监管，以行业规范促进健康有序发展。至 2025 年，诚信广告企业占全省广告企业总数的 99.6% 以上，广告抽查监测合法率在 99.7% 以上。

——提高智慧监管效能。持续做强做优全国互联网广告监测中心，对全省互联网广告媒介实施精准监测。健全覆盖全省科学完善的广告监测制度，落实市县属地广告监测职责，建立集扫描监测发现、实时巡查发现、投诉举报发现于一体的违法广告全面发现机制。加大广告监测设备、设施投入，强化智慧监管。加大人工智能、云计算、大数据等新技术在广告监管方面的应用，完善互联网监管体系，增强广告日常监管科技智慧支撑能力。

——完善协同治理体系。深化传统媒体“五位一体”、互联网广告“三位一体”监管机制。加快建立省市县一体的整治虚假违法广告部门联席会议制度，健全政府领导下的市场监管部门主管、相关部门各司其职协同监管的新型广告市场监管机制，畅通广告监管部门间常态化协作渠道，发挥联合监管制度优势，提升广告市场社会综合治理效能。

（三）营造良好营商环境

——完善法律法规配套建设。持续巩固《浙江省广告管理条例》地方法治效果。针对互联网虚假违法广告增长快、界定难和广告新业态监管难度日益增加的实际，推动国家层面加快修订《广告法》《互联网广告管理暂行办法》及出台相配套的规章制度，进一步细化完善重点领域监管规范。加强广告法律法规宣传培训，提高广告业界自律水平和诚信意识，保护消费者合法权益。提升广告领域知识产权建立、运用、保护与管理能力，强化对广告产业发展的推动和促进作用，优化广告产业整体发展环境。

——搭建政府公共服务平台。搭建广告资源供需对接平台和金融服务平台，出台服务细则，有目标地培育更多的广告头部企业，打造区域性广告产业集群。加强广告产业统计工作，建立广告产业基本单位名录库，健全评价与监测机制，落实广告产业统计制度，定期发布广告产业发展报告，为推进广告产业高质量发展提供决策参考和引领服务。至 2025 年，全省建立广告公共服务平台 20 个以上。

——发挥广告行业协会作用。坚持以“服务行业自律、服务行业维权、服务行业发展”为准则，积极整合资源，不断创新，学习借鉴国内其他省份优秀行业协会的经验，发展壮大各级广告协会，在政策制定、行业自律、资质认定、数据统计、平台建设、宣传引导等方面发挥更大作用，共同推进具有浙江特色的广告产业高质量发展。至 2025 年，新增广告行业自律规范 10 个以上，全省实际拥有省级以上广告资质认定企业达到 300 家以上。

山东省广告产业发展“十四五”规划

山东省市场监督管理局 山东省发展和改革委员会

（2021 年 6 月 30 日）

“十四五”时期是我国实现“两个一百年”奋斗目标的历史交汇期，是开启全面建设社会主义现代化国家新征程的战略关键期，是深入贯彻新发展理念，努力实现高质量发展的重要机遇期。广告业作为现代服务业和文化产业的重要组成部分，应抢抓机遇，在服务新旧动能转换、引导扩大消费、促进品牌发展、繁荣社会文化、拉动经济增长中发挥重要作用。为促进我省广告产业高质量发展，根据《山东省国民经济和社会发展第十四个五年规划和2035 年远景目标纲要》和市场监管总局《广告产业发展“十四五”规划》等有关要求，制定本规划。

一、规划背景

（一）产业基础

“十三五”时期，我省广告产业按照市场监管总局《广告产业发展“十三五”规划》《山东省人民政府关于促进全省广告产业发展的意见》《山东省广告产业“十三五”发展规划》总体要求，积极优化发展环境、调整产业结构、促进园区建设，实现了平稳健康发展，服务经济社会发展的积极作用日益突出。

——产业环境持续优化。广告领域简政放权持续推进，废止《山东省户外广告管理办法》，取消外商投资广告企业行政审批事项。在全国率先试点户外广告监测，积极搭建传统媒体、互联网和户外广告监测平台，广告监测监管智慧化程度明显提高。2019—2020 年广告业文化事业建设费减半征收和免征政策落地惠企。“十三五”期间，查处虚假违法广告 5831 件，罚没款 1.19 亿元，广告市场秩序持续向好。

——产业规模明显扩大。“十三五”时期，全省广告业在规范、健康和可持续发展中稳步增长。截至 2020 年，全省广告经营单位已达 16.6 万户、从业人员 52.2 万人、广告经营额 576 亿元，较 2015 年分别增长 151.5%、67.8%、57.8%。广告业拉动经济增长的作用日渐凸显，2020 年我省广告业经营额占 GDP 的比重为 0.81%，较 2015 年提高了 0.25 个百分点，对全省经济增长贡献度大幅提升。

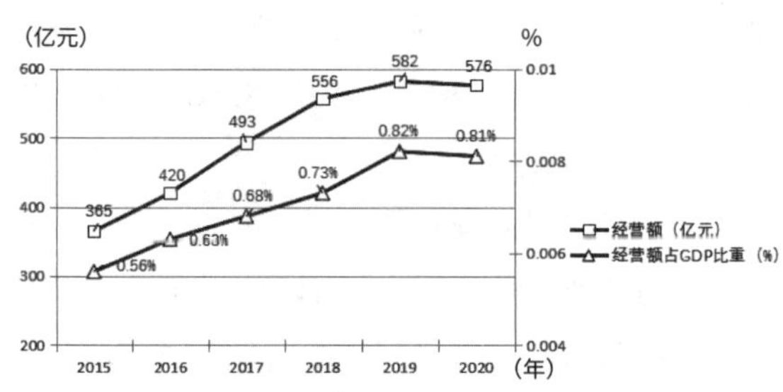

图 1 2015—2020 年全省广告经营单位、从业人员变化示意图

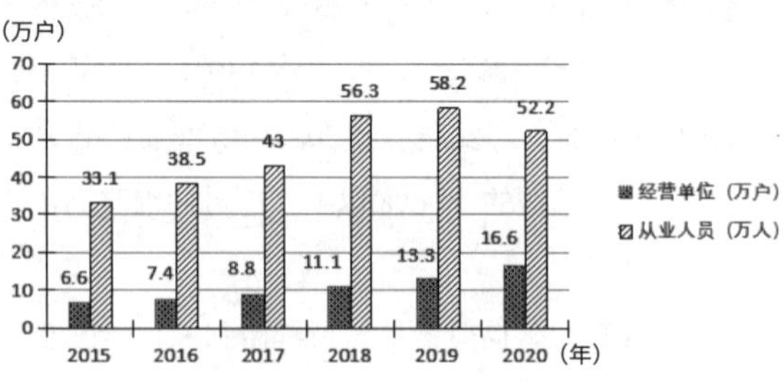

图 2 2015—2020 年全省广告业经营额和 GDP 占比变化示意图

——转型升级步伐加快。全省广告产业向新技术、新模式、新业态转型发展态势良好。广播、电视、报纸、期刊、户外等传统媒体广告与现代传播手段深度融合，在产业布局中占据重要地位。阿里巴巴、字节跳动和腾讯等

互联网企业落户山东，广告传播技术迭代更新，促进互联网、新媒体广告迅猛发展。

——创新能力大幅提升。全省广告业创新能力不断提升，涌现出一批实力雄厚、竞争力强的大型广告企业。2020 年，590 家规模以上广告企业，实现经营额 148.9 亿元，户均达到 2523.7 万元。“十三五”期间，全省 167 家企业获得中国广告协会证明商标使用权，比 2015 年增长 92%。累计 81 家单位获得“长城杯”“黄河杯”等中国国际广告大赛奖。

——园区发展走在全国前列。截至 2020 年，我省拥有青岛、烟台、潍坊、菏泽 4 个国家广告产业园，数量居全国首位。拥有济南省级广告产业园、青岛新 100 创意文化产业园、淄博省级广告产业园、黄河三角洲广告产业园、济宁广告创意产业园、山东鸿儒国际广告创意产业园和郓城省级广告产业园等 7 个省级广告产业园。全省广告产业园在广告产业结构调整、资源优化配置、产业集聚发展中发挥了重要作用。截至 2020 年底，全省广告产业园建成公共服务平台 101 个，入驻广告及关联企业 5044 户，从业人员 5.4 万人，广告经营额 137.56 亿元，占全省广告经营额的 23.9%，成为全省广告业发展主阵地。青岛新 100、潍坊、菏泽三家广告产业园入选国家广告业创新创业示范基地。

——公益广告体系更加完善。“十三五”以来，我省公益广告发布数量大幅增加，作品质量明显提升，传播手段更加多元，社会影响更加广泛。联合有关部门举办山东省“学院创意杯”“泰山杯”广告大赛及各类公益广告大赛，征集作品 35496 件，获奖作品 5340 件，在弘扬社会主义核心价值观、党风廉政建设、抗击疫情等方面发挥了重要作用。

——人才队伍稳步壮大。“十三五”期间，我省培养、引进多措并举，广告专业化人才队伍不断壮大。2020 年全省有 41 所院校开设广告、设计、制作、创意等专业，在校生 8234 人，每年培养广告专业毕业生 2000 多人。2020 年全省广告创意设计人员 13.7 万人，占广告从业人员的 23.5%，较 2015 年提高 6 个百分点。

（二）发展机遇

“十四五”时期，我国开启全面建设社会主义现代化国家新征程，市场空间广阔，发展韧性强劲，社会大局稳定，为广告业发展带来重大机遇。

——经济高质量发展为广告业新旧动能转换提供机遇。十四五时期，我省经济进入高质量发展阶段，七个走在前列、九大强省突破、十四项战略任务全面实施，为广告业发展提出了许多新命题、新内容，也将培育出更多新技术、新业态、新模式，为我省广告业新旧动能转换赋予新的战略机遇。

——产业消费双升级为广告业跨越发展提供机遇。加快推进“产业消费双升级”，畅通国内经济大循环，将产生许多新的经济增长点，从产业端看，制造业高端化发展使企业更加重视品牌宣传，成为激发广告业高端发展的重要因素。从消费端看，随着城乡居民收入水平的提高，消费能力不断提升，市场需求不断扩大，为广告业发展奠定了经济和社会基础。

——数字经济飞速发展为广告业现代化体系建设提供机遇。数字技术为广告创作、产品传播带来颠覆性变革。5G、云计算、大数据、AI、物联网等新技术深度改变了广告业市场竞争模式。数字经济与广告产业的深度融合将为广告创作、传播、服务带来许多新理念、新思维、新形象。现代化广告业体系建设将进入新阶段。

（三）面临挑战

——头部企业虹吸效应。头部企业虹吸效应致使我省部分中小广告企业在市场竞争中选择加入阿里巴巴、字节跳动、腾讯等大型互联网平台的服务体系以求生存发展，独创性、开拓性经营行为逐渐弱化，势必会影响我省广告业竞争力。

——用户数据安全保护。数字经济下，广告精准投放带来的高效引流和高利润，成为各类商家角逐的焦点。万物皆媒、海量数据，使个人身份信息和生理特征数据的安全防护成为重中之重。因此，合法获取市场数据，加强网络安全防护，将成为广告业健康发展面临的新课题。

——传统媒介转型升级。随着 5G、人工智能、区块链等技术的突破和广泛应用，广告业服务内容、传播方式创新加速，催生出更多新业态，短视频营销、网红直播带货等“平台 + 流量”营销方式，将倒逼传统广告媒介转型升级。

二、总体思路

（一）指导思想

以习近平新时代中国特色社会主义思想为指导，深入贯彻党的十九大和十九届二中、三中、四中、五中全会精神，全面落实习近平总书记“广告宣传也要讲导向”的重要指示精神，科学把握新发展阶段，坚定贯彻新发展理念，服务构建新发展格局，紧紧围绕服务全省经济社会发展，特别是新旧动能转换、乡村振兴和海洋强省等八大发展战略，推动广告业以高质量发展为主题，以融合发展为核心，创新广告监管机制，在“七个走在前列”“九个强省突破”中发挥积极作用，在全面开创现代化强省建设中作出更大贡献。

（二）基本原则

——坚持党的全面领导。增强“四个意识”、坚定“四个自信”、做到“两个维护”，切实加强党对广告业发展的全面领导，为实现广告业高质量发展提供根本保证。

——坚持创新驱动发展。把创新作为广告业发展的根本点，聚焦广告业重点领域和主攻方向，加快推动广告业数字化发展，形成创新驱动发展新局面，促进广告业发展与经济社会发展相适应、相协调。

——坚持依法科学监管。加强广告法治建设，强化以互联网技术为基础的广告监测监管能力建设，构建分工协作、权责明确、运转高效的广告监管机制，形成“企业自治、行业自律、社会监督、政府监管”四位一体的广告治理体系。

——坚持产业融合发展。充分发挥市场在资源配置中的决定性作用，以竞争促发展，推动广告业与关联产业融合发展，发挥新技术、新媒体在广告业发展中的促进作用，延伸广告产业链，拓展广告产业发展空间。

——坚持全面开放合作。树立全球视野和战略眼光，面向全球招商引智，提升品牌意识，推动骨干优势广告企业做大做强，形成高端领军企业与中小企业协同发展的良好趋势。

（三）发展目标

围绕全省“七个走在前列”战略目标，聚焦更高质量、更强竞争力和现代化产业体系，全面提升广告产业发展水平，建设走在全国前列的广告业强省。

——综合实力显著增强。广告经营额年均增长快于GDP增速，在国民经济中的比重持续提升，传统媒体广告实现质效双升，数字化广告不断发展壮大，成为“四新经济”发展亮点。

——创新能力不断提升。广告业自主创新体系更加完善，新型广告技术研发投入明显增加，智库平台体系更加健全。全省布局10个以上广告业创新创业发展示范基地、10个以上广告人才培养基地。

——产业融合持续深入。树立融合发展理念，鼓励广告产业链上下游融合、跨行业跨区域融合、传统媒体与新兴媒体融合，在融合中实现资源共享、优势集聚、活力迸发，加快现代化广告产业体系发展步伐。

——平台体系更加完善。继续发挥广告产业园对广告产业要素的集聚作用，逐渐形成以国家广告产业园为龙头、省级广告产业园为支撑，各类广告创业创新平台星罗棋布的广告产业网络格局。

——智慧监管形成体系。全面建成以大数据为基础的广告监测体系，加快推进广告智慧监管。构建更加完善的广告业统计调查体系、更加健全的标准化体系和失信联合惩戒机制。

——精神文明更加彰显。广告文明健康发展模式深入人心，在弘扬社会主义核心价值观和新时代公民道德建设中充分发挥行业力量。广告企业、大众传播媒介通过设计制作、代理发布公益广告，传播社会正能量，提升广告产业文化软实力。

三、重点任务

以“九个强省突破”为指引，坚持目标导向、问题导向，打造广告产业发展“八大体系”，塑造我省广告产业高质量发展新优势。

（一）打造国内一流广告创新体系

充分认识创新对广告业发展的核心驱动作用，加强人才培育、平台建设，推动创新创业融合发展，鼓励技术创新、产品创新、模式创新。

1. 技术创新工程。准确把握广告业发展趋势，紧密结合云计算、大数据、物联网、5G、区块链等前沿技术，跟进广告业重大技术需求，加快高新技术研发。依托我省信息产业优势，鼓励广告媒体、广告企业和数字化企业全面战略合作，促进现代技术手段在精准定向、规模投放、动态创意、效果展示、数据信息识别领域的创新应用。

2. 产品创新工程。聚焦数字版权保护、隐私保护、网络信息安全等关键技术，加快广告业信息安全软件研发及产业化。实施广告产品质量提升工程，提高广告产品创新能力，建立健全原创广告产品保护激励机制，丰富优质广告产品供给。发挥我省制造业优势，加强广告器材、广告材料的研发应用，提升我省在广告设备、广告材料市场的竞争力。

3. 模式创新工程。推动广告产品和服务生产、传播、消费数字化、网络化进程，打造一批具有自主知识产权，以在线、智能、交互为特征的广告产品新模式。聚焦大屏互联网技术的发展，前瞻性布局超高清广告直播场景新模式，推进新业态新模式跨越发展。

专栏 1　完善广告产业创新创业体系

1. 推动青岛新 100 广告产业创业孵化器、潍坊国家广告产业园创业孵化器和菏泽国家广告产业园创客空间三个国家级广告业创新创业示范基地向更高层次发展。

2. 全省布局 10 个以上广告业创新创业发展示范基地。

（二）建设能级突出广告产业体系

培育壮大新兴广告产业，积极引导传统广告产业加快转型升级，运用数字化、信息化技术，推进新兴广告产业成为我省现代服务业的重要支撑。

1. 培育壮大新兴广告产业工程。加快新媒体广告业态创新，延伸和拓展广告产业链，突出数字广告企业培育，完善数字广告产业链；大力发展电子商务、数字出版、数字传输、动漫游戏、新型广告装备制造等高科技、高附加值的新兴广告产业，重点培育在精准投放、交易支付、移动应用广告平台等互联网广告领域具有行业竞争力的广告企业。支持网络广告、移动电视、楼宇视频、手机广告、LED 显示屏等新兴广告媒介市场健康有序发展。鼓励环保型广告材料的广泛应用，支持开发低成本替代广告材料，重点培育一批创意独特、科技含量高的新兴广告企业。培育广告细分产业龙头企业，重点挖掘在信息展示、跨屏沟通等互联网广告专业领域具有发展潜力的企业，培育其做强做大。

2. 加快传统广告产业转型升级工程。加快传统广告企业数字化转型，促进传统媒体与现代传播手段深度融合；推动主流媒体全力打造以数字化运营为主导形式的新媒体、全媒体平台；以“互联网 + 广告”为重点，建设形态灵活、技术先进、具有竞争力的新兴融合广告媒体；做强山东融媒体，推广率先转型媒体的先进经验。实施中小广告企业成长工程，扶持一批具有细分市场服务能力和服务效率的中小型广告企业。力争全省广告企业总量不断增加，质量不断提升，逐步形成以主流媒体、大型广告企业集团为龙头，以专业化程度高的中小广告企业为支撑的广告行业格局。

3. 构建广告产业多元化融合发展工程。加强广告业内部要素间的融合发展，鼓励和支持广告企业与电子商务、新型物流等经济业态的融合发展。支持广告业与互联网产业融合发展，规范数字广告程序化交易管理，建立新型数字广告生态。鼓励广告业以“互联网 + 广告”为核心，实现跨媒介、跨平台、跨终端整合服务。推动广告业与装备制造业、消费品工业、建筑业、信息业、旅游业、农业和体育产业等重点领域的深度融合，助推产品开发、市场开拓、品牌树立，实现互动互利发展，为供给侧改革提供新的支撑点。支持广告业与其他现代服务业、文化产业的融合发展，推进广告业跨行业、跨领域的产业融合，构建新型广告产业生态圈。着力打造一批广告业融合发展示范园区和典型企业。

专栏 2　培育壮大广告产业新模式新业态

1. 紧紧抓住互联网尤其是移动互联网发展的重大机遇，加快引入培育 5G、大数据、云计算等发展趋势的新媒体、新技术广告业态，推动传统媒体与互联网广告融合发展。

2. 支持山东有行业影响力的优质企业，做大做强短视频运营、影视广告产业。

3. 依托新媒体广告企业，发展互联网新型传播广告产业。

（三）形成特色鲜明区域协作体系

围绕全省“一群两心三圈”区域发展格局，鼓励各地发挥特色优势，形成差异化发展、优势互补的广告产业布局，推动区域协同发展。

1. 半岛城市群广告产业专业化发展工程。围绕半岛城市群产业优势做强做优专业广告。鼓励淄博、东营、烟台、潍坊等城市依托国家和省级广告产业园，深化广告业与制造业、服务业融合发展，精研“山东十大现代优势产业集群”宣传营销规律、发展战略需要，开发具有创新特色的产业宣传模式，形成系列广告经典作品，推动广告业与优势产业、示范园区和典型企业深度融合，提升广告业服务优势产业能力，发挥广告产业的辐射带动作用。

2. 中心城市广告产业集聚发展工程。发挥济南、青岛中心城市的核心作用，培育数字化融媒体广告龙头企业。抓住济南建设“大强富美通”现代化国际大都市战略机遇，鼓励国内大型互联网企业济南分支机构加强与当地信息产业、媒体行业深度融合，形成区域传播中心。抓住青岛建设开放现代活力时尚的国际大都市战略机遇，培育具有活力时尚的广告设计、媒体传播等产业集群，引领我省广告产业新风尚。

3. “三圈”广告产业特色化发展工程。依托省会、胶东、鲁南三大经济圈，提升广告业服务能力，深挖区域特色，加强广告业与特色产业融合发展。鼓励和支持广告业与电子商务、新型物流、大型会展等经济业态融合发展，推动形成以科技引领、产业聚合、配套完善的产业集群发展格局。在济宁、临沂、德州、聊城、菏泽等地布局“网红 + 直播”广告产业集聚区，推动“直播 + 短视频 + 商城功能 + 广告营销”一体化发展，不断丰富“直播经济”产业生态。

专栏 3 广告产业与山东区域战略深度融合

1. 做好广告产业和乡村振兴战略的融合。采用网红直播带货等模式，在农产品销售和乡村旅游等方面，提供区域农产品品牌打造、营销推广、电商代运营、直播带货、美丽乡村规划、节庆活动策划执行等服务，助力乡村振兴。

2. 发挥广告产业在海洋强省海洋文化振兴行动中的支撑引领作用。利用广告产业新技术、新媒体，扩大海洋知识、政策法规宣传的影响力，做好海洋科普工作，提升海洋知识传播的广泛性和针对性。

（四）构建高端集聚产业园区体系

进一步发挥广告产业园对广告产业要素的集聚作用，激发内生动力，推动广告产业园持续健康发展。

1. 园区品质提升工程。根据国家政策和市场发展方向，积极推动广告产业园提质增效。更加注重产业链整合，加强产业互联互动，充分运用数字化先进技术，强身固本，培育一批具有市场竞争力的大型广告企业和营销传播集团，推动园区创新型企业成长上市，实现园区产业跨越式发展。建立健全政务服务、市场交易、金融科技、人才培育和市场推广等公共服务平台，打造园区数字技术、摄影基地、直播带货、录音棚、图形工作站等专业技术平台，为园区企业发展提供优质高效服务。

2. 园区集聚发展工程。以国家广告产业园、省级广告产业园为依托，做优一批集聚效应好、营商环境优、产业特色鲜明的广告产业集群。以产业链为基础，加强企业间、园区间产业要素的流动与协作，增强集聚效应，促进园区持续健康发展。推进广告产业园与地方经济深度融合，打造集策划、研发、制作、包装、物流、录音、摄影、直播、会展、培训、代理等多功能于一体的广告品牌园区，运用云计算、大数据、AI、5G、区块链等新技术，打造国内广告产业新高地。

专栏 4 广告产业园区提质增效

1. 推进青岛、烟台、潍坊、菏泽 4 个国家产业园建设重点企业孵化平台。

2. 加强国家、省级和地方广告产业园的交流合作，推动异地孵化、飞地经济、伙伴园区等多种合作模式。

3. 按照《国家广告产业园区管理办法》，根据新形势下广告业发展需要，修订《山东省广告产业园区认定管理办法》，做好广告产业园考核评估工作。

（五）建设完善公益广告发展体系

强化广告宣传在社会主义意识形态上的正确引领，充分发挥广告宣传在强化社会主义核心价值观、弘扬民族文化、凝聚社会正能量上的积极作用。

1. 公益广告体制机制创新工程。探索公益广告长效运作机制，建立企业资助、政府购买、版权拍卖、市场交换、公开竞标等运作方式，以资金保障、人才培养为抓手，鼓励企业和社会主体提升公益广告思想主题、艺术表现、文化内涵和传播效果。鼓励广告协会通过组织各类公益广告活动、搭建互动平台、建立公益广告数据库等，为社会主体广泛参与提供便利。

2. 公益广告质量提升工程。继续开展各类公益广告大赛，借鉴国内外公益广告创作先进经验，制作形式活泼、创意性强、内涵深刻的公益广告经典作品，提升我省公益广告创意水平。充分发挥我省文化资源丰富的优势，推进公益广告与文化资源深度融合，鼓励广告创作人员创造更多具有山东地域特色、齐鲁文化形象的公益广告精品，开创公益广告转型发展的新模式、新格局。

（六）发展开放合作国际传播体系

顺应全球经济高度融合发展态势，积极延伸产业链，主动融入国际大循环，提升我省广告业的知名度和美誉度。

1. 融入国家发展战略工程。鼓励广告企业积极参与黄河流域生态保护和高质量发展、“一带一路”等国家倡议，坚持“走出去”“引进来”相互促进，不断增强我省广告产业国内国际竞争力。

2. 龙头企业“走出去”工程。鼓励广告龙头企业服务国家“走出去”战略，通过投资入股、跨国并购、合作经营、代理服务等形式，积极探索国际化业务，寻求多边合作，拓展海外营销市场。支持新媒体广告企业与国际知名广告企业深度合作，发挥龙头引领作用，逐步提升国际市场影响力。

3. 国际传播能力建设工程。支持我省广告作品、广告案例争取国际奖项，实现专业能力新突破。积极发挥广告研究机构、行业组织和智库作用，通过参加或举办国际广告赛事、会议、论坛等，提升广告业专业化、国际化能力。利用国际文化交流活动、体育赛事、会展、特色节庆等活动，加强广告与国际市场融合。依托青岛、烟台国家广告产业园，加强与日本、韩国、东南亚等国家媒体及广告界的交流协作，创新合作模式。

（七）建立健全公共服务体系

发挥广告协会、广告产业园、广告监管部门的协同作用，在制定行业标准、构建统计调查体系、保护知识产权、应用广告大数据等方面，共同发力，建立健全广告业公共服务体系。

1. 公共服务平台建设工程。以广告产业园为依托，逐步建成具有区域特色的广告研发、广告创意设计、广告制作、广告产品展示与交易、广告资源交互等公共服务平台。建立涵盖广告业发展、广告企业资质与信用、广告监管情况以及广告人才信息等数据库，推进政府部门之间、优势媒体和骨干广告企业之间的信息互通与共享。

2. 规范发展推动工程。依托广告业法律法规和标准体系，规范我省广告业发展机制。建立广告业调查统计和信息发布制度，加强与统计、税务等部门信息资源共享，建立广告业发展统计指标体系。加强广告业标准化建设，制定广告策划代理、设计制作、发布监测等技术、质量和服务标准，做好广告业标准体系国际化接轨。

3. 知识产权保护工程。鼓励广告市场主体加大知识产权保护力度。指导广告企业将创意成果及时办理商标注册、版权登记和专利申请，加强创意无形资产的应用和保护，提升广告创意无形资产价值。加强广告原创作品的版权保护和广告创新技术的专利保护，加大对侵犯广告知识产权行为的打击力度。规范广告原创作品登记、广告作品使用和权利授权工作，建立企业原创作品及策划方案备案保护制度，依法保护广告创新和广告研发智力成果。

专栏 5 广告产业公共服务平台建设

1. 依托省市场监督管理局，建立全省广告产业发展大数据库，为广告产业数字化发展提供平台支撑。

2. 依托各级广告产业园，做好公共服务平台、专业技术平台、信息发布平台、中介服务平台、广告展示平台、政府“一站式”服务平台的建设。

（八）建设广告人才培育体系

以培育广告创意设计和产业经营人才为重点，加快培养和引进一批具有较高层次和水平的广告专业人才队伍，形成我省广告产业人才国际化、专业化竞争比较优势。

1. 建设产学研融合工程。依托省内高校优质教育资源，优化现行教学培养方式，加强业界交流对接，推动理论教育和产业发展有效结合。积极搭建产学研基地和广告教育培训实践基地，支持建设区域性数字广告研究中心、数字创意产业学院，组建广告产业发展智库，建立具有山东特色的广告产业专业研发基地和人才培养实践基地。

2. 打造众创空间工程。面向全省广告产业园，建设以优化信息载体、人才、技术要素资源市场化配置为重点的公共服务平台，为园区广告及关联企业发展创造有利条件。组织广告主、媒体与园区广告企业定期举办广告交易会、广告论坛、广告展览等活动，增强园区对广告及关联企业的吸引力。

3. 开辟广告展示工程。借助戛纳广告奖、中国广告长城奖和黄河奖等国内外各类广告赛事及我省“学院创意杯”“泰山杯”广告创意大赛等载体，鼓励和引导全省广告业为小微企业和区域经济形象宣传、品牌塑造、市场推广等提供优质专业服务，挖掘培养更多优秀广告专业人才，促进创意设计人才的创新成果展示交易。

四、保障措施

（一）加强组织领导

加强广告业发展工作的组织领导，把党的领导贯穿到规划实施的各领域和全过程。及时跟进党中央关于广告业发展的重大部署和政策要求，确保规划实施的正确方向。鼓励各市结合实际，制定落实本规划实施方案，广泛调动社会各界力量，共同推进本规划贯彻落实并提供坚强保证。

（二）强化政策配套

深入推进广告领域“放管服”改革，为广告企业提供公平公正的市场环境。积极协调相关部门，从准入、财税、金融、人才、贸易、区域协调发展等方面营造良好的政策环境，研究制定广告业发展优惠政策，争取省战略性新兴产业、文化创意产业、高新技术产业、重大科技专项等相关资金，支持互联网广告产业发展，构建符合广告业发展需求的政策体系，激发广告市场活力。建立健全广告业融资体系，引导国内外风险资本进入山东广告市场，为创新型中小广告企业提供金融支持，支持大型广告企业进入多层次资本市场融资，降低广告市场主体的融资成本。加大对广告产业园的支持力度，鼓励地方政府对广告产业园的运营方和进入园区的新型广告企业给予政策支持。

（三）完善监管体系

建立健全现代化广告监管体系，以导向监管、信用监管、智慧监管、协同监管为重点，积极创新监管理念、监管机制、监管方式，不断提升广告监管的科学性和有效性。加快推进广告监测监管一体化、智能化平台建设，提升广告监管规范化、标准化水平。突出重点领域监管，加大广告整治力度。利用广告监测大数据完善广告监管分析预警机制，提升“双随机、一公开”监管效能，对违法广告主体依法实施失信联合惩戒。进一步完善省整治虚假违法广告联席会议工作机制，加强信息共享，强化协同监管，推动社会共治。

（四）推动理论创新

密切关注经济社会发展新趋势、科学技术发展新成绩、产业发展新动态，依托广告业发展智库，加强广告业发展基础研究和应用性研究。建立以广告企业为主体、市场为导向、政府支持、科研院所参与的政产学研联合体，开展广告产业发展创新研究，支持广告企业与国内外著名院校、国际 4A 公司开展多层次科研合作，推出一批高质量的广告产业发展研究成果。

（五）发挥协会作用

充分发挥行业组织的桥梁、纽带和平台作用。鼓励省广告协会成立专业委员会，制定行业自律规则、同业竞争规范，发挥协会在自我服务、自我管理、引导行业健康发展等方面的积极作用。支持协会协助政府部门开展广告论坛、专业培训、交流研讨、调查研究、展览展示等活动，为政府、企业和会员做好服务。支持协会建立广告企业信用评价和企业资质评价体系，督促广告企业建立完善管理制度，引导广告产业规范健康发展。

湖北省广告产业发展“十四五”规划

湖北省市场监督管理局

（2021 年 12 月 29 日）

广告业是现代服务业和文化产业的重要组成部分，在服务高质量发展、引导消费升级、促进大众就业、提高社会文明程度等方面发挥着积极作用。根据国家对“十四五”时期广告产业发展部署要求和《湖北省国民经济和社会发展第十四个五年规划和二〇三五年远景目标纲要》精神，制定本规划。

一、规划背景

（一）发展基础

“十三五”期间，我省广告产业规模快速扩大，全省广告产业发展迅速，广告业务收入实现年均两位数增长。截至 2020 年末，全省广告经营单位 5.6 万户，广告业务收入 510 亿元，从业人员 17.4 万人，比“十二五”期末分别增长 229%、248% 和 85%。产业布局初显成效，全省已逐渐形成以小微企业—龙头企业—基地—园区为主体，以人才、项目、平台为支撑，由小到大、由点及面的发展梯队。截至 2020 年底，全省建成 10 家广告产业园区，其中国家级 2 家、省级 8 家，园区数量在全国处于较前位置；建成广告基地 41 家，其中 3 家获评国家级广告业创新创业示范基地；广告人才库纳入人才 100 余人，其中 23 人入选湖北省服务业领军人才培养。产业结构持续优化，广告业数字化进程加快，传统主流媒体走向数字化主导下的媒体融合发展，短视频广告加速涌现，互联网广告急剧扩张，迅速成长为市场主体广告宣传的主流。发展环境明显改善，全面完成广告市场准入相关行政审批事项的清理工作，取消户外广告登记、固定形式印刷品广告登记、烟草广告审批、广告经营许可审批、外商投资广告企业项目及设立分支机构审批等审批事项。省内超过 60 所高校开设广告学及广告相关专业，每年培养广告专业人才过万数。建成“湖北省广告公共服务平台”和省级广告监测平台，实现工作网络化、便利化、高效化。社会效益日渐增强，坚持广告宣传正确政治导向，严守广告宣传法纪道德底线，“十三五”期间，全省未发生导向性错误或引发群体性事件的重大广告问题。明确将公益广告纳入发展规划，建设“湖北省公益广告平台”。2017 年以来，连续五年举办湖北省“楚天杯”公益广告作品征集推广活动，向全国征集公益广告作品 7000 余件，推选大批优秀公益广告作品。

（二）形势分析

我国已转向加快迈向高质量发展、新发展格局构建期，必将深刻影响广告产业发展。挑战方面，新兴业态层出不穷，我省广告业态相对滞后。欠发达地区广告产业体量较小，在服务理念、创意策划和新媒体技术应用等方面较为落后；广告产业内部结构不尽合理，产业链各环节资源相对分散，高端服务能力较弱，广告产业园区作用发挥有限，广告服务经济社会发展的质量效益亟待进一步提升；虚假违法广告形式变化多样，广告市场秩序面临新的问题和挑战。机遇方面，“十四五”时期是数字经济大背景下广告产业转型升级、实现创新融合发展的重要时期。全省经济总量持续增长，消费市场潜力巨大，给广告产业的发展壮大提供了良好发展空间。新技术的成熟应用，数字经济的蓬勃发展，成为驱动广告产业数字化转型、引领广告产业融合创新发展的核心动力。产业链现代化的要求，必然推动广告产业集聚、要素集约，向专业化和价值链高端延伸。

二、总体要求

（一）指导思想

坚持以习近平新时代中国特色社会主义思想为指导，深入贯彻党的十九大和十九届二中、三中、四中、五中、六中全会和省委十一届七次、八次、九次、十次全会精神，科学把握新发展阶段，完整、准确、全面贯彻新发展理念，服务构建新发展格局，以促进全省广告产业高质量发展为主题，聚焦创新驱动发展，推动广告产业转型升级，优化广告产业发展环境，提升广告产业服务经济社会文化发展效能，推进广告监管治理体系和治理能力现代化，为湖北加快“建成支点、走在前列、谱写新篇”作出积极贡献。

（二）推进原则

社会效益和经济效益兼顾统一。坚决贯彻落实习近平总书记“广告宣传也要讲导向”重要指示精神，坚持把社会效益放在首位，社会效益和经济效益相统一。聚焦公益广告在弘扬社会主义核心价值观、引导正确社会舆论导向、培育良好道德风尚等方面重要作用，大力开展公益广告宣传。促进广告业与经济社会发展深度融合，努力提高我省广告业整体质量，坚持促进经济发展与满足人民精神需求相统一。

规模增长与提质增效协同推进。坚持稳中求进，保持全省广告产业规模增长。加强创新驱动，倡导绿色广告，推动广告产业数字经济背景下的高质量发展。发挥政府在产业规划引导和政策扶持方面的作用，加大公共服务投入，加强广告市场监管，营造公平有序发展环境。

供给能力与社会需求高度匹配。紧扣国家和我省经济社会发展需求，推动广告产业供给侧改革和需求侧管理，积极服务扩大内需国家战略，更好满足经济发展和精神文化的需求，有效发挥其在就业优先、引导消费、塑造品牌、繁荣文化等方面的重要作用，提高全省广告产业的贡献力。

均衡发展和创新突破相得益彰。坚持系统观念，促进区域协调发展和产业链上下游协同发展。推动发达与欠发达地区、新兴业态与传统业态、骨干企业与小微主体的协调发展。支持重点区域、领域、环节创新突破，推动广告产业创新发展。

（三）发展目标

广告产业发展水平应当与我省经济社会发展相适应，今后五年努力实现以下主要目标：

产业规模进一步扩大。全省广告经营单位、业务收入、从业人员数量等关键性指标年均增长速度高于全国平均水平，广告业务收入在地区生产总值中的比重超过全国均值，广告对经济增长贡献率有明显提升。

创新动能进一步增强。广告产业链条更加完整、业态更加丰富，广告产业品牌化、数字化程度提高。创意设计、广告技术、数据服务、整合营销等相关的本土企业发展壮大。获得国际国内广告大奖作品数量持续增长。

服务效能进一步提升。广告行业服务“湖北制造”“湖北服务”“荆楚文化”等品牌建设能力持续增强。广告产业带动创新创业、消费升级，持续服务保就业促消费。充分发挥广告文化建设传播功能，公益广告事业持续发展，广告文化内涵健康丰富。

区域特色进一步凸显。武汉、宜昌、襄阳继续保持先发优势，增强区域辐射带动能力。具有湖北特色的文旅资源、革命老区、农产品、乡村振兴等特色广告发展取得明显进展。“大园区、专基地、强龙头、精小微”的发展层次更加突出，实现产业统筹、互补、互促。广告产业园区广告业务收入等关键性指标达到全省总量 30% 以上。

发展环境进一步优化。培育高质量广告人才队伍，增强“政企校”“产学研”的实践性和融合度，促进数字技术、高级管理和内容创意等领域人才数量显著增加。建

专栏 1 我省广告产业“十四五”期间发展主要指标

指标名称	2020 年预计值	指标属性
全省广告经营单位数量（万户） 广告业务收入（亿元） 广告从业人员（万人） 广告业务收入 所在地区生产总值比重 (%)	年均增长速度高于全国均值	预期性
广告产业园区 广告业务收入占全省总量 (%)	30	预期性
公益广告基地（个）	20	预期性
广告人才产学研培养基地数量（个）	10	预期性
广告人才库人才数量（人）	500	预期性

设广告人才产学研培养基地10个，公益广告基地20个，全省广告人才库人才达到500人。广告产业发展法治环境更加健全，逐步形成公民知法、行业守法、部门执法的共治体系，广告市场治理能力不断提升。

三、重点任务

（一）加强创新驱动，激发产业竞争活力

支持广告业态创新。推动云计算、5G、区块链等技术在广告产品研发、经营管理、市场开拓和商业模式方面的创新应用，构建互联网、物联网下广告新生态系统。支持跨区域、跨媒介、跨终端全媒体广告生产、广告发布和广告监测评估的新型广告媒体集团发展。鼓励探索具有湖北特色的在线新经济商业模式和运作方式。

推动广告技术创新。支持广告公司、广告媒体紧跟内容生产、创意设计、制作技术、传播渠道等环节的技术需求，形成一批具有自主知识产权的广告技术工具。支持鼓励本土企业开展广告数据开发利用、隐私保护和公共安全的研究，推动广告大数据高效流动和规范利用。

加快产业融合创新。加快广告产业向专业化服务和价值链高端延伸，促进不同领域间的协同融合。推动新媒介融合，形成立体多样、融合发展的现代广告传播体系。充分发挥广告产业与湖北特色产业的关联效应，支持广告产业与先进制造业、特色农业、文化旅游、媒体创新、品牌建设、电子商务、新型物流、生活服务等行业的融合发展，形成跨行业、跨领域的产业互促共进关系。

专栏2　培育广告产业新业态新模式计划

1. 依托广告龙头企业，培育基于大数据、云计算下广告资源丰富、整体策划能力突出的一站式整合营销服务提供商。

2. 加强政府引导，依托产业园区、基地和有关院校，搭建广告和科技创新协同发展平台，将技术领先、产业化前景好的科技成果及时应用到广告产业链全流程，促进广告产业和科技创新、技术应用各方面的精准对接。

（二）加强产业升级，壮大产业发展实力

推进要素资源集约化。充分发挥广告产业园区、广告基地对优质广告生产要素的聚集作用，以信息流促进上下游、产供销协同联动，打造跨越物理边界的“虚拟”产业园和产业集群，培育集创意设计、营销策划、媒介传播、品牌塑造等功能齐全的产业服务集群。推进广告产业孵化基地、广告人才培训基地、广告创作基地的建设发展，支持省级广告基地向区域、国家级基地不断迈进。各产业园区、基地依照实际情况制定个性化、差异化发展方案，避免同质化运作和不良竞争，打造符合本地特色和互联网发展特点的新型产业链协作关系。

促进广告产业数字化。加快孵化一批数字营销公司、数据服务公司、广告技术公司等数字广告企业。鼓励传统广告公司与数字公司探索多种形式融合，大力发展以数字化运营为主的媒体，推进传统户外媒体数字化升级。支持互联网平台企业、数字技术企业等新兴广告主体联合传统广告主体构建战略联盟，实施跨行业合作。协调省服务业、文化业、工业和信息化、战略性新兴产业、重大科技专项等相关政策支持数字广告的发展。

打造产业链条多元化。积极组织参与国内外广告合作交流活动，鼓励规上企业参与国内国际竞争，辐射带动全省广告产业发展。挖掘一批潜力企业，加大政策扶持、金融融资等保障力度，提高规上企业储备。培育一批具有湖北地方特色的“专精特新”型中小广告企业，纳入全省中小企业促进发展保障体系，抢抓场景化内容生态、大数据推送机遇，创新广告营销新模式，实现传播路径、应用场景、创意内容、在线营销、数字技术的全新突破。鼓励地方对新上规模、数字广告的企业给予表彰和奖励。

推动产业布局区域化。打造武汉高端和高附加值服务一流广告产业资源集聚引领中心，充分发挥武汉总部经济、研发设计、销售市场等对全省产业发展、科技创新、对外开放的辐射带动能力。推动广告产业资金、技术、人才在省内有序转移、链动发展，持续优化武汉1+8城市圈广告产业发展空间布局。依托“襄十随神”“宜荆荆恩”城市群，推进群内广告资源互联互通、产业优势互促互补、公共服务共建共享、开放合作携手共赢，增强区域广告产业转型升级、创业创新的带动作用，加快培育省内次级广告增长中心。结合县域经济高质量发展，挖掘“小而美”优势，建立内容实、传播快、渠道多、覆盖广的新广告立体传媒体系。

专栏 3 广告龙头企业、基地和园区建设计划

3. 充分利用互联网头部企业在湖北建立华中总部的机遇，吸引一批技术水平高、带动性强、市场前景好的互联网广告项目入驻湖北，重点引进国内外 4A 公司、国内媒体行业百强等行业龙头企业到湖北落户。

4. 培育在前沿技术领域及场景应用、动态创意、多维展示等数字广告领域具有专业竞争力的骨干企业，形成“数字 + 创意”核心优势，建设特色鲜明的数字广告创意产业基地。

5. 以武汉汉阳造广告产业园、宜昌三峡广告产业园等 2 家国家级广告产业园区和省级广告园区为重点，研究制定针对性优惠政策，引导资源向大数据、云计算、物联网、人工智能下的广告新兴业态倾斜，积极引入规模广告企业、先进互联网技术型企业、互联网平台型企业、特点突出专业化广告企业进驻园区。

（三）加强导向引领，提高公益广告传播力

注重公益广告主流价值引领。坚持正确导向，宣传党的方针政策和国家重要部署，弘扬社会主义核心价值观。鼓励创作富含本土文化、地方特色、群众语言“接地气”的公益广告，取材生活、贴近大众，用群众喜闻乐见的方式促进主流价值和先进文化理念深入人心。推动公益广告宣传与文明创建活动有机结合，使公益广告走进城乡、走向群众，为社会打好文明底色、培育文明意识。

提升公益广告作品质量和内涵。作品创作贴近群众生活和精神需求，使公益广告富有美感、体现时代感、充满真情实感。开展“数字化 + 公益广告”行动，支持新媒体与公益广告传播相融合、数字技术与公益广告设计制作相结合，创新公益广告产品和服务。鼓励公益广告展示与公共空间、公共设施、公共艺术相结合，提升地区形象和文化品位。鼓励社会各界组织参与公益广告赛事活动，推广优秀公益广告作品，建立优秀公益广告作品和人才库并予以鼓励支持。

建立公益广告良性运行机制。多渠道筹集公益广告资金，支持建立公益广告专项基金。将公益广告纳入精神文明建设、职能宣传等重点工作中，加大公益广告政府购买服务保障力度。强化各类媒体媒介、广告经营者、广告主的社会责任，动员社会力量广泛参与，推动企业成为公益广告宣传主体，引导社会各界以提供资金、技术、劳动力、智力成果、媒介资源等方式积极参与公益广告事业。加强互联网平台和新兴媒体公益广告刊播力度，营造文明网络环境。

专栏 4 公益广告事业发展计划

6. 开展“中华优秀文化 + 公益广告”行动，推动公益广告挖掘文化创意，丰富中华优秀文化内涵，传播中华传统美德。

7. 利用政府部门、广告园区、企业单位、广告协会、社会资源等多方力量共同打造公益广告基地。

8. 继续办好湖北省“楚天杯”公益广告征集推广活动，打造成为湖北省公益广告品牌活动。

9. 制定我省贯彻落实《公益广告促进和管理暂行办法》的实施意见，明确相关部门单位职责，探索建立健全公益广告政府购买服务和媒体发布制度。

（四）加强服务发展，增强产业社会贡献力

服务就业优先。充分发挥广告产业重人力、轻资产的特点，在广告行业积极实施有关就业政策，积极落实“青年就业翼计划”、创新创业带动就业政策，有效促进大学生创业、劳动者就业。提升广告企业创新能力，创造就业岗位，吸纳就业人员，以新广告业态支持发展新就业形态。

服务消费升级。发挥广告产业对消费的引导作用，在广告设计、制作、发布等各个环节注重品质，提高广告附加值，传播绿色消费理念。充分发挥广告效益高溢出、市场指标高灵敏的特点，顺应消费升级趋势，提高广告产业供给能力，促进健康消费需求，挖掘潜在消费空间，创造新型消费模式，推动品质消费、品牌消费，促进供需良性互动。

服务品牌建设。支持广告行业服务湖北“品牌强省”战略，积极参与先进制造业、特色农业、文化旅游等行业“湖北品牌”建设，充分发挥广告创意设计、营销策划和媒介传播的优势，准确、全面展示湖北品牌内涵，打造湖北品牌，提升湖北品牌知名度、影响力和美誉度。鼓励广告企业加强自身品牌建设，着力培育一批广告企业品牌，形成特色鲜明、优势突出的广告品牌集群。

专栏 5 广告产业服务效能提升计划

10. 依托广告人才培训基地等提供新兴广告技能知识

培训，鼓励就业人员学习在线经济商业模式，积极参与数字技术、文化创意、营销推广等领域工作，满足就业市场需求。

11. 引导广告企业提高知识产权保护意识，及时开展商标注册、专利申请和版权登记，加强自身品牌建设。

12. 探索省内广告企业与自主品牌联合开发市场机制，为省内广告主和广告企业合作创造条件，鼓励省内市场主体采买本土品牌整合营销服务。

（五）加强人才培养，增强产业发展支撑力

完善人才培养机制。全面提高广告人才素质，培养一批思想强、业务精、善创新的人才队伍，推动广告产业持续高质量发展。加快形成政府部门、院校、职业培训机构、广告市场主体共同培养人才的联动机制，明确市场主体人才培育主体地位。健全广告人才评价体系，鼓励优秀广告人才参与高技能人才评价与专业技术人才职称评审。研究制定高层次广告人才引进、扶持、奖励办法，鼓励用好现有人才引进培养相关政策，支持广告人才引进培养发展，营造适合广告人才发展创业的良好环境。加强人才合作交流，鼓励各地选派广告专业人才赴国内外广告产业先进地区和优秀企业学习，拓展视野、提升层次。

优化广告人才结构。充分利用湖北科教优势，培育高质量、多元化的广告人才队伍。高等院校结合产业发展趋势，重点培养现代广告管理、广告创意设计、信息数字技术、数据分析运营、媒体融合传播、产品整合营销等多领域专业人才。高职院校顺应新时代需求调整广告专业方向，丰富数字广告教学内容，增加动漫设计、互动设计、网页设计、视频编辑、数据分析等课程，加强操作实训培养高级技能人才。

提升从业人员素质。加强广告从业人员继续教育，不断提升职业技能和职业道德，加强广告产业链各环节多层次人才全面储备。探索多种在职培训教育模式，面向各类广告市场主体经营管理、创意设计、技术应用、合规审核等人员开展继续培训，提升广告从业人员职业素养。

专栏 6　广告人才持续培育计划

13. 建立广告人才专家库，将广告人才纳入“青年拔尖人才培养计划”“现代服务业领军人才”“优秀技能人才”等培养工程。

14. 促进政产学研深度融合，支持省内院校职校和规模广告企业联合建设数字广告人才培养基地，推广创新人才联合培养共用、产学研合作培养模式。

15. 建设广告人才数字化网络培训服务平台，鼓励有条件的地方组建广告产业智力研究机构，加强学界与业界交流对接，结合本地文化特色、主导产业、发展需求，开发一批精品课程，丰富广告从业人员教育资源。

（六）加强环境建设，提升产业发展吸引力

强化广告行业规范。健全广告相关地方性法规体系，完善广告产业相关领域法规政策。加强政府规划引导，指导地方因地制宜发展广告产业，扶持特色优势领域快速发展，推动各地广告产业政策普惠化和功能性转型，营造公平有序的发展环境。关注网络环境、城市规划、隐私数据保护等政策要求，推动广告产业绿色、健康、安全发展。

加强广告大数据管理。与时俱进调整广告产业统计标准，科学设计广告产业规模、发展质量和产业效益等指标，探索建立与国家口径一致、符合我省“十四五”发展、匹配广告产业实际作用的产业统计指标和评价体系，客观反映广告产业在国民经济发展中的行业功能和产业贡献度。积极开展广告大数据研究应用，鼓励各地政府部门、院校、机构开展基于广告产业发展大数据课题研究，为广告发展和监管提供前瞻性参考。

建立区域合作互动机制。主动融入长江经济带协同发展，加速接轨广告产业优势资源。鼓励省内各地开展广告产业链上下游企业多种形式的资金、技术、人才合作，尤其加强中小企业互通共享协同。加强与广告产业发达地区交流合作，主动对接融合广告项目，学习新兴业态模式和先进管理经验。充分发挥广告行业协会作用，主动参与行业发展相关事务，提升行业公共服务能力，共享广告行业信息资源，建立多种形式的行业联盟，促进广告企业在数据应用、市场开发、广告设计、网络运营等方面的业务整合和协作。

专栏 7　广告行业规范建设计划

16. 加快推进广告产业标准建设，围绕广告服务环节、广告技术设备、行业自律、广告监管、主体信用等，因地制宜制定广告产业规范及标准，提升广告行业运作模式的规范性和可复制性。

17. 搭建广告大数据平台，打通数据壁垒，有效整合现有传统媒体、互联网、户外等监测资源，共享挖掘广告产业发展数据，完善数据链，拓展数据分析，充分发挥大数据在广告产业发展和广告监管中的重要作用。

18. 积极探索中部地区省际广告产业发展沟通协作机制，搭建资源优势互补、供需对接平台，拓展发展空间。

（七）加强科学监管，提升产业治理能力

创新监管理念。深入实施《广告法》，坚持导向监管、智慧监管、信用监管、协同监管，构建事中事后监管长效机制，促进发展与依法规范并重，维护广告市场良好秩序。健全新业态包容审慎监管制度，按照鼓励创新、平等保护原则，对新技术、新业态、新模式等实行分类监管规则和标准。发挥广告监管前哨作用，综合施策、协同监管，进一步增强人民群众的获得感、幸福感、安全感。

强化智能监管。加快广告监管信息化建设，有效整合广告监测、广告审查、广告执法、广告统计等数据资源，构建标准统一、数据共享、安全高效的智慧监管体系。严格落实属地监测监管责任，统筹做好省域内各类媒体媒介广告监测工作，明确辖区内各级市场监管部门广告监测责任，着力构建主体明确、权责清晰、运转高效的监测责任体系，努力做到监测到位、监管到位。联合相关部门，加强对社会影响大、覆盖面广的移动客户端和新媒体账户等互联网媒介重点监测，强化移动端互联网广告的有效监管。

健全共治共管。建设“主体自治、行业自律、政府监管、社会监督相结合”的社会共治格局。加大重点领域广告治理力度，全面净化广告市场环境。完善广告分级管理和属地管理责任制。落实整治虚假违法广告联席会议制度，提高协同监管水平。落实媒体广告发布审查和发布虚假违法广告责任追究制度。建立违法广告提示预警机制，构筑严重虚假违法广告的整治防范体系。加强对广告企业的舆论监督和社会监督，及时处理违法广告投诉举报。加强行业自律管理，推动建设广告道德委员会，健全广告行业自律规则和职业道德准则，推进广告市场自我管理、自我规范、自我净化。

专栏 8 广告监管平台机制完善计划

19. 建立广告信用监管体系，健全广告领域失信联合惩戒机制。

20. 搭建湖北省广告监管平台，推动建设全省跨地域、跨媒介、跨品类的线上线下广告监测和合规合法的网络存证系统，为事中事后监管提供有效证据支撑和趋势研判。

21. 落实整治虚假违法广告联席会议制度，明确成员单位职能分工，完善工作衔接和信息共享机制，落实联合部署、联合告诫约谈、联合督查、联合执法、联合调研，不断提升联席会议协调调度能力，提高协同监管水平。

四、组织实施

（一）加强组织领导

坚持党对广告产业发展工作的领导，把党的方针政策贯彻落实到广告产业发展规划实施的各领域和全过程。各地要充分认识广告产业发展对推动湖北经济社会文化等各方面高质量发展的积极作用，结合本地发展情况，研究因地制宜的方案措施，汇聚资源完善配套政策，调动社会力量落实本规划。

各级市场监管部门要立足职能，主动向当地党委政府报告规划内容要求和实施进展，牵头制定各项目标任务的分解落实方案和职责分工，加强与发展改革、教育、科技、经信、财政、税收、人力资源、商务、文旅、金融等部门沟通联系，争取相关部门支持。推动建立广告发展工作协调机制，坚持规划定方向、政府强引导、金融为支撑、其他政策相协调的良好发展环境，大力推动全省广告产业健康有序发展。

（二）强化政策保障

推进广告领域“放管服”改革。加强广告市场监管服务力度，保障公平竞争秩序，预防和制止广告领域市场垄断、限制竞争和商业贿赂等不正当竞争行为，营造公正公平公开的市场环境。进一步优化广告审查服务，实现全程网办，完善证明事项材料清单，加强政府数据共享和证明事项互认共享。加强广告领域的知识产权保护，健全公共广告位资源招投标制度，完善违约毁约赔偿机制，切实保护广告市场主体合法权益。

加大财政税收支持力度。综合运用现有相关资金和政策资源支持广告产业发展，搭建广告公共服务平台、组织广告交流活动、奖励优秀广告作品。支持符合条件的广告企业享受文化、科技、服务业等相关政策。积极争取省战略性新兴产业、文化创意产业、高新技术产业、重大科技专项等相关资金，对符合条件的广告产业园区和广告基地建设给予支持。支持符合条件的广告企业适用现代服务业、文化产业、高新技术等减税降费普惠性政策，落实企业广告费和业务宣传费支出税前扣除等相关政策。加大对广告产业园的支持力度，鼓励地方政府对进入园区的广告企业给予政策支持。

完善广告产业金融服务。鼓励搭建广告企业与金融机构投融资对接平台，创新符合我省特点的广告融资方式，降低广告主体融资成本。引导各类投资基金重点投向互联网广告重点项目、潜力新型广告企业、广告产业园区以及广告公共服务平台建设。增加面向中小微广告企业的金融服务供给，对符合条件的创新型小微广告企业按规定落实小微企业优惠政策，扶持中小微广告企业发展。

（三）科学评估考核

针对规划实施情况建立跟踪监测和评估考核机制，推动规划如期有效落实。加强对规划实施情况的动态监测，及时掌握实施进展情况和存在的问题，适时把握调整我省广告产业发展方向和措施。加强对规划实施的组织协调和督导，对规划确定的重点任务要明确责任分工和进度要求，确保保质保量完成。各地要做好本区域的规划落实情况报告，在规划实施中期组织开展评估工作，强化评估结果运用。完善社会监督机制，鼓励公众积极参与规划的实施和监督。

湖南省“十四五”广告产业发展规划

湖南省市场监督管理局
（2021 年 6 月 15 日）

“十四五”时期，是我国由全面建设小康社会向基本实现社会主义现代化迈进的关键期，是“两个一百年”奋斗目标的历史交汇期，也是全面开启社会主义现代化强国建设新征程的重要机遇期。大力发展广告产业对实施“三高四新”战略，建设现代化新湖南具有重要的现实意义。为引导我省广告产业结构调整和转型升级，促进广告产业高质量发展，根据省委关于制定湖南省国民经济和社会发展第十四个五年规划和二〇三五年远景目标要求，依据国家市场监督管理总局《广告产业“十四五”发展规划》，制定本规划。

一、规划基础

（一）“十三五”主要成就

1. 产业规模逐年壮大。“十三五”期间，全省广告经营主体从 2016 年 36120 户发展到 2020 年 174935 户（其中主营广告市场主体 55230 户），广告经营额从 2016 年 201.4 亿元发展到 2019 年 355.36 亿元（2020 年起国家改变统计口径，由全面统计改为只统计规模以上广告企业和事业单位，2020 年我省规模以上广告企业和事业单位克服新冠肺炎疫情带来的不利影响，完成广告经营额 275 亿元），广告经营额居全国第七位。目前，年广告经营额超过 1 亿元的 20 家，其中超过 10 亿元的 5 家。以湖南广电为代表的媒体广告是广告湘军的重要组成部分，湖南卫视、芒果 TV、电广传媒、天娱广告在全国具有很强的影响力和竞争力。同时，湖南竞网智赢、湖南顺凯传媒等一大批新媒体广告企业快速成长，成为广告湘军的生力军。广告产业的快速发展，有力推动了我省现代制造业、现代农业、现代服务业、文化旅游业以及新型城镇化等的高效发展，对宣传推介湘茶、湘酒、湘米、湘油、湘瓷、湘机、湘绣等湖湘品牌起了十分重要的作用。

2. 项目建设顺利推进。“十三五”期间，省市场监管局安排专项资金 2250 万元支持广告产业发展，同时带动市州政府、社会资金投资近 35 亿元，建成以长沙为核心的长沙、怀化、常德、岳阳等 4 个广告产业园区，湖南工业大学“全国包装广告创新研究基地”、张家界“湖南旅游文化广告创意基地”、益阳“湖南环洞庭湖农特产和旅游广告创意基地”、长沙“雷锋精神公益广告基地”、韶山“红色文化公益广告基地”等 5 个广告创意基地，形成了“一核三园五基地”的广告产业发展格局。长沙、怀化园区成功创建国家广告产业园区，长沙园区和雷锋基地被国家市场监督管理总局认定为推进广告业创新创业示范基地。园区和基地的聚集效应、孵化效应、溢出效应、引领效应凸显，截至 2020 年底，“一核三园五基地”引入企业 1140 余家，年产值近 100 亿，带动就业 13000 多人。

3. 公益广告不断发展。“十三五”期间，省市场监管、宣传等部门联合出台《湖南省公益广告促进和管理暂行办法》《湖南省公益广告“2017—2020 年”发展规划》，有力促进公益广告发展。主流媒体带头积极发布公益广告，仅 2020 年全省共播出广播公益广告 76 万余条次，电视公益广告 186 万余条次。湖南广播电视台制作推出的“精准扶贫”系列公益广告，在拉动双峰辣酱、石门柑橘、炎陵黄桃、平江茶油等特色农产品销售，帮助贫困地区脱贫致富上发挥了积极作用。在宣传、市场监管等部门指导下，雷锋基地、韶山基地、省广告协会、有关高校每年定期举办公益广告赛事，开展公益广告宣传。2020 年新冠肺炎疫情防控期间，省市场监管局、省广告协会组织全省广告企业发布价值 6 亿元的公益广告，捐赠医疗和其他物资折合人民币 5000 余万元。我省媒体单位和广告企业积极参加全国公益广告“黄河奖”评选活动，获得大量金、银、铜奖，总获奖数占全国四分之一。湖南公益广告发展在全国处于领先地位，有力弘扬了社会主义核心价值观，产生了明显的社会效益。

4. 市场秩序日益规范。全面贯彻落实习近平总书记“广告宣传也要讲导向”的重要指示精神，严格监督广告管理，广告市场秩序日益规范。强化广告监测，对省内重点传统媒体、互联网媒介、户外广告（LED 大屏）进行常态化监测，每年监测广告 1000 余万条次。强化执法办案，突出重点类别、重点地区、重点媒体、重点时间节点，扎实开展“广告导向”“软色情”“长江禁捕打非断链”“专供特供”“网络直播”“投融资”“医疗”“药品”“保健食品”“公务员考试”“农村户外广告”等广告专项整治行动，“十三五”期间，全省市场监管系统共立案查处虚假违法广告案件 5749 件，切实维护了广告市场良好秩序。强化广告审查，严格实施医疗、药品、保健食品、特殊医学用途配方食品、医疗器械、农药、兽药广告发布审查，坚决堵住虚假违法广告第一道关口，省市场监管局每年审查批准药品、保健食品、特殊医学用途配方食品、医疗器械广告 1600 余件，接受广告审查咨询 3000 余起。2020 年 7 月 30 日，《湖南省实施〈中华人民共和国广告法〉办法》（修正案）经省人大常委会审议通过，为我省广告监管执法提供了更加坚实有力的法律武器。

（二）挑战与机遇

1. 面临的挑战。我省广告产业发展取得了一定成效，但与我省经济社会发展要求还不相匹配，与先进省市相比，仍然存在较大差距。一是市州之间发展不平衡，长沙地区广告经营额占全省 90% 以上；二是产业发展分散、产业链条不够完善、集中度不高；三是龙头企业不多，互联网广告企业不强，科技型广告企业缺乏，广告企业普遍“散小弱”；四是人才资源不足，人才“引不进、留不住”，产业投入不够，融资能力欠缺；五是传统媒体、户外广告业务单一，缺乏新业务增长来源，增长乏力。

2. 未来的机遇。

（1）政策机遇。省委省政府把大力实施“三高四新”战略作为奋力建设现代化新湖南的总引擎，“三高四新”战略与党的十八大以来习近平总书记对湖南提出的“一带一部”“三个着力”“守护好一江碧水”等系列重要指示要求既一脉相承又与时俱进，构成了“十四五”乃至更长时期我省经济社会发展的指导思想和行动纲领。国家推动实施品牌强国战略和“一带一路”发展战略，广告业的国际化发展机遇增多，为广告业发展提供更广阔空间。同时，为充分发挥湖湘文化资源、文化人才和现有产业优势，国家、省出台了多项文化产业扶持政策，国家明确文化事业建设费减半征收。

（2）技术机遇。在 5G、大数据、物联网、人工智能等技术发展下，广告业的数字化精准投放趋势逐步显现，广告业市场不断细化，广告主更加注重有针对性的专业化广告投放，这一变化对广告经营者、发布者提出了新的要求。新技术革命推动新媒体和新的信息传播渠道的快速发展，极大地开拓了广告服务领域，提供和实现了对广告服务的多种需求。新媒体催生了以精准传播、互动营销、分众传播、定位传播等为主要传播形式的广告市场，广告产业的发展空间被极大拓宽，成为重要的增长点。

（3）市场机遇。我国市场经济体制逐步完善，国民经济保持平稳增长，居民收入水平稳步提升，国家综合实力不断增强，为广告业发展打下坚实的经济和社会基础。国家经济结构战略性调整，经济发展步入新常态，社会消费需求持续增长以及供给侧结构性改革增强了广告业发展内生动力。互联网、新媒体广告有明显的发展优势，传统媒体、户外广告也有其自身特点，媒介及广告的多样化、差异化愈加明显，不同媒介形式的广告宣传相互融合、相互补充成为广告市场发展常态，新媒体与传统媒体的融合发展带来的低成本和便捷性有效地刺激了广告生产，广告产业链条不断延伸，广告市场发展日臻完善。我省传统媒体广告、户外广告在全国有较大优势，新媒体广告发展亦呈现良好态势，今后，新媒体与传统媒体的融合发展、全媒体矩阵的打造将成为我省广告市场的主要发展方向。

二、指导思想、基本原则与发展目标

（一）指导思想

以习近平新时代中国特色社会主义思想和党的十九大、十九届二中、三中、四中、五中全会精神为引领，贯彻落实习近平总书记“广告宣传也要讲导向”的重要指示精神，坚持守正创新，大力实施“三高四新”战略、文化强省战略、创新驱动发展战略，努力开拓广告行业发展的新模式、新技术、新业态。以服务国家经济和社会发展为目的，以提升广告产业整体规模与市场竞争力为目标，以巩固传统广告、发展新型广告为基础，以做大、做强、做专广告产业为方向，加快媒体融合，加速数字化、品牌化转型，推进湖南广告产业结构调整和转型升级，促进广告业高质量发展，为建设现代化新湖南作出新贡献。

（二）基本原则

1. 市场运行与政策驱动相结合。适应广告业发展新环境、新趋势要求，发挥市场在资源配置中的决定性作用，以市场为导向，以竞争促发展。发挥政府在产业规划、产业引导和政策扶持等方面的作用，利用促进现代服务业和文化产业发展的相关政策，形成推动广告业发展的合力。

2. 深化改革和创新引领相结合。深化“放管服”改革，扩大广告经营主体，壮大广告经营规模；深化行政许可、资质认证等改革，优化发展环境，促进健康发展。贯彻创新驱动发展战略，推动技术创新、管理创新、内容创新、人才创新，加快广告业数字化转型，引导广告企业转型升级和优化重组，增强广告企业市场竞争力。

3. 全面发展和特色发展相结合。以全省广告产业全面发展为基础，鼓励有较好基础的市州在重点领域和环节加快改革，破解产业发展难点、重点、痛点。突出现代制造业、现代农业、文化旅游业等领域，充分发挥湖南精神和湖湘文化特点，走特色发展之路，形成新的广告增长点。

4. 社会效益和经济效益相结合。坚持把社会效益放在首位，正确处理社会效益和经济效益、社会价值和市场价值的关系，强化政策引导，坚持守正创新，坚守社会责任，切实维护消费者合法权益，在广告产业自身提质增效的同时，发挥其拉动经济增长、传播先进文化、弘扬时代主旋律的重要作用。

5. 监督管理和行业自律相结合。加快政府职能转变，完善广告业的监管体制与机制，规范广告经营行为，打击虚假违法广告，营造良好竞争环境。加强行业信用管理，健全行业信用制度，完善行业信用体系，提升行业信用水平，促进行业诚实守信。强化行业自律管理，深化行业组织改革，健全行业自律规则和职业道德准则，实现“主体自治、行业自律、政府监管、社会监督”的广告市场社会共治格局。

（三）发展目标

1. 总体发展目标。到“十四五”末，我省广告产业总体规模进一步壮大，广告营商环境进一步改善，广告产业结构进一步优化，广告产业园区集聚效应、辐射效应进一步显现，广告创新创意能力进一步提升，广告规模化、品牌化、智能化水平进一步提高。保持全省广告经营额年均增幅在 7% 左右，广告经营主体年均增幅在 12.5% 左右，到“十四五”末，全省规模以上广告企业（含事业单位）经营额达到 385 亿元左右，主营或兼营广告市场主体达到 350000 余户，年产值 1000 万元以上的规模广告企业达到 700 家左右。广告监督管理效能不断提高，广告市场秩序良好，竞争规范有序，违法广告发布明显减少，广告宣传风清气正，公益广告广泛发布，

“十四五”湖南省广告产业主要规划指标（预期值）

项 目	2020 年	2025 年
规模以上广告企业（含事业单位）广告经营额（亿元）	275	385
广告经营主体（户）	174935	350000
规模以上广告企业（家）	533	700
经营额超过亿元的广告经营主体（户）	20	35
中国一级广告企业（家）	20	30
湖南省一级广告企业（家）	79	110
国家级广告产业园区（个）	2	3
省级广告产业园区（个）	2	5
省级广告特色基地（个）	5(含公益广告 2 个)	10(含公益广告 4 个)
国家双一流广告专业（个）	0	2

社会正能量得到彰显。

2. 具体发展指标。

三、重点任务

（一）打造产业发展高地

1. 打造产业集聚发展高地。坚持高起点、高标准、高质量和高效益的原则，建设具有湖南特色的广告产业园区和创意基地，打造全国广告产业集聚发展高地。持续向园区引进重点广告企业以及衍生企业，培育一批园区龙头企业，形成产业集聚。实施提质升级工程，继续落实长沙、怀化国家广告产业园的后续工程以及拓展园区的规划建设，加大对长沙国家广告产业园区的指导支持力度，巩固并发展其全国一流园区地位；支持怀化国家广告产业园区走特色发展之路，为武陵山片区乡村振兴发挥积极作用。出台《湖南省省级广告产业园区管理办法》，促进和规范广告产业园区管理。支持常德广告产业园区创建国家广告产业园区。加强岳阳广告产业园区以及益阳农林特产旅游广告、张家界旅游广告、湖南工业大学包装广告和雷锋、韶山公益广告基地的建设指导。支持衡阳、湘潭、邵阳、娄底、益阳建设广告产业园区，支持郴州、永州、湘西自治州建设广告创意基地。发挥媒体、广告企业优势，合理选址、科学规划、高效建设“湖南广告智造产业园”“湖南湘军文化广告创意基地”。

2. 打造广告创新发展高地。充分发挥我省广告业创新创意优势，打造全国广告创新发展高地。大力推动技术创新，鼓励企业采用数字化技术，积极探索广告业数字化转型模式，支持广告高新技术企业加快创新发展。大力推动管理创新，引导广告企业内部转型升级优化、架构体系调整、知识体系重构，鼓励和支持广告企业与产业链上下游企业优势互补、资源共享、有机整合，鼓励广告企业与外部产业有效衔接和调整，实现广告企业内涵变革和外延扩大结合，专业化分工与规模效益结合，品牌效应与专业服务、特色经营结合。大力推动内容创新，推动广告业与互联网产业融合发展，广告业与现代制造业、服务业、文化产业等深度融合，实现广告业跨行业、跨领域发展，构建新型广告产业生态圈。支持鼓励广告企业设计创新，培育壮大一批专业设计创意型广告企业，支持创意广告企业高效发展。大力推动人才创新，支持鼓励省内高校大力培养创新型广告专业人才，发挥广告行业组织作用，强化学习培训，打造一大批广告创新型从业人员。

3. 打造公益广告发展高地。认真落实中宣部、中央文明办、国家市场监督管理总局《关于深入开展“讲文明、树新风”公益广告宣传的意见》，按照《湖南省公益广告促进和管理暂行办法》要求，充分发挥我省公益广告发展优势，打造全国公益广告高地。进一步引导党政机关、社会团体、新闻媒介、企业以及社会各界人士通过公益广告树立良好的社会形象，履行社会责任，增加民众对公益广告的认同度和接受度，营造良好社会风尚。进一步落实国家市场监管总局与省人民政府签署的有关协议，健全公益广告发展机制，通过政府出资、媒体投资、社会筹资等方式筹集公益广告资金，打造公益广告平台，建设公益广告基地，加快推进韶山红色文化公益广告基地和长沙雷锋精神公益广告基地发展。进一步发挥媒体、高校、基地、企业的积极作用，以红色文化、廉政文化、家风文化等为内容，围绕“建党100周年”“韶山—井冈山红色旅游铁路”等为主题，组织公益广告研讨，开展公益广告赛事，创作公益广告作品，建立公益广告库目，加强公益广告刊播，弘扬社会正能量。

4. 打造广告新材料制造高地。充分发挥我省科技资源、人才智力与广告媒体资源等优势，加强广告新材料研发、生产、运用，打造全国广告新材料制造高地。大力推动广告业与新材料产业融合发展，以产业链为抓手，积极构建现代广告新材料产业体系，不断向国际化、高端化、智能化迈进。推动高校和科研机构对广告新材料的研发，搭建一批国家级、省级广告新材料技术创新平台，培养一批研发创新人员。大力推动广告生产制作企业改进工艺流程，运用先进技术，不断推出广告新材料，促进广告业提质换挡升级，支持常德建设“湖南国宗铝业”和“湖南粤港模科”广告新材料加工制作基地，进一步巩固其全国领先地位，支持益阳、株洲等地充分运用广告新材料，建设“广告加工制作产业园”。

（二）实施产业发展工程。

1. 实施优质企业培育工程。着重培养优质广告企业，力争“十四五”末，实现年产值1亿元以上广告龙头企业

35家，其中年产值10亿以上龙头企业达到10家，年产值100亿元以上的广告集团达到1家，打造在全国立得住、叫得响、有地位的广告“航母”和旗舰方阵。充分发挥广告龙头企业带动作用，培育一批专业能力强、经济效益好、创新能力突出、品牌形象美誉度佳的广告龙头企业，通过上市、参股、控股、兼并、收购、联盟等方式迅猛发展。充分发挥中小优质广告企业示范作用，培育一批具有地方特色、专业化程度高、经营能力强的中小优质广告企业，支持差异化、专业化发展。推动广告企业的资质认证工作，支持优质广告企业参与中国一级、二级（湖南一级）广告企业的认证，力争在“十四五”末，中国一级广告企业达到30家，中国二级广告企业（湖南一级广告企业）达到110家。支持省广告协会积极开展广告企业评奖评级工作，开展一年一度的湖南省广告湘军总评榜评选活动，推出一批年度最强综合实力、最具成长性、最佳互联网等优秀广告企业。

2. 实施湖南品牌塑造工程。结合湖南人文地理、经济社会、历史文化等特色，构建品牌核心价值体系，将中华优秀传统文化、革命文化和社会主义先进文化融入企业经营管理和品牌建设中，打造一批中国乃至世界一流品牌。充分发挥广告助推作用，积极创建国家和省级知名品牌示范区，支持广告行业协会、广告龙头企业参与制定地方、行业、国家和国际标准。有效利用主流媒体助力品牌强省建设，积极采用具有感染力的表达方式讲好品牌故事，塑造品牌榜样，传扬品牌的优势与价值，增强品牌自豪感和文化自信心。有效发挥新媒体在传播品牌文化、品牌形象中的重要作用，建立品牌传播的全媒体运营平台和数字技术创新服务平台，搭建品牌传播新场景，依托AR、VR、MR等技术，拓展“互联网+”、客户端、直播、短视频等品牌推广新渠道，实现用户即时体验、互动共享。有效发挥广告企业专业化服务能力，提供高效、详实、可落地的品牌解决方案，创造、创新品牌传播策略与落地载体，全面提高我省品牌知名度、美誉度、忠诚度。

3. 实施广告惠农利农工程。加大对特色农业、高效农业、绿色农业和品牌农业的宣传力度，加快培育现代农业产业化集群，提高广告与农业经济一体化的发展水平。推动乡村广告转型升级，积极发展“互联网+”现代农业广告，实施优美乡村展示、旅游扶贫助农、农特产品推介等广告工程，促进广告业与地方经济社会发展深度融合，与历史非物质文化、非遗产品深度融合，与湘菜、湘米、湘茶、湘油、湘绣等深度融合，与乡村振兴、农业产业现代化、新型城镇化等深度融合，打造“锦绣潇湘”乡村文化旅游品牌形象，培育一批振兴乡村文化旅游和特色产品知名品牌。

4. 实施广告创新发展工程。强化创新驱动，加强广告知识产权保护力度，大力推进大众创业、万众创新，加快广告业创业孵化载体建设，鼓励更多的年轻人大胆创新创业，推动我省广告产业的自主创新发展。推进以“创意、创新、创业”为核心的广告产业创新发展，加快创新成果转化，实现创新成果共享。实施“广告业互联网+”和“+广告业互联网”行动计划，加快发展软件广告、动漫游戏广告、移动多媒体广告等新兴广告业态。鼓励广告企业创新技术，依靠科技进步带动广告产业创新发展，实现从传统媒介型向技术创新型、从制作发布型向研发创意型的转变，打造广告新业态。鼓励更加丰富、更加个性、更有参与感的广告表现形式，提升广告行业创意创新能力。推动广告代理模式创新，进一步推进广告企业的市场化运作，实现广告主、媒介和广告企业合作共赢。

5. 实施媒体融合发展工程。促进广告媒体融合发展，推动传统媒体与新兴媒体的积极融合，加强对户外平面广告的合理规划与引导力度，提升发展质量，推进户外平面媒体的融合转型发展，促进传统媒介与新兴媒介的有机融合，提高传统媒体的广告服务效率、服务质量和服务水准，做大做强传统广告，夯实湖南广告产业发展基础。推动重点传媒集团实施全媒体战略，加快发展新媒体新业态，着力打造一批权威性高、技术先进的广告传播融媒体。

（三）强化产业发展支撑

1. 加强广告湘军人才培育。积极培养和引进高层次广告创意人才，加强中南大学、湖南大学、湖南师范大学等院校人才培养基地的建设，制定相关的学术型和专业型广告人才培养计划，培养一批高质量的广告产业学术人才和专业实践人才。推行学历和职业培训互补，推动广告人才职业水平考试培训基地和广告实践平台的建设，建立和丰富广告经营管理人才库，支持高等院校、科研机构与广告经营单位合作，共同建设广告实习实践平台。积极引导广告企业利用现有资源和资金，通过专业培训加强业务能力，增强市场竞争力。发挥行业协会纽带作用，健全广告专业技术人员职业水平评价制度，构建广告人才评价机制和广告人才创新激励机制，促进广告人才的合理流动。鼓励企业以项目引进人才，以项目留住人才，以项目奖励人才，鼓励有项目的创业型人才进湘创业，有针对性地加大广告高端人才的引进力度，推动高层次的广告人才入省“百人计划”，充实广告产业人才库。

2. 优化广告公共服务平台。建设全省广告产业综合服务平台，采取政府引导、企业自主、行业指导、市场化运作的方式，建立湖南省广告产业发展联盟。建立公益广告创意设计、评审、展播、奖励、入库管理一体化公共服务平台，进一步推进公益广告发展。建立和完善广告产业基本信息数据库、广告企业诚信经营数据库等资源库，达到信息共享，实施共享管理，为广告行业提供数据信息服务。推动建立湖南广告交易平台，发挥平台交易、交流、投融资服务等功能。推动建立广告智能化服务平台，为广告主、广告经营者、广告发布者提供高效便捷的广告合规性审查等服务。

3. 完善广告综合监管体系。努力提高监管效能，建立健全广告监管机制。进一步完善虚假违法广告长效监管机制，落实整治虚假违法广告联席会议制、集中监测制、联合通报制、典型违法广告公告制、信用监管制和违法广告责任追究制等制度，形成决策科学、权责明确、分工合理、监管有力的广告监管制度体系。推进广告监管工作信息化建设，充分运用国家、省、市州、县广告监测数据，建设全省上下联动、标准统一的现代化监测系统。加强广告导向监管，完善广告属地管理责任制，建立虚假违法广告应急处理机制，提高预防及处置虚假违法广告的能力，大力查处虚假违法广告，有效净化广告市场秩序。加强对市场监管等部门相关人员的职业培训，培育一批既懂监管又懂产业发展的复合型管理人员，加强对广告行业协会指导，有效促进行业自律。

4. 提升行业协会自律能力。充分发挥广告行业组织在行业管理、行业自律、行业引导等方面的积极作用，支持广告协会积极引导广告企业申请企业评级，鼓励开展各种有利于促进广告产业发展的活动。充分发挥广告行业协会在行业规范指导、广告人才交流培训、法律咨询服务、广告市场预测、第三方咨询评估等方面的重要作用，促进行业健康发展。充分发挥广告行业组织协调沟通作用，当好政府与企业间的桥梁和纽带，与相关行业组织和机构加强合作。支持广告行业协会积极参与广告立法工作，推广行业标准，加强行业自律，规范广告市场行为。支持广告行业协会加强自身建设，规范自身行为，提升自身能力，完善内部管理和运行机制，不断提升其行业形象与公信力。

5. 落实广告产业扶持政策。落实《湖南省实施〈中华人民共和国广告法〉办法》，将广告产业发展纳入各地国民经济社会发展规划统一谋划、统一部署，高效推动广告产业发展。落实《湖南省广告产业发展工作联席会议工作制度》，充分发挥广告产业发展工作联席会议作用，研究部署全省广告产业发展、规范广告市场秩序等工作。落实国家和省有关支持广告产业发展的相关政策，进一步完善财政支持政策，充分发挥财政资金的引导和促进作用。落实国家、省“放管服”政策，继续深化商事制度改革，采取扶持和孵化等手段，助推小微广告企业发展，经认定符合条件的，由“中小企业创业补助创新奖励资金”给予相应的支持。落实国家、省高新技术企业政策，支持符合条件的广告企业申报高新技术企业，享受国家高新技术企业扶持政策。落实国家、省文化产业、服务业相关政策，将广告产业纳入文化产业、服务业有关专项资金的支持范围，把广告产业重点项目、重点企业纳入文化产业、服务业重大项目计划，给予用地和资金扶持。发挥财政、税务、市场监管等部门职能作用，继续推动减轻广告业市场主体税费负担。

四、组织领导

各地要高度重视广告业在经济社会发展中的重要作用，充分发挥广告产业发展联席会议作用，切实加强对促进广告业发展工作的组织领导；各地要结合实际制定本地广告业发展规划，明确各地广告产业发展联席会议成员单位及工作职能。

市场监管部门作为指导广告业发展的主管部门，要积极主动向党委、政府报告规划实施进展情况，把广告业发展工作纳入地方经济社会发展大局来谋划和推动。要主动加强与宣传、网信、发改、科技、公安、财政、自然资源、住建、商务、文化旅游、卫生健康、税务、广电、通信、人民银行、中医药等部门的协作，建立相应的工作协调制度，认真研究制定和落实促进广告业发展的各项目标和任务，共同解决广告业发展和改革中遇到的问题，加强宏观调控政策引导，落实产业政策，推动广告业高质量发展。要重视规划实施中与现代制造业、服务业、文化产业等国家重点专项规划的衔接，重视与相关行业、领域“十四五”规划实施情况的协调。加强规划实施过程的动态监测，建立规划实施评估和调整校正机制，提高规划的科学性、有效性，并组织检查落实。把握广告业领域的国际惯例和规则，提高广告业公共管理水平，帮助广告企业运用国际规则，提升应对竞争的能力，强化服务意识，深入了解广告企业诉求，及时解决广告企业发展中的问题。建立规划实施专家支持团队，组织开展对从事指导广告业发展职能工作人员的培训。及时交流各地规划实施信息，研究解决规划实施中的问题。

贵州省“十四五”广告产业发展规划

贵州省市场监督管理局
（2021 年 9 月 13 日）

“十四五”时期是我国实现“两个一百年”奋斗目标的历史交汇期，是开启社会主义现代化强国建设新征程的战略关键期，也是深入贯彻新发展理念，努力实现高质量发展的重要机遇期。广告业是现代服务业和文化产业的重要组成部分，能够有效推进经济转型升级、引导扩大消费、促进经济增长、繁荣社会文化，在深入实施乡村振兴、大数据、大生态三大战略行动以及大力推动新型工业化、新型城镇化、农业现代化、旅游产业化等我省国民经济和社会高质量发展进程中能够发挥积极作用。

为促进贵州省广告产业科学、健康、高质量发展，根据《贵州省国民经济和社会发展第十四个五年规划和二〇三五年远景目标纲要》以及国家促进服务业和文化产业发展相关规定，制定本规划。

一、规划背景

（一）发展基础

——产业规模明显扩大。“十三五”期间，贵州省广告产业规范健康、稳步增长。截至 2020 年底，全省广告经营主体发展到 1.21 万户，广告从业人员达 6.2 万多人，全省广告经营额达到 80 亿元。全省注册资本 500 万元以上的广告经营企业接近 300 家，其中进入中国广告公司 100 强的企业达到 6 家。规模以上广告经营企业中，拥有国家一级广告资质企业 4 家、国家二级广告资质企业 10 家，国家三级广告资质企业 7 家。

——数字化转型升级明显加快。依托我省“大数据”发展战略，在数字化广告迅猛发展的背景下，我省广告产业数字化转型升级明显加快。电视、广播、报纸、杂志等传统媒体加快媒体融合进程，积极进行技术创新搭建数字化传播平台，成为数字化广告的重要载体，在广告产业布局中占据重要位置。互联网和新媒体广告企业数量快速上升，自媒体从业者数量大幅增加，新媒体广告营业额呈现快速上升态势。户外广告企业积极探索“智慧大屏”“智慧终端”等数字化户外广告载体，催生了广告传播载体新型场景。

——服务经济社会发展的效能明显提升。广告产业对经济发展具有重要的拉动作用，“十三五”以来，广告产业紧紧围绕我省脱贫攻坚与全国同步建成小康社会的经济社会发展目标，重点落实“广告＋旅游”和“广告＋黔货”发展战略，通过广告塑造和传播贵州旅游品牌、黔货品牌，吸引游客走进来，助力黔货走出去。广告产业从业者积极响应省政府提出的打造“黔系列”产业品牌发展战略，从产品包装、营销策划、宣传推广等方面精心组织，通过展会、互联网、短视频等多种线上线下传播渠道塑造、传播黔货品牌，提升了黔货在全国市场的知名度并建立起一定的品牌优势。广告产业在旅游扶贫、电商扶贫等领域发挥了重要作用，为我省决胜脱贫攻坚，创造中国减贫奇迹贡献了积极力量。

——科学监管保障市场环境不断净化。“十三五”期间，贵州省市场监管局秉承“预防”和“监管”并重的理念，加强市场主体培训，认真贯彻广告管理法律法规，提高市场主体法律意识，规范广告经营行为；完善技术手段，加强对各类媒体发布的广告进行监测，及时查处虚假违法广告。在市场监管局和广告协会等行业组织的共同努力下，贵州省广告市场得到有效净化，建立起公平竞争、诚信有序的市场秩序，为贵州省经济社会健康持续发展提供了强有力的保障。

——把握产业前沿趋势的创新能力持续增强。创新是产业稳定增长的重要推动力，我省广告产业在“十三五”期间积极与产业前沿接轨、借鉴发达地区先进经验、推动行业“头部企业”布局我省广告市场，及时把握产业发展机遇，在程序化广告、信息流广告、网红经济、短视频营销等行业风口到来之时，能够及时跟上数字经济时代的创新发展步伐，行业迭代创新能力持续增强，积极践行我省“大数据”发展战略。

（二）发展机遇

“十四五”时期是我国由全面建成小康社会向基本实现社会主义现代化迈进的关键时期。我省立足新发展阶段，贯彻新发展理念，融入新发展格局，面临脱贫攻坚成果巩固拓展期、新发展格局加速构建期、区域发展战略叠加带动期、西部陆海新通道加快建设期等重大机遇，同时也为我省广告产业发展赋予了新的战略机遇。

——经济稳定增长和消费需求增强夯实产业发展基础。我国经济长期向好，社会主要矛盾已经转化为人民日益增长的美好生活需要和不平衡不充分的发展之间的矛盾。在党中央推动共同富裕的背景下，我省将继续巩固脱贫攻坚成果，深入实施乡村振兴战略，确保人民生活水平日益提高。经济稳定增长的预期和消费能力的提升，将进一步扩大市场需求和市场潜力，为广告产业的持续发展打下坚实的经济基础。

——新发展格局拓展产业成长空间。中央构建新发展格局、推进新时代西部大开发，大力推进“一带一路”建设、长江经济带发展、粤港澳大湾区建设、成渝地区双城经济圈建设等国家战略，为我省对外开放提供了有利条件，有助于进一步丰富经济增长路径，优化产业布局。面对全新的发展格局，广告产业有望进一步拓展发展空间，获得新的发展动能。

——经济结构优化升级赋予产业持续增长动力。我省坚持以高质量发展统揽全局，大力推动新型工业化、新型城镇化、农业现代化、旅游产业化。经济结构优化升级既孕育出新的市场机遇，也扩大了企业对市场营销、广告策划、品牌传播等相关服务的需求，能够推动广告产业与相关产业的深度融合，为广告产业注入持续增长的动力。

——数字信息技术驱动产业创新发展。数字经济蓬勃发展，区块链、云计算、物联网、人工智能等新一代数字信息技术得到广泛应用。我省作为国家级大数据综合试验区，拥有良好的数字经济发展基础，围绕数字产业化、产业数字化、加快建设“数字贵州”的发展战略，广告产业将受益于数字技术的飞速发展，获得技术创新赋予的核心驱动力。

（三）面临挑战

在面临机遇的同时，“十四五”期间贵州省广告产业发展也将面临巨大的挑战。主要表现在：全球经济处于深度调整之中，新冠肺炎疫情等突发事件为经济发展带来重大不确定性，全球经济贸易活动受到冲击，为广告产业外部发展环境带来不利影响；互联网用户红利逐渐消失，网民个人信息保护意识逐渐增强，国家将逐步完善和出台互联网个人信息数据保护相关法律法规，数字广告产业可能面临洗牌与重构；我省广告产业总体规模、服务能力与发达地区还有较大差距，地区之间发展不平衡问题较为突出，大型广告企业多数集中在贵阳和遵义等地，其他地区广告产业体量较小；广告产业结构不尽合理，广告制作、活动执行、媒介代理销售等低端服务广告企业数量居多，品牌战略管理与全案高端服务企业数量很少，产业结构亟待升级；高水平广告经营管理人才、创意设计人才缺乏，广告从业者整体素质有待提升；互联网广告“长尾效应”明显，广告数量庞大、跨地域投放、快速消耗、精准投放带来的隐蔽性等特点使广告监管面临覆盖不全、取证固证困难等问题。当前我省广告产业发展还存在短板与弱项，推动广告产业高质量发展工作依然任重道远。

二、指导思想、基本原则和规划目标

（一）指导思想

高举中国特色社会主义伟大旗帜，以习近平新时代中国特色社会主义思想和党的十九大、十九届二中、三中、四中、六中全会精神为引领，全面贯彻党的基本理论、基本路线、基本方略，深入贯彻落实习近平总书记对贵州工作重要指示精神，立足新发展阶段，贯彻新发展理念，融入新发展格局，坚决落实省委省政府决策部署，坚持以高质量发展统揽全局，紧紧围绕我省乡村振兴、大数据、大生态三大战略行动，以创新为引领，以高质量发展为主线，牢牢守住发展与生态两条底线。坚持广告宣传正确导向，坚持社会主义核心价值观，大力弘扬新时代贵州精神，贯彻落实繁荣文化事业、发展文化产业、建设多彩贵州民族特色文化强省发展理念。促进产业结构优化升级，加强创新创意能力，加快高端化、智慧化发展进程，加强广告市场监管，营造良好的市场环境，全力服务我省重点产业发展，为贵州省经济社会发展作出新的贡献。

（二）基本原则

——坚持正确导向。坚决贯彻落实习近平总书记“广告宣传也要讲导向”重要指示精神，坚持马克思主义在意识形态领域的指导地位，坚持把社会效益放在首位，社会效益和经济效益相统一，牢牢把握正确导向，提升广告作品文化内涵，唱响主旋律，弘扬正能量。结合贵州实际情况，凝聚高质量发展精神力量，大力弘扬新时代贵州精神，深入挖掘和传承民族文化、红色文化、生态文化，着力传播社会主义核心价值观，引导建立正确的价值观、消费观、审美观，助推公民文明素养提升，促进各民族广泛交往，铸牢中华民族共同体意识。

——坚持服务经济发展大局。积极融入以国内大循环为主体、国内国际双循环相互促进的新发展格局，促进供给侧和需求侧高效匹配，积极服务扩大内需战略。紧扣贵州经济社会发展规划，着力打造贵州工业、农业、旅游业等强势品牌，提升多彩贵州品牌影响力，促进地方经济快速发展。

——坚持创新创意驱动发展。顺应我省大数据发展战略，积极融入我省数字经济创新发展大潮，紧密结合人工智能、虚拟现实、5G 等先进科技，加快新技术在广告产业的应用速度，进一步丰富广告展现形式，拓展广告营销手段，以创新驱动行业发展。积极发展创意服务，培育和引进高水平创意人才，提升广告企业高端服务能力，推动广告产业服务水平整体提升。

——坚持统筹全局和重点突破相结合。全面统筹我省广告产业发展全局，促进广告产业发达与欠发达地区、新兴广告产业与传统产业、大型广告企业和小微企业的协调发展。全力支持实施“强省会”行动，扶持贵阳市有基础、创新能力强的重点广告企业，积极推动国内外优质广告产业资源在贵阳落地，力争使我省广告产业取得关键性突破。

——坚持依法科学监管。依法实施广告产业监督管理，继续推进行业自律和社会监督，推进广告市场秩序社会共治。强化互联网技术为基础的广告监测管理能力建设，提升监管效率，通过科学监管、智慧监管为广告产业发展营造良好的产业环境。

（三）规划目标

到 2025 年，全省广告产业质量效益明显提升，产业规模增速适应社会经济发展需求，产业结构更加科学合理。广告服务社会经济发展的功能进一步提升，扩大贵州知名品牌的影响力和美誉度，广告产业成为贵州省经济发展的重要推动力。培育起一批有较强竞争力的广告龙头企业和产业集群，各类市场主体活力进一步有效激活。初步建成智慧化广告监管体系，构建起更加科学的广告监测体系，完善广告监测制度，确保广告市场秩序持续向好。

“十四五”期末，全省广告产业力争达到以下目标：

——全省广告产业规模在“十三五”的 80 亿元经营额基础上，力争达到 100 亿元。

——广告产业数字化水平明显提升，深度融入数字经济，产业结构进一步优化，新媒体等数字广告营业额达到总体广告产业规模的 10% 以上。

——积极推进建设贵州省国家级广告产业园（贵阳），打造贵州省广告产业高端创意设计服务产业集群和大数据、人工智能等技术创新产业集群，使园区成为贵州省广告产业发展的龙头和重要助推器。

——积极推进建立较为完备的大数据广告监测体系，实现新技术在广告行业的有效运用，增强广告监管的智慧化。

——积极推进广告行业人才培养，搭建省内广告产业产学研综合服务平台。

三、重点任务

（一）技术引领，提质增效

深化互联网技术、数字技术与广告产业的融合，提升广告产业数字化、智慧化、自动化发展水平。积极推动人工智能、5G、大数据、区块链、云计算等技术在广告产业的加速运用，提高广告产业软件创新水平，促进数字技术在广告市场调研与效果监测、精准用户画像、程序化广告投放、程序化广告创意等领域的广泛应用，提升产业发展效率。提高广告产业硬件创新水平，促进虚拟现实技术、增强现实技术、裸眼 3D 技术在广告展示领域的应用，丰富广告表现形式。积极推动新设备、新材料、新技术在广告制作领域的应用，提升行业经营主体生态环保意识，转变手工作坊式的传统经营思维，依靠技术设备创新实现提质增效。

（二）创新驱动，构建贵州广告业发展新模式

鼓励和扶持广告企业积极进行自主技术创新，为广告企业申报国家和贵州省级各类科技、文化、产业发展项目提供大力支持，加强与相关管理部门的协调沟通，促进创新公司能够得到相应的价值转化，保护创新成果不受侵犯。鼓励龙头广告企业进行经营模式创新，积极借鉴我省农村“三变”改革经验，探索广告资源的资本化创新问题，通过广告资源的股权置换等方式，实现广告公司与广告客户的双赢。在遵循相关金融政策的前提下，构建广告产业资本和金融创新的贵州模式。

（三）促进广告业转型升级

积极推动广告从业者提升创意水平，鼓励原创广告作品，促进广告产业与农业、旅游业等相关产业的融合发展，鼓励广告企业积极参与创意农业、创意设计类特色小镇以及旅游商品的创意设计工作，提升广告产业创意设计高端服务水平，促进广告产业转型升级。

专栏 1 举办贵州广告创意设计大奖

依托现有贵州优秀广告作品评选、全国大学生广告艺术大赛、中国大学生广告艺术节学院奖等赛事，整合现有资源，重新打造“贵州广告创意设计大奖”。将该赛事打造成为贵州顶级创意策划人才展示才华的平台，以此拉动贵州广告从业者提升创意水平。

（四）深挖产业服务功能，提升广告对经济社会发展的服务能力

大力推动广告产业紧紧围绕贵州省做大做强十大工业产业、十二个重点农业特色优势产业、服务业创新发展十大工程、大数据与实体经济深度融合等重点产业发展目标，深挖广告产业与相关产业的融合点，全方位、深层次、多领域提升广告服务经济社会发展的能力。

鼓励广告企业积极参与我省打造世界级酱香型白酒产业基地核心区和全国绿色食品工业基地，推动优质烟酒和生态特色食品品牌构建。以品牌为核心创新营销，深挖贵州酒品牌文化内涵，提升产区品牌、产品品牌的核心竞争力，扩大在全国市场的影响力和带动力。充分发挥贵州优质生态环境资源优势，巩固提升“贵州绿色食品”品牌形象，扩大贵州优质食品的市场份额，助力特色食品龙头企业的市场营销、品牌定位、品牌传播、网络销售，打造一批市场影响力较大的知名绿色食品品牌。

积极推动广告业与农业、旅游、康养等深度结合，以“农业 + 文创”“旅游 + 文创”等模式，充分发挥广告业对农业和旅游的带动作用。鼓励广告创意人才积极参与创意农业、特色旅游产品的设计开发，为农业、旅游提供智力支持。持续提升“山地公园省 · 多彩贵州风”品牌影响力，打造贵州以民族和山地为特色的文化旅游品牌形象。

积极参与大数据创新工程，大力推动数字产业化。鼓励广告企业重点关注数字广告模式创新，深入研究我省丰富的大数据资源，结合广告营销领域流量变现模式，推进数据资源开发利用，释放数据资源的经济价值。积极参与实体经济数字化转型工程，以电子商务为突破口，充分发挥网络广告、网络营销、网红经济等对电子商务的拉动作用。

专栏 2 贵州品牌推进计划

推进贵州品牌建设，组织贵州省内高校广告营销领域知名专家学者、贵州广告业界知名策划创意人搭建团队，对贵州酱香型白酒产业、贵州茶叶产业、贵州刺梨产业、贵州旅游产业等重点产业展开调研，以咨询报告和品牌构建策略等形式，为贵州产品品牌提升提出建议。

（五）大力推进广告园区建设，充分发挥产业集聚优势

顺应我省培育壮大都市圈和城市群发展战略，积极参与“强省会”五年行动，支持贵阳建设省内首个国家级广告产业园。精心谋划、合理规划、科学定位，将贵阳国家级广告产业园打造成为贵州省优质广告资源、重点龙头企业、高端广告人才、先进业态模式的聚集地，增强对全省广告产业发展的辐射和带动能力。发挥广告产业园区对广告产业要素的集聚作用，推动园区内部外部、园区与相关

经济体之间的资源交流和整合。借鉴国内发达地区广告产业园区建设经验，高标准严要求着力做好贵阳国家级广告产业园的格局规划，确立特色化、多元化发展目标。按照产业链分工协作的思路，做好园区内企业布局。积极协调与相关管理部门的关系，为广告产业园搭建起各类公共服务平台，有效对接企业资金、技术、人才需求，打造园区优质高效营商环境。

支持遵义建成首个省级广告产业园，大力提升遵义都市圈广告创新创意服务水平。园区以重点服务世界级酱香型白酒产业群和遵义地区特色农业为目标，大力扶持产品设计、包装印务、品牌营销策划相关企业入住园区。积极组织园区企业与白酒生产企业、农产品生产企业的交流对接，搭建常态化交流合作平台。培育一批品牌创意策划能力较强的大中型广告企业，鼓励资本、广告资源、智力资源与广告客户产品资源的深度融合，探索广告企业与客户的全新合作模式，推动广告市场规模与酱香型白酒和特色农产品等优势产品市场增长相一致。

（六）强化广告导向引领功能，大力发展公益广告

进一步关注广告的社会效益，坚守广告正确舆论导向功能，加强与宣传、文化、广电、报业集团等部门的协同配合，确保广告宣传符合社会主义意识形态领域相关要求，强化社会主义核心价值观宣传教育。

建立健全公益广告运作机制，推动公益广告与商业广告相互促进，拓展公益广告资金来源，形成多元化良性发展模式。结合贵州省实际情况，鼓励企业和社会团体聚焦生态文明建设，牢固树立绿水青山就是金山银山理念，利用公益广告强化生态优先、绿色发展导向，大力宣传绿色生活方式，深入推进绿色生活创建行动，积极参与“贵州生态日”“节能宣传周”等绿色低碳主题活动。利用公益广告大力弘扬中华民族优秀传统文化，推进公民社会公德、职业道德、家庭美德和个人品德建设。系统梳理贵州优秀文化资源，深入挖掘贵州红色文化、民族文化、阳明文化等文化精髓作为公益广告传播的主题，塑造新时代贵州精神。

扩大公益广告社会参与度，提升公益广告作品质量，搭建面向社会的公益广告综合服务平台，定期举办公益广告赛事，实现作品征集、展示、分享、管理、评价一体化，利用数字化技术手段，创新公益广告产品和服务。

（七）加大人才培养力度，强化广告学术研究

完善广告人才培养机制，加强政产学研融合，形成政府部门、高等院校、职业教育培训机构等全方位联动人才培养模式。依托省内优质教育资源，促进学界与业界对接，推动学校教育与业界发展趋势有效结合，重点培养广告策划人才、品牌管理人才、高端创意人才、网络与新媒体专业人才和广告经营管理人才，实施多层次人才培养计划。鼓励高等院校建立广告行业人才培养基地，鼓励广告公司建立广告专业实训基地。注重人才平台建设，建立广告专业各级人才库，探索广告人才专业水平评价体系。

专栏3　推进贵州省广告研究机构建设

依托贵州财经大学等省内高校和省直相关部门，广告规上企业参加构建贵州省广告产业智库机构，做好学界和业界的资源对接，推动科研成果的转化应用，为政府出台广告业发展决策提供理论依据。

（八）提高广告监管效能

始终把广告导向监管放在首位，增强“四个意识”，坚定“四个自信”，做到“两个维护”，加强意识形态领域的监管，严厉打击“三俗”虚假违法广告。

加大重点领域的监管，持续打击事关人民群众健康安全和财产安全的虚假违法广告，重点整治医疗、医药、保健食品、教育培训、金融理财、房地产、旅游等领域虚假违法广告乱象。

加强“三品一械”广告审查，“三品一械”广告审查事关人民群众健康安全，必须严格审查标准，依照法律法规从严把握，从严审查对试图打擦边球，钻空子的广告申请，一律从严，坚决不审批。

切实做好广告监测工作。构建主体明确、权责清晰、运转高效的监测体系，完善监测管理制度，坚持问题导向，突出重点领域监测、日常监测与专项监测统筹开展。

加强虚假违法案件的查处工作。加大对虚假违法广告案件的查处力度，加强部门联动、上下联动、齐抓共管、协力共治，及时公布典型案例，形成有效威慑，净化广告市场环境。

强化智慧监管，全面提升广告监管信息化水平，着力解决互联网广告取证存证难题，利用大数据技术打通地域、媒介、品类界限，为事中事后监管提供有效的证据支撑和趋势研判，以技术创新提升广告监管效能。

推进社会共治、行业自律，强化市场主体责任意识，大力规范广告行为。充分发挥广告协会和各领域行业组织的作用，建立广告服务标准，鼓励企业加强自律规范，提升诚信水平，实现自我约束、自我管理、自我净化。加强舆论监督和社会监督，及时查处违法广告投诉举报，积极回应民生社会热点问题，做好广告领域消费者权益保护。加大市场主体培训力度，全面增强广告从业人员对法律法规的熟悉掌握程度，提升广告伦理道德素养，从源头降低虚假违法广告出现的概率。

（九）加强国内国际交流合作

立足贵州，面向国际，依托生态文明贵阳国际论坛、中国国际大数据产业博览会、中国—东盟教育交流周、中国（贵州）国际酒类博览会、国际山地旅游暨户外运动大会、贵州内陆开放型经济试验区投资贸易洽谈会、妥乐论坛等重大国际开放活动，鼓励广告企业积极参与相关国际论坛，做好信息传播服务，塑造贵州良好国际形象，向世界传递贵州声音，推广贵州优质产品。此为契机加强与国际相关企业的交流合作，引入广告产业国际理念、国际信息、国际资源。鼓励广告企业“走出去”，主动服务和融入“一带一路”建设，助力贵州高质量建设国家内陆开放型经济试验区。

深化区域产业合作，鼓励广告企业积极推动“东部企业＋贵州资源”“东部市场＋贵州产品”“东部总部＋贵州基地”“东部研发＋贵州制造”区域合作发展战略，加强与粤港澳大湾区、京津冀、珠三角、长三角、成渝等重点地区的交流合作，引进国内发达地区广告产业新技术、新理念、新模式，重点学习先进的创意策划理念，整体提升贵州广告产业高端创意服务能力。

四、保障措施

（一）加强组织领导

充分发挥党的领导核心作用，坚持和加强党对广告产业发展工作的领导，全面贯彻落实新时代党的建设总要求和新时代党的组织路线，坚决贯彻省委、省政府各项决策部署，增强全局观念，确保规划实施的正确方向。切实加强基层基础工作，鼓励各市州市场监管部门积极落实指导广告产业发展主体责任，结合当地实际情况健全体制机制、完善政策措施、强化工作职能，制定规划落地实施方案，广泛调动社会各界力量，共同推进本规划落实落地。

（二）完善保障体系

立足充分发挥广告产业对地方经济社会发展的积极作用，大力推进广告领域“放管服”改革，积极协调发展改革、财政、税务、金融、教育、科技、工业和信息化、商务、文化旅游等有关部门，争取省文化创意产业、高新技术产业、战略性新兴产业等相关专项资金支持，搭建适合广告业发展需求的保障平台体系，激发广告企业市场活力。大力支持广告产业中小微企业创新发展，完善孵化培育、成长扶持梯度培育机制，建立健全广告产业融资体系，为中小微企业提供金融支持，降低广告业市场主体融资成本。

（三）打造优质营商环境

坚持市场化、法治化、国际化原则，以市场主体需求为导向，深入贯彻落实《优化营商环境条例》，提升“贵人服务”政务服务品牌，持续开展广告产业营商环境大提升行动。加强统一广告监管标准，坚持包容审慎的监管方式，严厉打击突破法律底线违法企业与树立守法经营典范相结合，为广告产业市场主体营造公平竞争的市场环境。优化服务改革，减少政府对广告市场资源的直接配置以及对广告市场活动的直接干预，切实降低制度性交易成本，更大激发市场活力和广告企业创造力，为各类广告市场经营主体营造稳定、公平、透明、可预期的良好环境。

（四）充分发挥行业协会社会共治的积极作用

鼓励各级广告行业协会做大做强，以协会为平台，积极整合资源，学习借鉴国内其他省份优秀行业协会经验，不断创新完善服务行业职能。充分发挥协会在政策制定、行业自律、数据统计、法律服务、融资服务、宣传引导方面的积极作用，协助政府部门贯彻产业政策、落实行业规划、完善行业管理，增加行业内企业的向心力和凝聚力。支持广告协会引入先进创意理念、广告资源、经营模式，通过沙龙、论坛、培训等多种方式为广告企业提供广告行业最新信息和智力支持。鼓励广告协会与其他行业协会加强交流合作，为广告产业发展带来更多资源与经验借鉴。

云南省“十四五”广告产业发展规划

云南省市场监督管理局

（2021 年 6 月 23 日）

广告产业是现代服务业和文化产业的重要组成部分，在塑造品牌、促进消费、提高社会文明程度中发挥着积极作用。为促进云南省广告产业高质量发展，根据《云南省国民经济和社会发展第十四个五年规划和二〇三五年远景目标纲要》，制定本规划。

一、规划背景

（一）发展基础

“十三五”以来，按照国家广告产业发展“十三五”规划总体要求，云南省广告产业围绕专业化、集约化、国际化发展目标，不断加强创新引领、融合发展，提升广告服务能力，广告产业快速发展。

——产业规模明显扩大。云南省广告产业在规范、健康和可持续发展中稳步发展。全省的广告企业数从 2015 年的 3.1 万户增长到 2019 年的 7.6 万户，增长 145.2%。广告从业人员从 2015 年的 6.48 万人增长到 2019 年的 15.28 万人，增长 135.8%。广告经营额从 2015 年的 48 亿元增长到 2020 年的 80 亿元，增长 66.7%。建成国家级广告产业园区 1 个，全省规模以上广告经营企业 138 户，涌现出一批广告龙头及骨干企业，营业额超亿元达 10 户，超 3 亿元 5 户，超 10 亿元 1 户，全省广告企业竞争力明显提升。

——产业转型升级明显加快。数字经济深刻改变生产生活方式，助推消费能力持续提升，云网融合、5G、物联网、VR/AR、边缘计算等新技术得到应用，互联网广告发展迅猛，互联网广告从电脑客户端发展到智能移动端，各类自媒体快速成长，广告传播技术和营销模式不断迭代更新。互联网广告企业数量、新媒体广告营业额呈现快速上升态势。媒体融合进程加快，广播、电视、报纸、期刊、户外等传统主流媒体正在走向数字化主导下的媒体融合发展，在产业布局中占据重要地位。

——园区创新能力明显提升。2016 年建成昆明国家广告产业园，园区坚持创新引领、融合发展，以云南民族文化孵化基地、云南旅游传播窗口、云南微小品牌孵化与推广平台、南亚创意潮流聚集地为功能定位，搭建创新创意服务平台，构建广告产业生态链，促进文化创意产业与现代服务业的协同发展，园区“金鼎奖”广告大赛为挖掘优秀创意作品和弘扬社会主义核心价值观发挥积极作用。园区现已成为云南省互联网广告、电子商务、创意设计、信息技术、知识产权等业态的聚集区，打造跨境电商及文化出口特色示范园区，建设跨境电子商务实训中心，构建了“科技＋广告”“文创＋广告”“创新创意＋知识产权”等园区创新发展模式。2020 年，园区经营额超 60 亿元，成为云南省广告产业发展的亮点，发挥了辐射带动作用。

——广告市场秩序持续向好。广告监管不断加强，传统媒体广告、互联网广告、户外广告监测体系逐步建立，广告监管科技化、智慧化程度明显提高。持续强化广告导向监管，持续整治重点领域虚假违法广告，重点案件协调督办机制逐步完善。各级整治虚假违法广告联席会议机制作用有效发挥，协同共治机制不断

完善，广告监管执法保持高压态势。公益广告促进和发展机制进一步完善，公益广告对弘扬社会主义核心价值观的积极作用进一步彰显。

（二）发展机遇

“十四五”时期是我国由全面建成小康社会向基本实现社会主义现代化迈进的关键时期，云南省推动高质量发展，加快推进新型工业化、信息化、城镇化和实施乡村振兴战略，加快建设现代化经济体系，深度融入以国内大循环为主体、国内国际双循环相互促进的新发展格局，建设面向南亚东南亚辐射中心，为广告产业加快转型升级带来新的发展机遇。

——消费需求持续增强。随着人民生活水平日益提高，消费能力不断提升，消费对经济发展的基础性作用日益增强，顺应消费升级趋势，提升传统消费，培育新型消费，合理增加公共消费，以质量品牌为重点，促进消费向绿色、健康、安全的发展趋势，为广告产业加快发展带来新的舞台。

——开放型经济快速发展。建设面向南亚东南亚区域性国际经济贸易中心、科技创新中心、金融服务中心、人文交流中心，加强国际产能合作，面向南亚东南亚大通道建设，建设综合交通、能源、数字、物流国际枢纽，高标准建设中国（云南）自由贸易试验区等开放型经济发展，为广告产业市场拓展带来新的发展空间。

——媒介技术飞速发展。云计算、大数据、物联网、人工智能等新一代信息技术，以及5G、VR/AR、区块链等新技术发展及广泛应用，数字经济与智能经济蓬勃发展，为广告新业态创新和数字化转型带来新的驱动力。

——文化产业加快发展。弘扬社会主义核心价值观，扩大优质文化产品供给，推动公共文化数字化建设，促进丰富文化资源优势转化为产业发展优势，健全文化产业体系，推进文化产业发展，赋予了广告产业更高的社会责任。

（三）面临的挑战

云南省广告产业发展不平衡问题突出，发展要素地域分布高度集中，昆明市广告营业额占全省的70%左右。全省广告产业规模较小，产业链较短，广告新业态、媒介新技术发展滞后，广告营销重传播轻创意的问题突出，广告作品的文化内涵和创意水平有待提升。广告经营企业存在小、散、弱的状况，广告市场拓展能力较弱，创新创意人才和广告经营人才不足，具有较强创新创意能力和知名品牌的广告经营企业不多，广告产业规模和发展水平与云南省经济、社会和文化发展还不相适应。

随着广告领域新技术广泛普及，互联网与移动端广告呈现大体量、跨地域、快消耗、个性化等特征，广告监管面临覆盖不全、取证固证困难等问题，维护良好广告市场秩序及网络数据安全面临新的问题和挑战。

二、指导思想、基本原则和规划目标

（一）指导思想

以习近平新时代中国特色社会主义思想为指导，深入贯彻党的十九大和十九届二中、三中、四中、五中全会精神，立足新发展阶段、贯彻新发展理念、构建新发展格局、推动高质量发展，坚持以人民为中心的发展思想，坚持广告宣传正确导向，以创新为引领，以高质量发展为主线，不断激发产业内生动力、发展活力，培育一大批创新创意能力强的优质广告经营企业，提升产品文化内涵和创意水平，加快国际化、高端化、特色化、智慧化发展进程，促进广告产业结构优化升级，全力服务重点产业发展和打造世界一流“三张牌”，为云南省经济社会发展作出新的贡献。

（二）基本原则

坚持正确导向。坚决贯彻落实习近平总书记“广告宣传也要讲导向”重要指示精神，坚持把社会效益放在首位，社会效益和经济效益相统一，牢牢把握正确导向，提升广告作品文化内涵，传播中国品牌，展示中国形象，讲好中国故事，弘扬中国精神。坚持服务人民。以满足人民日益增长的美好生活需要为根本目的，客观、真实、艺术地传递商品与服务信息，切实保护消费者合法权益，保护用户数据安全。坚持新发展理念。坚定不移贯彻创新、协调、绿色、开放、共享的新发展理念，鼓励技术创新、模式创新、业态创新，推动区域协调发展和产业链上下游协同发展，倡导绿色消费理念，推动数据信息等核心资源共享，着力提高全产业国际竞争力。

坚持服务大局。着力服务扩大内需，服务中国品牌创建，服务供给侧和需求侧高效匹配。着力传播社会主义核心价值观，引导建立正确的价值观、消费观、审美观，服务提高社会文明程度。引导市场优化配置广告产业资源，积极服务区域协调发展。

（三）规划目标

广告产业向专业化和价值链高端延伸，促进消费、提升商品和服务附加值、传播社会文明、吸纳就业的作用进一步凸显。发展环境进一步优化，产业发展质量效益明显提升，产业规模增速适应经济社会发展需求，产业结构更加科学合理，各类市场主体活力进一步激发。广告法治体系进一步完善，广告监管效能持续提升，广告市场秩序持续向好，高标准广告市场体系初步建成。

到 2025 年，全省广告产业达到以下指标：

——深度融入数字经济、互联网、跨境电商，产业结构进一步优化，新媒体广告经营额占产业总量 50% 以上。

——以昆明国家广告产业园为重点，集聚一批 VR/AR、人工智能、大数据、区块链等信息技术企业，推动园区成为知识产权密集型园区，园区经营额达 100 亿元以上。

——全省广告经营额达 120 亿元以上。

三、重点任务

（一）坚持创新驱动，促进广告产业升级

强化企业创新主体地位，促进各类创新要素向企业集聚。鼓励创新、创意、创业，鼓励创新成果转化。完善广告产业创新创意服务平台，支持建设广告业创新示范基地、广告产业创新研发基地和创业孵化器，引导高校、企业、研究机构科研力量优化配置和资源共享，加速形成以企业为主体，高校、研究机构等各类创新主体协同联动、产学研深度融合的创新格局，构建多方协同机制，大力引导广告产业创新发展。

技术赋能与自主创新相结合，提升广告产业技术创新水平。紧密结合大数据与人工智能、VR/AR、5G 等先进技术的应用，以数字技术创新为动力，推动广告产业技术创新，鼓励广告企业加强科技研发。提高运用广告新设备、新技术、新材料的水平，促进人工智能、虚拟现实、区块链、全息投影等以数字、网络为支撑的各种新技术在广告服务领域的应用，支持用于广告产业的硬件和软件研发。丰富广告展现形式，创新广告营销方式，依靠创新实现提质增效，有效支撑广告产业发展。支持广告企业和单位申报国家和云南省各类科技、文化、产业发展项目扶持。

加强广告产业知识产权创造、运用和保护，增强广告产业核心竞争能力。鼓励广告作品原创设计，鼓励创建广告服务自主品牌，引导创意作品版权登记，指导创意设计、技术创新等成果申请取得专利，大力提高广告产业知识产权数量和质量，促进知识产权转化运用，推动广告产业成为知识产权密集型产业。营造崇尚创新的社会氛围，激发人才创新活力。倡导尊重劳动、尊重知识、尊重人才、尊重创造。弘扬科学家精神、企业家精神和工匠精神，加强学风建设，坚守学术诚信，加强科研诚信和监管机制建设，加强科普工作。

（二）促进产业融合，提升广告服务能力

大力推动广告产业与云南八大重点产业和打造世界一流“三张牌”的深度融合，促进广告产业与其他现代服务业全方位、深层次、宽领域融合发展，形成有利于塑造中国品牌、有利于提振内需、有利于提升我国文化软实力的广告服务能力和服务模式，构建新型广告产业生态圈。鼓励广告企业与产业链条上下游企业和机构优势互补，广告企业与外部产业资源有机对接，实现广告企业内涵变革与外延扩大结合，专业化分工与规模效益结合，延伸和拓宽广告产业链。提升具有细分市场服务能力和服务效率的中小型广告企业专业化水平，促其向“专精特新”方向发展，满足新时代广告市场的多层次需求。引导广告企业融入地方产业发展，鼓励广告工作室等形式的小微广告企业发展。

（三）加强广告园区建设，促进广告产业集约化发展

支持昆明国家广告产业园加快发展，提升创新创意服务水平，增强对全省广告产业发展的辐射和带动能力，促进具有资源优势、产业优势的区域形成广告产业集聚区。

发挥广告产业园区对广告产业要素的集聚作用，推进园区内部外部、园区与相关经济体之间的资源交流和整合。落实园区主办方的建设主体责任，发挥有关部门的监督、指导、服务作用，规范园区运营管理，建立常态化的园区巡检评估制度，促进广告产业园区建设规范发展。到“十四五”末，争取广告产业园区和广告产业集聚区的广告经营额占当地广告经营额比重在 40% 以上，形成以国家广告产业园区为骨干、区域广告产业园区为补充的广告产业集聚区框架，辐射和带动广告产业

集约化发展。

（四）加强国际交流合作，加快广告产业国际化发展进程

主动服务和融入“一带一路”建设，紧密结合建设面向南亚东南亚辐射中心，鼓励广告服务向国际化延伸和发展，为传播中国品牌提供广告专业服务。

注重引进广告产业国际理念、国际信息、国际资源等。鼓励广告企业积极参与和深化国际交流，加强广告国际传播能力建设，展示中国广告形象。鼓励云南广告作品积极参与国际奖项赛事。

（五）加强协同配合，促进公益广告发展

坚守广告宣传正确政治方向、正确舆论导向、正确价值取向。加强与宣传、精神文明、广电等部门的协同配合，鼓励和支持弘扬主旋律、传播正能量的公益广告设计、制作，提升公益广告作品质量，增加作品供给。坚持思想性、艺术性和观赏性有机统一，建立健全科学合理的公益广告作品评价体系。建设和完善公益广告作品库，支持建立云南公益广告创新研究基地。建立面向社会的综合性公益广告服务平台，实现作品征集、展示、分享、管理、评价一体化，促进公益广告作品资源和数据互通共享、监督管理高效便捷。

（六）加强产学研联合，构建广告人才培养平台

创新广告教育和人才培养模式，建设开放式广告教育和培训平台。发挥高校、职业学校在广告、创意设计等方面的教学科研优势，支持高校、职业学校与广告产业园区、广告产业集聚区、广告市场主体开展产学研合作，建立广告教育培训基地和实习实训实践基地，加强广告从业人员职业技能培训，着力培养广告创意设计、营销策划实务人才，加快培养广告产业发展研究、品牌营销策划、广告创意设计、信息数字技术、大数据分析运用、媒体融合传播等多领域高端人才。

指导建立广告产业发展新型智库，集聚广告领域专家、学者、高层次人才、企业家，开展经常性的交流活动。支持建立集教学、科研为一体的广告研究机构，加强广告产业相关问题研究和前瞻性研究，形成一批高水平研究成果，为政府部门制定产业规划和宏观政策提供决策参考，为广告产业发展提供智力支持和专业指导。

（七）优化监管方式，维护良好广告市场秩序

完善广告监管执法机制建设，提高广告监管效能。创新和完善广告监管理念、机制、方式，统筹广告监测资源，强化和深化广告导向监管，加大重点领域治理力度，依法严厉查处虚假违法广告。加强广告监管分析研判，推进智慧监管、信用监管和协同监管，健全事中事后监管长效机制。切实发挥各级整治虚假违法广告联席会议机制作用，加强信息共享、工作会商，加强联席会议协调调度，提升广告监管效能。

推进广告行业自律，大力规范广告行为。强化市场主体责任，发挥广告行业组织和各领域行业组织作用，鼓励通过企业标准、行业标准、团体标准等形式加强自律规范，建立广告服务标准，提升诚信水平，推动实现企业和行业自我管理、自我规范、自我净化。压实平台责任，推动平台落实广告审核责任，建立健全广告业务的承接登记、审核、档案管理制度。加强舆论监督和社会监督，回应社会热点问题，及时处理违法广告投诉举报，支持广告领域的消费维权，建设“主体自治、行业自律、社会监督、政府监管”的社会共治体系，全面净化广告市场环境。

四、主要措施

（一）构建区域广告产业特色

围绕生物医药和大健康、旅游文化、信息、物流、高原特色现代农业、新材料、先进装备制造、食品与消费品加工制造八大重点产业发展，以及打造世界一流“三张牌”，集聚广告资源，加强产业融合、政策融合，推动广告传播数字化、网络化进程，促进广告产业与重点产业的有机联动、同步发展。聚焦乡村振兴“百千万”工程、“一县一业”“一村一品”，促进广告市场下沉，指导制定广告服务专项计划，广泛运用广播电视、网络视听、场景应用等媒体平台，借助“一部手机游云南”“云品荟”等平台，宣传推介旅游文化，服务塑造农业品牌，促进特色农产品、乡村旅游消费。在顺应消费升级趋势，提升传统消费，培育新型消费，合理增加公共消费，打造质量品牌，促进消费向绿色、健康、安全发展中发挥广告的积极作用。以昆明地区为重点，推动广告产业向集约化发展，其他地区向精品化发展，形成与当地产业发展相适应的区域广告

产业特色发展布局。

专栏 1 地方特色品牌建设和传播行动

云南文旅品牌建设和传播。以服务大滇西旅游环线、澜沧江沿岸休闲旅游示范区、昆玉红旅游文化带、沿边跨境文化旅游带、国际康养旅游示范区为重点，以云南旅游目的地的民族民间文化挖掘、形象传播、品牌建设、旅游产品推广、IP 打造、数字化沉浸体验传播为抓手，助力云南成为世人向往的健康生活目的地。

高原绿色食品品牌建设和传播。提升品牌培育能力，形成一批独具特色、绿色生态、优质安全的特色农产品品牌。深入挖掘产品品牌地方特色文化内涵，构建品牌故事，创新品牌传播方式，以年轻化、时尚化、市场化为导向，运用内容营销、数字精准广告、沉浸式体验等方式促进绿色食品品牌培育。

美丽乡村品牌建设和传播。围绕实施乡村振兴战略，积极推动广告市场下沉，鼓励广告企业服务“一县一业”“一村一品”，利用数字技术，深入挖掘乡村民族特色文化和资源禀赋，强化设计、创意、创新理念，针对乡村民宿、乡村美食、乡村特色农产品、民族民间工艺品，开展全方位创意服务，构建一批具有民族文化内涵，兼备艺术设计美感的乡村旅游消费品牌。

（二）培育优质广告经营企业

引导广告市场主体创新创意，提升广告作品的文化内涵和创意水平。引导广告产业市场主体增加营销策划、创意设计、制造和信息技术研发等方面投入，大力提升广告服务专业化水平，强化广告产业知识密集型、人才密集型、技术密集型等产业特征，推动广告产业向价值链高端延伸。培育一批主业突出、技术先进、特色鲜明，在细分市场中能够满足多元化需求的中小广告企业。培育一批创新创意能力强、服务质量高、诚信守法的知名广告企业和服务品牌。鼓励广告经营企业加强广告智能技术应用，加快新兴技术与广告产业的融合，引导企业在场景应用、内容创意、精准投放以及移动端广告等领域进行积极探索，培育一批数字化广告骨干企业，增强广告产业内生动力。鼓励具有国际化服务能力的大型广告企业集团发展，服务自主品牌建设，提高对自主品牌传播的综合服务能力。

专栏 2 广告经营企业服务能力提升行动

提升创新创意能力。引导广告经营企业开展创新创意，对接知识产权服务平台，指导创意作品版权登记，创意设计、相关技术创新等成果申请取得专利，促进知识产权转化运用。到“十四五”末，广告产业相关主体登记版权 1 万件以上，有效专利一千件以上。

提升广告服务质量。引导广告经营企业坚持正确创作方向，抵制低俗庸俗媚俗广告作品。加强传统文化与现代理念的融合，以广告创意引领健康的审美观和消费观，提升广告营销策划的文化内涵和审美情趣，提高品牌附加值，丰富优质广告作品供给。引导广告经营企业创建广告“专精特新”服务模式及服务规范，探索建立广告服务标准，培育规模以上企业及服务能力较强的骨干广告企业 200 户以上。

（三）发展广告新业态新模式

紧密结合云计算、大数据与人工智能、物联网、5G、区块链等前沿技术，大力培育发展新型广告业态；创新消费引导方式，提升产品品牌与用户需求的匹配度，有效扩大数字技术的场景应用，探索新场景下的广告创意、广告制作和用户互动的新形式。协同电子商务发展，加强对新兴消费模式和年轻消费族群的研究。鼓励广告与电子商务、新型物流等新业态相结合，推动新兴广告媒体发展，促进媒介融合，形成立体多样、融合发展的现代广告传播体系；促进直播带货等新型广告营销机构规范发展，鼓励优质产品和服务加大新媒体广告投放量，提升新媒体广告的创意能力和市场贡献份额。鼓励广告经营企业在精准定向、规模投放、动态创意、效果展示、数据和信息识别与挖掘、LBS 情境、原生广告等专业领域的创新应用。加强广告智能技术研发，加快广告技术与广告产业的融合，开发一批具有自主知识产权的智能广告技术。创新广告营销模式，实现媒体融合的路径、场景、内容、营销、技术新突破，推动广告产业结构优化和业态创新。

（四）提升广告产业园区发展水平

按照高质量发展要求，以昆明国家广告产业园提质升级为重点，完善园区建设发展定位，优化园区产业结构，升级园区公共平台服务能力。搭建广告产业和科技协同创新平台，结合前沿科技，引导并支持园区企业将技术领先、产业化前景好的科技成果及时应用到广告产业全流程。深入挖掘云南民族文化内涵，促进广告产业和文化创意的深度融合，将园区打造成云南省广告产业科技创新高地、品牌传播研发基地、数字营销孵化基地、创新创意人才集聚区，知识产权集聚区，面向南亚东南亚文化创意交流平台，把昆明国家广告产业园建设成国际化、高端化、特色化、智慧化的示范园区。推进园区数字管理，建立园区数据统计、运营监测和动态管理工作平台，科学掌握园区创新发展的数据指标，为园区高质量发展提供数据支撑，为科学完善园区产业发展规划、产业政策提供决策依据。

充分发挥昆明国家广告产业园的人才、技术等优势，以多种合作方式，在产业发展基础成熟，资源条件较好的州（市）建立有区域特色的广告园区 2~3 个，其中认定省级园区 1~2 个，发挥广告产业园区的辐射带动作用。

（五）大力培养广告人才

建立健全广告人才培养机制，加快形成政府部门、行业组织、高校、职业学校等共同培养人才的联动效应。支持省内高校加强广告学科建设，支持园区与高校、职业学校合作共建区域性广告人才实训平台，开设具有本地文化特色、符合本地主导产业品牌需求和产业发展实际的培训课程，面向各类广告产业市场主体管理人员、创意设计人员、技术人员，提升从业人员基本素质、专业技能和法律修养。通过“请进来、送出去”方式，加强省内外广告领域的相互交流学习，拓宽视野。在昆明国家广告产业园开展经常性的广告创新创意“讲堂”。支持建立产学研一体化的广告产业发展新型智库、云南省广告与品牌发展研究中心（院），多渠道、多方式培养广告实务人才，加快培养一批广告高层次人才和领军人才。

专栏 3 广告人才培养平台建设行动

建立高校在校学生专业技能实训平台以拓宽在校大学生的就业渠道为目标，高校、园区、企业联动，以广告专业技能提升为重点，通过产学研合作方式，在昆明国家广告产业园建立在校大学生广告实训基地，集聚相关领域师资，打造一批精品课程，构建在校大学生实训体系，推动“1+X”证书项目在高校的推广。

建立广告人才培养平台集聚省内外广告产业各类专家、师资，以数字内容创作应用、数字内容营销、商业模式创新为重点内容，通过产学研合作方式，促进在昆明地区建立广告研究机构 1 个，广告人才培养实训基地 1~2 个；促进在广告产业发展较好的其他地区建立广告人才培养实训基地 2~3 个。

（六）大力推进广告行业自律

围绕弘扬社会主义核心价值观，推进公民社会公德、职业道德、家庭美德和个人品德建设，结合“文化润滇”行动，鼓励公益广告设计、制作，支持开展公益广告大赛，发掘和推介一批优秀公益广告作品。

面向各类广告活动主体，大力推进广告普法教育，引导广告行为规范。以媒体单位、广告经营企业、互联网电商平台为重点，引导其建立完善广告审核管理制度，严格广告审核把关，自觉杜绝虚假违法广告。增强诚信守法意识，自觉维护良好广告市场秩序，维护公平竞争，维护消费者合法权益，开创广告行业自律和社会共治新局面。

（七）完善广告监管体系

强化广告导向监管，深化事关人民群众生命健康和财产安全重点领域广告监管，加大违法案件查办力度。优化广告监管方式，提升传统媒体广告、互联网广告、户外广告监测能力。强化监管前移，加强对广告活动主体广告行为规范指导。加强对重点领域广告活动特别是互联网广告活动前瞻性研究，加强分析研判和预警，及时采取有针对性的监管措施、防范措施。加强协同监管，推动监管联动，推进信用监管、智慧监管，研究建立广告领域失信联合惩戒机制，推动形成“一处违法、处处受限”的广告信用监管格局，维护良好市场秩序，营造良好营商环境。

五、专项计划

发挥广告对品牌传播、塑造的积极作用，按照重点突破原则，引导和协调帮助发展基础好、具有创新能力的企业和单位实施绿色食品品牌传播、鲜花品牌数字营销、文创产品品牌对外传播、创新创意知识产权服务平台建设、广告产业龙头企业培育、云南民族民间工艺品品牌孵化等 6 项专项计划。

（一）绿色食品品牌传播

1. 聚焦绿色食品品牌，提升广告垂直服务能力围绕打造世界一流“绿色食品牌”，以茶叶、花卉、水果、蔬菜、坚果、中药材、咖啡、肉牛等为重点，深度发掘绿色食品品牌传播需求，创新广告传播服务模式，通过互联网广告、数字内容制作、直播带货等方式，培育广告的精准化服务能力，打造专业化程度高、垂直服务能力强的广告传播矩阵，提升云南品牌的市场竞争力。

2. 聚焦地理标志产品，构建地标品牌传播体系结合云南省“十大名品”工程，以“云茶”“云花”等特色产业为重点，引导专业服务机构，通过“地理标志＋龙头企业＋合作社＋农户＋电商”的模式，对绿色食品开展地理标志营销传播，提升地理标志产品的品牌影响力与市场竞争力，以内容传播方式，充分利用国内主流电商平台，建立云南省地理标志品牌传播推广体系，全方位展示云南地理标志产品及相关文化，加大地理标志产品在省内外推广传播力度，形成常态机制，提升云南省地理标志公共品牌的认知度。

（二）鲜花品牌数字营销

1. 建立鲜花产业大数据库建立鲜花产业链数据库，及时掌握鲜花市场动态，科学分析市场需求，引导市场良性竞争，有效控制鲜花市场风险，为鲜花产业发展提供精准数据支持。通过数据技术应用，提高鲜花企业的综合管理能力，提升鲜花产品品质，为云南鲜花产业数字化营销提供技术支撑。

2. 云南鲜花品牌的营销传播运用大数据营销传播模式，推动云南鲜花产业的品牌化建设，提升市场竞争力。通过建立鲜花生产流通全过程数据，形成数字化质量追溯体系，增强云南鲜花产品的内容背书，呈现鲜花产品的可感知性和真实性，展示云南鲜花的特色，塑造品牌形象。借助互联网和数字技术，将大数据、区块链应用到云南鲜花产业品牌营销全过程，让数据库转化为品牌传播的内容库。获取消费者真实需求，对消费者进行精准画像，开展精准营销传播，助推云南鲜花产业品牌化发展，提升云南鲜花产品的溢价能力。

（三）文创产品品牌对外传播

1. 开展影视译制及品牌传播加强与南亚东南亚广告创意的交流合作。搭建平台，围绕中国优秀影视文化作品，开展南亚东南亚小语种译制，以影视作品出口为带动，促进中国品牌在南亚东南亚的传播推广，为建设面向南亚、东南亚辐射中心发挥广告产业应有贡献。

2. 开展动漫创作跨境合作为适应国际青少年群体对动漫的喜爱和需求，顺应国际动漫及电竞产业的发展趋势，发挥云南省高校、企业的动漫技术资源及人才资源，开展面向南亚东南亚高校、企业的动漫人才培养合作，动漫创作项目合作，以教学培训为抓手，以互联网技术为支撑，开展产学研一体化的动漫创作跨境合作，建立跨境动漫生产加工基地。

推动云南品牌“走出去”利用互联网广告、网络直播、VR/AR 等新型传播方式，依托国内和省内跨境电商平台，结合中国（云南）自由贸易示范区建设，创新品牌跨境传播模式，提升云南品牌境外营销的市场竞争力。

（四）创新创意知识产权服务平台建设

1. 建立可视化数字营销内容生产及服务平台培育具有核心技术优势的数字服务和内容生产企业，构建国内领先的可视化数字营销服务平台。以 VR/AR 等媒体新技术为重点，加大创新研发投入与应用迭代，做强做大云南省 VR/AR 产业联盟，完善丰富平台服务功能，为文旅、教育、交通、地产、家居等产业的营销传播提供更为丰富的可视化数字内容。

2. 建立数字营销内容知识产权服务平台强化数字营销内容知识产权保护运用服务，创新内容传播模式，利用区块链技术，以昆明国家广告产业园为依托，以云南省 VR/AR 产业联盟为支撑，聚集数字内容研发、生产、咨询服务等要素，充分发挥政策、人才、技术、资源、金融优势；完善数字内容知识产权的确权、用权、维权服务功能；建立完善专利、商标、版权、地理标志等知识产权综合服务平台，促进数字营销内容知识产权保护运用。同时，加强网络线上广告活动的监管。

（五）广告产业龙头企业培育

1. 构建户外媒体传播矩阵引导省内优质广告传媒企业，充分利用云南机场、高速公路、高铁、地铁等“大交通”的媒体资源，充分发挥交通节点的信息流、客流传播效能，扩大广告媒体资源的规模化程度，提升广告媒体的市场效率。依托龙头企业提高航空、铁路、公路、地铁等“大交通”媒体资源的协同传播效率。支持交通领域广告传媒企业逐步布局省外重点城市，下沉户外广告市场，适时开拓面向南亚东南亚广告市场。

2. 助推云南重点品牌传播引导省内龙头广告企业，依托“大交通”媒体资源矩阵，以枢纽交通门户媒体资源为支撑，以服务云南八大重点产业、世界一流“三张牌”等为主要内容，打造一批“云品”品牌传播精品，提升“云品”品牌在国内外的品牌影响力和市场占有率，为深度融入以国内大循环为主体、国内国际双循环相互促进的新发展格局，发挥广告应有作用。

（六）云南民族民间工艺品品牌孵化

1. 建设云南民族民间工艺品品牌孵化基地依托昆明国家广告产业园区的优势，建设云南民族民间工艺

品牌孵化基地。利用广告为品牌服务的能力，通过数据、案例、品牌营销、版权运用等孵化模式，提升云南民族民间工艺产品的生产、制作、设计、包装和知识产权运用水平，推动云南“金、木、土、石、布”产品品牌化发展。

2. 建立云南民族民间工艺品品牌研发中心充分挖掘云南民族民间文化，通过创意、创作，推动云南民族民间工艺品牌发展。发挥广告为品牌服务的能力，以昆明国家广告产业园为依托，用好政府部门政策资源，集聚产、学、园、企技术和人才资源，以策划创意、广告设计、传播效果为重点内容，建立云南民族民间工艺品品牌研发中心，提升云南民族民间工艺产品市场化、国际化、时尚化、年轻化水平。

六、组织实施

（一）加强组织协调

全省各级市场监管部门要高度重视广告产业发展，建立促进广告产业发展协调机制，将本规划提出的目标任务落实到本地区、本部门年度计划中。重视在规划实施中与现代服务业、文化产业等相关行业、领域发展的衔接，加强与相关部门的工作协同和配合，结合实际制定本地区广告产业发展的行动计划。加强省、州（市）市场监管部门联动，促进园区、企业间的合作，加强广告企业、广告园区、广告协会等各方的协调配合，推动规划实施落在实处。

（二）完善政策配套

综合运用财政、金融、税收、知识产权保护、人才引进等相关配套政策，加强本规划实施与其他相关规划实施的协同，发挥耦合效应，促进联动发展，拓展广告产业发展的空间。积极对接宣传、科技、文化、旅游等相关领域扶持政策，争取设立广告产业发展专项资金。

（三）发挥行业组织作用

广告行业组织是广告产业发展的重要力量，也是协助政府有关部门和组织广告市场主体落实规划的重要抓手。广告行业组织要发挥好政府与市场间的桥梁和纽带作用，加强对规划实施相关政策措施的学习研究，积极收集、整理、反映广告产业内外对于规划实施的意见，提出规划实施建议。搭建拓展落实规划的平台和渠道，在规划实施中发挥应有作用。

行业组织

Organizations in Advertising Industry

中国广告协会

历史沿革

中国广告协会成立于 1983 年，是由具备一定资质条件的广告主、广告经营者、广告发布者、广告代言人（经纪公司）、广告（市场）调查机构、广告设备器材供应机构等经营单位，以及地方性广告行业组织、广告教学及研究机构等自愿结成的行业性、全国性、非营利性社会组织，现拥有会员单位两千余家。

中国广告协会的主要职能：提供服务、反映诉求、制定标准、规范行为。

中国广告协会设有广告主委员会、广告经营者委员会、广告发布者工作委员会、广告代言人委员会、互联网广告委员会、学术委员会、法律咨询委员会等分支机构。中国广告协会各分支机构在中国广告协会的领导下，在其专业领域内开展行业活动。

全国各省、自治区、直辖市等地方广告协会是中广协的会员单位，也是中广协在全国范围内开展行业活动的重要工作环节和合作伙伴。

中广协代表中华人民共和国参加国际广协组织。国际广告协会（IAA）中国分会设立于中广协。

1994 年 12 月 6 日至 8 日

中国广告协会第四次全国代表大会在北京召开。国家副主席荣毅仁、国务院副总理李岚清、全国人大副委员长陈慕华、王光英、李沛瑶等为大会亲笔题词，李沛瑶副委员长出席会议并作重要讲话。陈慕华副委员长担任名誉会长，国家工商局局长王众孚、新华通讯社副社长张宝顺、广播电影电视部副部长何栋材、新闻出版署署长梁衡、中国国际贸易促进委员会副会长解建群、中广协原会长田树千任顾问，国家工商局副局长杨培青当选为会长，吴德裕为副会长兼任秘书长。2000 年 4 月，时学志接任副会长兼秘书长。

2008 年 1 月 11 日至 12 日

中国广告协会第五次会员大会在北京召开。国家工商总局党组书记、局长周伯华，国家工商总局副局长刘凡出席会议。国家工商总局原副局长李东生任会长、时学志为副会长兼任秘书长。2009 年 5 月，李国庆接任副会长兼秘书长。2011 年 4 月，燕军接任副会长兼秘书长。2015 年 1 月，杨洪丰接任副会长兼秘书长。

2015 年 6 月 14 日至 15 日

中国广告协会第六次会员代表大会在北京召开。国家工商总局局长张茅出席会议并作重要讲话，副局长甘霖主持大会闭幕会。大会选举产生了中国广告协会第六届理事会，杨洪丰当选为会长、秘书长。

2016 年 11 月 19 日

中国广告协会第六届理事会第三次会议在北京召开。国家工商总局副局长甘霖出席会议并讲话。会议表决通过，由张国华担任中国广告协会会长，杨洪丰为中国广告协会常务副会长、法人代表。

2018 年 2 月底

根据《中共中央办公厅、国务院办公厅关于印发〈行业协会商会与行政机关脱钩总体方案〉的通知》，中国广告协会按照经国家工商行政管理总局等上级主管部门批准的脱钩方案完成脱钩改革。2 月 28 日，国家工商行政管理总局副局长甘霖到中国广告协会宣布脱钩工作完成。

2018 年 9 月 26 日

中国广告协会第六届理事会第五次会议在黑龙江省哈尔滨市召开。会议投票选举王英偶为中国广告协会秘书长。

2021 年 12 月 10 日

中国广告协会第七届会员代表大会在厦门举行。中国广告协会第七届理事会第一次会议选举张国华为第七届理事会会长，聘任王英偶为秘书长。

组织机构

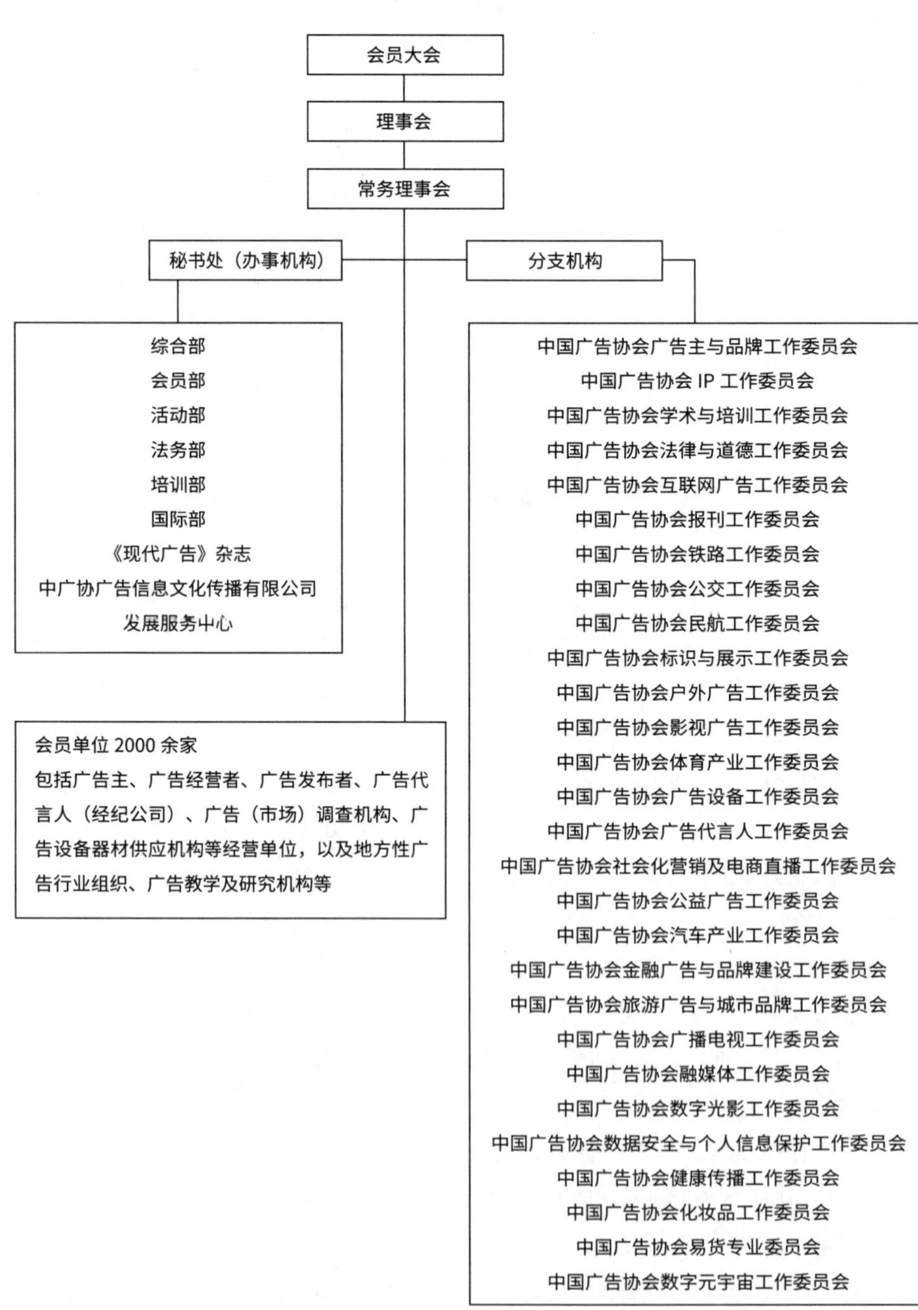

中国广告协会章程

（2021 年 12 月 10 日中国广告协会第七届会员代表大会通过）

第一章 总则

第一条 中国广告协会是由中国境内的广告主、广告经营者、广告发布者、广告代言人（经纪公司）、广告（市场）调查机构、广告设备器材供应机构等行业相关的企事业单位、地方性广告行业的社会组织、广告教学及研究机构等自愿结成的全国性、行业性社会团体，是非营利性社会组织。

本会会员分布和活动地域为全国。

第二条 本会的宗旨是：紧密围绕“提供服务、反映诉求、规范行为”的基本职能开展业务工作，并加强与其他广告及行业相关的社会组织交流与合作。按照《中华人民共和国广告法》的规定，制定行业规范，加强行业自律，促进行业发展，引导会员依法从事广告活动，推动广告行业诚信建设；树立广告业良好的社会形象，为我国经济转型升级、优秀文化传播、社会和谐进步贡献力量。

本会遵守宪法、法律、法规和国家政策，践行社会主义核心价值观，弘扬爱国主义精神，遵守社会道德风尚，自觉加强诚信自律建设。

第三条 本会坚持中国共产党的全面领导，根据中国共产党章程的规定，设立中国共产党的组织，开展党的活动，为党组织的活动提供必要条件。

本会的登记管理机关是民政部，党建领导机关是中央和国家机关工作委员会。

本会接受登记管理机关、党建领导机关、有关行业管理部门的业务指导和监督管理。

第四条 本会负责人包括会长、副会长、秘书长。

第五条 本会的住所设在北京市。

本会的网址：http://www.china-caa.org

第二章 业务范围

第六条 本会的业务范围：

（一）学习、宣传、贯彻《中华人民共和国广告法》和有关广告管理法规、规章，协助政府做好行业管理，同时向政府有关部门反映行业的意见和建议，充分发挥行业组织的桥梁、纽带作用；

（二）根据《中华人民共和国广告法》对广告行业组织职责的要求，组织开展对广告法律、法规、规章及行业发展状况的研究工作，制定行业自律规范；

（三）开展广告业发展状况的调查研究，积极参与广告行业相关的法律法规、产业政策和发展规划的研究、制定；

（四）开展行业信用评价工作，推动广告行业诚信建设，完善行业信用体系，提高行业信用水平；经政府有关部门授权或委托，建立健全广告企业信用档案，加强信用信息共享和应用；依托社会及行业媒体，积极宣传推广信用评价结果，提高广告行业诚信经营单位在政府、市场与社会中的接受度和知名度；

（五）建立、完善行业自律约束机制；健全行业自律规则和职业道德准则；建立广告监测、劝诫机制和广告投诉处理机制，杜绝虚假违法广告，净化广告环境，规范市场秩序；

（六）开展标准化工作；接受政府有关部门授权或委托，开展广告国家标准、行业标准的研究起草、组织实施等有关工作；组织制定团体标准，充分发挥行业组织的自律、服务、协调作用；

（七）开展广告发布前的咨询服务工作；为广告相关法律、法规、规章和其他规范性文件的解释和适用提供意见和建议，帮助企业降低违法风险，提高广告发布质量；

（八）提供行业信息服务；建立包括广告人才、广告企业竞争力与诚信度、广告企业经营情况等信息在内的广告业数据库及广告业信息发布制度；形成科学、全面、统一的信息共享平台，为企业发展、行业交流和政府有关部门制定政策，提供信息支持；依照有关规定，出版行业图书、杂志、内部刊物等，充分发挥互联网等新媒体的作用，做好行业信息服务建设；

（九）有效开展行业维权工作；提供行业法律事务咨询服务，调解行业内、外部纠纷，协助处理侵权事项；针对事关行业发展的重大问题进行深入调研，积极反映行业诉求，维护行业合法权益；

（十）加强广告理论学术研究，推动我国广告理论的自主创新发展，构建与我国社会主义市场经济文化特征相适应的广告理论体系，不断推出高质量的广告理论研究成果；

（十一）广泛开展学术论坛、经验交流等活动，加强对广告从业人员的职业技能、法律法规等多层次、全方位的培训工作，努力提高从业人员的专业水平、法律素质、职业道德；

（十二）受政府委托或根据市场和行业发展需要，举办行业会展活动，推广先进的广告制作技术、设备、材料、工艺，推动广告企业加强广告科技研发和技术创新；经政府有关部门批准，举办中国国际广告节、中国广告论坛、中国大学生广告艺术节，促进广告创意、设计、制作、发布水平提高；

（十三）开展国际交流与合作；积极与国际广告组织以及各国、各地区广告组织建立联系，深化国际交流合作，代表和组织中国广告业界参加国际广告交流活动；扩大我国广告企业与广告服务在国际上的影响力；积极支持广告企业走向国际市场，在企业参与国际竞争等方面发挥作用；

（十四）根据《中华人民共和国商标法》等法律、法规，开展本会“CNAA Ⅰ”“CNAA Ⅱ”“CNAA Ⅲ”证明商标使用管理工作，通过制定服务标准证明企业服务质量，促进广告企业提升专业服务水平、核心竞争力和品牌价值，增强社会责任感和诚信意识；

（十五）经政府有关部门授权或委托，建立广告人才数据库，加强广告人才队伍建设，提高广告从业人员专业水平；

（十六）承办政府有关部门授权或委托的有关事项。

业务范围中属于法律法规规章规定须经批准的事项，依法经批准后开展。

第三章　会员

第七条 本会的会员为单位会员。

第八条 拥护本会章程，符合下列条件的，可以自愿申请加入本会：

（一）有加入本会的意愿；

（二）在本会的业务（行业、学科）领域内具有一定的影响力；

（三）遵守法律法规和广告行业自律条款，诚信经营，有社会责任感；

（四）依法成立且经营二年以上，并符合下列条件之一者：

1. 年广告营业额在 600 万元以上的广告企业或其他具有广告经营业务的企业；

2. 年广告营业额在 3000 万元以上的媒体单位；

3. 年营业额在 500 万元以上的广告信息服务机构、广告（市场）调查研究机构、广告器材与设备企业等单位；

4. 年广告费投入在 500 万元以上的广告主。

（五）具有法人资格的广告行业相关的社会组织；

（六）与广告相关的教学及研究机构；

（七）广告代言人（法人或其他组织）及年营业额在 500 万元以上的经纪公司。

第九条 会员入会的程序是：

（一）提交入会申请书；

（二）提交营业执照或其他类型法人登记证书等有关证明材料；

（三）由理事会授权的机构讨论通过；

（四）由本会理事会或其授权的机构颁发会员证，并予以公告。

第十条 会员享有下列权利：

（一）选举权、被选举权和表决权；

（二）对本会工作的知情权、建议权和监督权；

（三）参加本会活动并获得本会服务的优先权；

（四）退会自由。

第十一条 会员履行下列义务：

（一）遵守本会的章程和各项规定；

（二）执行本会的决议；

（三）按规定交纳会费；

（四）维护本会的合法权益；

（五）向本会反映情况，提供有关资料。

第十二条 会员如有违反法律法规和本章程的行为，经理事会或者常务理事会表决通过，予以除名。

第十三条 会员退会须书面通知本会并交回会员证。

第十四条 会员有下列情形之一的，自动丧失会员资格：

（一）2 年不按规定交纳会费；

（二）2 年不按要求参加本会活动；

（三）不再符合会员条件；

（四）丧失民事行为能力。

第十五条 会员退会、自动丧失会员资格或者被除名后，其在本会相应的职务、权利、义务自行终止。

第十六条 本会置备会员名册，对会员情况进行记载。会员情况发生变动的，应当及时修改会员名册，并向会员公告。

第四章 组织机构

第一节 会员代表大会

第十七条 会员代表大会是本会的最高权力机构，其职权是：

（一）制定和修改章程；

（二）决定本会的工作目标和发展规划；

（三）制定和修改会员代表、理事、常务理事、负责人产生办法，报党建领导机关备案；

（四）选举和罢免理事、监事；

（五）制定和修改会费标准；

（六）审议理事会的工作报告和财务报告；

（七）决定名誉职务的设立；

（八）审议监事会的工作报告；

（九）决定名称变更事宜；

（十）决定终止事宜；

（十一）决定其他重大事宜。

第十八条 会员代表大会每届 5 年，每 5 年召开 1 次。因特殊情况需提前或者延期换届的，须由理事会表决通过，经党建领导机关审核同意后，报登记管理机关批准。延期换届最长不超过 1 年。

本会召开会员代表大会，须提前 15 日将会议的议题通知会员代表。

会员代表大会应当采用现场表决方式。

第十九条 经理事会或者本会 50% 以上的会员代表提议，应当召开临时会员代表大会。

临时会员代表大会由会长主持。会长不主持或不能主持的，由提议的理事会或会员代表推举本会一名负责人主持。

第二十条 会员代表大会须有 2/3 以上的会员代表出席方能召开，决议事项符合下列条件方能生效：

（一）制定和修改章程，决定本会终止，须经到会会员代表 2/3 以上表决通过；

（二）选举理事，当选理事得票数不得低于到会会员代表的 1/2；罢免理事，须经到会会员代表 1/2 以上投票通过；

（三）制定或修改会费标准，须经到会会员代表 1/2 以上无记名投票方式表决；

（四）其他决议，须经到会会员代表 1/2 以上表决通过。

第二节 理事会

第二十一条 理事会是会员代表大会的执行机构，在会员代表大会闭会期间领导本会开展工作，对会员代表大会负责。

理事人数最多不得超过 400 人，且不得超过会员代表的 1/3，不能来自同一会员单位。

本会理事应当符合以下条件：

（一）政治思想坚定，业务能力强，在行业中具有一定影响力；

（二）遵纪守法，勤勉尽职，个人社会信用记录良好；

（三）积极参与本会活动，热心于本会工作。

第二十二条理事的选举和罢免：

（一）第一届理事由发起人商申请成立时的会员共同提名，报党建领导机关同意后，会员代表大会选举产生；

（二）理事会换届，应当在会员代表大会召开前 2 个月，由理事会提名，成立由理事代表、监事代表、党组织代表和会员代表组成的换届工作领导小组或专门选举委员会；

理事会不能召集的，由 1/5 以上理事、监事会、本会党组织或党建联络员向党建领导机关申请，由党建领导机关组织成立换届工作领导小组或专门选举委员会，负责换届选举工作；

换届工作领导小组拟定换届方案，应在会员代表大会召开前 2 个月报党建领导机关审核；

经党建领导机关同意，召开会员代表大会，选举和罢免理事；

（三）根据会员代表大会的授权，理事会在届中可以增补、罢免部分理事，最高不超过原理事总数的 1/5。

第二十三条 每个理事单位只能选派一名代表担任理事。单位调整理事代表，由其书面通知本会，报理事会或者常务理事会备案。该单位同时为常务理事的，其代表一并调整。

第二十四条 理事的权利：

（一）理事会的选举权、被选举权和表决权；

（二）对本会工作情况、财务情况、重大事项的知情权、建议权和监督权；

（三）参与制定内部管理制度，提出意见建议；

（四）向会长或理事会提出召开临时会议的建议权。

第二十五条 理事应当遵守法律、法规和本章程的规定，忠实履行职责、维护本会利益，并履行以下义务：

（一）出席理事会会议，执行理事会决议；

（二）在职责范围内行使权利，不越权；

（三）不利用理事职权谋取不正当利益；

（四）不从事损害本会合法利益的活动；

（五）不得泄露在任职期间所获得的涉及本会的保密信息，但法律、法规另有规定的除外；

（六）谨慎、认真、勤勉、独立行使被合法赋予的职权；

（七）接受监事对其履行职责的合法监督和合理建议。

第二十六条 理事会的职权是：

（一）执行会员代表大会的决议；

（二）选举和罢免会长、副会长、常务理事，决定聘任和解聘秘书长；

（三）决定名誉职务的人选；

（四）筹备召开会员代表大会，负责换届选举工作；

（五）向会员代表大会报告工作和财务状况；

（六）决定会员的吸收和除名；

（七）决定设立、变更和终止分支机构、代表机构、办事机构和其他所属机构；

（八）决定副秘书长、各所属机构主要负责人的人选；

（九）领导本会各所属机构开展工作；

（十）审议年度工作报告和工作计划；

（十一）审议年度财务预算、决算；

（十二）制定信息公开办法、财务管理制度、分支机构管理办法、代表机构管理办法等重要的管理制度；

（十三）决定本会负责人和工作人员的考核及薪酬管理办法；

（十四）决定其他重大事项。

第二十七条会与会员代表大会任期相同，与会员代表大会同时换届。

第二十八条 理事会会议须有 2/3 以上理事出席方能召开，其决议须经到会理事 2/3 以上表决通过方能生效。

理事 3 次不出席理事会会议，自动丧失理事资格。

第二十九条 常务理事由理事会采取无记名投票方式从理事中选举产生。

会长、副会长由理事会采取无记名投票方式从常务理事中选举产生。

聘任、解聘秘书长，须经到会理事 2/3 以上投票通过。

罢免常务理事、会长、副会长，须经到会理事 2/3 以上投票通过。

第三十条 选举常务理事、会长、副会长，按得票数确定当选人员，但当选的得票数不得低于总票数的 2/3。

第三十一条 理事会每年至少召开 1 次会议，情况特殊的，可采用通讯形式召开。通讯会议不得决定负责人的调整。

第三十二条 经会长或者 1/5 的理事提议，应当召开临时理事会会议。

会长不能主持临时理事会会议，由提议召集人推举本会一名负责人主持会议。

第三节　常务理事会

第三十三条 本会设立常务理事会。常务理事从理事中选举产生，人数不超过 51 人。在理事会闭会期间，常务理事会行使理事会第一、四、六、七、八、九、十、十一、十二、十三项的职权，对理事会负责。

常务理事会与理事会任期相同，与理事会同时换届。

常务理事会会议须有 2/3 以上常务理事出席方能召开，其决议须经到会常务理事 2/3 以上表决通过方能生效。

常务理事 4 次不出席常务理事会会议，自动丧失常务理事资格。

第三十四条 常务理事会至少每 6 个月召开 1 次会议，情况特殊的，可采用通讯形式召开。

第三十五条 经会长或 1/3 以上的常务理事提议，应当召开临时常务理事会会议。

会长不能主持临时常务理事会会议，由提议召集人推举本会 1 名负责人主持会议。

第四节　负责人

第三十六条 本会负责人包括会长 1 名，副会长不超过 23 名，秘书长 1 名。

本会负责人应当具备下列条件：

（一）坚持中国共产党领导，拥护中国特色社会主义，坚决执行党的路线、方针、政策，具备良好的政治素质；

（二）遵纪守法，勤勉尽职，个人社会信用记录良好；

（三）具备相应的专业知识、经验和能力，熟悉行业情况，在本会业务领域有较大影响；

（四）身体健康，能正常履责。会长、副会长年龄不超过 70 周岁，秘书长年龄不超过 65 周岁且为专职；

（五）具有完全民事行为能力；

（六）能够忠实、勤勉履行职责，维护本会和会员的合法权益；

（七）无法律法规、国家政策规定不得担任的其他情形。

会长、秘书长不得兼任其他社会团体的会长、秘书长，会长和秘书长不得由同一人兼任，并不得来自同一会员单位。

第三十七条 本会会长、副会长任期与理事会相同，连任不超过 2 届。

聘任或者向社会公开招聘的秘书长任期不受限制，可不经过民主选举程序。

第三十八条 会长为本会法定代表人。

因特殊情况，经会长推荐、理事会同意，报党建领导机关审核同意并经登记管理机关批准后，可以由副会长担任法定代表人。聘任或向社会公开招聘的秘书长不得任本会法定代表人。

法定代表人代表本会签署有关重要文件。

本会法定代表人不兼任其他社团的法定代表人。

第三十九条 担任法定代表人的负责人被罢免或卸任后，不再履行本会法定代表人的职权。由本会在其被罢免或卸任后的 20 日内，报党建领导机关审核同意后，向登记管理机关办理变更登记。

原任法定代表人不予配合办理法定代表人变更登记的，本会可根据理事会同意变更的决议，报党建领导机关审核同意后，向登记管理机关申请变更登记。

第四十条 会长履行下列职责：

（一）召集和主持理事会、常务理事会；

（二）检查会员代表大会、理事会、常务理事会决议的落实情况；

（三）向会员代表大会、理事会、常务理事会报告工作；

（四）在秘书处民主推荐基础上，提名秘书长，报党建领导机关审核同意后，交理事会决定；

（五）在秘书处民主推荐基础上，提名副秘书长，交理事会或者常务理事会决定；提名所属机构主要负责人，交理事会或者常务理事会决定；

（六）决定专职工作人员的聘用。

会长应每年向理事会进行述职。不能履行职责时，由其委托或理事会或常务理事会推选一名副会长代为履行职责。

第四十一条 副会长、秘书长协助会长开展工作。秘书长行使下列职责：

（一）协调各机构开展工作；

（二）主持办事机构开展日常工作；

（三）列席理事会、常务理事会和会员代表大会；

（四）拟订年度工作报告和工作计划，报理事会或常务理事会审议；

（五）拟订年度财务预算、决算报告，报理事会或常务理事会审议；

（六）拟订内部管理制度，报理事会或常务理事会批准；

（七）处理其他日常事务。

第四十二条 会员代表大会、理事会、常务理事会会议应当制作会议纪要。形成决议的，应当制作书面决议，并由出席会议成员核签。会议纪要、会议决议应当以适当方式向会员通报或备查，并至少保存 10 年。

理事、常务理事、负责人的选举结果须在 20 日内报党建领导机关审核，经同意，向登记管理机关备案并向会员通报或备查。

第五节　监事会

第四十三条　本会设立监事会，监事任期与理事任期相同，期满可以连任。监事会由 3~10 名监事组成。监事会设监事长 1 名，副监事长 1 名，由监事会推举产生。监事长和副监事长年龄不超过 70 周岁，连任不超过 2 届。

本会接受并支持委派监事的监督指导。

第四十四条 监事的选举和罢免：

（一）由会员代表大会选举产生；

（二）监事的罢免依照其产生程序。

第四十五条　本会的负责人、常务理事、理事和本会的财务管理人员不得兼任监事。

第四十六条 监事会行使下列职权：

（一）列席理事会、常务理事会会议，并对决议事项提出质询或建议；

（二）对理事、常务理事、负责人执行本会职务的行为进行监督，对严重违反本会章程或者会员代表大会决议的人员提出罢免建议；

（三）检查本会的财务报告，向会员代表大会报告监事会的工作和提出提案；

（四）对负责人、理事、常务理事、财务管理人员损害本会利益的行为，要求其及时予以纠正；

（五）向党建领导机关、行业管理部门、登记管理机关以及税务、会计主管部门反映本会工作中存在的问题；

（六）决定其他应由监事会审议的事项。

监事会每 6 个月至少召开 1 次会议。监事会会议须有 2/3 以上监事出席方能召开，其决议须经到会监事 1/2 以上通过方为有效。

第四十七条　监事应当遵守有关法律法规和本会章程，忠实、勤勉履行职责。

第四十八条 监事会可以对本会开展活动情况进行调查；必要时，可以聘请会计师事务所等协助其工作。监事会行使职权所必需的费用，由本会承担。

第六节　分支机构、代表机构

第四十九条　本会在本章程规定的宗旨和业务范围内，根据工作需要设立分支机构、代表机构。本会的分支机构、代表机构是本会的组成部分，不具有法人资格，不得另行制订章程，不得发放任何形式的登记证书，在本会授权的范围内开展活动、发展会员，法律责任由本会承担。

分支机构、代表机构开展活动，应当使用冠有本会名称的规范全称，并不得超出本会的业务范围。

第五十条　本会不设立地域性分支机构，不在分支机构、代表机构下再设立分支机构、代表机构。

第五十一条 本会的分支机构、代表机构名称不以各类法人组织的名称命名，不在名称中冠以“中国”“中华”“全国”“国家”等字样，并以“分会”“专业委员会”“工作委员会”“专项基金管理委员会”“代表处”“办事处”等字样结束。

第五十二条 分支机构、代表机构的负责人，年龄不得超过 70 周岁，连任不超过 2 届。

第五十三条 分支机构、代表机构的财务必须纳入本会法定账户统一管理。

第五十四条 本会在年度工作报告中将分支机构、代表机构的有关情况报送登记管理机关。同时，将有关信息及时向社会公开，自觉接受社会监督。

第七节　内部管理制度和矛盾解决机制

第五十五条 本会建立各项内部管理制度，完善相关管理规程。建立《会员管理办法》《会员代表产生办法》

《理事会选举规程》《会员代表大会选举规程》《分支机构管理办法》等相关制度和文件。

第五十六条　本会建立健全证书、印章、档案、文件等内部管理制度，并将以上物品和资料妥善保管于本会场所，任何单位、个人不得非法侵占。管理人员调动工作或者离职时，必须与接管人员办清交接手续。

第五十七条　本会证书、印章遗失时，经理事会 2/3 以上理事表决通过，在公开发布的报刊上刊登遗失声明，可以向登记管理机关申请重新制发或刻制。如被个人非法侵占，应通过法律途径要求返还。

第五十八条　本会建立民主协商和内部矛盾解决机制。如发生内部矛盾不能经过协商解决的，可以通过调解、诉讼等途径依法解决。

第五章　资产管理、使用原则

第五十九条　本会收入来源：

（一）会费；

（二）捐赠；

（三）政府资助；

（四）在核准的业务范围内开展活动、提供服务的收入；

（五）利息；

（六）其他合法收入。

第六十条　本会按照国家有关规定收取会员会费。

第六十一条　本会的收入除用于与本会有关的、合理的支出外，全部用于本章程规定的业务范围和非营利事业。

第六十二条　本会执行《民间非营利组织会计制度》，建立严格的财务管理制度，保证会计资料合法、真实、准确、完整。

第六十三条

本会配备具有专业资格的会计人员。会计不得兼任出纳。会计人员必须进行会计核算，实行会计监督。会计人员调动工作或者离职时，必须与接管人员办清交接手续。

第六十四条　本会的资产管理必须执行国家规定的财务管理制度，接受会员代表大会和有关部门的监督。资产来源属于国家拨款或者社会捐赠、资助的，必须接受审计机关的监督，并将有关情况以适当方式向社会公布。

第六十五条　本会重大资产配置、处置须经过会员代表大会或者理事会、常务理事会审议。

第六十六条　理事会、常务理事会决议违反法律、法规或章程规定，致使社会团体遭受损失的，参与审议的理事、常务理事应当承担责任。但经证明在表决时反对并记载于会议记录的，该理事、常务理事可免除责任。

第六十七条　本会换届或者更换法定代表人之前必须进行财务审计。

法定代表人在任期间，本社团发生违反《社会团体登记管理条例》和本章程的行为，法定代表人应当承担相关责任。因法定代表人失职，导致社会团体发生违法行为或社会团体财产损失的，法定代表人应当承担个人责任。

第六十八条　本会的全部资产及其增值为本会所有，任何单位、个人不得侵占、私分和挪用，也不得在会员中分配。

第六章　信息公开与信用承诺

第六十九条　本会依据有关政策法规，履行信息公开义务，建立信息公开制度，及时向会员公开年度工作报告、第三方机构出具的报告、会费收支情况以及经理事会研究认为有必要公开的其他信息，及时向社会公开登记事项、章程、组织机构、接受捐赠、信用承诺、政府转移或委托事项、可提供服务事项及运行情况等信息。

本会建立新闻发言人制度，经理事会或常务理事会通过，任命或指定 1 名负责人作为新闻发言人，就本组织的重要活动、重大事件或热点问题，通过定期或不定期举行新闻发布会、吹风会、接受采访等形式主动回应社会关切。新闻发布内容应由本会法定代表人或主要负责人审定，确保正确的舆论导向。

第七十条　本会建立年度报告制度，年度报告内容及时向社会公开，接受公众监督。

第七十一条　本会重点围绕服务内容、服务方式、服务对象和收费标准等建立信用承诺制度，并向社会公开信用承诺内容。

第七章 章程的修改程序

第七十二条 对本会章程的修改, 由理事会表决通过, 提交会员代表大会审议。

第七十三条 本会修改的章程, 经会员代表大会到会会员代表 2/3 以上表决通过后, 报党建领导机关审核, 经同意, 在 30 日内报登记管理机关核准。

第八章 终止程序及终止后的财产处理

第七十四条 本会终止动议由理事会或者常务理事会提出, 报会员代表大会表决通过。

第七十五条 本会终止前, 应当依法成立清算组织, 清理债权债务, 处理善后事宜。清算期间, 不开展清算以外的活动。

第七十六条 本会经登记管理机关办理注销登记手续后即为终止。

第七十七条 本会终止后的剩余财产, 在党建领导机关和登记管理机关的监督下, 按照国家有关规定, 用于发展与本会宗旨相关的事业, 或者捐赠给宗旨相近的社会组织。

第九章 附则

第七十八条 本章程经 2021 年 12 月 10 日第七届第一次会员代表大会表决通过。

第七十九条 本章程的解释权属本会的理事会。

第八十条 本章程自登记管理机关核准之日起生效。

2021 年全国各地区广告协会工作总结选登

北京广告协会

2021 年，在北京市市场监督管理局、北京市民政局和中共北京市商业服务业行业协会联合党委的正确指导和支持下，北京广告协会以习近平新时代中国特色社会主义思想为指导，深入贯彻落实党的十九大及历次全会精神，坚持用新理念规划协会工作，开拓新思路解决问题，创新机制推动行业发展，履行广告协会“提供服务、反映诉求、制定规范、强化自律”职能，以增强协会服务能力和行业影响力、提高行业自律水平、促进行业健康发展为工作重点，实现了年初工作目标，得到了广大会员和行业的肯定和认可。

一、党建引领，保障行业高质量发展

北京广告协会在脱钩改革过程中，坚持“脱钩不脱轨”原则，按时开展党章党规党纪教育，牢牢把握新时代党的建设总要求，以热烈庆祝中国共产党成立 100 周年为主线，贯彻习近平新时代中国特色社会主义思想、学习习近平总书记“七一”重要讲话精神，深入开展党史学习教育，增强“四个意识”、坚定“四个自信”、做到“两个维护”，巩固深化“不忘初心，牢记使命”主题教育成果。按照中共北京市商业服务业行业协会联合党委要求，紧紧围绕基层党建引领和行业健康发展中心工作，突出提升基层党组织政治功能和组织力，以高质量党建引领保障行业高质量发展。2021 年北京广告协会组织开展主题党课、党员会议、讲党课等活动 12 次，参加上级组织开展学习活动 3 次。

二、切实抓行业自律，促进行业健康发展

（一）举办北京市广告法律法规培训班。2021 年在疫情的大环境下，协会通过线上线下相结合方式，共举办 6 次法律法规培训班，来自央媒、市媒、广告经营单位及广告主等相关广告部门共计 3000 余人参与培训，大力宣传贯彻《广告法》、广告监管制度、有关行政规章及广告企业经营中法律风险及防范措施。协会不断强化广告行业自律机制，做好广告导向工作，致力于提高广告从业人员自身素质，营造清明的广告环境，预防和最大限度地减少违法广告发布。

（二）提供广告发布前合规性咨询。通过微信、邮箱、电话等多种形式为会员单位和广告经营单位提供咨询，类别包括户外广告、互联网广告、音频广告、视频广告等，其中食品、保健品、校外培训等广告内容较多并易出现违规违法广告行为。截至年底，协会咨询部累计咨询答疑 8000 余条次。

（三）提供证明商标使用管理服务。作为一项提高广告企业服务质量和核心竞争力的工作，进一步完善证明商标使用管理工作制度，在申请、审查、许可、宣传等方面更加规范化。协会免费为会员单位进行 CNAA 一级、二级、三级证明商标的初审工作，并为会员申请商标证明的整个审核过程进行指导。

三、加强协会自身规范化建设，谋划行业发展

（一）认真执行协会定期召开理事会制度。2021 年召开 3 次理事会，审议协会重要工作及重要活动事项。

（二）加强协会信息化建设，开发线上服务功能。通过搭建和升级协会官网、微信及会员服务系统等，增强会员服务便捷性、时效性，同时提升协会工作人员素质，提

高协会各部门服务能力。

（三）履行协会“提供服务、反映诉求、制定规范、强化自律”基本职能并吸纳发展新会员，为协会注入新鲜血液。2021 年协会完成预定任务，全力为会员提供服务，同时向会员宣传普及新的广告法规，收到会员单位的正向反馈，一致好评，协会新增加 150 家会员。

（四）搭建互联网宣传矩阵，为会员单位、行业提供高效宣传平台。通过办好北广协官网、官微、官博、公众号及其新媒体等宣传平台，做好协会、会员及行业的宣传工作；配合政府部门的需求，进行公益广告的宣传；随时关注新的广告法规，及时向会员单位和行业受众推送。

（五）为会员搭建交流平台，实现资源对接。2021 年举办会员资源交流会、座谈会共 9 场，通过搭建企业和政府有效沟通的渠道和平台，提高业界对广告法律、政策的把握和认识，加深政府机关对企业实际情况的了解，充分发挥社会组织的桥梁纽带作用。如：2021 年 6 月，北京广告协会携手蓝色光标集团共同举办“为企业数字化营销赋能”尊享沙龙活动，协会 37 家会员单位与蓝色光标集团进行了深入沟通，充分了解了蓝标企业数字营销智能平台，为企业数字化营销发展打开了思路。

四、举办行业大型活动，打造行业品牌，搭建行业交流发展平台

（一）2021 年 9 月成功举办以“科技改变世界 · 创新赋能未来”为主题的 2021 科睿国际创新节（第六届），本届创新节主要内容有：开幕式、国际创新峰会、“科睿奖”颁奖典礼。经过多年发展，如今的科睿创新奖更加注重企业在创新方面的实际运用。科睿奖一直聚焦并挖掘在各领域创新的优秀案例作品，表彰在科技创新、品牌创新、营销创新、商业创新、服务创新、文娱创新的六大领域创新成果。2021 科睿奖从六大创新方面征集案例共 2000 余件，参与 2021 科睿创新奖的企业、公司突破 600 余家。无论是从报送作品数量、还是作品质量上较往年都有很大程度提高，科睿奖品牌在业界已形成较高的权威性和影响力。

（二）2021 年 10 月成功举办以“数字洞察世界 · 传播赋能未来”为主题的第十三届北京国际创意节暨第七届京津冀广告节。本届广告节主要内容有：开幕式；主题论坛；广告产业园区发展研讨会；广告智能监测与协会发展经验交流会；5G 营销新势力高峰论坛；颁奖典礼等，因新冠肺炎疫情防控要求，各活动采用线下及线上直播同步进行，参与人次达 10 万余。特别值得一提的是，2021 年组委会对作品及人物奖项的评审进行了创新完善：在等级奖的产生环节，增加了专业大众投票。等级奖奖项的出炉由专家评审团队和专业大众投票结果综合赋分最终决定，增强了专业大众的参与度。

五、紧密联系兄弟行业协会，加强各区域协同合作

（一）2021 年加强行业区域合作，继续紧密联系天津市广协、河北省广协及河北省内各地区广告协会，促进京津冀区域协同合作与发展。

（二）2021 年 7 月，北京广告协会与湖南省广告协会签署战略合作，以“搭建平台、整合资源、促进发展”为任务，为交流行业信息、激发发展活力、把握宣传导向、规范行业秩序、推动权益保护、惩戒失信行为等方面做出更大的贡献和发挥更积极的作用。

（三）同时加强与全国各省市兄弟协会的友好交流，尤其上海、广东、天津、河北、湖南、湖北、山东、海南、江西、香港、澳门等兄弟广告协会建立互访交流，促进行业发展。

（四）组织会员参加第 17 届中国广告论坛、第 28 届中国国际广告节、亚洲广告论坛（澳门）、中国公益广告大会等行业活动。

（五）参与制定文娱生态倡议书，针对《互联网广告管理办法（公开征求意见稿）》、网络数据安全管理条例（征求意见稿）等法规的完善，征集行业意见和建议并及时反馈国家相关部门。

河北省广告协会

河北省广告协会 2021 年以来，在中广协、省民政厅、省市场监管局的指导下，在各市广告协会、各会员单位大力支持下，秉承协会宗旨，紧紧围绕省委、省政府的中心工作，积极进取、勇于创新、充分发挥职能作用，积极为会员单位提供服务、反映诉求，行使协会规范行为、监督协调职能，较好地完成了各项工作。

一、积极开展证明商标认证工作，推动行业标准化工作开展。

省广告协会证明商标于 2020 年正式获国家市场监管总局商标局核准注册。是国家部委对于河北省广告行业标准化工作开展的高度认可。证明商标认定工作作为河北省广告协会工作的重要抓手，是充分发挥协会职能，推动我省广告行业标准化发展的重要手段。

一是开展省级证明商标企业认定工作。2021 年是原河北省广告企业资质过渡到证明商标的最后一年，今年 3 月 10 日，省广协下发了关于开展 2021 年度证明商标认定和延续工作的通知，对本年度工作进行安排部署。11 月 26 日，河北省广告协会证明商标审查委员会第三次会议在石家庄召开，对全省申报证明商标认定的 27 家广告经营单位进行资格审查，其中综合服务类 18 家、媒体服务类 4 家、设计制作类 4 家、二级综合服务类 1 家。新申请企业 10 家，延续申请企业 17 家。最终认定 22 家广告经营单位为河北省广告协会证明商标企业。至此原河北省广告企业资质认定全部过渡为河北省广告协会证明商标认证企业，做到一企业一编码，时效性网上可查，全面推动认证工作正规化。

二是推荐国家级证明商标企业。本年度共推荐四家广告经营单位认定国家级证明商标企业，分别是：中广艺达（唐山）文化传播集团有限公司、河北盘古网络技术有限公司、河北春秋文化传播有限公司、铂扬广告有限公司。其中，中国广告协会已经认定中广艺达（唐山）文化传播集团有限公司为国家一级媒体服务类企业；河北盘古网络技术有限公司为国家一级数字营销类企业。其余两家企业正在走申报流程。

二、继续举办第二十一届优秀广告作品评比，提高全省广告经营单位的创意策划能力

河北省广告协会作品评选活动已成功举办了二十届，2021 年举办的第二十一届广告作品评选活动，在秘书处的积极动员下，共征集各类商业广告参评作品 625 件，创下了历年商业广告作品申报之最，其中平面类 524 件、户外类 24 件、广播类 6 件、影视类 71 件。本届广告作品以商业广告为主题，分为影视、广播、户外、平面四种类型。经来自媒介、广告公司、大专院校、广告监管部门、广协等单位组成的评委认真评审，共评出获奖作品 132 件，其中一等奖 22 件、二等奖 28 件、三等奖 82 件。本届参评作品的创意较为新颖，艺术感染力较强，广告品位、设计、制作水平有所提高，特别是河北广播电视台、河北盘古网络技术有限公司、石家庄市星河广告有限公司、河北拓扬文化传播有限公司、河北汇景广告传媒股份有限公司、铂扬广告有限公司、河北方策文化传播有限公司、河北领帝文化传播股份有限公司、河北益和文化传播有限公司、石家庄德众业胜企业营销策划有限公司、沧州市狮城霓虹广告股份有限公司、张家口市恒远博文广告传媒有限公司等单位，用心设计、制作了一批主题鲜明、创意独特、有影响力的广告，参评作品基本上反映了我省当前的广告设计制作水平。

三、协会积极履职尽责，受到政府部门通报表彰

自省民政厅局署开展“我为企业减负担”专项行动以来，省广告协会积极响应号召，提升政治站位，履行社

会责任，主动担当作为，积极克服疫情对广告行业带来的影响，认真贯彻落实减税降费政策，主动降低涉企收费，着力减轻会员单位负担，充分发挥了服务社会、引领行业发展的重要作用，受到了河北省民政厅的通报表彰。今后，协会将进一步主动担当，充分作为，为全省广告行业发展营造良好的政策环境，积极发挥协会作用，搭建平台，推动资源交流和有效对接，真正做到服务会员、服务行业、服务发展。

四、积极组织参加中国广告协会以及各省协会组织的各项活动

一是积极参加中广协组织的相关活动。2021 年河北省广告协会先后带队参加了中国广告论坛、上海国际广告节、中国国际广告节等活动，省广告协会也因工作成绩突出，获得“广告节优秀组织奖”。一方面通过参加奖项评比、媒体展会、设备展会、商务交流、高峰论坛等活动，既了解最前沿的广告专业技术和行业动态，又增加了协会的号召力和凝聚力。另一方面以协会脱钩为契机，以全新的面貌展现在广告行业面前，充分利用国内广告行业各平台与全国广告界沟通交流，加强资源对接和项目合作，引进来和走出去相结合，充分发挥协会的桥梁纽带作用，服务我省广告行业发展。

二是支持兄弟协会做好广告行业赛事活动。12 月 17 日，河北省广告协会转发了《山西省广告协会 2021“青花汾酒杯”首届广告创意大赛 汾河奖全国作品征集活动》，通过协会平台和云学院平台组织全省广告经营单位、广告从业人员、全省各院校广告专业师生积极参加赛事活动，积极调动各方的积极性，展现河北广告人风采，省广协云学院还将对院校端提报的广告作品进行内容审查，保证参赛作品质量，力争在比赛中取得优异的成绩。

五、走访会员企业，倾听行业呼声

2020 年 3 月份开始，省广告协会利用证明商标资格审查、校企对接等途径充分对接各类广告经营单位 20 余家，其中非广协会员单位 5 家，一是调研会员单位实际经营情况，掌握各广告经营单位的业务需求，为做好协会工作打基础。二是倾听意见。调研各单位对于协会工作的意见建议，进一步完善协会工作。三是扩大影响。尤其是对接非广协会员单位，详细介绍协会的发展历史和各项具体工作，让各单位了解协会、认识协会，争取加入协会，扩大省广告协会覆盖面。

六、积极配合政府部门开展广告行业活动

一是配合河北省市场监管局在全省深化开展“助产助销助转型”三助帮扶工程。为企业解决急、难、愁、盼等问题，以创新的举措为企业纾困解难，以全新理念为企业赋能升级，以精准服务为企业开拓市场。通过帮助企业加强品牌塑造、打通产销链路、产业转型升级、提供智力支撑等方式做好企业帮扶工作。2021 年，三助工程共对接全省企业 267 家，帮扶解决产品销售、顶层设计、大数据分析等难题 200 多项，为企业免费提供新闻宣传报道 120 多次，对接销售渠道 8025 个，增加直接销售额 3.8 亿元，受到企业和当地政府的欢迎。

二是组织开展公益广告大赛，联合省市场局、省文明办、共青团河北省委、省教育厅、省广电局等部门，面向社会公众、广告业界和大中小学广泛宣传征集。共征集作品 10690 余件，比去年增长 94.72%，参赛人员涵盖全国 34 个省份、80 余家业内机构、400 多所学校。无论在作品数量还是质量上都有很大的提升，同时参与单位增加，扩大了市场监管部门的影响，弘扬社会主义核心价值观，引领正确的舆论导向，提升社会文明水平，收到了很好的社会效果。

山西省广告协会

山西省广告协会成立于 1984 年 9 月，在全国事业单位机构改革过程中，于 2019 年 12 月，顺利地完成了与山西省市场监督管理局的脱钩重组工作。新组建的山西省广告协会，是我省广大广告经营单位、广告主和广告界的知名人士，所组成的专业性、非营利性的全省广告界的行业组织。目前，协会已经设立了 14 个分会，在全省各市、各地方，发展理事单位 112 家，其中常务理事 49 家，副会长单位 40 家。截至 2021 年底，全省广告经营单位达 13.3 万户，广告从业人员超 100 万人，广告市场经营额近百亿元。

2021 年是庆祝中国共产党百年华诞和“两个一百年”奋斗目标历史交汇的关键节点。省广告协会以习近平新时代中国特色社会主义理论为指引，深入贯彻习近平视察山西重要讲话以及党的十九届六中全会和省党代会精神，始终提高政治站位，展现使命担当，坚定理想信念，坚持守正创新，坚持社会效益放在广告活动的首位，主动融入和服务山西转型发展、绿色发展格局，彰显了省广告协会的行业担当、使命担当、责任担当。

一年来，省广告协会坚持党建引领，树立以人民为中心理念，坚持“服务行业自律、服务行业维权、服务行业发展”的理念，积极筹划和开展协会工作，不断增强履职本领，在落实省委、省政府的决策部署上不折不扣，在服务经济社会发展上与时俱进，在服务会员单位上不遗余力。协会充分发挥桥梁纽带作用，服务我省广告行业发展，不断推动协会各项工作取得新突破，为全省经济社会高质量发展做出了积极贡献。具体工作如下：

一、坚持突出广告发展要务不动摇，广告调研成效显著。协会始终坚持以“服务会员”为宗旨，充分发挥协会的桥梁纽带作用，先后走访太原双合成食品有限公司、山西闻汇报业发行广告有限公司、太原晋太广告印刷有限公司、太原华妙广告有限公司、太原汪氏广告有限公司和山西民航文化传媒有限公司。调研工作的主要目的是全面了解、研究广告业发展现状，更好地解决企业诉求。调研期间省广协与各广告企业重点就目前行业发展状况、存在问题和困难、行业自律与社会责任、广告品牌建设、广告产业园区高质量发展、广告业发展趋势、促进拓展交流合作、开展行业培训等内容进行深入交流与探讨，形成可行性调研工作报告。

二、坚持立足广告发展支撑不懈怠，协会地位不断提升。协会完成山西省工商联社会团体会员申请工作。成为工商联会员能够向上反映会员的要求和建议，提升会员单位在政治工作上的影响力，更好地推动协会与其他商协会沟通交流，促进协会全面发展。

三、坚持聚焦广告中心要务不松懈，深化合作有序推进。协会与岚县文化和旅游局签订战略合作协议。协会将以此为契机，在推进文旅产业发展、文旅产品开发、文旅人才培训、文旅资源共享等方面开启与政府机构的深化合作，实现双方合作共赢的美好愿景。

四、坚持致力广告品牌创建不降标，国际盛会进展明显。一是品牌标杆再提高。组织会员参加中广协“2021（第十七届）中国广告论坛”。中国广告论坛是中国传媒和广告领域级别高、规模大、影响广的大型专业活动，发展至今已经成为引领行业发展的风向标，在广告经营单位创新发展、战略规划、转型升级等方面发挥了重要的指导作用。二是品牌品质再提升。组织会员单位携手汾酒一同参加第 28 届中国国际广告节。广告节涵盖赛事颁奖、高峰论坛、专业展览、营销资源发布会、大型活动和广告传媒人才交流会六大板块，为广大参会、参展单位提供了一个国际化、多元化、开放性的互动合作平台。山西省广告协会在厦门国际会展中心 A3—33 位置搭建展馆，并组织各地市行业企业代表共 30 多人参与本届盛事。借助中国国际广告节这一行业盛会，向全国广告同仁展示山西优秀企业，突出山西新时代奋进形象和美好风光。三是品牌战略再提振。组织会员参加 2021 中国广告业大奖——“长城奖”、“黄河奖”作品征集活动。多家会员单位斩获优秀作品奖项。参加上述活动，对省广协在新经济形势下的发展起到重要引导作用，初步确立了省广协在新经济形势与新市场环境下“解析行业趋势，凝聚新式媒体，促进多样融合，引导发展风向”的工作重心。

五、坚持拓展广告高端领域不停步，发展动能逐步显现。国庆节期间，协会与新华网四川有限公司合作，引进新华 5G 手机视频彩铃业务。新华 5G 手机视频彩铃是一款来电视频广告投放平台媒介，基于原有用户资源及大数据技术，结合 5G 网络能力与运营商总部合作的科技产品。下一步，将继续拓宽协会的发展平台，以互联网 +、大数据、自媒体为方向，对接更多的科技企业，为会员单位寻找到更多的商机。

六、坚持推进广告提质增效不畏难，携手高校稳中有进。省协会与中国广告协会达成合作意向，努力将网络直播培训资质落地协会，进一步与中广协网络直播产业学院进行合作，共建 1+X 证书试点和考试中心。协会先后走进中央财经大学、山西金融职业学院、山西财贸职业技术学院、山西工程科技职业大学、山西财经大学、山西大学和中北大学等。通过线上线下相结合的方式，就网络直播、1+X 证书试点、构建校企合作共赢生态，坚持走产教融合、校企合作之路等问题与各高校进行深入洽谈。

七、坚持激发广告创意潜能不务虚，广告大赛活力迸发。2021 年 7 月 23 日，2021 首届山西广告创意设计大赛“汾河奖”正式启动，本次大赛分为主题公益广告、年度商业广告和命题广告创意三个板块。11 月，协会与山西杏花村汾酒厂股份有限公司就命题广告创意板块达成合作意向，双方共同举办 2021“青花汾酒杯”首届广告创意大赛。大赛旨在面向全国院校师生、广告企业、广告主、媒体单位等征集广告创意设计作品，携手汾酒彰显山西品牌声量，为有潜力、有想法、有创意的广告新锐力量提供广阔的平台，为行业发展注入新鲜血液，向中国广告业大奖“黄河奖”“长城奖”输送优秀作品，全面提升广告行业的创作水平。

内蒙古自治区广告产业协会

2021 年，在自治区市场监督管理局和自治区民政厅的正确领导下，协会为自治区广告行业，为会员单位服务等做了大量卓有成效的工作，为推进自治区广告产业的进一步发展，作出了一定贡献，圆满完成了各项工作。

内蒙古自治区广告产业协会成立于 1992 年，业务主管单位是内蒙古自治区市场监督管理局。根据国家和自治区发改、民政等部门的关于“行业协会商会与行政机关脱钩”的文件精神，2015 年 8 月 25 日，内蒙古自治区广告产业协会完成换届，内蒙古锐意广告有限责任公司刘洋任会长，内蒙古商报社副长社厉建宇任秘书长，2017 年全部完成脱钩工作。

目前，协会共有近百家会员单位，内设办公室、会员部、财务部等部门，保证协会工作的正常运转。

一、举办活动、行业交流方面。

2021 年，协会积极为会员办实事、搭好桥、办好事。加强会员之间的交流、合作、培训、参观、考察，举办展览等会议。

加强盟市间广告传媒体企业的联系、互动和交流，摸清、摸透行业信息，尤其是区内行业的交流。通过协会牵头，强强联手、资源互补、以强带弱、形成“互利互惠、互帮互助”的共识，把协会的发展和自身企业紧密地联系一起，充分体现协会“一切为会员”和会员“我为协会做什么”的服务宗旨，达到群策群力、共同发展的目的。

积极开展中广协 CNAAI、CNAAII、CNAAIII 证明商标的推荐、评审工作，并开展内广协全区一、二、三级优秀广告企业的评选认证。

2021 年 6 月，组织自治区各大媒体、会员单位及广告企业积极报送有关主题公益广告作品，参加由国家市场监管总局广告监管司开展主题公益广告作品展示活动，充分展示中国共产党团结带领全国人民不懈奋斗的光辉历程，进一步弘扬红色精神，倡导良好道德风尚，促进公民文明素质提高。

组织广大会员参加厦门举办 2021 中国国际广告节。2021 年 12 月，由于疫情的影响，组织广大会员单位通过线上线下等多种方式参加 2021 中国国际广告节活动，并及时与会员单位交流、通报广告节上的各种新鲜广告传播科技、信息等，进一步拓宽了广大会员行业视野，提高了广大会员的从业素质。

二、创新发展情况

充分发挥政府和会员单位的桥梁和纽带作用。通过联系一些相关职能部门，打通与政府之间的联系，在行业领域获得更多的话语权。

加大广协网站和微信公众号的建设工作，通过网站和微信公众号，进一步加强对会员单位的服务功能。

三、行业培训，学术研究情况

组织广大会员参加举办广告监督管理培训。2021 年 5 月 17 日，根据业务主管单位自治区市场监督管理局的精神，协会组织广大会员单位参加全区广告监督管理培训班，50 多家会员单位派员参加，进一步提升我区广告产业发展及广告监督管理水平，加强会员单位广告队伍建设，培养广告市场主体广告产业发展理念。

四、党建工作方面

加强政治学习。认真组织广大会员深入学习领会习近平新时代中国特色社会主义思想和党的十九大精神、党史学习教育、十九届六中全会精神、中央及自治区党委民族工作会议精神、铸牢中华民族共同体意识教育、自治区第十一次党代会精神学习贯彻落实情况。通过召开广告行业企业座谈会、发布调查问卷等方式开展了党员干部思想动态分析，引导党员牢固树立“四个意识”、坚定“四个自信”、自觉做到“两个维护”，党员参学率达 100%。

严格落实“三会一课”，组织生活会等基本制度。积极落实五个一行动，建设并逐步完善“六个好”党支部的同时。遵守每月开展“支部主题党日”活动制度，围绕每月讨论主题，做到“提前布置、深入思考、积极发言、相互教育”。召开“学习党纪国法，净化广告行业生态”专题组织生活会暨净化广告行业生态倡议会，支部班子集体及会员单位近 50 人出席会议，梳理广告行业发展存在的问题和不足，各位党员也认真查找了自己的不足，相互之间非常坦诚地进行了批评与自我批评。

参加由自治区民政厅组织举办的协会党组书记党史学习教育培训班，极大地提高了协会党支部的组织活动能力和水平。

辽宁省广告协会

2021 年是中国共产党成立 100 周年，是实现第二个百年奋斗目标的开局之年，辽宁省广告协会在中国广告协会、辽宁省市场监督管理局、辽宁省民政厅等上级单位的正确指导下，认真落实习近平总书记关于“广告宣传也要讲导向”的重要指示精神，在全行业全面形成广告宣传的正确导向，坚持把正确的政治方向、舆论导向和价值取向放在首要位置，依法依规开展广告宣传活动。

一、完善协会基础建设，打造行业合作共赢平台

协会目前会员单位 160 家，内设秘书处、财务部、法律咨询委员会、专家咨询委员会，充分发挥平台优势，与

社会专业人士内外联动，为会员单位提供专业化精准服务。

二、举办赛事活动，开启正能量传播形式

党的十八大以来，习近平总书记高度重视学习弘扬雷锋精神，先后 5 次就辽宁学雷锋活动作出重要论述和重要批示指示，为此，协会与当地高校、雷锋纪念馆联合主办“2021 雷锋精神国际公益海报设计大展”，本次活动历时 50 天，得到了国内外一线知名设计师的大力支持，共计收到国内外设计作品 2407 件，诠释了新时代雷锋精神内核，取得了良好的社会影响力，获得一致好评。

三、公益彰显广告人情怀，自律体现广告业责任

围绕建党 100 周年，开展了系列公益广告征集活动，对优秀作品和积极参与单位颁发了荣誉证书，与全省广告人一道把创作传播公益广告的美好情怀和勇于承担社会责任的价值追求发扬光大，充分发挥公益广告的精神引领作用。

四、加强行业自律，维护行业权益

积极带领会员参与广告行业盛事，充分发挥行业自律，服务会员的优势，把广告业的政策宣传到位，贯彻到底，得到了政府领导的充分肯定和高度评价。

完善自律制度，对有创新、爱岗敬业、诚实守信的优秀广告人予以表彰并颁发证书，把遵章守纪、热心公益的会员单位树立为协会诚信、文明单位典型。

五、与时俱进，重视互补共赢

开展了多种形式的有计划性培训，并为企业分享，做到信息共享，拓展视野，引领行业在正确方式指引下健康发展。

六、齐心协力，共同战“疫”

疫情期间，全力支持中小企业生产经营，及时宣传政府下发的若干政策措施，刘策会长与秘书处成员结合各自领域，用线上媒体带动企业发展，协会进行“跨专业、跨领域”的联动，为会员单位嫁接新的资源，共同摆脱困境，走出僵局。

七、初心不忘，砥砺前行

新征程、新希望，协会在习近平新时代中国特色社会主义思想引领下，在上级单位指导下，更好地建设行业

吉林省广告协会

2021 年，是中国共产党成立 100 周年，也是吉林省广告产业发展“十四五规划”的开局之年。国力强盛、经济重启和吉林振兴为我省广告产业发展提供了坚实基础，2021 年 11 月 2 日吉林省政府发布的《吉林省人民政府办公厅关于打造吉林区域品牌推动高质量发展的实施意见》更是为我省广告业下一步发展指明了方向和目标，吹响了冲锋号角！

这一年，在省市场监督管理厅等部门的指导、关怀和帮助下，在各市州市场监督管理局、各广告协会工作站和在全体会员单位的鼎力支持下，协会坚持新思路、新举措，在服务行业发展、服务行业维权、服务行业自律等方面努力开展各项工作，积极推动我省广告业平稳健康发展，取得了一些新进展和新突破，截至 2021 年 12 月 31 日，协会会员单位共有 258 家，广告行业发展规模平稳向前，广告服务覆盖经济社会文化发展等各个领域，广告产业发展的呼声得到了更加广泛地关注。

一、高位谋划部署，绘就行业高质量发展新蓝图

在省市场监管厅领导和广告监管处的精心指导下，协助规划编写组完成绘制出科学合理、务实有效的吉林省广告业发展路线图，即我省广告行业首个五年发展规划《吉林省广告产业发展“十四五规划”》，其主要目标涵盖四大方面共 26 项发展战略举措，实现了我省广告产业发展

史上“零”的突破。该规划已于2021年6月进行发布，得到广告界人士和社会各界的高度关注。

二、强化政治引领，开创党建工作新局面

为庆祝中国共产党成立100周年，激发党建工作活力，我会将党建工作与行业发展有机融合，精心策划庆祝建党百年行业活动。

一是2021第六届吉林省公益广告大赛特设“红色血脉”征稿主题，激发广大参赛者的爱党热情和创作激情，点燃创作者的红色基因，助力公益广告创意。二是精心策划“献礼百年华诞 创‘益’逐梦远航”吉林省公益广告大赛优秀作品展示展映活动启动仪式，活动集中展示了2010年至2021年六届吉林省公益广告大赛中涌现出的优秀作品206部，为庆祝中国共产党成立100周年营造了良好社会氛围。三是各会员单位在庆祝中国共产党成立100周年的各项活动中，充分发挥各自的专业优势，从设计到策划、到制作、到发布、到活动落地……全体广告人赓续红色血脉，充分彰显了广告的力量与价值。

三、全方位多举措，人才培养迈上新台阶

1. 打造实训基地，培养新型广告人才。协会联合高校、企业在广告产业园区建设广告教育培训基地和实习实践基地——青年力量商学院。学院围绕“产学研一体化”办学定位，实施“开放式项目制”和“精准人才培养”战略，面向文化创意产业全产业链，围绕广告创意类、艺术设计类、工艺美术类、动漫影视类、新媒体与品牌营销等五大体系，与东北师范大学、吉林艺术学院等高校签约就业、创业实践基地，全面搭建学产对接实践教学平台，以产业群带动专业群建设，以产业高端项目引领教学变革。学院还带领学生们参与如：新华社《减贫学》图表设计、一汽红旗IP新形象“旗宝-红小旗”及红旗文创产品等实际创业、创新项目，为广告人提供广阔的施展才华的舞台，为留住人才提供了沃土。

2. 积极协调引导，鼓励广告企业申报培训资格指标。2021年以来，在协会的指导下，唐韵培训学校、长春市北广设计学校、吉林省宏辉职业培训学校培训向省人力资源和社会保障厅成功申报电子商务师和广告设计师两个培训资质，顺利收到人力资源社会保障部门的相关补贴。

3. 打造品牌赛事，继续承办第六届吉林省公益广告大赛。以赛促培，以培促学，大赛共收到参赛作品3045件，评出获奖作品160件，通过作品挖掘创意人才、培养创意人才、提升创意人才，从而助推我省广告创意人才培养，促进企业创新增效。

4. 搭建人才供需平台，广泛深化校企合作。协会发挥桥梁纽带作用和双向服务职能，在深入了解企业和高校的实际情况和供需内容的基础上，先后牵线搭桥吉林大学——盛世金桥广告；东北师范大学——青年力量文化传媒；吉林艺术学院——中麒影视；动画学院——传奇老董、盘古网络技术有限公司；长春师范大学——大禹广告等实际合作，这些合作的达成，既是实践基地，又是就业平台，进一步加强人才培养和储备需求。

四、着力提劲蓄能，专业化发展形成新合力

1. 全力提升广告审查法律法规专业化水平。举办2021年吉林省广告审查法律法规班，特邀中国广告协会法律咨询委员会法律专家以及我省广告监管部门老师授课，聚焦广告审查领域最新法律法规和鲜活案例，进一步提高媒体和广告企业的自审意识以及履行广告审查法定责任的业务能力，促进行业自律和行业规范发展。

2. 引导广告企业专业化、品牌化发展。组织、服务、指导我省广告企业申报“CNAA Ⅰ”“CNAA Ⅱ”“CNAA Ⅲ”证明商标，严格把关申报资料，加大协调力度，做好我省证明商标使用工作，2021年共有一级广告企业9家，二级广告企业6家，三级广告企业1家，有效规范了广告企业经营管理，提升了企业的知名度和品牌价值，为企业参加招标等商务活动赋能增效。

五、增强服务能力，积极关注会员新期待

1. 用心听取行业心声。协会随同省市场监管厅领导，多次到广告企业进行调研走访，了解企业在经营发展中遇到的问题和困难，对推动行业发展的建议和意见等。下一步协会将对收集整理的问题进行归纳分类，全力推进解决。

2. 关心行业发展难题。针对广告发布企业、互联网平台等企业所面对的法律难题，协会计划携手我省知名律

所开展战略合作，一是成立法律咨询委员会，为会员提供法律服务；二是开展行业普法知识培训，提高从业人员的法律认知水平；三是定期进行专项研讨会，解决日常业务中的疑难杂症；四是打造点对点法律应援，对接企业需求，维护会员企业的合法权益。

3. 贴心宣传好新时代会员形象。在 2021 年 3 月主办的 2021 长春第 23 届广告展上，为会员单位做推介工作，大力宣传会员单位擅长的业务和板块；通过协会微信公众号“会员风采”栏目，共为会员企业做宣传推介，效果良好。

4. 精心筹备专业委员会。成立大学生委员会，促进省内各大院校广告相关专业学生之间以及学生与社会各方的互动交流，为广大学生提供更广阔的实习实践空间。积极筹备法律咨询委员会和广告主与品牌专业委员会。

5. 精心做好政策信息服务。及时宣传国家新政策新法规，新年伊始我们向全省广告界发出“关于加强广告宣传导向审查的提示”，对各广告经营主体单位和会员单位起到了防微杜渐的作用；定期通过微信群，发布最新行业政策资讯，为会员们提供了精准的行业走向和有价值的商业信息。

6. 走心增进广告行业内外交流。先后赴福建省广协、深圳市广协等兄弟协会拜访交流，学习其他协会先进经验，对标找差，不断创新工作思路，提升服务能力；先后组织参加 2021（第十七届）中国广告论坛暨首届中国绿色直播生态博览会、2021（西宁）中国户外广告论坛、2021 上海国际广告节、第 28 届中国国际广告节等重要行业活动，提升交流层次，拓展交流领域和范围，提升广告人才的国际视野和水平，引领行业高质量发展。

六、拓展资源渠道，融合发展取得新成效

1. 厚植吉商，深入吉商。会长刘丽在 2021 年吉商联合会二次会员代表大会暨二届理事会上新当选为吉商联合会副主席，这意味着协会将更多资源带给行业、引入行业，对深化多行业合作项目，讲好吉林故事，传播好吉林声音必将产生非常积极的促进作用。

2. 创意论坛，主旨讲话。会长刘丽出席吉林 2021 国际数字营销于广告创意大赛及论坛，并做主旨讲话，获得众多专家学者的认可与肯定，为广告人持续发出声量，

3.“吉致吉品”，吉林品牌。支持省市场监督管理厅成功举办吉林省“吉致吉品”标识作品征集活动。

4. 最美活动，广告助力。支持长春市城市管理局成功开展 2021 全市“最美街路、最美小区、最美绿化景观、最美便民市场、最美工地、最美店面”的“六个最美”评选活动。

5. 创新求变，融汇多元。组织业内专家利时三个月调研评估，形成了“吉林省冰雪产业发展导入品牌战略建议方案”提交省文旅厅产业发展处；与省内专家谋划“中华牛博会”等商务平台，提升我省牛肉产业资源汇聚度、产品知名度、主体自信度，为多元融合发展助力赋能。

黑龙江省广告协会

2021 年是“十四五”规划的开局之年，也是中国共产党迎来百年华诞的光辉之年。这一年，黑龙江省广告协会在省市场监管局的指导下，在中国广告协会的大力支持下，不断发挥经济引导作用，充分释放公益传播能量，将疫后经济恢复作为首要工作，全力营造文化繁荣氛围，团结全省广告主、广告企业、媒体、高校形成传播合力，共克时局难题，共筑龙江繁荣。

一、勇担社会责任，争当抗疫先锋

2021 年，抗击新冠肺炎疫情的战争取得了阶段性胜利，疫情防控渐趋常态化，但抗疫工作却从不曾松懈。黑龙江省广告协会充分践行黑龙江省应对新冠肺炎疫情工作会议精神，全面组织抗疫公益宣传活动，在黑龙江省市场监督管理局、黑龙江省卫生健康委员会的指导下，举办了“抗击疫情”公益广告展播发布活动，广泛征集科普宣传、

鼓舞士气、警示震慑的公益广告作品，引导大家建立正确的疫情防控常态化防疫认知，发挥公益广告在引导主旋律、传播正能量、树立好形象方面的积极作用，弘扬歌颂全社会抗击疫情过程中体现出来的患难与共、团结互助、无私奉献的民族精神。

二、加强产业扶持，解决发展困难

面对全省经济低迷的严峻形势，黑龙江省广告协会成立走访调研小组，对广告业疫后发展进行了详细了解，就企业面临的困难和问题进行深入交流，帮助企业出谋划策。同时，积极响应中国广告协会发布的《关于扶持中小广告企业共渡难关的倡议》，召唤广告传媒企业“有困难找广协”，及时与会员单位进行交流。2020 年、2021 年省广协连续两年免除了各会员单位会费，经协会理事会研究，决定 2022 年继续减轻各企业的经济负担，会费标准实施全部减半收取，同时为了帮助更多的中小企业走出困境，协会理事会大量调研，多方走访，吸纳更多的企业加入，大家团结一致抱团取暖，为更多的中小企业提供更多的优质资源、帮助他们在特殊时期渡过难关。

三、开展资质认定，严守资质关卡

为推动黑龙江省广告业与时俱进发展，加强广告业实践与学术交流，2021 年 11 月，经过一个多月的紧张而有序的材料收集工作，省广协按照《黑龙江广告企业资质认定标准》第二次（两年一评定）评选出“黑龙江省资质广告企业”省级综合类、媒体类一、二级资质广告企业 30 家。

四、发挥创意优势，庆祝建党百年

为全面推动和促进庆祝建党 100 周年的宣传工作，2021 年 3 月，由中共省委宣传部等六家单位主办、省广协承办的“我和我的祖国”全省优秀公益广告评选展示活动全面开启。活动影响深远，反响热烈，充分发挥了公益广告在弘扬主旋律、传播正能量、树立好形象方面的积极作用，促进了我省公益广告事业长足发展。

2021 年 5 月，由中共黑龙江省委教育工作委员会宣传部举办，由省广协承办的“百年峥嵘 风华正茂”——庆祝建党 100 周年高校公益广告及文艺作品大赛火热开启。活动得到了省内外广告专业制作机构、各级新闻媒体、各大高校及关心热爱公益广告事业人士的积极参与和大力支持，大赛共收到公益广告与文艺作品一千二百多件。

五、谋篇公交广告，深挖媒体价值

为了聚合广告传媒力量，充分发挥广告业在繁荣龙江经济，助推龙江疫后快速发展中的作用。2021 年 7 月 15 日，黑龙江省广告协会公交广告分会成立大会 · 暨公交广告改革与发展研讨会在哈尔滨市金谷大厦隆重举行。中国广告协会副秘书长赵践，中广协副会长、省广协会长潘洋出席会议并做开场讲话，省广协副会长、秘书长王海峰当选为公交广告分会会长。会议明确，在公交广告改革与发展的进程中，要不断对公交媒体进行定位，要形成符合各省市场主体，非公交系统的媒体公众性。同时，户外、公交、地铁等广告在广告内容、导向上的要求更加严苛，要加强行业自律，追求正面的、积极的内容，充分发挥其“媒体公共性”价值，进一步发展壮大公交媒体市场。

六、增强学术交流，探讨前沿问题

中国广告已经成为文化创意产业的支撑产业，对于经济发展与社会文明的引领具有重要作用，而广告产业的健康发展必须依靠广告的学术研究。黑龙江省广告协会十分重视学术交流，响应中广协号召，积极参与“2021 全国广告学术研讨会暨中国广告教育学术年会”，围绕广告学术、广告教育、广告行业的前沿问题进行探讨和交流，会长潘洋提交了《新格局下传统广告公司正焕发新生机》学术论文，从新格局与传统广告的角度进行深入剖析与研究，从较宽的视野下关注我国现代广告业发展，既有理论价值，又有实战意义。

七、谋篇户外广告，分享传播理念

2021 年 7 月 28 日，黑龙江省广告协会秘书长王海峰一行赴青海省西宁市参加由中国广告协会、西宁市人民政府共同主办的以“新起点、共未来”为主题的中国户外广告论坛。论坛重点围绕“十四五”开局之年中国户外媒体的新形势，新消费、新品牌与户外媒体融合发展和物联网时代户外数字化等议题进行讨论。黑龙江省广告协会在论坛上充分交流，深入思考，借鉴先进理念，助力龙江户外媒体变革升级。

八、建立资源档案，促进健康发展

协会建立了会员诚信档案与广告主诚信档案，为广大人民群众提供真实可信的消费信息，杜绝虚假广告、欺诈性广告进入市场，创造公平、公正有序的市场环境。省广协也将对违规广告进行自律监督，实行主动监测，内部提醒通报。同时，建立会员企业媒体资源库，充分整合资源，发挥聚合效应，将有限的资源整合后，向广告主与 AAAA 公司推荐更优质的综合性方案。

九、规范公益传播，弘扬正风正气

为加强公益宣传，充分发挥公益广告在弘扬社会正能量中的作用，协会制定了统一的公益广告发布规范。第一，上报企业与单位将各自作品发布的明细汇总后上报到秘书处，包括发布媒体形式、数量、时长、刊例总价等，由秘书处汇总做工作总结。第二，各媒体单位报出每年可利用空置资源所做公益广告的数量、时间。如需制作费用报出单价，如有政府公益任务，协会将出面协商争取制作费用。第三，省广协公益广告获奖作品将在会员单位的媒体上进行发布，实现公益广告真正作用，同时给予获奖作者更实际的奖励。

十、对话行业前沿，增强国际交流

为了加强与国际的接轨，用国际化思维、国际化视野、国际化品质传播龙江品牌，省广协牢牢把握每一次交流、提升的契机，加强国际对话，引入先进智慧。2021 年年底，省广协组织庞大的参展团参加第 28 届中国国际广告节，龙江广告人共聚厦门，共赴盛会，传播龙江广告行业多元发展新风貌，搭建起省广协与国际接轨融通的平台。

十一、举办大型论坛，共赢品牌未来

2021 年，黑龙江省广告协会继续牵头筹备以“共创 升维 增量”为主题的第五届东北三省四市品牌广告高峰论坛。该论坛自创办以来，一直洞察广告行业进化与品牌价值创新的思考，深度挖掘品牌增长背后的驱动力量，为企业品牌经营提供方向指引。本次论坛将邀请品牌营销决策者与代理商、供应商、技术方讨论行业变革趋势与未来市场发展的挑战，致力于引领营销决策层全面拥抱市场变革，实现品牌价值提升的目标，活动预计于 2022 年 1 月上旬举办。

十二、深化校企合作，注重人才培养

校企合作是办好高校教育、增强合作企业活力的重要途径。黑龙江省广告业校企合作历史久远、成果显著，已开发出学校与企业资源、信息共享的“双赢”模式，为广告企业保障了人才的需求，为传媒教育行业发展带来了一片春天。2021 年，哈尔滨硕果广告有限公司及哈尔滨麦穗文化与哈尔滨东方学院达成合作，接纳了即将毕业的广告传媒学生；吾尚智鼎文化发展有限公司与哈尔滨理工大学达成合作，为实习生提供了广阔的实践舞台；海润传播与哈尔滨师范大学传媒学院达成合作，通过互相支持、互相渗透、双向介入、优势互补等方式，让教育与企业均得到可持续性发展；分众传媒奉献出客户资源作为培训基地，全力支持校企合作发展，增强人才培养的质量，缩短人才培养的周期；七大企业与各大高校结成合作对子，为黑龙江省广告行业注入源源不断的新鲜血液。

上海市广告协会

2021 年是中国共产党成立 100 周年，也是“十四五”规划的开局之年。一年来，在市市场监督管理局、市级机关行业协会党委、市民政局的指导与关心下，在全体会员单位、特别是理事单位的大力支持参与下，协会根据 2021 年初理事会大会确定的工作思路，着力搭建平台，提升能级，发挥功能，积极进取，锐意创新，各项工作取得新成效。

一、搭建平台、坚持开展特色活动，着力提升服务能级

（一）继续办好上海国际广告节、上海大学生广告节、中国广告与品牌大会、公益广告论坛，提升节庆活动服务能级

2021 年 7 月 21 日，上海国际广告节暨数字广告高峰论坛隆重开幕。上海市副市长陈通，国际广告协会全球副主席、中国广告协会会长张国华等应邀出席大会。本届上海国际广告节聚焦，数字广告发展、围绕广告业数字化转型、长三角广告一体化发展和数字时代青年人才培养，涵盖高峰论坛、颁奖典礼、展览展示和新锐挑战营四大板块，助力上海打造国际数字广告之都。本次活动吸引了来自全国各地约 1300 多位广告界精英汇聚申城，线上直播间吸引了超过 300 万人次观看。全程活动影响全球 16 个国家 56 个城市及地区，户外广告辐射约 1 亿人。

2021 年 4 月 8 日至 12 月 15 日，成功举办了第 20 届上海国际大学生广告节。参与本次活动的国内外高校达四百余所，收到来自国内外院校的参赛作品万余件，成为推动广告后备人才培养和创意创业孵化的重要平台。

2021 年 6 月 20 日，复旦大学新闻学院、上海市广告协会、复旦大学国家文化创新研究中心共同主办的建党百年视阈下的“国家叙事暨上海第三届数字公益广告论坛”在复旦大学复宣酒店圆满落下帷幕，论坛为上海在数字公益广告方面高质量发展提供理论指导和实践参考。

2021 年 7 月 8 日，由中国广告杂志社、上海市广告协会主办和第二十届中国广告与品牌大会暨 CAMA 颁奖礼在上海召开，来自全国互联网、品牌、创意、营销、媒体、学界等领域的代表共计约 700 人次出席本次活动。

（二）强化标准引领，建设数字广告高质量发展的标准体系

标准是基础制度的重要方面，在数字广告高质量发展中具有基础性和引领性作用。2021 年 12 月 14 日，上海市广告协会正式发布了《上海广告服务行为规范化指南》和《数字广告标准》第 1 部分《总则》、第 2 部分《行为规范》、第 3 部分《内容审核指引》，为广告业界提供了可依据、可操作的标准体系。

（三）积极与其他省市互动交流，提升区域广告创新与竞争能力，助力长三角广告一体化发展

2021 年，协会先后与来访的新疆克拉玛依广告协会、海南省广告协会、澳门广告商会等进行深入交流，在听取外省市广告行业发展情况的基础上，介绍宣传上海广告行业在数字广告转型中的先进理念和技术，在与其他省市的互动交流中热情坦诚，真正实现了相互借鉴，取长补短，相互支持，共同发展。

为进一步深入推进长三角地区广告业一体化发展，协会在本届上海国际广告节上特别开设了长三角广告一体化发展论坛（广告产业园区专场）等系列相关活动，并成立长三角广告一体化发展促进会。沪苏浙皖地区最具代表性的国家广告园区共同发起并签署《长三角园区一体化发展协议》，以期加强长三角国家广告产业园区联动发展，推动长三角区域各园区间的交流互动。

二、发挥各分会、专业委员会职能优势，落实多方位、多层次服务

在第七届第二次会员大会上，通过对原有的分支机构职能进行梳理、整合和扩充，在充分听取全体理事意见

的基础上，组建成八个分会：展览陈列分会、品牌服务分会、互联网分会、融媒体分会、户外分会、招牌标识分会、交通分会、摄影分会。三个专业委员会：学术法律专业委员会、生态专业委员会、园区专业委员会。

协会针对各个分会和委员会中的热点问题和相关需求，要求每个分支机构每年办 1~2 件有影响的活动。通过活动的开展，加强会员互动与信息交流，满足会员需求，增强协会的凝聚力与活力。2021 年 7 月 10 日，摄影分会举办了第二届，“锋·像·标——上海专业广告摄影先锋艺术大赏”，共有近 80 幅来自上海青年摄影师们的最新作品和高校优秀学生作品参展。2021 年 11 月，户外分会与招牌标识分会共同举办户外广告发展趋势研讨会，会议邀请上海市绿化和市容管理局职能处室负责人解析户外广告、户外招牌发展趋势。

三、强化协会服务功能，发挥协会专业优势

（一）坚持服务唯实，走访会员单位，听取会员意见

2021 年，杜贵根会长与秘书处工作人员实地走访中广国际广告创意产业园、临港松江科技城等 100 余家企业和单位，了解企业情况，掌握行业动态，倾听会员意见，努力帮助会员单位解决实际问题。在了解到会员单位有培训方面的需求后，会同中广协在沪举办高级广告审查员培训班 2 期、广告审查员 2 期，举办广告经典案例分析培训班及专业班的培训各一期，共计 350 余人次参加。

（二）重视信息与宣传服务，发挥协会的桥梁纽带功能

2021 年，协会秘书处进一步加强信息宣传渠道的建设，充分利用新媒体对外宣传广告行业重要信息和会员单位的信息。同时，在上海广告研究院的大力支持下，对《广告通讯》进行改版并申请内刊号。通过改版使《广告通讯》更贴近会员单位，更贴近广告业的发展。

协助政府做好相关事务是发挥协会桥梁纽带功能的重要体现。2021 年 2 月 4 日，协会通过发布疫情防控倡议书，告知会员单位自觉遵守疫情防控的各项要求，维护市场稳定安全的局面；3 月 2 日发布迎接建党 100 周年规范商业营销宣传活动倡议书，保证广告业领域，不出现违法违规现象；5 月 8 日发布坚决抵制非法社会组织，推动广告业高质量发展倡议书；7 月 30 日制定社会团体收费自律承诺书，接受社会和全体会员单位监督。

（三）发挥智库作用，创新协会服务方式

一是继续发挥上海市广告研究院智库和纽带作用，深入企业进行调研访谈，邀请业界专家进课堂，推动业界与学界紧密合作，加强广告业发展的理论研究，提供实际解决广告业发展的新情况、新特点，新问题的智库服务，增强上海广告理论在全国、全球广告理论领域的话语权。

二是发挥上海公益广告研究发展中心作用，逐步建立公益广告评价体系与激励机制，建立公益广告作品库，举办公益广告论坛，承办上海市文明办“上海市文旅局的上海市庆祝党的 100 周年视听网络公益广告大赛”。协会还牵头举办公益广告杰出贡献企业、公益广告杰出贡献人物表彰宣传活动，增强公益广告的专业性、艺术性、传播力和感染力，提高公益广告质量，形成独具特色的上海公益广告文化。

三是向本市主要媒体发布《数字广告标准》，助力数字广告高质量发展。2021 年 12 月 15 日，在市政府举行的“上海市数字广告业高质量发展推进会”上，协会提出在上海城市数字化转型背景下，广告业要以《关于推动上海市数字广告业高质量发展的指导意见》的出台为契机，围绕“1+4+8+18”的总体框架落实推进，形成政府、行业、社会合力，加强数字广告科技研发前沿地、创意创新输出地、产业全链集聚地、内外循环联结地 4 个高地建设，加快上海广告业的数字化转型升级。

四是支持数字经济、数字广告创新发展。在 2021ECI 国际数字创新节暨 ECI 国际艾奇奖颁奖会上，协会提出了：在数字创新上，要从政策扶持、资本推动、产业运营、平台推荐等环节上，共建数字经济产业、数字广告的创新发展生态，得到与会人员一致认可。

（四）发挥协会专业优势，强化协会平台功能

一是优化营商环境，提升广告企业服务行为质量。12 月 30 日，我们与真新街道办事处一起携手打造“广告服务行为规范示范基地”，重点从宣传培训、企业沙龙、广告类法律援助、企业调研、团体标准服务等多方面开展公益性活动，为辖区广告服务商等提供专业化服务。二是发挥协会在专业领域的优势，2021 年度中充分发挥本市资深广告审查专业人士的作用，聘请了 15 名高级广告审

查员，为全行业提供广告合规审查服务。三是为更好服务会员单位，协会积极开发“广告内容审查合规服务平台”，通过线上平台为企业提供广告内容合规智能查询服务，在广告发布前提供内容合规咨询，提出修改意见，净化市场环境。

（五）加强内部建设，提升协会管理效能

一是在上海企创信息科技有限公司的支持下，建立协会会员内部管理系统，通过信息化手段进行会员管理，提升工作效率和服务质量。二是加强内部制度管理，制定了《上海市广告协会党支部七项组织生活制度》《上海市广告协会预算管理制度》等二十项管理制度，规范了协会秘书处内部管理。

四、加强党的全面领导，稳步推进自身建设

2021 年是中国共产党建党 100 周年，协会以此为契机积极开展各类党建活动，在市级机关行业协会党委领导下，深入学习贯彻习近平新时代中国特色社会主义思想和党的十九大精神和十九届六中全会精神，认真落实本市两新组织党建工作会议精神和中国共产党支部工作条例，充分发挥党组织协调、指导、服务的作用，提高协会各项工作的效率，把为会员做好事、办实事、解难事作为协会党组织根本任务。其中具有代表性事例包括三个方面：

一是积极参与“新时代市级机关‘两新’党建新成就”短视频作品征集活动。围绕协会党支部标准化、规范化建设，推动党建与业务深度融合、相互融促，在党史学习教育中开展微党课、微党日等特色活动，并拍摄了 6 分钟的宣传视频。

二是协会党组织开展“支部联动学党史党员连心话发展”主题活动。全体党员分别赴中国共产党发起成立地——老渔阳里《新青年》编辑部和中共“四大”纪念馆参观学习。

三是加强数字广告社会共治。按照“广告宣传也要讲导向”的指示，协会积极争取行政部门支持和指导，发挥行业自律作用，帮助行业形成自觉的广告导向意识。协会着力搭建企业与政府部门的交流平台，并在市市场监管部门指导下将开展广告职业道德宣传行动，加强广告从业人员的职业道德教育，推进形成“企业自治、行业自律、政府监管、社会监督”的社会共治体系。

江苏省广告协会

2021 年度，江苏省广告协会第七届理事会及秘书处紧紧围绕党和国家关于充分发挥行业协会商会在参与社会治理中的重要作用，贯彻《中共中央关于全面深化改革若干重大问题的决定》等文件和习近平总书记关于“广告也要讲导向”的重要指示精神，按照《中华人民共和国广告法》《江苏省广告条例》《社会组织登记管理条例》和经省民政厅核定的《江苏省广告协会章程》的规定，全面加强新型广告行业组织建设，取得了显著进展。

一、构建多维服务体系，打造公共服务平台

江苏省广告协会紧扣市场主体和业界发展需求，积极打造行业公共服务平台，从行业赛事到业务培训、职业技能认定到专家人才库的建立、相关标准规范的制定，通过资源、服务、信息平台的搭建，以多项赛事为抓手，行业活动为载体，技能资质认定为导向，在全省广告业界、教育系统初步形成了完整的职业能力建设闭环生态。

1. 开展多项竞赛

省广告协会面向会员单位和广告业界组织了全省优秀广告作品大赛、品牌服务效能赛，和省人社厅、省市场监管局共同主办了江苏省广告行业设计制作技能大赛，探索建立理论与实践相结合、技术与技能相促进的人才评价、使用、激励机制，逐步形成以竞赛为引领的学培（学习和培训）结合、培赛（培训和竞赛）结合、赛认（竞赛和资

质认定）结合的，技能竞赛和技能资质认定相辅相成的工作格局。

多维度的行业赛事覆盖了全省广告行业从业领域、教育领域，促进了广告教育向注重实际技能能力的方向引导，将专业赛事配合党和国家重大政治活动开展，将党的政治引领贯彻到全省广告行业从业人员职业技能提升的全过程，促进行业服务能力显著提升，为江苏广告行业的高质量发展注入新的活力。

2. 组织行业活动

为丰富行业活动，省广告协会先后与《中国广告》杂志社联办了中国广告品牌大会，开展抗疫先进单位和个人表彰活动、年度全省先进广告协会和全省广告协会先进工作者评比表彰活动，指导、支持全省各市协会（商会）开展广告节、大赛、论坛、作品展等活动，组织全省广告经营单位参加中国广告协会和其他省、市广告行业组织举办的行业活动，促进了省内外广告资源要素优化配置，激发了江苏广告行业的创新动力。

3. 推动职业能力建设

为满足我省广告行业从业人员和在校学生职业技能的评价需求，激励全省广告专业人才职业技能提升，加快培养高素质、高技能广告行业专业人才，推动建立市场化人才评价机制，促进行业技能认定标准规范，在省人社厅的指导下，省广协通过对全行业开展广告行业职业（工种）岗位调查与分析，在此基础上，开展了广告行业职业技能资质的认证，制定了江苏省广告行业广告设计师行业企业评价规范。

4. 发挥行业助手作用

应国家市监总局广告司和江苏省市场监督管理局广告处邀请，省广告协会负责人作为专家组织团队参与国家广告产业"十四五"规划和江苏省广告产业"十四五"规划的撰写。

2021 年度，受国家市监总局广告司委托，省广告协会签约承办，吸收国家发改委产业经济研究所等单位专家对全国"十三五"期间广告产业规划实施效果进行分析评估，已完成分析报告撰写，并通过专家评审。

5. 建立行业标准体系

为提高江苏省广告企业竞争力，促进广告行业规范发展，提升广告企业的品牌价值和专业服务质量，省广告协会作为中国广告协会"CNAA"证明商标使用管理工作初审机构，积极组织江苏省广告企业了解最新的申报要求与细则，解答企业在申报过程中遇到的各类问题，组织申报单位认真参加中广协举办的培训班，确保申报材料质量，为企业申报证明商标厘清难点，并就个别企业案例向中广协作了沟通，圆满解决企业诉求。

二、加强导向意识引领，推行行业自律规范

按照党中央对社会组织建设提出的总体要求，江苏省广告协会充分发挥行业协会商会在参与社会治理中的重要作用，推行了系列举措：

1. 推进行业自律

根据我省广告业面临的新形势、新任务和新要求，省广告协会适时修订了《江苏省广告行业自律规则》，组织全省近万名广告行业从业人员参加法律法规培训，加强了广告审查人员队伍的培养，强化了广告行业从业人员"广告宣传也要讲导向"的从业理念。

协会每年邀请包括省委宣传部、省市场监督管理局、省教育厅、省通信管理局、省公安厅在内的十多家联席会议成员单位指导开展争创年度"广告发布诚信单位"竞赛，以促进我省广告业守法经营、健康快速发展为出发点，提高行业公信力，推进我省广告行业诚信体系建设。

2. 营造良好市场环境

省广告协会围绕建党 100 周年发布了《关于做好庆祝建党 100 周年公益广告宣传和自律规范的倡议书》《关于严禁借庆祝建党 100 周年名义开展商业活动的通知》，提出 16 个"不得"，消除虚假违法和低俗庸俗媚俗内容广告的干扰，树立了正确的政治导向、价值导向、行为导向，倡议书的发布获得省内多家主流媒体的转载和外省市行业协会的学习。

3. 确保广告宣传正确导向

近年来，为了充分发挥协会平台优势，做好公益广告宣传和行业自律工作，省广告协会自觉把党和政府强调的中心工作和协会的具体工作相结合，将广告宣传讲导向任务融入协会开展的活动当中，在面向业界开展的技能大赛、优秀广告作品大赛中以"大运河""我的小康""建

党 100 周年”“社会主义核心价值观”为主题，为公益广告和公益传播注入时代精神，宣传导向效果和创作设计效果达到了行业高水平。

三、内夯基础外抓服务，加强协会自身建设

为了走可持续发展道路，努力为会员、业界提供优质的服务，省广告协会按照经省民政厅核准后的《江苏省广告协会章程》相关规定，加强理事会和办事机构自身建设。

1. 不懈加强协会自身建设

根据广告行业的性质、特点和发展的工作需要，提高协会服务水准，协会秘书处新增设活动部和网站编辑部，目前已经有综合部、会员部、培训部、活动部、网站编辑部共 5 个秘书处内设部门，基本涵盖了会员单位的服务需求。

同时，为健全协会组织结构，全面适应相关专业领域的现状和发展趋势，整合资源，更有针对性的为业界服务，协会成立了“江苏省广告协会户外分会”“江苏省广告协会策划专业委员会”“江苏省广告协会融媒体报刊分会”“江苏省广告协会创意设计委员会”“江苏省广告协会职业能力建设委员会”“江苏省广告协会广告产业研究院”。为强化对各分支机构的有效管理，完善分支机构运行机制，增强分支机构活力，促进各分支机构正常运行和健康发展，协会制定了《关于加强江苏省广告协会分支机构管理的规定》。

依托协会秘书处和各专业委员会的工作，已逐步将省广告协会打造成为行业服务细化、专项机构细化、人员设置细化的省级社团组织。

2. 积极筹建功能型党组织，强化党建工作

为加强我会党建工作，推进我会党的组织和工作的有效覆盖，根据中央和省民政厅有关文件精神，我会认真贯彻执行脱钩后党建工作管理办法，把加强党组织建设作为协会工作重点，创新组织设置形式。

近期，按照省民政厅社会组织管理局下发的《江苏省社会组织综合党委所属功能型党支部标准化建设工作指引（试行）》通知的要求，我会已于建党百年前夕获准成立江苏省广告协会功能型党总支，通过党总支的建立，将进一步加强党对广告行业的政治引领，促进行业监管和业界自治，做实做强行业组织，发挥行业组织在社会治理中的积极作用，增强协会的凝聚力和战斗力，激发协会活力，力争实现党的组织和党的工作对我省广协会员单位的全面覆盖，不断促进各支部党建工作与协会业务工作深度融合。

3. 加强协会组织内建外联，深化国际国内交流

按照《江苏省广告协会章程》中“促进行业之间、地区之间相互学习与协作”的相关规定，省广告协会已与省工商业联合会、省现代服务业协会、省互联网协会以及一批省级广告协会、港澳广告行业组织等开展合作，推进协会的改革和发展，整合行业资源，拓宽服务渠道，赋能行业组织，更好地服务会员，促进行业发展。

安徽省广告协会

安徽省广告协会是安徽省广告界最大的行业组织，1985 年 6 月成立，2015 年 4 月正式脱钩，2021 年获评 5A 级社会组织。

目前，安徽省广告协会有会员单位近 400 家，负责对全省 16 个地市广告协会业务进行指导；下设分支机构：学术委员会、电商直播与短视频专业委员会、房地产分会、品牌战略定位分会、公交专业委员会、法律专业委员会、户外媒体专业委员会；搭建两个产学研融合发展服务平台：与安徽师范大学新闻与传播学院成立产学研一体化合作单位，与安徽财经大学文学院共建研究生联合培养基地。

2021 年 1 月 12 日，安徽省广告协会成功举办了第七届会员代表大会暨第七届一次理事会，圆满完成了换届任务。在新一届领导班子的带领下，安徽省广告协会工作开启了全新篇章，锐意进取，开拓创新，积极为安徽省广

告行业发展贡献力量。

一、构建三大平台，服务广告发展

（一）广告大赛平台

搭建“安徽省优秀公益广告作品征集推选活动”和“安徽省优秀广告作品大赛”两大广告作品赛事平台，激活我省广告行业广告设计氛围。

安徽省优秀公益广告作品征集推选活动为安徽省市场监督管理局、安徽省文明办、安徽省教育厅、安徽省文化和旅游厅、安徽省广播电视局等部门委托我会承办的公益广告作品征集推选活动，2019 年至今已连续举办三届。

安徽省优秀广告作品大赛为安徽省市场监督管理局指导，我会主办的商业广告作品赛事，自 1995 年至今已连续举办 27 届。2021 年大赛共收到全国 24 个省市的作品共计四千余件。经过初审、终审两轮评审环节，最终评选出各组别一、二、三等奖项，并将获奖作品推荐至中广协黄河奖、长城奖。本届大赛得到了全省高校、媒体、广告企业、地市协会等的大力支持，他们积极组织参赛，义务贡献媒体资源，传播大赛信息。大赛也充分调动了安徽广告业界、学界及在校大学生的参与积极性，有效激活我省广告设计氛围的同时，传播了社会正能量，获得了政府部门、参赛选手及相关单位的一致好评。

（二）人才培育平台

与安徽师范大学新闻与传播学院成立产学研一体化合作单位，与安徽财经大学文学院共建研究生联合培养基地，共同为广告专业人才培养搭建更加广阔的专业实践平台。

持续开展多方面广告专业培训内容，如广告审查法律法规、广告创意及策划、管理等，提升广告行业从业人员专业素质，全年累计培训千余人次。

（三）对外展示平台

搭建我省广告企业对外展示平台，与会员单位联合组建 2021 安徽广告产业博览会，为我省广告企业拓宽业务路径提供平台。在中国国际广告节广告四新展搭建安徽展馆，邀请省内优秀广告企业展示安徽广告风采。

二、规范行业行为，促进行业自律

（一）以证明商标为手段，助推广告企业竞争力提升

证明商标工作是加强广告行业自律，规范经营秩序，增强我省广告企业核心竞争力的重要抓手。我会高度重视每年证明商标工作，实时梳理我省证明商标企业到期情况，并发函提醒续报。增派人手，对申报企业，进行一对一针对性辅导。并于 10 月份召开证明商标培训班，动员、辅导企业申报证明商标资质。

（二）推进诚信体系建设，促进行业自律

行业诚信体系建设是促进行业自律的有效手段，安徽省广告协会每年举办安徽省广告经营诚信单位、优秀会员单位和个人等评选活动，以此推进我省广告行业诚信评价体系建设，规范经营秩序，促进行业自律。

三、深化行业交流，重视互补共赢

（一）组织会员单位参与广告行业学习交流。积极组织会员单位参与中国广告协会在厦门举办中国国际广告节，中国广告论坛、户外广告论坛及上海广告节等行业活动，并为会员单位予以一半注册费用补贴。

（二）深化与全国兄弟省市广告协会及省内兄弟协会间横向交流资源优势互补、加强协作、实现行业跨界融合，促进行业转型升级。

（三）加强业界与高校学生的紧密连接，举办“业界精英进校园”沙龙活动，为即将迈入社会的广告专业学子答疑解惑。

（四）与安徽省人居环境监测中心合作开展环保信用等级评价工作，与安徽省公共关系协会合作开展公关员培训工作，为会员单位及行业发展拓宽路径。

四、积极反映诉求，维护行业权益

维护行业和会员的合法权益，是协会义不容辞的责任。作为行业组织，针对阜阳市户外广告强制拆除问题，委派专人代表调解协商，取得了积极效果。

加强与安徽省民政厅、安徽省市场监督管理局的工作衔接，代表行业向政府部门反映诉求，向政府部门提出关于广告行业及优化营商环境等方面的意见建议。

五、加强协会建设，提升服务水平

（一）成功获评 5A 级社会组织

2021 年 11 月，经过长达半年时间的筹备、组织，安徽省广告协会成功获评 5A 级社会组织，这是协会发展道路上的重要里程碑，标志着协会管理水平及发展步伐迈上全新台阶。这对于安徽省广告协会进一步发挥好桥梁纽带作用，促进我省广告业高质量发展，具有重要意义。

（二）优化会员结构，提高服务质量

不断提高会员管理的科学化水平，不定期举办会员活动，走访会员单位，为会员单位排忧解难，增强会员单位归属感及获得感，增强会员黏性，保持会员数量稳步增长。

（三）加强制度建设，提升管理水平

认真落实协会《章程》，规范自身建设的同时，持续完善各项规章制度，每季度召开会长办公会，定期召开会长日常工作例会，不断完善协会议事机制，提升管理水平。每年召开全省广告协会工作会议，指导部署我省 16 个地市广告协会工作方向及重点。

（四）完善分支机构，提升服务能力

完善协会分支机构建设，细化行业覆盖领域，增设品牌、法律、户外广告、公交广告等细分领域分支机构，为会员单位在细分领域提供更加专业的服务及交流平台。

（五）加强党建建设，夯实协会基础

2021 年 3 月，经安徽省民政厅社会组织党委批准，成立安徽省广告协会功能型党支部。党支部成立后，严格落实“三会一课”制度，并与安徽师范大学新闻传播学院、安徽今日互联党支部结对共建。通过抓党建，加强党性教育，严格党员管理，提高队伍素质，形成围绕工作抓党建，抓好党建促工作的良好氛围。

福建省广告协会

2021 年，福建省广告协会以“服务”和“创新”工作为主线，在拓展工作新思路，增加工作新抓手，夯实工作新基础，推动工作新进步上取得了一定成绩。

一、抓发展

针对广告业遇到新冠肺炎疫情、经济下行等压力，福建省广告协会深入开展工作调研和形势研判，开展了富有成效的各类论坛、座谈、沙龙等活动，号召全省广告界增强信心，发挥优势，抓住机遇，借势发力，战胜困难，提出了“转变观念、提质升级、整合资源、抱团发展”指导思想，围绕“山海合作”主线，实施“需求扩展”等措施，推动了福建广告业在困境中求生存、求进步、求发展。加快了惯性思维向创新思维升级步伐，加快了传统广告向数字化广告升级步伐，加快了广告粗放型向科技型升级步伐，加快了本土企业向外扩张步伐，一批新锐企业趁势而上、脱颖而出，成为广告军团中的主力部队。2021 年，福建省广告总产值达到 480 亿元左右，同比增长 10%，占全省经济总值的 1.03%，位居全国同业前 7 位。在困境中，书写了转型发展，创新发展，智慧发展和跨越发展的新篇章；广告业的定位更加清晰，结构更加合理，服务更加精准，作用更加突显。

二、抓服务

2021 年，福建省广告协会不断延长服务“手臂”，延伸服务“触角”，取得了丰硕成果。其中，为 16 个省、市、县、镇的市场招商、项目策划，为 228 家企业整合资源，塑造品牌，出谋划策；为支持高等院校教育和业界培养人才；为一大批会员单位排忧解难，助力发展等工作都作出了重大贡献。尽力配合中国广告协会做好第 28 届中国国际广告节有关工作。同时，积极开展广告企业资质等级认定，其中，认定福建省广告企业一级资质 7 家、二级 3 家、三级 15 家，至 2021 年，福建省拥有国家级资质企业 15 家、

省一级61家、二级40家、三级62家。开展福建省第24届优秀广告作品大赛评选活动，共征集1300多件作品，评出金奖10件、银奖28件、铜奖56件、优秀奖108件。

三、抓自律

完善行业自律是促进行业健康发展的重要前提。一年来，福建省广告协会把行业自律作为重要工作来抓。一是在福建省广告协会第八届会员代表大会上，提出了《福建省广告界自律公约》，倡导广告界“广告讲导向、广告讲道德”，开展“广告百花园清除杂草”活动，取得了一定成果。二是多次和省市场监督管理局广告监管处就整治广告市场和行业自律情况进行商榷，并深入线上线下广告企业进行调研，形成了“处会联动”“广告岗位培训”等工作设想。三是在国家市场监督管理局广告监管司柴保国司长、王玉环处长来闽召开的座谈会和福建省市场监督管理局广告监管处召开的户外广告管理研讨会上，福建省广告协会提出了有关自律工作的设想和建议。四是在省里召开的行业标准大会上，福建省广告协会就建立广告行业标准化工作做了经验介绍。五是免费为漳州片仔癀等68家企业进行了文案起草、审定和广告内容发布“保驾护航”。

四、抓基础

福建省广告协会基础建设在2021年又取得了新突破，有力地推动了协会工作稳固发展。一是福建省广告协会建设的中国第一座3.8万平方米广告大厦投入使用，其中协会拥有1900多平方米自主产权的办公场所开始启用。二是协会新迁“三免”（免房租、免物业费、免停车费）的900平方米办公室。三是福州希尔顿酒店初步确定免费提供给福建省广告协会800平方米场地作为共享秘书处使用。四是福建省广告协会与天福房地产集团合作，为广告人提供300套20~40平方米，价位在20~40万左右的精装房，为解决广告人买房难、住房难问题办好事、办大事。目前，该项目正在建设中。

福建省广告协会构建了“管用”的“四大团队”（高级顾问团队、业界骨干团队、商协会联盟团队、秘书处工作团队），拥有362家会员单位，其中包括建筑、房地产、连锁经营、医疗、银行、航空、珠宝、黄金、食品、酒店、铁路、家具、互联网（元宇宙）等广告主企业。

一年来，福建省广告协会不但工作实力得到加强，更可喜的是协会的凝聚力、影响力得到进一步加强，协会工作赢得了政府、社会和业界的认可和肯定。归纳一句话：2021年协会任务很重、工作很忙、贡献很大、前景很好！

江西省广告协会

2021年，江西省广告协会在中国广告协会、江西省市场监督管理局的指导下，继续坚持“指导、协调、服务”的基本职能，在服务行业发展，帮助行业维权，指导行业自律等方面履职尽责，组织全体会员积极参加省内外举办的各项重大活动，引领全省广告企业奋发努力，为推动江西省广告业高质量发展取得新成效。

一、党建工作取得新进展

（一）牢牢把握政治方向。协会党支部认真贯彻落实“广告宣传也要讲导向”，要求会员单位牢牢把握正确方向，坚决杜绝虚假违法广告，坚决不做不发不文明、不健康的广告。截至2021年12月31日，协会没有接到群众反映会员单位有制作虚假违法广告行为的问题。

2、坚持开展主题教育。认真学习贯彻党的十九届六中全会精神，加深对习近平总书记重要讲话精神的理解和把握，从党百年奋斗的光辉历程中深刻领悟中国共产党为什么能、马克思主义为什么行、中国特色社会主义为什么好。为庆祝中国共产党成立100周年，协会党支部组织全体党员到驻地开展了学党史、新党员入党宣誓等内容的党日活动。全省市、县（区）广告协会采取多种形式和方法开展了一系列“学党史、悟思想、办实事、开新局”主题学习教育活动，激发大家在各自的工作岗位上奋发努力做出优异成绩，为党的事业多做贡献，为党旗多添光彩。

3、扎实做好党务工作。根据省委组织部、省市场监督管理局行业综合党委《关于有序推进“两新”领域基层党建“三化”建设的工作提示》和《关于推进行业协会党支部标准化规范化信息化建设的通知》要求，协会党支部与副会长单位、江西华赣文化旅游传媒集团有限公司党总支联合建立了党员活动室；认真贯彻落实上级党组织的要求，努力在民营广告企业的优秀企业家负责人中培养发展党员。

二、重大活动夺得新成绩

5月份，组织了江西华赣文化旅游传媒集团有限公司、江西天义广告艺术有限公司等23名企业代表参加中广协在浙江杭州举办的以“时代定义广告，广告顺应时代——构建中国广告新发展格局”为主题的第十七届中国广告论坛暨首届绿色直播生态博览会。会后，还派人参加了中广协在浙江宁波举办的“1+X”证书制度广告审查职业技能等级证书（初、中级）师资培训班。

10月份，组织了15个会员单位和部分省内广告企业参加了第十三届北京国际创意暨第七届京津冀广告节，江西华赣传媒集团等单位获得这次大会上颁发的创意奖银奖1个、铜奖3个、优秀奖21个。

12月份，组织了江西华赣文化旅游传媒集团、江西天义广告艺术有限公司、江西赣江传媒有限公司等30多家单位参加在厦门举办的第28届中国国际广告节，江西华赣传媒集团 · 华赣创意报送《华为 Mate40 7680帧超高速视频录制》获得长城奖铜奖，江西省广告协会被中广协授予“最佳组织单位”奖。

三、服务质量得到新提高

一是按照中广协的要求，认真做好开展证明商标申请常态化工作。积极组织会员单位申报证明商标，陆续向中广协报送了12家广告企业，经中广协审定，已通过8家分别获得一、二、三级广告资质企业。

二是针对疫情防控的形势，创新活动服务形式。省广告协会年会改为线上进行，通过微信公众平台发布2020年工作总结，表彰47个“2020年抗击疫情公益广告宣传突出贡献”单位和授予70家“江西省诚信广告单位”以及11家“2019—2020年度江西先进广告协会”和11名“2019—2020年度江西先进广告工作者”。线上互动达到了如临其境的效果，深受广大会员的赞誉。

三是热情接待外省来宾，做好服务保障。4月份，省广告协会与湖南省广告协会共18家单位在井冈山开展了“湘赣两省广告传媒企业交流座谈会”，共叙湘赣情谊，共谋合作发展，达成了两省开展“湘赣红色广告宣传专列”活动，深化红色文旅合作，促进两省广告企业高质量发展。

四是主动与业务指导部门对接，搞好法律培训服务，9月份，为提高广告主和广告从业人员对《广告法》的深度了解，进一步增强守法经营的自觉性，省广协组织万人会员单位和全省广告从业人员线上观看由江西省市场监督管理局特邀专家进行的《广告法》宣讲。

五是深入基层走访调研，面对面为会员提供服务。先后深入到6个市县广协和部分会员单位走访调研，广泛听取会员对协会建设和广告业发展的意见和建议，为吸收更多的广告企业加入协会起到了积极作用。一年来共发展新会员20家，目前协会共有203家会员，比上年增加了15%。

四、公益广告展现新作为

为庆祝中国共产党成立100周年，充分发挥公益广告的正确宣传引领作用。省广告协会于2021年7月至9月，在全省开展了“纪念建党100周年公益广告作品征集评选活动”，突出宣传展示党的光辉历程、丰功伟绩和宝贵经验，全面反映广大党员干部和人民群众履职敬业、爱党敬党、追梦圆梦的生动实践，用好江西红色资源，展示江西新面貌，积极营造共庆百年华诞、共创历史伟业的浓厚氛围，以优秀的公益广告作品向建党100周年献礼。得到了全省广告企业和社会各界广告人士的高度关注和积极参与。期间共收到各类广告作品216件。在省广告协会秘书处严格筛选的基础上，经专家审定并提交第八次副会长会议讨论确定，给予“百年党史江西篇”主题列车等30幅平面类作品和《廉洁三字经》等11幅影视类作品颁发“纪念建党100周年公益广告奖”证书。

五、未来发展有了新规划

2021年是江西省广告协会第四届理事会任职的最后一年。12月份，省广告协会召开第八次副会长扩大会议，专题研究讨论换届工作和协会未来发展等重大问题。会议认真研究并拟定了第五届协会理事会组成人员和工作报告，修改章程、选举办法、会费收缴和管理规定等重大事项。会上围绕省市场监督管理局拟定的《江西省“十四五”广告产业发展规划》征求意见稿，充分发扬民主进行了热烈讨论，提出了不少意见和建议。在新的一年里，将继续坚持以党建为统领，努力创建一流社会组织；以服务为宗旨，积极为会员提质增效；以创新为动力，促进行业高质量发展。适应新形势的需要，建立健全各类专委会和行业分会。围绕江西的红色、绿色、古色三大特色，做大做强广告宣传业务，在“传播江西文化，展示江西形象，宣传江西品牌”上积极作为。动员江西的品牌企业、文旅集团、新媒体、互联网等优秀企业加入到省广告协会会员中来，推动强强联手，资源共享，合作共赢。推动江西广告业发展迈上新的台阶，为全面建设现代化美丽江西做出新的更大贡献，以优异成绩迎接党的二十大胜利召开。

山东省广告协会

作为山东广告蓬勃发展的见证者和推动者，山东省广告协会自1985年成立以来，在山东省市场监督管理局、中国广告协会的正确领导下，历经三十余年，砥砺奋进，实现了跨越式发展。山东省广告协会也进入了“全国省级广告协会”先进行列。

“十三五”以来，全省广告产业整体上保持了持续稳定发展。截至2021年底，全省广告经营单位达17.3万户，广告经营额达599.6亿元，广告产业在国民经济中的比重持续提升。 目前，我省有青岛、烟台、潍坊、菏泽四个国家级广告产业园，七个省级广告产业园，三个国家广告业创新创业示范基地，30余家营业额过亿的广告企业，近百余家广告资质企业。

2021年是中国共产党成立100周年，也是“十四五”开局之年，是全面打赢脱贫攻坚战、全面建成小康社会的实现之年，具有里程碑意义。

过去的一年，山东省广告协会始终高举习近平新时代中国特色社会主义思想伟大旗帜，积极践行社会主义核心价值观，认真贯彻落实习近平总书记“广告宣传也要讲导向”重要指示精神。认真履行“提供服务、反映诉求、规范行为、促进发展”的服务职能，各项工作保持了稳定、健康发展的良好势头。

一、坚持党的领导，行业发展健康有序

山东省广告协会在上级主管部门的正确领导下，在广大会员单位及各地广协大力支持下，解放思想，强化服务，创新发展。全省广告产业实现了健康有序发展。产业呈现向数字化、新媒体广告转型新趋势，互联网广告成为主流广告形式。2021年互联网广告经营额超百亿元，较2015年的39.3亿元大幅度提高。传统广告产业转型升级取得了新突破，行业也涌现出了一批像开创集团、煎饼集团、古麦嘉禾、贝壳视频、齐鲁壹点等优秀传媒企业。产业转型发展持续推进，积极引进高科技企业，今日头条、字节跳动、一点资讯等新兴公司落户济南、腾讯短视频运营中心落户潍坊，为园区及周边地区带来全方位支持，有力推动我省广告产业健康发展。

二、坚持党建引领，文化促进发展

2021是建党100周年，百年征程波澜壮阔，百年初心历久弥坚。协会也开展了系列的建党庆祝活动。

山东省广告协会积极践行社会主义核心价值观，联

合聊城市广告协会共同承办“红心向党 礼赞百年”参观孔繁森同志纪念馆，扎实推进党史学习教育，让红色基因、革命薪火代代相传。2021 年 6 月—10 月，山东省广告协会党支部连续企业多次开展党史学习教育主题活动，不忘初心，牢记使命，扎实推进广告服务工作。

三、打造品牌活动，全面提升影响

2021 年山东省广告协会，继续打造举办泰山杯广告大赛、学院创意杯广告大赛、建党百年公益广告大赛、山东优秀广告作品展等品牌活动体系。在着力强化各项品牌活动专业性、权威性的同时，不断为活动增添新的亮点，提升活动的行业价值，增强活动的吸引力和影响力。2021 年广告大赛共征集省内外近百所院校和多家企业、单位的各类广告作品 6975 件，评出获奖作品 893 件。获奖的优秀广告作品，具有较强的思想性、先进性、艺术性和创造性，作品质量、作品的创意水平显著提升。

其中“庆祝中国共产党成立 100 周年”公益广告大赛，反映中国共产党初心和使命，展现中国共产党百年光辉历程、伟大成就和宝贵经验，弘扬建党精神、传承红色基因等为主题的公益广告作品，很好的宣传齐鲁文化，弘扬时代精神。

四、开展行业培训，培育专业人才

一是专业培训不断拓展。2021 年协会培训项目落地全省，内容涉及广告审查、品牌传播、数字营销等，培训专业人员 5000 多人次，切实提升了广告从业人员专业技能。

同时协会与省内外 50 多个行业组织建立联系，走出去，组织参加广告大会、国际创意节等行业盛会；请进来，通过举办广告节、广告论坛、广告大赛等活动，促进广告业融合发展；通过专业的培训学习，参观交流，推动山东品牌走出去，讲好山东故事，传播好山东声音。

五、创新证明商标使用管理，促进广告企业提升资质

积极配合中广协在全省推广一级企业、二级企业、三级企业（“CNAA Ⅰ”“CNAA Ⅱ”“CNAA Ⅲ”）证明商标，目前全省拥有资质广告企业共 78 家，在全国走在前列。

六、加强队伍建设和系统建设

1. 协会秘书处建章立制、深化改革

加强管理提升协会服务会员单位的能力和水平。一是开展人事改革，人员结构得到优化，形成了能上能下、能进能出的用人机制。二是加强制度建设。协会制定多项内控制度，覆盖党建、财务、人事、信息化等协会工作的方方面面，进一步做到依法依规规范办会。

2. 协会会员队伍不断壮大

截至 2021 年 11 月底，除自然淘汰、企业转型、3 年不缴纳会费的会员外，目前山东广协共有会员约 1000 家。会员结构与行业发展步调一致，新业态、新媒体、互联网广告企业数量显著增加，行业头部资源向协会集聚，会员代表性更加广泛，协会实力进一步增强。

3. 联合各地协会共谋发展

为协调全省广协一盘棋，我们多种形式与各市广告协会沟通，支持并协助各市协会开展各种广告专业活动。

我们与各地协会保持密切联系、及时沟通，分享协会发展经验；各地广协对省广协高度信任、积极配合，在加强行业自律、开展品牌活动、服务行业企业、助力行业发展等方面，出人出力、无私奉献，给予山东广协大力支持，共同构筑起全省广协相辅相成、协调统一、密切联动的工作网络。

湖北省广告协会

2021 年，湖北省广告协会在省民政厅、省市场监督管理局及中国广告协会的指导下，在各会员单位的团结协作下，认真履行“提供服务、反映诉求、行为规范、促进发展”的职能，优化服务理念，开拓服务渠道，积极强化行业组织建设，发挥行业组织引领作用，根据会员单位和业内市场主体的实际需求，扎实开展工作，较好地完成了 2021 年度各项工作任务，取得了一定的成绩。

一、聚焦内部建设，塑强协会内核

（一）首获“3A 级省级社会组织”称号

省广协自 2018 年脱钩换届以来，始终致力于湖北省广告产业高质量发展，在组织发展、会员服务、学术交流、专业培训、人才培养以及自身建设等方面均取得长足进步。

2020 年 12 月 30 日，湖北省民政厅正式发布《2019-2020 年度全省性社会组织评估等级结果公告》。经自主申报、资格审查、第三方机构初评，全省性社会组织评估委员会终评、公示等程序，湖北省广告协会在参与评估的全省省级社会组织中，获评“3A 级省级社会组织”。2021 年 4 月 8 日，省民政厅向获得 3A 级以上的全省性社会组织授牌。本次收获“3A 级社会组织”荣誉，既是对省广协规范运作、创新服务的肯定，也是对省广协往更好、更优方向发展的持续激励。省广协将珍惜荣誉，再接再厉，服务会员、服务行业、服务社会，遵循广告市场发展规律，把握时代脉搏，

（二）顺利召开七届三次会员代表大会，确定年度工作总基调

2021 年 4 月 17 日，省广协组织召开了七届三次会员代表大会，会议审议通过了《关于省广协第七届会长、法定代表人变更事项的说明》《关于省广协增补副会长情况的说明》《关于吸纳各地市广协会长为常务理事、秘书长为理事的建议》等八项议题。会上对省广协 2021 年度工作进行了部署，确定了深化创新服务，继续发挥桥梁、纽带、平台、自律作用，坚持稳中求进工作总基调，主要围绕“培训、跨界、论坛、赛事”四个主要方面展开扎实地工作。

（三）圆满完成 2021 年度广告企业证明商标申报工作

2021 年，省广协一如既往的重视证明商标申报工作，秉承上对中广协，下对申报企业负责的态度，一直强调要严格按照中广协发布的使用证明商标的各项指标来审核申报企业提交的材料。对于填写不规范的，要细致、耐心指导申报企业修改、完善资料，对于资料上传不全的企业，予以说明，并纳入关注，后期重点指导、培训；对于完全不符合申报要求的企业，坚决不予通过初审。最终在中广协的大力支持下，圆满完成了 2021 年度广告企业证明商标一级、二级、三级的初审工作。

截至 2021 年 12 月，湖北省广告企业证明商标共有 16 家单位提交申报，经省广协秘书处初审和中广协复审，共有 4 家单位通过认定，其中 2 家单位获准使用设计制作类一级广告企业证明商标，1 家单位获准使用媒体服务类一级广告企业证明商标，1 家单位获准使用综合服务类二级广告企业证明商标。

二、集聚优势资源，搭建交流平台

（一）成立反虚假违法广告联盟，优化营商环境

为贯彻落实党中央关于推进国家治理体系和治理能力现代化的总体要求和习近平总书记“广告宣传也要讲导向”的重要指示精神，切实推动广告行业自律与政府监管有机结合，树立我省广告企业良好形象，优化我省广告环境，有效推动精神文明建设和高质量发展，根据《中华人民共和国广告法》等法律法规，在省整治虚假广告联席会议及相关管理部门的倡导和督促下，省广告协会根据本会章程，联合广大会员单位、媒体、网络平台，于 2021 年 4 月 17 日召开的七届三次会员大会上发布了《反虚假违法广告倡议书》，正式发起成立了湖北省反虚假违法广告联盟。

目前反虚假违法广告联盟已在抖音平台注册账号“反虚假广告联盟”、微信平台注册公众号“反虚假广告联盟”、新浪微博平台注册账号“湖北省广告协会”，经过选题策划、素材收集、拍摄制作等一系列工作之后，三大平台账号现已发布《反虚假广告之医药篇》《反虚假广告之教育篇》《假如虚假广告说真话》系列等多个小视频，单条视频点赞量过千。

（二）承办组织 2021 年度湖北省楚天杯公益广告征集推广活动

2021 年 6 月，为庆祝中国共产党成立 100 周年，充分发挥公益广告引导正确舆论导向、营造良好社会氛围的作用，由湖北省市场监管局、湖北省文明办、湖北省委网信办主办，湖北省广告协会承办的 2021 楚天杯公益广告作品征集推广活动正式启动。本次活动以“百年辉煌 照亮前路”为主题，得到省内外广告企业、电视、广播媒体及大学生、创业者的高度关注和积极参与，共收到各类有效广告作品 2074 件，105 万网络投票量，8493 万抖音话题播放量。经过初评、复评、网络投票、终评和网上公示，共评选出获奖作品 100 件。其中，平面类获奖作品 32 件，影视类获奖作品 19 件，广播类获奖作品 16 件，创新媒体类作品 14 件，大学生创新创意奖作品 11 件，大众关注奖作品 8 件。荆门市广告协会等 8 家单位积极组织创作和征集活动，报送作品数量较多，质量较高，荣获“优秀组织奖”。

（三）顺利举办 2021 年湖北省广告人才数字化核心竞争力课程培训班

2021 年 7 月，为顺应社会和行业发展，全面推进广告企业数字化转型，加强对数字化营销的布局与投入，湖北省广告协会携手虎啸数字商学院联合推出湖北省广告人才数字化核心竞争力培训课程，旨在通过数字化营销知识的体系化积累与输出，助力我省广告人才和企业成长。

（四）德尔达疫情突袭，荆楚广告人彰显担当

2021 年 8 月，面对新一轮的德尔塔毒株新冠肺炎疫情的汹汹来势，湖北省疫情防控指挥部快速决策，出台“快、狠、严、扩、足”五大措施，要求以最快速度、最短时间、最有力措施把疫情控制、解决在最小范围。湖北省广告协会积极响应号召，8 月 2 日第一时间发布《致全省广告行业疫情防控的倡议书》，号召全省广告人严格贯彻落实疫情防控工作部署，利用自身媒体资源，在全省范围内发布常态化疫情防控宣传及疫苗接种宣传海报，对于提醒大众加强防控意识、鼓舞民心起到很好的宣传作用，以实际行动展现了湖北广告行业的社会责任与奉献精神。

一纸倡议，应声云集。各地市广协与省广协会员单位纷纷发动各类媒体资源第一时间发布疫情防控信息，提高市民日常的科学防疫意识，防疫宣传片、抗疫海报、电梯投屏媒体、城市公交媒体、户外 LED 大屏媒体等全方位无死角覆盖城市生活的每个角落。

三、增进交流互动，促进合作发展

为了及时掌握广告行业的新业态新形势，2021 年省广协组织了多次交流走访活动，为会员企业创造了更多的学习交流平台和机会，以平台促交流，以活动促发展。

（一）走进三大平台网站，开展反虚假违法广告工作

2021 年 1 月，湖北省市场监督管理局广告处、广告监测中心携手省广告协会一行向新浪湖北、今日头条华中总部、腾讯大楚网三家头部互联网平台公司进行调研座谈，就网络广告监管工作提出问题和要求，呼吁平台公司加强虚假欺诈广告的自我审核力度，开通用户举报投诉通道，带动用户自主参与监督的积极性，加大曝光违法广告力度，主动公示违法广告案例，宣传科普法律法规和公益活动。

（二）省市监局组织省广协会员及行业代表赴福建、云南学习交流

2021 年 7 月，湖北省市场监督管理局下发《关于组织开展湖北广告行业学习交流活动的通知》（以下简称《通知》），《通知》指出，为更好履行促进我省广告产业发展职责，加强省内广告行业与外省先进地区、优秀园区、行业代表交流协作，省市场监督管理局广告处委托湖北省广告协会组织省内广告行业代表赴广告产业发展水平位居全国前列、发展经验亮点丰富的地区开展学习交流活动。活动分两个批次进行，第一批在 2021 年 7 月 12 日至 17 日赴福建、云南学习，由省局领导带队，参加人员为部分市州市场监管局相关同志，部分国家和省级广告园区负责同志，广告领军人才和行业代表。第二批学习交流活动因受疫情影响推迟至 2022 年。

学习团一行人重点了解了各地广告产业发展的政策

措施，国家和省级广告园区的建设运营情况。从新兴广告领域资源的挖掘培育，到传统广告产业的转型升级，包括广告人才的培养应用，广告服务品牌的建设等方面汲取兄弟省市的先进经验，启发创新思路，对接优势资源，激发省内广告行业活力。

（三）其他交流走访活动

组织会员单位参加 2021（西宁）中国户外广告论坛、第十三届北京国际创意节暨第七届京津冀广告节；到访企业与湖北交投文化传媒有限公司、湖北联投传媒广告有限公司、中国中铁大桥局武汉桥梁传媒有限公司等进行深入交流；与鄂州市商标广协共同组织开展广告设计人员培训班；携手业界同人参加第 28 届中国国际广告节；组织召开 2021 楚天杯“百年辉煌 照亮前路”公益广告分享交流活动。

湖南省广告协会

在省市场监督管理局、省民政厅和中国广告协会的正确指导下，在各会员单位团结协作下，协会围绕“提供服务、反映诉求、规范行为、促进发展”四项基本职能，科学规划，稳步推进，2021 年全省广告产业得到进一步发展，较好地完成了既定的工作目标。

一、多措并举，服务行业自律

（一）推动权益保护，开展法律服务活动

为提高行业自律及维权守法意识，提高行业依法治企的水平，协会依照相关法律、法规和章程，在省市场监督管理局的指导下，成立了湖南省广告协会法律委员会。

法律委员会成员由行业执法专家、知名律师、资深教授组成，为行业提供法律宣传、法律维权、法律指导、行业自律、理论研究、政策建议和立法建议等。为把握宣传导向、规范市场秩序、推动权益保护、处理经营纠纷、惩戒失信行为等方面做出更大的贡献和发挥更积极的作用。

（二）坚持广告导向，开展广告审查培训

习近平总书记提出，广告也要讲导向。坚持正确导向、传播先进文化、弘扬新风正气，是广告从业者义不容辞的社会责任。为增强企业广告审查人员的审核把关能力，从源头上杜绝问题广告的产生，建立对虚假违法广告标本兼治的长效机制，在省市场监管局的指导下，协会分别在长沙、湘潭、衡阳等地组织开办了广告审查员培训班。切实提高广告审查人员的能力和水平，引导和规范各广告经营和参与主体依法从事广告活动，促进广告行业健康发展。

（三）落实行政指导，完成省局各项任务

协会历来以当好政府联系广告经营者的桥梁和纽带为己任，努力做好服务广告战略与品牌发展的推手与助手，全心全意当好广告湘军的志愿者和勤务员。

为规范商业广告及营销宣传行为，协会配合省市场监督管理局先后召开了互联网广告产业发展研讨会、户外广告行政指导会和新媒体广告行政指导会。

受省市场监督管理局委托，2021 年协会先后完成了《湖南省公益广告发展情况调研报告》《湖南省新媒体产业发展调研报告》《湖南省广告产业园区发展情况调研报告》。

二、发挥优势，服务公益事业

（一）公益服务体系逐步完善

为鼓励更多的企业参与公益广告，协会将公益广告的创作和发布纳入了湖南省广告企业资质认定考核指标，并在一年一度的“广告湘军总评榜”上设立了“公益广告突出贡献奖”，以表彰为公益广告做出贡献的单位和个人。协会与省市文明办、公益广告基地、有关高校每年定期举办公益广告赛事，开展公益广告宣传。

（二）公益广告创作领跑全国

从 2018 年至 2021 年，连续四年中国公益广告黄河奖我省获奖作品数量居全国前列，等级奖数量占全国四分之一，其中金奖数量约占全国三分之一（2018 年全国共评出金奖作品 6 件，湖南斩获 2 件；2019 年全国共评选出金奖作品 7 件，湖南斩获 3 件；2020 年全国共评出金奖作品 6 件，湖南斩获 2 件；2021 年全国共评出金奖作品 7 件，湖南斩获 2 件，另获特别奖 1 件），湖南公益广告创作水平在全国处于领跑地位。

（三）公益活动展现责任担当

2021 年 3 月—7 月，为营造庆祝建党百年浓厚氛围，协会承办了由省文明办、省教育厅、省市场监督管理局主办的“湖南省公益广告暨第八届湖南省大学生公益广告大赛”。

2021 年 3—月 8 月，为做好“韶山—井冈山”的红色文化旅游资源的调研和宣传，受省市场监督管理局的委托，协会组织开展了韶山—井冈山红色旅游实地调研、红色公益广告创意研讨会、韶山—井冈山红色旅游铁路公益广告作品征集等系列活动。

三、与时俱进，服务行业发展

（一）参加各类赛事，树立行业标杆

协会积极引导广告湘军参加经国务院全国评比达标表彰工作协调小组批准设立的中国广告行业大奖——长城奖、黄河奖，国家市场监督管理总局主办的 315 消费者权益保护公益广告大赛。湖南广播电视台、湖南日报、湖南顺风传媒、湖南金钟集团、湖南新财智、长沙达美等单位都有诸多作品获奖。2021 年 12 月 11 日，中国广告行业大奖——黄河奖颁奖典礼在厦门举行。本届中国广告黄河奖共征集到参赛作品 4320 件，最终产生 7 件金奖、12 件银奖、14 件铜奖、1 件全场大奖、167 件优秀作品。湖南广播电视台获得了 2 金 2 银 4 铜 1 个特别奖，13 个优秀奖，获奖质量、数量全国第一。湖南广播电视台连续四年获得了黄河奖金奖，创造了黄河奖史上金奖获奖数量纪录。而湖南顺风传媒 2017 年荣获 1 金 8 银 24 铜共 33 座长城奖，创造了长城奖史上单家公司获奖最高纪录。2021 年，湖南金钟传媒获得黄河奖 4 个优秀奖，创下了连续 6 年获得黄河奖的良好成绩。

（二）据实反映诉求，为企排扰解难

为减轻企业负担，协会通过多种渠道向有关部门呈送了《关于落实国务院决定减征广告业文化事业建设费有关建议的函》，建议减半征收文化事业建设费。

为逐步将户外广告设置归入科学化、法制化、规范化的轨道，协会向省政府、长沙市委市政府致函，请求规范户外广告发展，编制户外广告的设置规划和相关技术标准，明确广告位产权，规范审批流程，为户外广告经营者和管理者提供清晰透明的行业依据。

新冠肺炎疫情让省内广告媒体行业遭受重创，广告经营企业尤其是传统的媒体资源型企业业绩出现断崖式下滑，整体面临着生死考验。协会分别向省政府、省委宣传部、长沙市委市政府汇报对接，获得了相关单位的支持和认可。

（三）依照协会职能，开展资质认定

为了使资质认定工作更加规范，在中国广告协会和省市场监督管理局的指导下，依据协会章程相关条例，在全国率先建立了评价体系和考核标准，使资质认定工作制度更健全、流程更清晰、评审更规范，截至 2021 年底，共新评出湖南省一级广告企业 37 家、二级广告企业 19 家。同时，协会受中国广告协会的授权，对申报一级广告证明商标（国家一级）的广告企业进行初审，对申报二级、三级广告证明商标的广告企业进行评审。

（四）开展行业培训，加强人才培养

为提高我省广告业集约化、专业化、国际化的发展水平，促进我省广告产业提质增量和转型升级，夯实广告湘军基础，协会成立了由中南大学、湖南大学、湖南师范大学等相关 40 多所院校专家教授组成的广告教育委员会，为建立创新创业基地、实训实习基地以及开展技术研发合作、专业人才培养、校企人才互动等打下了良好的基础。

（五）开展省际交流，拓展合作空间

近几年来，在省市场监督管理局的指导下，协会每年组团参加一年一度的中国国际广告节、中国广告论坛、中国户外广告论坛。几乎每届全国性的大型广告活动，湖南都是参会人数最多的省份。同时，协会不定期的与兄弟省市单位举办活动，开展省际交流与合作，通过以“广告”为纽带，连接各行各业，在理念、技术、人才、管理等方面与其他地区对接。同时，也与政府各相关部门、各地区组织保持良好往来，推动广告业向更高层面、更宽领域、更深程度发展。并就双边广告行业开展业务合作、信息互换等，促进优势互补、区域联营和项目合作，引导企业走强强联合共同发展的路子，促进湖南广告产业不断向前。

（六）促进资源共享，提升服务效能

为了深入挖掘行业资源，促进协会内部资源共享，增进企业之间友谊，协会不定期举办“湘君会”活动，实现产业对接、品牌诊断、协作互动、人脉拓展、项目推介的目的。协会在服务好会员的同时，也帮助指导省内各市州广告协会。先后走访了永州、怀化、邵阳、岳阳、常德、益阳、郴州、湘西、湘潭等市州协会和部分广告企业，针对各地广告协会和广告经营企业的发展情况进行了考察和指导。

（七）完善管理制度，提升服务水平

为规范组织建设，提升专业水平，协会进一步加强了对分支机构的管理，新成立了乡村振兴委员会、文创委员会、文旅委员会、公益广告委员会和非遗美食创新委员会。

四、不忘初心，加强党组建设

（一）夯实党建基础

中共湖南省广告协会党支部于 2018 年 6 月成立，曾小明会长兼任党支部书记，省非公综合党委指派省市场监督管理局广告处三级调研员王进同志任协会党建指导员。

按照“抓重点带全局，抓基本夯基础，抓制度促长效，抓创新提质量”的要求，结合本会实际，协会将党建工作与日常工作相融合，促进党建工作与业务工作共同发展。同时，积极建立完善党支部工作制度、经费使用管理制度，定期向上级指导单位汇报，建立了良好的党建指导沟通机制，全面提升协会党建工作水平。

2021 年建党 100 周年之际，协会会长、支部书记曾小明同志荣获全省市场监管系统小微企业个体工商户优秀党务工作者称号。

（二）开展系列党建活动

为更好发挥行业功能党支部优势，协会结合行业需求，与时俱进提升党建工作质量，紧跟时事热点开展形式不一的主题活动。

2021 年 4 月，举办了“韶山连井冈”主题党日活动。通过三天两晚的实地考察、党史学习教育，引导广大党员和广告经营企业传承红色基因、发扬红色传统。

协会现有会员单位 448 家。协会将始终坚持“脱钩不脱管”的原则，进一步深化行业服务，加强行业自律，提升行业地位，在把握广告宣传导向、激发行业发展活力、规范行业市场秩序等方面发挥更加积极的作用，为广告行业发展做出更大的贡献。

广东省广告协会

2021 年，是广东省广告协会第九届理事会换届之年，在省市场监督管理局的指导下，在第九届理事会班子的带领下，全体会员深入贯彻学习习近平总书记建党百年的重要讲话精神，以党建引领，践行广告也要讲导向的指示精神，创新会务提升服务，密切联系各级广告协会，充分发挥全省各级广告协会桥梁纽带和主要渠道作用，努力打造广东广告产业的品牌服务平台。

一、坚持政治立会，恪守社会组织跟党走

（一）将党建工作作为协会工作的重中之重，结合协会 2021 年的工作安排，积极筹备协会的党组织建设工作。一是通过与会员企业的紧密交流沟通，将由于各种客观原因形成的“口袋党员”，吸纳充实到协会党组织筹备小组之中；二着力建立健全机制，使党建工作有更清晰的导向和指引，不断扩大协会影响力。协会通过与省社会组织管理局以及省社会组织总会党建工作指导小组的紧密沟通，并在相关部门的指导下，启动了广东省广告协会党组织的组建工作。

（二）在庆祝建党百年的系列活动中，省广告协会组织征集了“建党 100 周年主题的公益广告作品”活动，

得到了行业企业、院校师生以及社会各界的热切关注与参与，短短十天，共征集到来自全国各地广告企业、大专院校及个人 200 余件作品。这些作品在协会公众号、协会网站上进行展示，优秀作品还被选送到国家市场监督总局官网进行展示，收到了良好的宣传效果。

（三）在省广协的引领下，各级协会党组织和会员企业坚持正确的政治信念，爱党爱国，积极投入相关的公益广告传播活动，实现建党百年公益广告媒体百分之百全覆盖。

二、密切政企联系，发挥桥梁作用

（一）组织配合“十三五”广东广告发展效果评估，邀请行业企业代表与江苏、湖南、深圳等地市场监督管理局相关领导进行“十四五”广告产业发展交流座谈会。对省广告协会开展的企业资质、信用建设、行业自律、标准制订、人才培育、支持行业新技术、新发展等工作进行了分享与探讨，强化协会的重要平台功能，时实传递政策导向，反馈企业诉求，有效紧密了监管部门与广告行业之间的联系。

（二）参与“深圳广告业发展指数构建和广告合规指引研讨会”，组织法律专业委员会温旭主任和公益广告专业委员会星亮主任参会并发言，为深圳广告业把脉问诊、建言献策。促进政学产研深度互动交流，推动广告市场更加规范有序，助力广告业高质量发展。

（三）组织筹备制订互联网弹窗广告相关标准，为行业发展提供更为专业清晰的标准指引，同时为净化互联网广告提供标准支撑。

（四）主动深入了解时事动态和行业政策，及时与行业、会员企业传达沟通，避免违规违法，助力企业发展。

三、创新服务理念，提升协会影响力

（一）与国际同行交流学习，提升国际视野，促进合作交流。协会受邀承办 2021 亚洲广告会议（广州分会场），“粤澳联动，双城开花”的创新办会是一次成功的尝试。广州分会场以“新玩场、新畅想”为主题，与澳门主会场“创乐园 享旅游”主题遥相呼应，相互契合。围绕创意营销、国际传播、文化旅游、科技融合、湾区聚能五大主题，依托“数字中国、数字湾区”，展开了深入的论证与探讨。颇具前瞻性高质量的演讲及分享内容，受到各界的高度关注。在 2021 亚洲广告会议（广州分会场）还联合港澳启动了粤港澳大湾区广告产业蓝皮书项目。

（二）为了更好地培育并储备行业人才，联合全省高校成立广东省广告教育联盟和广东省数智产教联盟。连续 4 年与暨南大学联合主办广东大学生广告节，与学界业界共同见证了广东大广节的逐步成长。通过各界的共同努力，广东大学生广告节在全国高校和大学生群体中影响力得到很好的提升，较好地促进了大学生与行业企业的互动交流，搭建起广告学界、业界与品牌的实践平台。在此基础上，协会提出要立足湾区，面向国际，共创未来，成功将“广东大学生广告节”升级为“粤港澳大湾区大学生广告节”并成功举办“首届粤港澳大湾区大学生广告节”活动，得到了相关单位的大力支持与肯定。协会发挥行业组织的平台优势，致力于协助推动粤港澳大湾区大学生广告节的发展。进一步加强粤港澳大湾区广告行业组织的联系和合作，积极推动粤港澳大湾区创新创意领域下学界与业界力量的聚集，促进“产学研”合作模式的创新与发展。

（三）连续 4 年举办中国品牌日大型活动，在深圳举办“身临其境　亦幻亦真”商业化的科技艺术——技术解析 XR 与裸眼 3D 高峰论坛。重点聚焦 XR 与裸眼 3D 技术，深入探讨如何利用身临其境的沉浸式交互体验，全力构建消费者与品牌之间的情感链接，共同探讨“聚力双循环，引领新消费”的娱乐营销之路。

（四）省广协直播创新委员会作为“第二届直播电商节（中国 · 广州）”的主要策划执行团队，精耕细作，锐意创新，通过行业特色分会场，线下品牌展示和线上直播带货的方式，向全球宣传推介品质广货、品牌好货。全力打造“直播电商之都”，助力广州培育建设国际消费中心城市。

（五）省广告协会与纽约国际广告节多年来一直保持着不同维度、多层次的合作关系，未来也将探索更多合作的可能性。协会与纽约广告节联合主办两场《品牌创意传播的可能及突破——2021 纽约广告节金奖作品赏析》创意沙龙活动，分别在深圳与广州进行。通过多渠道合作，促进创意交流，提升创意质量。把国际优秀的创意作品引进来的同时，也希望通过纽约国际广告节的平台及专业影响力，向世界输出更多广东的优秀创意作品，真正呈现广东创意人的专业力量。同时希望集聚粤港澳大湾区创意人的创意智慧，服务品牌建设，彰显创意价值。

四、发挥行业优势，赋能共创发展

（一）与华南知识产权促进中心签订 5 年合作协议，联合主办 2021 粤港澳知识产权公益广告大赛、协助征集“湾区标准”和粤港澳大湾区标准化研究中心标识 VI 设计工作。充分展现了知识产权在推动经济社会发展，促进产业转型升级过程中发挥的重要作用、突出贡献和积极意义，较好地发挥了知识产权公益广告潜移默化的舆论引导作用，提升全社会尊重和保护知识产权的意识，推进湾区标准化建设。活动得到了粤港澳三地社会组织的大力支持，征集到来自全国各地 500 余件（套）作品。

（二）与广东省文化祠堂学会深入交流，达成共识，双方将充分整合协会双方的优质资源，促进交流合作彼此赋能，发挥协会的平台优势，推动大学生社会实践和品牌营销创新基地（简称“创新基地”），聚力提升并凸显文化价值与品牌价值。进一步发挥广告教育联盟、广东省数字产教联盟的优质力量，服务乡村振兴，赋能产业发展。

（三）支持举办“2021 IEBE 短视频直播解痛峰会”，峰会集合众多华南互联网商业代表、短视频直播达人讲师，以及品牌方代表，共同探讨剖析、研讨短视频与直播经济当下的痛点和解痛之道，推动短视频直播的健康发展，助力经济建设高质量发展。协会组织行业企业代表全程参与峰会活动，并通过省广协的视频号进行了上午公开课的直播，线上观看人数达到 1400 多人，受到会员企业的积极响应与认可。

（四）有效提升服务能力，密切相关商协会联系，先后与省网商协会、知识产权保护促进会、皮具箱包协会、祠堂文化学会等友好协会充分沟通达成共识，为会员企业提供更宽泛的资源对接，服务品牌企业的建设与发展。

五、输出专业报告，提升协会的专业度

（一）面对数字化时代对专业人才的需求，协会组织开展了广东省广告人才数字化竞争力培训问卷调查，摸准行业发展对数字化人才的需求情况，并以此为基础，接受广东省轻工学院委托，进行了系统的调研、数据排查及论证，最终形成《2020—2022 年广东广告产业数字化广告人才培养需求调研报告蓝皮书》，为行业数字化培养提供了依据与保障。

（二）受广东福彩委托，调研撰写了《广东省福利彩票宣传渠道与效果评估报告》，帮助品牌方用大量数据分析了投放效果和今后的投放建议，有效提升协会的专业度与影响力。

六、密切行业互访，服务行业发展

为了更好地了解行业需求，掌握行业生态，促进行业健康发展，2021 年协会加大走访企业频次，进行深入细致的行业调查研究。组织会员企业代表先后走访了韶关、珠海、汕头、清远、顺德、湛江、阳江等，密切联系各级广告协会、行业企业、品牌主企业，倾听会员心声，想企业所想，急会员所急，热诚为相关有需求的企业对接资源，促进合作。据不完全统计，2021 年与各级广告行业协会、相关友好商协会、品牌主企业、广告企业互访数百余次。通过对数字营销、新媒体企业的调研，提出了传统广告企业要积极拥抱互联网经济和数字化浪潮，与更多的数字传媒公司探索有方向、有目标地开展企业的转型或升级，乘势而上共同发展，更好地服务广告行业自律、维权，更好地发挥行业社会责任，规范行业秩序、创新行业发展、提升行业价值，为推动粤港澳大湾区社会经济的长效健康发展聚力赋能！各抒所长，加强合作，服务经济高质量发展。

海南省广告协会

海南省广告协会成立于 1993 年 12 月是经海南省民政厅核准登记的行业组织。协会成员由广告经营单位、广告发布单位、广告主、广告界知名人士组成。根据国务院行业协会必须与政府行政机关脱钩的要求，海南省广告协会于 2015 年 5 月完成行政脱钩工作。脱钩之后，协会积极探索新模式，主动适应新环境，在中国广告协会和省市场监督管理局的指导和全体会员单位的共同努力下，本着“提供服务、反映诉求、规范行为”的职能，在宣传落实国家广告法律法规，进行行业自律建设，推动行业发展等方面做了大量工作。目前，协会内设一个秘书处和政研法规、媒体、策划创意、户外和广告光电制作、品牌营销等 6 个专业委员会和 1 个网红分会，协会共有理事以上会员单位 100 多家。2021 年主要开展了以下工作：

一、完成了协会换届改选工作

根据《海南省行业协会商会监管实施办法（试行）》（琼发改规〔2021〕1 号）和《海南省广告协会章程》的相关规定，省广协召开会员大会暨第六届理事会第一次会议，选举产生了新一届理事会、常务理事会和协会负责人。大会选举李春亮同志继续担任协会会长，并由会长提名大会选举张林同志继续担任协会秘书长，杨讯同志继续担任协会执行会长。

二、完善了协会各专业委员会管理

为更有效服务于会员企业，促进会员企业的发展，增强协会工作影响力和凝聚力，促进协会工作更上一个新台阶，根据国家《社会团体登记管理条例》《社会团体分支机构、代表机构登记办法》和《海南省广告协会章程》的规定，结合海南省广告协会实际，协会制定并经会员大会审议通过了海南省广告协会《专业委员会（分会）管理办法》。

三、组织开展了椰树杯“建党百年 为党献礼”海南省第二届公益广告大赛

由海南省市场监督管理局指导，省广协主办，印象广告 、天道创服、陈皮网承办的椰树杯“建党百年 为党献礼”海南省第二届公益广告大赛，共收到上千幅平面作品、百余件影视作品，其中入围作品 542 件。经组织评委评审对评选出的影视类和平面类一、二、三等奖作者，省广协召开颁奖大会对获奖者颁发了荣誉证书、奖杯和奖金。

四、举办了“打造战狼广告销售特种兵”等相关实战培训

省广协特邀广告营销专家在海口橙季国际酒店举办了为期 3 天的“打造战狼广告销售特种兵”实战培训，省广协会员企业 108 名员工报名参加了培训。本次培训从团队建设、人员培训、销售技能、营销工具等层面梳理了广告企业发展中可能遇到的各种问题，并提出了相应解决方案，让参培人员收获良多。

同时为了帮助会员企业严格执行并正确运用好《广告法》，协会还组织 60 多名会员企业人员，参加了由省市监局组织的广告业务培训以及海南省企业竞争合规管理等培训。

五、走访学习省外相关协会和企业工作经验

为学习一线城市协会管理经验和企业运营新模式、新思维、新观念，进一步改进和提升我会工作，由会长李春亮带队，组织了 10 家会员企业分别到浙江省、上海市广协以及相关企业进行了走访学习。同时协会还坚持每年开展对会员企业的走访工作。

六、开展了省广告协会证明商标评审工作

为进一步提升广告企业在市场的知名度和竞争力，提

升品牌价值和服务质量，彰显广告企业的专业服务能力和综合实力，根据会员企业需求，省广协继续开展了海南省广告协会“HNAA Ⅰ、HNAA Ⅱ”证明商标使用评审工作。

七、组织开展相关活动，促进会员企业之间的沟通交流

1、在会员单位的积极响应和大力支持下，省广协组织开展了“践行广告担当，播种未来希望”向石山中学筹款爱心公益活动取得圆满成功。省、市台、一点资讯、中国网、新浪、微博、海南日报等数家媒体对此次捐赠活动仪式进行了报道，省广协 20 多家会员前往石山中学参加了捐赠仪式。

2、举办了相关沙龙活动。为加快推动自贸港建设，助力我会会员单位数字化转型，提高企业创新能力、业务实力和发展水平。借助 5G 新媒体的力量提高产能和竞争力，赋能会员企业充分抓住海南自由贸易港建设的历史新机遇，协会于与华为技术有限公司、海南来画科技文化有限公司联合举办了“以数字创新赋能海南广告行业新发展”为主题的沙龙活动。协会专业委员会还承办了“如何提高营销化转率？”的数字营销沙龙活动。

3、为进一步提升省广协服务会员、促进品牌与媒体业的交流，深入了解品牌宣传的实际需求，协会组织近 30 名会员对“柚子夫妇”品牌庄园进行了走访考察。以此希望广告媒体企业携手品牌方，以广告传媒人的匠心，支持农业品牌发展。

八、及时向政府相关部门反映会员企业诉求，维护广告企业权益

为了及时反映企业诉求，维护广告行业权益，省广协向省企业营商环境专办、省工作作风整顿办公室报送了《关于海南省广告行业现状、问题及诉求报告》，并向海南陵水黎族自治县县委、县人民政府报送了《关于恳请保护广告企业合法权益的紧急报告》等。在组织开展以上工作的同时，协会还积极参加中广协和地方协会举办的相关会议及活动，学习交流为广告企业维权的经验。

重庆市广告协会

在党的十九大精神指引下，在上级党组织和业务主管部门以及中国广告协会的关心指导下，在协会全体会员单位的共同努力下，2021 年重庆市广告协会严格执行广告管理法律、法规，制定行业规范，加强行业自律，服务行业发展，较好地完成了全年工作任务。

一、协会的指导思想更加明确

在党的十九大精神指引下，协会坚定“四个自信”、增强“四个意识”、做到“两个维护”，不断强化协会政治站位和行业导向，进一步明确了协会工作的指导思想，引领广告行业有了前进方向。在中国广告协会的指导下，认真按照上级党组织对协会的要求，把协会的工作宗旨始终定位在：提供服务、反映诉求、制定规范、强化自律。从而努力服务行业自律、服务行业维权、服务行业发展。

二、协会的基础工作更加规范

我们坚持了与主管部门的工作汇报、联系制度。协会的工作计划安排、重要文件发放、主要行业活动、年度工作总结、诚信企业标杆的树立、行业的资质等级评审等，均报主管部门备案。在工作过程中，主动接受主管部门的监督，让主管部门了解、支持、指导协会各项工作的开展。

协会坚持了日常基本工作制度。每周有工作例会、每月有会员单位走访、每季度有副会长工作会、每半年有常务理事会、每年度有理事大会。协会党支部还坚持了“三会一课”制度，重要工作决策、重要人事考察，都必须认真讨论，集体决定，推动了协会各项工作制度化、规范化。

三、行业自律工作更加完善

过去的一年，按照新时期对行业协会工作的要求，我们先后修改了协会 15 个基本制度，含：《重庆市广告协会议事规则》《重庆市广告协会会长、副会长、秘书长基本职责》《重庆市广告协会副会长、常务理事会议制度》《重庆市广告协会理事会管理办法》《重庆市广告协会会员接纳与管理办法》《重庆市广告行业经营行为自律规则》《重庆市广告企业资质评定管理办法》等 15 个制度。为规范行业自律工作发挥了积极作用。

四、协会周期活动实现常态化

通过不懈的努力，协会常态化的工作基本定格在“六个一”上。即：“一会、一节、一赛、一学习、一论坛、一活动”，“六个一”贯穿了协会全年基本工作计划。

一会：协会年初的理事大会，总结上年度工作，表彰行业先进，部署下年度工作，公布行业资质等级企业。

一节：协会主办的中国西部国际广告节，以创新、创造、品牌、品质为主旨，以行业四新“新材料、新技术、新工艺、新设备”为主题，展现行业发展趋势。

一赛：在市委宣传部、市住建委、市交通局、市城市管理局、市市场监管局指导下，协会主办的了“辉煌的 100 年”——重庆市公益广告大赛。主管部门和社会各界反映良好。

一学习：协会紧扣时代发展的要求，开展有针对性地主题教育活动，坚持会员单位党的思想路线、方针政策、历史文化主题的学习。

一论坛：协会主办了《融汇西部、逐梦未来》广告论坛学习交流，鼓励行业会员单位面对现实抓经营，展望未来抓发展。

一活动：协会坚持了每年组织会员单位参加中国广告协会的四项重要活动。即：“中国广告论坛”“中国户外广告论坛”“中国长城奖黄河奖大赛”“中国国际广告节”等重要活动。让会员单位了解世界广告、了解中国广告、也了解我们的差距，增长知识、打开眼界。

五、服务会员内容越来越丰富

协会把为会员单位服务，始终放在工作的第一位。凡是会员反映的合理诉求和需求，协会工作人员都会尽力做好服务工作：

一是服务会员单位的合理诉求：一年来，我们给会员单位协调各类诉求 80 多件，合理解决诉求 73 件，取得了良好的结果。

二是服务会员单位的经营需求：2021 年，我们服务会员基本需求问题 260 多件，解决 235 件。凡是会员单位反映的、涉及行业或其企业发展的需求，都能做到有求必应。

三是协会坚持了会员之间的业务推介活动，努力让协会平台成为会员交流业务、相互成长的一个平台。会员之间的业务交流与沟通，已经进入常态化。

四是服务会员单位的文化生活需求。2021 年，在建党 100 周年到来之际，为了歌颂 100 年来我们党取得的丰功伟绩，我们组织了市广告行业《辉煌的 100 年》文艺汇演，活动视频在协会网络平台上、微信群里播出，满满的正能量给人们以生动的爱党、爱国教育。

六、参与全市性活动丰富多彩

2021 年，我们参与全市性的活动也进入了常态：

一是抗击疫情常态化的公益广告宣传行动。

二是在市委宣传部的领导下，主办重庆市公益广告大赛。

三是满腔热情参与乡村振兴活动。为了巩固脱贫攻坚成果，按照总书记的嘱托抓好成渝经济圈发展建设，在川渝两地市场监管局的领导下，我们和四川广告协会共同承办了走进重庆丰都、走进四川越西的乡村振兴公益广告活，在丰都县的项目宣传中，协会 17 家会员单位提供了价值 1500 万元的媒体资源，两个月的公益广告，实现了丰都南天湖一票难求、金龙寨栗子大米一包难供的局面。

四川省广告协会

2020 年以来，新冠肺炎疫情这一特大公共事件对人民生命健康和社会经济生活都造成了重大影响，广告行业在这次疫情中也遭受到了较大冲击。在 2021 年的工作开展中，四川省广告协会根据疫情形势和行业发展需要，在四川省市场监管局的指导下，与会员企业以及全省各地广告协会凝聚共识，齐心协力，为抗击疫情做出了积极的贡献，同时也开创了多方参与、合力共促我省广告产业发展的新局面。

一、弘扬正能量，践行核心价值观

（一）中共四川省广告协会支部成立。2021 年 4 月 30 日，经四川省社会组织第二综合委员会批复，中共四川省广告协会党支部正式成立，标志着协会工作踏上了更高的台阶。支部把党建工作融入协会的组织运行和发展过程中，大力弘扬培育和践行社会主义核心价值观，坚决响应党中央号召，坚定理想信念，践行党的宗旨，引导会员企业提高服务意识和服务能力，充分发挥广告行业在经济发展和社会治理中的重要作用。

（二）牢记初心使命，积极开展党建活动。5 月 26 日组织会员企业的党员赴古蔺县太平镇爱国主义教育示范基地——四渡赤水太平渡纪念馆开展“重走长征路，扬帆新征程”主题党日活动，共同缅怀革命先烈。同时与泸州市工商联、泸州市传媒商会及部分企业进行调研座谈，共同研讨广告企业在生产经营中遇到的困难和问题。7 月 1 日组织收看庆祝中国共产党成立 100 周年大会，认真聆听习近平总书记重要讲话，坚定“永远跟党走”的信念。

二、发挥平台优势，积极履行社会责任

（一）川渝广告共助乡村振兴公益行动。在四川和重庆市场监管局的指导下，川渝两地广告协会组织两地广告发布及设计企业，为川渝两地的乡村振兴项目进行专业策划、精准帮扶和公益推广。这次活动既契合了国家乡村振兴和成渝双城经济圈建设两大战略，也引导广告企业在助农惠农的同时，既宣传了自身品牌，还履行了公益宣传的社会责任，企业参与的积极性很高。从发布的情况看，广告对丰都县、越西县农产品、文旅项目营销带动效应非常明显。

（二）“小绿萝”公益助学活动（丹巴站）。该活动是协会于 2019 年协同会员企业共同成立的公益助学项目。协会在今年的活动中募捐到了价值约近 10 万元的图书、文体器械和文具，并为全校师生购买御寒衣物等。成都深报地铁传媒有限公司定向支援丹巴县近百万元的地铁媒体宣传资源。

（三）号召全省广告企业积极参与抗击疫情公益宣传。协会联合四川省消委会等共同发布“致全省广大经营者、消费者的倡议书”，号召全省广告企业积极行动起来，发挥社会作用，共同参与疫情防控公益广告发布；组织开展会员企业社会责任情况统计，对相关企业进行了宣传、报道。据不完全统计，在疫情防控中，全省超过约 500 家广告企业利用自身广告媒体资源，设计、制作和发布抗击疫情的公益广告，共计投放约 3200 多个广告点位，刊例价值超过 3 亿元人民币，在这场抗击疫情攻坚战中发挥了重要的舆论导向作用。

三、打造活动品牌，推动行业交流合作

（一）四川省第二届公益广告大赛。由四川省市场监督管理局等八部门联合主办协会承办的“举广告之力 亮锦绣天府”四川省第二届公益广告大赛 7 月 16 日启动，共征集参赛作品 5993 幅，共评选出获奖作品 397 幅，优秀组织奖 31 个，充分展示了我省在精神文明建设和抗击疫情等方面取得成就。

（二）2021 川渝城市户外广告发展创新论坛。为贯彻落实《成渝地区双城经济圈建设规划纲要》精神，由川渝两地市场监管局主办、四川省和重庆广告协会联合承办的川渝城市户外广告发展创新论坛于 4 月 9 日在重庆举办。

论坛通过聚焦广告产业园建设、公益广告发展、助力抗击疫情、开展广告＋扶贫活动等工作亮点，促进两地广告产业深度合作与高质量发展，全面对接《成渝地区双城经济圈建设规划纲要》部署各项任务，通过互补互融，实现优势互补和规模效益。

（三）成都户外广告产业发展座谈会暨“双百佳"招牌评比揭晓活动。由成都市城市管理委员会主办省广协承办的成都市 2021 年“双百佳”招牌和“十佳”招牌示范街道评比工作自启动以来，共收到商家招牌作品 493 件、参赛街道 43 条以及来自省内外的招牌设计作品 528 件，经过网络投票、大众现场走访评审与终评委员会现场打分评定等综合环节评选出获奖作品。这次活动为户外店招设计和街区景观规划提供了范例，体现了成都市城市管理的理念创新和方法创新，通过科学系统研究户外广告资源管理和行业引导，大力促进了城市品质提升。

（四）2022 成都国际广告节的筹备。为贯彻落实《四川省国民经济和社会发展第十四个五年规划和二〇三五年远景目标的建议》要求，在四川省市场监管局指导下，积极筹备拟于 2022 年 5 月举办成都国际广告节。

四、加强行业自律，促进行业健康发展

（一）开展广告法律法规培训，提高发布质量。协会今年举办了全省及成都市广告审查法律法规培训班，来自各地市场监管部门、广协、各广告经营单位及广告相关行业从业者近 500 人参加了培训。通过培训增强了企业广告审查人员的审核把关能力。

（二）开展企业资质认定，推进广告行业的标准化建设。为提升我省广告企业的服务质量和市场竞争力，协会经过前期组织、会员单位申报和各市州广协初审，最后经四川省广告资质认定评审委员会复核，2021 年共评选出四川省一级广告企业 12 家、省二级广告企业 7 家和省三级广告企业 6 家。为推动我省广告企业向专业化、规模化发展发挥了积极的作用。

（三）开展行业调研，搭建政企交流平台。协会组建了广告发展专家智库，建立和相关政府部门合作的长效机制，对我省广告资源进行科学系统的管理和行业引导，形成政府、行业组织和企业的管理合力，共同规范广告市场秩序。12 月，协会邀请专家和会员企业代表参加成都市城管委召开的户外广告产业发展座谈会，积极探索和研究如何科学合理规划户外广告，以全面提升户外广告的设计感、安全性和美观度，将户外广告打造成为体现城市特色、文化形象和商业形象的重要展示窗口。

五、提升服务能力，积极推动圈层联动

（一）举办形式多样的活动，增进会员间的交流合作。为了促进会员企业之间的互动了解，达到整合资源、携手共进的目的，协会举办新媒体营销沙龙、展陈设计与应用沙龙、法律服务沙龙等活动针对广告行业热点及企业发展痛点召开主题研讨会和座谈会，举行会长会议、理事会议和全省广告协会工作研讨交流会，汇聚行业内各领域有影响力的企业代表一起探索发展思路，畅通沟通渠道共谋发展；举办多种类型广告创意沙龙、企业高管俱乐部等活动，促进会员单位交流。

（二）加强考察交流，搭建良好的商务合作平台。协会组织会员企业参加了 2021（第十七届）中国广告论坛暨首届中国绿色直播生态博览会、第 28 届中国国际广告节、2021 上海国际广告节、中国户外广告论坛和第十八届中国户外传播大会等行业盛会，赴江苏、重庆等广告协会进行实地考察和交流，学习和借鉴发达地区协会的运营模式，促进跨省协会和会员企业之间的友好合作。协会与重庆、贵州、云南等西部 5 省 3 市广协组成西部广告战略联盟，切实有效地为西部广告企业搭建交流与合作的平台。

（三）省市广协联动，促进全省行业组织融合发展。协会以“价值共创、利益共享”为合作基础，积极建立和完善全省广告行业组织的合作体系架构。一方面，四川省广告协会利用覆盖的资源平台更广阔等优势，联手各市级广告协会开展大型赛事、论坛、培训和项目引介，通过统一的产品和服务，为省市联动找到一个合力方向，促成更大规模的商业合作。另一方面，通过各地广协与市场的紧密联系，了解各区域发展中遇到的矛盾和问题，为省会组织决策和探索产品提出更合理、更务实的意见建议。通过以上多种举措，理顺了省市两级广协的合作关系与组织架构，促进聚力共赢，共同构筑起全省广协相辅相成、协调统一、密切联动的工作网络。

云南省广告协会

2020 年，云南省广告协会在国家市场监管总局、云南省市场监督管理局、中国广告协会等上级单位指导下，依托昆明国家广告产业园为主要平台积极开展工作。结合云南地方特色产业，在疫情常态化防控下寻求新的突破，通过多元的活动、论坛、会议等渠道为云南省广告企业赋能，并取得一定成绩，发挥了行业协会协助政府进行行业管理的作用。努力为会员单位服务，进一步促进各会员单位之间的密切联系，搭建企业与政府之间沟通的桥梁。

一、协会基本情况

云南省广告协会成立于 1987 年 9 月，现有会员单位 141 家，个人会员 6 人。现任会长为吕承鸿同志，会长单位为云南成名广告文化产业园经营开发有限公司。协会已于 2018 年完成脱钩，现有负责人总数 26 人，驻会人数 2 人，其余人员均为无偿兼职为协会服务。内设理事会负责重大事项决议，秘书处负责协会日常运作。

二、举办活动、行业交流情况

2021 年度，云南省广告协会联合各行业协会、各相关园区、联盟、企业和高校，举办高品质主题活动共 11 场。云南省广告协会通过学术研讨、创新大赛、企业沙龙、座谈及对外交流等各类主题活动，为协会企业搭建展示、宣传的公共交流平台，促进协会内外资源共享、共融，提升行业内企业黏度，持续提升云南省广告协会影响力，提高云南省广告协会品牌价值。

1. 云南省“十四五”广告产业发展规划征求意见会于 2021 年 4 月 9 日在昆明国家广告产业园举行，云南省广告协会组织行业内企业代表，就《云南省广告行业“十四五”发展规划》建言献策。

2. 2021 全国知识产权宣传周活动 —— 知识产权助推昆明市文化创意产业高质量发展论坛于 2021 年 4 月 26 日在昆明国家广告产业园举行，活动上，中国（云南）知识产权维权援助中心领导向各企业介绍了维权中心的宗旨、功能及业务范围，表示将和云南省广告协会一起，为昆明市的广告产业创新保驾护航、提供维权服务。

3. 五叁青年艺术节系列活动于 2021 年 5 月 3 日至 6 月 3 日在昆明国家广告产业园分园——“同景 108 智库创意园”举行。这是一场融合了艺术、设计、音乐、手工、新晋品牌等多元素的本土综合性活动。

4. 云南首届全国旅游公益广告作品遴选暨展播初审活动于 2021 年 5 月 25 日在昆明国家广告产业园举行，云南省共有 115 件作品经去重、取优后进入初审环节。

5. 昆明“十四五”规划城西区域发展论坛于 2021 年 6 月 4 日在昆明国家广告产业园举行。昆明各开发企业代表、业内大咖、主流媒体齐聚一堂，探讨西市历史沿革，畅想“十四五”规划蓝图，挖掘核心价值，助力城西发展。

6. 庆祝中国共产党成立 100 周年公益广告作品暨年度扶持项目评审会于 2021 年 6 月 8 日在昆明国家广告产业园举行。此次共征集申请扶持项目作品 269 件，经评审组审议通过，共评审出广播电视类优秀作品 28 件；优秀传播机构 6 个；优秀组织单位 4 个。在此基础上，择优推荐广播类、电视类作品各 7 个、优秀传播机构 4 个、优秀组织单位 2 个参加国家广电总局的扶持项目评审。

7. 金鼎奖文创大赛于 2021 年 6 月 19 日在昆明国家广告产业园举行，本届金鼎奖文创大赛作为第十四届昆明海鸥文化节的重要组成部分，以《生物多样性公约》第十五次缔约方大会（COP15）在昆明召开为契机，以“共筑生态文明 · 共赴春城之约”为主题，重点围绕“云南生物多样性”“五华区历史、人文、自然、物产、民族、非遗”等元素，征集和创作一批突出新时代特色、中华元素，展现云南生物多样性、民族元素丰富性，体现人民对美好生活新期盼的文化创意作品，积极参与云南八大产业建设，助力打造世界一流“三张牌”，彰显昆明历史文化名城的核心魅力。

8. 庆祝中国共产党成立 100 周年活动于 2021 年 6 月 19 日在昆明国家广告产业园举行，此次活动是为了庆祝中国共产党成立 100 周年主题公益广告创作展播活动，发挥广播电视公益广告宣传边疆稳定发展、民族团结进步、感党恩颂党恩的积极作用，切实推动公益广告优秀作品提质增效。

9. 昆明市食品（绿色食品）商标应用及营销推广研讨会于 2021 年 8 月 25 日在昆明国家广告产业园举行。结合昆明市打造中国春城、中国大健康名城、历史文化名城、区域性国际中心城市的定位，挖掘具有文化传统、区域特色、质量优良的绿色食品，与知名骨干企业联动，通过对绿色食品商标品牌的创意设计、营销升级、保护应用，培育 1~2 个特色鲜明、竞争力强、市场信誉好的绿色食品区域商标品牌，并打造 1~2 个人流量大、商业氛围成熟、展示功能完善的商业聚集区和街区，作为昆明绿色食品区域商标品牌产品的体验示范区。

10. 因为热爱微笑天使 2021 红人养成计划于 2021 年 11 月 3 日在昆明国家广告产业园举行， 以“因为热爱”为主题， “微笑天使 2021 红人养成计划第二季”秉持着培养、打造地产网红的初衷，在为广大置业顾问、房产经纪人等房地产行业从业人员提供展示自我风采的舞台的同时，也将在比赛过程中帮助选手提升专业素养、掌握更多职业技能。

协会 2021 年还积极参与了中国电商大会、南博会等展会，积极参与中国广告协会第七届会员代表大会，并组织各会员单位参加第 28 届中国广告节，以促进行业交流。

三、创新发展情况

协会与云南大学民族学共建云南省广告与品牌研究院；与云南民族大学文学与传媒学院共建校外硕士生导师工作站；与云南财经大学共建文化出口基地研究中心，共同探索构建产教融合创新发展的路径。通过产教融合，加快培养一批广告产业发展研究、品牌营销传播、数字广告研发应用、文化出口等领域的复合型人才。

四、行业自律、行业维权情况

协会多次举办及协办关于知识产权维权普及、宣讲的活动，并联合昆明国家广告产业园公共服务平台、中国（云南）知识产权维权援助中心、云南省商标协会等机构为会员提供知识产权免费维权援助、免费版权登记、免费专利咨询、免费商标咨询、免费软件著作权咨询等相关服务。协会在 2021 年开展试点工作，拟建立云南省广告协会自媒体维权服务平台，以吸纳更多自媒体从业人员加入协会，帮助更多自媒体行业从业者能有更加舒心的创作环境，维护自己的版权、著作权不受侵犯。

五、行业培训，学术研究情况

自协会在 2020 年牵头将“广告审查员培训”列入云南省职业技能提升行动计划以来，协会始终坚持针对相关企业和个人开展广告审查员免费培训，参培人员取得考试合格后均能取得“广告审查员培训合格证书”。这个培训强化了广告导向，为广告监管机构、行业协会、广告从业者三方提供了良好的互动平台，培训方式新颖，内容丰富，深入浅出，生动形象，互动热烈，得到受训人员的高度评价，取得良好培训效果。

2020 年，云南省开始了《云南省广告行业“十四五”发展规划》（以下简称《规划》）的编制工作。云南省广告协会受云南省市场监督管理局委托，组织开展云南省广告产业“十四五”规划研究工作，经过近一年的努力，编制工作完成，2021 年 6 月 23 日云南省市场监督管理局正式印发《云南省广告行业“十四五”发展规划》。

六、开展系列公益，为抗击新冠疫情

2021 年新冠肺炎疫情形势依然严峻，在保证日常工作正常运转外，云南省广告协会积极响应国家疫情防控号召，团结带领各会员单位和全行业广大企业，开展系列公益活动，为抗击疫情贡献力量，全力支持广告行业在疫情防控常态化下增加多元业务，助力企业整合资源，实现了年初预定工作目标，得到了上级单位、广大会员和全行业的肯定和认可。协会继续采取减免会费、建立渠道、资源整合的方式帮助各会员单位共克时艰、渡过难关。

陕西省广告协会

2021 年，陕西省广告协会认真贯彻党的十九大和十九届历次全会精神，在中国广告协会和省民政厅、省市场监管局的指导下，团结和引导广大会员坚持广告宣传的正确政治方向、舆论导向和价值取向，大力传播社会正能量，努力推动陕西广告产业健康发展，为陕西高质量发展贡献广告智慧和力量。

一、协会基本情况

协会成立于 1985 年，是经省民政厅直接登记注册的社会团体。现有单位会员 222 家、个人会员 4 人，其中理事单位 70 家（含会长单位 1 家、副会长单位 6 家、常务理事单位 18 家）、监事单位 1 家、会员单位 151 家。协会秘书处现有工作人员 10 人，综合办公室、会员部、活动部、培训部、信息部等 5 个部门，户外广告分会、融媒体广告分会、短视频传播分会、品牌传播分会、标识与展示分会、新媒体广告专业委员会、法律咨询委员会、学术专业委员会等 8 个分支机构。

二、举办活动、行业交流情况

一是参加全国行业活动。组织会员参加中国广告协会举办的中国广告论坛、中国户外广告论坛、中国国际广告节等全国行业活动。在第 28 届中国国际广告节上，陕西报送的多件作品荣获本届中国国际广告节奖项，其中“长城奖”“黄河奖”“3 · 15 消费者权益保护公益广告大赛奖”各4件、广告主盛典 · 年度IP营销金案1件，协会荣获“第28 届中国国际广告节最佳组织单位”。陕西西部传媒完成第十七届深圳文博会陕西展馆策划及执行工作，得到中央部委有关领导的肯定和鼓励；陕西广电融媒体集团经营中心 2 件公益广告作品，荣获 2021 首届全国旅游公益广告作品遴选暨展播活动优秀作品；陕西金色股份创意设计的平面作品，荣获“中国地铁十大公益广告”大奖。

二是承办全省广告行业设计制作技能大赛。大赛由省市场监管局主办，协会和西北大学、陕西师范大学共同承办。经全省各地市市场监管局、高校选拔，共 40 支参赛队 120 名选手参加决赛。经专家组评审，职业组、学生组各 9 支参赛队 54 名选手获得金、银、铜奖。

三是举办广告产业博览会。3 月中旬，2021 春季西安丝绸之路广告产业博览会在西安国际会展中心成功举办。博览会由协会和三力会展机构共同主办，展出面积 3 万平方米，15 个省（市）参展商、近 20 个国际品牌的国内代理机构参展，现场直接签约额达 8 千万元。作为西安 2021 年春节后的首场展会，对推动陕西广告业发展起到了助推器作用，带动了西安服务业的快速复苏。

四是参加陕西广告业发展座谈会。5 月中旬，市场监管总局广告司广告产业“十三五”规划实施情况座谈会在陕西国家广告产业园召开，西安高新区艾特传媒等 7 家单位负责人参会，为制定广告产业发展“十四五”规划出谋划策。5 月下旬，省市场监管局召开陕西广告业发展座谈会，西部机场传媒等 10 多家单位就广告助推品牌传播、促进创意水平提升、加强广告人才服务等进行了研讨。

五是开展先进会员单位评选活动。为积极宣传并向社会推荐优秀会员单位，协会从坚持广告宣传正确导向、依法规范经营、主业突出、管理制度健全、诚信守法意识强、关心广告行业发展、关心社会公益事业等方面进行综合考察，评选陕西百川文化等 30 家先进会员单位。

六是举办征兵公益宣传作品征集活动。活动由西安市征兵办和协会共同主办，广告设计专家、从业人员、院校师生积极参与，评出优秀作品一等奖 1 件、二等奖 2 件、三等奖 3 件、优秀奖 20 件，优秀指导奖 3 人、优秀参与奖 3 人。活动在广告界营造了浓厚的参军报国氛围，搭建了广告行业助力国防事业的平台。

七是开展各地广告协会走访交流。6 月份，协会与省市场监管局共同走访江苏省广告协会，就发挥行业协会作用、推动地方广告业发展进行了交流，围绕广告行业技能大赛和职业技能认定等工作进行了深入研讨。12 月份，在中国国际广告节期间，协会邀请三人行传媒集团、陕西省交通传媒等陕西广告企业代表，与 10 多个省、市广告协会代表联谊，共同谋划助力陕西广告业发展。

三、创新发展情况

一是开展广告服务类证明商标使用管理工作。协会修订广告服务类证明商标使用条件细则、使用审查工作办法，成立新一届协会证明商标使用审查委员会，申请取得中国广告协会证明商标初审授权资格，召开协会证明商标使用审查委员会会议，对宝鸡市华业公交广告申请使用中国二级广告企业证明商标进行初审，对陕西典汇传播等 8 家单位申请使用陕西广告企业证明商标进行审定。

二是实施会员提案工作。协会制定《陕西省广告协会提案工作实施办法》，动员广大会员积极建言献策，认真研究事关陕西广告业发展的重大问题，及时反映行业的诉求，共同为陕西广告业发展、构建良好的广告经营秩序出谋划策。

三是创新协会法律服务举措。协会与北京市惠诚（西安）律师事务所达成合作，推出协会法律服务举措，为会员开展法律事务咨询服务、代理诉讼和非诉讼案件、调解矛盾纠纷，降低会员法律风险、维护合法权益，帮助会员单位规范经营管理，保障健康发展。

四是助推陕西文化产业发展。2021 年，西部电影圈子 · 西影电影产业集聚区、西部机场传媒文化产业示范基地、三人行传媒集团、榆林市金马广告荣获省文化产业“十百千”工程重点文化产业园区（基地）和企业认定。

四、行业自律、行业维权情况

一是引导行业依法依规从事广告活动。4 月中旬，协会转发省市场监管局《关于规范商业营销宣传行为的提示函》，为庆祝建党 100 周年和举办十四运会营造健康有序的市场环境。12 月下旬，协会转发省市场监管局《关于加强疫情防控，规范广告活动的提醒告诫书》，引导行业依法合规发布广告，做好疫情防控工作。

二是助力陕西举办十四运会。协会广大会员在十四运会赛事活动、氛围营造、城市宣传等方面，全力以赴，倾情奉献，为全运会在陕西圆满成功举办做出了积极贡献。陕西广电融媒体集团圆满完成开幕式播出和大型融媒体直播、制作西安形象宣传片，陕西日报、西安日报、华商报等媒体全程报道十四运会赛事和盛况，陕西典汇传播高水准完成十四运会场馆的氛围营造，陕西金色股份作为十四运会战略合作单位提供了系统化的品牌宣传和实施服务，杨凌金桥广告承办十四运会赛事活动，受到省市领导和十四运会组委会、执委会、竞委会的肯定和赞扬；西安市振兴公交广告、西安高新区艾特传媒、西安倚天传媒、西安海德广告等户外广告公司设计制作十四运会全场景展示海报、景观，运用户外媒体发布公益广告，营造全运会氛围；西安绿一传媒实施出租车彩屏顶灯焕新升级，成为展示城市形象的重要平台；陕西西影电影频道出品主题 MV、宣传短片，全天广告段播放十四运会宣传片；陕西国广影视完成十四运会主场馆项目建设全过程拍摄，为重大项目进展记录珍贵的影像资料。

三是助力陕西新冠肺炎疫情防控。协会广大会员在多轮抗击疫情中，齐心协力、共克时艰，以实际行动展现了广告行业的社会责任和奉献精神，受到省民政厅、省市场监管局的肯定和表扬。协会和各市广告协会发布疫情防控倡议书，引导广告企业依法经营，积极宣传广告行业在抗击疫情中的先进事迹。12 月下旬西安疫情异常严峻之际，中国广告协会张国华会长发来慰问视频，指导、鼓励陕西广告界展现广告人的家国情怀，为战胜疫情、帮扶困难群众贡献广告力量；各省、市广告协会也发来慰问视频，有力声援陕西抗击疫情。陕西广电融媒体集团、陕西日报、西安广播电视台、西安日报、新浪陕西、陕西西影电影频道、华商报等单位，扛起主流媒体的责任与担当，全力投入疫情防控宣传报道，常态化发布疫情防控公益广告；西安兵之王传媒负责人付中华创作的歌曲《西安之恋》由西咸新区融媒体中心制作成抗疫歌曲 MV，在央视新闻频道《日出东方》播出，被新华网、人民日报微信号等主流媒体刊发；西安市振兴公交广告、西安高新区艾特传媒、陕西金色股份、西安绿一传媒、陕西亲邻科技、西安铂通广告等单位，利用近 8000 个户外广告点位及 15000 辆出租车顶灯，发布抗击疫情公益广告；“西安设计加”“贞观”“知道广告圈”等单位发起公益海报征集活动，在中国广告协会广告联播联展平台的支持下，征集的公益海报在 40 多个城市户外媒体发布；韩城市商标广告协会、陕西汉水广告、陕西神采飞扬文化等单位，发起公益捐助活动，捐款捐物 60 多万元；西安泰勒广告、陕西凡高广告等单位，坚持正常生产，保证抗疫一线防控宣传、维持秩序所需的广告物料供应。

五、协会自身建设情况

一是召开协会常务理事会议。11 月上旬，协会常务理事会在陕西国家广告产业园召开。会议审议通过了新申请入会会员、聘任协会副秘书长、协会分支机构管理办法（修订稿）、分支机构设立等事宜，就发挥常务理事单位优势资源和协会职能作用，为会员、陕西广告产业和陕西品牌赋能进行了座谈研讨。

二是调整充实秘书处工作人员。在设立完善秘书处工作部门、调整修订秘书处工作制度的基础上，聘任 3 位行业青年精英担任协会副秘书长，并明确了工作职责与分工，共同努力将协会打造成陕西广告人之家。

三是提升协会信息服务质量。协会进一步完善和加强网站、微信公众号、微信群、视频号、抖音号的管理和运营，及时发布时政要闻、行业资讯、协会动态、会员风采，更好地满足会员对行业资讯的获取、发布需求。

新疆维吾尔自治区广告协会

2021 年新疆维吾尔自治区广告协会在自治区市场监督管理局及自治区民政厅社团管理局的正确领导和指导下，在自治区各协会及会员单位的大力配合支持下，秉承协会宗旨、发挥协会职能、适应市场行业变化、创新行业服务举措、扎实开展协会各项工作，较好地完成了全年各项工作，取得了显著成绩。

一、响应号召、传递政策导向

（一）自治区广告协会为积极响应民政厅的号召，深入开展专项行动，打击整治非法社会组织，净化全区行业生态空间，积极动员各会员单位及会员自觉抵制非法社会组织，坚决做到不与非法社会组织勾连或为其活动提供便利，不参与成立或加入非法社会组织，不接收非法社会组织作为分支或下属机构等各类行动，进一步营造好打击整治非法社会组织的浓厚氛围。

（二）为深入贯彻落实党中央、国务院关于减税降费的重大决策部署，响应国家及自治区民政厅号召，根据《民政部党史学习教育实施方案》和“我为群众办实事”活动安排，自治区广告协会在商会领域组织开展“我为企业减负担”专项行动，为进一步减轻企业负担、优化营商环境、维护经济发展和社会稳定大局作出贡献。

二、开展活动，提升协会服务职能

自治区广告协会努力构建交流平台，广泛组织开展行业活动，高质量服务行业发展。

（一）2021 年 5 月，第十七届中国广告论坛暨首届中国绿色直播生态博览会在浙江省杭州市余杭区举办，论坛以“时代定义广告，广告顺应时代——构建中国广告新发展格局”为主题，邀请相关政府部门、行业组织及产学研专家等，解读广告行业新的市场环境，发展趋势，洞察新的增长机遇，共谋行业发展。自治区广告协会积极组织全区各广告企业、会员单位参加本届中国广告论坛各项活动，与广告业同行探讨“新品牌、新消费、新营销”，共谋行业发展。

（二）2021 年 5 月由自治区广告协会组织承办的第十届新疆广告产业博览会在乌鲁木齐红光山会展中心盛大开幕，此次博览会共云集新疆本地各广告公司上百家，各类广告设备、数码喷印及文创产品琳琅满目，为全区各广告公司，广告主等从业人员搭建业内交流沟通平台。

（三）由中国广告协会主办的国际广告节将在美丽的鼓浪之滨厦门拉开帷幕，自治区广告协会积极推动此次广告盛会， 6 月中旬面向全区广告公司、各媒体单位等启动 2021 年中国国际广告节长城奖、黄河奖作品征集活动。

（四）为促进消费，拉动经济，自治区广告协会联合本地商超及广告公司于 7 月 17 日在乌鲁木齐市开展新疆夏季全民共享购物节。

（五）2021 年 12 月自治区广告协会组织全区各广告经营单位、各协会前往厦门参加第 28 届中国国际广告节，与全国各地的广告人齐聚一堂，围绕新市场，新环境，新媒体下的业界发展格局，未来广告趋势探索交流，相互学习。此次广告节自治区广告协会荣获最佳组织奖。

三、组织行业培训交流、提高协会社会责任

（一）2021 年 7 月，为增强全区广告从业人员的业务素质和把关能力，规范各类商业活动的营销宣传行为，进一步提高广告审查能力及相关人员对最新法律法规、政策动态的充分把握与了解。在自治区市场监督管理局的指导下，自治区广告协会在乌鲁木齐成功举办广告审查员第一期培训班，来自市场各监管部门、广协及各广告经营单位近 140 人参与培训，所有学员经过培训考试均获取广告审查员证书。11 月在新疆喀什成功举办了第二期广告审查员培训班，来自市场各监管部门、广协及各广告经营单位近 150 人左右参与培训，所有学员经过培训考试均获取广告审查员证书。

（二）为提高全区广告从业人员的设计创意水平，唱响主旋律、传播正能量、弘扬真善美，营造良好的社会风气，12 月，自治区广告协会主办了全疆优秀公益广告创作大赛。

四、加强行业自律，促行业健康持续发展

（一）2021 年 7 月中旬，自治区广告协会在乌鲁木齐召开第五届二次理事会议，各副会长单位，常务理事单位代表相互沟通互动，就广告经营现状和存在的问题，疫情防控常态化如何推动广告持续健康发展等问题相互交流，发表意见。协会会长总结了自治区广告协会五届一次理事会以来的工作情况并研讨自治区广告协会下半年工作方向及各工作重点，同时，根据协会会员入会申请要求，会议还审议并通过了 6 家新会员单位入会申请。

（二）为提高协会服务质量和作用，推进广告行业的标准化建设，自治区广告协会于 10 月中旬启动全区广告企业资质认定工作。经过组织、会员单位申报及审定复核等工作，全区共评出自治区一级广告企业 12 家，自治区二级企业 14 家。通过企业认定工作建立和完善全区广告行业标准化建设体系，为推动全区广告企业向专业化、规模化发展起到积极作用。

厦门市广告协会

2021 年，是中国共产党建党百年，亦是厦门经济特区建设 40 周年。鹭潮澎湃，四十而砺。在奋力实现中华民族伟大复兴中国梦的新时代，厦门市广告协会将党建引领作为“红色引擎”，充分发挥协会联系政府、沟通行业的桥梁与纽带作用，带领厦门广告行业务实创新谋发展、奋力拼搏写新篇，推动形成一批具有向心力、影响力、战斗力的行业品牌力量。同时，积极服务公众利益，深度参与城市建设，团结同业为党和政府打造坚实的宣传阵地，创建厦门“广告文化之城”新名片，努力在全球唱响“厦门声音”。

厦门市广告协会成立于 1983 年，是全国最早成立的广告协会之一，是由厦门市广告经营单位、广告主、广告发布者、广告参与者、广告调查机构、广告教研机构、广告类专业院校、广告设备器材供应机构及其他社会

团体自愿组成的具有法人资格的地方性、行业性、非营利性的社会组织，也是经厦门市民政局发核准登记的全市广告行业的法人社会团体。曾荣获“4A 级社会组织”“全国先进广告协会”“中国广告协会常务理事单位”“第 27 届中国国际广告节最佳组织单位”等荣誉称号及资质。

目前厦门市广协会员单位共有 130 家、副会长单位 14 家、理事单位 30 家、会员单位 86 家，近几年协会规模趋于稳定，成员质量不断提升。

一、发挥党建引领 筑牢红色根基

回顾中国共产党百年奋斗征程，翻开风云激荡的红色历史篇章，红色精神历久弥坚，更在岁月更迭中不断丰富和发展。厦门市广告协会在全行业发挥党建引领作用，筑牢红色根基，这既是行业发展的内在需求，也是行业的使命与担当。

成立党支部，积极创建党建文化阵地；邀请近六十年党龄的老党员深情“重温来时路”，讲述一堂堂生动的党史课程；走进古田会议旧址、东山谷文昌纪念馆，走一段红色小道、温一次入党誓词、过一次组织生活、体一回革命艰辛……2021 年，厦门市广告协会先后多次组织了形式丰富、意义深刻的党史学习和实践活动，充分发挥基层党支部战斗堡垒的作用，大力在全体会员单位中根植“红色文化”。通过参观学习，寻根溯源，发现许多值得我们去认真学习的宝贵财富，并践行到未来的广告业发展中。学史明理、学史增信、学史崇德、学史力行。厦门市广告协会发挥自身优势，凝聚广告行业的创意力量，积极传递红色精神——在建党百年之际，以“弘扬新时代红色精神”为主题，组织行业会员单位多创作、多发布红色文化主题作品，以实际行动为建党 100 周年献上一份厚礼。

二、建公益联播网 彰显城市温度

2021 年，新冠肺炎疫情袭扰厦门，在厦门市委、市政府的坚强领导下，全市各行各业同心投身于抗击疫情的“战斗”中。

面对突如其来的疫情，组织救助是重要的一环，而对大多数人的正向宣教则是更为重要的部分。本土疫情发生的第一时间，一则白字蓝底、带有“注意防护 不恐慌 不传谣”“众志成城 抗击疫情”字样的公益广告就铺满了厦门各个角落，全市 1600 多块屏在短时间内实现全面上画。厦门市广告协会利用自身行业影响力，在林坤乐会长和协会党支部书记陈培爱教授的主持下，各会员单位拿出自有优势媒体资源、自发组建“公益广告联播网”，保障抗疫公益宣传。

从街头巷尾，到地铁、机场等交通枢纽的 LED 户外大屏，从社区门禁屏，到用户手机屏……依托这张“上天入地”的宣传网，抗击疫情的公益广告全天候、无间断循环播放，铺满了厦门市民的视线，源源不断传递着“同心抗疫”的坚强决心。据不完全统计，2021 年，厦门市广告协会带领全行业投放了总价值超过千万元的媒体资源，投入抗疫服务战，全力支持防疫抗疫工作，充分发挥了公益广告在疫情防控宣传中的作用，为引导全社会做好疫情防控工作做出了积极贡献。

此举得到厦门市委市政府主要领导的表扬，更是厦门广告人用实际行动诠释的责任与担当。

而事实上，自 2020 年以来，厦门市广告协会就协同威扬文创集团、唐码博美、整点广告、东帝士股份、骏豪广告、福建兆翔广告、厦门联掌文化、风盛传媒等单位，组织了“抗击疫情”“拒食野生动物”“爱心厦门”“留厦过年”“庆祝建党 100 周年”等公益内容的多轮次投放，铺陈了良好的社会氛围。

三、公益广告大赛 激荡社会主旋律

厦门市“讲文明、树新风”公益广告大赛，是厦门市广告协会的一项品牌活动，已连续举办四年。四年来，大赛聚集海峡两岸优秀广告创意人才，一件件感人奋进的正能量文字、图片、音视频作品，谱写出中华文化的优秀华章，也为中华民族伟大复兴的中国梦增光添彩。

大赛由中国广告协会为指导单位，中共厦门市委文明办主办，厦门市自然资源与规划局、厦门市市场监督管理局、厦门市城市管理行政执法局为支持单位，厦门市广告协会承办。

2021 年，公益广告大赛以中国共产党成立 100 周年为主题，自作品征集启动以来，得到全国各大院校、港澳台同胞、厦门市广告协会会员单位和各界朋友的积极参与，共收集到平面类作品 1676 件，影视类作品 283 件，涌现出一批呼应新时代，朝气蓬勃、创意新颖的好作品。

历时半年，6 月，大赛聘请厦门大学陈培爱教授为评委会主任，政府相关部门领导及业界专家组成评审委员会，以无记名投票方式进行评审，并终评评审出平面类作品金奖 1 件、银奖 2 件、铜奖 3 件、优秀奖 68 件；影视类作品金奖 1 件、银奖 2 件、铜奖 3 件、优秀奖 12 件；以及平面类特别奖作品 1 件。来自厦门市唐码博美广告有限公司的《不忘初心》获得平面类金奖。

四、协力品牌盛会 传播厦门声音

近年来，厦门市广告协会还积极以高质量党建促进行业高质量发展，推动厦门广告“走出去”“走上去”。

2021 年 12 月 11 日，第 28 届中国国际广告节在厦门国际会展中心隆重开幕，这是中国国际广告节长期落户厦门的第二年。厦门市广告协会作为东道主，主动和政府部门协调广告节举办的相关事宜，并参与规划设计并统筹布展了以厦门市广告协会为主体的厦门展馆，展示协会成员大家庭的风采，汇报协会第八届的工作成就和贡献为核心主题。展馆受到来自全国广告界同仁的高度赞誉，是向广告业界同仁和广告节提交的一份亮丽的成绩单。

五、加强行业自律 服务行业发展

厦门市广告协会还主动适应城市建设的发展需求，参与政府户外广告管理，带领会员单位从专业本身出发，务实提升专业素养，促进行业发展。

自 2017 年厦门开展户外广告试点工作以来，全市共清理整治广告设施及招牌 7.04 万块，面积 80 多万平方米，存量广告设施大幅减少，不可否认的是，这也令厦门的户外广告业者一度经历阵痛。为了帮助会员企业尽快走出这场阵痛，2021 年，在厦门市户外广告试点工作取得圆满成功并通过住建部验收、厦门市首届店招设计创意大赛成功举办的基础上，厦门市广告协会多次聘请行业专家学者，组织专题座谈和实地调研，积极为厦门户外广告的高速发展出谋划策。协会还草拟了《关于厦门市户外广告设施设置的修订意见》，向主管部门提请共同编制《厦门市户外广告设施设置实施方案》，为政府决策提供科学依据，为厦门户外广告在城市管理与商业发展的平衡之间寻求可持续发展之路。

此外，为加强广告市场监管，提高广告审查能力，厦门市广告协会与厦门市市场监督管理局联合举办 2021 广告审查员培训班。培训班由协会党支部书记、厦门大学博士生导师陈培爱教授和厦门市市场监督管理局广告处黄志中老师授课，共有 56 家厦门广告企业 100 多人参加此次培训。广告审查员的成功培训，对进一步提高媒体的自审意识，加强行业自律，从源头上杜绝发布虚假违法广告，推动厦门市精神文明建设，维护商业品牌传播秩序起到了积极的作用。

青岛市广告协会

2021 年青岛市广告协会加强与行业监管部门联动，在青岛市市场监督管理局领导下，坚持抓自律，促发展的方针。加大企业服务力度，提升协会专业性，激发广告产业内生动力和发展活力，提升广告产业实力与市场竞争力，取得一定成绩。

一、开创新局面，引领新发展

（一）2021 年 3 月 28 日，青岛市广告协会第五次会员大会在青岛黄海饭店顺利召开。会议听取、审议了青岛市广告协会第四届理事会工作报告、财务报告、章程修订、会员（代表）大会选举办法、会费标准等内容，并通过选举产生了青岛市广告协会第五届理事会会长、副会长、理事及监事。深度传播集团董事长及创始人张吉成当选新一届会长。

回顾青岛市广告业近年来的发展历程，在传统广告产业稳步发展的同时，一批新媒体广告龙头企业与时俱进、弯道超车、迅速成长，成为青岛市广告业的领军者。协会换届，充实了一批有活力的广告细分行业龙头企业，为更好开展协会工作积蓄了力量。

新一届理事会在中国广告协会、山东省广告协会、青岛市市场监督管理局、青岛市民政局等领导和支持下，搭建信息交流、联络感情、沟通协作、共享资源的互动平台。

协会各项工作牢固树立政治意识、增强服务意识，做好行业导向的领航人、当好会员单位的娘家人；协会各类活动强调自律意识、增强创新意识，做遵纪守法的带头人和行业发展的引路人。

（二）针对协会缺少内部交流机制、信息渠道不畅通，难以深入沟通协作的弱点，协会主动走出去，深入县市了解不同区域行业发展痛点并定期走访会员企业，邀请行业监管部门共同座谈。2021 年 5 月 18 日，协会邀请青岛市市场监督管理局处室负责同志共同走进西海岸，与青岛西海岸新区市场监督管理局王定森副局长、王伟科长以及本地优秀的广告企业代表，进行交流。2021 年 6 月 23 日，青岛市广告协会举行第五届第二次理事会，会议审议通过了增补会员单位等多项议程。会议期间，会员单位一行走访了青岛出版集团首页传媒，受到了青岛出版集团的热情接待，青岛出版集团党委书记、董事长、青岛城市传媒党委书记、董事长王为达与大家进行了深入交流。2021 年 10 月 29 日，青岛市广告协会组织会员单位走访古麦嘉禾，进行了主题分享，青岛市市场监督管理局处室负责同志对新媒体广告发布的注意事项进行了现场解答。2021 年 12 月 3 日，中国广告协会会长张国华来访深度传播集团，与青岛市广告协会成员单位进行调研交流。座谈会上，协会成员代表向张国华会长汇报了企业发展情况，并针对当前广告行业发展存在的问题及挑战表达了各自的见解与困惑，张国华会长与大家就广告形势发展进行了交流互动与深度探讨。

二、拓展服务领域，打造协会特色

2021 年青岛市广告协会坚持“以会员为本，以服务立会”的中心，主要做了以下工作：

（一）积极了解并及时反馈国家广告政策实施情况，做好政府与行业沟通的桥梁。协会结合市场监管局第一手数据打造互联网广告数据监测发布平台，与市场监管局共同组织广告“五送暖企”、广告发布及监审员培训等活动，提升协会服务专业性。

（二）聚焦青年群体，走访高校调研，建立和高校建立密切联系，为行业发掘及培养新生代人才。挖掘青岛本土文化、结合青年元素策划青岛地域特色广告节，将其打造成为协会品牌 IP 活动。

（三）提升区域企业影响力。组建胶东经济圈广告产业联盟，打造胶东经济圈广告节会活动，开展城市营销、城市及胶东经济圈品牌建设，组织参加全国性推介展会，为企业搭建展示平台，提升胶东经济圈广告产业知名度及影响力。建立山东地域国家广告产业园区战略合作机制，实现园区间优势互补，合作共赢。

广州市广告行业协会

2021 年是“十四五”规划的开局之年，也是我国现代化建设进程中具有特殊重要性的一年。自四届一次会员大会召开以来，广州市广告行业协会（以下简称协会）坚持以习近平新时代中国特色社会主义思想为指导，全面贯彻落实党的十九大以及十九届二中、三中、四中和五中全会精神，紧密围绕协会改革发展的中心任务，紧扣“行业自律、反映诉求、行业发展”三项职能，秉持“专业创新、链接价值”的办会理念积极开展各项工作。

一、坚持党建引领，开展党史教育

（一）深入贯彻落实重要精神，打造先锋广告组织

围绕党建 100 周年主线，贯彻落实习近平总书记重要讲话、重要指示批示精神和关于加强社会组织党建工作重要指示精神，为行业繁荣发展提供了政治保证和组织保证。

1. 发挥支部作用及党员先锋模范，经上级党委综合评定为四星级党支部。

2. 7 月 1 日，组织会员单位收看中国共产党成立一百周年大会直播，深刻领会习近平总书记重要讲话的重大意义，同心向党，共享荣光。

3. 组织数十家会员单位投身“庆祝建党百年社会宣传月活动”。以户外和线上媒体发布宣传画面，回顾党的百年奋斗光辉历程，庆祝党的百年华诞，合共投放媒体价值过亿元。

（二）深入推进党史学习教育走深走实

中共广州市广告行业协会支部及本协会召开专题会议研究部署党史教育工作，以“学党史、悟思想、办实事、开新局”为工作目标促进广大会员领略其精神。

1. 开设《党建学习热点》专栏，回顾中国共产党百年历史，发布近 30 篇文章。

2. 开设线上专题党课。6 月，特邀广州市社会组织党建工作指导团副团长、两新组织党员教育金牌讲师张乐平同志开展“学史明理悟初心，依法兴业担使命”学习。超过 120 家单位、200 多人参与，覆盖多人群。

二、加强联动，促进交流，构建良性的行业组织体系

组织多场主题活动，实现会员深度交流、互相促进、有机共赢。组织开展“企业互访交流活动”及“BOSS 荟”两项系列专项主题活动。2021 年，分别组织三期“企业互访交流活动”与三期“BOSS 荟”活动，走进多家著名广告公司学习，并以不同主题展开“BOSS 荟”活动。

二是增强组织联动，打造创意类、新趋势类、互动类的活动。已组织了“纽约国际广告节金奖作品赏析”“金狮广州展映交流会”活动；11 月组织了传统企业转型的直播电商培训班，传授实战玩法。每年度均组织一场数十家广告公司、近千名行业精英参与的“广州 4A 杯之广州广告精英运动大会”，活跃行业氛围。

三、建立政府联络专班制度，健全沟通机制。努力发挥桥梁纽带作用

1. 4 月 8 日，2021 第一期全国广告审查法律法规（广州）培训班正式开班，围绕广告经营的风险防控与营收创新、合规风控实务、监管重点、广告法疑点难点等进行授课。300 余位学员参与，提高了行业审查队伍的整体素质。

2. 4 月 30 日，配合市教育局、市市场监管局、市城市管理综合执法局、市交通运输管理局召开广告发布行政指导座谈会。共 30 余家参加，及时学习党中央、国务院决策部署，并监督见证相关单位签署《自觉抵制虚假违法广告承诺书》。12 月 3 日，受邀参加由市市场监管局会同市教育局联合召开校外培训广告管控工作行政指导会，贯彻国家市场监管总局等八部委发布的《关于做好校外培训广告管控的通知》精神，开展校外培训广告摸查，要求会员全面梳理并立即停止在播、在刊的广告发布，确保清理存量、杜绝增量。

3. 积极参与广东省广告业“十四五”规划报告编写工作。先后多次组织优秀企业为规划制定谏言献策，切实反映行业实际需求。

4. 主动代表行业向市人力资源和社会保障局反映行业意见、提出行业建议，望职能部门出台相应的认证体系举措，促进行业发展。

5. 配合市市场监管局公布违法广告典型案例，向会员单位普及法律法规，维护秩序。

6. 配合职能部门公告相关政策事项通知，做好政府相关政策性文件宣传解读。

7. 上线《政策速递》新专栏，聚焦各类惠企政策，并设专项对接窗口。

8. 参与“百所联百会”，市司法局、市工商业联合会、市律师协会联合制定《关于建立“百所联百会”机制的实施方案》，协会被选为首批参与“百所联百会”项目的示范商协会代表。

四、健全架构，壮大力量，推进会员持续增长，加强分支机构建设及规划工作

1. 坚持搭建会员与协会、会员间的对话和交流平台，及时了解会员发展情况与实际需求。2021 年，新增直播营销、整合营销、线下推广、MCN、媒体等领域会员企业数十家。

2. 根据协会工作部署，筹建广州市广告行业协会大学生品牌建设与创新创意指导委员会（以下称“大创会”），致力产教融合、校企合作、人才培养及创新产业化建设服务等。8 月 18 日召开第一次筹备会议，协会领导、相关高校代表、广告营销企业代表及媒体负责人共四十余人围绕如何办好大创会及深化其宗旨展开讨论。10 月 17 日，举行广州市广告行业协会大学生品牌建设与创新创意指导委员会成立仪式，宣告大创会成立。12 月 23 日召开一届一次会员大会，以无记名投票的方式选举出第一届执行委员会，圣达集团董事长杨垲思全票当选为第一届大创会主席。

3. 广州 4A 是中国内地首个“4A”广告组织。4 月 28 日、9 月 6 日分别成立深港澳工作站及上海联络站，进一步增强广州 4A 的核心竞争力，促进行业繁荣。

五、坚持举办大型峰会、论坛，引领行业发展

1. 5 月 7 日，2021 品牌发展高峰论坛邀请了王老吉、比音勒芬、美图、新潮传媒等品牌负责人，省广集团、圣火科技集团等营销专家共探品牌发展新机遇，高峰论坛现场发布《2021 年中国国潮品牌研究报告》，论坛采取线下、线上相结合形式呈现，线下参会企业高管超过 120 人，论坛全程直播线上辐射超过 3000 人次。

2. 2021 年 10 月 15-17 日，举办 2021 广州市广告行业协会年度大会（四届二次会员大会），现场通过全新品牌形象 logo 焕新亮相、大学生品牌建设与创新指导委员会成立等多种形式，呈现一场别开生面的年度大会，彰显“专业创新 · 链接价值”的理念。设《广告人之夜》创意盛典，《共赴盛宴》《决胜千里》《乘风破浪》主题竞技，《非洲鼓之夜》独特文化体验，《协会四届二次会员大会暨四届三次理事会》正式会议等多项综合内容，凝聚力量。四届二次会员大会暨四届三次理事会以线上线下（线下到会人数超会员总数 2/3）全覆盖召开，大会审议了协会工作报告，表决通过了广州市广告行业协会行业自律公约（2021）等相关工作。

3. 持续举办干货大会。9 月 28 日，2021 干货大会案例评审会，甄选出 10 大年度优秀案例。12 月 9 日，2021 年广州 4A 干货大会暨成立 25 周年，上千名精英汇聚，探新趋势，盘优秀创意，碰撞思维。现场举行了广州 4A 案例集征集启动仪式、广州 4A25 周年 IP 发布、创意 Battle 环节。

4. 11 月 26 日，持续举办 2021 TMA（Top Mobile Awards）移动营销盛典，吸引了上千位营销精英，共见前沿新潮的营销玩法，共赏别具“移”新的精彩案例。

5. 12 月 3-5 日，2021 亚洲广告会议在澳门隆重开幕，会议以“创乐园 · 享旅游”为主题，围绕国际传播、品牌打造、创意营销、文旅发展、科技融合五大亮点板块，拓展国际国内跨域合作，探讨实用营销方案。在协会会长钟敏雄、广州 4A 主席钟坚带队下，组织协会及广州 4A 执委等行业大咖共同参与盛会，并推荐 4 位重磅嘉宾与 30 位海内外业界翘楚同台论道，共同探讨新经济时代下全球广告产业发展的机遇与挑战。

6. 12 月 18 日，协办第四届移动广告优化增长大会（CMCOC 2021），大会以“顺势 · 增长”为主题，围绕数智驱动、新品牌营销、长效增长等话题，邀请到中国广告协会、巨量引擎、百度、快手、微博等众多专家大咖齐聚现场，搭建交流平台，现场近千名嘉宾参与。

六、持续打造社会责任感，慈行善举彰显担当

（一）为决胜广州战“疫”贡献力量！

2021 年 5 月新冠肺炎疫情再次蔓延本土，协会以实际行动展现社会责任。组织会员开展防疫宣传，利用媒体优势，发布常态化疫情防控宣传及新冠肺炎疫苗接种海报。共发动 14 家会员，在户外、线上媒体投放素材，媒体价值过千万元，对抗疫起到了很好的宣传。动员会员筹集、捐赠爱心防疫物资，支援防控工作。共筹集医用外科口罩、面罩、矿泉水等抗疫及生活物资合共超过 250 箱。7 月，收到市社会组织管理局、市社会组织联合会发来感谢状并在当月 23 日其召开的第三次联席会议上接受表彰。

（二）持续做好事！配捐继续！ 99 公益日，“益”起为爱助力，让爱翻倍！

协会自从参与扶持崇上慈善基金会龙飞儿童救助、99 公益日《十元助力生命小战士》项目，持续参与救助数百名来自全国各地的贫困重症儿童，今年（第 7 年）99 公益日继续发扬“黑马爱心精神”，发动 27 家会员企业、868 人次参与爱心捐款，筹集善款数万元。

深圳市广告协会

2021 年，深圳市广告协会在有关部门的大力支持和指导下，严于自律，紧紧围绕 “提供服务、反映诉求、规范行为、深化自律”，在举办活动、行业交流、创新发展、行业自律与维权、行业培训与学术研究等方面积极开展各项工作，充分发挥联系政府、广告商、行业三方桥梁的作用，积极营造健康、优良的广告行业氛围，为深圳市广告行业的蓬勃发展作出了应有贡献。

一、协会基本情况

深圳市广告协会（以下简称协会）成立于 1988 年，是深圳广告行业的非营利性社团组织。协会由深圳范围内具备一定资质条件的广告经营者、广告发布者、广告主与广告业有关的企事业单位、社团法人等自愿组成。协会在深圳市行业协会服务署的指导下，承担着广告行业的自律、协调、服务等基本职能。

目前，协会共有会员单位 35 家，现任会长单位为深圳报业集团，秘书长单位为深圳报业地铁传媒有限公司，其中，副会长单位 11 家，常务理事单位 4 家，理事单位 11 家，一般会员单位 8 家。协会日常工作由秘书长组织召开，下设秘书处 6 人，协助秘书长处理协会日常工作。

二、举办活动、行业交流情况

1. 2021 年协会先后开展了党史学习、讲党课、组织观看“七一”共产党成立 100 周年大会等十余场党建活动，组织会员单位积极参与进来，真正落实习近平总书记提出的“学党史、悟思想、办实事、开新局”的具体要求，增强全员单位爱党、爱国、爱社会主义的情感。

2. 鼓励会员单位联合企业举办“建党 100 周年”的相关活动。在 2021 年 6 月，协会成员——深圳报业地铁传媒有限公司在福田地铁站搭建了“建党 100 周年”线下展览，线上通过公众号、视频号等官方平台进行宣传，吸引了福田区退伍军人、南方基金党支部等社会团体和市民的参与和点赞。

3. 2021 年 12 月 23 日， 2021 深圳市广告协会会员大会暨创新创意产业论坛在深圳市福田区召开。协会邀请了深圳市市场监督管理局、深圳大学等单位的领导、专家出席。活动由 2021 年度协会工作报告、秘书长改选、颁奖典礼、主题演讲等环节组成。大会对疫情期间积极发布抗疫公益广告的单位进行表彰，感谢他们在疫情面前的作为与担当，最终以深圳报业地铁传媒有限公司为代表的 13 家单位获奖, 其中一等奖 1 家, 二等奖 2 家, 三等奖 4 家, 优胜奖 6 家。

三、创新发展情况

深圳市第十一届职工技术创新运动会暨 2021 年深圳技能大赛——广告创意制作（视频类）技能竞赛（又称“第二届深圳广告创意制作技能竞赛”）于 2021 年 11 月中旬启动。作为大赛的协办方之一，协会号召会员单位及其他广告同行企业踊跃参加。在大赛中，协会及多家会员单位 [如深圳报业集团（含试听中心、出版社、深圳新闻网、深圳晚报、深圳特区报）、深圳广播电影电视集团] 荣获团体奖项和优秀组织奖。此次活动的召开，对提升深圳广告市场的创意水平具有重要的意义。在本次大赛中有多家会员单位获奖，其中深圳新闻网、深圳晚报发展有限公司、深圳广播电影电视集团获得了团体奖三等奖； 深圳广播电影电视集团、深圳新闻网、深圳报业集团视听中心、深圳晚报发展有限公司、深圳新闻网、深圳报业集团视听中心、深圳晚报发展有限公司、深圳特区报、深圳之光传媒科技有限公司、深圳广播电影电视集团纪实节目中心、深圳报业集团出版社获得团体奖优秀奖；深圳市广告协会、深圳报业集团、深圳广播电影电视集团、深圳报业地铁传媒有限公司、深圳新闻网、深圳晚报发展有限公司获得优秀组织奖。

四、行业自律、行业维权情况

1.2021 年正值中国共产党成立 100 周年，做好公益广告宣传和行业自律工作是广告行业的重要任务。协会积极制定《关于做好建党 100 周年公益广告宣传及自律规范的倡议书》，号召广告行业单位坚持正确的宣传导向，从广告策划到广告发布，层层把关，确保符合有关规定。

2.2021 年，中共中央办公厅、国务院办公厅印发了《关于进一步减轻义务教育阶段学生作业负担和校外培训负担的意见》（简称“双减”政策）。文件发出后，协会组织专人认真研究该意见，并立即制定了《深圳市广告协会关于教育培训行业广告自律规范倡议书》，向全体会员和全市广告业界倡议并督促其按照相关规定对违规教育机构的广告进行及时撤销。

五、行业培训，学术研究情况

2021 年 9 月 17 日，协会号召会员单位积极参加“深圳广告业发展指数构建和广告合规指引研讨会”。本次会议以“规范市场、促进发展”为主题，围绕市市场监督管理局广告处组织起草的广告产业发展指数构建方案以及房地产、教育培训、医疗、三品一械等行业广告合规指引，进行深入研讨交流。此次会议上，包括会员单位在内的 40 余位广告行业资深人士组成“智囊团”，通过不同思想的碰撞，为深圳广告业把脉问诊、出谋划策。此次研讨会对促进政学产研深度互动交流，推动深圳广告市场更加规范有序，助力粤港澳大湾区广告业高质量发展具有一定意义。

六、其他工作

1. 防疫期间，做好新冠肺炎疫苗接种和日常防疫知识普及的工作尤为关键。协会号召协会成员积极配合相关部门做好防疫宣传工作，强塑深圳市民防疫抗疫的决心。据不完全统计，自 2020 年春节疫情暴发以来，在协会倡导下，会员单位深圳报业地铁传媒、天威广告、灵臻传媒集团等 13 家协会骨干共计刊播抗疫防疫公益广告，广告刊播价格达 4245 万元。

此外，协会会长白俊仁同志于 2021 年 6 月 8 日至 7 月 23 日，派驻清水河街道，担任疫情处置专项工作队队长。按照市委组织部的要求，与街道、社区、小区的同志们一道查温测码，协助核酸检测、新冠肺炎疫苗接种。

2.2021 年 12 月 19 日，深圳市文创体育类社会组织联合党委在深圳市福田区新媒体大厦 11 楼开展党支部书记 2021 年述职评议，党支部书记及党建组织员学习培训工作。协会党支部在此次会议中荣获“先进基层党组织”和“抗击新冠肺炎疫情先进基层党组织”两项荣誉表彰，协会会长白俊仁同志获得“2020 年度优秀党支部书记”称号。

中国广告年鉴 2022
CHINA ADVERTISING YEARBOOK

广告标准与行业规范

Advertising Standards And Industry Norms

中国数字营销人才能力评估标准

(T/CAAAD 001—2020)

中国广告协会

1. 范围

本标准规定了数字营销人才能力评估标准的指标体系、分级要求。

2. 规范性引用文件

下列文件对于本文件的应用是必不可少的。凡是注日期的引用文件，仅注日期的版本适用于本文件。凡是不注日期的引用文件，其最新版本（包括所有的修改单）适用于本文件。

GB/T 34090.1—2017 互动广告 第 1 部分：术语概述。

3. 术语和定义

GB/T 34090.1—2017 界定的以及下列术语和定义适用于本文件。

3.1 数字营销

用新的传播手段、新的互联网技术手段重构一套新的更有效率的品牌推广、渠道建设、终端助销数字营销体系。

3.2 竞价机制

互联网竞价广告是被网络媒体广泛应用的一种样式灵活、导向自由、控制自主的新型广告模式，客户通过使用竞价广告系统，可以自主管理广告，并且只为广告的点击效果付费，从一定程度上消除了点击欺诈的问题。

3.3 落地页

也称落地页、引导页，简单地说是指访问者通过站内（Banner）、站外（信息流广告、EDM 等）渠道点击进入的第一个页面。

3.4 Lookalike

即相似人群扩展，是基于种子用户，通过一定的算法评估模型，找到更多拥有潜在关联性的相似人群的技术。值得注意是，lookalike 不是某一种特定的算法，而是一类方法的统称，这类方法综合运用多种技术，比如协同过滤、node2vec 等，最终达到用户拓展目的。

3.5 私域业态

私域业态是线上线下一体化的品牌自主经营阵地。随着“私域”成为企业赢得新增量的必选项，企业可通过数字化产品、数字化选品、运营流程化和企业组织等四大关键能力，支撑其在私域业态的可持续发展。

4. 缩略语

下列缩略语适用于本文件。

oCPA：优化行为出价（Optimized Cost per Action）

oCPM：优化千次展现出价（Optimized Cost Per Mille）

DMP：数据管理平台（Data Manage Platform）

5. 数字营销人才能力评估指标体系

数字营销人才能力评估指标分为四大类，即一级指标，包括：营销通用能力、数字营销专业能力、营销合规能力、职场通用能力，每一项一级指标分别包含各项细分的二级指标，详见图 1。

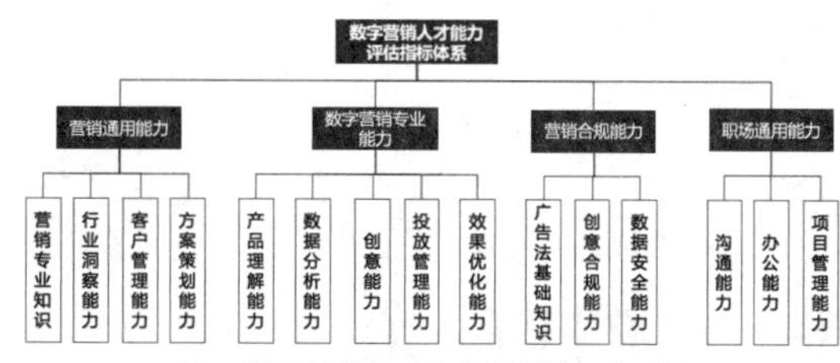

图 1 数字营销人才能力评估指标体系图

6. 数字营销人才能力评估分级要求

6.1 数字营销人才能力评估分级指标

数字营销人才能力评估分级指标见表 1。

表 1 数字营销人才能力评估分级指标及权重

一级指标	二级指标	入门级	初级	中级	高级
营销通用能力	营销专业知识	√	√	√	√
	行业洞察能力	√	√	√	√
	客户管理能力	√	√	√	√
	方案策划能力	√	√	√	√
数字营销专业能力	产品理解能力	√	√	√	√
	数据分析能力	√	√	√	√
	创意能力	√	√	√	√
	投放管理能力	√	√	√	√
	效果优化能力	√	√	√	√
营销合规能力	广告法基础知识	√	√	√	√
	创意合规能力	√	√	√	√
	数据安全能力	√	√	√	√
职场通用能力	沟通能力	√	√	√	√
	办公能力	√	√	√	√
	项目管理能力	√	√	√	√

6.2 数字营销人才分级能力要求

6.2.1 数字营销人才（入门级）能力要求

营销通用能力：

a) 营销专业知识：了解营销专业的通用知识，包括营销的基本概念、市场调研与分析、媒介策划与广告投放的基本方法等；

b) 行业洞察能力：搜集行业和市场发展的相关信息，能基本分析出本行业市场的主要机会、问题点；

c) 客户管理能力：按照客户需求提供周到的服务；

d) 方案策划能力：具备营销策划的基本逻辑，在指导下，能协助完成局部市场或特定项目的策划工作。

数字营销专业能力：

a) 产品理解力：了解所推广的产品或服务；了解所投放媒体的全流量广告资源知识框架，了解所投放媒体的主要广告资源位置、创意形态，能够清晰梳理资源适用的投放目标，了解各类资源渠道；

b) 数据分析能力：了解标签体系，掌握标签交叉应用，提升人群定向精准，提高推广效果；

c) 创意能力：了解创意、落地页及多种创意形式的优劣、对广告投放效果的影响，了解优质创意和广告落地页必备素质和类型，了解广告创意和落地页制作工具；

d) 投放管理能力：了解各类投放平台的特点及优势，了解广告投放的基本思路和步骤，了解定向体系、广告竞价基本机制、曝光影响因素，了解广告曝光提升方法，能够操作投放平台账户，创建、修改和调整广告；

e) 效果优化能力：能够查看效果数据，了解广告优化基本原理和分析思路，并进行简单分析，在有人指导下进行优化操作。

营销合规能力：

a）广告法基础知识：基本掌握广告法的基本理论知识，了解广告法规建设的基本动态；

b）创意合规能力：了解基本的创意合规性的规范；

c）数据安全能力：清楚数据的重要性，有意识整体提升数据安全防护意识和能力。

职场通用能力：

a) 沟通能力：具备基本的沟通技巧，清楚岗位的角色定位，能够准确判断客户需求，并与广告主及相关协同人员进行良性沟通；

b) 办公能力：具备 office 的操作和日常办公技能等；

c) 项目管理能力：能够严格按照规划实施项目，并及时反馈问题和信息。

6.2.2 数字营销人才（初级）能力要求

营销通用能力：

a) 营销专业知识：能灵活运用本职工作范围内的营销知识解决一般性专业问题；能发现工作中的瓶颈问题

并提出合理建议；

b) 行业洞察能力：理解市场环境以及所服务的客户所在行业的现状；能准确、全面进行市场潜力及需求分析、竞争分析；

c) 客户管理能力：理解并能够梳理客户的推广需求，并为其匹配合适的营销方式；

d) 方案策划能力：能够理解方案策划的基本逻辑，可根据广告主的需求，协助上级制定出适合广告主的系统营销策划方案。

数字营销专业能力：

a) 产品理解力：理解基本梳理所推广的产品或服务，能够提炼出关键价值点并体现在客户的营销方案中。能够掌握所投放媒体各流量广告资源位置、创意形态、适用的投放目标及广告主类型、数据表现等；

b) 数据分析能力：了解兴趣人群重定向逻辑，熟悉 DMP 数据管理平台的投放方法；

c) 创意能力：能够明确分析出创意、素材、落地页的优劣势并定位到优化点，理解优质创意和广告落地页必备素质和类型，能够针对落地页设计提供有价值的建议，协同技术人员打造优质落地页；

d) 投放管理能力：熟悉竞品，面对竞品问题不回避，能够有应对策略，理解广告投放的基本思路和步骤、关键要素，理解常见术语和概念；能够掌握 Lookalike 原理及使用方法，能够应用该功能帮助广告主有效拓量；能够掌握 oCPA、oCPM 原理及使用方法，对于使用中的常见问题有解决思路；能够熟练操作投放平台，熟悉账户所有界面及常用功能，能够熟练指导广告主操作；

e) 效果优化能力：理解投放平台账户搭建基本方法，能够为广告主量身定制适合的效果类投放方案；理解投放媒体的广告资源，能够基于广告主的需求，推荐合适的品牌类资源，为广告主量身定制合适的品牌类投放方案。

营销合规能力：

a）广告法基础知识：精通广告法实施细则，熟悉各种违反广告法的行为；

b）创意合规能力：能够敏锐、准确判定创意是否违反广告法和平台审核规范；

c）数据安全能力：能够规范使用数据并保证数据安全，对已有数据及广告交易数据进行主动保护和防护。

职场通用能力：

a) 沟通能力：能够通过沟通和广告主就投放目标、方案达成一致，具备建立良好的客情关系，具备不产生投诉的能力；

b) 办公能力：具备使用 Excel 表格统计、分析效果数据，制作报表的能力；

c) 项目管理能力：在有限的指导下能组织实施一般难度的策划项目，对于具体运作有丰富的经验，能够按照总体计划制定阶段性计划及监控点，并按监控点检查和修正项目进展。

6.2.3 数字营销人才（中级）能力要求

营销通用能力：

a) 营销专业知识：掌握全面的营销知识，能灵活运用必要的营销知识独立解决有一定难度的专业问题；

b) 行业洞察能力：熟悉市场环境以及所服务的客户所在行业，能准确地抓住市场的机会问题点，输出关于行业的观点和见解；

c) 客户管理能力：能够挖掘和引导客户的需求，并为其匹配合适的营销方式；

d) 方案策划能力：能负责完成某一产品或品牌的策划工作，能够熟练地根据广告主不同阶段的需求，输出营销解决方案。

数字营销专业能力：

a) 产品理解力：能够理解所推广的产品或服务，能够掌握挖掘客户需求的方法，在准确分析需求的情况下，能够根据广告主的营销目标，合理组织各类资源进行广告投放与管理；

b) 数据分析能力：熟悉数据驱动营销升级的概念、常见数据平台、接入与应用原则，熟悉并应用数据能力进行营销洞察与效果衡量，熟悉 Marketing API 的主要功能、价值与应用场景，熟悉营销人员的应用角色分工，能够有效对接资源，熟悉 DMP 数据管理平台的投放方法并能够综合运用；

c) 创意能力：熟悉创意价值，能够掌握创意洞察方法及创意流程、创意实战方法要领，熟悉优质创意和广告落地页的创作生产流程与方法；能够基于对行业、广告主、产品及服务的理解，通过有效的数据分析，制作创意方案，并对创意制作过程进行有效的管理和优化；

d) 投放管理能力：熟悉广告竞价发展历程，能够通过 oCPX 智能出价满足不同诉求，掌握转化优化策略；能够基于品牌类营销资源，进行投放项目管理与监控，并在各关键环节进行质量把控；

e) 效果优化能力：熟悉广告在投放不同阶段的效果优化策略和方法，并在大型项目中有效运用，不断提升营销效果。

营销合规能力：

a）广告法基础知识：能根据广告法实施细则分析违法问题的根源和细节，并进行优化处理规避违法的风险；

b）创意合规能力：精通广告审核的相关法律法规，针对违反审核规范的创意，能提出相应的修改意见；

c）数据安全能力：能够建立和维护数据管理规范体系，对相关人员分配责任义务，并定期做数据安全培训。

职场通用能力：

a) 沟通能力：能够与客户建立长期良性沟通，提升客户黏性，可以引导客户需求；

b) 办公能力：高效运用 office 及其他 PS 等工具，在配色、设计、结构和图形化方面制作具备吸引力的方案；

c) 项目管理能力：能够独立负责中型项目的实施和运作，有能力亲自解决中型项目中大部分问题，预见可能出现的问题，并提前确定相应的防范应变措施。

6.2.4 数字营销人才（高级）能力要求

营销通用能力：

a) 营销专业知识：能灵活运用营销知识独立解决复杂的专业问题，能发现工作中的瓶颈问题并采取有效措施改进；

b) 行业洞察能力：精通整个市场环境以及所服务的客户所在行业，能够准确地分析预测出市场的发展潜力、市场格局及发展趋势、竞争对手的策略手段；

c) 客户管理能力：能够根据产业发展情况，引导和影响客户需求，通过创新的营销方式，为客户持续创造价值；

d) 方案策划能力：能独立完成广告主整体策划工作，能完成营销策略的制定，市场策略有一定创新。

数字营销专业能力：

a) 产品理解力：精通所推广的产品或服务，能够创新性的策划匹配用户的营销方案，提升客户价值。熟悉合作媒体的广告资源，能够指导团队进行各类资源的合理配置；

b) 数据能力：精通数据驱动营销，能够结合客户、媒体、行业的情况，为客户提供完善的数字化转型方案；除数字营销外，能够在客户的运营数字化、销售与渠道数字化、用户管理数字化、私域业态建设等方面提供一揽子的解决方案；

c) 创意能力：精通数字营销创意生产过程，能够有效管理各类创意生产过程，对创意数据分析、创意洞察、创意项目管理、创意效果评估优化等能够沉淀出方法论，并对行业创意提效、提质产生深远影响；

d) 投放管理能力 + 效果优化能力：熟悉合作媒体的广告资源，能够指导团队进行各类资源的合理配置、投放管理与效果优化，达到或超出广告主的预期，并能够沉淀营销解决方案和优化方法论。

营销合规能力：

a）广告法基础知识：具有创造力，能在不违背广告法前提下，实现客户利益的最大化；

b）创意合规能力：能够基于行业发展，对广告创意审核相关法律法规制定产生一定推动和影响；

c）数据安全能力：追踪和分析数据相关法规及政策，向内传递相关动态并调整数据管理规范体系。

职场通用能力：

a) 沟通能力：对客户有较强影响力，具备一定的谈判技巧、协调能力和资源拓展能力，并能够快速和顺利推动工作的完成；

b) 办公能力：大型客户提案回顾拜访、大型场合演讲竞标能力；精通多种工具，在数据分析、方案呈现、素材审美制作、效率提升方面有深入研究并能指导他人；

c) 项目管理能力：能组织实施复杂的大型项目策划，对于具体运作有丰富的经验，能准确分析出影响项目成败的关键问题、机会点，能预见和解决项目运作中出现的重大问题。

网络直播营销行为规范

中国广告协会

前言

网络直播营销作为一种社会化营销方式，对促进消费扩容提质、形成强大国内市场起到了积极作用。规范网络直播营销活动，促进其健康发展，需要在现行法律框架下，构建包括政府监管、主体自治、行业自律、社会监督在内的社会共治格局。网络直播营销活动的诸多要素带有明显广告活动功能和特点，广告活动的各类主体也积极参与投入网络直播营销活动，是网络直播营销新业态发展的重要力量。中国广告协会密切关注广告活动的变化以及网络直播营销新业态的发展，经过充分调研，征求意见，并得到国家市场监管总局有关单位、中国消费者协会的大力支持，制定了网络直播营销活动行为规范。中国广告协会将不断倡导自律规范先行，依法加强行业自律，提供自律公共服务和引导市场主体自治，推进行业诚信建设。

本规范侧重为从事网络直播营销活动的各类主体提供行为指南。非直播网络视频营销，属于广告活动的，应当符合《中华人民共和国广告法》规定；属于其他营销活动的，可参照本规范进行自律。

第一章 总则

第一条 为营造良好的市场消费环境，引导网络直播营销活动更加规范，促进网络直播营销业态的健康发展，根据《中华人民共和国电子商务法》《中华人民共和国消费者权益保护法》《中华人民共和国广告法》《中华人民共和国产品质量法》《中华人民共和国反不正当竞争法》等法律、法规、规章和有关规定，制定本行为规范。

第二条 本规范适用于商家、主播等参与者在电商平台、内容平台、社交平台等网络平台上以直播形式向用户销售商品或提供服务的网络直播营销活动。

第三条 网络直播营销活动应当认真遵守国家法律、法规，坚持正确导向、诚实信用、信息真实、公平竞争原则，活动内容符合社会主义精神文明建设和弘扬中华民族优秀传统文化的要求。

鼓励网络直播营销平台经营者积极参与行业自律，共同推进网络直播营销活动社会共治。

第四条 网络直播营销活动中所发布的信息不得包含以下内容：

（一）反对宪法所确定的基本原则及违反国家法律、法规禁止性规定的；

（二）损害国家主权、统一和领土完整的；

（三）危害国家安全、泄露国家秘密以及损害国家荣誉和利益的；

（四）含有民族、种族、宗教、性别歧视的；

（五）散布谣言等扰乱社会秩序，破坏社会稳定的；

（六）淫秽、色情、赌博、迷信、恐怖、暴力或者教唆犯罪的；

（七）侮辱、诽谤、恐吓、涉及他人隐私等侵害他人合法权益的；

（八）危害未成年人身心健康的；

（九）其他危害社会公德或者民族优秀文化传统的。

第五条 网络直播营销活动应当全面、真实、准确地披露商品或者服务信息，依法保障消费者的知情权和选择权；严格履行产品责任，严把直播产品和服务质量关；依法依约积极兑现售后承诺，建立健全消费者保护机制，保护消费者的合法权益。

第六条 网络直播营销主体不得利用刷单、炒信等流量造假方式虚构或篡改交易数据和用户评价；不得进行虚假或者引人误解的商业宣传，欺骗、误导消费者。

在网络直播营销中发布商业广告的，应当严格遵守《中华人民共和国广告法》的各项规定。

第七条 网络直播营销主体应当依法履行网络安全与个人信息保护等方面的义务，收集、使用用户个人信息时应当遵守法律、行政法规等相关规定。

第八条 网络直播营销主体应当遵守法律和商业道德，公平参与市场竞争。不得违反法律规定，从事扰乱市场竞争秩序，损害其他经营者或者消费者合法权益的行为。

第九条 网络直播营销主体应当建立健全知识产权保护机制，尊重和保护他人知识产权或涉及第三方的商业秘密及其他专有权利。

第十条 网络直播营销主体之间应当依法或按照平台规则订立合同，明确各自的权利义务。

第十一条 网络直播营销主体应当完善对未成年人的保护机制，注重对未成年人身心健康的保护。

第二章 商家

第十二条 商家是在网络直播营销中销售商品或者提供服务的商业主体。商家应具有与所提供商品或者服务相应的资质、许可，并亮证亮照经营。

第十三条 商家入驻网络直播营销平台时，应提供真实有效的主体身份、联系方式、相关行政许可等信息，信息若有变动，应及时更新并告知平台进行审核。

第十四条 商家销售的商品或者提供的服务应当合法，符合网络直播营销平台规则规定，不得销售、提供违法违禁商品、服务，不得侵害平台及任何第三方的合法权益。

第十五条 商家推销的商品或提供的服务应符合相关法律法规对商品质量和使用安全的要求，符合使用性能、宣称采用标准、允诺等，不存在危及人身或财产安全的不合理风险。

商家销售药品、医疗器械、保健食品、特殊医学用途配方食品等特殊商品时，应当依法取得相应的资质或行政许可。

第十六条 商家应当按照网络直播营销平台规则要求提供真实、合法、有效的商标注册证明、品牌特许经营证明、品牌销售授权证明等文件。

第十七条 商家发布的产品、服务信息，应当真实、科学、准确，不得进行虚假宣传，欺骗、误导消费者。涉及产品、服务标准的，应当与相关国家标准、行业团体标准相一致，保障消费者的知情权。

商家营销商品和服务的信息属于商业广告的，应当符合《中华人民共和国广告法》的各项规定。

第十八条 商家应当依法保障消费者合法权益，积极履行自身作出的承诺，依法提供退换货保障等售后服务。

商家与主播之间约定的责任分担内容和方式等，应当遵守法律、法规规定，遵循平台规则。

第三章 主播

第十九条 主播是指在网络直播营销活动中与用户直接互动交流的人员。

第二十条 主播应当了解与网络直播营销相关的基本知识，掌握一定的专业技能，树立法律意识。

主播入驻网络直播营销平台，应提供真实有效的个人身份、联系方式等信息，信息若有变动，应及时更新并告知。

主播不得违反法律、法规和国家有关规定，将其注册账号转让或出借给他人使用。

第二十一条 主播入驻网络直播营销平台应当进行实名认证，前端呈现可以采用符合法律法规要求的昵称或者其他名称。

主播设定直播账户名称、使用的主播头像与直播间封面图应符合法律和国家有关规定，不得含有违法及不良有害信息。

第二十二条 主播的直播间及直播场所应当符合法律、法规和网络直播营销平台规则的要求，不得在下列场所进行直播：

（一）涉及国家及公共安全的场所；

（二）影响社会正常生产、生活秩序的场所；

（三）影响他人正常生活的场所。

直播间的设置、展示属于商业广告的，应当符合《中华人民共和国广告法》规定。

第二十三条 主播在直播营销中应坚持社会主义核心价值观，遵守社会公德，不得含有以下言行：

（一）带动用户低俗氛围，引导场内低俗互动；

（二）带有性暗示、性挑逗、低俗趣味的；

（三）攻击、诋毁、侮辱、谩骂、骚扰他人的；

（四）在直播活动中吸烟或者变相宣传烟草制品（含电子烟）的；

（五）内容荒诞惊悚，以及易导致他人模仿的危险动作；

（六）其他违反社会主义核心价值观和社会公德的行为。

第二十四条 主播发布的商品、服务内容与商品、服务链接应当保持一致，且实时有效。法律、法规规定需要明示的直接关系消费者生命安全的重要消费信息，应当对用户进行必要、清晰的消费提示。

第二十五条 主播在直播活动中，应当保证信息真实、合法，不得对商品和服务进行虚假宣传，欺骗、误导消费者。

第二十六条 主播在直播活动中做出的承诺，应当遵守法律法规，遵循平台规则，符合其与商家的约定，保障消费者合法权益。

主播应当遵守法律、法规，遵循平台规则，配合网络直播营销平台做好参与互动用户的言论规范管理。

第二十七条 主播在网络直播营销活动中不得损害商家、网络直播营销平台合法利益，不得以任何形式导流用户私下交易，或者从事其他谋取非法利益的行为。

第二十八条 主播向商家、网络直播营销平台等提供的营销数据应当真实，不得采取任何形式进行流量等数据造假，不得采取虚假购买和事后退货等方式骗取商家的佣金。

第二十九条 主播以机构名义进行直播活动的，主播机构应当对与自己签约的个人主播的网络直播营销行为负责。

第四章 网络直播营销平台

第三十条 网络直播营销平台是指在网络直播营销活动中提供直播技术服务的各类社会营销平台，包括电商平台、内容平台、社交平台等。

第三十一条 网络直播营销平台经营者应当依法经营，履行消费者权益保护、知识产权保护、网络安全与个人信息保护等方面的义务。

鼓励、支持网络直播营销平台经营者积极参与行业标准化、行业培训、行业发展质量评估等行业自律公共服务建设。

第三十二条 网络直播营销平台经营者应当要求入驻本平台的市场主体提交其真实身份或资质证明等信息，登记并建立档案。对商家、主播告知的变更信息，应当及时予以审核、变更。

第三十三条 网络直播营销平台经营者应当在以下方面建立、健全和执行平台规则：

（一）建立入驻主体服务协议与规则，明确网络直播营销行为规范、消费者权益保护、知识产权保护等方面的权利和义务；

（二）制定在本平台内禁止推销的商品或服务目录及相应规则；

（三）建立商家、主播信用评价奖惩等信用管理体系，强化商家、主播的合规守信意识；

（四）完善商品和服务交易信息保存制度，依法保存网络直播营销交易相关内容；

（五）完善平台间的争议处理衔接机制，依法为消费者做好信息支持，积极协助消费者维护合法权益；

（六）建立健全知识产权保护规则，完善知识产权投诉处理机制；

（七）建立便捷的投诉、举报机制，公开投诉、举报方式等信息，及时处理投诉、举报；

（八）有利于网络直播营销活动健康发展的其他规则。

第三十四条 网络直播营销平台经营者应当在以下方面加强服务规范，努力提高服务水平，促进行业健康发展：

（一）遵守法律法规，坚持正确导向；

（二）建立和执行各类平台规则；

（三）加强本平台直播营销内容生态审核和内容安全治理；

（四）规范主播准入和营销行为，加强对主播的教育培训及管理；

（五）明确本平台禁止的营销行为，及对违法、不良等营销信息的处置机制；

（六）依法配合有关部门的监督检查，提供必要的资料和数据。

第三十五条 电商平台类的网络直播营销平台经营者，应当加强对入驻本平台内的商家主体资质规范，督促商家依法公示营业执照、与其经营业务有关的行政许可等信息。

第三十六条 内容平台类的网络直播营销平台经营者应当加强对入驻本平台的商家、主播交易行为规范，防止主播采取链接跳转等方式，诱导用户进行线下交易。

第三十七条 社交平台类的网络直播营销平台经营者应当规范内部交易秩序，禁止主播诱导用户绕过合法交易程序在社交群组进行线下交易。

社交平台类的网络直播营销平台经营者，应当采取措施防范主播利用社交群组进行淫秽色情表演、传销、赌博、毒品交易等违法犯罪以及违反网络内容生态治理规定的行为。

第五章 其他参与者

第三十八条 网络直播营销主播服务机构，是指培育主播并为其开展网络直播营销活动提供服务的专门机构(如 MCN 机构等)。

网络直播营销主播服务机构应当依法取得相应经营主体资质，按照平台规则与网络直播营销活动主体签订协议，明确各方权利义务。

第三十九条 主播服务机构与网络直播营销平台开展合作，应确保本机构以及本机构签约主播向合作平台提交的主体资质材料、登录账号信息等真实、有效。

主播服务机构应当建立健全内部管理规范，签约具备相应资质和能力的主播，并加强对签约主播的管理；开展对签约主播基本素质、现场应急能力的培训，提升签约主播的业务能力和规则意识；督导签约主播加强对法律、法规、规章和有关规定及标准规范等的学习。

主播服务机构应当与网络直播营销平台积极合作，落实合作协议与平台规则，对签约主播的内容发布进行事前规范、事中审核、违规行为事后及时处置，共同营造风清气正的网络直播营销活动内容生态。

第四十条 主播服务机构应当规范经营，不得出现下列行为：

（一）获取不正当利益，如向签约主播进行不正当收费等；

（二）未恰当履行与签约主播签署的合作协议，或因显失公平、附加不当条件等与签约主播产生纠纷，未妥善解决，造成恶劣影响；

（三）违背承诺，不守信经营，如擅自退出已承诺参与的平台活动等；

（四）扰乱网络直播营销活动秩序，如数据造假或作弊等；

（五）侵犯他人权益，如不当使用他人权利、泄露他人信息、骗取他人财物、骚扰他人等；

（六）故意或者疏于管理，导致实际参与网络直播营销活动的主播与该机构提交的主播账户身份信息不符。

第四十一条 用户是指使用互联网直播信息内容服务购买商品或者服务的组织或者个人，即网络直播服务的最终用户。

用户在参与网络直播互动时，应遵守国家法律法规和平台管理规范，文明互动、理性表达，不得利用直播平台发表不当言论，侵犯他人合法权益。

第六章 鼓励与监督

第四十二条 鼓励网络直播营销活动主体响应国家脱贫攻坚、乡村振兴等号召，积极开展公益直播。

公益直播应当依法保证商品和服务质量，保障消费者的合法权益。

公益直播应当遵纪守法，不得损害国家机关及其工作人员的名誉和形象。

第四十三条 中国广告协会将加强对本规范实施情况的监测和评估，向社会公示规范实施情况，鼓励自律自治。对违反本规范的，视情况进行提示劝诫、督促整改、公开批评，对涉嫌违法的，提请政府监管机关依法查处等，切实服务行业自律、服务行业维权、服务行业发展。

第四十四条 本规范自 2020 年 7 月 1 日起施行。

中国广告协会
“CNAA Ⅰ”
“CNAA Ⅱ”
“CNAA Ⅲ”
证明商标企业

China Advertising Association CNAA Ⅰ,
CNAA Ⅱ, CNAA Ⅲ Certified Enterprises

关于开展 2021 年度中国广告协会“CNAA Ⅰ”“CNAA Ⅱ”“CNAA Ⅲ”证明商标使用管理工作的通知

各有关广告协会、中广协各分支机构及各申请企业：

中国广告协会“CNAA Ⅰ”“CNAA Ⅱ”“CNAA Ⅲ”证明商标是经国家商标主管部门核准注册的，用于证明特定广告企业专业服务能力的证明商标。证明商标使用管理工作自 2013 年开展以来，对于提升广告企业的品牌价值、保证广告企业的服务质量、保护广告企业的合法权益，促进行业健康发展发挥了重要作用。

2021 年上半年，中广协将完成换届工作，我们也将以换届为契机，继续扎实地开展好证明商标使用管理工作，践行好中广协“服务行业自律、服务行业维权、服务行业发展”的理念，更多地吸纳证明商标骨干企业加入协会。中广协将以更加体现行业价值、行业高度、行业地位、行业情怀的面貌，展现于行业面前；更好地为企业服务，更好地发挥行业的力量，为广告业高质量发展，为推动广告服务国家经济社会发展做贡献。现将有关事项通知如下：

一、2021 年，证明商标使用管理工作由一年两批改为全年常态化开展，更好地服务企业发展需要，企业可根据自身需要自愿申请。

二、证明商标审查周期不超过 60 个工作日，审查周期的开始以企业注册手机收到成功提交短信为准，评审结果短信也将发至申请注册手机，同时企业可登录证明商标申请系统查看申请进度。

三、“CNAA Ⅰ、CNAA Ⅱ”“CNAA Ⅲ”的评审结果将进行公示，待公示期满后，中广协与获得“CNAA Ⅰ、CNAA Ⅱ”“CNAA Ⅲ”证明商标的企业签订证明商标使用许可合同。

四、申请企业自愿并按要求提交相关材料，关注证明商标申请系统评审动态和及时补充修改意见，并在规定时间内提交。如因自身原因未及时按评审要求补充的材料，审查周期将自动后延，由此产生的后果企业自行承担。

五、证明商标使用管理工作继续执行对副省级以上行业组织初审权的授权。申请并获得初审权的行业组织按照要求做好初审工作，中广协将对初审工作情况进行调研和评估，并视评估结果对初审制度做必要调整。

六、中国广告协会证明商标在线申请系统将于 2021 年 4 月 1 日正式开放。

附件

1.《中国广告协会“CNAA Ⅰ”“CNAA Ⅱ”“CNAA Ⅲ”证明商标使用条件细则（2021 年修订）》

2.《中国广告协会证明商标使用管理工作办法》

3.《中国广告协会“CNAA Ⅰ”“CNAA Ⅱ”“CNAA Ⅲ”证明商标在线申请提交材料目录及申报指南》

4.《申请使用“CNAA Ⅰ”“CNAA Ⅱ”“CNAA Ⅲ”证明商标企业承诺书》

5.《“CNAA Ⅰ”“CNAA Ⅱ”“CNAA Ⅲ”证明商标使用申请书（2021 年）》

中国广告协会

2021 年 3 月 15 日

附件 1

中国广告协会
“CNAA Ⅰ”“CNAA Ⅱ”“CNAA Ⅲ”
证明商标使用条件细则

（2021 年修订）

为引导广告企业向专业化、国际化、品牌化方向发展，根据中国广告业发展的实际情况，将申请使用一级、二级、三级广告企业证明商标的企业按实际经营内容与核心竞争力的情况分为四类。依据《中国广告协会“CNAA Ⅰ”证明商标使用管理规则》《中国广告协会“CNAA Ⅱ”证明商标使用管理规则》《中国广告协会“CNAA Ⅲ”证明商标使用管理规则》第二章所规定的证明商标使用条件，对不同服务类型的企业提出以下标准。

一、综合服务类

指以品牌服务为核心，为广告主提供广告传播全过程、全方位服务的企业。服务内容包括市场调查、品牌传播策划、创意设计制作、公关活动、媒体策划与媒体广告资源购买、广告效果评估等。企业核心竞争力体现为提供整合营销策划与全方位广告传播服务的能力和质量。

（一）一级广告企业标准

1. 企业成立 3 年以上，依法登记注册、制度健全、管理规范，依法纳税，无严重不良记录。（准入条件）

2. 企业注册资本不低于 500 万。（准入条件）

3. 企业广告年营业收入（纳税收入）连续 2 年均不低于 3300 万元（自有媒体及代理媒体广告资源销售的营业收入除外）。（准入条件）

4. 企业广告业务负责人具有本科及以上学历。建立广告审查管理制度，有至少 2 名广告审查人员鼓励企业加强员工培训，提高员工业务技能。

5. 在过去 2 年内为不少于 8 个知名品牌提供整合营销策划、创意设计制作等综合服务；通过专业服务，有效提升品牌知名度，广告效果明显，获得客户肯定。

6. 企业积极参与中国广告业大奖（长城奖、黄河奖）和国内外行业组织开展的优质广告及相关赛事活动，充分展现专业服务能力。近 3 年来获奖广告作品或营销案例不少于 6 件。

7. 企业关注行业发展、积极参与行业活动。注重自主创新和企业品牌建设，培育企业核心竞争力。

8. 企业注重社会责任、热心社会公益，并为此做出贡献，具有一定的社会影响力。近 3 年每年创意、制作或发布公益广告不少于 4 件。

（二）二级广告企业标准

1. 企业成立 2 年以上，依法登记注册、制度健全、管理规范；依法纳税，无严重不良记录。（准入条件）

2. 企业注册资本不低于 100 万元。（准入条件）

3. 企业广告年营业收入（纳税收入）连续 2 年均不低于 1000 万元（自有媒体及代理媒体广告资源销售的营业收入除外）。（准入条件）

4. 企业广告业务负责人具有大专以上学历。建立广告审查管理制度，有至少 1 名广告审查人员。鼓励企业加强员工培训，提高员工业务技能。

5. 在过去 2 年内为不少于 5 个品牌提供整合营销策划、创意设计制作等综合服务；通过专业服务，有效提升品牌知名度，广告效果明显，获得客户肯定。

6. 企业积极参与中国广告业大奖（长城奖、黄河奖）和国内外行业组织开展的优质广告及相关赛事活动，充分展现专业服务能力。近 3 年来获奖广告作品或营销案例不少于 3 件。

7. 企业关注行业发展、积极参与行业活动。注重自主创新和企业品牌建设，培育企业核心竞争力。

8. 企业注重社会责任、热心社会公益，并为此做出贡献，具有一定的社会影响力。近 3 年每年创意、制作或发布公益广告不少于 3 件。

（三）三级广告企业标准

1. 企业成立 2 年以上，依法登记注册、制度健全、管理规范；依法纳税，无严重不良记录。（准入条件）

2. 企业注册资本不低于 50 万元。（准入条件）

3. 企业广告年营业收入（纳税收入）连续 2 年均不低于 500 万元（自有媒体及代理媒体广告资源销售的营业收入除外）。（准入条件）

4. 企业广告业务负责人具有大专以上学历。简历广告审查管理制度，有至少 1 名广告审查人员。鼓励企业加强员工培训，提高员工业务技能。

5. 在过去 2 年内为不少于 3 个品牌提供整合营销策划、创意设计制作等综合服务；通过专业服务，有效提升品牌知名度，广告效果明显，获得客户肯定。

6. 企业积极参与中国广告业大奖（长城奖、黄河奖）和国内外行业组织开展的优质广告及相关赛事活动，充分展现专业服务能力。近 3 年来获奖广告作品或营销案例不少于 1 件。

7. 企业关注行业发展、积极参与行业活动。注重自主创新和企业品牌建设，培育企业核心竞争力。

8. 企业注重社会责任、热心社会公益，并为此做出贡献，具有一定的社会影响力。近 3 年每年创意、制作或发布公益广告不少于 1 件。

二、媒体服务类

指为媒体提供广告资源销售（包括自有媒体或代理媒体广告资源），以及为广告主提供媒体策划、媒体广告资源购买等专项服务型广告企业。企业核心竞争力体现为，为媒体提供代理、销售、品牌运营以及为广告主提供媒体策划、媒体广告资源购买等专项服务的专业化水平，及其规模化、网络化、跨地域性的媒体资源与经营能力。

（一）一级广告企业标准

1. 企业成立 3 年以上，依法登记注册、制度健全、管理规范；依法纳税，无严重不良记录。（准入条件）

2. 企业注册资本不低于 500 万元。（准入条件）

3. 企业广告年营业收入（纳税收入）连续 2 年均不低于 7000 万元（指纯媒体服务的营业收入）。（准入条件）

4. 企业广告业务负责人具有本科以上学历。建立广告审查管理制度，有至少 2 名广告审查人员。鼓励企业加强员工培训，提高员工业务技能。

5. 在过去 2 年内为不少于 12 个知名品牌提供媒体策划、媒体广告资源购买或代理发布服务；通过专业服务，有效提升品牌知名度，广告效果明显，获得客户肯定。

6. 企业积极参与中国广告业大奖（长城奖、黄河奖）和国内外行业组织开展的优质广告及相关赛事活动，充分展现专业服务能力。近 3 年来制作发布过的获奖广告作品或案例不少于 3 件。

7. 企业关注行业发展、积极参与行业活动。注重自主创新和企业品牌建设，培育企业核心竞争力。

8. 企业注重社会责任、热心社会公益，并为此做出贡献，具有一定的社会影响力。近 3 年每年创意、制作或发布公益广告不少于 8 件。

（二）二级广告企业标准

1. 企业成立 2 年以上，依法登记注册、制度健全、管理规范；依法纳税，无严重不良记录。（准入条件）

2. 企业注册资本不低于 100 万元。（准入条件）

3. 企业广告年营业收入（纳税收入）连续 2. 年均不低于 1800 万元（指纯媒体服务的营业收入）。（准入条件）

4. 企业广告业务负责人具有大专以上学历。建立广告审查管理制度，有至少 1 名广告审查人员。鼓励企业加强员工培训，提高员工业务技能。

5. 成功服务 2 年以上的客户不少于 3 个；在过去 2 年内为不少于 8 个品牌提供媒体策划、媒体广告资源购买或代理发布服务；通过专业服务，有效提升品牌知名度，广告效果明显，获得客户肯定。

6. 企业积极参与中国广告业大奖（长城奖、黄河奖）和国内外行业组织开展的优质广告及相关赛事活动，充分展现专业服务能力。近 3 年来制作发布过的获奖广告作品或案例不少于 2 件。

7. 企业关注行业发展、积极参与行业活动。注重自主创新和企业品牌建设，培育企业核心竞争力。

8. 企业注重社会责任、热心社会公益，并为此做出贡献，具有一定的社会影响力。近 3 年每年创意、制作或发布公益广告不少于 5 件。

（三）三级广告企业标准

1. 企业成立 2 年以上，依法登记注册、制度健全、管理规范；依法纳税，无严重不良记录。（准入条件）

2. 企业注册资本不低于 50 万元。（准入条件）

3. 企业广告年营业收入（纳税收入）连续 2 年均不低于 800 万元（指纯媒体服务的营业收入）。（准入条件）

4. 企业广告业务负责人具有大专以上学历。建立广告审查管理制度，有至少 1 名广告审查人员。鼓励企业加强员工培训，提高员工业务技能。

5. 在过去 2 年内为不少于 5 个品牌提供媒体策划、媒体广告资源购买或代理发布服务；通过专业服务，有效提升品牌知名度，广告效果明显，获得客户肯定。

6. 企业积极参与中国广告业大奖（长城奖、黄河奖）和国内外行业组织开展的优质广告及相关赛事活动，充分展现专业服务能力。近 3 年来制作发布过的获奖广告作品或案例不少于 1 件。

7. 企业关注行业发展、积极参与行业活动。注重自主创新和企业品牌建设，培育企业核心竞争力。

8. 企业注重社会责任、热心社会公益，并为此做出贡献，具有一定的社会影响力。近 3 年每年创意、制作或发布公益广告不少于 2 件。

三、设计制作类（广告企业）

指以广告设计、制作为主要业务内容的专项服务型广告企业。服务内容包括影视广告、平面广告、互动（网络）广告、售点广告的创意设计、制作；企业与品牌形象识别系统设计、包装设计等。企业核心竞争力体现为专业化的设计、制作水平。

（一）一级广告企业标准

1. 企业成立 3 年以上，依法登记注册、制度健全、管理规范；依法纳税，无严重不良记录。（准入条件）

2. 企业注册资本不低于 500 万元。（准入条件）

3. 企业广告年营业收入（纳税收入）连续 2 年均不低于 2600 万元（指广告创意与设计制作的营业收入）。（准入条件）

4. 企业广告业务负责人具有本科以上学历。建立广告审查管理制度，有至少 2 名广告审查人员。鼓励企业加强员工培训，提高员工业务技能。

5. 在过去 2 年内为不少于 8 个知名品牌提供广告创意设计与制作服务；通过专业服务，有效提升品牌知名度，广告效果明显，获得客户肯定。

6. 企业积极参与中国广告业大奖（长城奖、黄河奖）和国内外行业组织开展的优质广告及相关赛事活动，充分展现专业服务能力。近 3 年来制作发布过的获奖广告作品不少于 8 件。

7. 企业关注行业发展、积极参与行业活动。注重自主创新和企业品牌建设，培育企业核心竞争力。

8. 企业注重社会责任、热心社会公益，并为此做出贡献，具有一定的社会影响力。近 3 年每年创意、制作或发布公益广告不少于 4 件。

（二）二级广告企业标准

1. 企业成立 2 年以上，依法登记注册、制度健全、管理规范；依法纳税，无严重不良记录。（准入条件）

2. 企业注册资本不低于 100 万元。（准入条件）

3. 企业广告年营业收入（纳税收入）连续 2 年均不低于 700 万元（指广告创意与设计制作的营业收入）。（准入条件）

4. 企业广告业务负责人具有大专以上学历。建立广告审查管理制度，有至少 1 名广告审查人员。鼓励企业加强员工培训，提高员工业务技能。

5. 在过去 2 年内为不少于 5 个品牌提供广告创意设计与制作服务；通过专业服务，有效提升品牌知名度，广告效果明显，获得客户肯定。

6. 企业积极参与中国广告业大奖（长城奖、黄河奖）和国内外行业组织开展的优质广告及相关赛事活动，充分展现专业服务能力。近 3 年来制作发布过的获奖广告作品不少于 4 件。

7. 企业关注行业发展、积极参与行业活动。注重自主创新和企业品牌建设，培育企业核心竞争力。

8. 企业注重社会责任、热心社会公益，并为此做出贡献，具有一定的社会影响力。近 3 年每年创意、制作或发布公益广告不少于 2 件。

（三）三级广告企业标准

1. 企业成立 2 年以上，依法登记注册、制度健全、管理规范；依法纳税，无严重不良记录。（准入条件）

2. 企业注册资本不低于 50 万元。（准入条件）

3. 企业广告年营业收入（纳税收入）连续 2 年均不低于 300 万元（指广告创意与设计制作的营业收入）。（准入条件）

4. 企业广告业务负责人具有大专以上学历。建立广告审查管理制度，有至少 1 名广告审查人员。鼓励企业加强员工培训，提高员工业务技能。

5. 成功服务 2 年以上的客户不少于 1 个；在过去 2 年内为不少于 3 个品牌提供广告创意设计与制作服务；通过专业服务，有效提升品牌知名度，广告效果明显，获得客户肯定。

6. 企业积极参与中国广告业大奖（长城奖、黄河奖）和国内外行业组织开展的优质广告及相关赛事活动，充分展现专业服务能力。近 3 年来制作发布过的获奖广告作品不少于 1 件。

7. 企业关注行业发展、积极参与行业活动。注重自主创新和企业品牌建设，培育企业核心竞争力。

8. 企业注重社会责任、热心社会公益，并为此做出贡献，具有一定的社会影响力。近 3 年每年创意、制作或发布公益广告不少于 1 件。

三、设计制作类（标识与展示企业）

指以室内外广告牌（灯箱）、商业招牌、导视牌、品牌形象货架、展示道具、城市家具、空间陈列、环境艺术、视觉图形等所有非平面（印刷或影视）视觉的有形产品（作品）的设计、制作和相关技术的应用，通过视觉途径达到传递商业、非商业信息或提升环境形象的目的，企业核心竞争力体现为专业化的设计或制作水平。

（一）一级广告企业标准

1. 企业成立 5 年以上，依法登记注册、制度健全、管理规范，具备安全生产许可证；企业通过 IS09001 质量管理体系认证；依法纳税，无严重不良记录。（准入条件）

2. 企业注册资本不低于 1000 万。（准入条件）

3. 企业年营业收入（纳税收入）连续 2 年均不低 2500 万元。（准入条件）

4. 企业广告业务负责人具有大专以上学历。建立广告审查管理制度。鼓励企业加强员工培训，提高员工业务技能。

5. 在过去 2 年内成功服务知名客户（品牌）不少于 3 个；为客户（品牌）完成不少 3 个项目的标识设计或制作服务；完成的单项合同金额不少于 300 万的项目不少于 3 个。

6. 企业积极参与中国广告业大奖（长城奖、黄河奖）和国内外行业组织开展的优质广告（标识）及相关赛事活动，充分展现专业服务能力。近 3 年来制作发布过的获奖广告（标识）作品或获得国家专利不少于 3 件。

7. 企业关注行业发展、积极参与行业活动。注重自主创新和企业品牌建设，培育企业核心竞争力。

8. 企业注重社会责任、热心社会公益，并为此做出贡献，具有一定的社会影响力。

（二）二级广告企业标准

1. 企业成立 3 年以上，依法登记注册、制度健全、管理规范；依法纳税，无严重不良记录。（准入条件）

2. 企业注册资本不低于 300 万元。（准入条件）

3. 企业年营业收入（纳税收入）连续 2 年均不低于 800 万元。（准入条件）

4. 企业广告业务负责人具有大专以上学历。建立广告审查管理制度。鼓励企业加强员工培训，提高员工业务技能。

5. 在过去 2 年内成功服务客户（品牌）不少于 2 个；完成的单项合同金额不少于 100 万的项目不少于 2 个。

6. 企业积极参与中国广告业大奖（长城奖、黄河奖）和国内外行业组织开展的优质广告（标识）及相关赛事活动，充分展现专业服务能力。近 3 年来制作发布过的获奖广告（标识）作品或获得国家专利不少于 1 件。

7. 企业关注行业发展、积极参与行业活动。注重自主创新和企业品牌建设，培育企业核心竞争力。

8. 企业注重社会责任、热心社会公益，并为此做出贡献，具有一定的社会影响力。

（三）三级广告企业标准

1. 企业成立 2 年以上，依法登记注册、制度健全、管理规范。依法纳税，无严重不良记录。（准入条件）

2. 企业注册资本不低于 50 万元。（准入条件）

3. 企业年营业收入（纳税收入）不低于 300 万元。（准入条件）

4. 企业广告业务负责人具有大专以上学历。建立广告审查管理制度。鼓励企业加强员工培训，提高员工业务技能。

5. 在过去 2 年内成功服务客户（品牌）不少于 1 个；完成的单项合同金额不少于 20 万的项目不少于 2 个。

6. 企业关注行业发展、积极参与行业活动。注重自主创新和企业品牌建设，培育企业核心竞争力。

7. 企业注重社会责任、热心社会公益，并为此做出贡献，具有一定的社会影响力。

四、数字营销类

指基于以互联网、移动互联网为代表的数字交互式媒体进行品牌营销传播活动的专项服务型广告企业。通过数字化多媒体渠道实现营销传播的精准化、可量化和数据化。企业核心竞争力体现为利用数字媒体的特性进行品牌传播活动的专业策划能力与执行水平。

（一）一级广告企业标准

1. 企业成立 2 年以上，依法登记注册、制度健全、管理规范；依法纳税，无严重不良记录。（准入条件）

2. 企业注册资本不低于 500 万元。在 3 个及以上城市设有分支机构或全资子公司。（准入条件）

3. 基于互联网技术从事广告营销的技术类企业（无媒体代理业务），广告年营业收入（纳税收入）连续 2 年均不低于 2500 万元，基于互联网和移动互联网媒体从事专业整合营销传播活动的企业（含媒体代理业务），广告年营业收入（纳税收入）连续 2 年均不低于 5000 万元。（准入条件）

4. 企业广告业务负责人具有本科以上学历。建立广告审查管理制度，有至少 2 名广告审查人员。鼓励企业加强员工培训，提高员工业务技能。

5. 技术类企业成功服务 2 年以上的客户不少于 10 个；整合营销类企业在过去 2 年内为不少于 30 个客户提供数字营销服务；通过专业服务，有效提升品牌知名度，广告效果明显，获得客户肯定。

6. 企业积极参与中国广告业大奖（长城奖、黄河奖）和国内外行业组织开展的优质广告及相关赛事活动，充分展现专业服务能力。近 3 年来实施过的数字营销案例获奖不少于 4 件。

7. 企业关注行业发展、积极参与行业活动。注重自主创新和企业品牌建设，培育企业核心竞争力。

8. 企业注重社会责任、热心社会公益，并为此做出贡献，具有一定的社会影响力。近 3 年每年创意、制作或发布公益广告或网络公益营销事件不少于 4 件。

（二）二级广告企业标准

1. 企业成立 2 年以上，依法登记注册、制度健全、管理规范；依法纳税，无严重不良记录。（准入条件）

2. 企业注册资本不低于 100 万元，在 2 个及以上城市设有分支机构或全资子公司。（准入条件）

3. 基于互联网技术从事广告营销的技术类企业（无媒体代理业务），广告年营业收入（纳税收入）连续 2 年均不低于 700 万元，基于互联网和移动互联网媒体从事专业整合营销传播活动的企业（含媒体代理业务），广告年营业收入（纳税收入）连续 2 年均不低于 1500 万元。（准入条件）

4. 企业广告业务负责人具有本科以上学历。建立广告审查管理制度，有至少 1 名广告审查人员。鼓励企业加强员工培训，提高员工业务技能。

5. 技术类企业成功服务 2 年以上的客户不少于 5 个；整合营销类企业在过去 2 年内为不少于 15 个客户提供数字营销服务；通过专业服务，有效提升品牌知名度，广告效果明显，获得客户肯定。

6. 企业积极参与中国广告业大奖（长城奖、黄河奖）和国内外行业组织开展的优质广告及相关赛事活动，充分展现专业服务能力。近 3 年来实施过的数字营销案例获奖不少于 2 件。

7. 企业关注行业发展、积极参与行业活动。注重自主创新和企业品牌建设，培育企业核心竞争力。

8. 企业注重社会责任、热心社会公益，并为此做出贡献，具有一定的社会影响力。近 3 年每年创意、制作或发布公益广告或网络公益营销事件不少于 2 件。

（三）三级广告企业标准

1. 企业成立 2 年以上，依法登记注册、制度健全、管理规范；依法纳税，无严重不良记录。（准入条件）

2. 企业注册资本不低于 50 万元。（准入条件）

3. 基于互联网技术从事广告营销的技术类企业（无媒体代理业务），广告年营业收入（纳税收入）连续 2. 年均不低于 300 万元，基于互联网和移动互联网媒体从事专业整合营销传播活动的企业（含媒体代理业务），广告年营业收入（纳税收入）连续 2 年均不低于 700 万元。（准入条件）

4. 企业广告业务负责人具有本科以上学历。建立广告审查管理制度，有至少 1 名广告审查人员。鼓励企业加强员工培训，提高员工业务技能。

5. 技术类企业成功服务 2 年以上的客户不少于 3 个，整合营销类企业在过去 2 年内为不少于 7 个客户提供数字营销服务；通过专业服务，有效提升品牌知名度，广告效果明显，获得客户肯定。

6. 企业积极参与中国广告业大奖（长城奖、黄河奖）和国内外行业组织开展的优质广告及相关赛事活动，充分展现专业服务能力。近 3 年来实施过的数字营销案例获奖不少于 1 件。

7. 企业关注行业发展、积极参与行业活动。注重自主创新和企业品牌建设，培育企业核心竞争力。

8. 企业注重社会责任、热心社会公益，并为此做出贡献，具有一定的社会影响力。近 3 年每年创意、制作或发布公益广告或网络公益营销事件不少于 1 件。

附件 2

中国广告协会
“CNAA Ⅰ”“CNAA Ⅱ”“CNAA Ⅲ”
证明商标使用管理工作办法

第一条　为了明确中国广告协会“CNAA Ⅰ”“CNAA Ⅱ”“CNAAI Ⅲ”证明商标使用管理工作的工作规范和审查程序，依据《中国广告协会“CNAA Ⅰ”证明商标使用管理规则》《中国广告协会“CNAA Ⅱ”证明商标使用管理规则》《中国广告协会“CNAA Ⅲ”证明商标使用管理规则》制定本工作办法。

第二条 中国广告协会负责研究、制定和贯彻《中国广告协会“CNAA Ⅰ”证明商标使用管理规则》《中国广告协会“CNAA Ⅱ”证明商标使用管理规则》《中国广告协会“CNAA Ⅲ”证明商标使用管理规则》以及《中国广告协会“CNAA Ⅰ”“CNAA Ⅱ”“CNAA Ⅲ”证明商标使用条件细则》，确定量化评分的原则和办法，对申请使用证明商标的企业进行综合审查和管理。

第三条 证明商标使用审查工作机构

1. 中国广告协会成立证明商标使用审查委员会，其职责是审查确定申请使用“CNAA Ⅰ”“CNAA Ⅱ”

"CNAA III" 证明商标的企业。审查委员会以公正、公平、保密、独立为宗旨，采取投票表决的方法，遵循少数服从多数的原则，保证不对外泄露企业信息，不擅自披露讨论结果。审查委员会成员包括：政府监管部门、行业协会、广告主、媒体、广告企业、高等院校等相关人员。

2. 审查委员会下设办公室，负责处理证明商标使用管埋的日常事务。

3. 根据工作需要，办公室可聘请业内人员组成评审专家组。其职责是对申请使用"CNAA I"证明商标的企业进行评审并提出书面意见与建议，研究申请使用证明商标中的有关问题。评审专家组成员包括：广告企业负责人、业内专家和高等院校广告专业教授等。

4. 审查委员会及评审专家组成员，审查委员会主任由中国广告协会分管证明商标使用管理工作的领导担任，主持召开专家组和审查委员会的会议。

5. 获得初审资格的行业组织参照以上条款开展证明商标初审工作。

第四条 获得初审资格的行业组织对企业材料的真实性、合规性进行初审，在《申请书》中填写意见并盖章后，申请企业将《申请书》扫描上传证明商标申请系统。材料全部上传完毕后，再最终确认提交。

企业在申请使用证明商标期间，有下列行为之一者，不予核准：

1. 违反广告法律法规，被严厉处罚过的；

2. 违反广告行业自律条款，在行业内造成恶劣影响的；

3. 违反其他法律法规的；

4. 企业财务信誉欠佳的；

5. 企业申请材料不真实。

第五条 "CNAA Ⅰ" "CNAA Ⅱ" "CNAA Ⅲ" 证明商标申请和评审工作全年常态化开展，具体要求按照本年度证明商标使用管理工作通知执行。

第六条 根据《中国广告协会"CNAA Ⅰ"证明商标使用管理规则》《中国广告协会"CNAA Ⅰ" "CNAA Ⅱ" "CNAA III"证明商标使用条件细则》的规定和量化评分细则，办公室组织召开专家组评审会议，对申请使用"CNAAI"证明商标的企业材料进行综合评审。

第七条申请使用"CNAA II" "CNAA III"证明商标的企业，由中国广告协会委托获得初审资格的行业组织对其申请材料进行审查，提出意见后报中国广告协会。办公室核查后提交审查委员会会议核准。

第七条 申请使用"CNAA II" "CNAA III"证明商标的企业，由中国广告协会委托获得初审资格的行业组织对其申请材料进行审查，提出意见后报中国广告协会。办公室核查后提交审查委员会会议核准。

第八条 在国家市场监管总局注册的广告企业或所在省、自治区、直辖市、计划单列市和副省级市行业组织未申请或申请未能获得初审资格，申请"CNAA Ⅰ" "CNAA Ⅱ" "CNAA Ⅲ"证明商标的广告企业，可直接向中国广告协会提出申请。

第九条 证明商标审查周期不超过 60 个工作日，审查周期的开始以企业注册手机收到成功提交短信为准，申请企业须及时关注证明商标申请系统，在规定时间提交补充材料，评审结果短信也将发至申请注册手机，企业可登录证明商标申请系统查看申请进度。

第十条 中国广告协会将对"CNAA I" "CNAA Ⅱ" "CNAA Ⅲ"证明商标终审结果进行公示。公示期满后，与符合证明商标使用条件的企业签订"CNAA Ⅰ" "CNAA II" "CNAAIII"证明商标使用许可合同。

第十一条 获得"CNAA II" "CNAA Ⅲ"证明商标的企业，在证明商标使用许可合同有效期内，可根据企业发展状况，按程序申请使用上一级广告企业证明商标。

第十二条 本工作办法自发布之日起执行。

附件 3

中国广告协会“CNAA Ⅰ”“CNAA Ⅱ”“CNAA Ⅲ”证明商标在线申请提交材料目录及申报指南

一、在线申请提交材料目录：

（一）企业承诺书（盖章扫描件）；

（二）《中国广告协会“CNAA Ⅰ”“CNAA Ⅱ”“CNAA Ⅲ”证明商标申请书》（盖章扫描件）；

（三）企业法人营业执照（扫描件）；

（四）* 企业简介（包括但不限于业务内容及特色、经营规模、企业文化、发展愿景等，不少于 500 字）；

（五）* 企业章程；

（六）* 企业相关管理制度（包括工作流程管理、企业文化、企业品牌发展战略、广告审查管理制度、质量及安全管理制度等）；

（七）申请设计制作类（标识）的企业提供 ISO9001 证书和安全许可证；

（八）2019 年和 2020 年度会计师事务所审计报告；

（九）2019 年和 2020 年企业增值税纳税申报表（24 个月）；

（十）企业近两年社会保险缴纳情况表；

（十一）* 企业广告业务负责人学历证书、专业技术人员职业水平证书 / 职称证书；

（十二）* 企业广告审查员资格培训证书；

（十三）* 近两年发表的广告专业论文（提供可查询地址）；

（十四）企业申请综合服务类、设计制作类和数字营销类证明商标的收入证明（如，策划创意、设计制作、公关活动等服务项目合同文本以及与其相对应的给客户开具的发票）；

（十五）企业近 2 年品牌（客户）服务的证明，包括品牌服务内容、质量和效果（客户盖章签署）；

（十六）企业员工年度培训费的相关证明（如，中广协等行业协会组织的相关培训的证书、财务发票等证明材料）；

（十七）企业制作或发布公益广告的证明（如，照片等）；

（十八）企业对公益事业贡献的证明材料，包括证书、证明以及捐款票据等；

（十九）企业参与行业大型活动情况证明；

（二十）企业获得荣誉称号的证书和奖牌（照片，证书扫描件）；

（二十一）企业近 3 年广告作品获等级奖的证书和相关的获奖证明，标识企业需提供获得的专业证书（如，中国国际广告节长城奖、黄河奖证书等）；

（二十二）2 份已成功实施的广告（标识）案例（内容包括：营销环境分析、传播目标、策略、表现和执行、媒介策略、效果评估等）；

（二十三）2 个已成功实施广告案例的效果评估报告（第三方机构或客户出具）；

（二十四）企业参加各级行业组织证明（如会员证书等）；

（二十五）证明企业综合实力辅助性材料。

* 号表示再次申请证明商标且逾期未申请不超过一年的企业，如无变化可不提交。

二、申报指南：

（一）申请企业可根据自身情况登录中国广告协会

官网（www.china-caa.org），提交《申请使用“CNAA Ⅰ”“CNAA Ⅱ”“CNAA Ⅲ”证明商标企业承诺书》和企业营业执照扫描件，待审核通过后方可进入证明商标申请系统按要求填报相关申请材料。

（二）申请企业进入申请系统后，按照要求提交相关材料。全部填写完成后系统生成《“CNAA Ⅰ”“CNAA Ⅱ”“CNAA Ⅲ”证明商标使用申请书》（简称：申请书）下载并加盖企业公章。《申请书》须提供注册地广告监管部门诚信守法意见或提供经国家企业信用信息公示系统查询的企业征信报告。

（三）申请时间以企业在申请系统里成功提交所有材料后，系统发出确认短信的时间为准，企业可登录证明商标申请系统查看申请进度。

（四）成功提交申请材料后，企业填报人须及时关注申请系统，按要求及时补充材料。

（五）申请书中相关名词解释：

1. 广告营业收入（纳税收入）：广告营业额减去付给媒体单位广告发布费用后的、以计税额为准的实际收入。

2. 媒体广告代理收入：在广告营业收入（纳税收入）当中，单一承担媒体广告资源的策划、购买、执行服务所取得的收入（以计税额为准）。

3. 自有媒体广告发布收入：在广告营业收入（纳税收入）当中，户外、印刷品等自有媒体广告发布的收入（以计税额为准）。

4. 广告营业额：企业从事广告业务（与广告业务无关的其他收入除外）得到的全部实际收入（以给客户开出的发票数额为准）。

5. 增值税税款：企业上缴的与广告业务有关的增值税税款数额。标识企业的营业收入（纳税收入）：企业全部实际销售收入，以计税额为准的实际收入。

附件 4　申请使用“CNAA Ⅰ”“CNAA Ⅱ”“CNAA Ⅲ”证明商标企业承诺书　略

附件 5　“CNAA Ⅰ”“CNAA Ⅱ”“CNAA Ⅲ”证明商标使用申请书　略

2021 年获得中国广告协会 “CNAA Ⅰ”“CNAA Ⅱ”“CNAA Ⅲ” 证明商标企业名录

中国广告协会“CNAA Ⅰ”证明商标企业

一、综合服务类

广东省广告集团股份有限公司
上海唐神广告传播有限公司
上海美术设计有限公司
广东广旭整合营销传播有限公司
吉广控股有限公司
铂扬广告有限公司
鼎翰文化股份有限公司
贵州点瑞广告传媒有限公司
哈尔滨海润国际文化传播股份有限公司
吉林省国迅广告有限公司
广州扬悦博众信息科技有限公司
原生动力（北京）数字传媒科技有限公司
河北春秋文化传播有限公司
美洋数字传播有限公司

二、媒体服务类

兆讯新媒体科技有限公司
西藏华君广告有限公司
河南大河全媒体广告集团有限公司
天翼数字生活科技有限公司
浙江银马广告有限公司
北京中广聚力信息技术有限公司
深圳地铁口文化传媒有限公司
浙江金报文化传媒有限公司
安徽高速传媒有限公司
合肥公交集团有限公司
湖南天闻地铁传媒有限公司
山东通广传媒股份有限公司
深圳之光传媒科技有限公司
南京国广联传媒股份有限公司
成都大禹伟业广告有限公司
贵州高速广告有限公司
华视中广国际传媒（武汉）有限责任公司
江西高速传媒有限公司
江苏龙虎网信息科技股份有限公司
广东昌辉传媒投资有限公司
南京君生广告有限公司
引力传媒股份有限公司
南京点讯网络科技有限公司
深圳市亲邻科技有限公司
南通文华广告传媒有限公司
镇江文化广电产业集团有限公司
中广艺达（唐山）文化传播集团有限公司
安徽黑白广告有限责任公司
深圳机场雅仕维传媒有限公司
华铁传媒集团有限公司
四川博瑞眼界户外传媒有限公司
广州地铁传媒有限公司
北京梯影传媒科技有限公司
北京星海文化传媒有限公司
安徽光华广告装饰有限公司

江苏交通文化传媒有限公司
杭州巴士传媒集团有限公司
四川蜀道文化传媒有限公司
凤凰都市传媒科技股份有限公司
深圳宏禧互动科技股份有限公司
华夏文广传媒集团股份有限公司
苏州工业园区苏城广告有限公司
四川省北辰广告有限公司
深圳市盛世昊业文化传播有限公司
广东希尔文化传媒投资股份有限公司
杭州华章纵视广告传媒有限公司

三、设计制作类（广告）

深圳市博思堂文化传媒股份有限公司
广州交易会广告有限公司
南京鑫彩峰广告有限公司
百成数码影业有限公司
宜昌市龙马广告文化传播有限责任公司
吉林省深海广告有限公司
湖南可为文化传播有限公司
城印文化科技集团有限公司
浙江义乌中国小商品城广告有限责任公司
安徽迪赛广告有限公司
湖北快捷广告传媒股份有限公司
广东巨人匠广告有限公司
滁州市飞天广告文化传媒有限公司
江西意创实业有限公司
安徽省皖西敦煌广告公司
宁波友谊传媒投资有限公司
江西卓恒文化传媒广告有限公司
江西三原色制作有限公司
宜昌市超人广告有限责任公司

四、设计制作类（标识）

武汉高斯美创新产业有限公司
湖南伟达文化传播有限公司
常州市超艺标牌有限公司
苏州金螳螂文化发展股份有限公司
南京永成广告传媒有限责任公司
重庆笨鸟标牌有限公司
安徽骏飞标识设计制作有限公司
深圳柯赛标识智能科技有限公司
杭州盛世传奇标识系统有限公司
山东至美标识有限公司
湖北尚佳文化创意工程有限公司
杭州罗维标识系统工程有限公司
浙江东方广告标识有限公司
内蒙古正艺达品牌策略有限公司
泉州华盛广告有限公司
山东日先企业营销策划有限公司
深圳市中绘图像科技有限公司

中国广告协会“CNAA Ⅱ”证明商标企业

一、综合服务类

江苏盐城港文旅集团有限公司
清远尚美创意策划传播有限公司
湖北华夏盛世广告传媒股份有限公司
潍坊润德广告有限公司
金华市非凡文化传播有限公司
湖北星盛传媒科技股份有限公司
江苏喜乐天下文化科技发展有限公司
合肥杰郡优善营销传播咨询有限公司
苏州玛雅概念文化传媒有限公司
湖州鸿志文化传媒有限公司
新疆卓越广告有限公司

安徽省北斗广告有限责任公司
钟祥市大公元广告装饰有限公司
江西和景文化传媒有限公司
湖州泰仑广告装潢工程有限公司
江苏方洋文化艺术团有限公司
吴江市宏伟广告有限公司
广东一歌传媒有限公司
连云港瑞和广告有限公司
石家庄盛世恒易广告有限公司
青岛勇华联琪文化传媒集团有限公司
甘肃枫华文化投资发展有限公司
台州市金石广告装饰有限公司
灵璧县艺光广告传媒有限公司
山东汉亚都都传媒股份有限公司
广东英信文化传播有限公司
台州市亨利文化创意有限公司
厦门城建市政建设管理有限公司
成都骨火文化传播有限公司
灵璧县蓝剑广告装饰有限公司
镇江市和信网络科技有限公司
武汉森众美广告有限公司
南京博尚广告传播有限公司
湖北楚南广告装饰工程有限公司
常州橙果广告有限公司
浙江鑫启瑞广告传媒有限公司
广东省大博金广告有限公司
潍坊仁泽文化传媒有限公司
江西焦聚文化发展有限公司
海阳市长河广告有限公司
青海雅雄文化旅游集团有限公司
广东尚佳文创信息科技有限公司
通化艺云广告传媒有限公司
湖北乘风建设发展有限责任公司
湖北金鸿广告股份有限公司
青岛昊美广告策划有限公司

二、媒体服务类

天津市深远广告传播有限公司
浙江六客堂文化发展有限公司
贵州今时代传媒有限公司
温州交运集团城东公交有限公司
广东力量数字传媒科技有限公司
浙江尊荣千想传媒股份有限公司
六安市聚点广告传媒有限公司
湖北交投文化传媒有限公司
北京海逸风传媒股份有限公司
安徽瑞鸿广告传媒有限责任公司
芜湖惊鸿文化传媒有限公司
广州市柯圣广告有限公司
宿州海蓝传媒有限责任公司
江苏新思维设计工程有限公司
安徽中远文化传媒有限公司
内蒙古高速广告传媒有限责任公司
北京宾臣国际传媒集团有限公司
安徽省森宇广告装饰有限公司
宝鸡市华业公交广告装饰工程有限责任公司
注意力数字互联科技（深圳）有限公司
山东航空新之航传媒有限公司
安徽中彩广告有限公司

三、设计制作类（广告）

丽水市大家广告装饰有限公司
常熟百晓生文化传媒有限责任公司
苏州正山文化传媒有限公司
盐城市大丰区盛天广告传媒有限公司
浙江安吉左右广告有限公司
武汉风驰世纪喷绘有限公司
郑州铁东阁文化传播有限公司
黔南州支点文化传媒有限责任公司
安徽优广广告有限公司
苏州九思堂文化传媒有限公司
安徽汉轩信息科技有限公司
美辰文化产业发展（广州）有限公司

苏州新浪广告传媒有限责任公司
湖州吴兴新华艺广告有限公司
湖北枫叶企业发展股份有限公司
南通印客文化科技产业发展有限公司
黄山市古徽印象文化传媒有限公司
贵州星维广告传媒有限公司
苏州米饭创意文化有限公司
南通厚道广告传媒有限公司
浙江风易广告有限公司
江苏神猫文化传播有限公司
湖州湖滨文创发展有限公司
四川海诺诚成广告有限责任公司
合肥金誉堂文化传媒有限责任公司
芜湖蓝尚广告传媒有限公司
安徽大通文化传媒有限公司
南京欧历腾广告有限公司
芜湖市丰泽广告有限公司
南京新克斯广告有限公司
芜湖光讯文化传媒有限公司
北京美景创意文化传播有限公司
江苏新能源广告传媒有限公司
济宁市点创广告有限公司
浙江众美广告有限公司
阜阳市唯冠传媒有限公司
芜湖上泰文化传媒有限公司
安徽徽真设计营造有限公司
安徽角度传媒科技有限公司
武汉越志广告有限公司
兰州弗思特广告有限公司
南京领略广告有限公司
宿州市虹桥文化传媒有限公司
济宁市七彩广告装饰工程有限公司
阜阳市合一文化传媒有限公司
烟台烽火广告有限公司
六安市乡音广告传媒有限公司
芜湖市古意文化科技有限公司
厦门金鹊广告有限公司

四、设计制作类（标识）

南昌市万维标识工程有限公司
扬州唯佳广告策划有限公司
江苏亮彩电子有限公司
武汉英奇展示设计工程有限责任公司
苏州大昶标牌有限公司
连云港市方普数字印务有限公司
山东未来空间集团有限公司
湖南嘉航文化发展有限公司
苏州圣比城市智能科技有限公司
安徽引航人广告标识有限公司
安徽依枝文化传媒有限公司
浙江思达文化发展有限公司
安徽星光标识系统有限公司
东莞市艾肯实业发展有限公司

五、数字营销类

中通服网盈科技有限公司
武汉北极光数字科技有限公司
上海月德文化传播有限公司
南通濠滨文化传媒有限公司

中国广告协会“CNAA Ⅲ”证明商标企业

一、综合服务类

黔西南州卓飞广告有限公司
宁波市奉化区华东广告装潢设计有限公司
江苏中服创意文化传媒有限公司
无锡当纳利文化传媒有限公司
湖州市众创文化传播有限公司
丹阳日报社广告公司
江西鑫宏文化传媒有限公司
北京国通联合传媒科技有限公司
黔东南州鸿森广告策划有限公司
北京旺鸿广告有限公司

二、媒体服务类

广元市公共交通有限公司
凯里安好行公共交通有限责任公司
北京视通广告有限公司
内江市雅卓广告有限公司

三、设计制作类（广告）

安吉标煜文化传媒有限公司
南通角度文化产业发展有限公司
丽水市叁国策文化传媒有限公司
黔东南州风讯传媒广告有限责任公司
江苏奇美文化传播有限公司
江苏世纪畅想文化传播有限公司
苏州睿途广告传媒有限公司
宜春公交广告有限公司
湖州巨业广告装潢有限公司
南通橙果广告有限公司
镇江市振邦广告装饰工程有限公司
贵州省毕节市闻达报业有限责任公司
宿州市新创意广告传媒有限公司
浙江广林文化传媒有限公司
湖州金乐广告装饰有限公司
北京永佳国际文化传媒有限公司
长春明轩文化传媒有限公司
济宁市红方格广告股份有限公司
抚州市明瑞广告策划有限公司
浙江玖伍文化传媒有限公司
安徽滨河景观设计有限责任公司
丽水市三能电子科技有限公司
武汉米伦文化传播有限公司

四、设计制作类（标识）

鄂州市海顺广告有限责任公司
泸州市尚力广告有限公司
南通九洲广告传媒有限公司
湖北风影广告标识有限公司
湖北壹半广告有限公司
山东水发天源水文化有限公司
安徽省宿州市视角传媒广告有限公司
金华市金佳盾广告有限公司

注：排名不分先后，以官网公告为准

广告专著与学术论文选登

Selected Advertising Monographs &Academic Papers

广告史研究的全球化与本土化

祝帅[1]

我们倡导突破以往以国别史为基础的研究框架，建立一种全新的“全球广告史”，意在提醒学界注意广告史发展过程中的普遍联系。但是，研究全球史的前提是做好本土的研究，在全球化的背景中更应该突出不同的地方经验，否则我们对于全球史观的形成与判断就容易出现偏差。对于中国的广告史研究者来说，尤其需要在一种全球化的视野和框架下进行本土化的阐述，去丰富全球广告史框架下对中国了解和阐述不足的弊端。然而，与全球化研究的理论建构热潮相比，很多时候“本土化”仅仅被视作一种口号或宣言而缺乏深入的理论探究。当今学术界对于“本土化”的理论研究，既不能够与“全球化”的热烈讨论相对应，也不能够满足各个学科对于“本土化”问题进行讨论时所必需的一般性基础理论要求，甚至已经有研究者提出所谓“本土化”其实是一个“伪问题”并引起论争。[1] 从 21 世纪初开始，笔者即开始思考中国当代平面设计和广告创作“本土化”的理论与实践问题，[2] 在对该领域现有的研究成果进行比较系统的综述过程中，笔者发现同样存在这样的一个“理论瓶颈”。如果广告研究的全球化与本土化的相关理论问题不得到解决，本土化的讨论很可能停留在非学术的层面而无法得到深化。

一、广告研究本土化的理论基础

广告研究本土土化的第一个理论依据，来自萨皮尔—沃尔夫的语言相对论对思维方式理论的启示。关于人类语言起源的问题至今为止学术界并没有形成比较可信的结论，就连人类语言起源的单一论还是多元论中的任何一种也很难得到证实或者证伪。关于《圣经·创世记》第 11 章第 1 节至 9 节中所记载的“巴别塔”的信息究竟是传说还是史实的争论或许还会持续下去，但人们至少不能够否认人类语言多样性的现实。古往今来，人们从未停止过寻找各种跨语言沟通渠道的努力，但无论是翻译学、语言哲学还是巴赫金（Mikhail Mikhailovich Bakhtin）的对话理论的努力，都不能令人信服地最终说明人类的日常语言都共享着一个共通的“元语言”及语法模式，相反却必须承认解释学在一定程度上具有极大的有效性。

美国语言人类学家萨皮尔（Edward Sapir）及其弟子沃尔夫（Benjamin Lee Whorf），在 20 世纪中叶提出了著名的“萨皮尔—沃尔夫假说（Sapir—Whorf Hypothesis）”。该假说设想，一种语言本身就已经决定了讲这种语言的人理解和把握世界的方式，即人类文化的多样性是由不同语言的结构内在、预先地规定了的。按照萨皮尔的说法：

> 人类……在很大程度上受到已成为所处社会的表达工具的那种特定语言的支配。……“现实世界”在很大程度上，是无意识地建立在群体的语言习惯上的。[3]

由于缺乏量化的支持和实证的证明，萨皮尔和沃尔

本文节选自第 28 届中国国际广告节 2021 长城奖（广告学术类）著作银奖作品，《作为学科的广告史：发展、个案及趋势》祝帅著，北京：北京大学出版社，2020.10。

[1] 北京大学新闻与传播学院，北京，100087

夫的理论至今仍然只能停留在“假说”的层面。并且，萨皮尔本人也并不相信文化和语言具有不证自明的因果联系。但是，“文化”和“思维”在语言学家萨皮尔那里是有区别的。无论如何，“语言和我们的思路不可分解地交织在一起，从某种意义上说，它们是同一回事。……两种语言从来不相同的是外表形式，因为这形式，就是我们叫作语言形态的，不多不少正是思维表达的集体艺术，一种脱尽了不相干的个人情绪的艺术”[4]。

现实在很大程度上印证着这一假说。除了萨皮尔和沃尔夫，以及其他后世语言人类学领域中的阐释者所列举的阿拉伯、爱斯基摩或霍比人等具体例证，日常生活中还有很多经验支持这种关于语言与思维方式的一致性的例证。这种现象不仅发生在不同语系的语言中间，就是在同一种语言内部（空间维度）或自身的发展演变过程中（时间维度），也能够看出语言的精确性对于思维方式变迁的影响。“语言的内容，不用说，是和文化有密切关系的。”[5] 以汉语为例，远古时期的文言与五四以来的白话已经对中国人的事物分类方式等重要思维模式发生着明显的影响。一位研究者指出，在甲骨文中表示各种各样“看”的字有超过二十个，而在《说文解字》中“视觉活动多达 105 种，分别以 150 个词来表明”[6]。但是今天的日常语言中早已没有如此细致的区分。类似的例子在一些小语种里面更加普遍。而汉语普通话的推广与应用，似乎又在很大程度上消弭着存在于不同地区方言之间的微妙差异。

用汉语举例似乎对于有关“本土化”的结论并没有什么直接的支持，反倒会使得一些人得出相反的结论。但首先需要强调的是，本土化并非特指某种固定不变的“民族性”，相反，“本土化”是一个充满变化、延异和理解过程中的解释性的动态范畴。如果不惜以某一本土内部的“同质化”为代价换取全球文化的“多样化”，那么简直是与本土化的初衷相背离的。换言之，用萨皮尔—沃尔夫假说希望说明的并不涉及“本土化”的具体界定问题，而首先应指出“差异性”存在的客观现实及其语言基础。因此在萨皮尔看来，“艺术家必须利用自己本土语言的美的资源”[7]。

萨皮尔—沃尔夫假说尽管并没有最终得到证实，但是却在后世得到了进一步的拓展。在语言相对论范式的基础上，后世的学者进一步把萨皮尔—沃尔夫假说的应用领域从语言人类学领域向整个文化传播领域推进，在此基础上逐渐形成了跨文化传播学中的思维方式理论。与萨皮尔—沃尔夫假说所处的学科环境不同的是，作为传播学的一个分支，跨文化传播学（或译为跨文化交流学）是否应该被视为一门独立的学科，不但在整个人文社会科学学术界还是在传播学研究领域内部都还存在着争论。不论如何，思维方式理论作为一种应用性的研究，尽管其具体的结论同样有待于修正和发展，但是由于它的前提——不同的民族有不同的思维方式巧妙地回避了思维方式与语言的直接因果关系是否成立这一难题，因而已经开始在传播学甚至人文社会科学界广泛接受。

在关于思维方式的研究中，东方学者的贡献尤其值得注意。日本学者中村元（Hajime Nakamura）曾撰《中国人之思维方法》一书，并系统地研究了东方各国尤其是中国思维方式中重视视觉知觉的特点。[8] 而按照中国大陆较早开始从事跨文化传播研究的学者关世杰更加简明的归纳，中国人同英美人在三个方面上存在着巨大的思维方式差异：

首先，在有关一组信息的内在联系方面，中国人偏好形象、类比、直观思维，英美人偏好概念、逻辑思维。……其次，在理解一组信息时的切入点方面，中国人喜欢综合思维，英美人喜欢分析思维。……再次，在思维过程中，在对一对概念的关系判断上，中国人注重对立面的辩证统一，美国人注重对立面的二元对立。[9]

当然，作为一种应用性理论，跨文化传播学的结论还需要从学理上进行进一步的严格推敲，才能避免“大而化之”，但同时，由于跨文化传播学并没有通过足够令人信服的实证方法回答一系列的复杂追问，诸如这种区分本身是否也是在西方思维模式影响下的“二元对立”、这种中西区别是固定不变的还是会（抑或已经）随着时间的发展而互相转化、这种区分是先天的（写入基因）还是社会性的（社会生物学解释），等等。因此，语言相对论乃至思维方式理论也给其余的理论和当前在各个不同学科中开展的本土化问题的理论研究留出了足够的空间。

第二个理论基础是福柯对“物之序”的考察及其对文化规训的反思。

比语言相对论和思维方式理论更具有现代理论色彩和思辨意义的是福柯的话语理论。福柯以监狱、精神病院等机构的起源作为其文化研究的入手点，从一个又一个微观的角度反思了现代人的话语和观念如何在权力的作用下逐渐形成霸权的过程。按照福柯的一般看法，“权力”是无处不在的，今天用以彰显地域文化特殊性的“民族性”“中国文化”“传统”等观念，无不是被权力“规训”出来用以实现其不可告人的控制力的手段，而这种规训的形成大致不会早于 19 世纪这样一个“现代性的门槛”。福柯的分析是极其有洞见的，他发现了“知识体系”与“权力”之间密不可分的关联，在某种程度上他的确从根本上推翻了所谓“人”“启蒙”“现代性”等等知识分子的阴谋。而作为一种宏观的方法论，他把自己的研究称为“知识考古学”，意在发现“知识”是如何在权力的作用下建构的，以及在“知识”的生成过程中有哪些东西像考古学的“断层”一样被知识的生产者所有意无意地忽视了。

从表面上看，福柯的理论与关于“本土化”研究的努力恰好互相反对，但这样的话很可能就停留在表面上而对福柯的理论作了简化。在我看来，至少在这样几个方面可以看出福柯的知识考古学理论与“本土化”的研究范式并不矛盾。其一，福柯的理论是“向后看”的，他更多地分析了“话语”在权力作用下的形成过程，在“知识考古学”方法的前理解的支配下，福柯以大量的精力投入微观的历史研究，尽管他的研究对象与传统的历史学有很大不同。无论如何，他和喜欢追问“之后怎样”的鲁迅不同，福柯对于对现有的知识体系进行结构之后学术何为这样的问题并没有给出理论的解答。或者可以说，晚年福柯在这方面的解答远远没有其早年的“知识考古学”一样精彩。福柯以所谓的“身体美学”反抗权力的微观政治策略并没有真正地撼动“启蒙”和现代性社会的根基，相反让人感觉到他的理论也难逃“可爱不可信”的诘难。其二，也是这里笔者将要做重点探讨的，是福柯的知识考古学方法虽然并没有从文化价值上做出任何优劣高下的主观判断，但却看到了不同文化之间“权力”起作用的方式并不尽相同，看到了对事物秩序的体认构成了某种文化自身的思想限度。

也许正是基于对于异域文化的隔膜，福柯的研究对象基本上集中在西方文化权力的发展史之中，而对其他文化类型并不像人类学家那般地关注，其研究对象的特殊性也使得他跨文化讨论一些话题的机会并不太多。在早期著作《词与物》的“前言”中，福柯通过“博尔赫斯（Jorge Luis Borges）作品中的一个段落”，追问了不同文化的“图表”（经验秩序）对于事物组织方式的影响。福柯认为：文化的基本代码（那些控制了其语言、知觉框架、交流、技艺、价值、时间等级的代码），从一开始，就为每个人确定了经验秩序，……[10]

如果说这种经验秩序还是在社会学的意义上确立的话，那么福柯还敏锐地意识到在文化的内部还存在着一个巨大的“中间地带”，由于这种文化代码并不是与生俱来的，而是在后天形成，所以这个中间地带很容易引起福柯展开理论思辨的兴趣。福柯认为，这一“中间地带”的作用就是保证这种经验秩序的确定性，这是一个关于“秩序存在方式的经验”的巨大权力场。它在 16 世纪以降得到了前所未有的发展，而自己的任务正是揭示在经验秩序形成和强化的过程中在多大程度上受到了它的影响。这样，福柯的工作就和此后逐渐明确的“知识考古学”联系在了一起。

在福柯分析的基础上，我们至少从空间和时间两个角度“反其意而用之”，进行本土化的探究是可能的。

一方面，如同福柯所作的那样，借助一种异族文化的经验对于看清知识形成过程中权力所起到的作用，特别是辨认出那些处于“断层”而被遗忘的文化因素时，首先应该是极其重要的参照系。这里，尽管福柯及其所援引的博尔赫斯对于中国的判断似乎有些“东方主义式”的妖魔化，但这个判断的基本事实是否属实无关紧要，关键在于它指出了不同文化“图表”的巨大差异这一现实，并在此基础上指出了本民族文化的思想边界。这个过程的关键在于对本民族文化之外的东西加以发现和保留而不是以此代彼。而对于异域文化图表形成过程中自身的问题以及不同文化图表的沟通是否是必需的等问题，福柯的著作并中没有进行回答，但他的贡献在于指出这一现实并把自己的研究领域限定于西方的话语。在福柯这样反对“启蒙”所提供的一致性宏大话语的思想家看来，无论是就人文科学还是社会科学层面而言，面对不同的社会环境和历史资源，不同的文化也有必要根据自身不同的“图表”或更广泛意义上的“认识型”对于现代社会问题作出不同的反应。

另一方面，福柯对于“中间地带”的分析有助于看清“文化”建构的过程中的风险与遮蔽。甚至可以说，一切试图用几个简单的词汇对于某种文化进行把握的努力都是充满危险的，在这种把握的过程中，往往是“权力”而不是知识自身塑造了“知识”的话语。这一时间的差异性因素在福柯之后的社会科学界得到了广泛的继承，英国哲学家霍布斯鲍姆（Eric Hobsbawm）曾经主编过《传统的发明》一书，[11] 指出今天很多称作是“传统”的东西，实际上仅仅是近代以来的产物，他所列出的种种案例是发人深省的。许多中国学者也发现，所谓“国学”“国画”等被认为是中国传统学术的学科，本身不过是 20 世纪以来被西方文明的“图表”所规训出来的产物。“本土化”的研究无论如何不能认同于这种把历史文化固定规训后的所谓“民族”和“传统”。这样的努力的确与中国学术史上的疑古学派有些类似，但不同于古史辨派的对于具体史实的怀疑与重建。相对而言，古史辨派的学者是历史学家中的哲人，而福柯则是哲学家中的历史爱好者。福柯的努力不同于古史辨派的最大一点，在我看来可能是福柯对于“正史”的挑战是基于一种更为宏大的历史哲学（这似乎也是福柯不可避免的内在矛盾），旨在发现正史构建过程中的断层，并“把种种裂缝、不稳定性、空隙还给我们沉寂、天然的土地”，以至于让它“再次在我们脚下显得不安”。[12]

第三个理论基础来自比较文学的文化特殊主义范式。

20 世纪以来，由于受到文化人类学家田野调查工作的兴起与研究成果的陆续发表，在文化研究领域也逐渐形成了“特殊主义”和“普遍主义”两种截然不同的理论范式。对此，比较文学和比较文化研究领域的学者有积极的反应。这是因为在全球化时代的文化研究中，比较文学和比较文化研究在知识体系中扮演着越来越重要的角色。也许这一点在当今中国的大学和研究生院中的体现还并不是很明显，但在许多发达国家的大学中，“比较文学”学科的招生规模很可能已经超过了传统的文史学科。这是因为在学科交融的时代，“比较”作为一种学术思维方式具有面向整个人类文化的开放性和包容性，至少在某种程度上，无论是否支持文化的多样性，都可以囊括在比较文学的理论范式下加以讨论。

由于比较文学研究自身的学科建设并不算是成熟，使得一些基本的学科理论问题并没有得到很好地解决，对于“特殊主义”和“普遍主义”也往往缺乏严格意义上的理论辨析。但通过各自的一些代表著作可以看出，我们所讨论的“特殊主义”和“普遍主义”，都是在一种无本位的比较思维方式的基础上提出来的。换句话说，狭隘的宗教激进主义民族情结或者西方中心主义都不包含在我们的理论视野之内。无论是特殊主义的代表人物本杰明·史华兹（Benjamin Schwartz）所指出的：“促使我写作本书的是这样一种信念：超越了语言、历史和文化以及福柯所说‘话语’障碍的比较思想研究是可能的。这种信念相信：人类经验共有同一个世界。”“尽管人类还存在着由各种更大的文化取向所造出的迄今未受质疑的差距，但在这个层面上，人们又再次找到了建立普遍人类话语的可能希望”[13]，还是普遍主义者葛瑞汉（Angus Charles Graham）用西方哲学的范畴把握“古代中国哲学论辩”[14] 的努力，其实都建立在对于中国思想或曰中国哲学的“同情之理解”之上。特殊主义者自不待言，普遍主义者在某种意义上也往往是旨在在发达国家传播第三世界国家的思想文化，并企图促成一种“对话”式的比较研究。

但有所不同的是，特殊主义者更希望把握到的是中国文化不同于西方文化的一些更加本质的范畴乃至分类方式，试图在“最大公约数”而不是“最小公倍数”的基础上寻求跨文明对话的可能。无疑这是更有难度，但却在更加本真的意义上体现“无本位的比较之思”（刘东教授语）的方式。既然是“知其不可而为之”，那么自然在理论上要受到更多的诘难。诸如：“文化特殊主义”如何协调解决文化沟通的问题？是否忽略了一文明内部历时性的演进或是中国文明内部不同地区间的差别？等等。

按照一些人的理解，强化差异的研究必然导致中西文化无法沟通的结论。但在我的理解中，无论是比较文学还是“文化类型学”的研究，寻找差异性、特殊性的目的恰恰是为了整个人类文化的多元化发展，为了促进世界文明之间的对话。换句话说，这些种种寻找差异性的努力，恰恰是以肯定了存在着某种值得（或者需要）做多元化理解的共同的东西为前提的。在这个阶段之后，比较文学研究者还有着借此促进人类对话的宏大心愿。此外，“相对主义”这样的提法本身也说明了文化成果的相对性，即首先反对西方文明的霸权，但强调差异也不是为了突出此一文化传统较之其他文明的优越性，而是为“多元并存”的局面保守出某种可能，不用任何一种文明内部的标准轻易做等级判断。

文化特殊主义并没有关闭或放弃任何借鉴与学习的机会，但这种借鉴和学习的发生效果总是有其一定的范围的，我们并不能够因为“异”的客观存在，就取消或放弃一切用语言来描述或把握整体的可能。与此相联系，特殊主义者们不仅仅意识到了各个国家间的特殊，也意识到了各个洲际、民族、地区、城市乃至更小的区域之间的“特殊”，即某一国文明内部的不同是与此同时已经得到接受和承认的事情。但这种种内在的矛盾和张力，又是从属在一个的复杂系统“范式”之下的。

因此笔者倾向于认为，在当今全球化的现实之下，当务之急是加强在把握“当代中国”这一整体意义上的本土化理论问题的研究。一个比较理想的方案是，在相关理论研究建立并完善的前提下，进一步细分为不同的地域性本土化研究，但万不可本末倒置，抑制理论生长的必要性与可能性。在这方面，比较文学研究更多地从研究案例中给相关学科的研究者以启发，但是如何从理论上概括和把握特殊主义与普遍主义之争，还是留给比较文学学术史研究者的一个有应用价值的研究课题。

二、西方广告学领域关于本土化的实践

“全球化”无疑是当代学术中的一门显学。近年来，无论是法学、社会学、人类学、政治学、经济学、传播学还是传统的人文学科各个领域，都有越来越多的中国学者加入全球化理论建构的运动中来，并取得了一些具有相当深度的成果。尤其是受历史学界“全球史”兴起的影响，“全球广告史”或曰“跨文化广告史”的写作在海内外广告史研究领域渐成学术热点。与此形成有趣对照的是，在广告业界和学界，“本土化”的问题从理论到实践也开始备受关注，有关中国元素、中国国家形象传播和国家品牌，中国设计研究主体性的崛起，广告产业发展中国模式的理论建构以及“东方设计学”等问题的讨论也方兴未艾。一边是“全球化”，另一边是“本土化”，从表面上看似乎是一组矛盾。那么，当前的广告史研究，究竟正在走向“全球史”还是“本土化”？二者是否截然对立？

对于这个问题，以上笔者初步概要综述了“本土化”研究的理论范式，力图证明“本土化”是与“全球化”并存的另一种广告史观。当然这几种范式的共同特点在于都是从各自所处学科内部对于“本土化”问题的一种尝试性回答，而并没有超越性地形成一种具有普遍解释力的宏观理论，能够达到像马克思的“世界文学”、福山（Francis Fukuyama）的历史终结论或吉登斯（Anthony Giddens）、鲍曼（Zygmunt Bauman）等人的现代性社会理论对于“全球化”所进行的理论建构作用。因而，对于本土化理论的进一步提炼，还需要更多自觉地研究成果。另一方面，以上所概括的几种理论范式，对于学术界现有的本土化理论思考来说具有比较典型的概括性，因而笔者相信对其进行综述能够在比较充分地反映整个学术界研究现状的前提下，比较全面地概括了本土化研究的一成立的理论基础，为进一步的研究积累了必要的理论资源。

在广告学的相关研究领域中，其实学者们在这个问题上也已开始展开理论和应用方面的独到探索。广告学领域的学者首先在全球不同的地域市场中发现文化的隔阂成为跨国公司在全球营销活动中的一个无法回避的障碍。多年来，因“文化失误”而造成产品和品牌形象危机的例子不胜枚举：瑞典家具零售商“宜家家居（IKEA）”在丹麦上市后却发现其识别系统中的蓝、黄二色在丹麦引起了当地居民的强烈民族仇恨；而著名的啤酒制造商嘉士伯（Carlsberg）不得不在非洲更改商标，仅仅是因

为其两头大象的商标在非洲是厄运的象征。[15] 让笔者想起的一个同样与大象有关的例子中国的老字号电池品牌"白象（White Elephant）"，这个词在英文中竟然是"蠢东西"的俚俗说法。可以说，这种贸然在其他地域上市而引发的文化上的失误，有可能会造成比简单的因为语言而造成的文化隔阂更为严重的后果——它甚至会伤害到一个品牌的文化和价值。

更有甚者，近年来由于文化失误而产生争议的广告以及由此造成的民族和政治问题也一再成为社会关注的焦点。近来在中国的市场上，耐克和丰田公司的两则广告曾先后受到质疑或被禁播：一位脚穿耐克运动鞋的美国 MBA 球员打败了象征中国功夫形象的老者；而在由盛世长城公司创意代理的一则丰田陆虎平面广告中，象征中国的权势与威严的狮子在丰田陆虎汽车面前摆出了"俯首称臣"的姿势，这样的广告被认为是伤害了中国人的民族自尊心，而这么严重的后果恐怕都是国际 4A 公司的创意部门事先所没有想到的。

事实上，广告和营销界的学者、实务人员目前已经对文化的差异性有越来越明确的认识，并进行了多方面的思考。在业界，也产生了类似于比较文学中"特殊主义"与"普遍主义"的争论。一些人认为，在全球品牌的建立和营销推广过程中，应该寻求全球市场中的一种共通的、一致的形象，在不同的地区只需要更换一下文字均可以畅通无阻，而形象本身要求简单、识别性较强的图形即可，比如肯德基的老者形象和麦当劳的"金色拱形门"。"在这些情况下，经理们相信品牌信息可以在全球采用标准化。"[16] 但是更多的企业和营销人员则发现，寻求这种"标准化"的过程并非如此简单，即便是存在这样一种标准化的形象，其广告本身往往要么难以担负起文化使者的重任，要么则容易受到来自"文化帝国主义"者们的严厉攻击。最近的一项调查甚至指出，对于相当一部分商品，"惊人的证据表明，基于全球范围的消费者 / 市场的同质性是根本不存在的"[17]。因此多数的营销学者倾向于认为，"本土化"的营销策略将是整合营销传播过程中所无法回避和忽视的一个重要问题。

在这样的认识论基础之上，营销和广告学者从理论上确认了文化和价值观存在着差异性，这种差异性不仅仅存在于民族与民族之间、国家与国家之间，甚至也存在于一个国家或民族内部的不同地域之间。在参考借鉴社会学、心理学学者研究的基础上，这种文化的差异性可以用社会心理学调查实验研究中的"量表"的形式量化地表示出来，世界各个地区的文化差异可以用几个不同的层级来表示出来。在这一范式下，霍尔（Edward Twitchell Hall Jr.）的"高关联性和低关联性"研究，以及"霍夫斯塔德维度"，都构成了评估国际品牌信息时的有效分析手段。[18]

但是，广告和营销学的研究仅仅是在宏观上为我们提供了一种认识框架，仅从"文化维度"的角度，不可能参透不同民族文化的深层特质，更无法完成全球文化多样性"输出"和沟通的历史重任。仅从"集体主义""高关联性"等角度定义中国文化和中国人民族心理特质的做法，虽然不能说不正确，但至少是过于简单化甚至有些"东方主义"式的。为此，广告学领域的学者还必须借鉴设计学的相关成果，从人文学科的角度作出进一步的深入研究和实践。与此同时，也要结合中国的广告、设计实践讨论本土化研究的现实意义。

三、中国广告主体性的建构

接下来，本节拟结合中国广告和设计创作的实际，对于本土化的问题来展开实践中的阐述，探讨中国广告主体性的建构。广告学作为营销组合中的一种手段，在本质上属于社会科学，其终极目标指向的是商品（或服务）的推销；而与此同时，作为当代视觉文化和创意产业的一个重要门类，广告也势必更多地担负起艺术继承与文化传播的重任。因此，以往广告学对于地域化的理解，更多地体现在对于目标销售市场地域文化的探求和把握，而现在还应该吸收设计学的某些经验，在已有研究基础上，侧重于思考本土传统文化输出、沟通和创造性转化的重要战略问题。在这一方面，中国广告学研究和广告教育者更应承担起研究、输出中国文化和思考中国本土广告发展的使命。正因此，近年来，设计界和广告界不约而同地提出了中国广告和中国设计的主体性问题和自主性发展的理论与实践。

本节以文化和旅游部主办的"中国设计大展"为

例展开分析，这个起源于2011年的大展被理论界评价为中国设计主体性崛起的一个标志，其成败得失也值得广告领域借鉴。2019年1月11日，改革开放40周年之际，第三届中国设计大展在深圳拉开帷幕。这一国家级设计大展迄今已经举办了三届，尽管每届都有不同的主题和策展风格，但在当代中国设计史上观察，相比较以往设计界的诸多展览，这一大展有两个突出的亮点。其一，是政府主办。以往中国设计界的展览，多由民间基金会、行业组织或者设计院校来组织，其对行业的号召力毕竟有限，而中国设计大展则以文化和旅游部（原文化部）联合广东省人民政府主办，这在很大程度上可以对全国的资源实现整合，也是设计受到国家重视的一个重要标志。其二，是明确提出“中国设计”的理念。“中国设计”与以往民间所提的“平面设计在中国”等展览名称有根本的差别，也突破了以往对于平面、环艺、广告等具体设计门类的限定，它标志着中国设计主体性在一个整体意义上的崛起。笔者有幸于首届中国设计大展时参与策展及论坛的工作，2013年还在《美术观察》杂志主持策划“中国设计主体性的崛起”选题，而今经过三届展览，随着中国设计大展的办展机制不断成熟，中国设计主体性的理论与实践也在积累中不断建构。无独有偶，在学术界，有关“东方设计学”的理论与实践也形成了新的热点。2018年，由中国美术学院吴海燕教授主持的“东方设计学理论研究建构”获批为国家社科基金艺术学重大招标项目。与第三届中国设计大展同期，笔者正在中国美术学院参加此次重大项目子课题的研讨与论证会。笔者认为，这都是一些东方尤其是中国向国际设计界发出的积极的信号。这些努力的初衷都非常好，即随着综合国力和设计产业的发展，已经有越来越多的设计界同仁开始意识到，中国应该带着自身的主体性，以鲜明的中国特色、东方叙述，加入国际设计的话语场。

笔者本人一直倡导中国广告本土化的发展和主体性的建构，早在2004年起，即曾在中央美术学院设计学院开设本科课程《平面设计的本土化探索》，并于2008年出版为《中国文化与中国设计十讲》一书。该书主要内容包括中国古代设计思想整理、晚清民国西学东渐与中国设计主体性的论述和当代设计批评三方面。在广告界，2006年中国广告协会主办了首届“中国元素国际创意大赛”。可以说近十余年来，中国广告和设计在服务国计民生、推动社会创新方面扮演了越来越重要角色的同时，也不断体现出国际化的发展趋势，并且在与西方对话的过程中开始建立起自身的主体性。在国际设计舞台上，中国的平面设计、产品设计、建筑设计、服装设计等传统设计门类在国际舞台上越来越有底气，而在一些新兴的设计领域中，如程序化创意、信息设计、设计产业、服务设计等，有些方面甚至还引领了世界的潮流。中国设计快速发展的经验已备受世界瞩目，也应该及时对其经验加以理论的总结和研究。

不宁唯是。从学术本身发展的角度来说，近年来，“全球史观”也渐次在各个领域浮出水面，在西方，已经出现了多部题为“全球设计史”或“全球广告史”的大部头著作。[19]可以看出，突破西方中心主义的做法，是西方、东方学者共同致力于努力的方向。其实从理论上说，“全球史学”所代表的方向，与“东方设计”的提法，属于不同的学术范式。无疑，“中国设计”“东方设计”的提法，表明的是一种文化学上的特殊主义立场。但相对于文化特殊主义的“东方设计”“东方学”“全球史学”反对的是那种把东方看作“他者”“异文化”的文化怪兽的做法（如同赛义德〔Edward W.Said〕在《东方学》中所表述的那样），主张东方和西方是在同一个舞台上进行平等的对话。英国中国艺术史学者柯律格（Craig Clunas），就是在这个意义上坚持强调自己“艺术史家”而非“汉学家”的定位。[20]这种全球史观相对于以往忽略东方的西方中心主义来说固然有纠偏的意义，但需要看到的是，目前的全球设计史、全球广告史的叙述中，其中对于东方还是浅尝辄止的，特别是对于中国的解释还停留在起步的阶段，还是西方的附庸。在这种对中国、对东方研究还很不够的特殊历史阶段，适当以特殊主义的立场对东方、对中国广告史和设计史进行本体论式的专门研究，作为一种阶段性的立场，应该是东西方学者都应该及时补上的一课，目的是为了丰富和补充全球设计的话语场。这是一种阶段性的研究，换言之，提出带有特殊主义色彩的东方设计、中国设计，只是一种手段、一种方法，而不是一种本位、一种目的，其最终目标，应是为构建人类命运共同体贡献出中国乃至整个东方的设计文化、设计智慧。

只是相对于蓬勃发展的中国当代广告实践，有关中国广告主体性崛起的理论建构的研究还显得很不够。习近平总书记指出：“这是一个需要理论而且一定能够产生理论的时代，这是一个需要思想而且一定能够产生思想的时代。”在实践和产业领域中，中国广告主体性的崛起已经是一个既成的事实，但若想把这一行业热点趋势长期保持和推动下去，就需要及时进行理论上的总结和研究，实现道路自信、理论自信、制度自信和文化自信。具体到对东方设计学、中国广告主体性建构的研究中，尤其需要处理好理论和实践关系的问题。作为应用学科，设计理论需要关注实际、引领未来。在处理是东方与中国的关系问题方面，不妨参考国际关系、区域研究等领域的权威论述，首先对“东方”进行界定，并适当借鉴社会科学研究中的“抽样”方法，选择有代表性的民族、文化作为案例展开研究，从理论上建构东方设计的理论体系。在关注一般的同时，要落地于个别，即以中国广告为个案进行理论归纳，深入研究中国广告主体性的理论建构，阐释中国广告主体性的崛起之路。

结语

随着当代学术的最新进展，在学术界尤其是社会科学领域关于“本土化”问题的理论探讨也在持续深入。近年来中国广告学界先后出版了一系列针对中国本土问题的研究成果，各广告院校在本科教学中也开出或即将开出一系列课程探讨传统语言在现代广告中的转换与应用。这些努力都已经逐渐超越了关于本土化研究是否一个“伪问题”的理论思辨，体现出逐渐深化的现实意义。我们也期待着更多从不同学科角度提出的新的理论思路，使各个实践类学科“本土化”研究从理论上都能够进一步取得突破，进而尽快结束关于“本土化”的论争，让中国乃至东方的本土化成为国际广告和设计话语场的必要组成部分，提出中国问题，建立中国学派，加入世界对话，最终形成全球共识，为未来中国广告史高举主体性进入全球广告史体系打下坚实的基础。

（作者简介：祝帅，全国青联委员，北京大学现代广告研究所所长，新闻与传播学院研究员、博士生导师，中国广告协会学术委员会委员，中国新闻史学会博物馆与史志传播专业委员会副会长。）

【参考文献】

[1] 陈刚 .《跨国与本土：“伪问题”的现实意义——兼谈本土广告公司的发展机会》《广告大观·综合版》，2007 年第 3 期 .

[2] 祝帅 .《中国文化与中国设计十讲》，北京：中国电力出版社，2008 年 .

[3] 转引自 [美] 威尔伯·施拉姆、威廉·波特 .《传播学概论》. 陈亮、周立方、李启译，北京：新华出版社，1984 年 .

[4] [美] 爱德华·萨皮尔 .《语言论》，陆卓元译，陆志韦校订，北京：商务印书馆，1985 年，第 195 页 .

[5] [美] 爱德华·萨皮尔 .《语言论》，陆卓元译，陆志韦校订，北京：商务印书馆，1985 年，第 196 页 .

[6] 龚鹏程 .《文化符号学导论》，北京大学出版社，2005 年，第 22 页 .

[7] [美] 爱德华·萨皮尔 .《语言论》，陆卓元译，陆志韦校订，北京：商务印书馆，1985 年，第 202 页 .

[8] 参见 [日] 中村元 .《中国人之思维方法》，徐复观译，台北：台湾学生书局，1992 年 .

[9] 关世杰 .《跨文化交流学》，北京大学出版社，1995 年，第 94—148 页 .

[10] [法] 福柯 .《词与物》，莫伟民译，上海三联书店，2001 年，第 8 页 .

[11] 参见 [英] 霍布斯鲍姆 .《传统的发明》，南京：译林出版社，2003 年 .

[12] [法] 福柯 .《词与物》，莫伟民译，上海三联书店，2001 年，第 14 页，译文根据汉语表述习惯稍有改动 .

[13] [美] 史华兹 .《古代中国的思想世界》，程钢译，刘东校，南京：江苏人民出版社，2004 年，第 12、13 页 .

[14] 参见 [英] 葛瑞汉 .《论道者——中国古代哲学论辩》，张海晏译，北京：中国社会科学出版社，2003 年 .

[15] 资料来源：[美] 邓肯 .《整合营销传播——利用广告和促销建树品牌》，周洁如译，程坪校，北京：中国财政经济出版社，2004 年，第 671—672 页；更多的亚洲例子参见［美］菲利普·科特勒等《营销管理（亚洲版第 3 版）》，梅清豪等译，北京：中国人民大学出版社，2005 年 .

[16] [美] 邓肯 .《整合营销传播——利用广告和促销建树品牌》，周洁如译，程坪校，北京：中国财政经济出版社，2004 年，第 665 页 .

[17] [美] 邓肯 .《整合营销传播——利用广告和促销建树品牌》，周洁如译，程坪校，北京：中国财政经济出版社，2004 年，第 666 页 .

[18] 参见 [美] 邓肯 .《整合营销传播——利用广告和促销建树品牌》，周洁如译，程坪校，北京：中国财政经济出版社，2004 年，第 667—670 页 .

[19] 如 Mark Tungate, Adland: A Global History of Advertising, Kogan Page, 2013; Ching, Frank, Jarzombek, Mark M., Prakash, Vikramaditya, A Global History of Architecture, John Wiley & Sons, 2007; Victor Margolin, World History of Design, Bloomsbury Academic, 2015 等 .

[20] 祝帅 .《特殊主义的汉学，还是普遍主义的美术史？——反思西方中国美术史学者的文化立场》《美术观察》，2016 年第 2 期 .

竖视频广告效果：分析框架与测量指标

喻国明[1] 杨嘉仪[2] 曹楚[3]

| 摘　　要 | 竖视频广告是当前移动端广告营销新近出现并引起业界关注的一种广告形式。本文从受众认知与信息加工的视角出发，提出竖视频广告的"认知—态度—行动"作用机制，并结合广告效果相关理论与过往研究，厘清可能对竖视频广告效果产生影响的三个关键自变量：内容、场景、受众，并根据以往文献中有关自变量与因变量间关系的结论，搭建竖视频广告的分析框架。最终结合认知神经科学的方法，总结测量认知、态度与行动三类因变量的研究方法与测量指标，并以一个眼动实验验证竖视频广告内容中的代言人变量与广告注意效果间的关系，部分证明了效果研究分析框架设想的可行性。

| 关 键 词 | 竖视频；广告效果；测量指标

研究缘起

移动互联时代，手机是网民上网最主要的工具。第 44 次《中国互联网络发展状况统计报告》显示，截至 2019 年 12 月底，中国网民中使用手机上网的比例比例高达 99.1%。[1] 手机的便携性是其获得网民青睐的重要原因之一。入睡前、用餐时、通勤路上，网民随时随地皆可用手机上网。因此广告营销人员认为，手机搭载的广告更能匹配受众的特定消费场景，从而获得更好的广告传播效果。目前移动端广告市场份额在网络广告市场规模中的占比高达 70%[2]，这其中大部分便是手机端广告。

竖视频广告是新近出现的一种特殊的手机端广告，即以竖屏的比例与方向制作的广告。受众在竖向握持手机时可以单手完成操作，因此有学者认为类似抖音、快手、微博故事等短视频平台生产传播的竖向视频更贴合移动设备的功能可供性与用户的握持习惯，这种对屏幕进行最大化利用的视频形式能够为受众带来更多的生动性与在场感，从而增强传播效果[3]。且竖视频主体突出，弱化了画面中的无关信息，更能吸引受众注意力[4]。竖视频的传播特点是否影响了竖视频广告的传播效果尚未可知，但当前竖视频广告已获得较好的投放反馈。根据国内短视频平台抖音的统计，竖视频广告播放完成率比横屏视频广告高 9 倍，视觉注意力要高出 2 倍。同时，竖屏广告点击率比横版高 1.44 倍，互动效果提升 41%[5]。大量专为竖屏使用场景制作的竖视频广告正被投放到各类短视频信息流广告位、客户端开屏、直播广告等渠道，成为移动端广告营销的新趋势。

当前学界对竖视频广告的相关研究尚处于滞后阶段。

本文选自第 28 届中国国际广告节 2021 长城奖（广告学术类）论文银奖作品。

[1 2 3] 北京师范大学新闻传播学院，北京，100091

目前关于竖视频的研究主要集中于对竖视频所做的特征总结[6]，或是对某一类竖视频内容进行讨论，比如对竖视频新闻效果[7]、竖视频访谈节目特征[8]的研究等。竖视频广告的相关研究则更少，大多是业界根据自身平台数据进行的总结性报告，学界尚无针对竖视频广告传播效果的相关讨论。竖视频广告的“竖”如何影响广告传播效果，哪些因素可能影响竖视频广告效果？本文在以受众认知的视角出发探索竖视频广告传播效果机制的基础上，结合广告效果相关理论与过往研究，梳理可能对竖视频广告效果产生影响的重要变量，尝试搭建竖视频广告效果研究的框架，最后整理出适用的研究方法与测量指标，以期为后续研究提供参考。

理论基础：视频呈现方向影响广告信息加工全程

理解竖视频广告的作用机制是研究竖视频广告效果的基础。在以往广告学或消费行为学的研究中，通常是以总结消费者或受众从广告接触、理解到行动的过程来理解广告的作用机制。例如以 Attention（注意）—Interest（兴趣）—Desire（欲望）—Memory（记忆）—Action（行动）为核心的 AIDMA 消费者行为模式[9]，将 Memory（记忆）替换为 Conviction（相信）的 AIDCA 模式[10]，又或是电通公司提出的 AISAS 模型等[11]，都是沿着“认知信息—形成自身态度与评价—做出行动”的这一核心思路进行探讨的。

这样的广告效果产生机制也可以信息加工范式（information-processing approach）进行解释。广告内容作为一种信息被一序列加工系统（如注意、知觉、短时记忆）所加工，在这其中存在由输入刺激（如广告元素）引起的自下而上加工（bottom-up processing）以及受个体既有经验和期望影响的自上而下加工（top—down processing）[12]。信息加工到行动的过程本身极其复杂，但根据受众从接触周围信息到做出自身决定，需要“认知—态度—行动”三个步骤[13]。包含竖视频广告在内的各类广告信息在传播时，可能也需要经历“被受众所认知—形成积极态度—态度驱动行动”这样的过程，才能获得较好的传播效果。在这一过程中，信息说服效果的影响因素较多。由于广告视频的竖向或横向呈现改变了受众接触到的信息形态，受众消费竖视频广告的场景也有所差异，因此在各环节中，广告视频的方向均可能会对广告效果产生影响。

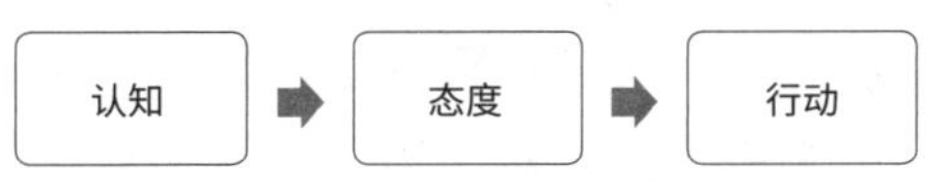

图 1 竖视频广告作用机制的三个环节

（一）认知阶段：视觉呈现差异影响信息的载入

消费者与广告信息接触的初始，主要是通过视觉、听觉等知觉（perception）对信息进行提取，再由大脑进行后期的信息认知加工。在这一环节，广告信息首先引起消费者注意（attention），再让消费者产生对信息的记忆（memory）。

注意是信息的入口，它与消费者兴趣的提升有密切关系[14]。广告注意是受众心理或意识活动对广告的指向与集中，当受众对广告信息的注意度较高时，其认知资源会被重新分配以加强对信息的收集和加工，与之相关的意义就会被从中提取[15]。记忆是信息的容器，受众在注意到广告信息后立即开始对信息进行编码加工，被注意到的广告信息经过受众大脑加工后被存储于记忆中，加工水平的深浅与被加工信息的选择都与注意密切相关。经过深层加工的信息将储存于长时记忆中，若与其他信息（如日常生活中的信息）呈现相关性，这一系列关联内容将更容易被大脑重新提取，用于形成对信息本身的认知态度与结论[16]。因此在认知阶段，注意和记忆效果是评价广告效果起效的重要指标。

竖视频广告信息的视觉呈现与横视频广告存在明显差异。一方面是视觉元素的差异，由于画面方向的不同，竖视频广告中动态图像的排列位置、活动路线与横视频会有明显不同；另一方面是视觉交互性的差异，以横视频呈现风景更有身临其境之感，以竖视频呈现人像似乎更让人有“在场”的感受[17]。因此即使是相同的内容元素的横视频与竖视频，受众接触信息时的注意度与观看后的记忆度也可能受上述因素的影响而有所不同，即视频方向可能对广告信息认知效果产生影响。

（二）态度形成：交互场景特征影响决定生成

态度是大脑和行为协调变化的一种反应[18]，是决定广告效果的关键因素之一。可以说，认知是态度形成的基础，而态度是决定行动的参照。对广告信息的态度包含对广告的信任、情感以及行为倾向，其形成与改变可能遵循多种模式，如精细加工可能性模型等[19]，受众的既有经验、对广告内容的情感体验等都会影响到最终的态度[20]。态度的偏向决定了行动的方向，受众对广告和品牌的态度越积极，购买意愿也就越强。因此营销届在做广告活动后效果统计或品牌宣传效果评估时，都将受众对广告和品牌的态度视为衡量广告效果的重要标准[21]。

无论是横视频广告还是竖视频广告，只要是同一产品，面向的目标受众群体都是相同的，因此受众既有经验等变量对受众广告态度对影响不会有太大差异。但在态度的形成上，横竖视频的细微差别可能使受众对广告内容产生不同的态度。第一，面对具有同样购买欲望的受众，若竖视频广告在其进行竖向握持的媒介消费时出现，这种顺其自然的广告呈现方式无须消费者翻转手机即可观看。如果上下文内容衔接自然、顺畅，不易引起受众反感，广告观看的完成率会更高，广告也更容易达到效果；第二，由于竖向握持可以轻松对视频广告作出“跳过”或“点击了解详情”的行动，受众的控制感更强，操作更为顺畅，反而能缩短态度形成的时间，增加类似“冲动购买”行为发生的概率，促进行动的实施。

（三）行动实施：渠道特征影响传播效果

这里的行动包含两层含义。其一，广告主投放广告的最终目的是提升品牌形象或促进商品销售，也就是受众受广告影响后购买了商品，此类行动是评价广告效果的终极指标；其二，对于竖视频广告来说，“行动”并不仅限于购买行为，对广告本身的行为反应也是竖视频广告效果的一部分。

在传统媒介时代，对于广告后消费行为的统计存在一定的滞后性，且这种统计仅局限于对某种产品销售额等进行计算。因此大多数对广告效果的测量只将行动视为测量结果的佐证。但由于竖视频广告投放的渠道大多是开屏、朋友圈信息流或短视频 App，这些平台社交属性很强，受众对广告本身进行点赞、评论，或是点入链接进行购买，都会直接影响到广告在同类特质群体中出现的概率，这样的公开评价行为可能会影响网友对广告内容的注意、记忆与态度形成[22]。投放时会通过算法对受众进行分析后再进行精准投放也可以增加广告信息与个人的相关性，减少了广告怀疑[23]。因此在社交媒介时代，受众对竖视频广告做出的行动与最终广告效果关系密切，受众对于广告本身做出的行动将反过来进一步影响广告传播的效果，行动也是竖视频广告效果作用机制中的重要环节。

综上，受众对竖视频广告的反应包含认知、态度、行动三个环节，这一过程不是线性的，三个环节之间、甚至是不同个体在同一环节的反应都会产生相互影响。对竖视频广告效果影响变量的讨论应当围绕这一作用过程展开，梳理能够对三个环节产生影响的变量作为自变量，以注意、记忆、态度、行动方面的效果体现作为因变量，即具体的广告效果测量指标。

竖视频广告效果研究的框架：对自变量的梳理

影响广告效果的因素很多，学界业界多年来对此进行深入分析，已渐成体系。虽然尚无竖视频广告影响因素的相关研究，但由于同是手机端视频广告，竖视频广告与横视频广告效果的部分影响变量应具有一定的共性。一些不因视频方向横竖而改变的变量，对横竖视频广告效果的影响是基本相同的。例如广告主的知名度、类型等，在横竖视频广告中体现时并不会有太大差异；还有受众既有的心理方面的特征，如购买意向、产品期望等，并不因横竖视频形式的改变而发生变化。竖视频广告与横视频广告效果产生差异，最主要影响因素来自广告内容与形式特征（内容层面）、投放的线上线下场景（场景层面）以及受众的接触特征（受众层面），本研究仅对以上三类重要变量进行重点探讨，梳理后的关键变量及其在横竖视频广告中的具体差异如表 1 所示。

表 1 竖视频广告效果研究的关键自变量

一级指标	二级指标	三级指标	竖视频广告	横视频广告
内容层面	视觉元素	物理特征	视觉元素为窄长型布局，运动画面速度感强，窄画面适合展现人像	宽画幅适合展现风景与大场面
		信息量		
		代言人		
	交互性	掌控感	屏幕利用程度高，单手握持方便互动，竖向视频符合手机视频通话习惯提升在场感	宽视野带来更好的沉浸感
		在场感		
场景层面	线上场景	投放渠道特征	受众使用度较高的社交媒体、短视频软件中穿插广告观看更方便，流畅的投放语境让行动顺理成章	更适合横向握持进行媒介消费时的广告位，如游戏或电视剧
		社交属性		
		上下文语境		
	线下场景	触发时间	受众竖向使用手机频率更高，LBS 或强相关性线下场景的广告投放易获得反馈	可投放具体场景较少，需受众在日常使用中翻转手机才能观看
		触发位置		
受众层面	接触特征	动机	较高的参与度影响认知、态度与最终行动	需将手机转向才能观看，有被打断感，影响认知路径选择
		参与度		
		卷入度		

（一）内容层面

1. 视觉元素。广告视觉元素包含广告的视觉语言、色彩、构图等多个要素，过去已有大量研究证明这些外源性因素会影响广告传播效果。例如动态广告更能吸引受众注意[24]，使用符合受众喜好的广告代言人会对广告效果产生积极影响[25]等。相较于横视频广告，画面较为窄长的竖视频广告更适合展现某些元素，例如竖向的人像或是纵深感的变化，在竖视频中呈现时包含更多的信息量，生动性更强[26]，能够带来与横视频不同的感官体验。因此竖视频广告特殊的内容布局与视觉元素组合、更富细节信息量的人像画面可能是造成横竖视频广告效果产生差异的原因，详细比较讨论横竖视频广告元素带来的效果差别具有一定价值。在对竖视频广告效果产生机制进行研究时，视觉元素是非常重要的自变量。

2. 交互性。交互性一直是网络广告的突出优点，交互性提高会给受众广告态度带来积极影响[27]。受众在竖向握持手机时更方便单手参与互动，这有利于内容本身所具有的交互属性发挥作用，例如在竖视频中增加可点击的按钮，或是以游戏互动的形式呈现广告，让受众可以在广告播放过程中进行互动。内容的交互性强度影响广告感知，也影响受众卷入度。交互性越强，受众注意更为集中，对信息的加工处理更深[28]。因此交互性是竖视频广告效果研究的重要变量。可交互的广告页面中会设置方便受众控制广告的内容，而竖视频广告由于竖向握持，受众能够更方便的触及控制图标，甚至像短视频 App 中，只需向上一滑即可关闭广告，不影响原有的媒介消费，给予受众掌控感反而会带来良好的广告传播效果[29]。

除此之外，广告的在场感已被证明会正向影响用户的购买意愿[30]。竖向握持观看的广告与现实生活中与他人通过手机视频对话的感受相似，在场感会更强。例如日本女星新垣结衣拍摄的“男友视角”系列广告，就是以竖向的视频，拍摄新垣结衣生活中的部分场景，给受众一种与女友在视频的感觉，通过社交在场感[31]的提升来获得更好的传播效果。竖视频广告由于在这一方面具有独特优势，以关系型内容进行诉诸情感的劝服效果也会更好。这可能也是为什么购物类直播能够调动消费者欲望的原因。因此，内容的掌控感和在场感都是影响广告传播效果的重要的自变量，也是横竖视频广告差异的显著体现。

（二）场景层面

1. 线上场景。广告投放平台或渠道的功能属性会影响受众对广告信息的认知结果。目前竖视频广告多在短视频信息流、社交软件开屏等渠道进行投放，而横视频广告大多投放在视频类 App 如腾讯视频、爱奇艺视频等电视剧、电影播放前，这两类投放场景存在明显差异。第一，投放渠道自身特征会影响广告传播的效果。在调性相近的平台投放广告，受众可能更容易关注到信息[32]；

第二，功能属性也会影响消费行为。例如在抖音或淘宝中的竖视频广告，受众可以直接点击进入购买，在这样的平台投放促销类广告可缩短受众消费时的思考过程，促进行动的进行。但横视频广告则需要匹配适用的横向媒介内容，在操作时跳转到其他平台，需要翻转手机，较为不便。第三，社交属性是行动反馈影响最终效果的重要条件，当前竖视频广告大部分投放平台如微博、微信、抖音等具有很强的社交属性，这种社交属性也会对广告效果产生影响，一方面，广告主可基于社交关系锁定目标受众进行精准算法推送，另一方面，受众对该平台中他人的关系感知会影响其对广告的态度、行动与决策[33]。第四，网络广告的上下文语境（context）会影响广告效果[34]。竖视频广告在短视频 App 中以信息流的形式出现，若上下文语境顺畅，出现的顺序合适，可能对广告信息的传播产生正向影响。

2. 线下场景。得益于技术发展，当前的广告投放可由受众移动设备的所在地理位置触发，以求获得更精准的投放效果。用户在与广告信息相关的位置收到广告（基于位置的广告，location-based advertising）能够显著促进购买[35]，其对于广告信息的主动搜索也会显著增加[36]。在移动互联时代，手机随手随身，多以竖向握持的方式使用，当信息在恰当的时间地点出现，直接以竖向呈现的视频广告可以免去观看信息时翻转手机的麻烦，提升广告触达率。手机横向握持在实际生活使用中多为少数，可进行精准线下投放的场景并不多。因此在现实生活中，竖视频广告相较于横视频广告可能更不容易被关闭或跳过，被完整观看的概率也更高。

（三）受众层面

一般媒介效果研究中的受众研究指标中均包含人口统计学变量，包含性别、学历、收入、年龄、文化背景等多个指标[37]，人口统计学变量在千人千面进行竖视频广告推送的当下具有一定意义。受众的心理特征如购买意向[38][39]、预期（期望）也会影响广告传播效果[40]。但就本研究看来，这些受众的原生特征并不会因为视频广告的方向而异，因此对于竖视频广告来说，与横视频广告相比，对广告效果存在不同的影响的主要自变量是受众的接触特征。

受众的广告信息接触习惯与认知路径各不相同。其中，动机被证实会影响广告信息的选择性接触、注意、记忆等[41]。这种动机既包含对广告信息进行接触的动机，也包括受众在进行投放渠道内容消费时的原动机。例如在滑抖音打发碎片时间时，出现广告并不会过度干扰受众使其产生强烈抗拒；但横屏看电视剧或者打游戏时，几乎任何的广告干扰都会让受众有一种被打断感，使受众感到烦躁，这样的状态下广告的播放完成率往往较低。由于竖视频广告推送与受众的原本媒介消费动机冲突较小，广告效果也会更好。

此外，受众参与度是竖视频广告效果有关的重要变量。高参与度会提升广告效果[42]，竖视频广告互动性高，受众参与度可能会更强，从而产生比横视频广告更好的传播效果。除此之外，还有影响受众信息处理路径的受众卷入度特征。受众会结合信息呈现的渠道、信息本身内容与具体的接收场景来评估与自身的相关性，决定是以中心路径（自身经验）还是边缘路径（广告信息）来得出结论[43]，不同的受众卷入度也可能对广告效果产生影响。

竖视频广告效果测量的因变量指标

根据上文提出的竖视频广告效果的作用机制，对竖视频广告的效果测量主要针对认知阶段的注意、记忆以及后续的态度、行动四个因变量来进行。其中，注意、记忆和态度是学界关注较多的变量，通过实验法对竖视频广告效果研究中的自变量进行操控，可精确比较自变量变化对广告认知效果中注意、记忆和态度的影响。相较而言，行动在广告真正投放前只能通过实验或意向询问进行评估，关于行动的测量大多是由广告主与媒介进行事后的准确数据收集再得出结论。目前，四个因变量都有较为成熟的测量方法、测量指标与相应量表可供参考。

（一）注意的测量

不同自变量对受众注意的影响并不能通过问卷、自我汇报等方式准确测量。作为一种人体反应，以心理及生理性指标对注意进行测量会更加准确。目前注意的测量有眼动及脑电两种较为准确的方法，二者可单独使用或结合使用。

眼动（Eye-Tracking）是目前在广告注意研究方面得到的数据最直接、应用最广泛的方法，其技术的发展为广告注意研究提供了重要支持。人类的眼睛会透露很多信息，包括注意、感知觉、记忆、情绪等，揭示消费认知与决策等心理行为。眼动仪通过图像处理技术，使用能锁定眼睛的摄像机，记录人眼角膜和瞳孔反射的红外线的变化，从而实现对视线的跟踪记录。

人的眼动主要有三种可显示方式：一是注视，注视时眼睛的中央窝对准某一物体超过 100ms，物体在中央窝成像，可以获得更充分的加工，形成清楚的像。二是眼跳，它是指注视点或注视方位的突然改变，这种改变往往个体意识不到，多发生于进行快速搜索以及对刺激信息进行选择之时。三是追随移动，为了保证眼睛总是注视和眼睛保持相对运动的物体，眼球会追随物体移动。上述三种眼动方式经常交错发生，其目的均在于选择信息、将要注意的刺激物成像于中央窝区域，以形成清晰的像[44]。

目前常用的眼动指标有注视时长、注视次数、注视点序列、回视次数等，在研究中，一般以首次注视时间测量信息引起被试注意所需的时长以及所看区域对被试的吸引力程度[45]；以一定区域内的注视点个数测量被试对该区域的关注度[46]；以回视次数测量被试对特定区域的注意力投入程度，还可以直观的热区图显示被试对不同区域关注度的差异。眼动数据可以通过常见的 Neurobox 等品牌眼动仪进行精确测量，数据后续可做统计分析。对竖视频广告的眼动分析也可通过专门为手机设计的眼动仪进行测量。

脑电（Electroencephalography，EEG）是认知神经科学实验领域广泛使用的研究方法，可记录人头皮表面的神经活动，以数据信号反映人体信息加工的过程，对人体无损伤，有较高的时间分辨率，可准确反应大脑内部信息处理的过程与机制[47]。

通过脑电实验采集被试脑电数据后，研究者可采用 EEGLAB 等工具对 EEG 数据进行离线分析，提取并统计与因变量相关的重要指标。与注意相关指标中，Beta 波功率谱密度和 TBR 两个指标较为常用。Beta 波节律会在脑神经中枢兴奋时增多，表现出强烈的精神活动，一般认为反映了注意的聚焦功能[48]；TBR（Theta/Beta Ratio）与注意控制有关，TBR 数值越低，个体的注意控制水平越高[49]。

（二）记忆的测量

以往的研究主要以回忆（Recall）的方法统计记忆的结果。竖广告效果研究中可让被试自由会议广告内容，或是给予一定提示引导回忆。记忆是在个体处理信息的过程中发生的，因此采用脑电的方法可清楚了解个体记忆的全过程，尤其是能够考察瞬间的广告传播效果。

在认知活动相关的 EEG 研究中，研究者可以刺激事件诱发特定的 EEG，与该刺激事件相关的脑电波形可提供与认知过程紧密相关的脑电信息，这一方法称为事件相关电位[50]（Event-Related Potentials，ERPs），能反应当刺激被给予或撤销刺激时脑区的电位变化[51]，可以精确到毫秒级对信号进行观察分析[52]，为研究提供直观、量化的研究证据。它记录了大脑的认知活动过程，其变化与刺激的物理属性和内在的心理因素均有关系。运用 ERPs 的技术手段，可对受众在接收到某一信息后的完整加工过程按照精准的时间点进行确切分析。ERPs 中有一个重要的研究指标，称为成分。成分是在某一时间点特定被诱发出有明显波幅变化的 EEG，可以作为某种特定脑部活动的标志，能够推断认知加工的过程，同时也可以通过刺激诱发特定成分来验证假设，解释相关问题。对成分的描述主要通过对其极性（P 为正，N 为负）、成分波幅（反应大脑兴奋性的高低）、潜伏时间（反应加工时间与速度）、头皮分布（反应相关活动位置）来进行[53]。

再认范式（Recognition）是以脑电实验法进行记忆研究的常见范式。这一范式适合竖视频广告时长较长的特点（多数脑电实验范式中的刺激呈现时间较短）。在竖视频广告效果研究中，可遵照再认范式，先给被试观看竖视频广告相关实验材料，此步骤称为学习。然后提供一组再认材料给被试，一半与广告内容相关（旧材料），另一半为无关项（新材料），要求被试在记忆提取的再认阶段判断识别。一般来说，相关项被正确识别会诱发更正的晚期正成分（LPC），通常出现在刺激后

300~500ms[54]。脑电实验中，往往结合被试的行为反应如正确率、反应时以及对相关 ERP 成分的考察得出对记忆的结论。

（三）态度的测量

对态度的测量分为认知和情感两个维度，在广告效果研究中主要针对情感维度进行调查[55]，可通过调查法以李克特量表测量受众的态度。目前已有大量针对不同自变量的成熟量表，例如内容层面，Torres 以七分值量表测量对各类内容自变量的喜好程度、吸引力、可信度等[56]。类似量表还有很多，在此不做赘述。

除调查法外，对于态度中的情感也可通过生理性方法进行测量，指标包括呼吸、血压、脉搏、腺体分泌等。因此，有意识或潜意识的情感表达可通过面部肌电（EMG）[57]、皮肤电反射（GSR）[58]、呼吸信号（RSP）[59]等进行识别。

在广告说服效果研究中，通过对照实验或是事前事后的对比性研究可以对态度改变情况进行了解。除以上方法外，进行焦点小组访谈有时也能帮助发现自变量对态度的特殊影响。竖视频广告常常以个性化推送投放，因此对同质型受众进行焦点小组访谈可能对研究有所帮助。

（四）行动的测量

学界对行动的研究往往局限于对行动意愿的研究，大多通过调查法进行。但只有结合投放渠道以及广告投放后市场调查的数据，才能尽可能地描绘行动中体现出的竖视频广告效果。根据抖音内部竖屏广告效果考察的指标体系，与行动相关的基础指标有总点击数、点击率；互动指标有点赞、转发、评论、链接点击；高价值指标包括播放完成数、平均播放时长；用户沉淀指标有提交表单数、下载点击量等等。这当中部分指标与后续算法推荐挂钩，关系到广告效果的加成；还有部分与行动意愿具有相关性[60]，这些都是除实际购买量等市场数据外，在广告传播阶段可对行动本身进行考察辅助的指标。

一次尝试：受众对横竖视频广告中代言人注意度的比较

根据上文对竖视频广告作用机制与影响变量的分析，我们猜测代言人形象更适合以竖视频广告呈现。人物形象在竖屏画面中更突出、更生动，使得受众对竖视频广告画面中代言人的注意程度高于横视频广告。

（一）研究假设

受众投射于竖视频广告中代言人区域的注意多于横视频广告。

（二）研究方法

通过眼动实验法，比较被试观看内容相同的横、竖视频广告中代言人区域的首次注意时间与注视点个数。被试为 44 名符合眼动实验条件的视力正常人士，年龄 18-29 岁，平均分配到横屏组与竖屏组，分别通过手机观看内容相同的 6 支视频广告，时长均在一分钟以内，观看时全程采集被试眼动数据。眼动仪为美国 The Eyetribe 公司生产的桌面眼动仪，采集频率为 30hz，精度为 0.5°~1°。实验所用手机为 6 寸屏幕的 1920*1080 分辨率安卓手机。眼动数据通过 neurobox 进行代言人兴趣区的框定（如图 1）与眼动数据的定量汇总与分析。

图 1 代言人兴趣区示例[61]

采用独立样本 t 检验分别对横竖屏两组被试在代言人兴趣区的注视点个数进行统计分析。结果发现，代言人兴趣区的注视点个数差异显著 [t（38）= -2.479，p = 0.018，Cohens'd = 0.79]，竖屏组代言人兴趣区注视点个数显著多于横屏组；采用独立样本 t 检验分别对横竖屏两组被试在各兴趣区的首次注视时间进行了统计分析，结果发现，被试在代言人兴趣区的首次注视时间差异极其显著 [t（38）= 2.422，p = 0.022，Cohens'd = 0.77]，竖屏组在代言人兴趣区的首次注视时间显著少于横屏组。

（三）研究结果

对横竖屏两组被试在代言人兴趣区的注视点个数与

首次注视时间进行统计，结果如表 2 所示。

表 2 横竖屏组各兴趣区
注视点个数（个）与首次注视时间（s）(M ± SD)

测量变量	组别	代言人兴趣区
注视点个数	横屏	7.22±3.10
	竖屏	9.75±3.34
首次注视时间	横屏	9.27±2.54
	竖屏	7.69±1.41

（四）研究结论

根据研究的数据结果可得出，广告视频的横向与竖向对被试观看手机视频广告时投射于代言人兴趣区的注意度有显著影响，竖视频广告中代言人区的被试的注视点个数显著高于横视频广告，说明竖视频广告播放时代言人区域的重要性更突出；被试在竖视频广告代言人区域的首次注视时间显著低于横视频，说明竖视频广告播放时用户更容易注意到代言人。这可能是由于人体的窄长、垂直的走向更适合用竖屏来展现所导致。正如我们所猜测的，采用垂直构图的竖视频适合于表现放大特定对象，尤其是自带垂直属性的物体比如人体、高楼、大树等，在竖视频中会显得更为突出[63]。除此之外，也可能是竖视频中的人像更能让人产生社交在场感，因此相较于横屏，代言人在视频中更受被试的关注。这一尝试性研究部分验证了前文所提出竖视频广告效果分析框架与测评指标的合理性，未来可针对其余变量进一步分析，验证竖视频广告效果的分析框架与影响因素。

总结

在流量过剩、信息饱和的当下，广告主如何抓住受众注意力，获得更好的营销效果？随着 5G 时代的到来，视频崛起，数据涌现，中国互联网广告处于“换轨超车”的紧要阶段，只有转换思路，以技术为依托，通过受众乐于接受的方式，利用大数据精准投放广告，才能让传播效果事半功倍。竖视频广告就是在这一大背景下出现的广告形式创新，辨析其效果产生的机制对广告实践中创造更好的传播效果具有重要意义。本文探讨了竖视频广告效果研究的具体分析框架，就自变量和因变量提出了详细的测量指标，并进行了一个眼动实验研究，验证广告视觉元素中的代言人变量与竖视频广告注意效果间的关系，部分证明了效果研究设想的可行性。后续可进一步通过实证研究检验各项变量，并在此基础上建立研究模型，使用因子分析、回归分析等实证研究方法，进一步修正分析框架。未来竖视频广告效果研究应在参考以往广告效果研究的基础上，以屏幕的转向引导研究的转向，突出竖视频自身特性，基于生理和心理的反应机制，进行更为深入的个体说服效果洞察。

［作者简介：喻国明（1957-），男，教授，博士生导师，北京师范大学新闻传播学院学术委员会主任，中国新闻史学会传媒经济与管理学会专业委员会会长；杨嘉仪（1995-），女，北京师范大学新闻传播学院 2019 级博士研究生；曹楚（1993-），女，阿里巴巴网络技术有限公司。］

【参考文献】

[1] 中国互联网络信息中心 . 第 43 次中国互联网络发展现状统计报告 [EB/OL]. http://www.cac.gov.cn/2019-08/30/c_1124938750.html, 2020-3-26.

[2] 中国互联网络信息中心 . 第 43 次中国互联网络发展现状统计报告 [EB/OL]. http://www.cac.gov.cn/2019-08/30/c_1124938750.html, 2020-3-26.

[3] 喻国明，杨颖兮 . 横竖屏视频传播感知效果的检测模型——从理论原理到分析框架与指标体系 [J]. 新闻界 ,2019(05):11-19.

[4] 王博 . 移动媒体时代竖视频传播的瓶颈与创新 [J]. 新闻世界 , 2017(12):66-69.

[5] 抖音短视频 . 抖音竖屏广告创意指导手册 [EB/OL]. https://www.useit.com.cn/thread-20257-1-1.html, 2020-3-26.

[6] 周逵，金鹿雅 . 竖屏时代的来临：融媒体短视频类型前沿和趋势研究 [J]. 电视研究 , 2018(6):4.

[7] 闫玉荣，陈梓鑫，刘柯瑾 . 用竖视频讲好新闻故事：基于眼动实验的新闻报道呈现方式研究 [J]. 新闻爱好者 , 2019(5):4.

[8] 任玲 . 横屏到竖屏：移动传播时代访谈节目研究——以《和陌生人说话》为例 [J]. 东南传播 , 2018(3):3.

[9] 刘德寰，陈斯洛 . 广告传播新法则：从 AIDMA、AISAS 到 ISMAS[J]. 广告大观：综合版 , 2013(4):3.

[10] AIDCA 为注意（Attention）、兴趣（Interest）、欲望（Desire）、相信（Conviction）行动（Action）的首字母缩写 .

[11] AISAS 为注意（Attention）、兴趣（Interest）、欲望（Desire）、记忆（Memory）、行动（Action）的首字母缩写 .

[12] M.W. 艾森克 M.T. 基恩 . 认知心理学 (第 5 版)[M]. 华东师大出版社 , 2004/2009:2.

[13] 菲利普·津巴多 , 迈克尔·利佩 , 津巴多 , 等 . 态度改变与社会影响 [M]. 人民邮电出版社 , 2007:26.

[14] Wendel M, Pieters R. Eye Tracking for Visual Marketing (Foundations and Trends in Marketing)[J]. 2008:231-320.

[15] Pieters R, Warlop L, Wedel M. Breaking through the clutter: Benefits of advertisement originality and familiarity for brand attention and memory[J]. Management science, 2002, 48(6): 765-781.

[16] 罗瑞奎 , 田学红 . 比较广告传播的作用机制及影响因素 [J]. 心理科学进展 , 2008, 16(6):8.

[17] 喻国明 , 杨颖兮 . 横竖屏视频传播感知效果的检测模型——从理论原理到分析框架与指标体系 [J]. 新闻界 ,2019(05):11-19.

[18] Davidson R J. What does the prefrontal cortex "do" in affect: perspectives on frontal EEG asymmetry research[J]. Biological psychology, 2004, 67(1-2): 219-234.

[19] Cho C H. How advertising works on the WWW: Modified elaboration likelihood model[J]. Journal of Current Issues & Research in Advertising, 1999, 21(1): 34-50.

[20] 周象贤 , 孙鹏志 . 网络广告的心理传播效果及其理论探讨 [J]. 心理科学进展 , 2010(5):10.

[21] Esch F R, Langner T, Schmitt B H, et al. Are brands forever? How brand knowledge and relationships affect current and future purchases[J]. Journal of product & brand management, 2006.

[22] Bhakar S, Bhakar S, Kushwaha K. The effectiveness of e-advertisement towards customer purchase intention: Indian perspective[C]//Proceedings of 10th International Conference on Digital Strategies for Organizational Success. 2019.

[23] Sahni N S, Wheeler S C, Chintagunta P. Personalization in email marketing: The role of noninformative advertising content[J]. Marketing Science, 2018, 37(2): 236-258.

[24] 蒋玉石 . 网络广告交互水平和尺寸大小对消费者注意的影响研究 [J]. 管理世界 , 2014(9):2.

[25] Singh R P, Banerjee N. Exploring the influence of celebrity worship on brand attitude, advertisement attitude, and purchase intention[J]. Journal of Promotion Management, 2019, 25(2): 225-251.

[26] Campbell D E, Wright R T. SHUT-UP I DON'T CARE: UNDERSTANDING THE ROLE OF RELEVANCE AND INTERACTIVITY ON CUSTOMER ATTITUDES TOWARD REPETITIVE ONLINE ADVERTISING[J]. Journal of Electronic Commerce Research, 2008, 9(1).

[27] 陈宁 . 广告的加工时间和注意水平对消费者信息加工模式的影响 [J]. 心理科学 , 2001, 24(2): 145-147.

[28] Brasel S A, Gips J. Breaking through fast-forwarding: Brand information and visual attention[J]. Journal of Marketing, 2008, 72(6): 31-48.

[29] Kim T, Biocca F. Telepresence via television: Two dimensions of telepresence may have different connections to memory and persuasion[J]. Journal of computer-mediated communication, 1997, 3(2): JCMC325.

[30] Biocca F. The cyborg's dilemma: Progressive embodiment in virtual environments[J]. Journal of computer-mediated communication, 1997, 3(2): JCMC324.

[31] Yoo C Y. Effects beyond click-through: Incidental exposure to web advertising[J]. Journal of Marketing Communications, 2009, 15(4): 227-246.

[32] Liu-Thompkins Y. A decade of online advertising research: What we learned and what we need to know[J]. Journal of advertising, 2019, 48(1): 1-13.

[33] Stipp H. How context can make advertising more effective[J]. Journal of Advertising Research, 2018, 58(2): 138-145.

[34] Becker I F, Linzmajer M, von Wangenheim F. Cross-industrial user channel preferences on the path to online purchase: homogeneous, heterogeneous, or mixed?[J]. Journal of Advertising, 2017, 46(2): 248-268.

[35] van't Riet J, Hühn A, Ketelaar P, et al. Investigating the effects of location-based advertising in the supermarket: Does goal congruence trump location congruence?[J]. Journal of Interactive Advertising, 2016, 16(1): 31-43.

[36] Goh K Y, Chu J, Wu J. Mobile advertising: an empirical study of temporal and spatial differences in search behavior and advertising response[J]. Journal of Interactive Marketing, 2015, 30: 34-45.

[37] 喻国明，韩婷．用户在传播认知中记忆效果的测量：研究框架与技术路线 [J]. 出版发行研究，2019(2):6.

[38] Wu P C S, Yeh G Y Y, Hsiao C R. The effect of store image and service quality on brand image and purchase intention for private label brands[J]. Australasian Marketing Journal (AMJ), 2011, 19(1): 30-39.

[39] Chen Y H, Hsu I C, Lin C C. Website attributes that increase consumer purchase intention: A conjoint analysis[J]. Journal of business research, 2010, 63(9-10): 1007-1014.

[40] Manchanda P, Dubé J P, Goh K Y, et al. The effect of banner advertising on internet purchasing[J]. Journal of Marketing Research, 2006, 43(1): 98-108.

[41] Yang M X, Chan H, Yu I Y, et al. Consumer motivation for reward pursuit: A culture-based and progress-based model of loyalty program effectiveness[J]. Journal of Global Marketing, 2019, 32(4): 255-268.

[42] Teixeira T, Wedel M, Pieters R. Emotion-induced engagement in internet video advertisements[J]. Journal of marketing research, 2012, 49(2): 144-159.

[43] Lu C C, Wu L, Hsiao W H. Developing customer product loyalty through mobile advertising: Affective and cognitive perspectives[J]. International Journal of Information Management, 2019, 47: 101-111.

[44] 邓铸．眼动心理学的理论、技术及应用研究 [J]. 南京师大学报：社会科学版，2005(1):6.

[45] 任延涛，孟凡骞．眼动指标的认知含义与测谎价值 [J]. 心理技术与应用，2015(7):4.

[46] 闫国利，熊建萍，臧传丽，等．阅读研究中的主要眼动指标评述 [J]. 心理科学进展，2013, 21(004):589-605.

[47] 喻国明，钱绯璠，陈瑶，等．"后真相"的发生机制：情绪化文本的传播效果——基于脑电技术范式的研究 [J]. 西安交通大学学报（社会科学版），2019.

[48] Haenschel C, Baldeweg T, Croft R J, et al. Gamma and beta frequency oscillations in response to novel auditory stimuli: a comparison of human electroencephalogram (EEG) data with in vitro models[J]. Proceedings of the National Academy of Sciences, 2000, 97(13): 7645-7650.

[49] [49] Putman P, van Peer J, Maimari I, et al. EEG theta/beta ratio in relation to fear-modulated response-inhibition, attentional control, and affective traits[J]. Biological psychology, 2010, 83(2): 73-78.

[50] [美] Steven J. Luck. 事件相关电位基础 [M]. 华东师范大学出版社，2009:7.

[51] 赵仑．ERPs 实验教程．修订版 [M]. 东南大学出版社，2010:10.

[52] Bouaffre S, Faita-Ainseba F. Hemispheric differences in the time-course of semantic priming processes: Evidence from event-related potentials (ERPs)[J]. Brain and Cognition, 2007, 63(2): 123-135.

[53] 刘燕妮，舒华．ERP 与语言研究 [J]. 心理科学进展，2003, 11(3):296-302.

[54] Finnigan S, Humphreys M S, Dennis S, et al. ERP 'old/new' effects: memory strength and decisional factor (s)[J]. Neuropsychologia, 2002, 40(13): 2288-2304.

[55] 李琼，吴作民．广告态度和品牌态度作用机制研究综述 [J]. 中国广告，2008(11):4.

[56] Torres I M, Sierra J J, Heiser R S. The effects of warning-label placement in print ads: A social contract perspective[J]. Journal of Advertising, 2007, 36(2): 49-62.

[57] Sato W, Fujimura T, Suzuki N. Enhanced facial EMG activity in response to dynamic facial expressions[J]. International Journal of Psychophysiology, 2008, 70(1): 70-74.

[58] Khalili Z, Moradi M H. Emotion detection using brain and peripheral signals[C]//2008 Cairo international biomedical engineering conference. IEEE, 2008: 1-4.

[59] Kleine-Cosack C. Recognition and simulation of emotions[J]. Archived from the original on May, 2006, 28: 2008.

[60] 王博 . 移动媒体时代竖视频传播的瓶颈与创新 [J]. 新闻世界 , 2017(12):4.

[61] Olay 抖音官方账号，https://v.douyin.com/vBMhty/， 2020 年 3 月 26 日访问 .

[62] [63] 喻国明 , 杨颖兮 . 横竖屏视频传播感知效果的检测模型——从理论原理到分析框架与指标体系 [J]. 新闻界 , 2019(5):9.

仪式传播对受众商品态度有影响吗?
——卷入度的调节作用

王霏[1] 魏毅晖[2] 蒋晶淼[3]

| 摘　　要 | 仪式是社会中普遍存在的一种现象。消费行为学研究发现，完成消费仪式可以增强消费者的体验。一个很重要的传播学问题是，仪式传播是否也会提升受众对商品的态度？本研究通过两项双因素组间实验设计来探讨该问题。结果发现，仪式传播可以影响受众的态度，并且受众的卷入度对于仪式传播的效果具有重要的调节作用。在高卷入度条件下，观看消费仪式可以提升受众对商品的态度；在低卷入度条件下，观看消费仪式反而降低了受众对商品的态度。该研究在确认了卷入度在消费仪式与消费体验中重要调节作用的基础上，进一步将卷入度的内涵扩大。关键的，该研究还发现了在低卷入度条件下，消费仪式对消费体验的反转模式。该研究丰富了仪式传播的效果研究范畴，并对于广告中的仪式传播具有重要的指导价值。

| 关 键 词 | 仪式传播；卷入度 组间实验设计；受众

一、引言

随着我国消费市场的稳健发展和消费者购买力的日益提升，人们的消费行为发生了质的变化。现代消费群体对商品实用价值和功能性价值的依赖逐渐降低，更多演化为追求商品附加的符号价值、文化精神特性与形象价值的消费[1]。在消费过程中获得享乐体验的观念受到越来越多人的追捧。消费仪式为塑造商品的符号价值起到了重要的作用，天猫双十一购物狂欢节要零点抢购、结婚要举办宴席拍婚纱照……各种“过节热”“庆典热”“礼仪热”愈演愈烈。企业也开始意识到仪式传播对于消费体验的重大影响力。为跳出商品同质化竞争的怪圈，强化独特的商品认知，商家争先恐后设计出各种消费仪式进行传播，诸如，奥利奥饼干的“扭一扭、舔一舔、泡一泡”、果粒橙的“喝前摇一摇”、百威啤酒的“谢谢两字碰杯两次”……在人们日常消费活动的诸多方面，仪式化消费行为和传播都越来越常见。

对于仪式和仪式传播，学界早已进行了深入的探索研究。国内目前的研究绝大多数都是从民俗学[2]、宗教学[3]以及政治学[4]等角度研究各类活动中仪式的社会作用与具体表现，或者虽然在传播学视角下对仪式及仪式传播进行探讨，将仪式作为一种重要的传播观念与传递观相对照[5]，但对于仪式传播的效果问题较少使用实证方法探讨。国外学者对仪式主题研究领域涉及心理学、认知科学、人类学、行为经济学和神经科学[6]，虽然普

本文选自第 28 届中国国际广告节 2021 长城奖（广告学术类）论文银奖作品。

[123] 厦门大学新闻传播学院，厦门，361005

遍采用实证研究方法进行探讨，但多集中在个体直接从事仪式行为的影响上。一个很重要的传播学问题是，受众不直接从事仪式行为，单纯观看消费仪式是否会产生与直接从事该消费仪式相似的效果？或者至少在什么样的条件下才能产生类似影响？从检验直接体验消费仪式行为的影响到检验消费仪式传播产生间接体验的影响，研究问题已经实现从消费行为学研究到传播学研究的转化，探讨仪式传播效果是仪式传播理论重要的组成部分。并且，探讨仪式传播的效果，对于指导广告实践具有重要的指导意义，让消费者直接从事特定的消费仪式是困难的，作用范围也容易受到时空限制，而使用广告传播特定的消费仪式，使受众被动观看是相对容易的，传播范围也几乎不受限制。

二、文献综述与假设

人们通常将仪式与神秘古老的宗教相联系[7]。最早的仪式概念的确出自宗教语境。作为神圣与世俗的区分方式，仪式被描述为一种“神圣的事物出现时，指导人们如何去做的行为规范”[9]。然而仪式并不单为宗教学所独有，随着世俗与神圣的界限日趋淡化[10]，仪式化行为实际上在世俗生活中广泛存在，人们日常生活中的种种行为，从一般个人生日宴会到国家节日庆典都包含了仪式化行为。与之相对应的是，学者们分别从社会学、人类学、民俗学、心理学等不同领域的视角开展建设性探究，对于仪式的界定也因研究者不同而不同，例如，鲁克（Rook）[7]提出，“仪式是一种由多种行为构成的表达性、象征性活动，这些行为以固定的情景序列发生，而且往往会随着时间的推移而重复[11]”。涂尔干（Durkheim）则强调仪式的神圣性，科泽（Kertzer）强调仪式的象征性，而罗腾比勒（Rthenbuhler）强调仪式的目的性和模式化[2]……综合多个领域的研究，结合沃赫斯（Vohs）[12]、霍布森（Hubson）[6]、布鲁克斯（Brooks）[14]以及田（Tian）[13]等人的定义，在本研究中，我们将仪式界定为一种象征性的（Symbolic）、形式化的（Formality）行为序列，通常包含对特定行为片段的刻板重复（Repetition）[12]。仪式现象普遍存在，仪式对人的影响也受到了研究者的广泛关注，研究主题涵盖该现象的方方面面。例如，从事仪式行为可以减轻个体的焦虑感[14]，缓解由于损失带来的悲伤[15]，并可以增加个体的自我控制感[13]，仪式行为还可以减少个体对外群体的偏见和消极的心境等[6]。作为重要的人类活动之一，消费毋庸置疑也涵盖着众多仪式化行为。消费者对许多商品或服务的消费往往能在仪式中达到超乎寻常的热情，如在感恩节西方人民会大量采购火鸡、南瓜等食品。

仪式可以通过不同途径影响人们的消费行为。首先，仪式对消费具有促进作用，体现在消费者对仪式器物的购买上。某些商品在特定文化情境中被仪式赋予了特定的意义，在特定时机下，消费者对这些仪式象征物的购买意愿就会极大提升，如情人节的鲜花与巧克力[17][18]、圣诞节的彩灯与圣诞树等[19]。其次，消费仪式商品还可以增强购买意愿与消费体验，沃赫斯等人要求被试在消费特定商品，如巧克力、柠檬水或者胡萝卜时，采用一些简单的类似奥利奥广告中的消费仪式，如“在剥开包装之前，先将巧克力棒掰成两半，打开一半吃掉，再打开另一半吃掉”，结果发现，即使这样简单的仪式都可以显著提升消费者的态度与消费体验，被试反馈其更美味、更有价值和值得享用，消费体验更有趣味[12]。然而，在消费情景中，要求消费者从事某些特定的仪式行为是非常困难的，消费者未必会配合。更常见的情境是营销传播情境，即通过大众传播媒介，公开示范、传播特定的消费仪式，以达到影响受众的目的，此即为仪式传播，例如，奥利奥饼干广告即为典型的仪式传播实例。那么，相应的，受众在观看仪式化消费行为之后，是否也同样会提升对商品的体验和态度呢？在沃赫斯等人的研究中，比较了直接从事消费仪式和间接观看消费仪式的被试体验，结果发现，在提升消费体验方面，间接观看消费仪式的效果不如直接从事消费仪式。沃赫斯等人认为，这是由于个体的卷入程度对于消费仪式的影响效果有重要的作用。所谓卷入度是指“事物与个人的关联性”[20]，表现了消费者“对商品或品牌的关心程度”[21]。消费者直接从事仪式化行为，卷入度显然高于间接观看。这是否意味着，间接的消费仪式传播不能达到直接体验消费仪式所产生的效果呢？从理论上，间接观看完全可以产生与直接从事特定行为一致的效果。阿克曼（Ackerman）等人[22]

的研究发现，观察特定的行为可以触发与从事该行为一致的心理加工过程，也就是说，间接观看仪式与直接从事特定仪式，触发的心理加工过程是一致的。这是因为个体神经系统中存在镜像神经元（Mirror-neuron），而镜像神经元的存在可以使得个体模仿自己所看到的行为[24]。因而消费仪式传播也有可能提升受众对商品的态度——在沃赫斯的研究中并没有直接探讨这一点——而其中的关键可能在于，如何提升受众观看消费仪式的卷入度。在沃赫斯等人的研究中，提升受众的卷入度是通过个体直接参与实现的。卷入度还可以通过其他方式提升。研究表明[25]，卷入通常包含两类：个人卷入（Personal involvement），指受众主观唤醒程度或注意水平的高低，又称为情境性卷入（Situational Involvement）；商品卷入（Product Involvement），指不同类商品或服务拥有的不同水平的潜在价值的高低，又称为持续性卷入（Enduring Involvement）。在本研究中，即尝试通过改变商品卷入度和操纵被试的个人卷入度等两种方式，检验受众在不同卷入程度的条件下，消费仪式传播是否能够影响受众对于目标商品的态度。

商品一般可以分为高卷入度商品和低卷入商品两大类[26]，高卷入度商品通常指的是高价位且购买频率较低的商品，其决策成本高，决策过程相对复杂；低卷入度商品一般价格低、决策成本小、购买频率高，消费者决策失误的风险较低，易出现习惯性购买行为，一般在收集商品信息上不会耗费过多时间。一般来说，食品属于低卷入度商品。仔细审视沃赫斯等人的研究[12]，其所用的商品都是食品，因此需要受众亲自从事仪式化行为才能增加卷入度。在一般随意观看视频的情况下，受众不会将视频中的商品与自己联系起来，卷入程度较低。但如果要求受众面对特定任务，例如，要求受众假想自己面临为朋友选购视频中商品的任务时，视频中的商品即与受众个人相关，个人相关性（Personal Relevance）会增强受众仔细观看并思考商品相关信息的动机[20]。从而增强卷入度，使得受众即使在观看消费仪式的情况下，也可能获得与沃赫斯研究中直接体验消费仪式同样的效果。因此，改变商品的卷入度或者个人相关性等属性，都可以改变受众的卷入度。我们假定：

假设 1a：对于高卷入度的商品，观看消费仪式可以提升受众对商品的态度。

假设 1b：任务要求受众关注商品时（高个人相关性），观看消费仪式可以提升受众对商品的态度。

在高卷入度的情况下，消费仪式可以通过增加个体对目标商品的内在兴趣的方式提升其态度，然而，在低卷入度的情况下，消费仪式成为关注对象，将个体的注意力从商品转移到消费仪式本身[16]，起到了干扰的作用，反而降低了个体对目标商品的态度。因而，我们假定：

假设 2a：对于低卷入度的商品，观看消费仪式会降低受众的态度。

假设 2b：任务没有要求受众关注商品时（低个人相关性），观看消费仪式会降低受众的态度。

三、研究一

在本研究中，自变量为商品卷入度。需要通过先导研究，确定实验材料所选商品符合高低卷入度的要求，并且确定仪式化动作操纵有效，确认自变量的操纵满足构念效度。同时，因变量的测量也使用了信效度良好的量表。

首先，选定高低卷入度商品。列出目标商品，包括耳机、苹果、口红和洗手液。研究者与传播和营销领域研究专家讨论，并使用问卷调查，根据受众对商品卷入度的评价，选定耳机代表高卷入商品（M 耳机 =5.54，SD 耳机 =1.23），洗手液代表低卷入商品（M 洗手液 =3.20，SD 洗手液 =1.26），受众对两者卷入度的评价差异显著，F（1，118）=105.94，$p<0.001$。受众对于耳机（M 耳机 =5.48,SD 耳机 =1.31）与洗手液（M 洗手液 =5.52,SD 洗手液 =1.35）的功能性认知程度没有显著差异，F(1,118)= 0.02, p=0.891。对于耳机（M 耳机 =4.92,SD 耳机 =1.21）与洗手液（M 洗手液 =4.48,SD 洗手液 = 1.47）的享乐性认知程度也没有显著差异，F(1,118)=3.11,p=0.08。这两者在熟悉度方面相似，并且为男女通用的中性商品。

其次，确定消费仪式。根据沃赫斯等人的研究，设计重复行为片段为仪式的关键要素。因此，对于耳机，设定以下关键重复动作：“先右手打开耳机，然后左手打开耳机，戴上耳机，右手调整耳机松紧，左手调整耳机松紧”，对于洗手液，设定以下关键重复动作：“右手搭在左手上搓两下，左手搭在右手上搓两下，右手揉搓左手指缝两下，左手揉搓右手指缝两下，右手旋转揉搓左手大拇指一圈，再左手旋转揉搓右手大拇指一圈”。研究者共拍摄四个视频短片，视频截图及脚本见附录 2。为避免其他因素的干扰，在视频中两款商品均使用贴纸重新包装，抹去品牌名。为使受众更容易注意到仪式化动作，采用双人分屏的形式，在无消费仪式的影片中，左右两人动作随意安排，在有消费仪式的影片中，两个人动作协调一致。仪式的操控检验同实验一。结果发现，对于耳机视频，无仪式与有仪式评价差异显著，F (1, 38)=32.40，p ＜ 0.001，被试认为有消费仪式视频更具有仪式感（M 有仪式 =5.88，M 无仪式 =3.63），对于洗手液视频，同样无仪式与有仪式评价差异显著，F (1, 38)=122.52，p < 0.001，被试认为有消费仪式视频更具有仪式感（M 有仪式 =6.13，M 无仪式 =2.45）。该结果表明我们的视频呈现消费仪式是成功的。因而可以进入正式实验。

（一）被试

本研究选取 120 名厦门大学在校生作为被试。其中男生 44 名，女生 76 名；本科生 98 人，研究生及以上 22 人，年龄段为 18~29 岁。所有被试均未参与第一个实验及预实验，且不认识视频中的两位主角。

（二）实验设计及材料

本实验为 2（消费仪式：有 / 无）× 2（商品卷入度：高 / 低）被试间实验设计，因变量为商品评价、购买意愿和预期消费体验，三者共同反映了消费者态度。商品评价量表包含 5 个条目：（1）该商品很好，（2）我对该商品的评价是正面的，（3）我喜欢该商品，（4）该商品是令人愉快的，（5）该商品是有吸引力的。购买意愿量表包含 3 个条目：（1）我愿意尝试使用该商品，（2）如果刚好需要，我会考虑购买该商品，（3）我会主动搜寻该商品的相关信息。预期消费体验量表包含 3 个条目：（1）体验会非常好，（2）体验会非常有趣，（3）体验是令人愉快的。3 个量表都属于 7 点 Likert 量表，3 个量表具有很高的信度（Cronbach 系数分别达到 0.899，0.788 和 0.881）。实验材料为预实验中四则短片。

（三）实验程序

实验一对一进行，由同一名主试完成。首先把被试分配到任意一个实验处理中，确定需要观看的视频文件，然后让被试按照其一般观看视频的习惯观看，观看完毕后填写相应的问卷。填写完毕，向被试赠送小礼物并解答被试的相关疑问。

（四）实验结果

分别对三个因变量进行两因素方差分析。结果发现：

对于商品评价，商品卷入度主效应不显著，F (1, 116)=3.38，p = .068，消费仪式传播主效应不显著，F (1，116)=0.53，p = .819，但两者交互效应显著，F (1, 116)=15.88，p ＜ .001，进一步简单效应分析发现，对于高卷入度商品，受众是否观看消费仪式影响了其对商品的评价，F (1，117)=6.91，p = .01，受众对有消费仪式的商品评价更高，该结果支持假设 1a；对于低卷入度商品，受众是否观看消费仪式也影响了其对商品的评价，F (1，117)=8.70，p = .004，受众对没有消费仪式的商品评价更高，该结果支持假设 2a。仪式对于商品评价的影响在高低卷入度商品的作用是相反的，见下图 1。

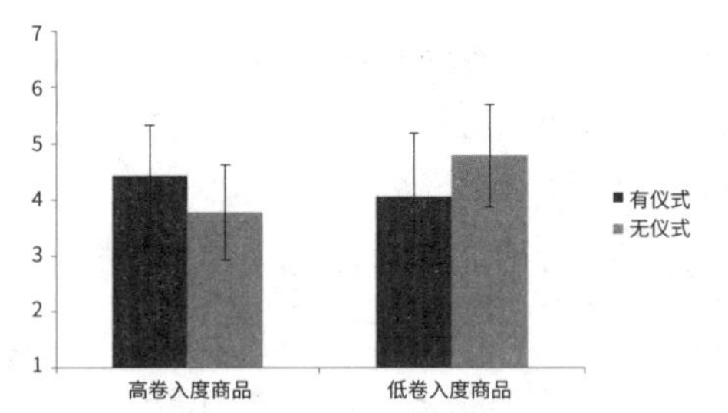

图 1 在不同卷入度商品中有无仪式对受众商品评价的影响

对于购买意愿，商品卷入度主效应不显著，F (1, 116)=3.63，p = .059，观看的仪式有无主效应不显著，F (1，116)=1.12，p = .292，但两者交互效应显著，F (1, 116)=8.17，p = .005，近一步简单效应分析发现，对于高卷入度商品，受众是否观看消费仪式没有影响其购买意愿，F (1，117)= 1.58，p = .211，该结果没有支持假设 1a；对于低卷入度商品，受众是否观看消费仪式影响了购买意愿，F (1，117)=7.50，p = .007，受众对没有消费仪式商品的购买意愿更高，该结 果支持假设 2a。见下图 2。

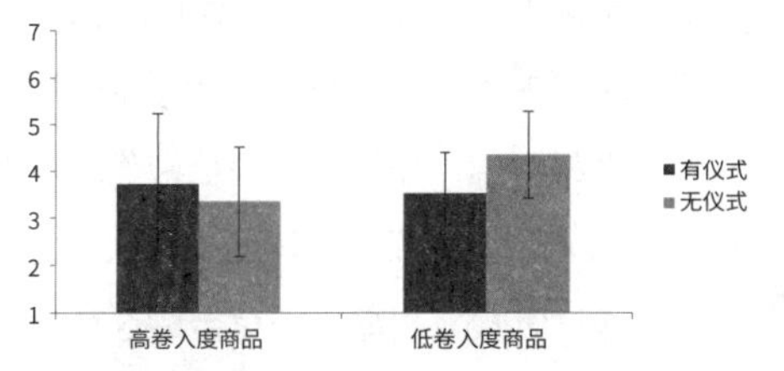

图 2 在不同卷入度商品中有无仪式对受众商品购买意愿的影响

对于预期消费体验，商品卷入度主效应不显著，F (1，116)=3.14，p = .079，观看的仪式有无主效应不显著，F (1，116)=0.02，p = .896，但两者交互效应显著，F (1，116)=15.50，p < .001，进一步简单效应分析发现，对于高卷入度商品，受众是否观看消费仪式影响了其对商品的预期消费体验，F (1，117)=8.13，p = .005，受众对有消费仪式的商品预期消费体验更好，该结果支持假设 1a；对于低卷入度商品，受众是否观看消费仪式也影响了其对商品的预期消费体验，F (1，117)=7.11，p = .009，受众对没有消费仪式的商品预期消费体验更好，该结果支持假设 2a。仪式对于商品预期消费体验的影响在高低卷入度商品的作用是相反的，见下图 3。

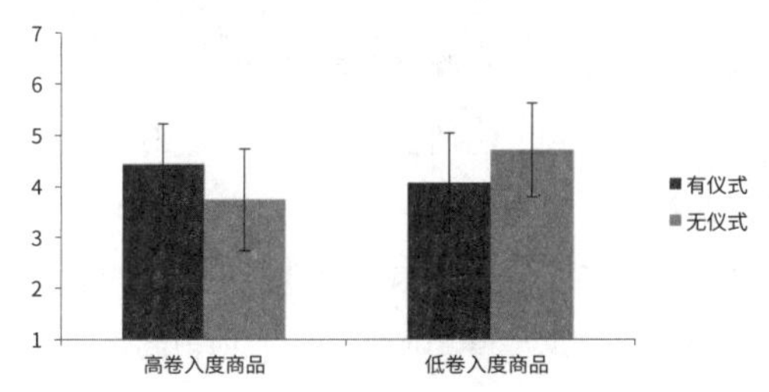

图 3 在不同卷入度商品中有无仪式对受众预期消费体验的影响

四、研究二

本研究中，自变量为个人卷入度。消费仪式参照沃赫斯等人研究中实验一的仪式化动作，“在剥开包装之前，先将威化饼干掰成两半。拿其中一半，右手撕包装一下，左手撕包装一下，吃掉，然后再拿起另一半，重复上述动作”。在本研究中，考虑到巧克力的包装品牌 Logo 太明显，而且大学生受众对巧克力的偏好可能比较高，容易出现天花板效应，因此将实验商品换成形状相似但可以避免上述问题的威化饼干，受众可以识别商品类型，但较难识别品牌等其他因素。卷入度的操作定义为受众对产品的消费和购买行为与个人的相关性，在高个人相关性（卷入度）条件下，被试被要求想象即将为朋友购买视频中的商品，在低个人相关性条件下，被试被要求想象在日常观看短视频时看到了一则视频。研究者共拍摄两则短片，由同一女性模特完成。视频截图及脚本见附录 1。

首先对两个自变量进行了操控检验。选取厦门大学本科生共计 58 名，其中，男生 10 名，女生 48 名，年龄段为 19 — 22 岁，方便取样。对于仪式的操控检验，参考沃赫斯等人 [12] 的检验条目，主要通过两个条目测量受众对仪式动作的感知，“您觉得视频中主角的动作像一组有序的、被设计好的重复动作吗？”“您觉得视频中主角的动作像一系列随意的、自然的动作吗？”（反向计分）。结果表明操纵成功，被试对于无仪式与有仪式视频的评价差异显著，F (1，56)=86.42，p < 0.001，被试认为有消费仪式视频更具有仪式感（M 有仪式 =5.58，M 无仪式 =2.93）。对于个人卷入度的操控检验，条目参考了扎寇斯基 [27] 的个人卷入度量表，共包含四个条目（是否重要、是否有关联、是否有价值、是否有需求）。结果表明操纵成功，被试在两种条件下，个人卷入程度存在显著差异，F (1，56)=9.27，p = 0.004，高卷入条件下被试的得分更高（M 高卷入 =4.16，M 低卷入 =3.19）。因而可以进行正式实验。

（一）被试

本研究选取 115 名厦门大学本科生，其中男生 25 名，女生 90 名，年龄段为 17~24 岁，方便取样。

（二）实验设计及材料

本实验为 2（消费仪式：有 / 无）× 2（个人相关性：高 / 低）被试间实验设计，因变量为商品评价和购买意愿。条目借鉴了沃赫斯等人 [12] 的研究，其中商品评价包含 3 个条目：我认为短片中威化饼干口味（1）有多丰富；（2）有多可口；（3）有多香甜；采用 7 点 Likert 量表（Cronbach 系数为 0.904），三者平均代表了受众对商品口味的评价。购买意愿采用支付金额（WTP），被试直接写出愿意支付的金额。实验材料为两则短片。

（三）实验程序

实验以团体形式进行，由同一名主试完成。被试被随机分配到四个实验处理中的一个处理中。在观看短视频之前，发给每位被试一张纸，第一页要求被试填写性别和年龄，然后，不同组被试会看到不同的指导语。高个人相关组的指导语为：“下面即将播放一个视频。在观看视频之前，请具体想象一下，在你为朋友购买威化饼干之前，看到了以下视频。”低个人相关组的指导语为：“下面即将播放一个视频。在观看视频之前，请具体想象一下，在你日常观看短视频的时候，看到了以下视频。”在被试仔细阅读完指导语之后，播放相应的视频，然后要求被试翻页，并填写后面的相关问题。填写完毕，向被试解答被试的相关疑问。

（四）实验结果

分别对两个因变量进行两因素方差分析。结果发现：

对于商品评价，商品卷入度主效应不显著，F (1, 111)=0.13，p = .725，消费仪式传播主效应不显著，F (1, 111)= .79，p = .377，但两者交互效应显著，F (1, 111)=11.57，p = .001。进一步简单效应分析发现，对于高卷入度商品，受众是否观看消费仪式影响了其对商品的评价，F (1, 112)=9.06，p = .003，受众对有消费仪式的商品评价更高，该结果支持假设 1b；对于低卷入度商品，受众是否观看消费仪式也影响了其对商品的评价，F (1, 112)=3.26，p = .074，达到边缘显著，表明受众对没有消费仪式的商品评价更高，该结果支持假设 2b。仪式对于商品评价的影响在高低个人相关度条件下的作用是相反的，见下图 4。

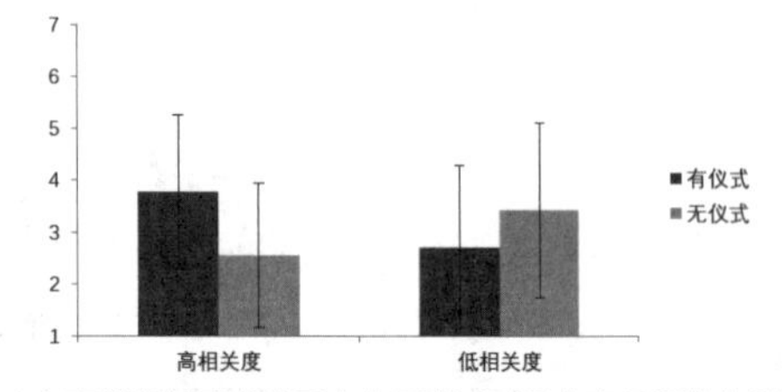

图 4 在高低相关度条件下中有无仪式对受众商品评价的影响

对于支付金额，商品卷入度主效应不显著，F (1, 111)=0.15，p = .696，消费仪式传播主效应不显著，F (1, 111)= .42，p = .518，两者交互效应也不显著，F (1, 111)= 0.001，p = .972。该结果没能支持假设 1b 和 2b。推测可能由于以下原因：每个人对威化饼干价格的预期以及个人需求不同，导致支付金额的数据离散程度非常大，因而导致无差异的结果。检视原始数据，发现个别组的确存在极端值，如果删除该极端值，虽然结果仍然没有显著差异，但数据趋势发生了极大变化。该情况表明，要求被试直接写出愿意支付金额这种方式会导致整体数据离散度增大，因而有很大的测量误差，不适合用作反映受众态度的指标。

五、研究结论与讨论

沃赫斯等人[12]的研究确认了从事消费仪式可以提升消费者对商品的体验，但仅仅观看消费仪式并不能增强体验，其中一个很重要的因素就是消费者对当前的仪式卷入程度要足够高。本研究是对沃赫斯等人研究的进一步验证和延伸。本研究将消费仪式的研究从市场营销领域延伸到传播学领域，本研究表明，单纯观看消费仪式也可以提升受众对商品的态度，但仅仅在高卷入度的情况下成立。这一结果是对沃赫斯等人研究的确证，即表明卷入度在消费仪式的影响中起到重要的作用，同时，本研究还是对沃赫斯人研究的拓展，即，通过商品特性和任务改变个人相关度等手段增强受众的卷入度，其效果与通过消费者参与增强卷入度是一致的。另外，本研究还发现，在低卷入的情况下，消费仪式对商品态度的影响是消极的，这与高卷入度情况下的结果恰恰相反，这样的结果在前人的研究中并未发现。虽然我们尝试给出一些解释，但仍然有其他可能的心理机制在起作用，因此，未来比较有价值的研究方向即在深入探讨其背后机制上。

当然，本研究还有一些尚为解决的问题，未来研究中可以做进一步探讨。

首先，在本研究中，同时采用多个指标反映受众对商品的态度，两个研究中对商品的评价，以及实验一中预期消费体验的结果都相当一致。只是在实验一中，我们还采用测量了被试的购买意愿，结果发现，对于低卷入度商品，消费仪式的影响方向与在商品评价和预期消费体验两个因变量发现的结果一致，受众在观看仪式化消费行为之后降低了对该商品的购买意愿，但对于高卷入度商品，无论是否观看了仪式化消费行为，受众对商品的购买意愿没有差异。出现这一结果的很可能购买意愿变量特殊的属性造成的，相对于商品评价和预期体验，购买意愿是相对远端的（Distal）变量[28]，而且对于高卷入度商品，消费者购买频率比较低，而且购买决策过程比较复杂[29]，因而消费仪式作为一个微弱的线索，难以影响到购买意愿；在低卷入度的商品中，购买决策过程相对简单，购买意愿更容易与商品评价和预期体验保持一致。综合商品评价、购买意愿和预期消费体验三个变量结果，可以认为，单纯的观看消费仪式也会影响消费者对商品的态度，只是，在高卷入商品中，观看有消费仪式的视频可以提升受众对商品的态度，这样的结果与消费行为学的研究一致，即，受众不需要直接体验消费仪式，仅仅观看消费仪式就可以影响其对商品的态度。而在低卷入商品中，观看有消费仪式的视频却会降低受众对商品的态度。这是由于对于低卷入商品，风险较低，故而不需要较多的认知资源，个体的注意力很容易从商品转移到消费仪式本身[16]，降低了对商品的关注与体验，从而进一步降低了对商品的态度。当然，也可能有其他解释，一种可能是对比效应，消费仪式显得郑重其事，对于高卷入度商品，这样的仪式是匹配的，从而提升了受众态度，而对于低卷入度商品，郑重其事的消费仪式与低风险、低价值的商品不匹配，从而降低了受众的态度。

其次，在研究二中，用支付金额代替研究一中的购买意愿来反映受众对品牌的态度。在研究一种，使用固定量表测量购买意愿不同，在研究二中，对支付金额的测量要求被试自由填写自己愿意支付的数额，导致数据离散度过大，因而此种测量方式可能在信效度方面可能存在问题，不能反映受众对商品的态度。因此，未来的研究应该尝试采用更具有信效度的指标反映受众态度。

再次，在研究一中，在选择商品时，尽管努力做到除了在卷入度方面存在差异，其他方面尽量相同（通过比较受众对这两类商品在功能性和享乐性方面的评价，排除了这两个方面的差异），但仍然存在其他可能的差异，例如，两者在商品属性上，一类是电子产品，属于耐用品，而另一类是洗涤用品，属于日用品，两者价格也存在差异。未来的研究应该更关注商品选择的问题。另外，前人及当前的研究都表明仪式有无对于消费体验可能造成影响，但几乎没有更进一步探讨仪式本身的某些特性对消费体验造成的影响，例如，仪式是否有趣、仪式的复杂程度和持续时间等，都可能会影响受众的卷入程度或者情绪，进而影响消费体验。未来研究可以加入新的变量，并进一步检验背后的机制，排除其他可能的解释，从而对仪式传播的效果进行更广泛而深入的研究。

本研究对于现有文献具有理论贡献。首先，本研究将个人消费仪式效果扩展到媒体仪式传播效果，研究主题从“消费行为”转移到“传播”，把传播学的研究范畴延伸到传统上被消费行为学和心理学所占领的领域，确认仪式单纯的通过传播也可以达到从事仪式才能达到的效果。其次，本研究还发现在低卷入情况下，仪式传播对于商品的态度是有害的，该发现是对仪式传播理论的进一步精细化和丰富。

本研究对于广告传播实践具有直接的指导价值。企业不仅可以通过促使消费者从事特定的消费仪式来增强其对商品的体验，还可以直接通过广告来传播消费仪式，从而提升消费者的态度。值得注意的一点是，对于高卷入度的商品，例如手机、贵重礼品、汽车等，传播消费仪式，可以直接提升受众的态度，对于低卷入度的商品，例如一般食物、日用品等，传播消费仪式也并无不可，只是在传播过程中，应注意通过各种手段增强受众的卷入度，避免产生事与愿违的结果。总之，想方设法地提升受众的卷入程度，仪式传播会增强其消费体验。

［作者简介：王霏（1978-），男，厦门大学广告系教授，应用心理学博士；魏毅晖（1997-），女，厦门大学广告系研究生；蒋晶森（1997-），女，厦门大学广告系本科毕业生。］

【参考文献】

[1] 让·鲍德里亚．《消费社会》[M]. 南京：南京大学出版社，2014.

[2] 雷霞．《民间与官方的博弈："非遗"文化中的仪式传播——基于西和乞巧节个案》[J]. 新闻与传播研究，2018, 25(06): 77-91+127-8.

[3] 黄建兴．《师教：中国南方法师仪式传统比较研究》[J]. 世界宗教研究，2019, 02): 183.

[4] 王海洲．《作为媒介景观的政治仪式：国庆阅兵 (1949-2009) 的政治传播学研究》[J]. 新闻与传播研究，2009, 16(04): 53-60+109.

[5] 刘海龙．《中国语境下"传播"概念的演变及意义》[J]. 新闻与传播研究，2014, 21(08): 113-9.

[6] HOBSON N M, SCHROEDER J, RISEN J L, et al. The psychology of rituals: An integrative review and process-based framework [J]. Personality and Social Psychology Review, 2018, 22(3): 260-84.

[7] ROOK D W. The ritual dimension of consumer behavior [J]. Journal of Consumer Research, 1985, 12(3): 251-64.

[8] DURKHEIM E, SWAIN J W. The elementary forms of the religious life [M]. Courier Corporation, 2008.

[9] 李堃，李艳军，李婷婷．《消费者仪式行为研究综述与展望》[J]. 外国经济与管理，2018, 40(5): 43-55.

[10] BELK R W, WALLENDORF M, SHERRY JR J F. The sacred and the profane in consumer behavior: Theodicy on the odyssey [J]. Journal of Consumer Research, 1989, 16(1): 1-38.

[11] 叶和旭，程靓，窦东徽．《无用之用：仪式化行为对消费的影响》[J]. 心理技术与应用，2017, 5(6): 341-52.

[12] VOHS K, WANG Y, GINO F, et al. Rituals enhance consumption [J]. Psychological Science, 2013, 24(9): 1714-21.

[13] TIAN A D, SCHROEDER J, HäUBL G, et al. Enacting rituals to improve self-control [J]. Journal of personality and social psychology, 2018, 114(6): 851.

[14] BROOKS A W, SCHROEDER J, RISEN J L, et al. Don't stop believing: Rituals improve performance by decreasing anxiety [J]. Organizational Behavior and Human Decision Processes, 2016, 137:71-85.

[15] NORTON M I, GINO F. Rituals alleviate grieving for loved ones, lovers, and lotteries [J]. Journal of Experimental Psychology: General, 2014, 143(1): 266.

[16] HOBSON N M, GINO F, NORTON M I, et al. When novel rituals lead to intergroup bias: Evidence from economic games and neurophysiology [J]. Psychological Science, 2017, 28(6): 733-50.

[17] MINOWA Y, KHOMENKO O, BELK R W . Social Change and Gendered Gift-Giving Rituals: A Historical Analysis of Valentine's Day in Japan[J]. Journal of Macromarketing, 2011, 31(1):44-56.

[18] SEGEV R , SHOHAM A , RUVIO A . What Does this Gift Say about Me, You, and Us? The Role of Adolescents' Gift Giving in Managing their Impressions among their Peers[J]. Psychology & Marketing, 2012, 29(10):752-764.

[19] MCKECHNIE S, TYNAN C. Social meanings in Christmas consumption: an exploratory study of UK celebrants' consumption rituals [J]. Journal of Consumer Behavior: An International Research Review, 2006, 5(2): 130-44.

[20] PETTY R E, CACIOPPO J T, SCHUMANN D. Central and peripheral routes to advertising effectiveness: The moderating role of involvement [J]. Journal of Consumer Research, 1983, 10(2): 135-46.

[21] VAUGHN R. How advertising works: A planning model [J]. Journal of advertising research, 1980, 20(5): 27-33.

[22] ACKERMAN J M, GOLDSTEIN N J, SHAPIRO J R, et al. You wear me out: The vicarious depletion of self-control [J]. Psychological Science, 2009, 20(3): 326-32.

[23] MOURAS H, STOLéRU S, MOULIER V, et al. Activation of mirror-neuron system by erotic video clips predicts degree of induced erection: an fMRI study. [J]. NeuroImage, 2008, 42(1142-50.

[24] CHARTRAND T, BARGH J. The chameleon effect: The perception-behavior link and social interaction [J]. Journal of Personality and

Social Psychology, 1999, 76(6): 893-910.

[25] 周象贤，金志成．《卷入影响广告理性诉求信息加工效果的眼动研究》[J]. 心理学报，2009(4):10.

[26] 黄合水．《广告心理学》[M]. 厦门：厦门大学出版社，2009.

[27] ZAICHKOWSKY J L. The Personal Involvement Inventory: Reduction, Revision, and Application to Advertising[J]. Journal of Advertising, 1994, 23(4):59-70.

[28] FOREHAND M. When are automatic social comparisons not automatic? The effect of cognitive systems on user imagery-based self-concept activation [J]. Journal of Consumer Psychology, 2011, 21(88-100.

[29] PHAM M T, GEUENS M, DE PELSMACKER P. The influence of ad-evoked feelings on brand evaluations: Empirical generalizations from consumer responses to more than 1000 TV commercials [J]. International Journal of Research in Marketing, 2013, 30(383-94.

美国信息流广告的规制框架及其借鉴意义

黄玉波[1] 杨金莲[2]

| 摘 要 | 我国信息流广告行业飞速发展与其规制框架的尚未有效建立形成明显矛盾。美国作为信息流广告的发源地，其对信息流广告等原生广告的规制起步较早，规制框架相对较为完整。本文从规制框架角度出发，对美国信息流广告的规制内容、规制方式、规制机构进行深入探讨，以期完善我国的信息流广告规制框架，促进信息流广告行业健康发展。

| 关 键 词 | 美国信息流广告；规制框架；借鉴

一、问题缘起

信息流广告（News Feed Ads）作为一种新兴原生广告模式，它穿插在用户日常浏览的资讯、社交动态或视频流中，通过大数据算法，原生体验，实现用户与广告的智能精准匹配，并且通过用户的刷新不断展现。[1] 因其形式上的原生性、融合性，技术上的精准性，以及内容上的有用性等优势，近年来信息流广告获得了飞速发展。据最新数据报告显示，2018 年我国信息流广告市场规模达 1090.4 亿元，占网络广告市场规模的 22.5%，已成为仅次于搜索广告之外的第二大网络广告形式，而未来诸多广告形态将会逐渐呈现信息流化，预计 2020 年市场规模将超过 2500 亿元。[2]

我国先后于 2015 年修订《广告法》，2016 年出台《互联网广告暂行管理办法》，但对于信息流广告规制尚未提及。信息流广告在我国蓬勃发展、日渐主流的同时，对其规制日益失范：信息流广告在内容上具有“广告即信息，信息即广告”的特性[3]，广告信息披露和标识不清，导致其成为虚假性、诱导性广告的重灾区；在规制方式上以传统的专项整治、案件查处与约谈等运动式治理为主，现代技术规制体系缺失，导致基层执法疲于应对；规制机构上以政府为主导，互联网平台监管缺失，行业组织与消费者参与较少。我国信息流广告出现以上种种规制问题，究其原因在于技术变革所带来广告规制框架的重构。规制框架作为组织规制的范式，是基于一定的技术结构、产业架构而建立的，而当产业、技术结构发生巨大变化时，对以往规制框架的修修补补往往事倍功半，其规制所首要面对的问题就是重建规制框架。[4]

美国作为信息流广告率先发展的国家，其对包括信息流广告在内的原生广告的规制起步较早，相对较严格，在规制框架建构中有自己独特的优势。[5] 基于此，本研究将从规制框架角度出发，对美国信息流广告的规制内容、规制方式、规制机构方面进行研究，以期为我国信

本文节选自第 28 届中国国际广告节 2021 长城奖（广告学术类）论文铜奖作品。

[1 2] 深圳大学传播学院，深圳大学传媒与文化发展研究中心，深圳， 518060

息流广告的规制框架的重构提供思路借鉴。

二、美国信息流广告的内容规制

（一）政府对信息流广告内容的一般规制：明确信息流广告信息披露的要求和责任

2015 年，美国联邦贸易委员会 (Federal Trade Commission，以下简称 FTC) 发布了《原生广告行业商业指南》。[6]《指南》作为对原生广告规制的通用指南，也涵盖了新近蓬勃发展的信息流广告。《指南》针对信息流广告内容规制主要包括：遵守消费者保护原则，信息流广告的“广告”标识也需要明确清晰，不能有任何误导或诱导消费者的内容等。具体规制思路如下：

1. 消费者保护原则：划分商业性与非商业性内容、突出广告的有效识别，规制欺骗性广告

FTC 表示信息流广告必须遵循消费者保护原则，如果信息流广告等原生广告宣传商品和服务的优点、属性时，不具有广告识别性，误导广告商业性质，则信息流广告等原生广告就具有欺骗性。在评估广告是否具有欺骗性时，FTC 关注广告传达给消费者的“净印象”。由于广告可以通过文本、图像、声音等各种方式来传递信息，因此 FTC 将关注广告互动的整体语境，而不仅仅是广告的独立元素。换句话说，广告的内容和它用来传达信息的形式都是相关的。而广告必须清楚明确地披露任何防止欺骗所必需的澄清信息，以克服任何误导性的印象。

2. 具体详实地列举包括信息流广告在内的原生广告规范示例

《指南》第二部分具体详细地列举 17 个示范案例来解释如何有效披露可能避免的欺骗行为。比如，指南中的第三个示例：一家厨柜公司付钱给在线生活杂志《家居造型》(Style Home)，创作并发表了一篇题为《打造一个伟大厨房的 10 个必备条件》的文章。这篇文章展示了一系列描绘精心设计的厨房图片，与 Style Home 网站上的其他文章布局相同，大部分图片都是对赞助广告商产品的描述和宣传。显然，这是一则广告。然而，该广告信息流的表现形式很可能会误导消费者，让他们相信这是一篇普通的文章，反映的是作者的独立观点，而不是广告赞助商的诉求。因此，政府规制部门认为有必要对该文章的商业广告的性质进行明确、突出的披露。

3. 明确信息流广告等原生广告信息披露的要求和责任

FTC 员工业务指导手册《如何在数字广告中进行有效的信息披露》解释了广告商确保在数字广告信息披露上是清晰和突出的做法，即“使用清楚明白的语言；内容尽可能使保证它的原生性；用易于识别的字体和颜色；在背景中突出的阴影中；对于视频广告，在屏幕上足够长的时间被用户注意，阅读和理解；对于音频广告，语音节奏要容易被消费者接受和理解”六点。这些同样适用于属于数字广告的信息流广告等原生广告。

具体涉及信息流广告等原生广告主要有以下 4 个方面:

（1）发布内容必须有明确的“广告”标签或商标，确保消费者一接触内容便能快速识别广告，可以自主选择是否继续浏览。某些信息流广告可使用文字标签或公司徽标与其他视觉提示相结合，例如背景阴影，轮廓或边框。诸如在线视频的多媒体广告，可以使用图形，视频或音频或其某种组合进行信息披露。

（2）针对广告商应该考虑在发布网站主页以及在显示完整广告的点击进入页面上对信息流广告等原生广告进行清楚而显著的信息披露，FTC 在“指南”提出三条清晰披露的准则：

A. 接近度和位置

· 将信息披露放在发布者站点的主页上，消费者会注意到这些信息，并容易识别出内容是广告的信息披露；

· 在原生广告标题前面或上面放置披露信息；

· 如果原生广告的焦点是图像或图形，则披露可能需要直接出现在焦点本身上；

· 与一个以上的原生广告相关的单个披露应该伴随着视觉提示，以明确披露适用于分组中的每个广告；

· 当原生广告被他人转载时，信息披露应保持不变；

· 一旦消费者到达点击或点击进入显示完整原生广告的页面，信息披露应尽可能靠近他们最先看到的地方；

· 在多媒体广告中，应在广告信息出现之前向消费者提供信息披露。

B. 突出性：广告披露应该突出，方便消费者可以轻

松阅读或听到它们。

C. 含义清晰性：披露信息必须是可以理解的

（1）广告主和发布商应使用“广告”“付费广告”“赞助广告内容”或其他一些清晰表明广告的术语，不应使用诸如“推荐”或“推荐故事”等术语，因为这些术语模棱两可，可能会误导消费者，让其以为这些广告内容得到发布网站的认可。

（2）委员会还规定，利用用户社交媒体、个人博客、在线评论、电视谈话或节目采访等非传统形式的广告代言，消费者可能未意识到有广告主赞助，因此必须明确披露代言者与广告主之间的实际联系。如果理性的消费者不能正确地注意、处理和理解这些披露信息，广告商则应该改进披露方式。

（二）行业协会的具体规制：明确信息流广告内容规范标准及广告类型示例

就信息流广告内容规制上，美国的广告行业协会制定了针对性强、覆盖面广的一系列指南或手册，从行业自律和民众监督角度为信息流广告规制提供了有效依据。

以美国互动广告局（IAB）为例，其职责相当于我国的互联网广告协会。在信息流广告规制方面，IAB 在 2013 年发布的《原生广告手册》中，明确表示信息流广告是六种原生广告类型之一，并列举了具体的示例。在 2015 年 7 月，IAB 又针对信息流广告发布了“In-Feed Deep Dive”声明。[7] 具体而言，声明将其类别主要划分为内容型信息流广告，社交型信息流广告和产品型信息流广告三种（如图 1），并列举了具体的表现形式模板（如图 2），规定标准等内容，同时列举了故事、视频、广告产品、应用安装程序四种类型的信息流广告呈现示例指南，以指导广告从业人员合理发布信息流广告。声明也着重强调了信息流广告必须遵守消费者保护原则，不得欺骗消费者。

而随着技术的成熟和原生广告的迅猛发展，2019 年 5 月，IAB 在 13 年版本的基础上发布了《原生广告手册—第二版》，该手册将原来的 6 种原生广告类型重新划分为 3 种主要类型，核心类型—信息流广告（In-Feed ）则由于广告形式的多样复杂被更名为信息流 / 内容原生广告（In-Feed/In-Content Ads）。[8] 同时，手册对该

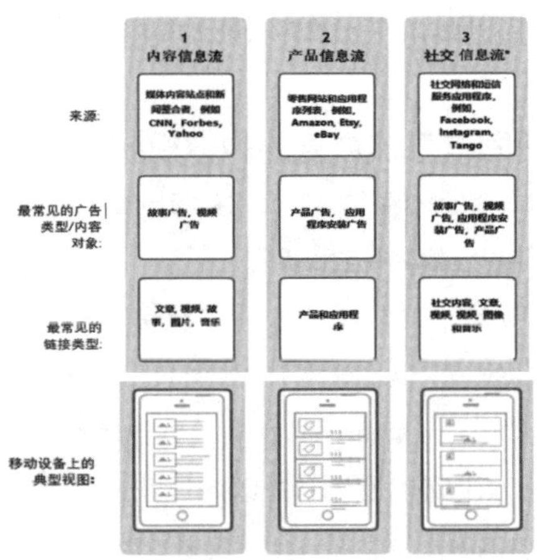

图 1 广告类型示例图 （IAB）

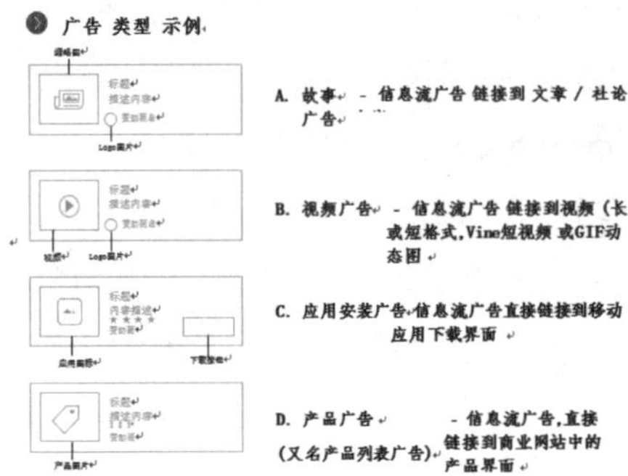

图 2 三种主要信息流广告类型（IAB）

类广告的设计、位置、页面行为、信息披露进行了示范分析，并又着重强调了无论何种媒体语境下的原生广告都必须遵守消费者保护原则，不能欺骗消费者；要有清晰、突出的信息披露：即使用传达广告已付费的语言标签，使其成为一个广告单元，要足够大、足够可见，以便消费者在给定页面的上下文中以及在观看广告的设备中可以注意到它。

总之，在内容规制层面，信息流广告因其“隐匿性”和“嵌入式”特征，加大了政府部门的审查难度和规制难度。而美国政府和行业协会针对这种情况，制订信息流广告发布标准公开发布，并多以判例的形式明示对广告从业者及规制部门提供了有效的指导和借鉴意义。

三、美国信息流广告的规制方式

美国在信息流广告治理上，主要是以规制部门及时结合实际出台具体的规章指引、政策声明、遵循判例法原则，实施相应的法律制裁、行政警告，监管部门与行

业组织协同规制、政府与行业举行专家研讨、民众举报等方式为主。

（一）及时出台具体规章指引、政策声明

FTC 在 2015 年 12 月就颁布了《关于欺骗性广告的委员会执法政策声明》，强调消费者保护原则和真实性原则同样适用于包括信息流广告在内的原生广告。[8] 同期，FTC 还同时发布了《原生广告企业指南》对其进行补充。此外，美国的广告行业协会也制订了一系列问题针对性强、内容覆盖面广的指南或手册。比如，IAB 在 2013 年发布了《原生广告手册》，其中阐述了包含信息流广告在内的原生广告规范内容。[9] 2015 年 7 月，该机构发布了“In-Feed Deep Dive”（深层沟通）声明，它同样是对原生广告手册的补充，专门关注不同类型的信息流广告，并强调了广告信息披露的重要性及具体形式。而 2019 年 5 月，IAB 则发布了《原生广告手册－第二版》，重新定义了信息流广告，并对信息流广告的发布给出了详细的图片示范案例。

政府和行业组织通过及时结合实际情况，出台相应行业指引，从而在一定程度上可以有效指导广告从业人员合规发布信息流广告。

（二）遵循判例法原则，实施相应的法律制裁、行政警告

在针对信息流广告的法律制裁与行政惩处方面，美国主要强调遵循有法可依、有判例所循的原则，并且在法规的生成、执行、后期监督流程以及对违法行为的跟踪上，都采取公开透明的方式，以此为后期的广告规制提供借鉴参考。[10] 比如，2016 年 3 月，FTC 在其官网发布了制裁“罗德与泰勒百货”（ Lord & Taylor ）的公告，并详细指出：该公司付款让网红和杂志自发在社交媒体 Instagram 上发布有关新品服装内容的消息，未告知消费者此举是公司的广告营销活动，其行为属于商业信息披露不明确、不清晰，违反了消费者保护法。[11] 在包括信息广告在内的原生广告规制领域，FTC 对“罗德与泰勒百货”的判例堪称典范，也是该领域的重大突破，对以后信息流广告的规制也同样具有示范性效应。此外，FTC 官网还详细公布了该案例的“制裁通知”“违规证明”“同意裁决令”以及由此引发的“违规行为意见征集”等一系列内容。[12] 这种案例公示，不光有规制的结果及建议，还有详细的规制证据以及整个规制的流程说明，无论是对广告行业还是相关规制部门都具有很强的参考价值。

此外，美国政府和行业协会会及时合作，针对信息流广告等原生广告的发展现状，举办专家研讨会，比如从 2013 年开始多次举办的原生广告峰会，就对包括信息流广告在内的原生广告规制管理进行了详细的研讨。

四、美国信息流广告的规制机构

遵循市场化原则，美国实行的是以行业自律组织规制为主导，政府规制为辅的广告规制体系，强调行业自律组织的自我管理和自我规范作用。因此，其行业自律组织的规制机构设置相当全面，涵盖各个行业，同时还设有很多消费者组织和协会。但具体而言，美国对信息流广告的规制机构形成了以联邦贸易委员会为主的政府规制系统、行业协会协同规制，互联网平台自我规制、媒体和民众主动监督的立体化规制体系。

（一）政府管理的信息流广告规制系统及责任明晰

美国的网络广告监管由立法机关立法、政府部门和司法机关执行、法官解释三部分构成。而信息流广告作为网络广告的一部分，对其进行规制的政府部门包括联邦政府和地方政府。在联邦政府层面，管理信息流广告监管的全国性机构主要包括美国联邦贸易委员会（Federal Trade Commission，简称 FTC）、美国联邦通信委员会（Federal Communications Commission，简称 FCC）和美国食品药品监督管理局（Food and Drug Administration，简称 FDA）三个机构。[13]

FTC 是其中最具有权威性的综合广告监管部门，重点鉴别广告商业性质的信息披露、处理对消费者来说有欺骗性和误导性的违法广告、禁止任何欺骗性或不公平的行为，以保护消费者的合法权益，直接受国会监督，且内部机构数目不多，但各自职责划分相对比较明确。同时，该机构还可以直接对有违法广告行为的广告主或者广告商做出惩处措施。FCC 主要从行业入手，更侧重于对信息流广告内容进行监管。FDA 主要是对涉及食品、医疗器械、化妆品及药品等类型的信息流广告进行监管，以保证广告中提到的这些产品是安全可靠的，不会危害消费者的身体健康和合法权益。

在地方政府层面，各州、各地方政府也设有消费者权益保护行政机构，以规范当地的广告活动，但地区不同，广告规制也不尽相同。此外，每个州都有独立的行政管理和法律体系，各州消费者保护行政机构和检查机构隶属州政府，FTC 和各州机构之间没有上下级或指导关系，但有需要时 FTC 会请相关部门协助调查。

（二）行业协会的信息流广告规制引导

广告行业自律即广告行业内部进行自我管理、自我约束，是维护广告行业秩序，促进广告健康良性发展必不可少的一部分。在美国，广告行业自律体系主要由广告公司、广告主和广告媒体三个自律主体自发组成。[14] 它们成立的历史悠久，会员覆盖面广，发展成熟，自主性强，各组织和部门分工负责，对行业和社会产生的影响力巨大，在美国信息流广告规制上也发挥了重大作用。其中广告自我管理最重要的组织是广告自律委员会（Advertising Self-Regulatory Council， 简称 ASRC），包括互动广告局 (Interactive Advertising Bureau, 简称 IAB) 、美国广告主协会（the Association of American Advertisers）、美国国家广告协会（Association of National Advertisers）、美国广告代理商协会（American Association of Advertising Agencies）等机构。[15] 他们对美国整个广告行业进行监督，其中也包括信息流广告，可以说是美国广告监管的一大中流砥柱。

美国广告行业协会进行信息流广告规制受政府干涉较少，多是行业自主制定相关的规制条文，如上文提到的《原生广告手册》及“In-Feed Deep Dive 声明”。此外，这些组织还能够定期举办行业培训，召开学者专家研讨会，讨论行业热点难点问题，以此推动广告行业的健康发展，如互动广告局（IAB) 从 2013 年开始多次举办的信息流广告研讨峰会。

（三）互联网平台加强自我审核与监管

互联网平台作为信息流广告发布的重要参与主体，其自我治理对信息流广告规制同样发挥着重要作用。特别是头部平台通过制定平台标准或利用科学技术等方式，自觉履行广告审核与监管的义务与责任，是信息流广告规制中不可或缺的一部分。比如，谷歌作为信息流广告投放的巨头平台，2018 年，新添 31 条新的广告发布指引政策，来加强广告自我规制。该平台还有一支专门审核违法广告的庞大队伍，通过人工审查和机器学习 AI 审核等方式，2018 年，谷歌删除了 23 亿条不符合新政策的“不良广告”，最常见的是那些具有误导性或是对弱势群体进行利用的广告。此外，据谷歌数字广告生态报告称，谷歌推出的“auto-ads”工具，可自动对广告内容进行监管，并于 2019 年推出的新广告政策管理工具 (Ad Policy Manager)，帮助广告商发布符合平台政策的广告。

（四）民众参与信息流广告治理

对于信息流广告等原生广告的监管，美国的消费者也会主动参与治理。美国针对信息流广告的社会监督组织主要包括：包括国家消费者联盟、国家高级公民委员会（NCSC）、美国消费者联盟、消费者保护团体等消费者权益保护组织，其主要作用是对信息流广告等网络广告进行交流，帮助建立服务于各个地方的消费者组织，同时也为消费者提供监督管理服务。其中，美国消费者联盟是美国最大的消费者组织。消费者们可以通过这些组织对侵犯消费者权益的信息流广告进行投诉，而联盟会对投诉的广告进行调查，一旦发现对社会和消费者造成恶劣影响的信息流广告，就会对这些广告提出停止发布的建议。如果广告商或平台对决议置之不理，该组织将会通过各大媒体或网络平台对其恶劣影响进行公布，并向政府监管部门举报。

五、对完善我国信息流广告规制框架的借鉴意义

面对互联网信息流广告的野蛮生长，其健康发展亟须建构起与新型互联网广告技术相适应的互联网信息流广告规制框架，才能有效保障消费者的合法权益。由于中美两国在司法、行政体制上的异质性，在信息流广告规制上直接套用美国规制框架模式不合适。但我们可以取其精髓，完善我国信息流广告的规制框架。美国信息流广告规制举措对我国信息流广告规制框架的重构借鉴可以从以下几个方面展开思考和探索。

1. 我国"政府主导型"广告规制框架亟须健全广告信息披露标准和广告标识制度

美国作为"市场主导型"广告规制模式的国家，规制机构和行业组织因应技术的革新不断更新信息披露标准和改进广告标识制度，对信息流广告行业的规范发布具有很强的指导意义。我国作为"政府主导型"广告规制模式的国家，运动式的专项整治模式尽管短期规制效率强，但是要实现对行业的长远规制，也亟须健全信息流广告信息披露标准和广告标识制度这项基础性工作。

广告能否被有效识别是实施监管的第一步，而这在很大程度上依赖于信息披露的程度。虽然新修订的《广告法》明确要求各类广告必须要标识，但对标识形式并没有明确的规定，以至于很多平台将"广告"标识放置在消费者不易察觉的地方，广告标识制度形同虚设。我国相关部门可借鉴并融合美国信息流广告的规制措施，加快完善我国的广告信息披露和标签制度，及时推出细化的广告信息披露指导文件和广告标识细则。比如，规定广告标识的具体展现形式，从而更好地指导信息流广告行业从业者，以及让有关部门对信息流广告实施更有效地监管，让其在法治基础上良性发展。

2. 信息流广告规制框架将从分割式媒体形态广告规制转向相对统一的内容规制

互联网时代，随着信息技术发展和商业模式的创新，各媒体快速迭代，广告的表现形式和市场运作模式也发生了结构性的变化。从网页图文广告到短视频直播广告，从原生广告到信息流广告，各类广告传播途径多样复杂，但广告传播的内容形式却逐步趋同化、富媒体化。同时，在传统媒体时代处于分离状态的广告参与主体，在互联网时代也正向"合一"转变[16]，信息流广告参与主体身份复杂。而 2015 年修订的《广告法》除了对网络弹出式广告做出特别规定外，仍继续沿用传统线下广播电视、报刊广告规制模式来应对新型的网络广告。尽管《暂行办法》初步对互联网广告做出了规定，但整体上也还是对线下广告规制模式的初步改良运用，无法适用于逐步趋同的富媒体广告传播中。[17] 基于电视台、广播电台、报纸和杂志等传统媒体形态的分割式广告规制模式，在当下媒介融合新环境下难以适应。

面对这种新情况，我们需要建立一个相对统一的互联网广告内容规制体系，并通过定期的规则指引不断予以更新。比如美国发布的原生广告规制指引中的信息披露和标签制度，同样也可以适用于信息流广告规制。建议我国政府部门、业界和学界，针对信息流广告等新型互联网广告的发布形式、信息披露、各方主体职责确认等内容，制定相对统一的管理细则和惩处机制，明确信息流广告参与主体的权利和义务，以及管理细则适用的法律对象和适用范围。

3. 互联网广告平台规制将成为信息流规制框架的重要载体

互联网广告平台特别是百度、阿里、腾讯、字节跳动等为代表的大型互联网企业广告平台作为信息流广告与受众的直接接触点，不仅要接受政府相关部门的规制，其作本身为信息流广告的提供者，需要明确自己的责任与义务，树立对信息流广告的把关意识，做好平台内部审核和自我监督。比如出台相应的内部审核规则体系，规范发布内容。除加强人工审核外，平台也可引进区块链技术或搭建大数据监管平台，充分利用网络平台自身的大数据技术和信息优势对信息流广告进行全天候监测。如腾讯安全"神鹗"大数据市场监管平台就是在市场监管中起到了重要的中介平台作用。此外，因应信息流广告具有滚动发布，易删除的特性，平台对发布素材也应进行备案，留存广告证据，以防违法广告事件发生后难以追责。

在我国信息流广告规制框架构建中，互联网广告平台规制将成为信息流规制框架的重要载体，政府要加强与网络广告平台的合作。未来政府规制部门应通过激励机制充分调动并利用网络平台企业的技术和信息优势，以辅助广告规制工具的落实。例如通过网络平台企业的大数据技术和违法广告字库筛查，可以避免行政规制机构大海捞针式的"市场巡逻"。

4. 技术规制将成为信息流规制框架的重要手段

目前信息流广告数量众多，且随时可编辑、可关闭、可删除，其包含的信息量十分庞杂。面对这种情况，相关执法部门利用人力识别问题广告，并展开规制措施，可谓望洋兴叹。信息流广告存在的问题很大一部分程度也是由大数据等网络技术发展所带来的体量庞大、监测不到位和信息披露问题。

对此，欧美等国纷纷利用迅速发展的技术手段对互联网广告进行监测，加强互联网广告技术规制体系的建设。我国广告规制部门也可以借助大数据、云计算、人工智能、区块链等技术手段，提高信息流广告监管的技术水平，打造“智网工程”，建设广告规制大数据库。比如，与国家互联网广告监测中心合作搭建地区监测预警系统平台，或引入腾讯安全“神鸮”大数据市场监管平台等第三方监测系统，加强针对重点行业的广告风险预警和监测，从信息流广告事前、事中、事后三个方面进行智慧监管。另外，也可将具有高透明度、可追溯性、不易更改性的区块链技术应用于信息流广告发布与规制上，从源头上杜绝信息流广告规制中的虚假违法广告和虚假流量问题。

（作者简介：黄玉波，男，深圳大学传播学院副院长、教授、博士，深圳大学传媒与文化发展研究中心研究员，主要从事广告传播研究；杨金莲，女，深圳市委网信办，主要从事舆情分析研究。）

【参考文献】

[1] 艾瑞咨询 .《2019 年中国信息流潜力市场展望报》，http://www.iresearch.com.cn/Detail/report?id=3361&isfree=0，2019 年 5 月 .

[2] 艾瑞咨询 .《2019 年中国信息流潜力市场展望报》，http://www.iresearch.com.cn/Detail/report?id=3361&isfree=0，2019 年 5 月 .

[3] 王国中，李庆雯 .《原生广告及监管规制研究》，《青年记者》，2018 年第 18 期 .

[4] 肖赞军 .《媒介融合中规制政策的基本取向分析》，《新闻大学》，2014 年第 01 期 .

[5] 韩红星，覃玲 .《美国经验：原生广告的原罪与规制》，《华南理工大学学报（社会科学版）》，2018 年 01 期 .

[6] Federal Trade Commission，Native Advertising.A Guide for Businesses，https://www.ftc.gov/tips-advice/business-center/guidance/native-advertising-guide-businesses，2015 年 12 月 .

[7] Interactive Advertising Bureau，IAB_Deep_Dive_on_InFeed_Ad_Units,https://www.iab.com/wp-content/uploads/2015/07/IAB_Deep_Dive_on_InFeed_Ad_Units.pdf，2015 年 7 月 .

[8] Federal Trade Commission，Commission Enforcement Policy Statement on Deceptively Formatted Advertisements，https://www.ftc.gov/public-statements/2015/12/commission-enforcement-policy-statement-deceptively-formatted，2015 年 12 月 12 日 .

[9] Interactive Advertising Bureau，IAB-Native-Advertising-Playbook，https://www.iab.com/wp-content/uploads/2015/06/IAB-Native-Advertising-Playbook.pdf，2013 年 12 月 10 日 .

[10] 冯婷 .《美国联邦贸易委员会对原生广告的治理研究》，《编辑之友》，2018 第 06 期 .

[11] Federal Trade Commission，Lord & Taylor Settles FTC Charges It Deceived Consumers Through Paid Article in an Online Fashion Magazine and Paid Instagram Posts by 50 “Fashion Influencers”，https://www.ftc.gov/news-events/press-releases/2016/03/lord-taylor-settles-ftc-charges-it-deceived-consumers-through，2016 年 3 月 15 日 .

[12] Federal Trade Commission，Lord & Taylor, LLC, In the Matter of，https://www.ftc.gov/enforcement/cases-proceedings/152-3181/lord-taylor-llc-matter，2016 年 5 月 23.

[13] 朱永红 .《我国网络广告监管研究》[D]. 新疆大学 ,2018.

[14] 白晓晴 .《中美广告行业组织建设比较分析》，《改革与开放》，2010 年第 8 期 .

[15] 杨燎原 .《中美广告行业协会比较研究》，《广告大观（理论版）》，2013 年第 05 期 .

[16] 窦锋昌 .《新广告法的规制效果与规制模式转型研究——基于 45 起典型违法广告的分》，《新闻大学》，2018 第 05 期 .

[17] 宋亚辉 .《互联网广告规制模式的转型》，《中国市场监管研究》，2019 年第 2 期 .

社交媒体使用对广告态度影响的倒 U 形模式研究

宣长春[1] 林升栋[2]

| 摘　　要 | 本研究聚焦用户的社交媒体使用行为，探究社交媒体使用时间的变化对社交广告态度的影响。通过 4172 份全国性样本的问卷调查，提出一个新的社交广告态度模型——倒 "U" 形曲线。在社交媒体使用时间适度时，用户通过信息性和娱乐性需求的满足，对社交广告的态度越来越正面；在使用时间过度时，用户愈发感受到广告的侵入性和对隐私的担忧，对社交广告的态度越来越负面。研究结论为社交广告的经营管理提供理论支持，同时也为用户合理使用社交媒体提供建议。

| 关 键 词 | 社交媒体；媒体使用；社交广告；广告态度；U 型关系

一、引言

2013 年，《哈佛商业评论》以“传统广告已死”为话题刊登一组文章专门探讨未来广告传播方式的发展和变革。在社交媒体蓬勃兴起的今天，社交媒体广告（Social Networking Advertising，以下简称“社交广告”）已经成为广告业态中一支不可忽视的力量，它以个性化推送和社交情境引发用户参与互动等优势赢得了越来越多广告商的青睐。随着 Facebook 和 Twitter 两大巨头在社交广告运作上的成功，国内也开始涉足社交广告，2015 年微信试水社交广告更是引发了全社会的广泛关注和讨论。[1] 近几年来，国内社交广告发展迅猛，市场份额不断扩大，2018 年我国社交广告市场规模更是逼近 400 亿元，[2] 腾讯副总裁汤道生直言，“社交广告的时代已经到来”。

作为一种新的广告形态，社交广告的出现势必带来广告效果的新讨论。然而，不管是传统广告时代，还是社交广告时代，广告效果一直都是研究者最为关注和重视的基础性课题。准确而有效的效果评估对于社交广告的经营和管理意义重大，关于社交广告效果的评估，国内外尚没有一个公认的、能够被大家广泛接受的测量模型。目前，社交广告态度研究主要还是沿袭传统广告态度分析思路，着重考察用户的人口统计学特征以及心理变量的影响。[3] 从一定程度上来说，学界的脚步已然滞后于业界，我们需要清醒地意识到，虽说“传统广告已死”的论断言之尚早，但广告业态正在重构却是不争的事实。[4] 社交广告有别于传统广告的关键之处在于它是传统广告和社交媒体相融合的产物，我们在关注用户个体属性的同时，也应该关注用户观看或阅读广

本文选自第 28 届中国国际广告节 2021 长城奖（广告学术类）论文铜奖作品，系国家自然科学基金项目“东西方不同文化思维方式对广告说服的影响：一个至下而上的脉络建构与验证”（项目编号：71372076）的研究成果。

[1] 厦门大学新闻传播学院，厦门，361005；[2] 中国人民大学新闻学院，北京，100872

告所处的社交情境，社交媒体使用是我们考察社交广告态度不应忽视的重要面向。

互联网出现以来，尤其是社交媒体迅速发展的这几年，“时刻在线”已然成了大多数人的生活常态，无处不在的社交广告更是渗透到了我们生活的每一个角落。随着我们对社交媒体的依赖程度不断加深，我们的信息环境、思维方式、交往方式和生活方式都在潜移默化中被改变和重塑。[5] 大量实证研究已经表明，社交媒体使用时间直接关乎我们的生活质量、[6] 心理状态 [7] 和工作学业。[8] 社交媒体使用作为我们探讨一切效果和影响的肇始性因素，理应被社交广告态度研究所关照。有鉴于此，本研究通过对全国性问卷调查所获得的 4172 份样本进行分析，试图厘清社交媒体使用对用户社交广告态度的影响，并具体分析不同阶段的作用机制，进而引导社交媒体广告良性发展，提高用户的广告体验。

二、文献回顾与研究假设

1．社交媒体使用和社交广告态度

近些年来，社交广告逐渐成为广告学研究中的热门领域，社交广告态度更是研究的重中之重。梳理文献后不难发现，早期研究相对粗糙，结论往往是简单而又片面地认为用户对社交媒体广告的态度是正面抑或负面。如有研究采用萨特曼隐喻诱导技术（ZMET）对大学生进行访谈，结果表明人们并不讨厌社交媒体广告。[9] 这种研究往往是基于“刺激－反应”的效果范式，将“态度”简单化地看作一个静态的结果变量，忽略了态度的复杂性和变化性，以及这种复杂变化造就的态度的过程性和可塑性，也就是说，态度是被建构的，它在过程中不断变化发展，在情境中不断被充实建构。

随着研究的不断推进，越来越多的学者注意到这个问题，开始提出各种可能会影响态度变化的因素。从传播学角度来看，这些影响因素大体可以归为两类：一类是用户自身的因素；另一类是社交媒体平台以及社交广告内容因素。从用户自身层面来看，现有研究除了探讨各种人口统计变量（如性别、年龄等）对广告态度的影响之外，还重点关注用户个体的性格、心理等因素。如有研究讨论了用户的分享意愿对社交媒体广告态度的影响，偏爱分享广告信息的行为有助于人们加强沟通和联系，让分享者从中获得满足感，进而提供对广告的态度。[10] 从社交媒体平台及社交广告层面来看，社交广告本身的属性无疑是影响用户最为重要的因素，广告的知识性、娱乐性、互动性和侵入性等因素更是被广泛研究和论证。除此之外，社交媒体平台作为一个间接因素也会对广告态度产生影响，研究表明社交平台越复杂，用户的广告态度就越积极。[11]

虽然有关社交广告态度研究日渐丰满，但鲜有研究关照媒介使用行为本身对广告态度的可能影响。媒介依赖理论认为，社交媒体对用户的影响来源于用户依赖其获得他们的日常目标，如社交需求的满足和社会关系的维系等。[12] 不同用户通过社交媒体满足不同的社交需求，形成不同程度的媒体使用和媒介依赖，进而对用户的认知、情感、行为等方方面面产生影响。如李彪等人发现，社交媒体使用时间越长，人们的拖延行为就越严重。[13] 而社交媒体使用程度的差异可能同样会影响用户对社交广告的态度。如有研究在解释用户逃离社交媒体时说，随着用户在社交媒体上逗留的时间越来越长，他们接触到的广告就越来越多，当他们对广告的负面情绪积累到一定程度，他们甚至会选择退出社交网络以摆脱广告的侵扰。[14] 由此可见，广告态度是在情境中不断变化的，是用户在社交媒体使用过程中积累形成的。

值得一提的是，泰勒（Taylor）等人开发的社交广告态度模型是近来使用较多的理论模型，该模型虽然未从历时性的过程角度展开研究，但还是开创性地辩证分析了促进和阻碍广告态度的两类影响因素。其中，一类是正向指标，如信息性（Informative）和娱乐性（Entertainment）等；另一类是负向指标，如侵入性（Invasiveness）和隐私担忧（Privacy Concerns）等。[15] 由此可见，用户对社交媒体广告的态度不是简单的正面或负面，其中夹杂着各种因素的影响，最终态度的形成是促进和阻碍两类因素相互博弈的结果。由此，我们不妨进一步推测，当用户在适度使用社交媒体时，对广告态度可能偏向正面，这是因为从使用与满足理论出发，信息性和娱乐性等需求的满足让用户感知到广告的益处，因而随着使用时间的增多，态度越来越积极；而当使用时间过度时，对广告态度可能偏向负面，这是因为从广告回避的心理出发，大量广告信息侵入生活，用户愈发感觉到自己的正常生活受到影响，随着而来的还有隐私泄露的担忧，因此随着使用时间的继续增多，态度越来越消极。

综上，本研究提出如下研究假设：

H1：在社交媒体使用时间适度的情况下，随着使用时间的增加，用户对社交广告的态度越来越正面。

H2：在社交媒体使用时间过度的情况下，随着使用时间的增加，用户对社交广告的态度越来越负面。

2．态度上升机制：信息性和娱乐性需求的满足

使用与满足理论指出，人们选择与使用特定的媒介以满足自己的需求和动机。该理论虽然被广泛地应用于传统传播方式，但也仍然适用于解释社交媒体的使用行为。帕帕克瑞斯和鲁宾（Papacharissi & Rubin）认为，人们使用社交媒体有 5 大动因：（1）人际交流，（2）信息获取，（3）生活便利，（4）消磨时间，（5）娱乐。[16]这种需求和期望在人们接触广告的过程中同样存在，高和库法里斯（Gao & Koufaris）发现，感知信息和感知娱乐是驱动用户日常接触广告的基本需求和动机，也是决定广告态度的两个关键性因素。[17]

广告作为一种大众传播活动，对人们的社会生活产生着重要影响，其主要合法功能就是其信息内容。广告传播产品或服务的各种信息，为用户提供认知和了解的途径，这种提供功能性信息的能力也成为用户接受它最为主要的原因。因此，广告所提供的产品或服务信息是影响用户对其态度的重要因素。[18]在这一点上，无论是传统媒体广告，还是社交媒体广告均是如此。尤其是在信息化的社会条件下，社交广告更应把握好“信息性”这一广告传播的核心竞争力，让用户能够在纷繁复杂的信息洪流中能够关注到广告，甚至是形成态度。因此，社交广告传播所带来的各种信息性问题将会直接影响用户对其持有的态度。

广告除了具有信息传播推销产品所产生的经济意义之外，还具有作为文化符号的观念推广所产生的社会意义。马克思鲜明地指出，广告应是一种精神交往，广告传播常常“妙趣横生”。[19]广告的这种娱乐性，一方面是根源于用户对娱乐的心理需求，人人都有享乐主义（hedonistic）的倾向，尤其是在这个体验经济时代，“娱乐”已经成了当代消费者广泛存在的文化价值；[20]另一方面，也是因为广告市场竞争异常激烈，随着数字媒体时代的来临，媒介的碎片化和信息过剩已是不争的事实，用户在信息需求得到充分满足的情况下，更喜欢充满趣味的广告。因此，社交广告更应发挥其情境传播的优势，将娱乐性融入用户的主观体验之中，消解用户对广告的抵触情绪和抗拒心理，进而激发用户对社交媒体广告的正面态度。

综上，本研究提出如下研究假设：

H3：在社交媒体使用时间适度的情况下，广告信息性越强，用户对其态度越正面。

H4：在社交媒体使用时间过度的情况下，广告娱乐性越强，用户对其态度越正面。

3．态度下降机制：侵入性和隐私担忧的顾虑

尽管学者们普遍认为，较之传统的广告形态，社交媒体广告优势明显，但还是有一些研究表明社交媒体广告效果并非那么理想。从某种意义上来说，社交媒体广告的某些属性甚至会受到用户更多的质疑和批评，这主要表现在如下两个方面：其一，沉浸于社交媒体不能自拔的我们，愈发感受到社交媒体对我们的异化，大量的广告接触更是让我们的日常生活深受其扰；其二，社交媒体环境下的个性化广告推送建立在用户多维数据的基础上，因此大量精准的广告推送容易引发用户对于自身隐私的担忧。

社交媒体时代，我们每个人的生活都在被改写和重构。诚如麦克卢汉所言，媒介在不断延伸我们的肢体和感官，社交媒体和社会生活的频繁互动和高度融合已然在改变着我们生活的基本向度，沉浸于社交媒体的我们被海量的广告信息所淹没。我们中许多人在日常生活的方式上，正不知不觉地受到广告的影响，并受它巧妙的操纵和控制。当广告信息如潮水般涌来的时候，无形中增加了我们信息处理的负担，时间被大量侵占，而且被切割成了无数碎片，特别是当广告的出现分散了用户的注意力时，用户很容易认为广告对他们造成了一定程度的侵犯。[21]这种广告信息反客为主的现象，深刻影响着我们的正常生活，甚至造成了日常生活秩序的紊乱，而深受其害的用户自然会对社交媒体广告持有负面消极的态度。

此外，在当前的社交媒体环境下，隐私担忧已经成为一个愈发重要的概念，而且社交媒体上的隐私担忧和其他媒体渠道的隐私担忧有着本质性区别。社交媒体具有公开性和透明性，它本身是鼓励用户披露个人信息的，这种自我信息披露的行为虽然有利于用户更好地进行社会交往，但却容易造成用户的隐私担忧，即所谓的“隐私悖论”。研究表明，用户对社交媒体广告的接受程度与其对隐私的敏感程度有关，对隐私遭泄露和利用的担忧是使用户对社交媒体广告做出负面评价的原因。[22] 尤其是过量的精准广告投送无疑是在反复提醒用户，他们的各种信息已经被完全掌握。毫无疑问，用户对这种被“精准操控”的行为是反感和拒斥的，在此过程中，用户不但失去了主动权，而且个人信息被利用和共享。

综上，本研究提出如下研究假设：

H5：在社交媒体使用时间适度的情况下，广告侵入性越强，用户对其态度越负面。

H6：在社交媒体使用时间过度的情况下，用户隐私担忧越强，对广告的态度越负面。

三、研究方法

1. 样本选择和数据来源

为了在全国范围内调查社交媒体用户，我们委托国内一家综合调查公司——问卷星 (Sojump) 进行了大规模调查，并按照每个样本 10 元的标准购买数据。问卷星的数据库拥有 260 多万互联网用户，能较好地满足本次全国性调查的需要。本次调查使用非概率抽样中的配额抽样（Quota Sampling）方式，依次对省份、性别和年龄等三个人口统计学因素进行配额抽样。首先，样本完整覆盖了全国 32 个省市自治区，但考虑到中国社交媒体行为的地域差异，北京、上海、广州、深圳四个一线城市社交媒体用户比例较高，因此，我们在北京、上海和广东三地分配了 10% 左右的样本量，而其他省份均分配了 2.5% 左右的样本量；其次，男女各分配 50% 的样本量；最后，考虑到社交媒体用户主要集中在 18 － 40 岁，在结合中国互联网络中心 2016 年发布的中国网民年龄结构的基础上，[23] 我们为这一年龄层的社交媒体用户分配了 70% 的样本量，其余各年龄层共分配 30% 的样本量。

问卷星根据我方确定的抽样框，即各层（类）单位的样本数量。本次调查设置了一个过滤问题用于排除非社交媒体用户，即用户熟悉或至少使用了一个社交媒体。接着，针对符合本次调查目的的用户展开问卷调查。考虑到问卷星中网络填答问卷可能存在较高比例不认真的样本，我们加入了测谎题用以检验认真程度，即“‘中国的首都是哪里’，下面选项中哪个词出现在前面这个句子中？”凡是未选择“中国”这一选项的皆视为无效样本。

本次调查共收到 5837 份问卷，其中，有效问卷为 4172 份，问卷有效率为 71.5%。从样本的年龄分布来看，15-17 岁占 3.6%，18-22 岁占 22%，23-29 岁占 19.1%，30-40 岁占 28.8%，41-50 岁占 13.1%，51-60 岁占 2.8%，60 岁以上占 0.6%。从性别来看，被访者中男性和女性样本各占 50%。从被访者教育程度来看，初中及以下占 3.9%，高中占 11.9%，本科占 74.7%，硕士研究生及以上占 9.5%。最后，从样本的区域分布情况来看，除了北上广三个经济发达地区，我们有意增加了一些样本量，其他省份的样本量占比均在 2.5% 左右。

2. 变量测量

社交媒体使用。受访者在这个部分需回答一道关于每周社交媒体使用时间的题目。本研究参考了中国互联网络信息中心发布的《第 38 次中国互联网络发展状况统计报告》，其中关于中国网民人均每周上网时长从 2012 年 6 月－ 2016 年 6 月的统计数据表明，中国网民人均每周上网时间基本稳定在 24 小时左右。[24] 据此我们确定了“0~6 小时（不包括 6 小时）”“6~12 小时（不包括 12 小时）”“12~18 小时（不包括 18 小时）”“18~24 小时（不包括 24 小时）”“24~30 小时（不包括 30 小时）”和“30 小时及以上”这六个选项。

信息性。受访者需回答 3 道五点式李克特量表题，具体条目包括：1. 社交媒体广告是产品或服务信息的一个重要来源；2. 社交媒体广告是产品或服务信息的一个方便来源；3. 社交媒体广告帮助我紧跟时代。这 3 道题的信度系数为 0.81。

娱乐性。受访者需回答 4 道五点式李克特量表题，具体条目包括：1. 社交媒体广告观看或阅读起来很有趣；

2. 社交媒体广告很巧妙，而且充满娱乐性；3. 社交媒体不仅是为了销售，它们也给我带来娱乐；4. 社交媒体广告常常很好玩。这 4 道题的信度系数为 0.90。

侵入性。受访者需回答 4 道五点式李克特量表题，具体条目包括：1. 我发现社交媒体广告分散我的注意力；2. 我发现社交媒体广告闯入我的生活；3. 我发现社交媒体令人不快；4. 我发现社交媒体广告妨碍我的生活。这 4 道题的信度系数为 0.87。

隐私担忧。受访者需回答 3 道五点式李克特量表题，具体条目包括：1. 我觉得向社交网络站点提供敏感信息是不安全的；2. 我觉得社交网络站点不会为我的个人信息保密；3. 我觉得在社交网络页面上发布个人信息是不安全的。这 3 道题的信度系数为 0.85。

社交媒体广告态度。受访者需回答 3 道五点式李克特量表题，具体条目包括：1. 总体来说，我觉得社交媒体广告是好的; 2. 总体来说, 我喜欢社交媒体广告; 3. 我认为社交媒体广告是必不可少的。这 3 道题的信度系数为 0.88。

其中，信息性和娱乐性是预测正向态度的指标，侵入性和隐私担忧是预测负向态度的指标。这 4 个变量的测量均参考的是 Taylor 等人的量表，[25] 英文量表的使用均经过来回翻译（Back and Forth Translation），以确保表意无偏差。

四、研究结果

1．社交媒体使用时间对社交广告态度的影响

本研究主要使用多元回归进行检验。在进行回归分析之前，为了降低多重共线性的影响，本研究对社交媒体使用时间进行标准化处理。[26]

表 1. 标准化社交媒体使用时间取值及其对应关系

	0~6h	6~12h	12~18h	18~24h	24~30h	30h+
原始编码	1	2	3	4	5	6
标准化值	-1.096	-0.530	0.035	0.601	1.167	1.732

接着，使用多元回归进行检验，2 个回归模型代表的意涵分别为：

模型 1：考察社交媒体使用时间和人口统计学变量对广告态度的影响；

模型 2：用以比较在控制了人口统计学变量之后，究竟是线性关系还是二次曲线关系对社交媒体使用时间影响广告态度的解释力更强；

表 2. 使用时间对广告态度的影响

	模型 1		模型 2	
	β	p	β	p
教育程度	-0.035	0.022	-0.039	0.022
性别	0.074	0.026	0.074	0.026
年龄	0.041	0.011	0.041	0.011
收入	0.063	0.007	0.060	0.007
使用时间	0.041	0.013	0.074	0.016
使用时间二次项			-0.062	0.016
R^2	0.034		0.037	
调整后 R^2	0.033		0.036	

对比模型 1 和 2 可见，社交媒体使用时间的二次项比社交媒体使用时间对广告态度的解释力更强。由此，我们基于模型 2 的相关数据建构以标准化后的社交媒体使用时间及其二次项为自变量，以广告态度为因变量的曲线模型（见图 1）。从二次项的系数可知，社交媒体使用时间和广告态度之间的关系是一个开口向下的倒“U”型曲线（β ＝ -0.062，p ＝ 0.016），随着社交媒体使用时间的增加，对广告态度存在着先逐渐上升而后又逐渐下降的影响，而“拐点”则是出现在 x ＝ 0.597 的位置（即原始编码 3 和 4 之间），其中，x 为标准化后的社交媒体使用时间。以上部分完整的回答了 H1 和 H2。

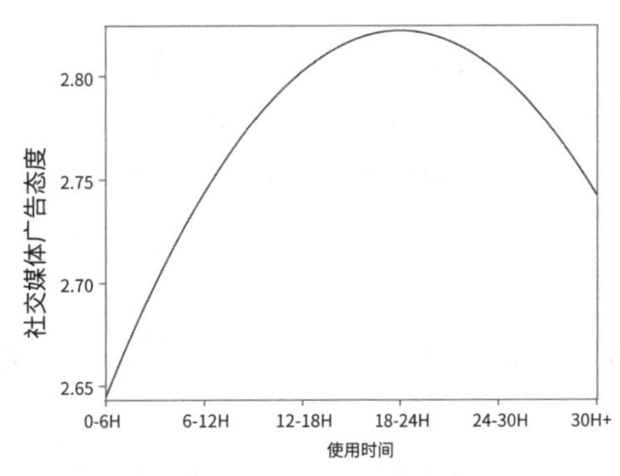

图 1：倒“U”型曲线模型

通过上述分析发现，社交媒体使用时间在 0~18 小时的范围内，随着使用时间的增加，用户对社交广告的态度是越来越正面，这可能是因为社交广告满足了用户对信息性和娱乐性的基本需求，因此态度趋于积极正面；

而超过 18 小时之后，随着使用时间的继续增加，用户对社交广告的态度则变得越来越负面，这可能是因为在使用时间过长之后，用户接触了大量社交广告，愈发觉得自己的正常生活受到了侵扰，而且基于大数据精准投送的广告让用户感到自己的隐私在不断被泄漏，因此对社交媒体广告的态度趋于消极负面。接下来，我们将进一步检验和分析不同阶段的作用机制，以期完整解释用户不同态度的具体成因。

2. 广告态度上升阶段：信息性和娱乐性的中介作用

在这部分，我们将对社交广告态度的上升阶段进行分析，即分析社交媒体使用时间在 0~18 小时区间的样本数据。分析重点是检验社交媒体使用时间通过信息性和娱乐性这两个中介路径影响广告态度的具体作用机制。中介作用的检验参照了布道者（Preacher），拉克（Rucker）& 海斯（Hayes）建议的 Bootstrap 中介检验方法，[27] 使用 PROCESS 插件进行数据处理，将自变量（使用时间）、中介变量（信息行、娱乐性）和因变量（社交媒体广告态度）依次选入相应的选项框后，勾选模型 4，样本量设定为 5000，置信区间选 95%，Bootstrap的取样方法选择偏差校正的非参数百分位法。

研究结果表明，就信息性而言，用户对信息性的需求中介了社交媒体使用时间对广告态度的影响，中介效应的大小为 0.018，区间为［0.011，0.026］，区间范围不包含 0，所以中介效应显著，即社交媒体使用时间越长，用户的信息性需求越能得到满足，进而对广告的态度越积极。就娱乐性而言，用户对娱乐性的需求中介了社交媒体使用时间对广告态度的影响，中介效应的大小为 0.051，区间为［0.029，0.071］，区间范围不包含 0，所以中介效应显著，即社交媒体使用时间越长，用户的娱乐性需求越能得到满足，进而对广告的态度越积极。综上，当社交媒体使用时间保持在一个较为合理的范围时，用户观看或阅读社交媒体广告，其信息性和娱乐性的需求得到了很好的满足，因而对社交媒体广告的态度也越来越正面。以上部分完整的回答了 H3 和 H4。

3. 广告态度下降阶段：侵入性和隐私关注的中介作用

在这部分，我们将对社交广告态度的下降阶段进行分析，即分析社交媒体使用时间超过 18 小时的样本数据。分析重点是检验社交媒体使用时间通过侵入性和隐私担忧这两个中介路径影响广告态度的具体作用机制。依然运用 Bootstrap 中介检验方法，使用 PROCESS 插件进行数据处理，将自变量（使用时间）、中介变量（侵入性、隐私担忧）和因变量（社交媒体广告态度）依次选入相应的选项框后，勾选模型 4，样本量设定为 5000，置信区间选 95%，Bootstrap 的取样方法选择偏差校正的非参数百分位法。

研究结果表明，就侵入性而言，用户对信息性的需求中介了社交媒体使用时间对广告态度的影响，中介效应的大小为 -0.015，区间为［-0.029，-0.004］，区间范围不包含 0，所以中介效应显著，即社交媒体使用时间越长，用户越觉得社交广告侵入了正常生活，进而对广告的态度越消极。就隐私担忧而言，用户的隐私担忧中介了社交媒体使用时间对广告态度的影响，中介效应的大小为 -0.048，区间为［-0.075，-0.021］，区间范围不包含 0，所以中介效应显著，即社交媒体使用时间越长，用户越担忧自己的隐私被泄露，因而对社交广告的态度越消极。综上，当社交媒体使用时间超出了合理的范围时，用户就会愈发感受到社交广告对自己生活的侵入以及担忧自己的隐私被泄露，进而对社交广告的态度就越来越负面。以上部分完整的回答了 H5 和 H6。

五、结论与讨论

本研究探讨了社交媒体使用对社交广告态度的影响，结果发现，两者之间并非简单线性关系，而是存在着一种倒“U”形曲线模型。具体来说，在第一个阶段，即适度使用阶段，随着社交媒体使用时间的增加，用户对社交媒体广告的态度越来越积极正面；到了第二个阶段，即过度使用阶段，随着社交媒体使用时间的继续增加，用户对社交媒体广告的态度越来越消极负面。在此基础上，本研究进一步验证了：在适度使用阶段，用户是通过信息性和娱乐性需求获得满足，进而对社交媒体广告的态度越来越正面；在过度使用阶段，用户愈发感受到广告的侵入性和对隐私的担忧不断增长，进而对社交媒体广告的态度越来越负面。

这一倒“U”形社交广告态度模型的提出，生动展现了鲍曼（Zygmunt Bauman）在《液态之爱：人际纽带的脆弱》中所说的“渴望与人相系，却更恐惧被就此绑架”，我们每个人都渴望通过广告获得信息和娱乐，但更恐惧广告对我们生活的入侵和隐私的暴露。此外，本研究的发现还提示我们：在考察社交媒体广告态度时，我们不仅应该将其看作一个结果变量，更应视其为不断累积的变化过程，在此过程中，态度的形成受到各种因素的影响和制约。而态度先升后降的变化过程更是折射出广告在促进社会经济发展、满足人们信息娱乐需求的同时，也容易演化成为一种异己的力量，当广告过度占据人们的时间，甚至“窃取”用户个人信息的时候，它就会成为霍布斯眼中的“利维坦”怪兽。

本文的理论和现实意义主要体现在以下四个方面。

第一，本研究提出了一个崭新的社交媒体广告态度模型——倒“U”形曲线。该理论模型在一定程度上弥补了国内在该领域的研究不足，尤其是有关社交媒体使用对社交媒体广告态度影响的大型问卷调查在国内尚属首次。通过大型实证研究，我们就社交媒体使用和广告态度之间的关系提供了一个全新的、更具有整合力的解释，两个不同态度阶段的提出有利于该领域不同理论之间的整合和研究的进一步深化。除此之外，本研究还进一步验证了两个阶段的不同作用机制，这一系列中介机制的引入进一步增强了理论模型的解释力和科学性，同时也为社交广告态度的后续研究奠定了坚实基础。

第二，本研究为社交媒体中的广告态度研究拓宽了边界。“使用时间”是社交媒体使用行为中非常基础和重要的变量。在社交媒体的相关研究中，使用时间是一个频繁出现的影响因素，如大量研究都在论证社交媒体使用时间和生活质量、心理状态以及工作学业之间的关系。然而遗憾的是，既往的社交媒体广告态度研究忽视了这一基础变量的作用，更多的将“态度”作为一个结果性变量进行考察。使用时间这一变量的引入，有助于拓宽我们对态度的理解，本研究所提出的倒“U”型态度模型充分展现了用户广告态度的过程性和变化性特质。这也启示我们，接下来的社交媒体广告态度研究可以进行历时性考察和分析，在更长期的视野下展开效果研究。

第三，本研究为社交媒体使用提供了一个合理时间范围。现如今，越来越多的青少年对社交媒体形成依赖，甚至是社交沉迷，[28] 美国作家马克·鲍尔莱恩（Mark Bauerlein）在其著作《最愚蠢的一代》中更是声称，当今的“社交媒体一代”已经成为最愚蠢的一代，因为他们花费太多时间在一系列的网络社交媒体上，以至于他们花费更少的时间去学习和阅读。[29] 由此可见，我们在进行社交媒体使用时需要把握一个“度”字，它在某种程度上决定着我们的生活状态和社交媒体之间的关系是一种良性互动还是一种恶性循环，本研究的结论亦证明了这一点。考虑到本研究是一次覆盖全国的大样本调查，这一时间区间的提出具有一定的普适性和参考价值。

第四，本研究同样有着较强的现实指导意义。社交媒体使用时间的合理区间的提出，不仅对用户具有极强的指导意义，而且对于广告主和广告经营者来说更是意义重大。从广告管理的层面来说，充分了解用户在不同阶段对广告的态度变化，有利于广告的经营和管理，进而实现广告的效应最大化。从用户的角度出发，时间区间的提出可以约束我们的社交媒体使用行为，让我们在良好的状态下进行社交媒体使用，并从中获得各种社交需求的满足。因此，使用时间合理区间的提出是一个用户和广告主双赢的结果。

本研究尚存在一些不足之处。如本研究中社交媒体使用行为仅仅关注了社交媒体使用时间这一个维度，而未考虑其他维度，如使用动机和内容偏好等，这无疑会对结果产生一定的影响，未来研究中可纳入更多维度进行深入研究。又如，本研究在态度上升和下降阶段分别提出了两个中介变量，可能还存在其他重要中介变量未被引入到模型中，需要未来研究中进一步探索其他被遮蔽的关键变量。

［作者简介：宣长春（1992-），男，厦门大学新闻传播学院助理教授、硕士生导师；林升栋（1976-），男，中国人民大学新闻学院教授、博士生导师。］

【参考文献】

[1] 吴鼎铭，石义彬．《社交媒体“Feed 广告”与网络受众的四重商品化》，《现代传播》.2015 年第 6 期．

[2] 《易观：2018 中国互联网广告市场年度综合分析》，http://www.199it.com/archives/762644.html，2018 年 12 月 1 日．

[3] Dutta-Bergman, M. J. (2006). The Demographic and Psychographic Antecedents of Attitude toward Advertising. Journal of Advertising Research, 46(1), pp.102-112.

[4] 黄升民．《为“传统广告已死”正名》，中国广告 .2014 年第 3 期．

[5] [21] 陈力丹，毛湛文．《时空紧张感：新媒体影响生活的另一种后果》，《新闻记者》.2014 年第 1 期．

[6] Sagioglou, C., & Greitemeyer, T. (2014). Facebook's Emotional Consequences: Why Facebook Causes a Decrease in Mood and Why People still Use It. Computers in Human Behavior, 35, pp.359-363.

[7] Yao, M. Z., & Zhong, Z. (2014). Loneliness, Social Contacts and Internet Addiction: A Cross-lagged Panel Study. Computers in Human Behavior, 30, pp.164-170.

[8] Junco, R., Heiberger, G., & Loken, E. (2011). The Effect of Twitter on College Student Engagement and Grades. Journal of Computer Assisted Learning, 27(2), pp.119-132.

[9] Hadija, Z., Barnes, S. B., & Hair, N. (2012). Why we Ignore Social Networking Advertising. Qualitative Market Research:An International Journal, 15(1), pp.19-32.

[10] Peters, C., & Hollenbeck, A. C. R. (2007). An Exploratory Investigation of Consumers’ Perceptions of Wireless Advertising. Journal of Advertising, 36(4), pp.129-145.

[11] Bruner, G. C., & Kumar, A. (2000). Web Commercials and Advertising Hierarchy of Effects. Journal of Advertising Research, 40(1), pp.35–42.

[12] Lee, J., & Choi, Y. (2018). Informed Public Against False Rumor in the Social Media Era: Focusing on Social Media Dependency. Telematics and Informatics, 35(5), pp.1071-1081.

[13] 李彪，杜显涵．《反向驯化：社交媒体使用与依赖对拖延行为影响机制研究——以北京地区高校大学生为例》，《国际新闻界》.2016 年第 3 期．

[14] 《Brands + Consumers + Social Media: What Marketers Should Know About Who’s Getting Social and Why》，http://www.dynamiclogic.com/na/research/industry_ presentations/docs/Dynamic Logic_ AdReaction09_OMMASocial_26Jan2010.pdf, 2018 年 12 月 1 日．

[15] [25] Taylor, D. G., Lewin, J. E., & Strutton, D. (2011). Friends, Fans, and Followers: Do Ads Work on Social Networks? How Gender and Age Shape Receptivity. Journal of Advertising Research, 51(1), pp.258-275.

[16] Papacharissi, Z., & Rubin, A. M. (2000). Predictors of Internet Use. Journal of Broadcasting & Electronic Media, 44(2), pp.175-196.

[17] Gao, Y., & Koufaris, M. (2006). Perceptual Antecedents of User Attitude in Electronic Commerce. ACM SIGMIS Database, 37(2-3), pp.42.

[18] Millan, E. S., & Mittal, B. (2010). Advertising's New Audiences Consumer Response in the New Free Market Economies of Central and Eastern Europe—The Case of the Czech Republic. Journal of Advertising. 39(3), pp.81-98.

[19] 王凤翔．《略论马克思、恩格斯的广告批评思想》，《新闻与传播研究》.2015 年第 6 期．

[20] [美] 米切尔·沃尔夫．《娱乐经济——传媒力量优化生活》，黄光伟、邓盛华译，光明日报出版社 2001 年版．第 63 页．

[22] Yu, J. H., & Cude, B. J. (2009). Possible Disparities in Consumers' Perceptions Toward Personalized Advertising Caused by Cultural Differences: U.S. and Korea. Journal of International Consumer Marketing, 21(4), pp.251-269.

[23] [24] 中国互联网网络信息中心．《第 38 次中国互联网络发展状况统计报告（2016）》．http://cnnic.cn/hlwfzyj/hlwxzbg/hlwtjbg/201608/

P020160803367337470363.pdf.2018 年 12 月 1 日 .

[26] Hair, J. F., Anderson, R. E., Tatham, R. L., & Black W. C. (1998). Multivariate Data Analysis. NJ: Prentice-Hall.

[27] Preacher, K. J., Rucker, D. D., & Hayes, A. F. (2007). Addressing Moderated Mediation Hypotheses: Theory, Methods, and Prescriptions. Multivariate Behavioral Research, 42(1), pp.185–227.

[28] 黄含韵 .《中国青少年社交媒体使用与沉迷现状：亲和动机、印象管理与社会资本》，《新闻与传播研究》.2015 年第 10 期 .

[29] Bauerlein, M. (2008). The Dumbest Generation: How the Digital Age Stupefies Young Americans and Jeopardizes Our Future. New York: Penguin Group.

互联网广告标识问题研究与应对建议

杨正军[1] 张国华[2] 施羽暇[3] 高富平[4]

| 摘 要 | 欧盟实施《通用数据保护条例》（GDPR）以来，不同法域广告组织出台应对策略，以获取用户有效同意和保护用户隐私，保障互联网广告有效运行。苹果的 AppTrackingTransparency 和 IDFA 新规体现的不只是 iOS 与 Android 的平台竞争，还是终端厂商与互联网厂商的生态竞争、opt-in 与 opt-out 的路线竞争。为构建我国互联网广告生态和平衡各方主体的利益，本文提出了可开关、连续、匿名、安全的互联网广告标识建设思路，希望成为平衡个人隐私、企业利益和政府监管，规范互联网广告产业健康有序发展的解决方案。

| 关 键 词 | 广告标识；数据安全；个人信息保护；IDFA

移动互联网广告标识，是应用于移动互联网广告业务的、可变更的标识符，能够标记、识别移动互联网广告服务对象，如 IDFA[1]（苹果系统广告标识，ID for Advertising）、GAID[2]（谷歌广告标识，Google Advertising ID）、OAID[3]（开放匿名标识，Open Anonymous ID）等。标识是移动互联网广告运行的基础性数据，广泛应用在广告主、媒体平台、第三方监测公司、代理公司等数字营销业务全链条，服务于广告结算、效果归因、流量甄别、精准营销、用户画像等。在保障数据安全和用户隐私的前提下，通过此类标识可以建立移动互联网广告基础数据服务，促进广告数据流通，服务广告产业。

发展数字经济是我国十四五规划的重要目标[4]，“互联网 +”“智能 +”是促进数字经济发展的重要技术手段，互联网广告日趋走向智能化，成为经济数字化转型的助推器。《2019 年中国广告市场报告》数据显示，2019 年我国网络广告规模达到 6254.4 亿元，同比增长 29.2%，其中移动互联网广告占比达到 71.9%[5]。从商业化角度看，目前我国大部分移动互联网广告业务均通过 IMEI（国际移动设备识别码，International Mobile Equipment Identity）、IDFA 等移动设备标识码进行用户标记、数据拉通、精准推送等，以 IDFA 为代表的移动设备标识已成为移动互联网广告的基础设施。近年来基于设备 ID 的互联网精准广告模式受到了越来越多的挑战，包括国际国内逐步强化的数据安全监管要求、消费者日益增强的个人信息保护需求以及硬件厂商对各类系统权限获取的收紧等，这对互联网广告市场带来较大冲击，亟须提出既符合监管要求、保护消费者权益，同时顺应市场需求的解决方案。

本文选自第 28 届中国国际广告节 2021 长城奖（广告学术类）论文铜奖作品。

[1] 中国信息通信研究院泰尔终端实验室，北京，100191；[2] 中国广告协会，北京，100022；[3] 中国信息通信研究院政策与经济研究所，北京，100191；[4] 华东政法大学，上海，201620

1 互联网广告标识问题研究

1.1 数据泄露、造假问题突出

互联网广告产业链涉及多个实体如媒体（一般指App、网站、智能电视等）、三方监测平台、数据平台、自动化交易平台等，这些主体普遍存在大量采集用户个人信息的情况，再结合广告标识与用户身份的绑定关系，来分析特定用户的生活习惯和消费行为，形成个人画像，实现“精准广告推送”“精准信息流分发”“个性化智能化服务”等。更有甚者非法窃取大量用户个人信息，并在用户未知情的情况下用于“强制推送”“精准诈骗”等，2020 年央视 315 曝光个别 SDK（软件开发工具包）会过度采集设备标识、应用列表、传感器等信息然后以数据补全等形式转卖或直接非法售卖给灰黑产链条[6]。2020 年上海市消费者权益保护委员会发布的《APP 广告消费者权益保护评价报告（2020）》显示 App 广告的精准投放与竞价交易以获得消费者的大量信息为前提，对消费者个人信息保护影响甚大，且仅有 14.5% 的 App 可以找到个性化广告推荐关闭入口[7]。

我国基于 Android 平台的互联网应用一般采用 IMEI 作为广告标识，IMEI 是不可变更的设备标识，而由于对 IMEI 的安全防护手段不足，存在被篡改和冒用的问题，被不法分子用于设备骗保、躲避风控、广告作弊、电信诈骗等灰黑产领域，2020 年 2651 万台某品牌手机被用于互联网广告拉活业务，IMEI 等标识是主要的数据基础。在这个过程中广告主的利益受到了损失，存在严重的流量造假问题[8,9]。

1.2 数据合规面临挑战

当前国际高度重视数据安全与个人信息保护，欧盟在 2018 年 5 月开始正式实施的《一般数据保护条例》（GDPR）已明确将设备识别码如 IMEI、MAC、IDFA 认定为用户隐私[10]。我国《网络安全法》要求“网络运营者不得泄露、篡改、毁损其收集的个人信息，应当采取技术措施和其他必要措施，确保其收集的个人信息安全，防止信息泄露、毁损、丢失”；《中华人民共和国民法典》《信息安全技术网络安全等级保护基本要求》(等保 2.0)《中华人民共和国数据安全法（草稿）》《中华人民共和国个人信息保护法（草稿）》《互联网广告管理暂行办法》均对个人信息保护、数字广告精准投放等提出了具体要求。国家标准 GBT 35273 — 2020《信息安全技术 个人信息安全规范》对个人常用设备信息进行了列举，包括：硬件序列号、设备 MAC 地址、软件列表、唯一设备识别码（如 IMEI/Android ID/IDFA/Open UDID/GUID、SIM 卡 IMSI 信息等）等在内的描述个人常用设备基本情况的信息[11]。数据安全和隐私保护要求越来越高，传统广告标识、设备标识码的采集、存储、使用、交换等均应满足法律法规具体要求，传统做法面临严峻的合规挑战。

1.3 系统收紧标识权限

对于 GAID、IDFA 等传统的广告标识，移动互联网应用需通过操作系统提供的接口和权限才能获取，但无论是 Android 还是 iOS 都在收紧设备标识码获取权限。

对于 Android 系统，从 2017 年推出的 Android 8.0 开始，Android 设备在未连接到 WiFi 网络的情况下探测新网络时，会使用随机分配的 MAC 地址[12]。2019 年推出的 Android 10 开始，更提出新的政策：应用必须具有 READ—PRIVILEGED—PHONE—STATE 特许权限才能访问设备的不可重置标识符（包含 IMEI 和序列号）[13]，而该权限需要系统签名的应用才能申请。

对于 iOS 系统，从 2014 年发布 iOS8 系统中引入了 MAC 地址随机化功能[14]。苹果公司在 2020 年 6 月召开的全球开发者大会（WWDC 2020）上宣布，为了保护用户隐私 iOS14 系统将限制应用追踪用户的功能，最主要的措施是：IDFA 的授权方式从 opt-out（默认开启，选择关闭）变为 opt-in（默认关闭，选择开启），以及 IDFA 的开关控制颗粒度从 Per-Device（单个设备）到 Per-App（单个应用），并推出了 App Tracking Transparency 框架，来实现征得许可来追踪用户及访问设备的广告标识符[15]。苹果公司 IDFA 政策的变化对互联网广告产业影响巨大，苹果公司宣布推迟到 2021 年初实施。2021 年 1 月 28 日苹果公司发布的《每日数据生活》（A Day in the Life of Your Data）报告显示，平均每款移动 APP 包含 6 个追踪器（一般通过 SDK 或 API 实现），平均每家数据代理公司收集 700 万个消费者数据并生成多达 5000 个特征的消费者画像。苹果再次强调将采取措

表 1 IDFA、GAID、OAID 比较

标识名称	支持系统	推出时间	授权方式	开关路径	重置	关闭	关闭一开启后
IDFA	iOS	2012 年 iOS6.0	opt-in（2021 年初）	3 层路径	支持	支持，关闭后返回一串 0	新的值
GAID	Android（Global）	2014 年 Android5.0	opt-out	3 层路径	支持	支持，关闭后返回新的值	原值
OAID	非 iOS（China）	2019 年 Android10.0	opt-out	3-4 层路径	支持	支持，关闭后返回一串 0 或新的值	新的值或原值

施，包括应用生态系统中的用户隐私，在最新的版本中推出 IDFA 和 App Store 新政[16]。

2 互联网广告技术分析

2.1 互联网广告标识比较

IDFA、GAID、OAID 是目前应用最广泛的互联网广告标识，分别应用于 iOS 平台、国外 Android 平台以及国内 Android 平台。2012 年 9 月，苹果公司在搭载 iOS6.0 的 iPhone 机器上推出了 IDFA 功能，率先提出专门为广告应用的标识；2014 年，谷歌公司在 Android5.0 系统推出了 GAID 功能，但仅支持外国 Android 生态；2019 年 5 月，中国信通院联合国内手机厂商在移动安全联盟推出以 OAID 为代表的补充标识体系，服务国内非 iOS 生态[17]。基于设计理念、管理模式的差异，这三类标识在用户授权方式、开关路径、重置实现、关闭实现等方面略有差异（如表 1 所示）。

2.2 互联网广告标识背后的博弈

针对互联网广告标识的调整，将对互联网广告产业产生较大影响，这体现的是系统平台、产业生态、监管路线的博弈。

第一，平台竞争。在移动操作系统领域，iOS 与 Android 是全球最主要两大平台，截止到 2020 年 12 月份，全球移动操作系统中 Android 占比 72.48%，iOS 占比 26.91%，二者加起来达到 99.39% 的份额[18]，近 10 年的移动操作系统市场占比情况如图 1 所示。从主营构成来看，主导 Android 平台的谷歌公司的主要收入来源是广告，近一年谷歌广告占总营收 80.18%[19]；而主导 iOS 平台的苹果主要以硬件产品收入为主，近一年苹果的 iPhone、Mac、ipad、配件设备营收占比 80.41%[20]，广告占苹果营收微乎其微。因此，可以判断谷歌难以对 GAID 做出苹果 IDFA 类似的策略调整，一方面谷歌的商业模式决定了其不可能弱化标识对广告数据发挥的基础作用，另一方面 Android 系统分发和管理的碎片化也使得其难以实现统一的调整。这样在 iOS 与 Android 平台在广告标识的竞争会出现三个结果：（1）iOS 平台 IDFA 新策略，客观上可以限制 iOS 平台上的 APP 追踪用户，起到实质上保护用户隐私权、知情权、选择权的作用；（2）注重隐私保护的用户会从 Android 平台转向 iOS 平台，这将增加苹果设备的品牌认可度，为苹果增加硬件销量；（3）苹果公司借此次 IDFA 调整强化 SKAdNetWork2.0[21] 用于广告归因、投放等功能，这将使得苹果公司占据互联网广告产业链重要角色，甚至可能成为其商业领域新的增长点。

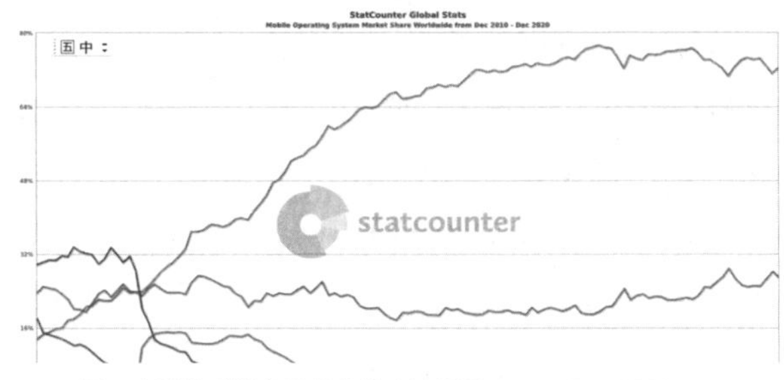

图 1 全球移动操作系统市场占比情况 2010.12 — 2020.12
来源：https://gs.statcounter.com

第二，生态竞争。硬件厂商主导的操作系统生态与互联网厂商主导的应用生态之间的竞争是技术发展的必然趋势。随着终端市场的充分竞争，终端厂商也在加快布局和发展互联网业务。由于终端厂商有硬件与操作系统底层优势，必然对互联网生态带来较大冲击与威胁。如 2017 年腾讯与华为旗下 Magic 手机关于微信用户数据使用之争[22, 23]，最终双方和解；2016 年阿里、百度、腾讯等互联网公司与华为、小米、OPPO、vivo 等终端公司关于移动应用软件分发的争议，最终中国互联网协会协

调推出《移动智能终端应用软件分发服务自律公约》[24]，个别纠纷通过司法途径解决[25, 26]。中国互联网络信息中心发布的第 46 次《中国互联网络发展状况统计报告》显示，截至 2020 年 6 月，我国手机网民规模达到 9.32 亿，网民使用手机上网比例达到 99.2%[27]，移动互联网用户增长乏力。随着数据价值的不断释放，终端厂商与互联网厂商在应用分发、消息推送、权限获取、关联启动等方面的竞争持续升级，其本质是对数据、流量、生态控制权的争夺。现有的广告标识主要由终端厂商生成与控制，随着终端厂商推进互联网广告业务，未来广告标识、广告数据等将成为两大生态博弈的重点。

第三，路线竞争。opt-in（选择进入）与 opt-out（选择退出）是欧美两大数据保护体系在知情同意具体执行层面的路线差异，围绕二者的讨论经久不衰[28]。欧盟《一般数据保护条例》（GDPR）虽然没有明确禁止 opt-out，但是，一般认为 opt-out 选择相当于“预选框”或默示同意，而这被认为不符合 GDPR 同意规则，这意味着 IDFA 等广告标识均应在用户明确同意授权后才可使用，也即必须为 opt-in，这成为 IDFA 未来在全球的选择。2009 年美国贸易委员会研究报告《在线行为广告自律原则：追踪，定向与技术》[29] 继续支持美国的互联网广告的自治原则（Self-Regulatory Principles），对行为广告收集信息，除公司在使用敏感数据（例如，有关儿童、健康或财务的数据）进行行为广告之前，应获得肯定的明示同意外，其余仍然由公司自行决定采 opt-in 或 opt-out，只是必须给用户以选择权，并确保信息安全。美国《加利福尼亚州消费者隐私保护法案》（CCPA）虽然也有收集个人信息需征得用户授权同意的要求，但是个别类别的信息给予用户退出权也认为是满足知情同意要求，也即可以是 opt-out，这是目前 GAID 在北美的选择。我国现行法中尚未明确纳入 opt-out 机制，但商业实践中不乏默示同意规则的应用，司法审判中也可见相关判例[30]。2020 年发布的《中华人民共和国个人信息保护法（草案）》已在进行一定制度尝试，如何实现个人信息保护与信息自由流转之间的平衡，这需要立法者的智慧。

2.3 新型广告标识崭露头角

面对日益严格的数据安全与隐私保护政策，以及逐步收紧的标识获取权限，产业各方提出多种解决办法，操作系统厂商提出广告归因、监测框架，头部媒体建设私域数据中心，市面上也出现了众多基于设备指纹的解决方案。

（1）操作系统厂商提出解决方案。苹果公司在提出限制 IDFA 获取的同时，也提出 SKAdNetWork2.0 方案给广告行业使用，所有广告归因均需通过苹果提供的数据，使苹果公司在广告领域占据重要地位，但行业测试表明现有操作系统厂商的方案在解决归因、统计、监测等方面的效果、模式、准确性方面还有待提升。华为公司也推出 HUAWEI Ads 平台，提供广告投放、监测、优化等服务，同时华为也通过 HUAWEI Ads SDK 对外提供广告标识服务[31]，但只支持华为自身平台，未拉通国内其他手机厂商。

（2）头部媒体加快建设私域流量的“围墙花园”。拥有众多媒体合作方和海量流量运营能力的超级媒体平台，均在建设自己的 Datahub，推出联盟内部的广告 ID。如字节跳动公司巨量引擎平台推出的 BDID、腾讯公司腾讯广告平台推出的 QAID、阿里巴巴公司友盟平台推出的 UMID，在“围墙花园”体系内部用户识别与定向方面可顺利切换，但该方案无法实现跨平台的账号拉通，其透明度、安全性取决于超级媒体平台，也不利于数据跨域流通。

（3）层出不穷的设备指纹技术。行业里存在众多由媒体覆盖量较大归因公司、第三方监测公司、数据分析公司等提出的基于设备指纹技术生成的 ID。此类 ID 存在三方面问题：一是当前我国第三方平台公司等竞争激烈、鱼龙混杂，虽然方案众多，但难以统一整个行业；二是此类方案多数侧重于使用的便利性，在用户数据安全和隐私保护上比传统标识风险更大；三是很多所谓第三方数据平台本身也属于产业链的一环，缺乏服务的中立性、安全性，更有部分所谓第三方数据公司的商业模式存在非法窃取、买卖数据嫌疑。

3 互联网广告标识发展建议

3.1 平衡数据安全与互联网广告发展

2020 年《个人信息保护法（草案）》总则第一条

即提出“保障个人信息依法有序自由流动，促进个人信息合理利用”，因此互联网广告标识不论是由操作系统侧还是互联网侧来提供，都应兼顾合规与发展。欧洲互动广告局（IAB Europe）于 2019 年 8 月推出透明度和同意框架（TCF v2.0），旨在促进广告技术供应商的 GDPR 和 ePrivacy 的合规性[32]，实现消费者对透明度和同意的把控，该方案是欧洲寻找数字广告合规与发展平衡点的积极尝试。2020 年 11 月中国广告协会筹备成立网络与数据安全工作委员会[33]，致力于解决广告行业网络安全、数据安全、个人信息保护、透明性等突出问题，这将对我国互联网广告野蛮生长、流量造假泛滥起到一定遏制作用。

3.2 兼顾用户认知、行业水位和监管尺度

2020 年度全国网民网络安全感满意度调查显示，网民对于侵犯个人信息的关注度高达 80.94%[34]，用户对隐私保护认知逐年提升；数据安全管理符合木桶原理，因此任何一个环节导致的数据泄露都会对整个互联网广告链条产生沉重打击，2019 年多家“大数据”公司涉嫌利用网络爬虫技术过度收集、非法窃取和贩卖个人数据信息[35]，对整个大数据行业敲响警钟，因此只有整个行业水位的提升才能让行业良性运转。推进互联网广告标识工作应尊重国际通行规则，也兼顾用户认知，行业水位、监管尺度的平衡。中国通信标准化协会（CCSA）移动互联网应用和终端技术工作委员会（TC11）在 2020 年底成立了“移动互联网 + 广告子工作组”[36]，旨在推动我国互联网广告标准化工作深入实施，制定互联网广告顶层设计、标准体系、国际交流、前沿研究，这将有利于支撑监管、保护用户，提升行业水位。

3.3 互联网广告标识应保证透明、安全

2020 年底中国广告协会发布了团体标准 T/CAAAD 003—2020《移动互联网广告标识技术规范》[37]，提出了广告标识应遵守的基本原则。互联网广告标识应尊重用户的知情权、选择权、隐私权，在整个过程中应保障个人、设备的数据安全。因此互联网广告标识应具有以下几个特性：

a) 可开关性，通过方便快捷的方式给予消费者选择权，让消费者对广告标识进行开启或关闭。目前较多行业第三方标识缺少开关，部分 APP 有广告开关但是要经过多重目录或设置很多障碍，这是不合理的；

b) 连续性，广告标识涉及广告产业链众多参与方如广告主、媒体、广告平台、第三方监测平台的利益，因此服务提供方应确保服务稳定性、可持续性；

c) 匿名性，客户端采集的数据应不包含任何个人身份性信息，标识生成算法应保证匿名性，应无法逆推出任何用户设备、个人身份；

d) 安全性，为对抗移动互联网灰黑产，防止广告标识被伪造、篡改，应采用访问控制、密码技术等手段保障数据安全、算法安全。

3.4 互联网广告标识的技术架构建议

互联网广告标识一般涉及三类实体：终端设备、开发者、服务端，这三者在特定情形下是重叠的。在满足可开关、连续性、匿名性、安全性的前提下，广告标识可由终端厂商或公共平台提供，具体技术架构建议为：

（1）基于公共平台的广告标识

基于公共平台的移动互联网广告标识实现方案涉及三类实体：终端设备、开发者和服务端。其实现流程为：客户端侧通过采集具有一定终端标识能力的非用户隐私参数，发送到服务器侧，由服务器生成广告标识，下发给客户端。服务端应整体提供方案供用户对广告 ID 进行开关、重置操作，保护用户隐私。如图 2 所示：

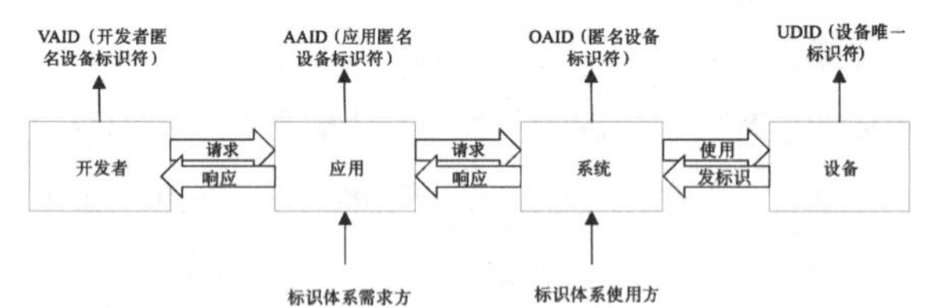

图 2 基于公共平台的广告标识方案

（2）基于终端平台的互联网广告标识

基于终端实现的移动互联网广告标识方案涉及三类实体：开发者、应用软件（APP）、操作系统。开发者通过开发的应用软件获取操作系统生成得移动互联网广告标识。移动互联网广告标识由移动智能设备实现，在系统首

次启动后生成。移动互联网广告标识生成参数中可包含设备硬件参数、随机数等。如图 3 所示：

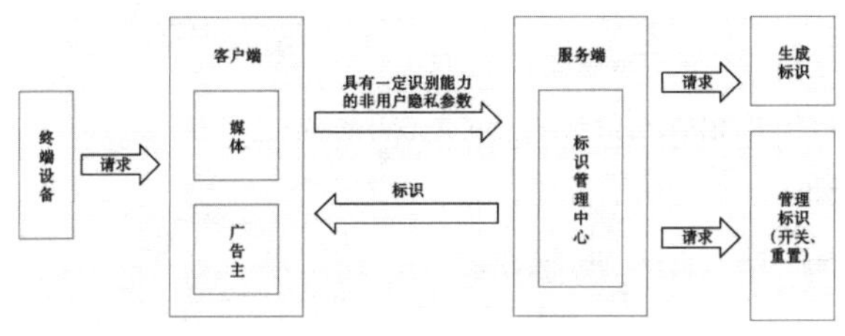

图 3 基于终端实现的广告标识方案

4 结语

互联网广告标识设计是牵一发动全身的基础工作，需要综合考虑用户认知、行业水位和监管尺度。在我国坚持扩大内需、激发市场活力和拉动消费的时代背景下，应综合处理好数据安全、隐私保护与发挥数据要素促进互联网广告产业发展之间的关系，三者兼顾，不可偏废[38]。互联网广告标识应遵循可开关、安全、保密、匿名等特性，保障消费者的知情权、选择权、隐私权。在透明、安全的大框架下，促进我国互联网广告产业健康、科学发展。

（作者简介：杨正军，中国信息通信研究院泰尔终端实验室数字生态研究与治理中心主任，研究方向包括数字要素、数字营销、数字政务、互联网安全、移动安全、人工智能安全等；张国华，中国广告协会会长，国际广告协会副会长，原国家工商总局广告监督管理司司长、原国家工商总局直销监督管理局局长；施羽暇，中国信息通信研究院政策与经济研究所高级工程师，研究方向包括数据要素确权、交易、流通，数据安全法律法规等；高富平，华东政法大学教授、互联网法治研究院院长、电子商务法研究所所长、数据法律研究中心主任，中国法学会网络与信息法学会常务理事、上海市法学会网络治理与数据信息法学会副会长。）

【参考文献】

[1] APPLE. Advertising Identifier (IDFA) Declarations [M]. http's://developer.apple.com/. 2020.

[2] GOOGLE. Advertising ID [M]. Google Play. 2020.

[3] 移动安全联盟 .《移动智能设备标识公共服务平台》 [M]. 移动安全联盟 . 2019.

[4] 习近平 . 关于《中共中央关于制定国民经济和社会发展第十四个五年规划和二〇三五年远景目标的建议》的说明 [J]. 中国民政 , 2020, 21): 22-5.

[5] 中国广告协会 . 2019 年中国广告市场报告 [M]. 北京 , 2020.

[6] 央视财经 . 曝光手机里的窃贼插件：你的短信可被全部传走，包括网络交易验证码！这些 APP 赶紧卸载 [M]. 2020.

[7] 上海市消费者权益保护委员会 . 市消保委发布《APP 广告消费者权益保护评价报告（2020）》 [M]. http://www.315.sh.cn/; 上海市消费者权益保护委员会 . 2020.

[8] 马守玉 . 2651 万台金立手机被植入木马！判决书曝光 [M]. 中共中央政法委员会中国长安网 . 2020.

[9] 浙江省义乌市人民法院刑事判决书（2020）浙 0782 刑初 844 号 . [M]. 2020.

[10] 京东法律研究院 . 欧盟数据宪章—《一般数据保护条例》评述及实务指引 [M]. 法律出版社 , 2018.

[11] 中国电子技术标准化研究院 , 北京信息安全测评中心 , 颐信科技有限公司 , et al. 信息安全技术　个人信息安全规范 [M]. 国家市场监督管理总局 ; 国家标准化管理委员会 . 2020: 36.

[12] GOOGLE. Android 8.0 功能和 API [M]. Goggle Developers. 2017.

[13] GOOGLE. 对不可重置的设备标识符实施了限制 [M]. Google Developers. 2019.

[14] APPLE. MAC 地址随机化 [M]. Apple. 2014.

[15] APPLE. User Privacy and Data Use [M]. Apple Developer. 2020.

[16] APPLE. A Day in the Life of Your Data，A Father-Daughter Day at the Playground [M]. Apple Inc. . 2021.

[17] 张汉青 . 移动智能设备标识公共服务平台发布 [M]. 经济参考报 . 2019.

[18] GLOBALSTATS S. Mobile Operating System Market Share Worldwide Dec 2010 - Dec 2020 [M]. https://gs.statcounter.com/; Statcounter GlobalStats. 2020.

[19] INC. A. Alphabet Inc. Form 10-Q [M]. www.sec.gov; SECURITIES AND EXCHANGE COMMISSION. 2020.

[20] INC. A. Apple Inc. CONDENSED CONSOLIDATED STATEMENTS OF OPERATIONS (Unaudited) [M]. Apple. 2020.

[21] INC. A. SKAdNetwork [M]. https://developer.apple.com/; Apple Inc. 2020.

[22] 刘乐 . 华为、腾讯因微信数据起冲突 专家：用户数据属于用户本身 [M]. http://china.cnr.cn/; 央广网 . 2017.

[23] 杨砺，刘马 . 腾讯华为“数据之争” 授权是尚方剑？ [N]. 新京报 , 2018-.

[24] 中国互联网协会 . 《移动智能终端应用软件分发服务自律公约》在京签署 [M]. https://www.isc.org.cn/; 中国互联网协会 . 2017.

[25] 梁爽 . 腾讯状告 OPPO 不正当竞争索赔 8000 万，法院这样判 [N]. 长江日报 , 2018-.

[26] 湖北省武汉市中级人民法院民事裁定书（2017）鄂 01 行保 1 号之一 [M]. 2017.

[27] 中国互联网络信息中心 . 中国互联网络信息中心发布第 46 次《中国互联网络发展状况统计报告》 [J]. 国家图书馆学刊 , 2020, 29(06): 19.

[28] 高富平 . 个人信息保护 : 从个人控制到社会控制 [J]. 法学研究 , 2018, 40(03): 84-101.

[29] COMMISSION F T. FTC Staff Report: Self-Regulatory Principles For Online Behavioral Advertising [M]. https://www.ftc.gov/; Federal Trade Commission. 2009.

[30] 冯恺 . 个人信息“选择退出”机制的检视和反思 [J]. 环球法律评论 , 2020, 42(04): 148-65.

[31] DEVELOPERS H. 广告标识服务 [M]. https://developer.huawei.com/; HUAWEI. 2020.

[32] EUROPE I. TCF- Transparency & Consent Framework v2.0 [M]. https://iabeurope.eu/; IAB Europe. 2019.

[33] 中国信息通信研究院 . 中国信通院筹备成立中国广告协会网络与数据安全工作委员会 [M]. 中国信息通信研究院 . 2020.

[34] 申佳平 . 个人信息保护意识觉醒 多方发力让信息不再“裸奔” [M]. http://it.people.com.cn/; 人民网 . 2020.

[35] 孙冰 . 数据隐私保卫战 爬虫背后的灰色大生意 [J]. 中国经济周刊 , 2019, 20): 14-21+112.

[36] 中国通信标准化协会 . CCSA TC11 通过设立“移动互联网 + 广告子工作组”决议 [M]. http://www.ccsa.org.cn/; 中国通信标准化协会 . 2020.

[37] 倪泰 . 国内首个移动互联网广告标识技术规范正式发布 [N]. 中国市场监管报 , 2020-.

[38] 张国华 . 漫谈个性化广告的共利价值 [N]. 中国消费者报 2021-01-27.

独立与激励——我国公益广告运行主导者创设

邬盛根 [1]

按照第三章关于公益广告运行机制选择的结论，可能没有必要再展开本章的内容讨论了，可这个话题让笔者想起了在武大读博期间，向张金海教授请教我国广告产业发展模式适用性问题时讨论的情景，我们讨论了在自由市场竞争背景下的独立产业发展的美国模式、国家政策与行业标准双重维护下的媒介、企业共生型发展的日韩模式、自由独立产业发展外资控局的中国台港地区模式，记得得出的结论就是没有哪一种模式是完美的，可最终张金海教授就中国广告产业现实发展路径选择所给出的对策与建议，又是“走日韩媒介、企业、广告共生型的产业发展模式”[1]。我想这不是无奈的权宜之选，而是要看你最需要解决的问题是什么，中国广告产业的规模化发展是个瓶颈，共生型扩张就成了必然选择。回到公益广告，现实的瓶颈问题是资金短缺，如前所述，引入企业的商业化参与，甚至面对不断涌现的社会公共利益问题，仅仅依靠政府或市场力量来解决的思路是狭隘的，公益广告运行必须引入多元化公益广告主体，必须寻求社会“第三力量”，即非营利性组织（第三部门），与政府部门（第一部门）和企业界的经济部门（第二部门），形成影响促进社会公益事业发展的三种主要力量。这看上去是西方社会公益广告实践的逻辑，正像英国学者保罗·霍普提出的，通过建设公共精神文化来实现共同体重建，社会需要一种超越政府和市场的公共精神重塑。公益广告是一种公共传播资源，是公共精神文化的重要组成部分，这种公共传播资源实现有效运行和价值增值的关键性前提是，设计和创建适合我国公益广告运行发展所需要的主导者。

一、我国公益广告运行实践检视与理论争议

公益广告在中国发展走过了三十多个春秋，古语云“三十而立”，我国公益广告发展的这三十多年，给中国社会精神文明建设和伦理道德培养带来了很大的成就和影响，公益广告作为传递公益信息的载体早已被社会大众所接收，特别是央视媒体单独开辟公益广告栏目《广而告之》的影响深入人心。但过了而立之年的我国公益广告在中国的发展仍处于逐步完善的状态，面临着一系列的问题，如公益广告资金短缺、公益广告创意性不强、公益广告商业化现象严重、公益广告公信力降低等问题，探究其原因还在于我国公益广告至今没有形成相对独立的公益广告运行机制。从我国公益广告事业走过的三十多年历程来看，自 1986 年贵阳电视台播发的我国第一则电视公益广告至今，政府主导、中央和地方媒体播发大量公益广告的运行状态没有太多改变。值得肯定的是，这种公益广告宣传在社会精神文明建设、重大国际国家级活动、自然灾害及突发公共事件慈善捐助等方面发挥了重要作用，并积累了丰富的公益事业实践经验和公益

本文节选自第 28 届中国国际广告节 2021 长城奖(广告学术类)著作铜奖作品,突发的繁荣与平日的寂寥：中日公益广告运行机制比较研究,邬盛根 / 著 . 北京：中国传媒大学出版社 .2021.6,国家社科基金一般项目“中日公益广告运行机制比较研究”(09BXW024)结项报告。

[1] 上海大学新闻传播学院,上海,200444

成果，2013 年，因“中国梦”系列公益广告强势发布，该年被媒体称之为“中国公益广告元年”，大街小巷随处可见颇具中国特色的公益广告，以“讲文明，树新风”“24 字社会主义核心价值观”为主题的公益广告不断传递正能量。可迄今为止我国公益广告运行机制的构建仍然处于瓶颈期，我国公益广告发展的困境仍然是我国公益广告最初阶段所遇到的问题：公益广告资金匮乏、公益广告作品缺乏创意、公益广告的商业化侵蚀严重、公益人才缺乏，等等，而更大的问题是所有这些瓶颈和政府需要转变自身职能问题交织在一起所产生的困境，因此，需要我们对以下问题进行深度思考：如何动员社会多元主体进行公益传播，激励社会公益组织成长，如何保障公益广告作为一种公共传播资源的价值以及如何维护和提升公益广告的公信力等。

（一）我国公益广告运行现状的实践检视

我国在公益广告具体实践和理论研究中，一直没有形成一个有效的公益广告运行的社会基础和主体独立运行的机制条件，具体表现在以下几个方面：

第一，公益广告计划与组织主导者的缺失与乏力。公益广告计划与组织主体在公益广告的运行机制中起到主导作用，他们把握广告的内容、形式，发布媒介，最终落地执行。我国公益广告运行也存在行为主体的多元化，政府、媒体、企业、非营利性组织都可以成为参与主体，但从目前的实际运行状态来看，我国政府恰恰承担起了公益运行主导者的角色，这里有着我国社会、历史、文化、国情原因和党政体制的特殊性原因，可是政府的主要职责并不是公益广告主导，因此公益广告的多元化主体参与实质上就没有主导者。从公益广告事业长远发展角度来看，我国公益广告发展需要计划性和常态化的组织运行，在主导者统一整合资源、发挥管理效率的前提下，多元参与主体分别承担不同的角色和功能。

政府方面：公益广告统筹流程自上而下，选题从大到小；公益广告的规模大，声势浩大，许多主题是结合国家方针政策需要，思想性强，产生了良好的公益宣传推广效果。但是这种统筹方式行政公益色彩浓，有可能忽略了公益广告市场化运作的灵活性和创新性，地方各级政府的公益意识和执行力参差不齐，容易导致公益广告创意平庸和粗制滥造问题，影响公益广告的影响力，也容易造成社会公共资源的浪费。

媒体方面：中国媒体具有“事业编制、企业经营”的双重属性，媒体根据政府相关政策导向，出于社会责任、公益宣传的职业责任意识发布公益广告；也由于其对时事热点反应速度快的特性，其自身适时自觉播放公益广告。与此同时，媒体为了自身生存发展需要追求自身的经济利益和经营利润，往往把公益广告在收视收听率不好的时段和版面发布，大大影响公益广告的传播效果，也同样造成社会公共传播资源的大量浪费。

企业方面：企业具有商业传播的经验，所以企业能制作出创意性强的公益广告，吸引受众眼球，而且企业的资金支持，能很好地保证公益广告的费用来源，但是企业作为市场经济的主体，其本性是追逐利润，企业的公益广告宣传多以营销目的为导向，同样存在着商业需要与公益责任传播动机的冲突与博弈。

非营利性组织：非营利性组织具有长期面对社会公众宣传公益的使命、责任和运行经验，如环保组织统筹公益广告，能直接针对社会发展问题和环境问题，专业化程度高，公益人才多，对公益项目的把握能力强，执行能力强，但是非营利性组织不以营利为目的，运行资金缺乏，公益传播能力较弱。相比政府、企业、媒体的强势地位，我国大部分的非营利性公益组织都处于发展初级阶段，组织发展的主要障碍同样是资金短缺，且募集的大多数资金都主要运用投入到实际公益项目运行支出上，导致公益广告传播方面的投入不多，影响其更好地发挥其公益职能和作用。

第二，公益广告指挥与协调的行政化和非常态化。公益广告创作传播运动式和非常态化表现在我国公益广告运行中出现的“突发的繁荣与平日的寂寥”现象，公益广告在我国给人印象最为深刻的就是大量集中投放的各种由突发自然灾害和大型节庆、事件活动等引发的公益广告发布，比如抗洪抢险、赈灾重建、春节回家等主题，这类公益广告的发布非常集中，具有时效性、针对性和鼓动性等运动式传播特征，特别是自然灾害等危机事件中往往出现政府、媒体、企业、非营利性组织等各级组织统一部署、集中调度、通力合作等一系列慈善公益行动的情况，海内外的明星、企业家、知名人士、普通百姓等以各种形式捐款捐物，全社会积极参与其中，各地各类媒体同时高频次地发布传播着各种各样的公益广告，形成了一场声势浩大的“公益运动”。2008 年，记者从市场研究公司 CTR 市场研究了解到，根据对地震前后全国电视媒体的两周广告全天候监测对比，震后电视媒体商业广告总花费减少 37%，减少近 99 亿元；而公益广告投放费用大幅增长 92%，增长了 6.7 亿元。CTR 市场研究有关负责人介绍说，地震灾情发生后，全国电视媒体特别是央视和卫视出于赈灾节目播出需要，其中省级卫视反应最为积极，缩减了 47%的广告播出，而公益广告增幅却高达 182%。据全国测量仪统计，期间共有 10.15 亿观众通过各级电视台的直播节目第一时间了解有关抗震救灾的报道，创造了中国电视新闻节目直播和收视之最。[2] 这种战时的组织管理运行模式非常高效、有效，出现繁荣景象，这一点首先应该是值得肯定的。2016 年 2 月，国家工商总局发布的《公益广告促进和管理暂行办法》（以下简称办法）规定，政府网站、新闻网站、经营性网站等应当每天在网站、客户端以及核心产品的显著位置展示公益广告；广播电台、电视台按照新闻出版广电部门规定的条（次），在每套节目每日播出公益广告；中央主要报纸每月刊登公益广告总量不少于规定的数量。[3] 这一政策不仅对公益广告刊播的规定进一步细化和加强，对公益广告供给机制也做了制度化的设计，例如规定“公益广告主管部门建立公益广告作品库，稿件供社会无偿选择使用”。该办法自 2016 年 3 月 1 日起施行以来，我国形成了稳定的公益广告制播模式，保障了公益广告市场持续、有序发展。[4] 而就公益广告发布主体而言，这类公益广告在我国大多数都是由政府、主流媒体发起制作传播的，形成了中央台为主要力量、地方台积极跟进、全国各级广播电视台加强公益广告创作播出的格局。2016 年至今，中央电视台（央视）总共制作了 100 余篇原创公益广告，全台各频道共播出公益广告超过 50 万次，播出总时长超过 3000 小时；中央人民广播电台（央广）从 2017 年 1 月 1 日至 2018 年 8 月 31 日，共制作公益广告 21 条，主题涵盖宣传贯彻落实党的十九大精神，纪念改革开放 40 年、时代楷模、美丽中国等多个类别，累计播出约 229239 条次，总时长约 200580 分钟。地方台也积极将公益广告播出纳入整体宣传规划中，如湖南广播电视台在 2018 年继续启动“青春扬益”（第二季）活动，在前三个季度共播出公益广告 59724 条次，比去年增加了 15850 条次，增幅为 36.1%，占商业广告播出量平均比例的 8% 左右，高于总局 3% 的规定，湖南卫视公益广告播出量已经占到 11%。湖南广播电视台广播媒体播出公益广告 27360 条次，时长为 19680 分钟，同比增长 32%。[5] 近些年来，我国公益广告发布主体呈现出多元化趋势，而现实中公益广告发布缺乏统一合作协调平台机制，往往出现政府、媒体、企业、非营利性组织等随机性交叉合作，增加了各主体间的沟通成本又无法整合各个组织的公共传播资源。笔者希望能够进一步促进公益广告资源对接和协同发展，创建政府、媒体、企业在公益广告方面的沟通、共融、发展常态化机制。[6]

第三，公益广告的社会评价和激励机制缺失。如前文所述，由于我国公益广告大多数由政府和媒体发起运行，社会组织公益力量相对较弱，各级政府行政机构似乎承担起了管理公益管理职责，比如中央宣传部、中央精神文明建设指导委员会等都履行了公益监督职责。公益广告的评价激励手段较为单一，目前，主要有公益广告创作、发布的奖项评审、财政扶持、税收优惠和播出费用减免等相关激励政策，如各级广电管理机构的公益扶持激励政策规定；由中国广告协会主办的公益广告“黄河奖”迄今已举办了 26 届，国际国内各个奖项评审几乎都会设立“公益奖”，这些措施对于丰富公益广告创作传播起到了很好的推动作用，特别是在政府、主流媒体的投入和带动下，各个相关机构组织了一批批优秀的公益广告创作人才队伍，全社会形成了良好的、积极的公益广告创作态势，也产出了一大批非常优秀、在社会上产生了良好反响的公益广告作品。与公益广告作品激励措施相对照，公益广告的运行激励，特别是对于公益广告主体行为及其运行机制构建的激励措施是不充分的，参与公益的企业社会责任履职尽责成果缺乏公开的激励政策。何晨、初广志认为，以服务社会公共利益为目标的公益广告，在调和市场经济和精神文明建设的需要方面，显然有着独特的传播优势。但由于公益广告不同于商业广告，在中国目前的经济体制下，难以实现所有组织和个人完全积极自发的投入公益广告事业中。公益广告的发展必然需要借助政府部门强有力的助推——以政策促进公益广告发展，在发展中不断规划和完善政策。[7] 胡光认为，公益广告鼓励政策的制定可以从以下几点考虑：一是广告主、广告经营者、广告发布者和公益广告代言人制作、刊播、代言公益广告的成本允许用于抵扣应纳税款；二是允许企业、社会团体、个人以申报的方式从地方广告管理部门获取资金支持，用于公益广告的制作、刊播；三是传播媒体超出法律规定标准外刊播公益广告的，以超播数量、时间等为基准，可以获得与之对应的奖励等。[8] 2016 年 7 月 8 日国家工商总局发布了《广告业发展“十三五”规划》（工商广字〔2016〕132 号），其中“四、政策措施 （二）财税支持政策：对企业通过公益性社会团体或者县级以上人民政府及其部门，用于公益广告的捐赠支出投入，经核实认定为公益性捐赠后，依法享受税前扣除”。目前可依照的法律为《企业所得税法》及其实施条例，但是其对企业参与公益广告角色的界定不清晰，企业的公益广告投入是商业性支出还是公益性支出并没有准确的、具有可操作性的评价，影响了税收政策、激励措施跟进，这些都会阻碍企业将资金投入公益广告的信心和决心，都会直接或间接地影响我国公益广告的发展。

（二）我国公益广告运行研究中存在争议的七个问题

如前文所述，我国公益广告在理论层面的研究探讨回应了公益广告运行实践的需要，公益广告运行机制问题是争议最为集中的话题。大多数学者赞成照搬已经成熟的协会模式，部分学者认为社会营销符合双赢的利益，允许公益进入市场化运作，少数学者提出与非营利性机构合作的设想，大家围绕着我国公益广告运行这个实践与理论课题，进行了有益的讨论与探索。首先，学者们就我国公益广告运行主体资格展开讨论，焦点是在公益和广告两个概念内涵、外延的界定和侧重上，有的建议由政府主导公益广告改为以企业为主体的公益广告传播，有的认为，公益广告传播要以广告界为主体，强调刊播广告的媒体单位的主导作用；有学者认为企业、广告公司、媒介都有利益趋向，存在商业行为，不可能成为公益事业的运行主体，有的学者坚持以公权部门为公益主导力量，有的学者强调公益广告繁荣机制应该来源于第三组织，更有学者否认了通过成立专门管理协会的方式来运行公益广告的观点。其次，在公益广告运行的困境和实现路径上，关于公益广告的非营利性本质和商业参与最具有争议性，学者们都赞同通过新的概念来界定和推荐我国的公益广告，有学者注重结果导向，有学者坚持过程导向，如何合理兼顾公益广告纯粹性和商业化的问题，在解决公益广告运行资金短缺的商业参与和保证公益广告纯粹性的运行机制构建上，成为两种观点的博弈场。再次，公益广告运行机制的主导者是谁的问题，从西方国家公益实践经验来看，政府、企业、媒体、社会组织甚至个人都可以成为公益广告的运行主体，就像 2016 年我国施行的《公益广告促进和管理暂行办法》中第三条倡导的，国家鼓励、支持开展公益广告活动，鼓励、支持、引导单位和个人以提供资金、技术、劳动力、智力成果、媒介资源等方式参与公益广告宣传。那么谁是公益广告运行机制的主导者呢，多元化的公益广告主体需要一定的具体组织形式和合作机制，能够达到优势互补、资源共享，最终实现公益广告运行绩效提高的目的。各个学者研究的角度不同、研究深入程度不同，差异鲜明，各有千秋。这种争辩的本身意义就在于找到适合我国公益广告发展的一种过渡性形式和方向性愿景，认识到我国公益广告从现实到理想的发展路径选择问题。笔者认为，学界主要在以下 7 个方面观点分歧较大：（1）政府在公益广告运行中的角色问题，（2）我国公益广告运行的社会力量创建、运行与成长路径，（3）公益广告运行中商业问题与参与机制，（4）公益广告的运行效率评价和激励问题，（5）公益广告运行与公益事业发展的关系问题，（6）公益广告运行与社会文明进步、经济发展关系问题，（7）公益广告运行的国际化与人类命运共同体理想的关系问题。

如此，关于公益广告的四个主体问题、三大关系问题的设问与课题跟踪研究，事实上，也表明了笔者研究公益广告运行的基本思路和方向，既要充分研究借鉴西方公益广告发展成功的运行模式和经验，又要立足于我国国情、党政体制和当今时代赋予我国社会经济发展历史机遇的要求。笔者坚持认为，公益广告是一种公共传播资源，资源就需要管理，公共传播资源管理就一定会牵涉公共管理选择的一系列问题，目前在我国公益文化意识和主体公益自觉不太成熟的情况下，构建我国公益广告商业化参与和公益纯粹性的冲突与协调机制是我国公益广告发展的一种有效过渡形式。应该说，在公益广告纯粹性本质方面，业界没有太大认知偏差，公益广告的商业化不是公益广告的本质属性，而商业化参与也使公益广告作为一种公共传播资源遭到了商业元素的侵占，长此以往必然会严重威胁公益广告的公信力和传播效果。而目前公益广告的商业性参与也有其现实的合理性，讨论公益广告运行主导者的根本出发点，就是一边维护公益广告纯粹性特征，一边又充分鼓励多元公益广告主体积极参与公益广告，探索一种适合我国国情的公益广告运行机制，促进我国公益广告事业的可持续发展。

二、国外公益广告运行机制中的主导者选择

（一）国外公益广告运行机制中的主导者

从全球公益广告发展来讲，最先起步的美国、日本、法国、新加坡等国家经过不断发展和改进逐步形成了各

各国公益广告运行机制对比

	谁来组织	谁来出资	谁来制作	谁来发布
美国	美国广告委员会	大多来自募集和各种基金会的捐助	一旦确定了广告活动的主题，广告委员会的职业工作人员就会与成百上千的志愿者们一起制作广告，一些顶尖的广告公司也会加盟进行广告创意，大公司的市场营销人员也同样会给予协助	媒体捐献广告时间和广告版面
法国	国家机构、企业、慈善机构	慈善协会募集的资金和个人基金协助	职业化的广告公司	由慈善协会、企业发布。更注重传播媒体选择的多样性，比如直邮、展会等形式
英国	经济政策压力下的企业自发行为	企业	企业邀请专业广告公司	公益广告发布方购买相应 媒体
日本	日本公共广告机构	经费全部来自会员的会费和赞助	企业负责广告制作、流通、服务的资金和信息，会员广告公司和制作公司承担广告创意和制作费用	会员媒体免费提供版面和时段刊播
韩国	韩国放送广告公社	在韩国，公益广告运营主体是韩国放送广告公社这样的公共机构。它为韩国公益广告提供资金	专业广告公司	在韩国只有电视媒体可以无偿发布，其他类型媒体都是以价格折扣的形式有偿发布

自独特的运行机制。笔者将从“谁来组织”“谁来出资”“谁来制作”“谁来发布”四个方面进行比较分析。如下表所示，西方发达国家建立的公益广告运行机制有一个共同的特征，即形成了政府、企业、媒体、广告公司等多方参与的运作模式，明确公益广告运行中各个行为主体的责任，诸如资金筹措、广告计划、创意制作、媒介发布等。而目前我国公益广告运行现状如前文所述，没有专门的公益广告运行管理机构，也缺乏长期可持续的公益广告资金来源，这都是因为我国公益广告运行长期以来始终依赖于政府和媒体的组织部署和运行机制保障。

美国公益广告运行机制主要是社会主导型，广告委员会为主导者，专门负责公益广告运行，机构是非营利性质；理事会成员来自广告公司志愿者；资金来源于美国各大基金会或者企业，政府也会投入一定资金以及给予政策性支持，在每年的宣传主题中有 1/3 到 1/5 是由政府提出的，[9]运作流程中志愿者以及顶尖广告公司进行集体创意，媒体捐献资源播出。美国这种运行机制集合了各种组织和企业，政府模式建立在高素质社会公民和非营利性组织高度发达的前提下，每个参与者都放弃自身的营利志愿加入公益广告制作和发布，广告委员会能在缺乏政府背景情况下调动到大量社会资源，这种模式与美国社会经济结构状况有着较高的契合度。

日本公益广告运行机制也是社会主导型，1971 年日本仿照美国在关西成立了公共广告机构，成立之初主要是为了让公益广告在处理环境污染等社会问题方面发挥作用，1974 年公共广告机构升级为全国性非营利性机构。在公益广告的运作流程中，企业在其中占有重要地位，公共广告机构每年确定公益广告主题，会员自下而上自觉征集完成，主导者为有资金优势的各类大型企业集团，例如电通、三得利公司等，公益广告中一般没有企业的名称，统一冠名为“公共广告机构”；媒体作为会员单位自愿提供大量免费版面和播出时段；公益广告正常运行状态下不会受到政府干扰，机构市场化运作程度高，会员企业因加入“公共广告机构”，企业自身的声誉和影响力也会大大提高。从而吸引更多企业参与公益事业，有利于整个社会公益广告事业的稳定发展。

新加坡公益广告运行主要为政府主导型，新加坡政

府一直致力于打造自身的楷模形象，公益宣传是国家管理的宣传方式之一，新加坡的公益广告密切配合政府工作。政府的任务一般有 3 点：（1）负责投资并开展公益广告运动；（2）政府统一确定广告主题和实施方案，由专门的招标公司执行；（3）广告主题配合政府工作，没有统一的组织部门管辖，根据需求不同，不同部门出资制定方案。虽然新加坡公益广告运行模式可以保证公益广告远离商业性，但是公益广告没有独立生存的土壤，而成为政治宣传的工具。

韩国公益广告运行主要以媒体为主导者，由公益广告协会协助。公益广告协会由 15 个来自社会各界的代表组成，在拥有所有广播电视媒体广告经营权的韩国放送广告公社的带领下开展公益广告活动，公益广告活动可以得到韩国放送广告公社的资金支持，公益广告协会进行公益广告决策，保证运行独立性和稳定性。韩国每年都会举行两次针对公益广告播出效果的评估调研，促进公益广告创意和内容质量的提高。韩国的这种公益广告运行机制是建立在电视媒体的强势地位上的，公益广告发布播出的自由度大且有效提升了媒体自身良好的社会声誉和公信力。

（二）公益广告运行主导者的角色分析

如前文所分析的，公益广告主导者的选择问题，在各个国家有着不同答案，政府、媒体、企业、非营利性组织都在公益广告运行中发挥着主体作用，那么谁来担当公益广告的主导者？

1. 政府作为维护“公共利益”角色的追求

每一个国家都有着不同国体政体，政府作为国家机器，在政治、经济和社会文化等公共事务中承担着维护公共利益角色。19 世纪以来，西方社会自由主义思潮从市场观念渗透到国家治理观念中，经济学界有句名言“管得最少的政府就是管得最好的政府”，将政府作为社会“守夜人”的夜警国家观念，自然信奉的是自由市场规则，笔者看到，市场经济造就了西方世界的繁荣，但同时周期性经济危机的大爆发让人们意识到市场经济本身的缺陷，出于治理“市场失灵”的需要，人们认为政府对于市场的干预是必要之举。政府作为一种必要的公共利益组织而被接受，这种做法在强国家体制当中更加突出甚至走向“全权政府”；可以预见的是，相较于自然演化规则下产生的市场经济，政府作为一种人为的组织设计必然会存在先天不足，权力寻租、低效和侵害私益等问题，成为不可避免的“政府失灵”的原罪。[10] 政府在我国公益广告的传播中承担了非常重要的发起者和推动者的角色，公益广告运行需要资金投入、专业制作、媒介排期等各个环节配合，而政府多个部门参与公益广告管理，不仅投入了大量资源和政策支持，还在倡导社会主义核心价值观，促进社会主义精神文明建设和公共道德建设以及处理各种灾害危机事件中，取得了非常突出的公益广告传播效果和公益事业发展成果；这是在我国特殊的国情背景下出现的现象，因此政府转变职能是当下政治改革的共识，要从全能型政府向服务型政府转变，政府的各种公共事务都采取了政府购买、服务外包等形式，鼓励社会力量参与公共事务的运行与管理。

2. 媒介的“多元化”发展趋势

媒介在现代社会扮演着极为重要的角色。人们通常将现代媒介的运作模式划分为以美国为代表的、私营媒介为主体的完全商业化运作模式，以西欧和日本为代表的、公私兼顾的双轨制运作模式和以中国为代表的、完全国有的有限商业化模式。[11] 郑立勇通过对当代媒介社会角色变迁的观照，为我们建构了当代媒介社会角色动态变迁模型（如下图），媒介角色在现实中正由原来的单极角色向多元角色变迁，具有强大的传播资源优势和传播影响力的媒介，一定是能够合理有效地协调与调动多种力量的媒介。

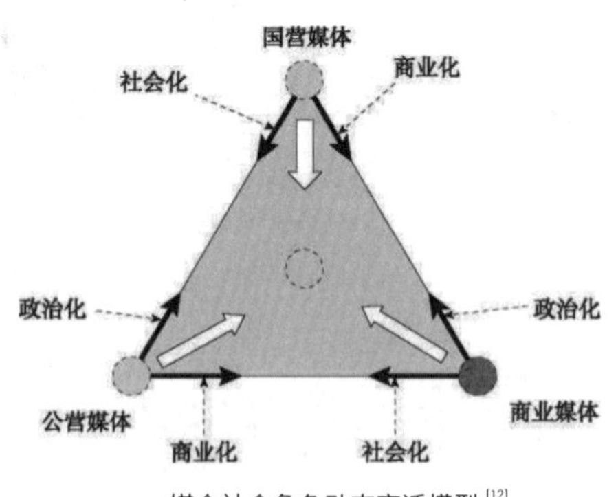

媒介社会角色动态变迁模型 [12]

多元角色变迁意味着媒体要受到政治化、商业化和社会化的牵引和影响，意味着媒体运作过程中需要更加自觉地肩负起维护公共利益的责任，维护社会公众的公共传播诉求，谋求自身在多元社会主体中更大的生存和发展空间。胡百精、杨奕认为，媒体在公共传播中始终扮演重要角色，既要基于事实和问题设置议程，也要推动多元社会主体围绕“时代病”形成畅通的言论渠道和有效的行动网络。但媒体终归是特定社会结构和历史情境中的角色，亦有其力所不及之处。譬如改革既要反映事实和问题，也要拿出整体和具体的行动方案；不仅要动员舆论，而且要诉诸立法和政策创新。批判无法替代建设，舆论不能替代法案。与此相类似的，公共性不可简单等同于公众性，“干净的”书生之见亦难抵消复杂的政治考量。[13] 因此，从媒体本身来讲其就具有寻求社会公正的社会责任，并且具有成为公共利益诉求的表达平台特性，在公益广告传播运行中，媒体应该发挥不可或缺的主体作用，媒体能够以最快速度地制作和播出公益广告，面对突发事件或社会热点问题，媒体往往也是最先对其进行响应的，并能及时制作相关主题的公益广告。但同样媒体本身也是受到政治和商业元素影响，媒体因其属性的特殊性，并不能始终围绕着公益广告传播而运行，更谈不上作为公益广告运行主导者角色而长期存在，因此，公益广告运行对于媒体本身来讲就是一个利益的选择和权衡问题。

3. 企业公益参与的有意与无意：

企业作为市场经济的主体，以赚取利润为目的的一切行为都是资本属性所决定的，企业单纯以公益为目的制作传播公益广告是缺乏现实依据的，也无法保证公益广告从内容创作到传播运行的公益纯粹性。尽管美国和日本的公益广告组织最初都是由企业发起并提供资金支持的，比如日本公共广告机构，参与企业作为会员，积极踊跃、主动承担体现企业社会责任的公益事业，为公益广告活动的成功运行提供有力保障。可是从西方企业社会责任理论形成和践行过程中发现，起初的企业社会责任体现出企业及企业家类似于公益慈善心态和行为，完全是一个“外部”约束问题，并没有和企业经营管理相结合。这一时期甚至还在争论企业应不应该承担经济责任以外的所谓社会责任。当时的主流观点认为即使企业有企业社会责任，最终追求的还是经济利益最大化。因此企业履行社会责任的动机虽然不排除内在的公益精神、慈善意愿，可就大多数企业来讲是来自外部压力，有市场潮流进步的要求、有法律法规方面的强制约束，还有伦理道德方面的无形规范等。[14] 企业社会责任的发展是从外部约束到内部规划的一个逐步演化过程，企业参与公益广告的这种有意或无意的贡献，最初或者最终的动机仍然是获取商业利益，且这种动机却可能直接导致了企业公益广告传播价值不同程度的下降。企业期望在表现公益精神的同时，体现出企业形象或产品信息，而在这个过程中，公益精神的表现与企业商业利益的表现存在此消彼长的博弈关系。[15] 因此，企业作为一个经济组织似乎并不适合作为公益广告运行的主导者，而作为公益广告的参与主体又如何能够在公益参与和商业动机之间找到平衡，是需要公益实践探索的制度创新问题。

4. 非营利性组织的天然与自然：

非营利性组织不同于政府和企业，莱斯特·萨拉蒙认为，非营利性组织具有鲜明的非营利性、民间性、公益性、合法性等特征，其中非营利性强调组织不是为了获取利润，而是为了实现整个社会或者一定范围内的公共利益最大化，主要包括两个方面内容：其一，组织宗旨和运转不是追求利润，坚持自己的公益发展宗旨和原则；当然非营利性组织可以从事相关的经营性活动，可以为组织员工提供相应的酬劳；组织获利部分不能参与分配，只能用于公益目的和扩大组织自身影响力。其二，非营利性组织只是受托人委托使用的一个载体，资产所有权应属于社会，非营利性组织所有资产不能以任何形式改变其公共属性。从西方社会非营利性组织以及日本公共广告机构的公益运行实践看，非营利性组织具有成为公益广告的主导者的先天优势，非营利性组织的专职人员以及志愿者一般具有较好的公益专业素质，志愿为公众服务，组织不谋取私利，这些因素有利于保障公益广告的公益纯粹性，相较于政府、媒体、企业而言，非营利组织更能独立、高效地主导公益广告创作传播。但前提是：一方面，政府和社会要大力培育和扶持非营利性组织的发展，明确其公益广告运行管理和监督主体，保障其充分独立运行；另一方面，独立的非营利性组织通过自身努力完善寻求发展，克服自身发展中一些问题，如公益资金不足、人事和财政透明度低、发展速度比较缓慢等。

回到我们讨论的主题，我们应该如何形成适合我国自己国情背景和公益事业发展需要的公益广告运行机制？从目前我国公益广告发展现状分析来看，公益广告传播由政府媒体发动，集中发布、运动式特性较为突出，传播内容集中在社会主义核心价值观、自然灾害、赈灾救灾、公共道德等方面，公益广告区域发展不平衡，对公益广告传播对象和传播效果缺乏有效深入研究。由上文笔者对国际上其他国家公益广告运行机制的分析与借鉴可知，每个国家在公益广告运行中都有一个主导者角色，不论是政府、社会，还是媒体，或者是非营利性机构，都需要这样一个运行主导者角色能够从整体上把握资源，协调各参与公益广告多元主体方的利益，虽然每个国家的公益广告运行机制存在不完全相同的主导者，但在整体上，公益广告运行有了组织保证。我国公益广告现状呈现出问题的缘由纷繁复杂，核心问题就是没有一个专门组织能够担当主导者角色，成为公益广告的经营管理系统的核心力量，全过程负责公益广告运行系统组织运行管理，并以主导者为核心建立一套完善有效的公益广告运行机制。康晓光、韩恒就提出中国社会是“行政吸纳社会”即国家和社会不是分离的，更不是对立，而是相互融合的关系。[16] 因此，考虑中国公益广告运行主导者问题时必须要慎重考虑政府的要素，合理利用政府资源，且独立于政府，才能得到可持续发展。一般而言，公益广告运行主导者应该具备如下要求：（1）对整体公益广告事业发展有战略性长期规划，代表公益广告的实体组织名义，（2）能推动社会资源投入公益广告运行且保持公益广告的纯粹性，（3）能协调日常组织运行管理系统中各个主体和流程问题，（4）能够推进公益广告创作发布与评价、公益广告项目成果转化，（5）能建立公益广告资源数据库和交易平台，回应社会或突发事件的公益广告传播需求。

三、我国公益广告运行主导者的创设原则

大多数专家学者之前的研究都建议政府或社会通过成立公益广告基金会或公益广告协会来承担我国公益广告运行主体的角色，或者通过引入商业化机制解决公益广告运行资金问题，笔者认为，这些方式都是直接借鉴了西方国家公益广告实践的协会模式或者是非营利性组织的做法，简单化了公益广告的商业参与和公益纯粹性问题，并没有兼顾到我国公益广告传播现实困境、长远发展和公益事业的社会文化背景讨论，事实上，在我国实际运行效果最为理想的仍然是由我国政府及其主流媒体所发起的公益广告传播活动项目。西方的公益实践表明，非营利性组织在本质上有成为公益广告运行主体的可能，但在我国现有社会制度下过于弱小的非营利性组织无法解决资金困窘问题和承担最大化利用社会公共资源的责任，面对不断发展的社会问题和社会公益需求，作为政府又不宜取代非营利性组织而过多地承担社会责任。笔者借鉴 2009 年诺贝尔经济学奖获得者埃莉诺·奥斯特罗姆夫妇的多中心理论 [17] 下的“使用者协会”[18] 模式的观点，创建公益广告运行机构——“企业型非营利性组织”，形式上采用有限合伙制方式，政府、媒介、企业、广告公司等以有限合伙人的形式实现公益资源整合利用的最大化，坚持非营利性本质，坚持内部管理企业化和外部运行市场化，最终建立以企业型非营利性组织为主体的运行机构。在此，笔者提出我国公益广告运行主导者的创设原则。

（一）独立性与整合性相结合

公益广告运行主导者的创设原则，首先就提出“独立性”原则，最直接的理由就是我们需要一个专业性主体来整合与提升公益广告的价值与传播价值。价值是属于主客体的关系范畴，即从主体的角度去理解客体的价值，马克思指出，价值的主体性包含两层含义：其一，一事物是否有价值由主体判定；其二，价值是由主体创造的。客体价值由主体判定和主体创造，主体状况的差异性必然影响客体价值的理解，不同主体即使是对待同一事物，也会产生不同的甚至完全相反的感受和判断，由此形成价值的多元性以及因人而异的相对性，而如何从多元价值观念形构社会同一的价值观念成为必要和挑战。价值主体性的第二层含义强调价值的创造性，即价值是人通过自己的劳动亦即通过发挥主体能动性来创造的。[19] 政府和媒体承担公益广告运行的最大问题就是无法保障公益广告运行的主体性和独立性，尽管在公益广告资源的整合运行上有着巨大的便利条件，但推动公益

广告运行并不是政府和媒体的主要职能，势必会造成公益广告运行主体的长期缺位。而笔者设计的公益广告运行机构“企业型非营利性组织”很好地解决了这一矛盾，既设立了公益广告运行的专门组织保证其运行独立性，又通过有限合伙制实现包括政府在内的公益广告运行所需的资源整合，有利于整合社会公益资源最大化和提升公益广告运行的专业水准。

（二）纯粹性与商业化相隔离

公益广告运行的资金短缺问题是我国公益广告发展的一个瓶颈问题，公益广告中引入商业化参与的初衷是支持公益广告创作传播，但不可否认的是最终影响我国公益广告长期健康发展的另一个主要障碍又可能是商业化参与，加入商业元素的公益广告从企业的角度看非常合理有效，既帮助社会解决了公益广告资金短缺问题，又有利于企业公益形象推广宣传。在我国，商业性广告为广告传播中的主流，意见广告与意见广告类型的企业公益广告、企业署名公益广告并存。2014 年到 2017 年，意见广告开始出现更多案例。以华为的“向李小文学习”（2014 年）、“芭蕾脚”（2015 年）、“厚积薄发系列广告”（2016 年）、“SK-II 支持独立女性的广告”(2015 年) 最为典型。[20]这些企业主动发布的公益广告 (其实是意见广告)，也有着与公益广告无法区别的共同点：其一，企业根据自身与社会公众交流的需要，围绕着公共利益主题而展开创意、制作、发布。华为的需求是改善和塑造企业形象，SK-II 想通过系列广告对女性问题发声以获得女性目标消费群体对企业和产品的支持；其二，针对某一社会公共诉求企业发声表态。你说这是公益广告吗？受众可以区别出哪个是公益广告？哪个是商业广告吗？然而事实上，这些广告却是以侵占和损害公益广告资源为代价的，对这一点的理解，需要更多地从社会公众认知的视角来分析公益与商业之间的关联度和认可度。当然，坚持公益广告的纯粹性并不排除商业化运作，这一对矛盾可通过公益广告运行机构——“企业型非营利性组织”加以转换和协调，分离公益广告运行中的商业性和公益纯粹性。笔者认为，可以采取坚持公益广告文本纯粹性与合理的商业化运作相结合形式，企业参与公益广告包括资金的筹集、公益广告创意征集与设计等环节，但不能像过去那样无规则约束，绝不能简单粗暴地接受企业以赞助、冠名等形式，将商业元素融入公益广告作品中，所有包含“企业公益广告”“冠名公益广告”“含有隐性商业信息的公益广告”和“意见广告”的广告，都不是纯粹性的公益广告。因此，需要合理地利用商业性参与的积极部分，同时还要对这种商业性参与进行必要的严格规范，这样一方面提高企业参与公益事业的积极性和贡献度，另一方面可以保证面对社会公众的公益广告可以保持绝对的公益纯粹性。

（三）计划性与突发性相协同

公益广告的计划性是关系到其本身是否可持续发展，长期以来公益广告落后于商业广告发展，一个原因是公益广告的主体性不明确、不独立性，而另一个原因来自公益广告实践中人们对于公益广告的认知偏差，似乎只是在社会公共利益出现问题时才需要公益广告，这造成了社会普遍对公益广告的重视程度不够。与海量的商业广告形成鲜明对比的是，公益广告播放量严重短缺，平均每个频道播出公益广告 5.7 条，时长不足 3 分钟，并且很少在黄金时段播放。[21]当然，我国政府及媒体在促进公益广告发展上也在逐步加强，例如国家广播电视总局 2019 年在《关于做好公益广告宣传的通知》中规定了“广播、电视媒介每套节目用于发布公益广告的时间应不少于全年发布商业广告时间的 3%”“电视媒介在 19:00—21:00 时间段每套节目发布公益广告的时间应不少于该时段发布商业广告时间的 3%”“报纸、期刊媒介每年刊出公益广告的版面应不少于该时段发布商业广告时间的 3%”等，对公益广告播出时长、占有版面等都做出了具体规定要求。从整个社会公益广告传播角度来说，公益广告运行是一个多元主体、多层面、多环节的传播系统，从一个公益广告作品完成过程来说，需要完成公益资源资金筹划、公益广告主题选择、作品创意创作、发布媒介以及传播效果测评等工作；从公益广告的功能运行来说，还需要建立公益广告主题研究、公共事件危机公关、公益广告作品和人才储备、公益广告评估和激励机制等支持系统。突发性的公益广告传播往往是公益广告运行发挥作用、具有社会责任贡献显示度的媒体高光时刻，公益广告运行的计划性是应对突发性挑战的基础性保障，突发性又促进公益广告运行计划性的一种效率检验与专业提升，要建立独立的、长期的公益广告运行机构，目的就是要强化我国公益广告创作传播的专业化和计划性，从公益广告主题内容上和组织运行上根本解决“突发的繁荣与平日的寂寥”困境，并充分满足和保障我国常态化、突发性公益广告传播需求的数量质量。

（四）经营性与社会性相统一

我国公益广告运行主导者的组织实现。笔者提出公益广告运行主导者的“企业型非营利性组织”的概念和组织架构设计，借鉴了英国社会企业联盟定义的“社会企业”以及迪斯（Dees J G）2008 年出版的《企业型非营利性组织》论著中同一概念并有所创新延伸。社会企业采用商业模式解决社会问题，通过创办公司等以获取利益的商业运营模式来达成社会目标。站在企业的角度，社会企业是利用企业的盈利从事社会公益活动；站在社会的角度，社会企业是运用企业的手段管理社会公益资源。按照多中心理论“使用者协会”的“谁投入谁使用，谁使用谁管理，谁投入谁受益”的原则，作为公益广告运行主导者的企业型非营利性组织各个参与方都必须遵循这个权利分配的主体规定性（如下图）。对于组织成员提供的公益广告资源和组织外部市场化的公益广告资源进行统筹计划和运营管理，从公益资源拓展、公益广告主题、内容形式、创意制作、媒介发布、效果评估等各个环节建立一套公益广告运行决策与执行的管理制度和经营机制。

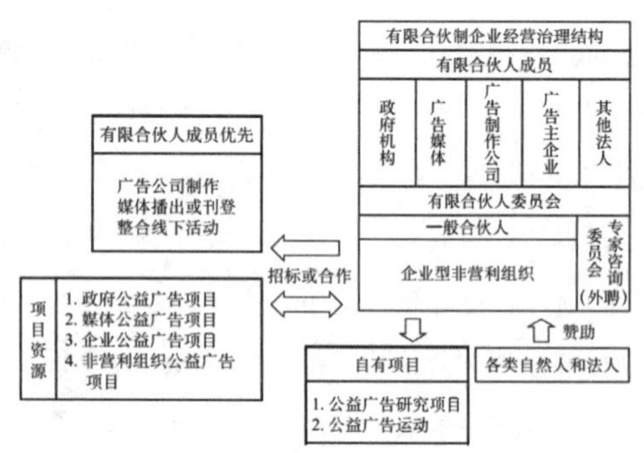

企业型非营利性组织有限合伙制委托代理结构示意

公益广告是一种公共传播资源，对公益广告这种公共资源的占有和使用行为是应该受到社会公众监督管理的，其中有效的管理方法之一就是有偿占有和使用公共资源。有限合伙制的这种风险控制制度设计正是体现出这种公共资源占有和使用所应该负有的有偿使用和成本补偿的利益责任，体现在其组织在公益广告作品输出数量质量社会评价以及服务组织成员的满意度评价上。因此企业型非营利性组织的公益广告运行必须体现出公共资源占有和使用的有偿性和补偿性原则，即对于公益广告运行负有有偿使用和成本补偿的利益责任。

关于我国公益广告运行主导者的组织创设来讲，笔者认为基本的出发点有两个：一是回应我国政府提出并正在推进的转变政府职能的政治体制改革的需求，政府作为整个国家国民经济和社会发展运行的国家机器，公益广告的创作传播和运行的责任主体不应该由政府及其相关职能部门来全权承担。二是基于“公益”概念及其思想渊源梳理分析，长久的公益本质是“自下而上”发展逻辑，笔者希望创设建立起众多由下而生的社会性公益组织，发动公益广告事业，积累社会公益资源，培养公众舆论环境。由于我国特有的社会主义制度和基本国情，公益广告事业在我国的发展有着得天独厚的基础条件和制度优势。创建适合我国国情政体和公益事业发展需要的公益广告运行主导者组织，鼓励和激励更多社会公益力量自觉参与公益广告事业，特别是我国公益广告在实践中如何转变商业与公益之间博弈的经营管理困局，推动我国主导公益广告事业发展的社会“第三力量”的创设是关键。

（作者简介：郐盛根，上海大学新闻与传播学院副教授、硕士生导师）

【参考文献】

[1] 张金海等 . 中国广告产业现状与发展模式研究 [J]，中国媒体发展研究报告，2005 年集刊 .

[2] 地震后中国电视公益广告投放费用增长近一倍，http://news.sohu.com/20080608/n257360999.shtml.

[3] 曾玉成 . 我国公益广告发展的现状、问题与对策 [J]，传媒 MEDIA 2017.2（下）.

[4] 王佐元，曲韵 . 新时代我国公益广告的发展变化与公众参与研究 [J]，广告大观（理论版），2019.12.

[5] 杨明品，李秋红，王羽，胡祥 .2018 年中国广电公益广告发展报告——国家广电总局发展研究中心课题组 [J]，中国广播电视学刊，2019 年第 2 期 .

[6] 杨明品，李秋红，王羽，胡祥 .2018 年中国广电公益广告发展报告——国家广电总局发展研究中心课题组 [J]，中国广播电视学刊，2019 年第 2 期 .

[7] 何晨，初广志 . 中国公益广告政策研究 [J]，广告大观（理论版），2015.4.

[8] 胡光，新媒体环境下公益广告有效传播的法律保障——以《公益广告促进和管理暂行办法》为视角 [J]，当代传播，2016. 4.

[9] 陈挚 . 公民道德建设视域中的公益广告作用研究［D］. 合肥：合肥工业大学，2010.

[10] 邬盛根 . 中国公益广告的价值实现：公共性视角—基于社会结构系统的分析 [D]，武汉大学，2014 年 5 月 .

[11] 郑丽勇 . 当代媒介社会角色及其动态变迁模型 [J]，传媒与教育，2012（3）.

[12] 郑丽勇 . 当代媒介社会角色及其动态变迁模型 [J]，传媒与教育，2012（3）.

[13] 胡百精、杨奕 . 社会转型中的公共传播、媒体角色与多元共识——美国进步主义运动的经验与启示 [J]，中国行政管理，2019（2），总第 404 期 .

[14] 邬盛根，李迎曦 . 当下我国企业形象建构的缺失与重构——基于企业社会责任理论与实践视角的考察 [J]. 广告研究，2014 年第 3 期 .

[15] 邬盛根 . 公益精神与商业利益博弈下的企业公益广告 [J]. 暨南学报（哲社版），2012 年第 12 期 .

[16] 康晓光，韩恒 . 行政吸纳社会——当前中国大陆国家与社会关系再研究 [J].social science in china,2007(02).

[17] 多中心理论是由美国印第安纳大学政治理论与政策分析研究所的文森特·奥斯特罗姆与埃莉诺·奥斯特罗姆夫妇共同创立 .

[18] 邬盛根 . 中国公益广告的价值实现：公共性视角—基于社会结构系统的分析 [D]，武汉大学，2014 年 5 月，P85.

[19] 邬盛根 . 中国公益广告的价值实现：公共性视角—基于社会结构系统的分析 [D]，武汉大学，2014 年 5 月，P13-14.

[20] 冯少杰 . 意见广告的概念界定及发展现状 [J]，广告大观（理论版），2017.6.

[21] 王小梅 . 比较视野下电视广告法律规制实证研究 [J]. 郑州大学学报 (哲学社会科学版).2015（7）.

从 IT 时代到 DT 时代：广告媒介投放理念的变迁

陈韵博 [1]

2010 年起，全球数据量跨入 ZB 时代。据 IDC 预测，[1] 2018 — 2023 年全球数据空间五年复合增长率（CAGR）达 25.8%，我们正式步入数据时代。与此同时，中国的云计算、大数据、物联网、人工智能技术在近十年间集中爆发，海量数据成为技术发展的核心资源，越来越多的事物开始以数据的形式存在，颠覆性地改变着社会生产方式、人类生存方式，带来物质与精神世界的新的碰撞与融合……如今，我们无时无刻不在生产数据，行走轨迹、消费记录、上班打卡、互联网浏览行为等都以数据的形式被记录下来同时，我们也每时每刻都享受着数据带来的便利，交通系统的实时路况数据监测、精准的公交到站实时预测系统、基于个人特性的内容和产品推荐、精准的定向广告信息推送等等。数据在潜移默化中已然改变了我们生活的世界。由信息时代过渡到数据时代，这背后究竟都有哪些东西悄然变化？哪些力量推动着中国的数据化转型？聚焦于新闻传播领域，数据价值在媒介演变中又发挥了怎样的作用？我们将从基础、要素视角对信息时代到数据时代的变迁进行梳理，重点关注媒介领域的演变，并对人在数据浪潮中的生存提出思考。

第一节 互联网 + 数据：从 IT 到 DT

一、互联网：数据时代的基础设施

（一）互联网，从工具到基础元素

人类能够最早由动物中脱离出来，在于创造工具、利用技术进行实践活动，生产自身所需要的生产资料并能动的作用于物质世界。计算机的诞生就是作为一种计算工具，源自人类的生产生活范围不断扩大而产生的对计算能力的需要。通过将事物进行量化，转为数字信息导入计算机进行运算，原本需要耗费大量人力成本和时间成本的计算变得轻而易举就能实现，从而使人类收集、认知和处理信息的效率大幅度提升，例如用于军事测算的大型计算机、家用打印机等等。人类对智慧的运用拥有了日益强大的辅助性工具，并通过对技术的不断升级，文本、图片、音频、视频等形式的文件也可以转换为计算机可读的信息形式，被应用于实践活动中。计算机的信息存储、数据处理和数学分析等基础功能，使人们可以在更大规模、更多领域中进行信息记录和运算，信息资源的价值逐渐凸显出来。

基于计算机产生的网络技术，打通了信息资源的获取和选择路径。计算机不再简单的作为计算工具，同时具备了动态连接属性，人类与信息的距离被无限制地拉近，信息获取的门槛和界限在互联网中逐渐消解。人类生产生活长期以来受限于时空因素和人类自身因素的困境被打破，大量信息的自由流动，使时间与空间动态交融并衍生出更多场景。有学者 [2] 把这一时期看作互联网发展的第一阶段，即以通信为主要特征的“+ 互联网”阶段，核心关注点是信息的传递与传播问题，网络技术的存在主要是作为信息处理的工具以及信息传输的渠道。

本文节选自第 28 届中国国际广告节 2021 长城奖(广告学术类)著作铜奖作品，程序化广告的道与术：数据技术时代的营销变革，陈韵博 / 著，北京：社科文献出版社，2020.11。

[1] 暨南大学新闻与传播学院，广东，510632

信息的发出者与接收者直接对接，相互渗透，信息传递的中间消耗缩小至忽略不计，个体之间可以利用互联网简单迅速地传播和获取信息、交流沟通；企业高效准确地向用户传播产品信息、管理客户群体、优化产销流程；互联网企业兴起，逐步构建起电子商务等各类互联网应用平台，出现了诸如 BAT 这样的互联网巨头，使各类平台的互联互通更为活跃，影响范围也不断扩散到人们日常生活的各个方面……互联网技术在各领域的运用使社会生产和运行方式出现全新态势。

随着互联网对社会、经济等多个领域的渗透，以及移动互联网的逐渐普及，人们越来越习惯于信息化的生存方式，人与人、人与物、物与物通过网络技术被高效且紧密地连接在一起，产生大量信息；企业对大型生产系统的控制力不断上升，基于产品生产、销售、售后等全环节的管理能力也不断增强，同时依据产销环节的信息收集反哺产品设计。以信息资源为基础的互联网技术，成为传统产业改进生产、经营方式的创新来源，信息资源的价值被进一步挖掘和开发，互联网技术的应用从信息消费领域转向生产领域[3]，进一步激活深层生产要素。互联网不再被简单的当作一种技术工具或传输渠道，而成为社会生产活动的一种基础元素，并作为信息基础设施实现大范围普及，人们真正进入信息时代，信息成为一种“权利”[4]，将人类不断从时空限制中解放出来。

（二）互联网 +，从制造到智造

互联网作为一种基础元素在社会生活与生产中广泛普及，电子商务平台日渐成熟并不断扩大经营范围、网络娱乐方式不断增多、互联网医疗服务、互联网理财等各类互联网与传统行业结合的产品出现。互联网的影响力由第三产业不断向第一、第二产业扩散，大数据、云计算、人工智能等技术在很短的间隔内集中爆发，产生的海量信息在网络中高速运转，与传统产业发生碰撞、竞争、合作与创新，带动传统产业向数字化、网络化转型并逐渐融合产生一系列全新的生产经营模式。基于信息的一个本质特征[5]：即信息流动与传输具有边际效益递增性，越是广泛流动、分享和使用，越是能够产生价值，信息资源的深层处理与价值开发日益受到各方重视。

2015 年，李克强在政府工作报告中首次提出制定“互联网 +”计划，强调推动移动互联网、云计算、大数据、物联网等与现代制造业结合，促进电子商务、工业互联网和互联网金融健康发展，引导互联网企业拓展国际市场。互联网的发展进一步受到国家级的重视和战略规划，提出充分利用新一代信息技术发展和知识社会的下一代创新机遇。[6]因此，纵观互联网近五年的变化，可以发现中国互联网行业发展路径的不同，相较于美国每一项技术的出现都存在一定时间间隔，中国的大数据、云计算、移动互联网等新技术几乎是同时爆发，这与中国近年来一系列利好政策密切相关，这些快速涌现的新技术成为“互联网 +”发展的重要驱动力。阿里巴巴提出[7]，所谓“互联网 +”就是指以互联网为核心的这一整套新技术在社会、经济等各个领域扩散和渗透过程，本质上是信息更加充分透明的流动和数据作为能源的开发利用[8]，突破了信息时代仅仅作为传输工具和基础生产元素的单一功能，横向连接产业链各个环节，与工农业基础设施叠加融合，形成产业转型新动能；纵向加深产业内部能源开发，从研发设计、生产制造、销售服务各环节重塑产品生命结构。“互联网 +”计划将中国的劳动力优势进一步转化为创新优势，挖掘数据资源的巨大潜能，带动国家闲置资源向社会财富转化。

信息资源原本是作为一种依附型资源诞生，并不能够独立起作用，需要与其他资源叠加或是对其施加影响才能产生实际价值。[9]但“互联网 +”时代的新技术使社会各要素之间由二维线性连接上升为三维立体式连接，生产与生存方式的数据化程度不断增加，并在全方位的高速流转中呈现爆炸式的增长态势，原本的资源配置被打破并释放出巨大能量，时空场景的转换与利用变得复杂且灵活。在此情况下，对信息资源的利用转变为对数据资源的深度开发，数据取代信息作为一种独立性资源在新的产业升级转型中显现出巨大的潜在价值。数据价值逐渐超越物料生产价值成为生产环节的创新动力，标准化生产和规模经济成为基本水平的代表而丧失竞争力优势。传统生产制造流程由数据重塑，产品竞争开始从产品设计转向用户需求和用户体验，针对用户的定制化和个性化的生产和服务成为新的产品价值核心。

透过数据看待世界是一种全新的视野，互联网 + 将我们带入数据时代，我们以完全不同于传统的思维和方法利用数据，全面激活市场和社会要素，通过规模化数据及非结构化的分析方式，挖掘和预测用户行为，提供精准个性的产品和服务。“智慧”和“智能”成为数据时代的关键词，数据化使我们能够从各个角度认知事物，消解不确定性，数据的“智慧”正在一步步解放人类的脑力，打破传统制造业的固有模式，向“智”造转型。基于互联网 + 计划，2019 年两会政府工作报告，正式提出了“智能 +”的重要战略：“深化大数据、人工智能等研发应用。打造工业互联网平台，拓展‘智能 +’，为制造业转型升级赋能。”由“制造”大国向“智造”大国的转换路径中，数据的价值在社会经济活动、生产领域中不断凸显。

二、信息与数据：新的动态生产要素

（一）信息与数据的本质

互联网技术的普及和发展使信息的记录、收集、交流变得快速且详尽，人类生产与生活的各个方面都可以转换为信息资源加以利用，信息资源在时空维度不断扩散延伸，日益构建起一个与物质世界相对应的数据世界。随着信息量呈指数式上涨，信息价值由量变引发质变，人们对信息的价值认知出现了从简单的利用信息资源到挖掘和开发数据价值的本质上的转变，即从 IT 时代到 DT 时代的进化过程。

信息（Information）在牛津字典的释义为告知某事的行为；或传播某些事件的知识或“新闻”。IT 时代的核心就在于“传播”“传递”，相较于信息内容本身，IT 时代发展的重点更倾向于“T”-- 技术方面，在于信息基础设施的建设。而数据（Data）在牛津字典里则被定义为已知或假定为事实的事物，并作为推理或计算的基础。数据被定义为价值生产的基础，不会在传递或使用中被消耗，而是能够通过技术的处理和开发，在数据的交叉重组中不断产生新的价值。因此，DT 时代的核心在于“D”——数据本身，而技术则更多带有辅助性质，成为开发和实现数据价值的重要手段。越来越多的事物以数据化的形式出现，如何将这些冗杂的数据提炼成为有生产开发价值的资源，对人类思维的转变和数据处理分析技术的发展提出更高要求。人们的关注焦点不再局限于小数据的确定和分析，转为收集一切数据并在复杂的系统中充分流动，从各个视角认知事物的全貌以消除不确定性，[10] 进而衍生出大数据这一新的经济与技术现象。[11]

大数据不能单纯被理解为一种新产品或新技术，而是数据时代的一种现象，与小数据的简单性科学相对应，大数据本质上属于复杂性科学。复杂新科学是一种新的科学思维和方法论，认为传统的机械自然观和还原方法论将自然和人类社会看作是静止不变的，进行随意的拆装和还原，但实际上，自然与人类社会都是复杂多变的，并不能仅仅依靠简单的线性因果关系进行解释。因此，一切对象都是一个具有生命的、具有随机多样性的复杂系统。[12] 即使是简单数据之间的交叉重组，都有可能产生远远超过简单叠加而成的价值资源。大数据思维本质上就是一种复杂性思维，从大范围涵盖事物整体的复杂数据中挖掘和使用相关关系，传统因果线性关系的小范围精确研究已不足以承受大规模的数据量。基于复杂性思维不断衍生形成的大数据技术，实现了对非结构化数据的处理和分析，能够通过挖掘海量数据库中难以发现的关系和联系来提取数据价值。大数据的诞生使原本单一结构的数据库转向多结构类型的复杂数据库体系，包括基于分布式架构的数据管理系统，以及结构化、非结构化、实时数据等多种类型的数据分析管理平台等；对数据的分析方式由模型式计算转向以流式计算等实时计算框架，[13] 满足了对大量数据快速存储、处理、分析和交易的需求。IDC 刘迪认为，[14] 大数据进入中国已近 10 年，基本建构初步完成，技术趋于成熟，在数据空间持续增长的背景下，未来多方技术将相互作用与融合之中，落地场景将不断创新，数据湖、数据治理等多个方面都可能成为新的技术增长点。数据将渗入到自然与人类社会的各个领域，成为重要的生产和创新要素。

（二）新的生产要素

基于互联网和大数据的协同作用，让数据“说话”“数据就是资源”“数据是一种财富可以用来收集、存储和交易”等这样的新思维逐步成为经济社会生产和发展的共识。人们越来越习惯于以数据的视角观察和解释世界，对数据价值的思维认知和技术创新逐步成熟，进入数据资源深度开发和实际应用阶段。全球范围内掀起的互联网和大数据发展浪潮，进一步推动了数据的透明公开和价值共享，国家、企业之间竞争的同时，距离被数据化不断拉近，彼此之间的合作交流增加。

大数据在社会生产和企业升级转型起重要作用，在此之前的数据收集和调查适用于小范围应用，针对现存的问题进行分析和处理。而大数据不仅是掌握了海量数据，更重要的是能够运用机器学习和数据分析技术，能够快速处理大量结构化和非结构化数据并进行准确的计算和分析，以可靠的数据支撑企业决策，能够更科学高效地对生产链和资源配置等方面进行优化；传统的数据收集仅作为特定用途，使用价值被限定在一定范围之内，而大数据具备的预测分析能力可以发现数据中不易发现的规律，数据因此具备了“开口说话”的能力，产生一系列创新性数据用途。

随着数据思维向各个领域的渗透，以及互联网技术的创新应用，引发企业生产方式和产业价值链体系向更为灵活多样、个性化的方向发展。基于大数据思维，人们访问网络的形式也发生转变，ICN 作为一种全新的消费者驱动型网络范式，通过海量数据互通和兴趣分组，用按名访问取代地址访问，不再关注内容来源，而以内容搜索直观反映用户需求。[15] 谷歌和 Facebook 的理念认为，“人就是社会关系、网上互动和内容搜索的加和”。[16] 用户在互联网中的每一行为数据对企业而言都可能潜藏重要价值，谷歌曾利用用户搜索数据精准预测流感趋势就是大数据应用的典型案例之一。基于互联网思维中“用户至上”理念和大数据的协同作用，赢得用户，收集、积累和分析用户数据将成为企业生产发展的基础要素之一，大规模、标准化生产的企业不再是主要经济体，具备灵活性、个性化、以用户为中心成为企业转型和升级的关注重点。腾讯的互联网思维则与其强大的社交网络商业系统相对应，以“连接”为核心特征。[17] 以互联网为基础平台，大数据等新兴技术充分利用数据之间的相关性，跨领域与各类产业连接，以产生新内容、新形式和新的经济增长。阿里作为另一大互联网巨头，基于电商平台庞大的用户数据系统，更关注以低成本数据释放最大价值，服务大众，将机器转变为智能化的人，[18] 不仅能够完成生产，还能够自主推进资源优化配置，激发社会生产力。阿里更倾向于以“数据动态流动”为核心特征，促进数据最大程度地传递、分享、使用和价值累积，数据在流动中趋向公开透明，数据的使用和获取也降低门槛，变得更加便捷。基于“互联网 +”的金融、医疗、教育、社交、互联网等各产业之间不断碰撞融合，个性化定制、协同共享、智能、用户服务等新的生产方式正在重塑原本的价值体系，数据将作为一种动态生产要素，它的实时性、预见性在生产决策和创新发展中发挥越来越重要的作用。

第二节 媒介的数据技术（DT）时代

互联网、大数据等新兴技术和思维渗透到人类存在环境的方方面面，带动社会结构和关系网络发生一系列变化，卡斯特提出了网络社会的新技术特性：即信息或数据是原料，无论是处理技术的信息还是处理信息的技术；新技术效果无处不在，因为信息已经融入人类活动的每一部分；技术与各生产要素的组合与重构具有灵活性和可逆转性，并能够最终凝聚成全新的技术系统。[19] 网络社会的人类日常生活实践、社会参与几乎都受到新技术的塑造，传播作为人类社会构成要素之一，在新媒介技术的作用之下，亦发生着深刻的变革。

主流传播学的观点倾向于结构——功能主义，着眼于媒介内容对受众的影响，技术观长期局限于手段—工具论的思维框架中，习惯于将一切事物切割为主客二元关系作为控制手段。新媒介技术的出现使主流传播学的这一思维的局限性被放大，从工具视角理解技术没有错，但不足以完全解释技术的本质，正如麦克卢汉所指出的，“它忽视了媒介的性质”，仅从手段和工具理解媒介对人的影响是远远不够的。[20] 新媒介技术将每个人都变成了传播过程的一个数据节点，通过大量的用户及行为数据，构建起一个全新的数字新媒介环境，虚拟与现实空间互相交织，原本清晰的界限已逐渐被消融。因此，理解数据时代的媒介变迁，要跳出传统大众媒介的二元对立思维模式，以数据与媒介相统一的视角，才能更好把握全新的传播环境。

一、传统媒介的数据化突围

传统媒介与用户、广告主之间是线性互动关系，媒介生存的主要利益来源于对信息传播渠道的控制和售卖。数据时代的新技术打破了传统媒介长久以来的这两种平衡，用户主动介入传播渠道，形成多元互动的新型媒介关系，“媒介霸权”时代成为过去，媒介渠道单一的点击率、收视率等标准已不足以衡量传播效果，[21] 数据和技术彻底改变着媒介的生存形态。

传统媒介产业将渠道利润视为媒介生存的关键，必然不愿放弃对信息和渠道的垄断，最初在面对信息时代的媒介变化时，试图依靠新技术扩展媒介传播范围，以此提升对信息渠道的控制。然而，互联网时代数据的充分流动和技术门槛的不断降低，使用户的主动性和创造力不断增强，内容生产的多样化和个性化需求对媒介产业提出更高要求，媒介想要继续控制信息渠道显然是不现实的。正如梅洛维茨所认为，电子媒介一旦被广泛应用，就可能会创造新的社会环境，而社会环境重新塑造行为的方式可能会超越所传送的具体内容。[22] 传统媒介想要在新的数据时代突破困境，最本质的问题是打破传统媒介思维的局限。互联网时代是流量经济时代，媒介产业获取用户或把控技术渠道都不再是获利关键，网络技术与数据思维带来的新盈利模式是将大量用户行为转化为数据，媒介自身借助新技术可以进一步对用户行为数据进行分析和再呈现，针对用户需求提供个性化服务完成变现，或向广告主进行售卖完成二次、甚至多次变现。媒介的变现形式由单一收入走向多元化媒介收入。数据和新媒介技术的推进力量，对传统媒介来说既是困境，更是机遇。

二、DT 媒介时代的新环境

物理世界的数据化，使原本边界清晰的时空结构发生消融、断裂和变形，人类具有了一种虚拟与现实交织、生产与消费混杂的新的存在形式。数据元素的灵活运用为媒介生存提供了更多元的创新灵感，碎片化的时空因子以及人与物等要素在构建新环境的过程中不断冲突和博弈，构建起一个全新的动态媒介环境，赋予媒介产业自我更新的力量和可能性。

媒介产业不再局限于传统的媒体行业，互联网、社交平台、自媒体等跨领域媒介的影响力迅速成长，全方位链接用户行为，将用户需求转化为无数个交叠的细分市场，利用用户之间、用户与媒介之间形成的网状传播关系，获取更深层次的价值。以海量数据作为媒介“资本”，对用户属性和行为的精准预测与判断成为媒介竞争的内在逻辑，[23] 培养媒介对用户需求的高度敏感，不仅从内容上为用户提供最佳体验和个性化推送，更重要的是媒介本身的多元协作性质对用户资源的充分利用，结合传统媒介方式的注意力经济、基于用户实时互动的增值信息服务、流量变现思维之下用户资源巨大的广告价值等等。数据时代激发多种社会经济要素的动态性互动和组合，释放出多种新能量因子，媒介的变换和价值还有更多意想不到的可能和存在形式。

三、DT 时代的广告新实践：程序化广告

随着营销走向大数据驱动，企业亟待建立以“人”为核心的营销策略，通过有效打通不同媒介的数据资源，从而深度挖掘消费者的隐性需求，将割裂的消费者路径重新链接起来。因此，多屏时代，只有掌握数据，才能掌握互联网营销的核心，而基于链接、跨屏、大数据的程序化广告成为企业营销要走的必经之路。[24]

程序化广告的出现对传统广告形成巨大冲击，冲击范围主要包括广告数据信息采集、广告投放、广告效果三个方面：大数据环境下，受众信息采集需要从市场调研向实时数据运算转变，广告投放由购买媒体转向购买人群，广告效果的测评从事后测评为主向即时测评转变，测评方式也更加公开、透明。

（一）用户数据收集和分析：市场调研 + 运算→实时数据 + 大数据运算

如何准确预测用户的兴趣，是广告公司与广告主最关心的问题，也是一切工作开展的前提。从前为了一次新品上市的产品定位，可能要耗费营销人员一个月的时间进行实地考察、受众调研。随着数据技术的高速发展，“互联网＋”全方面融入人们的生活，用户的网络行为与现实行为紧密关联。通过对用户数据的抓取、解读，营销人员有了更直接了解消费者的窗口，报表中的数据通过分析，生动而立体地描绘出一个个兴趣爱好各异的形象。谁能观察到更全面的用户行为数据，谁就能更准

确地预测用户兴趣、购买偏好。

数据管理平台（Data Management Platform，简称 DMP）源于广告主与广告公司对数据的需求，他们希望能尽可能地从更多渠道聚合更多的数据。为了挖掘这些数据价值，就需要一个能无缝快速收集、集成、管理和激活这些超大规模的数据。稍显传统的获取数据方式是从掌握用户数据的平台购买，Cookie 在其中扮演了重要角色，伴随着用户请求和页面在 Web 服务器和浏览器之间传递。它记录了你的用户 ID、密码、浏览过的网页、停留的时间等信息，用于用户身份的辨别。如果没有 Cookie，网站分析也无从做起，遑论优化了。目前更新颖的做法有设置 Wi-Fi 探针，当用户手机无线局域网处于打开状态时，会向周围发出寻找无线网络的信号。一旦探针盒子发现这个信号后，就能迅速识别出用户手机的 MAC 地址，转换成 IMEI 号，再转换成手机号码。一些公司将这种小盒子放在商场、超市、便利店、写字楼等地，在用户毫不知情的情况下，搜集个人信息，甚至包括婚姻、教育程度、收入等大数据个人信息。据萨摩耶互联网金融服务有限公司相关负责人的披露，一个月花几百块钱就可以和店面合作设置 WiFi 探针。一家商场 11 个门，装了 11 个探针盒子。这些小盒子就安放在天花板的中空位置。[25]

然而，互联网的用户行为分布在不同站点，分属不同企业，形成一座座数据孤岛，没有发挥出整合后的最大价值，从单一企业数据出发不能观测到全面的用户行为。打破数据孤岛困境又面临许多难以跨越的沟壑，如企业内部机密泄露、用户个人隐私安全、网络带宽、通讯成本及法律条文等。为了解决这些问题，越来越多有实力的品牌主选择在品牌内部形成程序化投放流程。

（二）投放：购买媒体（收视率）→到购买人群（标签）

CTR 在 2019 年年初，联合国家广告研究院发布的《广告主营销趋势调查》显示，更多的广告主会在 2019 年减少他们的营销预算。2019 年第一季度全媒体广告刊例花费下降 11.2%，传统媒体下降 16.2%，这是从 2018 年的年初正增长百分之十几后持续下滑的一个过程，传统媒体的下滑压力会更大一些。[26] 而 2020 年受新冠疫情影响，整个广告市场遭受很大影响，广告主削减营销支出的趋势将持续。从前百分之五十的广告费被浪费，到现在有了数据技术的驱动，广告主能够更了解自己的目标受众在哪里，投放方式自然也从大撒网，多捞鱼的冲量式投放到精准高效的投放过渡。因此，目前广告市场整体面临非常大的不确定性，是整个行业的阵痛，更是机会。广告行业投放思维要从投放媒体转变为投放人群。在获取到用户的一手数据后，能够转化为系统的用户画像图谱，设置更具有高转化率的目标受众标签，目的明确地选购希望曝光的群体。媒体的价值来自用户价值、用户规模、用户是谁，媒体在传播过程中的角色更像是品牌与用户之间的连接，通过迎合受众需求把用户串联在一起。在这一过程中，媒体垂直化发展也是顺应了广告主购买人的趋势。

设置目标群体标签比起以前纯经验性的选择购买更加精准，但也是人为操作的，存在滞后现象。因此，会对被锁定为目标受众的人群造成广告骚扰、轰炸的困扰，在重定向广告领域，这个现象更加严重。例如，向被标记对产品有兴趣的 A、B 两人推送广告，A 点击了广告并选择购买，但如果投放平台没有收到 A 已购买的行为反馈，便会继续给 A 投放广告直到投放周期的结束。而 B 在看完广告后对产品失去兴趣了，或已选购其他同类产品，那么这时继续投放的广告就会变成对 B 的打扰，也是广告主投放成本的浪费。如果是品牌内部程序化投放或者广告代理平台与广告主合作紧密，能够把购买行为反馈及时更新到数据库，作为新的排除式标签，会大大提升广告投放效率。“购买”不是程序化技术在广告的唯一执行重点，有些程序化技术伙伴甚至能自动优化动态广告内容，这样的技术称为动态创意优化 (dynamic creative optimization, DCO) 。通过这项优化，可以对创意的各个组成部分，如 CTA (Call to Action), 推荐产品等进行 1 对 1 个人化呈现。[27]

（三）效果：不透明、垄断→透明、公开

根据《广告主营销趋势调查报告》显示，[28] 广告主判断广告活动有效的标准排在第一位的是销量的提升。并且广告主对于做广告为了提升品牌知名度的认同比例持续多年保持在 50% 以上，也在整体排名第二位。提升品牌的认知是广告主不变的一个需求。广告主对广告投放效果和销量转化率的要求不断提升，可以看到广告主对广告的性价比、广告 ROI 投资效率、曝光量转化率的要求在逐步提升。所以，在整个不确定性发生的时候，广告主更希望有直接的销售效果来验证他们的营销策略。[29]

相较于从前传统广告投放时代，营销从业者获取媒体投放表现渠道单一。报纸发行量由报社发布、电视收视率检测机构中索福瑞一家独大，后来尼尔森进入中国后，检测电视收视率渠道有了更多的选择，但这时的广告投放结果仍然是被媒体或官方检测机构所垄断。到了数字广告时代，数字化已经变成营销的基础，广告主对于数字媒体广告预算分配在 2019 年达到了 53%。[30]除了互联网广告投放更精准外，能够及时获得广告效果反馈也是其中一个重要原因，广告主能够明确看到投放的群体与相应的转化率、ROI 等反馈。

程序化广告效果监测主要分为三大板块：广告效果、成本收益、投放保障。广告效果又可分为广告曝光与互动两个层次。由于在线广告平台的数字化运营，点击率、互动率等后台都可以实时展示，效果监测实现透明化。但也存在人为刷量、作弊的现象，需要投放保障中第三方监督。

第三节 数据世界的生存浪潮

社会生产生活的网络化和数据化趋势不断深入和扩散，“互联网 +”成为各领域学界业界的关注热点，其对人类行为和思维的重要影响力已经成为一种共识。大数据、云计算、移动互联等一系列新技术的加速成长，媒介产业内以数据管理、数据分析、程序化广告等为主要产品的专业数据型企业数量暴增；各领域传统产业和市场掀起网络技术热潮，为突破传统产业形式的发展瓶颈开始部署数字 in-house 模式，加速数字化转型和升级。数据量几何式的增长，使原本链条状的产业结构聚合交织成网状，主流产业链（例如娱乐、电子商务、物流、文创等）出现融合叠加，原本分散式的资源重新呈现汇聚的趋势，形成崭新的利润池。

人们在尽情享受着数据浪潮带来的推动力的同时，往往也伴随着被数据反噬的风险，数据化的程度越深，对数据技术产生的影响就越敏感。一方面，对于企业而言，数据的获取和使用依然存在行业壁垒，数据的价值没有得到充分发挥；数据使用的可重复性为企业带来更多元的利益形式，但又容易陷入对数据分析结果的盲目依赖，无法对数据质量、数据的误导性等问题作出理性的价值判别。由数据主宰的分析结果一旦出现问题，企业可能会遭受更猛烈的打击。另一方面，作为核心资源的用户数据成为隐私问题争论的聚焦点，模糊化、匿名话等隐私保护措施在数据时代几乎失灵，用户数据甚至会经过无数次的转手与售卖，并由各类数据技术进行分析，预测用户行为、影响用户的判断，又是否侵犯了用户自身的选择权利，亵渎了自由意志的神圣性。[31]

我们正处在数据浪潮的中央，被来自互联网的技术和思维包裹和冲刷，我们要厘清数据空间内媒介的发展和变化趋势，最紧要的就是冷静思考眼前巨大的浪花究竟来自一个新的时代，还是仅仅作为时代中的一个小插曲？媒介产业在经历了上半场转型浪潮之后，技术与思维本身已经完成进化，我们可以自由尝试新的价值形式和利用方式，但数据带来的风险和用户对权利被侵犯的抗议，又应该以怎样的态度和行为来面对，这些都是数据时代新的生存法则亟待解决的问题。

［作者简介：陈韵博（1978-），女，暨南大学新闻与传播学院副教授、硕士生导师，研究方向包括智能营销传播、计算广告、健康传播。］

【参考文献】

[1] 黄楚新，王丹．“互联网 +”意味着什么——对“互联网 +”的深层认识 [J]. 新闻与写作，2015(05)：5-9.

[2] 欧阳日辉．从“+ 互联网”到“互联网 +”——技术革命如何孕育新型经济社会形态 [J]. 人民论坛·学术前沿，2015(10)：25-38.

[3] 王兴伟，李婕，谭振华，等．面向“互联网 +”的网络技术发展现状与未来趋势 [J]. 计算机研究与发展，2016，53(04)：729-741.

[4] 马云，曾鸣，涂子沛．《互联网 +：从 IT 到 DT》——国民需了解的新型经济社会发展战略 [J]. 决策与信息，2015(12)：67-69.

[5] 阿里研究院．互联网 +：从 IT-DT[M]. 北京：机械工业出版社，2015.

[6] 官建文，李黎丹．"互联网 +"：重新构造的力量 [J]. 现代传播（中国传媒大学学报），2015，37(06):1-6.

[7] 欧阳日辉．从"+ 互联网"到"互联网 +"——技术革命如何孕育新型经济社会形态 [J]. 人民论坛·学术前沿，2015(10)：25-38.

[8] 同上

[9] 李志昌．信息资源和注意力资源的关系——信息社会中的一个重要问题 [J]. 中国社会科学，1998(02):106-116.

[10] 舍恩伯格，库克耶．大数据时代 [M]. 周涛，译．浙江：浙江人民出版社，2013：66.

[11] 李巍，席小涛．大数据时代营销创新研究的价值、基础与方向 [J]. 科技管理研究，2014，34(18)：181-184，197.

[12] 黄欣荣．大数据时代的思维变革 [J]. 重庆理工大学学报（社会科学），2014，28(05)：13-18

[13] 邓仲华，李志芳．科学研究范式的演化——大数据时代的科学研究第四范式 [J]. 情报资料工作，2013(04)：19-23.

[14] Vesset, D. etal. Worldwide Big Data and Analytics Software Forecast：2018–2022[R]. IDC，2018.

[15] 王兴伟，李婕，谭振华，等．面向"互联网 +"的网络技术发展现状与未来趋势 [J]. 计算机研究与发展，2016，53(04)：729-741.

[16] 舍恩伯格，库克耶．大数据时代 [M]. 周涛，译．浙江：浙江人民出版社，2013：201.

[17] 李晓华．"互联网 +"改造传统产业的理论基础 [J]. 经济纵横，2016(03)：57-63.

[18] 马云，曾鸣，涂子沛．《互联网 +：从 IT 到 DT》——国民需了解的新型经济社会发展战略 [J]. 决策与信息，2015(12)：67-69.

[19] 吴志远，杜骏飞．海德格尔技术哲学对新媒介研究的现实意义 [J]. 当代传播，2016(06)：78-80.

[20] 孙玮．从新媒介通达新传播：基于技术哲学的传播研究思考 [J]. 暨南学报（哲学社会科学版），2016，38(01)：66-75，131.

[21] 喻国明，刘旸．"互联网 +"模式下媒介的融合迭代与效能转换 [J]. 新闻大学，2015(04)：1-6.

[22] 孙玮．从新媒介通达新传播：基于技术哲学的传播研究思考 [J]. 暨南学报（哲学社会科学版），2016，38(01)：66-75，131.

[23] 倪宁，金韶．大数据时代的精准广告及其传播策略——基于场域理论视角 [J]. 现代传播（中国传媒大学学报），2014，36(02)：99-104.

[24] 爱云资讯．从渠道驱动到数据驱动，技术如何整合多屏营销 [EB/OL].（2018-05-11）[2020-06-14]. https://www.icloudnews.net/a/20180511/1921.html.

[25] 天极网．315 曝光的 WiFi 探针，是如何泄露你的个人隐私 [EB/OL].（2019-03-18）[2020-06-14]. https://baijiahao.baidu.com/s?id=1628331302391591560&wfr=spider&for=pc.

[26] CTR 媒介动量 .2019 广告市场趋势 [EB/OL].（2019-05-13）[2020-06-14]. https://www.sohu.com/a/313568028_720993

[27] RTBChina. 关于程序化购买需要知道的 10 件事 [EB/OL].（2015-08-05）[2020-06-14]. https://www.rtbchina.com/ten-facts-that-you-must-know-about-programmatic-media-buying.html.

[28] 赵梅．中国广告市场营销趋势 [EB/OL].（2017-03-29）[2020-06-14]. https://www.sohu.com/a/130886366_650612.

[29] 赵梅．2019 年广告市场的趋势方向在哪 [EB/OL].（2019-04-29）[2020-06-14]. https://zhuanlan.zhihu.com/p/84080794.

[30] 赵梅．中国广告市场营销趋势 [EB/OL].（2017-03-29）[2020-06-14]. https://www.sohu.com/a/130886366_650612.

[31] 舍恩伯格，库克耶．大数据时代 [M]. 周涛译．浙江：浙江人民出版社，2013：195.

智能广告创意的特征、内涵与发生逻辑

程明[1] 张蒙[2]

| 摘 要 | 创意，一直是广告的核心竞争力。随着智能广告时代的到来，创意这一概念从内容层面逐步走向智能层面。本文从空间、生产、传播、体验四方面梳理了智能广告创意的特征，从信息、媒介、受众、效果关系等多维度层面进行内涵挖掘，解析了基于“洞察－生产－呈现－执行”链条的智能广告发生逻辑。广告标识；

| 关 键 词 | 智能广告；智能创意；人机物协同；发生逻辑

随着数据量的极大丰富、计算力的指数级提升和算法的不断优化，能够洞察用户、实现精准匹配的智能广告受到社会资本的青睐。智能广告，主要在于人机交互过程中广告信息的智能化传播及与消费者的深度沟通[1]。作为广告的核心一环，基于传统媒介的创意生产在大数据、云计算和人工智能等技术的浸入下正经历着深刻变革。

1 智能广告创意的特征

创意，这一概念发轫于广告，运用于广告，成熟于广告。金定海（2018）将其定义为达成传播上的附加值而进行的概念突破和表现创新。[2] 随着移动终端的广泛普及和社会化媒体的海量剧增，广告创意发生了新的流变。智能化背景下的广告创意不仅注重受众的即时反馈，同时也使受众在媒介接触过程中能够主动与品牌方等建立有效连接，并且实现广告创意分享与二次生产。[3]

1.1 创意空间的智能化

智媒趋势下，多元化的信息来源和载体渠道的智能共融，使广告在创意表现上不再拘泥于单一或者若干媒介的简单组合。不同于传统媒体“一对多”的泛化线性传播，大数据等技术的不断扩展，使即时性、精准性的受众定向成为可能。数字媒体的发展打破了品牌方和消费者之间的时空壁垒，广告创意不再是滞后性、独立性、一次性的视听呈现，品牌方和消费者的双向互动为广告创意的综合性实现奠定了基础。

1.2 创意生产的参与化

智能媒体的出现，不断增强了用户对于内容信息的感知性。由于受众界限的逐步淡化，用户的身份在广告创意生产者和广告信息接受者之间不断转换。技术的覆盖为其提供了个性化、碎片化的广告信息和服务，同时即时性、交互性的媒介特点也增强了用户参与生产的主观意愿。用户不仅主动选择内容进行控制反馈，也对不同的媒介组合进行重组融合，借由智能平台丰富其广告的创意。

1.3 创意传播的场景化

场景，由移动设备、社交媒体、大数据、传感器和定

本文选自 2021 年《现代广告(学刊)》优秀论文评选一等奖作品，系国家社会科学基金后期资助项目“网络经济时代广告业生态的变革与新广告业态研究”（ 项目编号：17FXW005）、教育部人文社会科学重点研究基地重大项目“传媒智能化发展背景下中国传媒广告产业竞争力研究”（项目编号：16JJD860002）的阶段性研究成果。

[1 2] 武汉大学新闻与传播学院，武汉，430072

位系统支撑构成。[4] 它强调的是“时空一体”的适时体验，在特定时空下构建不同维度的场景环境，将信息服务整合在一起。[5] 计算广告实现了与消费者实时场景的智能匹配，基于社群互动、融合参与和线上线下渠道共通的融合全场景也为消费者带来真正的“非打扰式”广告覆盖。全场景的广告创意，提供的不只是基于受众行为的精准预判，还有基于“拟态环境”消费者需求的共情。

1.4 创意体验的立体化

在注意力稀缺的数字经济时代，碎片化的信息接收习惯使广告创意不得不进行改变。派恩（B. Joseph Pine, 2002）指出，当一个人达到情绪、体力、智力甚至是精神的某一特定水平时，那便可以从中产生美好的感觉。[6] 同时，段鹏（2018）也表示具有强沉浸感、在场感和互动感的 VR/AR 等技术，在视、听、触等方面增强了用户多维度的立体化体验。[7] 用户在接触参与之后，反馈数据的即时性特点使传统的“营销商→市场→消费者”商业形式不断弱化，用户的实时体验被数据组成为类型化、标签化的情感触点，进而完善广告创意体验，提高用户黏性。

2 智能广告创意的内涵

2.1 信息层：从不完全信息到接近完全信息

传统广告的创意，囿于媒介技术的发展，主要是由品牌方、广告主完成，基于单一信息诉求来满足目标市场的定向需求。彼时的广告内容虽是信息的再生产，但其创意的生产也只是将文字、图片、视频等载体形式进行有限的简单排列组合。对被动接受的消费者而言，由于缺乏沟通，获取的内容信息主要来自广告主的意志，呈现给消费者的是一种不完全信息，广告内容的创意生产与消费者的即时性、多维度的层次需求存在一定的动态区隔。

智能技术的发展，使得网络数据环境能够在去中心化和去信任的状况下，完成智能分布式决策或者行为的有效传播，并且实现“1+1 ＞ 2”的效果。[8] 随着大数据、云计算、区块链、人工智能在广告行业的不断渗透，机器创意、人机协同创意可以适用于不同需求和场景。此时的广告创意生产来自多元复合主体，除了品牌方等传统信息来源及生产主体，还有家人（family）、朋友（friend）等“F”因素的加入。同时，智能媒体打破了不同传播媒介的时空壁垒，去中心化的“点对点”快速连接、“去中间化”的需求匹配优化、“去边界化”的媒体和产业共融，都推动了智能广告创意的平台化生存。[9] 对于主动参与的消费者而言，呈现的是接近于完全的信息内容，其智能创意能够在海量的数据蓝海中进行即时性的动态组合。

2.2 媒介层：从垂直吸引力到水平连接力

传统媒体广告虽然也进行了消费者洞察，但将目标消费者看作统一需求的整体，仍以满足广告主的需求为重点。并且利用“经验 + 人工”的形式进行创意生产，通过文字、声音、视频等载体形式的媒介组合引起消费者注意，以达到“告知”消费者的目的。传统媒体广告着重于信息诉求的表现，因此内容的创意主要是向消费者传递认知信息，使消费者产生视、听、触等感官印象。其传播渠道是单一或者若干组合的媒介，不同媒介同一广告的同质性较高，其传播的效果依赖于传统大众媒介的公信力。另外，其创意的前后连续性较高，消费者会因为某一片段的信息接收失败而对整体的广告传播产生模糊感。因此，传统广告是单向度的线性传播，孤立且被动，对于大众是一种立足于传统整体市场的垂直吸引力，是基于品牌方和消费者的弱连接，并随着时间的推移和空间的转换逐步衰减。

智能媒体的出现，给予广告创意更多的表现可能和消费者的选择可能，增加了交互感和临场感的体验。智能媒体中的广告，是基于内容、用户协同及需求关系的算法运作。不同于传统广告创意的达到、吸引，智能广告使品牌方与媒体平台用户之间产生基于需求满足的连接，与用户的关系更为立体，通过实时洞察达到改变行为的现实目的，属于社会关系网络传播，具有交互、主动的特点。智能传播背景下，人机融合既丰富了信息的输入输出方式，也模糊了受众与媒介之间原本过于清晰的二元对立界限。[10] 壁垒消解使智能广告的创意能在深度、广度及社会性上产生系统性的病毒扩张效果，是一种面向差异化、碎片化需求的水平连接力，属于强连接。

2.3 受众层：从信息满足到情感满足

由于传统媒介单向传播，广告创意主要基于产品或者品牌的信息诉求策略来完成。信息聚合为内容，诉求创意由单一变为组合，但其本质仍是基于品牌方的线性传播，对于消费者而言是被动“知晓”，属于信息满足。

智能广告时代，品牌方不仅能够在广告创意的主体、形式、内容、载体等方面产生新想法，更可通过社会化媒体建立起品牌方和用户、用户和用户之间的多种联系。智能时代的广告创意，亦是多种内容、多种形式和多种关系情感相互共融的结果。智能化数据对消费者进行综合的分析拟化之后，联合热点信息进行公共议程的创意执行：

（1）内容上，将关键的碎片信息进行结构化组合，借由人机协作的智能创意生产为消费者快速呈现多维度、多层次的信息图景，加深多元复合主体间的双向沟通广度，基于数据采集与应用的及时反馈，不断补充新的创意元素

（2）形式上，在采集动态、多维、线上线下联通的消费者行为数据基础之上，整合数字内容资源的创意媒介形态。借由移动智能终端，对消费者的生活产生拓展性的接触，进行可视化的数据还原虚拟环境，建立面向泛媒体沉浸环境的广告创意匹配形式；

（3）关系情感上，AI 算法使广告创意与消费者所处的网络关系圈产生强关联。参与是智能时代最为重要的互联网行为，智能媒体给予用户自我表达平台的同时，也激发了用户自我参与和创造的热情。随着大数据技术、算法推荐的深入，社群的分化越来越细微，拥有某一特质的用户能够迅速聚拢，并影响其所在的网络关系圈。在基于垂直领域的情感、情绪等高维需求之上，进行创造性生产和创意发掘。[11] 通过增强场景的带入感、虚拟和现实的混合感，带给用户深度的沉浸式创意体验，从而产生需求共鸣，建立独特情感价值主张，完善与用户的关系连接。

2.4 效果层：从控制权力走向影响权力

在广告走向智能化的进行中，有两个基本问题：一是广告效率问题，关注广告效率和广告浪费的关系；二是广告的信任问题，包括广告信任和广告信任度，媒介公信力的迁移才造就了所谓的广告“公信力”。[12] 而以上两方面均涉及广告创意，从传统广告创意到智能广告创意，也是从“控制”到“影响”的变化。

传播是一种权力，传播主体通过选择性的信息呈现与策略性的意义赋予，对受众的信息接收环境进行干预，从而构建社会现实。[13] 传统广告的创意，受制于媒介的线性传播和把关人的存在，对于受众的信息接收环境起到了控制作用。控制，作为一种权力，将内容生产者的意识形态投影到受众群体中，构筑符合生产者既得利益的需求市场，塑造出单向度的人。[14] 消费者的主动需求不断凸显，对于广告创意的敏感度越来越呈现无序化、碎片化的状态，所以作为一种控制权力，其作用有限。

智能广告使内容和广告的结合更为紧密，其创意生产更是外在与内在共融的结果，包括大数据、算法、智能平台等多个因素。加上选择渠道的覆盖性和针对性、目标群体的信息自主性，智能广告创意更加注重的是一种“影响”权力，而非原来所谓的“控制”权力，这是广告进化、不断向前发展的表现。广告从控制权力到影响权力，其所谓的控制权力也是因为信息垄断、信息有限或者说非完全信息而造成；影响也是一种多元的权力，包括交互影响、关系影响。这种影响能力通过分析消费者信息的即时需求来完成智能匹配，进而在技术的协助下进行程序化创意生产，影响受众的主动选择行为、影响受众的消费、影响受众和社会环境的适应性变化。当影响达到理想的效果时，这种广告的影响已然成为影响权力；当影响成为一种事实上的权力，控制权力也就走向了非控制权力。

3 智能广告创意的发生逻辑

3.1 基于场景关联的智能创意洞察

传统的广告创意虽然经过调查研究，但对消费者的认识是基于品牌方自我的预设性假定。这种消费者洞察通常缺乏较多的行为数据和其他即时性、客观性数据支持。

对消费者的洞察，需要通过时间线和空间线两个维度来完成。从消费者触达到消费者接受再到消费者行为决策，这是时间线，也是任何广告创意的基本策略。至于空间线维度，用户的喜好和即时性的需求都是该个体一整套生活的组成部分，热衷于红酒的人与其穿衣的风格有关联，热衷于体育运动的人同样与其饮食习惯有关联。传统的广告创意，只着眼于特定的方面，红酒庄园只研究红酒是什么样子，体育厂商也只关注产品带给消费者的功能，很少将产品或者品牌放置于目标消费者的生活版图之中。智能媒介的浸入，能够在基于海量消费者数据分析之上，对消费者进行多维度、长过程、分层次的立体化、系统化、行动化洞察，以此作为智能广告创意策略的基础。

3.2 基于互联网思维的智能创意生产

凯利（Kevin Kelly，2014）指出，任何网络都有两个要素：节点和连接。[15] 智能技术的发展使节点越来越小、越来越密，之间的连接也越来越多。连接一切的逻辑，是互联网思维的最佳注解，也是智能广告创意的基本导向。

互联网思维是互联网时代融合实践的基本思维路径，具有跨界融合、平台开放、用户至上、免费为王、体验为核、大数据应用等若干特征。[16] 互联网思维是基于资源丰饶的一种立体网状思维，其本质是在算法生成、智能识别的基础之上，提供一种有关分享、开放、连接、跨界、融合、社群、口碑等新社会元素的组合方法论，于海量的信息库中进行基于拟态现实的整合和连接，并在连接中融合、在融合中创新。

随着数据的激增，智能媒介的生态系统会随着日益学习的完善而不断进化，“需求调研—定位市场—主体进行生产传播”线性链条会被切割重组。首先，作为创意生产的主体，高度智化的 AI 会在考虑适配于用户接受的场景环境的同时，全方面覆盖用户的即时需求，并且根据不同的智能媒介拆解内容信息的维度，进行精细化的立体创意生产。其次，以往创意生产的目标对象是用户，而随着智能的深化，其生产的目标对象可以是用户，也可以是用户接触的智能平台或者所处的场景。智能创意的生产好比超市的产品，适用于平台这个有着不同连接维度的货架，以供扮演“超市消费者”的用户选择和埋单。

3.3 基于对称性交互的智能创意呈现

广告始终是需要传播和沟通，并与消费者达成一致的。数据环境对用户需求的解析由表及里，基于大数据的算法善用和基于人工智能的创意生成，都使“交互”成为区别于传统媒介的重要特点。传统广告也有交互，但存在着严重的滞后性和单向性，其传播媒介也不具备能够使品牌方和消费者发生高频次连接的特性。

智能广告的呈现，其最为明显的特点是信息传播和接受的对称性。对称性交互，即用户从品牌方、平台获取的内容资源和广告主体从用户反馈得到的即时需求变化，在互相之间的关系连接上处于总量平衡。并且，基于“创意 + 智能媒介”的综合维度，进行符合用户需求、留给用户印象的表现。随着万物互联以及智能化应用的不断成熟，智能广告的创意表现也有特有现象：（1）非规范性，其创意表现并不符合某一或者多种智能媒介的传播特点，也无法根据品牌方的特性确定某一类固定模式；（2）非格律性。其创意能基于多样化的表现，产生不对称、不和谐或者出人意料的形式美印象；（3）非稳定性。其创意表现并不能泛用于同一类型或者同一用户需求的品牌，也会随着场景或者用户媒体触点的即时反馈呈现前后不同的、碎片化的表现形式。

由于大数据、人工智能的介入，消费者在智能媒体上所投入的互动行为，决定了它提供给用户内容信息的类型和呈现方式。例如用户在抖音或者今日头条上看过智能设备的内容，暂留并给予些许评论之后，每次打开便会给用户推送线上线下销售的折扣活动，很多覆盖生活的广告信息也和智能设备有关联。并不是因为最近确实该信息词条火爆，而是因为用户对智能广告的影响决定了它对用户的影响，两者相互平衡、交叉影响。

3.4 基于人机物协同的智能创意执行

协同，指协调两个或者两个以上的不同资源或者个体，一致地完成某一目标的过程或者能力。按照康德（Immanuel Kant）关于关系范畴的论述，协同是主动与受动之间的交互作用。智能广告时代，带有强烈社交货币属性的创意，不止是在品牌方和用户、用户和智能平台之间产生的关系连接，更是一种知识与人、与物的高度匹配。

从基于内容为中心的品牌方和人的弱连接，到以关系情感为中心的人和人的强连接，再到以智能内容为中心的次强连接，最后触达以“人机——人人”关系为中心的强连接，整个进程是个循环往复的轮回，同时也是一种基于连接与反连接的摇摆作用。智能媒体去中心化、参与化的特点既保证了用户平等互动关系，又增强了用户主动共享的意愿。因此，随着智能技术的深化和触底覆盖，其智能创意带给用户的不只是“创新 + 注意”，还有基于人工智能共享的系统性知识建构。

智能化时代，人工智能进入广告的各个环节。AI 和智能算法的成熟使品牌方能够根据实时的用户画像，有针对性进行创意组合和生产。如今机器生产的创意，本质上是通过算法对已有素材的排列组合，过于理性而缺乏“人性”的光辉。[17] 现阶段机器更多的是作为认得辅助者、延伸者而存在，并不是脱离人而独立存在并进行智能创意生产的主体。人机协同是当下智能生产的常态，由于智能化媒体打破了时空壁垒，原本受物理条件限制的任意客观对象都可以成为创意生产的载体。机器赋予物体全时段、全场景的内容组成要素，物力拓展人力的信息维度、丰富创意形式的组合和传播，同时人作为媒介的延伸、亦作为人工智能的协调辅助者，三者形成稳定的三角关系，相互依存、共同作用，作为智能时代广告创意执行的依靠。

结语

尼葛洛庞帝（Nicholas Negroponte）在《数字化生存》里提出“后信息社会”，又称数字化时代。从传统广告的创意到智能广告的创意，后信息时代实现了“真正的个人化”，不仅广告创意的生产和执行变得丰富多样，并且其受众个体与环境也能够恰如其分地进行场景化匹配。虽然机器人流程自动化技术日臻成熟，人工智能 AI 也正如火如荼地发展，但尚未取代人们工作的整个流程，只是某一环节单项技术的自动化，属于人机物协同的运作。至于如今所处的时代，智能化技术尚未完全成熟，它在不断地深度学习中向着“真正的智能时代”行进。

（作者简介：程明，武汉大学媒体发展研究中心研究员，武汉大学新闻与传播学院教授、博导；张蒙，武汉大学新闻与传播学院 2020 级博士生。）

【参考文献】

[1] 易龙 . 论智能广告研究的价值及其框架的构建 [J]. 新闻界，2009(5):151-152.

[2] 金定海 . 广告创意学 [M]. 北京 , 高等教育出版社，2007:8.

[3] 田苗 . 创意变革：从内容创意到创意引爆 [J]. 青年记者，2019(21):43-44.

[4] [美] 罗伯特·斯考伯，谢尔·伊斯雷尔 . 即将到来的场景时代 [M]. 赵乾坤，周宝曜译 . 北京：北京联合出版公司，2014:11.

[5] 梁旭艳 . 场景传播：移动互联网时代的传播新变革 [J]. 出版发行研究，2015(7):53-56.

[6] [美]B. 约瑟夫·派恩，詹姆斯·H. 吉尔摩 . 体验经济 [M]. 鲁炜等译 . 北京：机械工业出版社，2002:180.

[7] 段鹏 . 智能媒体语境下的未来影像：概念、现状与前景 [J]. 现代传播，2018(10):1-6.

[8] 丁晓蔚，何秋妍 . 论区块链技术对传媒业的影响 [J]. 现代传播，2019(12):9-13+20.

[9] 郑新刚 . 超越与重塑：智能广告的运作机制及行业影响 [J]. 编辑之友，2019(5):74-80.

[10] 别君华 . 智媒传播中的人机融合关系及其实践维度 [J]. 现代传播，2019(11):32-36.

[11] 李海东，许志强 .“数据价值 + 人工智能”双轮驱动下媒体智能化变革路径探析 [J]. 中国出版，2019(20):46-50.

[12] 程明，赵静宜 . 广告信任生成机制的新发展 [J]. 中南民族大学学报（人文社会科学版），2020(1):143-147.

[13] 师文，陈昌凤 . 新闻专业性、算法与权力、信息价值观：2018 全球智能媒体研究综述 [J]. 全球传媒学刊，2019 (1):82-95.

[14] 叶蔚春 . 权力控制与大众抵抗——广告的双重意识形态解读 [J]. 当代传播，2016(1):89-91+95.

[15] [美] 凯文·凯利 . 新经济，新规则 [M]. 刘仲涛，康欣叶，侯煜译 . 北京：电子工业出版社，2014:2.

[16] 程明 . 创意思维与创新 [M]. 武汉：武汉大学出版社，2019:38.

[17] 程明，程阳 . 数据全场景和人机物协同：基于 5G 技术的智能广告及其传播形态研究 [J]. 湖南师范大学社会科学学报，2020(4):114-119.

偶像虚拟化对消费者价值共创的影响机制探究

段淳林[1] 邹嘉桓[2]

| 摘　　要 | 处于流量风口之处的虚拟偶像产业近年来飞速发展，偶像的虚拟化正成为一股新风潮，其背后的价值符号和商业模式被不断形塑。基于此，本文提炼出“偶像虚拟化”的概念后探讨了其背后的文化属性，并运用实验法分析偶像虚拟化对消费者价值共创影响机制。研究发现，品牌针对追星社群和二次元社群实施模式相同的偶像虚拟化战略并不能有效提升消费者的价值共创意愿。最后，本文也为偶像虚拟化的未来发展路径提供了一定的策略参考。

| 关 键 词 | 偶像虚拟化；社群文化；价值共创

Z 世代经济逐渐独立及其关注领域的不断拓展，促使近几年来国内虚拟偶像市场迎来爆发，虚拟偶像行业处于高速发展的上升时期。在 90 后、00 后的年轻群体中，动漫文化已从小众转向主流，2019 年全国有超 3 亿人关注虚拟偶像。[1][2] 到 2021 年，真实偶像的活动因疫情和外部政策限制，虚拟偶像产业更是发展迅速，破次元的虚拟化成为俘获年轻人注意力的一种重要方式。

站在全球视野来看，“虚拟偶像”的发展模式及领域正逐渐分野，衍生出许多不同的内涵。例如，以“初音未来”“洛天依”为代表的虚拟歌姬；而动漫 IP、游戏厂商等会将动漫、游戏、电影中已有的角色 IP 打造成虚拟偶像，或划分至虚拟偶像的范畴中；企业还会根据自身文化、产品特点等设计虚拟角色、卡通形象等。值得一提的是，众多的品牌和企业也纷纷计划利用明星的 IP 效应，在二次元领域重新释放明星的经济价值进而延长产业链。越来越多的明星开始拥有自己的虚拟 IP 形象，其背后的价值符号和商业模式正被不断形塑。

虚拟偶像及偶像虚拟化的优势明显：如人设稳定、高度可控、年青一代容易接受，同时近期多部委也对粉圈乱象和真人偶像竞选进行纠偏，这也为处于抽象世界中的虚拟偶像发展提供了一定的机遇。如果说 Z 世代面对真人偶像时的网络心理容易出现情绪化和从众化的情况，那么在符合社会主义核心价值观指导下运作的虚拟偶像则有助于更好地塑造青少年，形成良性的网络舆情生态格局。但在这个新生事物的光环背后，也暗藏着重重挑战与风险，包括制作成本高昂、产业链尚不完善，等等。目前国内外研究多数围绕着传统虚拟偶像的头部 IP 展开，尚未对偶像虚拟化进行提炼与分析，偶像虚拟化只是作为本文所观

本文选自 2021 年《现代广告（学刊）》优秀论文评选二等奖作品，系广东高校哲学社会科学重点实验室项目“广东省新媒体与品牌传播创新应用重点实验室”（编号：2013WSYS0002）、广州市哲学社会科学发展“十三五”规划 2020 年度一般课题“推动 AI 大数据与粤港澳大湾区制造业品牌融合的传播对策研究”（编号：2020GZYB11）的阶段性研究成果。

[1 2] 华南理工大学新闻与传播学院，广州，510006

察到的现象，仅存在于“虚拟偶像”的范畴中。因此，本文将首先基于新浪微博上的“虚拟偶像”文本数据，以虚拟偶像的概念泛化为分析主线，提炼“偶像虚拟化”的概念并探讨其背后的文化属性。其中最重要的是探讨以“真人偶像”为核心的追星社群和以“虚拟”为面向的二次元社群。

其次，若是将粉丝对偶像的“UGC 内容创造、准社会互动想象与社群构建”的方式进行梳理，可以发现这些行为方式与“价值共创”的内涵不谋而合。价值共创理论强调价值是由企业和消费者通过直接交互，共同创造消费者体验而形成的[3-5]，偶像虚拟化可谓是吸引相关消费者参与互动的一种方式。但在更为宏观的背景上，针对两种亚文化社群，品牌实施模式相同的偶像虚拟化战略能有效促进消费者的价值共创意愿吗？本文对此进行了探究。

1 文献综述

虚拟偶像行业发展十分迅速。在营销方式多样、技术能力高度发展的时代下，可能虚拟偶像的类型划分尚未讨论清楚，下一种虚拟偶像的出现便打破了原有的分类方式。学术界很难随时紧跟业界潮流，对虚拟偶像的分类总有失效之时。例如，过去有些学者认为类似“初音未来”等虚拟歌姬的商业价值深度依赖用户 UGC，其盈利模式则以授权经营和售卖周边为主，变现模式较为单一，如今看来这种想法已经过时。此外，在研究主体上，目前国内的研究缺少对虚拟偶像概念、领域与驱动力的把握，其研究对象大多是对“初音未来”和“洛天依”这两种着重依靠语音合成技术的虚拟偶像进行案例研究。[6-9]

其中，研究者在对虚拟偶像进行分析时，容易着重强调其所依托的“技术”特殊性——包括计算机合成技术和 3D 技术、语音合成技术软件及音源库、AR/VR 技术和动作表情捕捉技术等最新的感官相关技术、3G 至 5G 变迁影响[10-12]，而弱化背后的文化和技术之间的辩证关系。虽然喻国明、杨名宜（2020）[12] 提出了一个看似清晰的驱动力划分，包括内容、技术和产业驱动，但这种划分面对急剧变化的现实时便缺乏一种可持续的解释力及较为清晰的划分维度，因为技术与内容驱动力是两种截然相反的指向，而产业指向与前两者并不是并列的。基于此，本文认为虚拟偶像的发展路径主要依赖于两种驱动力：一种是文化驱动力，另一种则是技术驱动力。

此外，近来一种基于真人偶像诞生的虚拟偶像正快速被各大品牌所追捧与效仿，但学者们并未关注到偶像虚拟化的现象，因而忽视了背后的社群机制。虽然学者们分别对“二次元”和“追星”两种社群和文化进行了界定和研究，但却缺乏统合性和比较性的思考。除了强调技术变迁，两类研究都从一种“迷文化（fan）”的视角看待不同社群的形成机制以及心理倾向。其实无论是虚拟偶像还是现实偶像，对于两种亚文化社群都有着相似的消费模式与精神诉求。其中消费模式指的是对偶像的符号性、文本性、内容性或情感性的分享与消费，精神诉求则体现为投射自我、自我宣泄与满足、身份认同与归属。[13-17] 但学者尚未关注到随着偶像虚拟化的出现，两种亚文化社群已从“各自为政”发展为在“真人偶像与虚拟形象”中汇集。这反映出偶像虚拟化的形成机制既要分众考虑，又要有一种整体性的规划；同时要求相关企业在面对两种亚文化生产与传播机制时，需要深刻理解受众产生价值共创行为的机制。否则难以真正做到与相关消费者社群进行合作、达成价值共创。

2 从“虚拟偶像”中诞生的“偶像虚拟化”内涵

2.1 基于新浪微博“虚拟偶像”相关内容的分析

对“偶像虚拟化”的讨论，应该回到“虚拟偶像”的概念范畴与研究当中。这是由于在目前的营销活动中，无论是类似于“初音未来”的虚拟歌姬还是 Virtual YouTuber（活跃于 YouTube 的虚拟主播，以下简称 VTuber），抑或是为明星偶像塑造一个虚拟替身，都被称为“虚拟偶像”“偶像虚拟化”的概念并未被学界业界广泛认可。

本研究通过爬取 2012 年 1 月至 2020 年 11 月期间，新浪微博上出现的“虚拟偶像”一词的相关微博内容，以此分析虚拟偶像的发展趋势，进而提炼出“偶像虚拟化”的概念。之所以选取新浪微博平台，是因为新浪微博是我国早期的四大门户网站之一，相关社群内容、虚拟偶像的讨论及广告营销等相对于百度贴吧、B 站（Bilibili）更为丰富和全面。

目前爬取数据显示，被提及的最早一批虚拟偶像出现在 20 世纪八十、九十年代，譬如日本的林明美、伊修塔尔，英国的 Gorillaz 乐队等。从 2015 年开始至今，微博中涉及“虚拟偶像”的数量呈现直线式爆发增长，其中开展偶像运营的 VTuber 占据一定比例。截至 2020 年 11 月，世界上曾出现过的 VTuber 超过 13000 名[18]，但被称为虚拟偶像的 VTuber 主要是类似于彩虹社、.LIVE、VirtuaReal 等组织或企划。

2.2 “虚拟偶像”的概念变迁与释义

虽然“虚拟偶像”的概念释义一直难以跟上业界发展步伐，但从本质上看，“虚拟”与“偶像”的基本属性与分析抓手未变，在新浪微博中只要同时符合“虚拟”和“偶像”两种含义就能被归纳进“虚拟偶像”的范畴中。学者们不断试图从不同角度给虚拟偶像下定义，但是业界和学界对于虚拟偶像的界定分类仍存在一定的分歧与空缺。

2.2.1 虚拟：虚拟形象

虚拟形象主要是指非真实的形象：依托现代影像技术和手段，由影视公司或创作者等设计并推出的一种没有生命与自主思想力的视觉形象。[19] 张自中（2018）进一步从技术与活动的场景将虚拟偶像进行了细化，即基于某种算法，通过绘画、动画、CG 等技术，在互联网等虚拟场景或现实场景中存在的无真实本体的架空形象。[20] 同时，二维化的“虚拟”往往与二次元联系在一起，但仅仅是平面形象之意已不能概括二次元，ACGN 才是“二次元”的基本构件要素——ACGN 即指动画（Animation）、漫画（Comic）、游戏（Game）、轻小说（Novel）领域所创造的二维世界。

2.2.2 偶像：明星、演员或 Idol（爱豆）

洛文塔尔（Leo Lowenthal, 2012）曾将偶像分为“生产型偶像”和“消费型偶像”，前者主要指一些为社会发展做出重要贡献的人物，后者则是指与大众消费及休闲娱乐有关的明星偶像等。[21] 而中国语境现况的“偶像”则泛指个体或群体对其喜爱、羡慕、敬仰的人物或形象的一种自我选择与认同，任何人只要有一定影响力和“粉丝”，都能算作“偶像”。由于日本的娱乐产业十分成熟且领域被不断细分，偶像、歌手、演员、主播和声优等职业都有较为明确的定位，因此日本的“偶像”被单独作为一种职业，是演艺群体衍生的一部分。

2.2.3 虚拟偶像

微博上出现的虚拟偶像多以 CG 技术、语音合成、面部捕捉、动作捕捉与实时渲染等手段进行打造，同时也融合了创作者对现实人物性格、心理的把握，进而拥有一定粉丝。目前国内的虚拟偶像主要依循广义概念，即只要是虚构的且能与粉丝交流、沟通和建立强关系，或是有较大影响力的任何非真实形象都可以算作虚拟偶像。除了传统的虚拟歌姬外，微博上提及的虚拟偶像还包括虚拟角色 IP 叶修、魏无羡、《阴阳师》大天狗等，品牌自创的虚拟形象则有哈尔滨啤酒“哈酱 99”、微软小冰、优酸乳“小优”等。

国外对虚拟偶像的定义与国内有所不同，如果只是纯影像世界中的热门角色或者非真实的虚拟形象，并不能称为“虚拟偶像”。虚拟偶像应当在现实世界中能留下一些无形与有形的痕迹[22]，例如仿照真实偶像进行演艺活动或开展形象运营，其运营机制建立在满足人类对亲密关系的需求之上。虚拟模特如 Noonoouri、Shudu，虽然在国内被称为虚拟偶像，但是在国外依然常被称为“Virtual influencer/model”。只有类似于“偶像大师”“Love live”的虚拟角色，在漫画或动漫中以偶像的身份出道才算是“虚拟偶像”。此外，目前犹如绊爱、电脑少女 Siro、冷鸢 yousa 等的虚拟 YouTuber（VTuber）、虚拟 UP 主（VUP）或虚拟主播（VLiver）也多被国内归于虚拟偶像之列，这种归类的准确性还有待进一步考证。

2.2.4 偶像虚拟化

偶像的虚拟化形象由于符合广义的“虚拟”和“偶像”的概念，因而多被业界和网民纳入虚拟偶像范畴中。本文基于我国现实语境，对“偶像虚拟化”进行如下界定：作为现实偶像在虚拟世界的一个载体，通过某种算法、绘画、动画、CG 等技术，在互联网等虚拟场景或现实场景中进行偶像活动及形象运营的架空形象。在目前的营销模式中，偶像虚拟化的主要应用体现为：真人偶像及其虚拟形象的广告代言、漫画创作、动漫电影和平台联动出镜等。那么，国内消费者如何看待偶像虚拟化？本研究根据目前偶像虚拟化营销的相关呈现形式制定了访谈提纲，选取追星社群

表 1 不同社群对“偶像虚拟化”的态度

“偶像虚拟化的行为所选择的明星都是一些流量明星，目的是为了把偶像本身的价值最大化，做成一个更具模式化的粉丝经济产业链的产物。明星本人跟粉丝的互动不是很多，但是当把偶像打造成一个 IP 之后，就能满足粉丝所希望偶像应该呈现的样子。”——受访者 1 “偶像虚拟化本身可能对于原来是明星的粉丝群体而言，能够提升其忠诚度，让他们更加喜欢以及投入更多的金钱。但是对于其他很多路人来说，他们可能就真的不太知道偶像虚拟化是什么，也不会真的触发情感上的一个变化；甚至对于品牌而言，可能会造成一定程度的知名度和美誉度降低。” ——受访者 2 “我觉得搞偶像虚拟化还是希望偶像粉丝氪金，但其实很难。可能像洛天依、初音未来这种还有一些歌曲唱跳那种赋能，如果就单推一个形象出来，可能我自己本身对这些就不是很喜欢，所以会不太理解。此外，我觉得它面向的主要还是集中在这个偶像粉丝的圈子里面，核心去影响的还是粉圈内的文化氛围，圈层化的效应还挺明显的。对于二次元受众来说，只有那种纯虚拟、纯二次元的人物才可以吸引到二次元受众。” ——受访者 3 “我觉得不要太丑，还挺能让我没有太强反感，就是说它（偶像虚拟化）其实不会是一个加分项。”“毕竟你粉的还是因为真人，偶像原本和品牌就是没有必然的联系。”——受访者 4 和受访者 5

和非追星社群的微博用户进行访谈，发现不同社群的用户对偶像虚拟化的态度并不相同；同一社群的用户对偶像虚拟化的态度略有差异；粉丝的社群融入度及不同偶像的追星社群会影响其对偶像虚拟化的态度（见表 1）。

基于偶像虚拟化的概念和营销模式对互联网不同社群的网民进行访谈后，研究团队发现偶像虚拟化的营销方式主要还是针对目标社群建立的商业模式，本质上是一种社群营销。从相关访谈中获知，“偶像虚拟化”从两种亚文化形态进行拆解，一种是面向“虚拟”的“二次元文化（ACGN 文化）”，该文化逐渐迈向主流；另一种是面向“偶像”的“追星文化”，如今偶像粉丝生态也颇为多样，偶像的符号化被不断增强。由于以互联网为代表的技术出现掀起了社群文化狂潮，这也导致了不同社群的交叉：一个人能同时存在于不同的社群，而且参与程度也有所不同。而当访谈过程中的交叉社群谈及偶像的虚拟化时，相关受访者则会主动将自身定位于追星社群，基于自身对偶像的了解进行回答。因此，本研究在对偶像虚拟化是否调节不同社群的消费者价值共创意愿提出假设并进行验证时，将其分类为追星社群和二次元社群。

3 研究假设与研究设计

3.1 研究假设

价值共创是一个用来描述以消费者为核心，企业和消费者及利益相关者通过互动等方式为企业创造价值的概念。其行为模式分为两种：一种是强调消费者角色内的参与行为，这种行为主要包括主动的品牌信息搜寻、分享、责任行为和积极的人际互动；另一种是消费者公民行为，即由消费者自发组织的价值共创，包括反馈、倡导、助人和忍耐性。[23] 消费者自发的公民行为也有高低程度之分，例如自发地参与产品的测评、推广活动以及新产品创意、设计。

消费者体验是价值共创的基础，资源整合、持续性互动和服务交换是共创价值的重要方式。[3][24] 在这个过程中，消费者还可以成为一种可操作性资源：其拥有的知识、技能可作为一种为企业进行价值创造的优势资源，这种观点亦被服务主导逻辑所强调。尽管价值共创的概念还在不断更新，部分行为（如责任行为和忍耐）并不属于互动的范畴，但该概念中获取、分享、倡导、反馈和互助等核心要素已被学界所使用。[25][26]

3.1.1 社群对消费者价值共创意愿的主效应

西西里（Sicilia）和帕拉佐（Palazon）（2008）认为网络及营销传播媒介的出现，对比线下则提供了更大范围的交互机会，人们进行自我表达和信息共享的冲动也越发凸出。[27] 在数字化浪潮、公共领域与私人空间界限越加模糊的社会大背景下，中国互联网空间上涌现了大量的虚拟社群，这种社群根据不同的属性会呈现出科层性强、分工明确和排外性强的特点。[28] 有学者将其定义为：在网络空间（包括全球资讯网、电子布告栏、电子邮件和新闻群组等）中，一群有共同兴趣或目标，因互动（交流、交易或知识共享）所凝聚成的团体。此外，不断更新的互联网技术使得网络社群以其组织的高生产力、高凝聚力和高执行力，成为众多网络社群中最引人注目的一个分支。[29]

一方面，情感性是社群非常重要的一个特征。袁光锋（2014）认为，互联网上已经形成了某种“情感性的诠释社群”，情感成为诠释互联网社群的重要维度。[30] 可以说，拥有共同情感基础的社群，更容易影响其中消费群体的价值共创意愿。另一方面，不同的社群对于不同品牌有不同的偏好，当品牌或企业的价值观、文化属性与消费者需求贴近时，或者在品牌能给予“与同好分享、自我表达的空间和方式”以及在其中能收获社群成员的尊重时[31]，容易催生社群间的价值共创意愿，这对于粉丝社群内部也是如此。据此，本文提出以下研究假设：

H1：在偶像代言营销中，粉丝社群内的受众比社群外的受众更能提升消费者价值共创意愿。

H1a：在偶像代言营销中，粉丝社群内的受众比社群外的受众更能提升消费者参与的价值共创意愿。

H1b：在偶像代言营销中，粉丝社群内的受众比社群外的受众更能增加消费者公民行为。

3.1.2 偶像虚拟化的调节作用

过去，偶像作为品牌的代言人，其目标受众主要是偶像的粉丝。如今，偶像能够以虚拟形象的方式出现，这不仅可以巩固原有的追星粉丝社群，还能贴近二次元文化和受众需求偏好，进一步催生相关的用户内容生产。偶像虚拟化能够通过引起相关社群的情感共鸣，进而满足其一系列需求：偶像及其虚拟化中的一部分素材会被追星社群或二次元社群消费者通过文本再造、关系想象，再生产出能获得普遍认可，且可被持续制造与消费的人格设定符号。在这一过程中，高度自主的用户生产内容和社群互动大量出现，推动消费者宣泄、投射、认同、补偿和归属等 5 种心理的产生，进而能够成为影响社群营销中一种重要的价值共创形式。[8][16][32] 因此，偶像虚拟化理应会将原本不属于追星社群内的二次元社群纳入一个新的融合性社群中，通过满足二次元群体和追星群体的消费者心理需求，提升消费者价值共创意愿——以及其中的消费者参与的价值共创和消费者公民行为。[26] 据此提出假设：

H2：偶像虚拟化于社群对消费者价值共创意愿的影响具有调节作用。

H2a：偶像虚拟化于社群对消费者参与的价值共创意愿的影响具有调节作用。

H2b：偶像虚拟化于社群对消费者公民行为的影响具有调节作用。

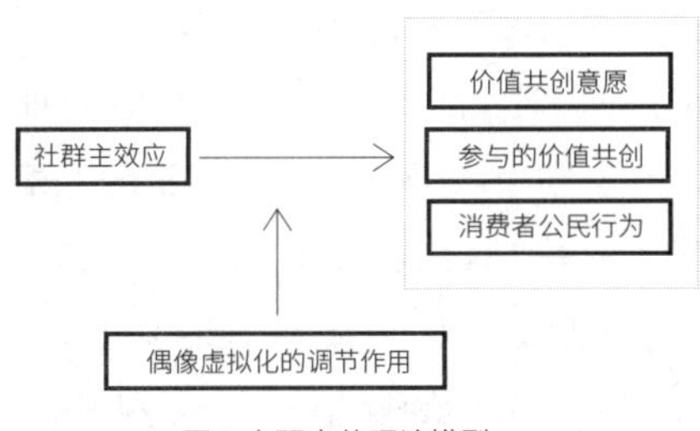

图 1 本研究的理论模型

3.2 研究设计

本研究主要采用实验法对假设及模型进行检验，目的在于验证社群对消费者价值共创意愿的影响，揭示偶像虚拟化的调节作用。实验采用 2（追星社群 VS 二次元社群）×2（偶像虚拟化 VS 非偶像虚拟化）设计。自变量为社群（追星社群取值为 0，二次元社群取值为 1），因变量为消费者价值共创意愿，调节变量为偶像是否虚拟化（偶像虚拟化取值为 0，未虚拟化取值为 1）。进行正式实验之前对实验中使用的刺激材料进行预实验，以检测其品牌名称设计对品牌熟悉度的影响。因为实验材料的特殊性，为保证实验的内部效应，所有被试是新浪微博用户：在新浪微博中选取相关追星社群和二次元社群，进而在社群中选取参与程度不一的被试，以确保被试都有身处网络相关社群的经历。

品牌熟悉度量表参考了 Kent 等（1994）[33] 的测量方法（α=0.89），包含一个题项“您对 X 这个品牌熟悉吗？”（1=“特别熟悉”；7=“特别不熟悉”）。在控制品牌熟悉度的同时，为避免被测试者对虚拟品牌可能的预先情绪对实验结果产生影响，还参考了史密斯（Smith）和埃尔斯华（Ellswoth）（1985）的方式[34] 对情绪进行控制。

价值共创量表主要参考了柯（Koh）和克姆（Kim）（2004）[35]、兹瓦斯（Zwass）（2010）[26]、格罗思（Groth）

（2010）[36]、伊（YI）（2013）[23] 提出的量表，并根据广告标语情境及国内学者江若尘和徐冬莉（2012）[37] 的研究进行了调整（α=0.93）。该量表分为消费者参与的价值共创和消费者公民行为两个部分。所有问项都以 Likert7 分量表呈现，1=“非常不同意”，7=“非常同意”。问题为：（1）您愿意寻找该偶像的虚拟形象所代言品牌的相关信息吗？（2）您会向其他消费者传达、分享与该偶像的虚拟形象所代言品牌的有关信息吗？（3）对于品牌开展的产品创意征集活动、产品测评活动或者推广活动，您会积极地参与吗？（4）对于品牌开展的产品相关话题，您会积极响应并认真表达自己的诉求吗？（5）您愿意自发地将自己对这个品牌（产品）的想法、建议或测评，分享给企业吗？（6）您愿意自己主动对该品牌的产品进行宣传、推广或倡导吗？（7）您愿意在社群进行讨论，并解答其他消费者或潜在消费者提出的问题吗？（8）对于特定原因造成的产品或服务问题，您会选择原谅吗？

此外，对于所处社群的回忆同样借鉴了 Smith 和 Ellswoth（1985）的方法[34]，通过回忆自己曾经所处社群的情况来唤醒对自己曾所处社群相关状态的印象[38]。在阅读实验材料前，社群内部组的被试被要求回忆最近在社群内部参与的经历。回忆完成后，回答关于过去经历的一些参与情况问题，确保被试对过去的经历展开详细回忆，激发网络社群共在感。在情绪被引发之后，需要被试回答现在是否觉得自己已经处于这个社群（1=“非常不同意”，7=“非常同意”）。除了收集被试社群的参与经历（包括关注的最长持续时间、关注度、参与的活动类型）外，该研究还收集了被试的个人信息。

4 实验过程

4.1 刺激材料设计

实验向被试展示一个名为 X 的雪糕品牌的广告。在设计品牌名称时，“X”的品牌名称遵循两个原则：品牌名称是虚拟的，以防和任何现实中的雪糕品牌产生联想；虚拟品牌名称不能包含太多和品牌感知的内容，以保障实验结果的准确性。

目前偶像虚拟化的广告主要以文字和海报为主，因此本次实验运用的材料也主要是图片加文字形式。采用偶像虚拟化方式运营的广告使用了偶像的虚拟形象，采用非偶像虚拟化运营的广告只出现真人偶像。在广告标语上保持内容的一致性，避免因主题内容差异而影响实验结果。材料举例如下：

（1）追星社群内偶像虚拟化操纵组。如果您喜欢的一名偶像，且该偶像十分出名：immo，有了一个虚拟的形象 immo 酱。这个虚拟形象正在为某一冰淇淋品牌 X 代言。广告标语如下：“追逐愉悦的心不能停下，快和 immo 酱一起寻找消失的冰淇淋吧！听说找到 immo 酱的专属冰淇淋，就有机会获得 immo 姐妹的演唱会门票和相关周边哦！”对于该偶像的虚拟形象所代言的品牌和产品（题干的品牌和产品都是由该偶像的虚拟偶像代言），回答价值共创意愿的相关问题。

（2）非追星社群内非偶像虚拟化操纵组。如果您看到一个自己“不粉”，但是足够出名的偶像 immo，正在为某一冰淇淋品牌 X 代言。广告标语如下：“追逐愉悦的心不能停下，快和 immo 一起寻找消失的冰淇淋吧！听说找到 immo 的专属冰淇淋，就有机会获得 immo 的演唱会门票和相关周边哦！” 对于该偶像所代言的品牌或产品（题干的产品和品牌都是由该偶像代言），回答价值共创意愿的相关问题。

4.2 预实验和正式实验

4.2.1 预实验

在正式实验之前做预实验，以便对实验材料的有效性进行前测。所有被试被随机分到了追星社群偶像虚拟化操纵组和二次元社群非偶像虚拟化操纵组这两个实验情境中。首先，被试需要回答实验中对虚拟品牌“X”的熟悉度和预先情绪问题，以确保对品牌、偶像的熟悉度和情绪不会对实验结果产生影响；接着，分别向两组被试展示偶像虚拟化的材料和非偶像虚拟化的材料；最后，测量被试的人口统计学变量。

预实验共邀请了 32 名被试参加，排除填写不完整的样本后，剩余 30 个样本，其中女性 17 名、男性 13 名，93% 的被试年龄层处于 90 后和 00 后区间。经检验，性别（$p > 0.05$）、年龄（$p > 0.05$）和预先情绪（$p > 0.05$）对实验结果的影响均不显著。在品牌熟悉度上，显示结果与期望一致，该问题的平均分为 5.79，受众呈现不太熟

表 2 实验结果

<table>
<tr><th rowspan="2"></th><th colspan="2">非标准化系数</th><th>标准化系数</th><th rowspan="2">t</th><th rowspan="2">p</th><th rowspan="2">VIF</th><th rowspan="2">R</th><th rowspan="2">调整 R^2</th><th rowspan="2">F</th></tr>
<tr><th>B</th><th>标准误差</th><th>Beta</th></tr>
<tr><td>常数</td><td>40.352</td><td>7.437</td><td>-</td><td>5.426</td><td>0.000**</td><td>-</td><td rowspan="8">0.304</td><td rowspan="8">0.257</td><td rowspan="8">F (7,104)=6.496, p=0.000</td></tr>
<tr><td>X 所在社群</td><td>-11.916</td><td>2.841</td><td>-0.519</td><td>-4.194</td><td>0.000**</td><td>2.286</td></tr>
<tr><td>Z 是否偶像虚拟化</td><td>-2.195</td><td>2.749</td><td>-0.096</td><td>-0.799</td><td>0.426</td><td>2.14</td></tr>
<tr><td>X*Z</td><td>0.248</td><td>3.858</td><td>0.01</td><td>0.064</td><td>0.949</td><td>3.263</td></tr>
<tr><td>性别</td><td>0.679</td><td>1.898</td><td>0.03</td><td>0.358</td><td>0.721</td><td>1.027</td></tr>
<tr><td>年龄层</td><td>0.456</td><td>2.426</td><td>0.017</td><td>0.188</td><td>0.851</td><td>1.181</td></tr>
<tr><td>对品牌的熟悉度</td><td>0.025</td><td>0.637</td><td>0.003</td><td>0.04</td><td>0.968</td><td>1.137</td></tr>
<tr><td>情绪</td><td>-1.518</td><td>0.866</td><td>-0.147</td><td>-1.754</td><td>0.082</td><td>1.051</td></tr>
<tr><td colspan="10">因变量：Y（价值共创意愿）</td></tr>
<tr><td colspan="10">D-W 值：1.805</td></tr>
<tr><td colspan="10">* p<0.05 ** p<0.01</td></tr>
</table>

悉的倾向。确定了实验材料的有效性后，展开正式实验。

4.2.2 正式实验

正式实验共邀请了 120 名被试参加。研究采用组间设计，被试被随机分配到追星社群内偶像虚拟化操纵组、二次元社群偶像虚拟化操纵组、追星社群内非偶像虚拟化操纵组以及二次元社群内非偶像虚拟化操纵组。在被试阅读材料之前，请其回忆最近在社群内部参与的经历，再进行熟悉程度、情绪及价值共创意愿的测量，最后对人口统计学变量进行测量。

实验数据以 SPSS26 进行处理。排除填写不完整和不符合社群定位的样本后，剩余 112 个样本，其中 54 名男性、58 名女性，92% 的被试年龄处于 90 后和 00 后区间。经检验，性别和年龄对实验结果的影响均不显著（p＞0.05），且对品牌的熟悉度和情绪因素对价值共创意愿均不产生显著影响（p＞0.05）。为了检验偶像虚拟化的调节作用，本文以消费者价值共创意愿为因变量，以社群和偶像虚拟化两个定类变量及二者的乘积作为自变量进行回归。结果显示，不同的社群对偶像代言的态度有显著不同（p<0.05），在偶像代言营销中，粉丝社群内的受众相比社群外的二次元受众更能提升消费者价值共创意愿，这与假设 H1 一致。此外，虽然结果与假设 H2 不一致，但这样的结果其实也符合预期。偶像虚拟化对于不同社群的受众而言并不存在显著的交互作用（p＞0.05），因而如实验材料所示的偶像虚拟化并不能显著调节不同社群的价值共创意愿；之后分别对消费者参与的价值共创意愿和消费者公民行为进行测量，也未出现调节作用（见表 2）。

5 反思与启示

虽然本文存在一定的不足（包括研究对象多为新浪微博用户，价值共创类型多以学者们之前的探讨为主等），但本研究仍希望能对偶像虚拟化的概念挖掘及其对消费者价值共创意愿的影响机制探究有所裨益。基于实验结果，本研究对相关被试对象进行了回访，以此总结分析不同社群受众的真实需求。

5.1 拟合的心理背后是两种不同的社群运作模式

追星社群或二次元社群对偶像的消费、信息分享和内容生产有着相似的心理机制，但并不能将两类社群的所有需求混为一谈。国内企业和品牌对于偶像虚拟化的定位认知主要是在原有 IP 加持的基础上，通过破次元的方式吸引二次元社群。但是根据实验及回访，发现单纯地对偶像进行虚拟化并贯以“虚拟偶像”标签对于相应的社群而言收效甚微（见表 3）。

因此，对于追星社群而言，偶像的虚拟化形象这种新的方式可以让更多年轻受众知道偶像本身，但是虚拟形象并没有偶像本身重要，其核心还是三次元明星。企业和品牌应该深入二次元和追星这两种亚文化社群或者语境下进行理解，才能避免战略规划的方向性错误。

5.2 偶像虚拟化的 IP 塑造原则

5.2.1 内容力：基于社群运用原则的内容划分

对于二次元受众来说，品牌可以通过对偶像的虚拟

表 3 对部分被试的回访

追星社群受众 A 和 B： “如果虚拟偶像跟真人产生连接之后，我才会爱屋及乌把那种情感迁移到他身上去。如果没有任何联系单独地把它推出来或者直接嫁接给公司第三方来处理的话，去代言可能就比较排斥。” “要粉丝参与到共创，需要人家做偶像的形象特别专业，然后你自己的爱豆也非常认可这样的一个模式。我的意见被参考了，是我想象中的样子，会比单纯地由他们推出的形象更可行。” 二次元社群受众 C 和 D： “我更喜欢纯粹的虚拟形象，而不是已知现实扮演者的虚拟形象。明星虚拟形象在二次元群体眼中并不是二次元。我是觉得如果是有流量的明星做虚拟形象，有点分流的感觉。” “明星他本人就是一个商品，并有它自己代表的符号。但如果真的要贴近二次元受众，我们就需要他那种比较好的人设、故事、价值观和世界观，而不是单一的那种形象层面，它要有内容。”

形象生成相关人设的符号，再将其高度人格化，并将其融入小说、动画、漫画、游戏等品类，最终实现符号资本向经济资本的转化。对于追星社群而言，企业可围绕名人明星和文本内容来整合资源进行拓展，虚拟形象与偶像应高度相关，起到巩固粉丝的作用。品牌也可以基于偶像的虚拟形象向粉丝出售与虚拟形象高度相关的产品，比如图书、影视、明星代言的商品、偶像社群的会员服务等。

5.2.2 牵引力：搭建联系，注重资源的联动协同

除了在纵向消费链上从周边产品　生产到粉丝消费进行单向传递，生产商同时还可通过网络对资源进行跨界的整合联系和利用。以明星为焦点向外辐射的文化产品，应凭借平民化、低成本化、通俗化的使用方式将受众反过来又汇聚至明星符号中，共同构建偶像的 IP 形式。这一过程需注重从移动场景到沉浸式互动的打造，比较基础的是利用场景化与移动技术连接用户与品牌，形成简单的互动；其次是利用 VR ／ AR 等技术实现简单的互动参与，丰富互动形式；最后是通过数据算法关注用户属性、行为偏好等并进行互动定制。

5.2.3 技术力：基于企业自身实力选择适合方式

企业对偶像虚拟化运用的定位极为重要，因为不是所有企业都有能力去运用 AI 等高技术手段塑造偶像虚拟化的形象，这在前期需要大量的研发成本，而且后期还要有持续不断的内容输出。同时，IP 内容提取后塑造的虚拟人物，其人设的持续迭代也给品牌提出了挑战，因为与之相关的人工智能技术覆盖的文本、语音、图像等多个领域需要持续的创意输入。当然也并不是只有高技术才能撑起一个虚拟形象，媒介文本与故事也能实现其使命，基于该种方式的粉丝参与更为简便。因此，在传播路径上不能仅仅是单向度的传播，还需要注重传受双方相互交流和共享信息，最终达到良性沟通或互动的形式。

总体而言，偶像虚拟化其实相当于明星 IP 的再塑造。企业在运用偶像虚拟化战略开展营销活动时，不仅要重视技术、遵循国家相关法律法规与政策规定，还要理解与尊重其背后的亚文化社群。虚拟形象能否替代真实的明星展现、最终反哺于偶像本身是粉丝最为关注的，而二次元受众则更关注该类虚拟形象背后的文本、内容和互动机制。如何让跨次元的虚拟 IP 不掉队，不沦为消耗明星热度和话题的工具 IP，还需不断激活新的独到之处。

（作者信息：段淳林，华南理工大学新闻与传播学院教授、广东省新媒体与品牌传播创新应用重点实验室主任；邹嘉桓，华南理工大学新闻与传播学院 2020 级硕士研究生）

【参考文献】

[1] 网易漫画，LOFTER.90/00 后二次元用户调研报告 [EB/OL]. 中国国际品牌授权展览会官网，（2018-06-17）[2021-02-02]，http://www.chinalicensingexpo.com/exponews/170.html.

[2] 爱奇艺全国创意策划中心 . 爱奇艺：2019 虚拟偶像观察报告 [EB/OL]. 中文互联网数据资讯网，（2020-03-06）[2021-02-02]，http://www.199it.com/archives/1004591.html.

[3] Prahalad, C. K., Ramaswamy, V.(2004). Co-creation experiences: The Next Practice in Value Creation. *Journal of Interactive Marketing,* 18(3):5-14.

[4] Vargo S L. & Lusch R F.(2004). Evolving to a New Dominant Logic for Marketing. *Journal of Marketing,* 68(1):1-17.

[5] Lusch, R. F., & Vargo, S.(2008). Service-Dominant Logic: Continuing the Evolution. Journal of the Academy of Marketing Science, 6(1):1-10.

[6] 朱钊 . 浅析虚拟偶像"初音未来"与赛博空间 [J]. 现代交际，2010(09):59-60.

[7] 张旭 . 从虚拟制造到真实消散——以"初音未来"为例论数字技术对当代人的影响 [J]. 艺术广角，2016(06):15-20.

[8] 李镓，陈飞扬 . 网络虚拟偶像及其粉丝群体的网络互动研究——以虚拟歌姬"洛天依"为个案 [J]. 中国青年研究，2018(06):20-25.

[9] 赵艺扬 . 青年亚文化视角下的虚拟偶像景观研究——以"洛天依"为例 [J]. 北京青年研究，2020,29(03):47-54.

[10] 邵仁焱，史册 .5G 技术的电视节目虚拟偶像全息影像研究 [J]. 北方传媒研究，2019(06):29-32+52.

[11] 刘佳美 .AI 虚拟偶像发展"钱景"研究 [J]. 科技传播，2019,11(24):106-107.

[12] 喻国明，杨名宜 . 虚拟偶像：一种自带关系属性的新型传播媒介 [J]. 新闻与写作，2020(10):68-73.

[13] 王艺璇 . 悖论的合法性：网络粉丝社群对粉丝形象的再现与生产——以鹿晗网络粉丝社群为例 [J]. 中国青年研究，2017(06):67-74.

[14] 宋雷雨 . 虚拟偶像粉丝参与式文化的特征与意义 [J]. 现代传播，2019,41(12):26-29.

[15] 黄婷婷 . 虚拟偶像：媒介化社会的他者想象与自我建构 [J]. 青年记者，2019(30):28-29.

[16] 袁梦倩 . 赛博人与虚拟偶像的交互：后人类时代的跨媒介艺术、技术与身体——以虚拟偶像"初音未来"的传播实践为例 [J]. 媒介批评，2019(00):64-73.

[17] 刘书亮，朱巧倩 . 论二次元文化的概念流变及其文化消费特征 [J]. 现代传播，2020,42(08):22-26.

[18] 株式会社ユーザーローカル . バーチャル YouTuber、本日 1 万 3 千人を突破（ユーザーローカル调べ）[EB/OL].（2020-11-09）[2021-02-28]，https://www.userlocal.jp/press/20201109vi.

[19] 宋汶珈 . 影像时代中的虚拟偶像现象 [J]. 美与时代 (上)，2012(01):13-16.

[20] 张自中 . 虚拟偶像产业中 UGC 动机研究 [J]. 新闻论坛，2018(02):15-18.

[21] (美) 洛文塔尔 . 文学、通俗文化和世界 [M]. 甘锋，译 . 北京：中国人民大学出版社，2012:151-156.

[22] 穆思睿 . 浅析虚拟偶像的定位及与其它动漫形象的区别 [J]. 戏剧之家，2018(10):89+114.

[23] Yi, Y. & Gong, T.(2013). Customer Value Co-Creation Behavior: Scale Development and Validation. *Journal of Business Research,* 66 (9):1279-1284.

[24] Grönroos, C. & Voima, P.(2013). Critical Service Logic: Making Sense of Value Creation and Co-creation. *Journal of the Academy of Marketing Science,* 41(2):133-150.

[25] Von Hippel E.(2007). Horizontal Innovation Networks by and for Users. *Industrial and Corporation Change,* 16(2):293-315.

[26] Vladimir Zwass.(2010). Co-Creation: Toward a Taxonomy and an Integrated Research Perspective. *International Journal of Electronic Commerce,* (15):11-48.

[27] Sicilia, M. & Palazón, M.(2008). Brand Communities on the Internet: A Case Study of Coca-Cola's Spanish Virtual Community.

Corporate Communications: An International Journal, 3(13):255 -270.

[28] 陈彧 . 共享仪式与互赠游戏——以百度贴吧为例的虚拟粉丝社群研究 [J]. 当代传播，2013(06):27-29.

[29] Gupta, S. & Kim, H. W.(2007). Developing the Commitment to Virtual Community: The Balance Effects of Cognition and Affect. *Information Resources Management Journal,* 20(1):28-45.

[30] 袁光锋 . 互联网空间中的"情感"与诠释社群——理解互联网中的"情感"政治 [J]. 中国网络传播研究，2014(01):89-97.

[31] 潘曙雅，张煜祺 . 虚拟在场 : 网络粉丝社群的互动仪式链 [J]. 国际新闻界，2014(09):35-46.

[32] 喻国明，耿晓梦 . 试论人工智能时代虚拟偶像的技术赋能与拟象解构 [J]. 上海交通大学学报（哲学社会科学版），2020(01):23-30.

[33] Kent, R.J. & Allen, C. T.(1994). Competitive Interference Effects in Consumer Memory for Advertising: The Role of Brand Familiarity. *Journal of Marketing,* 58(3):97-105.

[34] Smith, C. A. & Ellswothp, C.(1985). Patterns of Cognitive Appraisal in Emotion. *Journal of Personality and Social Psychology,* (48):813-838.

[35] Koh K.(2008). The Influence of On-line Brand Community Characteristics on Community Commitment and Brand Loyalty. *International Journal of Electronic Commerce,* 12(3):57-80.

[36] Groth, W.(2010). Co-creation: Toward an Integrated Research Perspective. *International Journal of Electronic Commerce,* 15(1):11-48.

[37] 江若尘，徐冬莉 . 虚拟品牌社区公民行为概念界定与量表开发 [J]. 软科学，2012,26(10):121-125.

中国广告年鉴 2022
CHINA ADVERTISING YEARBOOK

广告教育

Advertising Education

2020—2021 年中国广告教育与研究发展综述

姚曦[1]　郭晓潩[2]

2020 年至今，伴随着疫情常态化发展、经济下行压力、地缘政治博弈加剧，数字经济焕发出前所未有的生机，不仅成为撬动经济增长的主要动能之一，更成为我国实现经济高质量发展，改变全球竞争格局的核心驱动力。2020 年 3 月 4 日，国家释放了推动“新基建”加速经济建设的信号，几十万亿元的全国总规划投资为市场注入了强心剂，亦指明了国家全力推动产业数字化转型升级的大方向。这一前所未有的时代冲击推动了广告市场需求的持续升级，中国广告的范畴、规则与边界开始呈现出复杂化态势。首先，广告教育的革新必将围绕着技术对其所进行的一系列渗透与改造；其次，中共中央宣传部发布《关于提高高校新闻传播人才培养能力实施卓越新闻传播人才教育培养计划 2.0 的意见》，其中明确提出“培养造就一大批具有家国情怀、国际视野的高素质、全媒化、复合型、专家型的新闻传播后备人才”，这一战略计划对新时代中国广告教育提出了明确的指向与要求。随后，“新文科”概念的提出更为广告教育改革给予了路径指引和政策支持。与此同时，广发证券首席经济学家沈高明认为，中国经济已开始从生产型社会向消费型社会转变。[1] 消费型社会的特征是“大量生产、大量消费”，这一发展趋势无疑释放了市场对广告产业高质量发展的充分需要，广告市场的发展需求激发着对于高端应用型人才的迫切渴求，中国广告学科地位及其知识效力亦将得到前所未有的重视。

一、广告专业建设的发展与革新

广告专业建设是广告教育发展的前提基础和重要手段。当前，高校广告专业建设的困境在于教育与业界需求间的低契合性，主要表现在三个方面：广告系教师的知识获取渠道基本源自书本，缺少广告业务实际操作经验；教材更新不及时且不配套，广告业界的迅猛发展和学界的相对静态形成明显反差；课程设置漠视对学生媒介技术的培养，难以培育出时代前列的合格广告人才。我国广告学专业努力在普遍困境之下积极开辟新路，有针对性地从人才培养体系、师资团队、教材建设方面积极进行创新改革。

（一）人才培养体系

1. 培养方案与课程体系的革新

广告课程体系是对广告学科知识的系统化型构与归纳。培养方案是课程设置的建构方向和目标。从培养方案上来看，北京大学、中国人民大学、武汉大学、南京大学、华南理工大学等多所学校在本科生入学时采取新闻传播学大类培养，其中南京大学将其置于人文艺术传播类下进行大类培养，由文学院、历史学院、哲学系、新闻传播学院和海外教育学院共同组成。中国人民大学和复旦大学，在大类培养的宽基础上，更加突出广告学与其他具体学科的交叉培养，聚焦于具有更强专业素养的人才。复旦大学采用“2+2”的培养模式，将四年制培养进程分为两个阶段，首先对其进行经济学、社会学、法学等方向的系统性教学，再按照广告学的具体方案进行深度培养；中国人民大学则

---

[1] 姚曦，教授，博士生导师，研究方向：品牌传播、广告与媒介经济、公共关系
[2] 郭晓潩，2019 级广告与媒介经济博士生，研究方向：品牌的跨文化传播

是采取与法学院、国际关系学院联合培养的模式。[2]

关于课程体系的分布方面，周茂君、郭斌（2021）根据学科排名情况，选取了前 55 所新闻传播院校，对培养体系、师资团队和教材建设进行分析。研究结果发现，所调研的院校相对注重专业知识基础和技术与科研能力的课程设置，分别占总体课程的 32.96% 和 26.64%。根据不同院校的师资力量和院校背景，其课程设置的比重存在一定的差异。例如，安徽大学和湖南大学非常重视技能与科研能力的培养，占比都达到了 40% 以上。[3] 根据产业变革与新文科建设的具体要求，广告课程的革新应围绕数字化、国际化为具体改革方向。

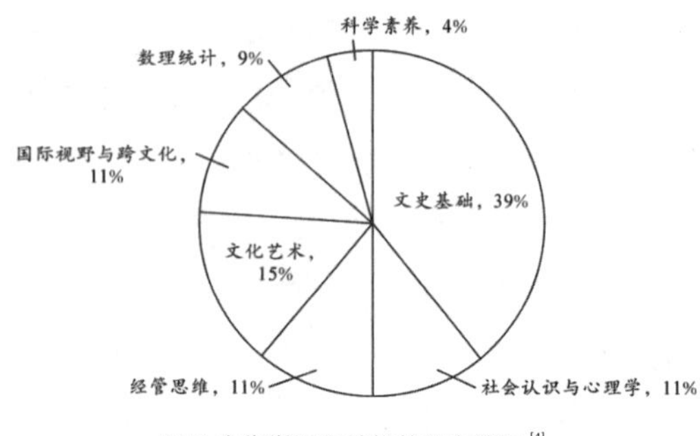

图 1 广告学课程结构的分布情况 [4]

在课程的数字化创新方面，数理统计、经管思维的课程比重共计 20%，较以往大幅度提升。与此同时，以数字营销、直播营销、数字交互广告为主导的专业前沿类课程占总课程数量的 5%，虽然总体占比不高，但几乎所有院校均开设此类课程，多以讲座的形式，聘请学界和业界知名人士授课。其中，部分院校从本科阶段直接将数字营销作为广告专业的细分方向，完全针对数字营销的行业需求进行专业人才的培养。中国传媒大学广告学院亦开设了数字营销方向的广告学专业，在基础理论方面，设置了社会学、传播学、心理学、经济学、市场营销学、广告学、数字营销概论、计算广告原理与应用等有关营销基础理论的课程，同时重视培养学生的基础性数理思维与数字技术操作技能，开设了数学、统计学、大数据原理、python 软件设计基础等课程，旨在帮助学生适应数字技术需求进行内容生产。[5] 有关国际化课程的设置，国际视野与跨文化思维的课程占总体的 11%。在新文科背景的要求下，唯有帮助学生牢固对社会发展规律认知，明晰国情社情和国际形势发展，才能培养出创新中国表达、讲好中国故事的国际广告人才。但从现实情况看来，多数院校关于国际化课程的设置主要聚焦于“跨文化传播”“国际传播”等传播学理论的内容，有关“国际广告”的专业性课程依然处于边缘地位，且仅以史学研究为视角，开设“外国广告史”等传统课程内容，缺乏国际广告的前沿内容、跨文化营销等具体应用型课程的建设。

2. 教学方法的多元化探索

教学方法是广告人才培养目标的落地手段。目前国内广告学课程教学方法有案例教学法、学科竞赛教学法、项目模拟体验教学法、实战教学法等。案例教学法以案例为教学材料、以学生为中心、以讨论为方式的兼顾理念与实践的教学方法，能够培养学生的独立思考和创造能力，有助于实现教学双方知识的交流。例如，暨南大学新闻与传播学院在开设的“数字营销：走进智慧的品牌”MOOC 课程中剖析了近年来数百个国内外数字营销案例；学科竞赛教学法是我国广告学专业一项历久弥新的经典教学方法，以“全国大学生广告艺术大赛”为核心竞赛实践平台，诸多高校开始将参赛成绩记入相应课程考核体系中，通过“以赛促教”的教学方式，极大地激活了大学生的创意灵感、加强其实践能力与团队合作精神的培养。[6]

项目模拟体验教学法在国外实践较早，例如美国高校一直以来秉承着 Real World（真实世界）的教学理念，在教学中开展各类主题的模拟广告实战。[7]2021 年 12 月 25 日武汉大学新闻与传播学院广告学系高度重视创新性模拟体验教学，围绕“理论·实践·模拟·投入·分享”的主题，搭建“广告模拟竞标提案会”平台，形成了“项目—平台—体系”的整合性实践教学模式，迄今为止已连续开展了 18 年，这在全国新闻传播院校中尚属首创。今年的提案会的主题是为“镝数图表”提供策划案。参与比赛的 5 组团队各自花了两个月时间剖析难点、纾解痛点、疏通堵点，试图为“镝数图表”打通一条上升通道。5 组团队以纷繁多彩的创意构思、环环相扣的策划活动展示了化抽象为具象的能力，展现广告学子的专业素养。[8]

实战教学作为一种直接与社会、行业对接的实操教学方法，基于互联网大数据工具，直接把数字营销的现实玩法作引入课堂教学。广告主、广告费用、广告目标人群、广告传播效果和销售效果均是真实存在的。此类教学方法整合了产学研相关资源，帮助学生亲历真实市场竞争，呼应了双创教学改革的需要。北京大学新闻与传播学院的《创意传播管理》课程经历五年的改革与完善，形成了系统、成熟的实战教学模式，课程始终坚持三个原则，即真实的广告客户，设定合理的投放预算，运用最前沿的营销技术工具。2020 年春季学期，参加课程的学生高质量地完成了为荣耀 30 系列进行大数据营销传播实战的任务，参与实战的 12 个小组开启“云模式”，共创建了 793 个计划，生产了 833 张图片、89 个视频，以 48 万元的广告费，通过巨量引擎在头条、抖音等平台合计产生 1.53 亿次曝光，平均点击率为 3.75%。截至 2020 年 6 月 8 日，共在京东产生 16880 个订单，平均 ROI26.5，其中 ROI 最高的小组达到了 40.24，效果已达到行业平均水平。[9]

（二）师资团队的结构性调整

作为广告教育活动的组织者、参与者、研究者和引导者，师资团队是广告教育的核心要素，人才培养质量和效果离不开优质合理的师资队伍。纵观来看，广告专业师资结构和学历背景层级存在不平衡性。一是，广告专业师资的扩容速度难以满足办学需求；二是，师资的学历背景结构难以与广告产业多元化业务结构相匹配。有数据显示，部分高校具有文学背景的广告教师占比高达 81%，新闻传播类专业科班的师资仅占 16.8%，其中还有绝大部分的教师没有任何相关的行业经验。[10] 在这一背景下，优化师资结构的重任迫在眉睫。首先，高校要注重广告师资知识背景的多元结构组合，广泛引进经管学科、理工科背景的教学师资，例如，具有市场营销研究经验、大数据抓取分析、模型构建、人工智能设计等专业特长的师资，进而建构数字化时代高质量、专业化师资团队。其次，高校要全面整合并融通人才资源，制定“引进来、走出去”战略，着眼于教师的行业实践经验，一方面引聘行业精英与学者专家进行授课与研究生培养，另一方面鼓励专业教师深入企业公司挂职、兼职，实现校内人才师资的“社会化”，以便贴近市场业界的发展需求，共同培育出具有新时代视野的创新创意复合型人才。武汉大学广告系引进经济与管理专业的学者，研究与教学逐步嵌入经济学的思维路径。暨南大学广告系师资团队结构相对多元，具有心理学、经济学等专业背景的专家学者，且聘请了一批有丰富经验和社会影响力的学界泰斗和业界精英，担任本系的兼职教授、客座教授或创业导师。[11]

（三）数字广告教材建设

教材是广告教育思想与知识内容的重要载体，也是提高教育教学质量的重要环节。现有学科体系、话语体系、理论成果已不足以支撑整个广告学的学科建设、学术研究和人才培养的现实需求，组织编写新的广告学教材、构建广告学新的知识体系任务紧迫。数字广告教材建设应在技术变革、新文科建设背景下，在把握广告本质的基础上，寻求广告实践、知识变革的基本规律，以此构建新的数字广告教材体系。武汉大学广告学专业一直十分重视教材建设。近年来，专业教师在国内主编出版了 4 套涵盖数字时代广告理论、方法、技术、经营与管理各个层面的全新特色教材，如《普通高等教育广告学系列教材》（共 10 本）、《高等院校广告学专业数字营销传播规划教材》（共 6 本）、《数字营销丛书》（共 11 本）、《新媒体系列丛书》（共 10 本）等。广告学专业教师均参与了系列教材的撰写，一方面更新了专业教师的知识内容，另一方面有利于广告专业人才培养。[12]2020 年 1 月，虎啸数字商学院与机械工业出版社联合发布了《数字营销高等教育系列教材编委会》成立的消息，编委会是以研究、编审创新数字营销领域实战教材为主体的委员会。通过汇集各院校优秀教师及业界教学专家的能力，编写适合本科类院校、职业类院校教学用的教材等教学资源，从而促进国家对数字营销专业实战型人才的培养，推动教学成果产业化发展。

二、2020 － 2021 年广告学术研究的新热点与新趋势

随着百年变局和世纪疫情的交织叠加，全球不稳定性与不确定显著上升，中国广告业迎来了前所未有的机遇与挑战。根据 iMedia Research（艾媒咨询）数据显示，2021 年中国数字化广告行业的投融资金额达 37.71 亿元。在细分领域中，资本在 2021 年主要倾向整合营销，其次是互联网及移动广告。传统广告发展受到了数字化广告行业冲击，兼容传统形式与数字化形式的整合营销模式是广告主关注重点。与此同时，受全球供应链震荡的影响，中

国经济内循环模式的持续畅通加速提升了“国货”的市场渗透率，国家品牌业已成为各国抢占国际竞争制高点的重要战略选择，这一系列现象都为广告学术研究提供了新的研究思路与问题导向。在此背景下，我国广告研究者们敏锐地洞察了新时代的行业变革现象，并产出了丰富的学术成果。通过检索中国知网数据库，以“广告”为主题词的CSSCI，在2020－2021年期间共发表860篇。为聚焦于广告学研究，排除了系统工程与管理科学、语言科学、信息科学与情报等主题，最终选取268篇文章进行研究热点与趋势的分析。

（一）消费者认知研究

消费者认知研究集中关注消费者接受广告信息的心理机制及态度与行为意向的变化过程。在研究方法上，随着互联网、大数据以及计算科学的运用趋于普遍化，利用个体行为实验、大数据计算等方法使得探索消费者认知与心理本源成为可能。姚曦等（2020）[13]认为，品牌认知研究应结合认知神经科学的研究模式，借助脑电波、皮肤电、面部肌电、功能性磁共振成像和事件相关电位等技术进行研究测量，将研究视野从人类具有外显属性的认知行为扩展到了无意识——低于意识阈限的生理活动，这一研究模式将促进消费者信息加工处理机制的精准性认知。[14]叶国全等（2021）基于有限注意力模型，说服知识模型和精细加工可能性模型，构建植入广告显著度和个体认知需求与广告有效性(品牌记忆、态度和购买意愿)之间的关系模型。利用眼动仪开展眼动实验，揭示植入广告显著度和个体认知需求对广告有效性的影响机制。[15]金佳等（2021）运用脑电信号采集技术捕捉消费者看到广告时的脑电波活动，分析其情绪变化，实现对现实广告效果的科学测试，为广告优化设计提供有力依据，具体包括以下步骤：广告投放环节，利用虚拟现实技术，模拟商场环境并投放平面广告图片；采集脑电数据，采用脑电信号采集设备采集被试者的电生理信号；处理脑电数据，对采集的电生理信号处理后并获得同一平面广告图片的神经相似性；广告效果评估，根据所有被试者的神经相似性并结合α振荡区域，来评估被试者对平面广告图片的评价结果。[16]

（二）广告史与发展教育研究

遵循国内新闻传播学传统，广告史一直以来都是广告学理论体系的重要组成组成部分。当技术性要素颠覆性重构了广告产业价值链，对前现代广告形态的回溯及其现代广告发展历程的梳理，不仅具有文史研究的学术意义，也能促使学者对当下广告发展进行现实观照。祝帅（2020）[17]从全球传播思想史的角度详细阐述了广告史的全球现代化历程；广告在中国百年近现代史的发展脉络；对广告学与设计学走向新的整合提出学科层面的观察与发展趋势。王新杰等（2021）研究者以清末《新民丛报》为例，通过分析发行数年间登载的大量史学类广告，从归纳广告书目中体现“新史学”对传统史学的批判；将广告词视作一种史学评议形式，分析其时代因素；以书业广告体分析近代史学的受众群体与传播特征；关注近代史学在民族主义浪潮下对传统史学的重新诠释，探讨其于近代转型的可能路径。

在广告发展教育方面，对于新媒体背景下我国广告人才的需求问题学界争论已久，但是现有研究缺乏使用大量定量研究方法对教育现状进行系统性论证。陈培爱（2020）[18]围绕此核心问题对500多位广告从业人员进行分阶段调研。研究发现，企业对新媒体广告人才存在着大量需求，但并不急需；宏观上看，新媒体编辑、新媒体运营及大数据分析位居我国新媒体广告人才需求的前三位；不同领域最急需的岗位类型，以及不同类型单位对新媒体技能及素养的需求排序有显著差异；内驱力因素成为企业看重的新媒体广告人才要素，尤其是自学能力和抗压能力。钟书平（2021）研究了计算广告视野中的广告观和方法论，弥补传统广告理论体系在消费者研究、广告创意、媒介购买和效果分析等诸多环节的实证、数据和效果归因等缺陷，推动整个广告学科的范式转换，改造着广告学的教学，科研和人才培养模式。[19]

（三）数字广告及其法律规制研究

随着数字技术的变革愈演愈烈，冠以“AI营销”“电商直播”“全真互联网”“元宇宙”的新兴概念不断出现，广告的范畴、规则和边界进一步呈现出复杂化态势。研究者们开始试图在复杂的环境下建构新的机制以解释并指导数字广告的发展方向。具体而言，研究成果集中于以下三个方面：一是从微观层面探讨数字技术所催生出的新兴业态；二是探索智能技术对广告运作模式及流程的影响；三是从规制视角探讨数字广告在数据隐私、法律规制与技术伦理方面的相关问题。

姚曦等（2020）[20] 以认知科学和知觉现象学中的具身理论为出发点，以新传播技术下的广告实践为经验材料，分析了智能时代广告如何在内容和形式的表达上与受众的身体勾连，而实现其从意识沉浸到知觉沉浸的转向。马二伟等认为（2021）大数据引发的市场环境变化成为传统广告公司转型最为直接的推动因素，根据广告公司企业营销传播服务商的战略定位，大数据时代传统广告公司应选择基于数据驱动的营销传播服务作为业务转型战略。数据与算法驱动计算广告的兴起、程序化购买与程序化创意推动广告产业智能化发展以及传统广告公司数据运用的基础三个方面成为传统广告公司业务战略转型的现实依据。[21]

2020 年，我国政府数字立法加速出台了《数字安全管理办法（征求意见稿）》《个人信息安全规范》《用户个人信息收集使用自律公约》等法令法规引起学界对于广告相关法律管制的紧密关注。李名亮等（2020）[22] 借助弗洛里德的 RPT 模型，研究从信息资源伦理、信息化产品伦理与信息化环境伦理三个维度研究了智能广告信息伦理风险与核心议题，提出大数据如今作为广告产业的核心资源与广告运作的基础要素，可能产生数据安全、个人信息保护、数据资源共享保密的平衡、数据造假偏差等信息伦理风险。杨嫚等（2020）[23] 基于 511 份样本数据，总结出用户对于精准广告的隐私关注现状，并实证分析了隐私关注、隐私保护自我效能感、隐私保护意愿和精准广告回避之间的作用机制。王雅娟（2021）认为，在弱人工智能向强人工智能不断迸发，广告传播与新闻传播、舆论传播等相互融合、边界模糊的背景下，技术伦理、身体伦理及技术哲学视角作为三个可能的研究方向，将会对智能广告伦理的系统化研究产生助益：技术伦理强调技术规约，协调人、技术与社会的关系，强调目的、手段与结果的统一；身体伦理从人本身出发回应人与技术的关系，强调身体在两者关系中的不可或缺；技术哲学则思考未来智能广告传播中拟主体伦理责任的划分及其实现。[24]

（四）公益广告与绿色广告研究

公益广告是公共广告的一个组成部分，旨在通过组织开展广告活动唤起人们对国家和社会公共问题的责任感与参与度，具有纯粹性与非营利性。我国公益广告的学术研究成果颇为丰富，主要集中在概念、功能、运作机制、管理、主体、创意与表现、媒体与传播、效果等方面。值得注意的是，在全球新型疫情的公共危机时期，公益广告通过发挥着导向功能、教育功能与传播功能，成为有效控制化解危机的重要手段。然而，我国公益广告的运作长期依靠着政府行政命令的驱动，具有非连续性、主体单一化与空洞化的特点。这一系列现象掀起了研究者们对公益广告的再重视与再思考。

吴来安（2020）[25] 以《人民日报》微信公众号中的疫情防控广告为研究样本，探讨当前新型主流媒体借助广告图像内部“语言讯息、外延图像和内涵图像”三个层次的互动，积极应对危机、进行信息传递和开展社会动员。但在广告的信息传播过程中，图像与外部“现实、观众、本体”间的关系却存在一些冲突。初广志（2020）[26] 回溯了公益广告概念在中国的起源和演变，并通过核心术语解读、中外对比和实践反思，指出了公益广告概念在内涵和外延中存在的问题，提出以“公共广告”取代“公益广告”，并界定了“公共广告”概念，厘清了它与相关概念之间的关系。张诗婷 (2021)[27] 立足新媒体技术介入电视公益广告发展的事实，在生态美学的包容性视域中，提出电视公益广告应该与多种媒体及其细分用户深度联结，变革叙事体系，运用弱干扰性的原生叙事，探索有机联动的间性叙事，以达到“言有尽而意无穷”的效果。

与此同时，随着环境与生态问题被纳入世界经济发展议题之中，绿色文明时代随之到来，绿色发展目标和日益严格的发展规制客观上要求企业转型、优化产业结构，节能减排型、生态保护型、健康生活型产品的市场销量逐渐上升，绿色市场成为经济生产模式的起点和经济发展的新场域。当“绿色”被看作一种新的消费信息，成为影响或引导消费行为的一套价值符号，绿色广告俨然成为传播绿色产品价值与文化意义的载体，成为推动绿色商品经济深入发展的重要力量。王菲等（2020）[28] 提出，在消费主义话语日渐兴盛的中国社会，漂绿现象早已跳脱出文本进入受众的日常生活实践，关注漂绿问题应当从行动者网络构成的视角出发，综合分析漂绿问题的多主体成因，以此服务于当下的环境传播实践。黄河（2021）[29] 认为，随着过度消费是环境恶化的主要原因的观点为更多人所认可，近年来越来越多的企业已经开始运用逆营销广告提升自己的盈利空间和持续发展的能力，并以此回应国家和社会对环境问题的关注。

（五）国家品牌与广告的跨文化研究

我国已跃然成为全球第二大经济体，经历着百年未有之大变局。对外建构以国家利益为根本出发点，以中华文化为概念内涵，以核心价值理念、基本国情和内外政策为认知框架的国家品牌传播的研究体系成为引导中国国际化战略的重要理论基础。与此同时，数字技术的发展带来了距离的消失，并逐渐“腐蚀”过去的物理边界，跨文化广告研究空前频繁。宣长春（2020）[30]通过采用个案研究法和实验法，选择集体主义 / 个人主义文化框架的典型代表——中国与美国为研究背景，以市场和消费者视角为切入点，具体从品牌延伸命名策略的角度展开研究。徐文娟（2020）[31]在霍夫斯泰德（Hofstede）和施瓦茨（Schwartz）的文化理论基础上，通过定量对比分析中企美国、中企本土和美企本土三类网站显示的文化价值内容的异同，探讨了中国企业海外网站的跨文化适应问题。文春英（2021）[32]认为国家形象的认知差异不仅存在于国家之间，也存在于同一个国家内部，互向异构是其主要特征，国家形象的认知维度存在优先次序。在国家形象的众多维度中，文化维度在异构性上的表现最为突出。优质的产品、被人喜爱的文化和被尊敬的国民在通向正面国家形象的路径上优于政治、经济、外交等国家话语。这说明国家实力并不必然转化为国家形象，国家形象本质上是一种文化现象，而不是媒体现象或国家实力的外显。

三、社会各组织、行业协会的相关支持

中国广告行业协会及相关社会组织为民间的非营利性或非政府组织，旨在推动学术研究、教学等方面的工作。各组织努力争取教师、学生、业界人士的参与及认同，以保持其影响力。中国广告行业协会及组织定期地进行广告教育研究、发表报告、提出教育发展建议，这些建议也广泛地被高校学术团体所采纳，影响力深远。2020 － 2021 年，中国的广告行业组织也在大力推动广告教育与学术研究工作，对未来整合中国广告教育资源、学界与业界的交流、构筑高层次广告教育交流平台等发挥积极的作用。

2020 年 11 月 14 日至 17 日，中国广告协会主办的第 27 届中国国际广告节在厦门市举办，这场广告行业的跨界创意狂欢相较以往规模更大，互动模式也更加多元，包括赛事奖项、展览展示、高峰论坛、媒体推介等一系列多层次、全方位、宽领域的广告业界活动构建起行业资源共建共享的广告生态圈，谱写出中国国际广告节和中国广告业的历史新篇章。2021 年，中国广告协会与蓝色光标联合发布了《2021 中国品牌海外传播报告》，为中国出海企业提供突破危机的“钥匙”。通过整合大量国内外专家、学者、明星企业行业资源，围绕出海企业亟须关注并解决的几大问题，定制了“中国品牌全球影响力调查、海外数字营销 Playbook、后新冠时期品牌传播洞见，与中国全球品牌数字影响力排名”四大板块。通过互联网渠道，在北美（美国）、欧洲（法国、德国）、拉美（巴西）、非洲（尼日利亚）和东南亚（菲律宾）投放了大量问卷，力图从全球视角对不同市场受众对中国品牌的印象。相较于此前发布的《中国品牌海外传播报告》新增了关于各国受众在新冠肺炎疫情期间的购买习惯、品牌考量等问题，以期为中国出海品牌提供更具实效性的参考。

2020 年 11 月 28 日，由中国商务广告协会主办的第九届中国数字营销发展大会在北京举行。会议以“循序渐进——推进数字化，助力双循环”为主题，汇聚了众多行业大咖、资深营销人士共同解读行业生态，分析各大垂直领域营销热点趋势，通过纵观新消费、新零售、新技术，赋能数字营销崭新未来。2021 年 10 月中国商务广告协会内容营销专业委员会、迪思传媒编写的《2020-2021 中国内容营销趋势》白皮书正式发布。《白皮书》研究整理了 2020 年到 2021 年间最具影响力的典型传播案例，采访了业内多位著名专家学者及行业操盘手，结合主办方多年的内容营销实践，提出了 2021 年内容营销趋势，理论结合实践，具有较强的权威性、典型性和可操作性。

2020 年，中国广告主大会暨中国广告主协会成立 15 周年志庆活动在北京举行。活动以“双循环、大消费、新营销”为主题，邀请国家权威部门、行业专家、品牌广告

主，聚焦后疫情时代行业特色，解读政策热点，分享经验，促进企业发展。与此同时，会上就 2020 中国广告主发展报告蓝皮书展开专题报告。2021 年 5 月中国广告主协会广告主研究院在梳理整合国内外主要品牌评估模型的基础上，对我国品牌实力元素进行持续跟踪，并建立起我们自有的品牌实力指数数据库，本指数排名主要从国家战略和广告主企业品牌建设相结合的高度，全局考察和重点考察相结合，兼顾动态指标和静态指标，长期指标和短期指标，广泛参考借鉴国内外相关研究，从市场能力、品牌影响力以及企业实力三个方面进行统计排名。

2020 年 11 月 14 日，以“数字世界 全新启航”为主题的 2020 全国广告学术研讨会暨中国广告教育学术年会在厦门举行，近 300 位专家学者围绕“技术与广告产业发展”“广告与文化研究”“广告教育的创新探索与实践”“广告学术前沿”“抗疫广告与品牌传播”等议题发表主题演讲、分享专业论文并进行深度交流。

【参考文献】

[1] 内容来源于南方日报就“宏观经济政策及两会最新动向的解读”专访 .

[2] 数据来源于复旦大学新闻学院官网 .

[3] 周茂君 , 郭斌 . 新文科背景下新闻学专业核心课程设置现状与变革——基于 55 所院校本科培养方案的内容分析 [J]. 新闻与传播评论 ,2021,74(06):20-32.DOI:10.14086/j.cnki.xwycbpl.2021.06.002.

[4] 周茂君 , 郭斌 . 新文科背景下新闻学专业核心课程设置现状与变革——基于 55 所院校本科培养方案的内容分析 [J]. 新闻与传播评论 ,2021,74(06):20-32.DOI:10.14086/j.cnki.xwycbpl.2021.06.002.

[5] 中国传媒大学课程体系的相关信息及数据来源于中国传媒大学广告学院官方网站 .

[6] 李华君 , 王凯悦 . 品牌传播类课程教学的趋势特征与创新实践 [J]. 中国大学教学 ,2020(12):61-65.

[7] 杨晨 . 新媒体背景下中美广告教育转型研究 [D]. 华南理工大学 ,2018.

[8] 广告模拟竞标提案会的内容信息来源于武汉大学新闻与传播学院官方网站 .

[9] 陈刚 . 北大模式：广告教育的新文科建设与数字化创新 [J]. 中国广告 ,2020(12):18-22.

[10] 曹丹 .“新文科”视域下广告学专业创新创意人才培养路径探析 [J]. 艺术与设计 (理论),2020,2(06):139-141.

[11] 数据源于武汉大学新闻与传播学院官方网站、暨南大学新闻与传播学院官方 .

[12] 廖秉宜 . 数字时代的广告教育与教学创新 [J]. 中国广告 ,2020(11):46-48.

[13] 姚曦 , 邓云 . 品牌传播研究的新范畴与新内容——基于发生学的认识图式 [J]. 武汉大学学报 (哲学社会科学版),2020,73(04):74-84.

[14] 周淑金 , 刘萍 , 罗俊龙 , 王静 , 李丹 . 新颖性与适用性在广告再认中的提取模式差异 [J]. 心理科学 ,2020,43(04):925-930.

[15] 叶国全 , 郭伏 , 李峰香 , 等 . 电影植入广告有效性的影响机制 [J]. 东北大学学报 : 自然科学版 , 2021, 42(12):8.

[16] 金佳 , 吕栋 , 贺旭 . 一种基于神经相似性分析的平面广告测评方法及系统 , CN112232861A[P]. 2021.

[17] 祝帅 . 论广告史观的“古今之变”——基于一种全球传播思想史的进路 [J]. 国际新闻界 ,2020,42(02):165-176.

[18] 陈培爱 , 闫琰 . 中国新媒体广告人才需求的调查研究 [J]. 新闻与传播评论 ,2020,73(04):20-31.

[19] 钟书平 . 计算广告时代广告学科知识体系与培养目标重构 [J]. 现代传播：中国传媒大学学报 , 2021, 43(4):5.

[20] 姚曦 , 任文姣 . 从意识沉浸到知觉沉浸 : 智能时代广告的具身性转向 [J]. 现代传播 (中国传媒大学学报),2020,42(01):128-132.

[21] 马二伟 . 大数据时代传统广告公司业务战略转型研究 [J]. 新闻与传播评论 ,2021,74(02):62-71.DOI:10.14086/j.cnki.xwycbpl.2021.02.006.

[22] 李名亮 . 智能广告信息伦理风险与核心议题研究 [J]. 新闻与传播评论 ,2020,73(01):76-84.

[23] 杨嫚 , 温秀妍 . 隐私保护意愿的中介效应：隐私关注、隐私保护自我效能感与精准广告回避 [J]. 新闻界 ,2020(07):41-52.

[24] 王雅鹃 . 技术规约、身体复归与智能觉醒：智能广告伦理的三个研究取向 [J]. 现代传播 (中国传媒大学学报),2021,43(09):130-134.

[25] 吴来安 . 公共危机下新型主流媒体的广告图像传播——基于《人民日报》微信公众号的探索性考察 [J]. 新闻大学 ,2020(10):34-54+119.

[26] 初广志 . 公共视角的公益广告概念 : 溯源、反思与重构 [J]. 山西大学学报 (哲学社会科学版),2020(03):48-55.

[27] 张诗婷 . 生态美学视角下电视公益广告的跨媒介叙事研究 [J]. 中国电视 ,2021(05):71-75.

[28] 王菲 , 童桐 . 从西方到本土：企业“漂绿”行为的语境、实践与边界 [J]. 国际新闻界 ,2020,42(07):144-156.

[29] 黄河 , 杨小涵 . 绿色逆营销广告如何更好地说服消费者？——基于详尽可能性模型的新能源汽车广告研究 [J]. 新闻大学 ,2021(03):76-98+120.

[30] 宣长春 , 魏昀 , 林升栋 , 刘霞 . 突出“姓”还是“名”？文化框架对品牌延伸命名策略的影响 [J]. 国际新闻界 ,2020,42(03):155-176.

[31] 徐文娟 , 史兴松 . 中国企业海外网站跨文化适应性调整的比较研究 [J]. 新闻与传播评论 ,2020(06):111-124.

[32] 文春英 , 吴莹莹 . 国家形象的维度及其互向异构性 [J]. 现代传播 (中国传媒大学学报),2021,43(01):74-80+86.

2020—2021 年全国高等院校广告专业名录

姚曦[1] 商超余[2] 冯磊、范咏琪、罗依璐、冼佩佩[3]

统计说明

1. 所统计的高等院校地理范围为中国大陆地区。

2. 被统计的高等院校办学层次为本科、高职专科。

3. 本统计的高等院校广告专业为广告学、广告设计与制作、广告策划等独立存在的广告相关的专业。

4. 本统计的院校名录参照 2020 － 2021 年教育部公示的普通高等院校名录及各省、直辖市、自治区考试院颁布的普通高考志愿院校名单及专业名录。

5. 本统计的名录以院校所属大类（综合类、师范类、艺术类、财经工商政法类、外语类和高职类）进行分类，并未囊括所有广告专业的院校，且排名不分先后。

6. 本统计所有数据均采自名录院校官方网站。

7. 统计人介绍

(1) 姚曦，武汉大学新闻与传播学院教授、博士生导师、武汉大学媒体发展研究中心研究员。

(2) 商超余，武汉大学新闻与传播学院 2019 级博士研究生。

(3) 冯磊、范咏琪、罗依璐、冼佩佩，武汉大学新闻与传播学院硕士研究生。

综合类院校（43 所）

学校名称：中国传媒大学
院系全称：广告学院
专业全称：广告学
学　　制：本科 4 年
地　　址：北京市朝阳区定福庄东街 1 号中国传媒大学 45 号楼
网　　址：https://ggxy.cuc.edu.cn/main.htm
邮　　编：100024
电　　话：010-65779319

学校名称：北京大学
院系全称：新闻与传播学院
专业全称：广告学
学　　制：本科 4 年
地　　址：北京市海淀区颐和园路 5 号北京大学新闻与传播学院
网　　址：http://sjc.pku.edu.cn/
邮　　编：100871
电　　话：010-62754683

学校名称：厦门大学
院系全称：新闻与传播学院
专业全称：广告学
学　　制：本科 4 年
地　　址：福建省厦门市思明南路 422 号新闻楼
网　　址：https://comm.xmu.edu.cn/main.htm
邮　　编：361005
电　　话：0592-2180475

学校名称：武汉大学
院系全称：新闻与传播学院广告学系
专业全称：广告学
学　　制：本科 4 年
地　　址：湖北省武汉市武昌区珞珈山樱花大道
网　　址：http://journal.whu.edu.cn
邮　　编：430072
电　　话：027-68754233

学校名称：南京大学
院系全称：新闻与传播学院
专业全称：广告学
学　　制：本科 4 年
地　　址：江苏省南京市栖霞区仙林大道 163 号
网　　址：https://jc.nju.edu.cn/main.htm
邮　　编：210023
电　　话：025-89681287

学校名称：中国人民大学
院系全称：新闻学院
专业全称：广告学
学　　制：本科 4 年
地　　址：北京市海淀区中关村大街 59 号中国人民大学明德新闻楼
网　　址：http://jcr.ruc.edu.cn/indexcn.html
邮　　编：100872
电　　话：010-62514835

学校名称：清华大学
院系全称：美术学院视觉传达设计系
专业全称：广告设计
学　　制：本科 4 年
地　　址：北京市海淀区清华园 1 号
网　　址：http://www.ad.tsinghua.edu.cn/index.htm
邮　　编：100084
电　　话：010-62798135

学校名称：复旦大学
院系全称：新闻学院
专业全称：广告学
学　　制：本科 4 年
地　　址：上海市杨浦区国定路 400 号复旦大学新闻学院
网　　址：http://www.xwxy.fudan.edu.cn/
邮　　编：200433
电　　话：021-55665205

学校名称：四川大学
院系全称：文学与新闻学院
专业全称：广告学
学　　制：本科 4 年
地　　址：四川省成都市双流区川大路二段文科楼 1 区 / 四川省成都市武侯区望江路 29 号文科楼 3 楼
网　　址：http://lj.scu.edu.cn/index.htm
邮　　编：610064
电　　话：028-85993668；028-85412710

学校名称：暨南大学
院系全称：新闻与传播学院

专业全称：广告学
学　　制：本科 4 年
地　　址：广州市黄埔大道西 601 号 文科楼
网　　址：https://xwxy.jnu.edu.cn/main.psp
邮　　编：510632
电　　话：020-85220207

学校名称：华中科技大学
院系全称：新闻与信息传播学院广告学系
专业全称：广告学
学　　制：本科 4 年
地　　址：湖北省武汉市洪山区珞瑜路 1037 号东六楼
网　　址：http://sjic.hust.edu.cn/index.htm
邮　　编：430074
电　　话：027-87543520

学校名称：浙江大学
院系全称：传媒与国际文化学院
专业全称：广告学
学　　制：本科 4 年
地　　址：浙江省杭州市西湖区余杭塘路 866 号传媒与国际文化学院
网　　址：http://www.cmic.zju.edu.cn/main.htm
邮　　编：310028
电　　话：0571 － 87075102

学校名称：深圳大学
院系全称：传播学院
专业全称：广告学
学　　制：本科 4 年
地　　址：深圳市南山区南海大道 3688 号深圳大学南校区 L7 栋传播学院
网　　址：http://cmc.szu.edu.cn/Home/Default/CbDefault.html
邮　　编：518060
电　　话：0755-26535207

学校名称：湖南大学
院系全称：新闻与传播学院
专业全称：广告学
学　　制：本科 4 年
地　　址：湖南长沙岳麓区麓山路 311 号
网　　址：http://xinwen.hnu.edu.cn/index.htm
邮　　编：410082
电　　话：0731-88821699

学校名称：华南理工大学
院系全称：新闻与传播学院
专业全称：品牌传播系
学　　制：本科 4 年
地　　址：广州市番禺区广州大学城
网　　址：http://www2.scut.edu.cn/communication/main.htm
邮　　编：510006
电　　话：020-87110737

学校名称：郑州大学
院系全称：新闻与传播学院
专业全称：广告学
学　　制：本科 4 年
地　　址：河南省郑州市科学大道 100 号
网　　址：http://www5.zzu.edu.cn/xinwen/index.htm
邮　　编：450001
电　　话：0371-67780090

学校名称：上海大学
院系全称：新闻传播学院

专业全称：广告学
学　　制：本科 4 年
地　　址：上海市宝山区上大路 99 号
网　　址：http://sjc.shu.edu.cn
邮　　编：200444
电　　话：021-65877353

学校名称：河北大学
院系全称：新闻传播学院
专业全称：广告学
学　　制：本科 4 年
地　　址：河北省保定市七一东路 2666 号河北大学新校区 B2 座
网　　址：http://jc.hbu.edu.cn/
邮　　编：071002
电　　话：0312-4120195

学校名称：南昌大学
院系全称：新闻与传播学院
专业全称：广告学系
学　　制：本科 4 年
地　　址：江西省南昌市红谷滩新区学府大道 999 号南昌大学前湖校区文法楼
网　　址：http://xwycb.ncu.edu.cn/
邮　　编：330031
电　　话：0791-83969359

学校名称：河南大学
院系全称：新闻与传播学院
专业全称：广告学
学　　制：本科 4 年
地　　址：河南省开封市明伦街 85 号河南大学明伦校区
网　　址：http://hdxc.henu.edu.cn/index.htm
邮　　编：475001
电　　话：0371-22195916

学校名称：西北大学
院系全称：新闻传播学院
专业全称：广告学
学　　制：本科 4 年
地　　址：陕西省西安市长安区学府大道 1 号
网　　址：http://xinwen.nwu.edu.cn/
邮　　编：710127
电　　话：029-88308277

学校名称：苏州大学
院系全称：传媒学院
专业全称：广告系
学　　制：本科 4 年
地　　址：苏州市工业园区独墅湖高教区文景路一号
网　　址：http://sc.suda.edu.cn/main.htm
邮　　编：215006
电　　话：0512-65881608

学校名称：吉林大学
院系全称：新闻与传播学院
专业全称：广告学
学　　制：本科 4 年
地　　址：吉林省长春市朝阳区前进大街 2699 号
网　　址：http://xinchuan.jlu.edu.cn
邮　　编：130012
电　　话：0431-85166025

学校名称：中央民族大学
院系全称：新闻与传播学院
专业全称：广告学

学　　制：本科 4 年
地　　址：北京市海淀区中关村南大街 27 号
网　　址：http://xinchuan.muc.edu.cn/index.htm
邮　　编：100081
电　　话：010-68932442

学校名称：兰州大学
院系全称：新闻与传播学院
专业全称：广告学
学　　制：本科 4 年
地　　址：甘肃省兰州市天水南路 222 号兰州大学本部思雨楼
网　　址：http://xw.lzu.edu.cn/
邮　　编：730000
电　　话：0931-8913736

学校名称：广西大学
院系全称：新闻与传播学院
专业全称：广告学
学　　制：本科 4 年
地　　址：广西南宁市大学东路 100 号
网　　址：http://xwcb.gxu.edu.cn/index.htm
邮　　编：530004
电　　话：0771-3229881

学校名称：辽宁大学
院系全称：新闻与传播学院
专业全称：广告学
学　　制：本科 4 年
地　　址：沈阳市沈北新区京沈街 58 号
网　　址：http://xwycb.lnu.edu.cn/index.htm
邮　　编：110036
电　　话：024-62602907

学校名称：西南交通大学
院系全称：人文学院
专业全称：广告学
学　　制：本科 4 年
地　　址：四川省成都市高新区西部园区西南交通大学犀浦校区
网　　址：https://rwxy.swjtu.edu.cn/index.htm
邮　　编：611756
电　　话：028-66366508

学校名称：同济大学
院系全称：艺术与传媒学院
专业全称：广告学
学　　制：本科 4 年
地　　址：上海市杨浦区四平路 1239 号
网　　址：https://am.tongji.edu.cn
邮　　编：200092
电　　话：021-65984351

学校名称：湖北大学
院系全称：新闻传播学院广告系
专业全称：广告学
学　　制：本科 4 年
地　　址：湖北省武汉市友谊大道 368 号
网　　址：http://xcy.hubu.edu.cn/index.htm
邮　　编：430062
电　　话：027-88665968

学校名称：湘潭大学
院系全称：文学与新闻学院
专业全称：广告学
学　　制：本科 4 年
地　　址：湖南湘潭市湘潭大学文科楼三楼
网　　址：http://wxy.xtu.edu.cn

邮　　编：411105
电　　话：0731-58292439

学校名称：新疆大学
院系全称：新闻与传播学院传媒经营管理系
专业全称：广告学
学　　制：本科 4 年
地　　址：新疆乌鲁木齐市天山区胜利路 666 号
网　　址：http://jcs.xju.edu.cn/index.htm
邮　　编：830046
电　　话：0991-8585747

学校名称：上海理工大学
院系全称：出版印刷与艺术设计学院
专业全称：广告学
学　　制：本科 4 年
地　　址：上海市杨浦区军工路 334 号卓越楼 1-5F
网　　址：http://ccad.usst.edu.cn
邮　　编：200093
电　　话：021-55271467

学校名称：中南民族大学
院系全称：文学与新闻传播学院
专业全称：广告学
学　　制：本科 4 年
地　　址：湖北省武汉市洪山区民族大道 182 号 -1 号楼
网　　址：http://www.scuec.edu.cn/literature/index.htm
邮　　编：430074
电　　话：027-67842864

学校名称：华中农业大学
院系全称：文法学院广告与传播学系
专业全称：广告学
学　　制：本科 4 年
地　　址：湖北省武汉市洪山区狮子山一号华中农业大学人文社科楼
网　　址：http://wf.hzau.edu.cn/index.htm
邮　　编：430070
电　　话：027-87282069

学校名称：南京林业大学
院系全称：人文社会科学学院
专业全称：广告系
学　　制：本科 4 年
地　　址：南京市龙蟠路 159 号
网　　址：http://renwen.njfu.edu.cn/
邮　　编：210037
电　　话：025-688224968

学校名称：汕头大学
院系全称：长江新闻与传播学院
专业全称：广告学
学　　制：本科 4 年
地　　址：广东省汕头市大学路 243 号
网　　址：http://media.stu.edu.cn/
邮　　编：515063
电　　话：0754-86502089

学校名称：武汉理工大学
院系全称：法学与人文社会学院新闻传播系
专业全称：广告学
学　　制：本科 4 年
地　　址：湖北省武汉市洪山区珞狮路 165 号武汉理工大学马房山校区东院四教学楼
网　　址：http://wenfa.whut.edu.cn/index
邮　　编：430070

电　　话：027-87658215

学校名称：江汉大学
院系全称：人文学院新闻传播学系
专业全称：广告学
学　　制：本科 4 年
地　　址：武汉经济技术开发区
网　　址：https://rwxy.jhun.edu.cn
邮　　编：430056
电　　话：027-84226819

学校名称：武汉工程大学
院系全称：艺术设计学院
专业全称：广告学
学　　制：本科 4 年
地　　址：湖北省武汉市东湖新技术开发区光谷一路 206 号
网　　址：http://ads.wit.edu.cn/index.htm
邮　　编：430205
电　　话：027-87992150

学校名称：重庆交通大学
院系全称：人文学院
专业全称：广告学
学　　制：本科 4 年
地　　址：重庆市南岸区学府大道 66 号
网　　址：http://rwxy.cqjtu.edu.cn/index.htm
邮　　编：400067
电　　话：023-62652660

学校名称：重庆理工大学
院系全称：管理学院
专业全称：广告学
学　　制：本科 4 年
地　　址：重庆市巴南区红光大道 69 号
网　　址：https://gl.cqut.edu.cn
邮　　编：400054
电　　话：023-62563166

学校名称：武汉纺织大学
院系全称：传媒学院广告系
专业全称：广告学
学　　制：本科 4 年
地　　址：湖北省武汉市洪山区鲁巷纺织路一号
网　　址：http://cm.wtu.edu.cn
邮　　编：430073
电　　话：027-59363742

师范类院校（32 所）

学校名称：上海师范大学
院系全称：影视传媒学院
专业全称：广告学
学　　制：本科 4 年
地　　址：上海市徐汇区桂林路 100 号
网　　址：http://yscm.shnu.edu.cn/main.htm
邮　　编：200234
电　　话：021-64322031

学校名称：华东师范大学
院系全称：传播学院
专业全称：广告学
学　　制：本科 4 年
地　　址：上海市闵行区东川路 500 号华东师范大学传播艺术楼
网　　址：http://www.comm.ecnu.edu.cn
邮　　编：200241

电　　话：021-54343075

学校名称：湖南师范大学
院系全称：新闻与传播学院
专业全称：广告学
学　　制：本科 4 年
地　　址：湖南长沙市岳麓区麓山路 36 号
网　　址：https://xwxy.hunnu.edu.cn/index.htm
邮　　编：410081
电　　话：0731-88872389

学校名称：天津师范大学
院系全称：新闻传播学院
专业全称：广告学
学　　制：本科 4 年
地　　址：天津市西青区宾水西道 393 号
网　　址：http://xwcb.tjnu.edu.cn/index.htm
邮　　编：300387
电　　话：022-23766061

学校名称：东北师范大学
院系全称：传媒科学学院
专业全称：广告学
学　　制：本科 4 年
地　　址：吉林省长春市净月大街 2555 号
网　　址：http://chuanmei.nenu.edu.cn
邮　　编：130024
电　　话：0431-84536480

学校名称：四川师范大学
院系全称：文学院
专业全称：广告学
学　　制：本科 4 年
地　　址：四川省成都市锦江区静安路 5 号
网　　址：http://liter.sicnu.edu.cn/p/0/
邮　　编：610068
电　　话：028-84760563

学校名称：长春师范大学
院系全称：传媒学院
专业全称：广告学
学　　制：本科 4 年
地　　址：吉林省长春市长吉北路 677 号
网　　址：http://chuanmei.ccsfu.edu.cn/index.htm
邮　　编：130032
电　　话：0431-86168116

学校名称：辽宁师范大学
院系全称：文学院
专业全称：广告学
学　　制：本科 4 年
地　　址：大连市甘井子区柳树南街 1 号
网　　址：https://wxy.lnnu.edu.cn
邮　　编：116081
电　　话：0411-85992305

学校名称：河北师范大学
院系全称：新闻传播学院
专业全称：广告学
学　　制：本科 4 年
地　　址：河北省石家庄市南二环东路 20 号
网　　址：http://xwcbxy.hebtu.edu.cn/
邮　　编：050024
电　　话：0311-80788807

学校名称：南京师范大学
院系全称：新闻与传播学院

专业全称：广告系
学　　制：本科 4 年
地　　址：南京市宁海路 122 号新传大楼（26 号楼）
网　　址：http://xinchuan.njnu.edu.cn/index.htm
邮　　编：210097
电　　话：025-83598525

学校名称：安徽师范大学
院系全称：新闻与传播学院
专业全称：广告学
学　　制：本科 4 年
地　　址：安徽省芜湖市九华南路 189 号安徽师范大学（花津校区）
网　　址：http://chm.ahnu.edu.cn/
邮　　编：241002
电　　话：5910900

学校名称：江西师范大学
院系全称：新闻与传播学院
专业全称：广告学
学　　制：本科 4 年
地　　址：江西省南昌市紫阳大道 99 号 (瑶湖校区)
网　　址：https://cbxy.jxnu.edu.cn/
邮　　编：330022
电　　话：0791-88120453

学校名称：浙江师范大学
院系全称：文化创意与传播学院
专业全称：广告学
学　　制：本科 4 年
地　　址：浙江省金华市迎宾大道 688 号
网　　址：http://ccxy.zjnu.edu.cn/main.htm
邮　　编：321004
电　　话：0579-82291988

学校名称：江苏师范大学
院系全称：传媒与影视学院
专业全称：广告学
学　　制：本科 4 年
地　　址：江苏省徐州市云龙区和平路 57 号
网　　址：http://media.jsnu.edu.cn/
邮　　编：221009
电　　话：0516-83867506

学校名称：南京师范大学中北学院
院系全称：人文系
专业全称：广告学
学　　制：本科 4 年
地　　址：南京市栖霞区仙林大学城学林路 2 号
网　　址：http://rwx.nnudy.edu.cn/
邮　　编：210023
电　　话：025-87720966

学校名称：福建师范大学
院系全称：传播学院
专业全称：广告学
学　　制：本科 4 年
地　　址：福建省福州市大学城科技路 1 号福建师范大学旗山校区
网　　址：http://cbxy.fjnu.edu.cn/
邮　　编：350117
电　　话：0591-22868565

学校名称：湖北师范大学
院系全称：文学院
专业全称：广告学
学　　制：本科 4 年
地　　址：湖北省黄石市磁湖路 11 号
网　　址：https://chl.hbnu.edu.cn/

邮　　编：435002
电　　话：0714-6527126

学校名称：南宁师范大学
院系全称：新闻与传播学院
专业全称：广告学
学　　制：本科 4 年
地　　址：广西南宁市明秀东路 175 号
网　　址：http://xwcbxy.nnnu.edu.cn/index.htm
邮　　编：530001
电　　话：0771-3931110

学校名称：闽南师范大学
院系全称：新闻传播学院
专业全称：广告学
学　　制：本科 4 年
地　　址：福建省漳州市县前直街 36 号
网　　址：http://sjc.mnnu.edu.cn/index.htm
邮　　编：363000
电　　话：0596-2527965

学校名称：赣南师范大学
院系全称：新闻与传播学院
专业全称：广告学
学　　制：本科 4 年
地　　址：江西省赣州市蓉江新区
网　　址：http://cbxy.gnnu.cn/main.htm
邮　　编：341000
电　　话：0797-8393876

学校名称：江西科技师范大学
院系全称：文学院
专业全称：广告学
学　　制：本科 4 年
地　　址：江西南昌学府大道
网　　址：http://wenxy.jxstnu.edu.cn/
邮　　编：330038
电　　话：0791-83831484

学校名称：泉州师范学院
院系全称：文学与传播学院
专业全称：广告学
学　　制：本科 4 年
地　　址：泉州市东海大街泉州师范学院俊秀文学院东楼
网　　址：http://www.qztc.edu.cn/wcxy/main.psp
邮　　编：362000
电　　话：0595-22918005

学校名称：湖北第二师范学院
院系全称：文学院
专业全称：广告学
学　　制：本科 4 年
地　　址：武汉东湖新技术开发区高新二路 129 号
网　　址：http://wxy.hue.edu.cn/main.htm
邮　　编：430205
电　　话：027-87943657

学校名称：重庆第二师范学院
院系全称：文学与传媒学院
专业全称：广告学
学　　制：本科 4 年
地　　址：重庆市南岸区南山街道崇教路 1 号
网　　址：http://www.cque.edu.cn/wxcm/index.htm
邮　　编：400065
电　　话：023-61638881

学校名称：衡阳师范学院
院系全称：新闻与传播学院
专业全称：广告学
学　　制：本科 4 年
地　　址：衡阳市珠晖区衡花路 16 号
网　　址：http://xwxy.hynu.cn/index.htm
邮　　编：421002
电　　话：0734-8486679

学校名称：淮南师范学院
院系全称：文学与传播学院
专业全称：广告学
学　　制：本科 4 年
地　　址：安徽省淮南市洞山西路
网　　址：http://whcy.hnnu.edu.cn/
邮　　编：232038
电　　话：0554-6863710

学校名称：淮阴师范学院
院系全称：传媒学院
专业全称：广告学
学　　制：本科 4 年
地　　址：淮阴区长江西路 111 号
网　　址：https://cmxy.hytc.edu.cn/
邮　　编：223300
电　　话：0517-83525345

学校名称：咸阳师范学院
院系全称：文学与传播学院
专业全称：广告学
学　　制：本科 4 年
地　　址：陕西省咸阳市文林路一号
网　　址：http://wcy.xync.edu.cn/
邮　　编：712000
电　　话：029-33720620

学校名称：河北师范大学汇华学院
院系全称：传媒学部
专业全称：广告学
学　　制：本科 4 年
地　　址：河北省石家庄市桥西区红旗大街 469 号
网　　址：http://huihua.hebtu.edu.cn/chmxb/index.php
邮　　编：050091
电　　话：0311-80784823

学校名称：江苏师范大学科文学院
院系全称：传媒与艺术系
专业全称：广告学
学　　制：本科 4 年
地　　址：江苏省徐州市潘安湖科教创新区学院路 1 号
网　　址：http://kwxy.jsnu.edu.cn/main.htm
邮　　编：221132
电　　话：0516-68161015

学校名称：福建师范大学协和学院
院系全称：文化产业系
专业全称：广告学
学　　制：本科 4 年
地　　址：福州市闽侯上街大学城学府南路
网　　址：http://cuc.fjnu.edu.cn/wcx/
邮　　编：350117
电　　话：0591-22868750

学校名称：福建技术师范学院
院系全称：文化传媒与法律学院
专业全称：广告学

学　　制：本科 4 年
地　　址：福建省福清市龙江街道校园新村 1 号
网　　址：http://wfxy.fpnu.edu.cn/index.htm
邮　　编：350300
电　　话：0591-85254504

艺术类院校（9 所）

学校名称：北京服装学院
院系全称：时尚传播学院
专业全称：广告学
学　　制：本科 4 年
地　　址：北京市朝阳区樱花东街甲 2 号
网　　址：https://sfc.bift.edu.cn/yx/ggyx/index.htm
邮　　编：100029
电　　话：010-64288770

学校名称：吉林动画学院
院系全称：文化产业商学院
专业全称：广告学
学　　制：本科 4 年
地　　址：吉林省长春市高新开发区博识路 168 号
网　　址：http://wg.jlai.edu.cn/index.php
邮　　编：130032
电　　话：0431-87021917

学校名称：新疆艺术学院
院系全称：传媒系
专业全称：广告学
学　　制：本科 4 年
地　　址：新疆乌鲁木齐市团结路 734 号
网　　址：https://cmx.xjart.edu.cn/
邮　　编：830049
电　　话：0991-2568202

学校名称：南京艺术学院
院系全称：传媒学院
专业全称：广告学
学　　制：本科 4 年
地　　址：南京虎踞北路 15 号
网　　址：https://media.nua.edu.cn/
邮　　编：210013
电　　话：025-83498169

学校名称：中国传媒大学南广学院
院系全称：新闻传播学院
专业全称：广告学
学　　制：本科 4 年
地　　址：江苏省南京市江宁区弘景大道 3666 号南京虎踞北路 15 号
网　　址：http://www.cucn.edu.cn/
邮　　编：211172
电　　话：025-86179886

学校名称：浙江传媒学院
院系全称：文化创意与管理学院
专业全称：广告学
学　　制：本科 4 年
地　　址：杭州市下沙高教园区学源街 998 号
网　　址：http://wgxy.cuz.edu.cn/index.htm
邮　　编：310018
电　　话：0571-86832600

学校名称：华中师范大学武汉传媒学院
院系全称：新闻传播学院
专业全称：广告学
学　　制：本科 4 年
地　　址：湖北省武汉市江夏区凤凰大道 2 号
网　　址：http://www.whmc.edu.cn/xwcb/index.aspx

邮　　编：430205
电　　话：027-81978797

学校名称：广西艺术学院
院系全称：影视与传媒学院
专业全称：广告学
学　　制：本科 4 年
地　　址：广西南宁市教育路 7 号
网　　址：https://cftc.gxau.edu.cn/
邮　　编：530022
电　　话：0771-5326921

学校名称：北京印刷学院
院系全称：新闻出版学院
专业全称：广告学
学　　制：本科 4 年
地　　址：北京市大兴区兴华大街（二段）1 号北京印刷学院康庄校区
网　　址：https://xwcb.bigc.edu.cn/index.htm
邮　　编：102600
电　　话：010-60227871

财经工商政法类（39 所）

学校名称：首都经济贸易大学
院系全称：文化与传播学院
专业全称：广告学
学　　制：本科 4 年
地　　址：北京市丰台区花乡张家路口 121 号博园路 5 层
网　　址：https://whycbxy.cueb.edu.cn/index.htm
邮　　编：100070
电　　话：010-83951566

学校名称：中央财经大学
院系全称：文化与传媒学院
专业全称：广告学
学　　制：本科 4 年
地　　址：北京市海淀区学院南路 39 号
网　　址：http://cc.cufe.edu.cn/index.htm
邮　　编：100081
电　　话：010-61776079

学校名称：天津财经大学
院系全称：商学院
专业全称：广告学
学　　制：本科 4 年
地　　址：天津市河西区珠江道 25 号
网　　址：http://business.tjufe.edu.cn/
邮　　编：300222
电　　话：022-28171399

学校名称：南京财经大学
院系全称：营销与物流管理学院
专业全称：广告学
学　　制：本科 4 年
地　　址：江苏省南京市仙林大学城文苑路 3 号
网　　址：http://yxwl.nufe.edu.cn/
邮　　编：210023
电　　话：025-86718480

学校名称：浙江工商大学
院系全称：人文与传播学院
专业全称：广告学
学　　制：本科 4 年
地　　址：浙江省杭州市下沙高教园区学正街 18 号
网　　址：http://rwxy.zjgsu.edu.cn/
邮　　编：310018

电　　话：0571-28008182

学校名称：浙江财经大学
院系全称：人文与传播学院
专业全称：广告学
学　　制：本科 4 年
地　　址：浙江省杭州市下沙高教园区学源街 18 号
网　　址：https://rwxy.zufe.edu.cn/xygk/jgsz.htm
邮　　编：310018
电　　话：0571-87557465

学校名称：东北财经大学
院系全称：人文与传播学院
专业全称：广告学
学　　制：本科 4 年
地　　址：辽宁省大连市沙河口区尖山街 217 号
网　　址：http://cjc.dufe.edu.cn
邮　　编：116025
电　　话：0411-84710505

学校名称：甘肃政法大学
院系全称：文学与新闻传播学院
专业全称：广告学
学　　制：本科 4 年
地　　址：甘肃省兰州市安宁西路 6 号
网　　址：https://wxxy.gsupl.edu.cn/xygk.htm
邮　　编：730070
电　　话：0931-7603685

学校名称：江西财经大学
院系全称：人文学院
专业全称：广告学
学　　制：本科 4 年
地　　址：江西省南昌市昌北国家经济技术开发区玉屏大道
网　　址：http://rwxynew.jxufe.edu.cn/news-list-index1.html
邮　　编：330013
电　　话：0791-83983526

学校名称：兰州财经大学
院系全称：商务传媒学院
专业全称：广告学
学　　制：本科 4 年
地　　址：甘肃省兰州市榆中县薇乐大道 4 号商务传媒学院
网　　址：http://bmi.lzufe.edu.cn/index.htm
邮　　编：730101
电　　话：0931-5252090

学校名称：西安财经大学
院系全称：文学院新闻传播学系
专业全称：广告学
学　　制：本科 4 年
地　　址：陕西省西安市长安区常宁大街 360 号
网　　址：http://wenxue.xaufe.edu.cn/index.htm
邮　　编：710100
电　　话：029-82348361

学校名称：山西财经大学
院系全称：新闻与艺术学院
专业全称：广告学
学　　制：本科 4 年
地　　址：山西省太原市晋阳街 108 号
网　　址：http://whcb.sxufe.edu.cn/xysy.htm
邮　　编：030031
电　　话：0351-7666701

学校名称：河北经贸大学
院系全称：文化与传播学院
专业全称：广告学
学　　制：本科 4 年
地　　址：河北省石家庄市学府路 47 号
网　　址：http://whcb.heuet.edu.cn/zxgk/xbsz.htm
邮　　编：050061
电　　话：0311-87656783

学校名称：广东财经大学
院系全称：人文与传播学院
专业全称：广告学
学　　制：本科 4 年
地　　址：广州市赤沙路 21 号
网　　址：https://rwycb.gdufe.edu.cn/6735/list.htm
邮　　编：510320
电　　话：020-84096616

学校名称：重庆工商大学
院系全称：文学与新闻学院
专业全称：广告学
学　　制：本科 4 年
地　　址：重庆市南岸区学府大道 19 号慧智楼 5-6 层
网　　址：http://ljc2014.ctbu.edu.cn
邮　　编：400067
电　　话：023-62769390

学校名称：吉林财经大学
院系全称：新闻与传播学院
专业全称：广告学
学　　制：本科 4 年
地　　址：吉林省长春市南关区净月大街 3699 号
网　　址：http://newxwxy.jlufe.edu.cn/
邮　　编：130117
电话：0431-84539567

学校名称：北京工商大学
院系全称：传媒与设计学院
专业全称：广告学
学　　制：本科 4 年
地　　址：北京市海淀区阜成路 33 号
网　　址：https://yc.btbu.edu.cn/jyzp/bkszs/7ba4dfe16f434d2c839d1055359383ab.htm
邮　　编：100048
电　　话：010-8135090

学校名称：安徽财经大学
院系全称：文学院
专业全称：广告学
学　　制：本科 4 年
地　　址：安徽省蚌埠市曹山路 962 号安徽财经大学
网　　址：http://sfl.aufe.edu.cn/2491/list.htm
邮　　编：233030
电　　话：0522-3173109

学校名称：河南财经政法大学
院系全称：文化传播学院
专业全称：广告学
学　　制：本科 4 年
地　　址：河南省郑州市金水东路 180 号河南财经政法大学郑东校区教学科研 A 座 8 楼
网　　址：http://wb.huel.edu.cn/index.htm
邮　　编：450046
电　　话：0371-86179830

学校名称：贵州财经大学
院系全称：文法学院

专业全称：广告学
学　　制：本科 4 年
地　　址：贵州省贵阳市花溪区花溪大学城贵州财经大学文德楼
网　　址：http://portal.gufe.edu.cn/web/wfxy/
邮　　编：550025
电　　话：0851-88510549

学校名称：云南财经大学
院系全称：传媒学院
专业全称：广告系
学　　制：本科 4 年
地　　址：昆明市龙泉路 237 号
网　　址：https://www.ynufe.edu.cn/pub/cmxy/xydt/xyxw/
邮　　编：650221
电　　话：0871-65125601

学校名称：黑龙江财经学院
院系全称：人文科学系
专业全称：广告学
学　　制：本科 4 年
地　　址：哈尔滨市利民开发区学院路 1230 号
网　　址：http://rwkxx.hfu.edu.cn/index.htm
邮　　编：150025
电　　话：0451-85911286

学校名称：上海商学院
院系全称：文法学院
专业全称：广告学
学　　制：本科 4 年
地　　址：上海市徐汇区中山西路 2271 号
网　　址：https://wfxy.sbs.edu.cn/index.htm
邮　　编：200235
电　　话：021-67105340

学校名称：吉林工商学院
院系全称：传媒艺术学院
专业全称：广告学
学　　制：本科 4 年
地　　址：长春市九台经济开发区卡伦湖大街 1666 号
网　　址：http://zsxxw.jlbtc.edu.cn/ajax/infoDetails.htm?id=141
邮　　编：130507
电　　话：0431-82306251

学校名称：浙江工商大学杭州商学院
院系全称：人文与艺术设计学院
专业全称：广告学
学　　制：本科 4 年
地　　址：浙江省杭州市桐庐县环城南路 66 号
网　　址：http://rwxy.zjhzcc.edu.cn/index.php/list/index/id/80.html?mid=72&pmid=67
邮　　编：311599
电　　话：0571-69936043

学校名称：宁波财经学院
院系全称：象山影视学院
专业全称：广告学
学　　制：本科 4 年
地　　址：浙江省宁波市海曙区学院路 899 号
网　　址：http://xsys.nbufe.edu.cn/major/33.html
邮　　编：315175
电　　话：0574-88054516

学校名称：浙江财经大学东方学院
院系全称：文化传播与设计学院

专业全称：广告学
学　　制：本科 4 年
地　　址：浙江省海宁市连杭经济开发区高新区仰山路 2 号
网　　址：https://rw.zufedfc.edu.cn/zyjs1/ggx.htm
邮　　编：314408
电话：0573-87571500

学校名称：温州商学院
院系全称：传媒与设计艺术学院
专业全称：广告学
学　　制：本科 4 年
地　　址：浙江省温州市瓯海区梅泉大街 588 号
网　　址：http://md.wzbc.edu.cn/Col/Col1139/Index.aspx
邮　　编：325035
电　　话：0577-86595960

学校名称：福州工商学院
院系全称：艺术设计学院
专业全称：广告学
学　　制：本科 4 年
地　　址：福建省福州永泰葛岭学院路 1 号
网　　址：http://zhaosheng.fjdfxy.com/index.php?m=content&c=index&a=lists&catid=49
邮　　编：350715
电　　话：0591—601422436

学校名称：山东工商学院
院系全称：人文与传播学院
专业全称：广告学
学　　制：本科 4 年
地　　址：山东省烟台市莱山去滨海中路 191 路
网　　址：https://rw.sdtbu.edu.cn/szdw.htm
邮　　编：264005
电　　话：0535-6770015

学校名称：湖北经济学院
院系全称：新闻传播学院新媒体系
专业全称：网络与新媒体（新媒体广告）
学　　制：本科 4 年
地　　址：湖北省武汉市江夏区杨桥湖大道湖北经济学院人文艺术大楼三楼
网　　址：http://xwcb.hbue.edu.cn/271/list.htm
邮　　编：430205
电　　话：027-81977102

学校名称：武汉工商学院
院系全称：文法学院
专业全称：广告学
学　　制：本科 4 年
地　　址：湖北省武汉市洪山区黄家湖西路 3 号
网　　址：http://www.wtbu.edu.cn/wenfa/
邮　　编：430070
电　　话：027-88147026

学校名称：湖南工商大学
院系全称：文学与新闻传播学院
专业全称：广告学
学　　制：本科 4 年
地　　址：长沙市岳麓大道 569 号
网　　址：http://wx.hutb.edu.cn/column/zw_shouye/index.shtml
邮　　编：410205
电　　话：0731-88688155

学校名称：广西财经学院

院系全称：新闻与文化传播学院
专业全称：广告学
学　　制：本科 4 年
地　　址：广西南宁市大学西路 189 号
网　　址：https://www.gxufe.edu.cn/www/subWebSites/xwcb/index.html
邮　　编：530003

学校名称：郑州财经学院
院系全称：文化与传媒学院
专业全称：广告学
学　　制：本科 4 年
地　　址：河南省郑州市惠济区天河路 36 号
网　　址：http://media.zzife.edu.cn/30508/
邮　　编：450000
电　　话：0371-86650005

学校名称：郑州工商学院
院系全称：人文艺术学院
专业全称：广告学
学　　制：4 年
地　　址：河南省郑州市郑东新区前程大道 169 号
网　　址：https://www.ztbu.edu.cn/rwysxy/11431.html
邮　　编：451400
电　　话：0371-85303881

学校名称：郑州商学院
院系全称：文学与新闻传播学院
专业全称：广告学
学　　制：4 年
地　　址：郑州巩义紫荆路 136 路
网　　址：https://www.zbu.edu.cn/wcxy/xyzl/zyjs.htm
邮　　编：451200
电　　话：0371-64561888

学校名称：郑州经贸学院
院系全称：传媒学院
专业全称：广告学
学　　制：4 年
地　　址：郑州市新郑龙湖科技教育产业园双湖大道 2 号
网　　址：http://www.zueb.edu.cn:83/yxsz/list.asp?D_CataID=A0004
邮　　编：451191
电　　话：0371-62499997

学校名称：兰州财经大学长青学院
院系全称：艺术系
专业全称：广告学
学　　制：本科 4 年
地　　址：兰州市城关区店子街 45 号
网　　址：http://changqing.lzufe.edu.cn/ysx/591/list.htm
邮　　编：730020
电　　话：0931-8702835

外语类院校（7 所）

学校名称：上海外国语大学
院系全称：新闻传播学院
专业全称：广告学
学　　制：本科 4 年
地　　址：上海市大连西路 550 号
网　　址：http://www.sjc.shisu.edu.cn/
邮　　编：201620
电　　话：021-67701626

学校名称：四川外国语大学
院系全称：新闻传播学院
专业全称：广告学
学　　制：本科 4 年
地　　址：重庆市沙坪坝区壮志路 33 号四川外国语大学西校区新办公楼 C 区 6 楼
网　　址：http://media.sisu.edu.cn/
邮　　编：400031
电　　话：023-65380202

学校名称：广东外语外贸大学
院系全称：新闻传播学院
专业全称：广告学
学　　制：本科 4 年
地　　址：广东省广州市番禺区小谷围街道广东外语外贸大学新闻与传播学院
网　　址：https://xwxy.gdufs.edu.cn/index.htm
邮　　编：510006
电　　话：020-39328095

学校名称：天津外国语大学
院系全称：国际传媒学院
专业全称：广告学
学　　制：本科 4 年
地　　址：天津市河西区马场道 117 号新闻与传播学院
网　　址：http://sc.tjfsu.edu.cn/
邮　　编：300204
电　　话：022-63257305、022-63257306

学校名称：西安外国语大学
院系全称：新闻与传播学院
专业全称：广告学
学　　制：本科 4 年
地　　址：陕西省西安市长安区文苑南路 1 号
网　　址：https://xwxy.xisu.edu.cn/index.htm
邮　　编：710128
电　　话：029-85319624

学校名称：上海外国语大学贤达经济人文学院
院系全称：艺术与传媒学院
专业全称：广告学
学　　制：本科 4 年
地　　址：上海市崇明区东滩大道 999 号
网　　址：https://yichuanxueyuan.xdsisu.edu.cn/main.htm
邮　　编：200083
电　　话：(021)39665000

学校名称：重庆外语外事学院
院系全称：国际传媒学院
专业全称：广告学
学　　制：本科 4 年
地　　址：重庆市渝北区龙石路 18 号
网　　址：http://www.tcsisu.com/gjwhjlxy/
邮　　编：401120
电　　话：023-88790725

高职高专类院校（39 所）

学校名称：北京经济技术职业学院
院系全称：文化传媒学院
专业全称：广告设计与制作
学　　制：2 年
地　　址：北京市京东燕郊经济开发区
网　　址：www.bibt.edu.cn
邮　　编：065201
电　　话：010-61598651

学校名称：北京科技职业学院
院系全称：艺术设计学院
专业全称：数字广告设计
学　　制：3 年
地　　址：北京市昌平区沙河沙阳路 18 号
网　　址：http://www.5aaa.com
邮　　编：102206
电　　话：010-69738080

学校名称：北京电子科技职业学院
院系全称：艺术设计学院传媒艺术设计系
专业全称：广告设计与制作
学　　制：3 年
地　　址：北京经济技术开发区凉水河一街 9 号
网　　址：https://www.bpi.edu.cn/xy/art
邮　　编：100176
电　　话：010-87220669

学校名称：北京艺术传媒职业学院
院系全称：艺术设计学院
专业全称：广告设计与制作
学　　制：3 年
地　　址：北京市海淀区中关村科技园区聂各庄东路 10 号
网　　址：http://www.bjamu.cn
邮　　编：100194
电　　话：010-58714111

学校名称：上海电影艺术学院
院系全称：视觉艺术中心
专业全称：广告设计与制作
学　　制：3 年
地　　址：上海市浦东新区达尔文路 188 号
网　　址：http://www.shfilmart.com/
邮　　编：201203
电　　话：021-50273668

学校名称：上海工艺美术职业学院
院系全称：视觉艺术学院
专业全称：广告设计与制作
学　　制：3 年
地　　址：上海市嘉定区嘉行公路 851 号
网　　址：http://www.sada.edu.cn
邮　　编：201807
电　　话：021-69977888

学校名称：上海交通职业技术学院
院系全称：人文艺术系
专业全称：广告设计与制作
学　　制：3 年
地　　址：上海市宝山区呼兰路 883 号
网　　址：http://www.scp.edu.cn/
邮　　编：200431
电　　话：021-56993234

学校名称：天津职业大学
院系全称：艺术工程学院
专业全称：广告设计与制作
学　　制：3 年
地　　址：天津市北辰区洛河道 2 号
网　　址：http://art.tjtc.edu.cn/info/1015/1830.htm
邮　　编：300410
电　　话：60585163

学校名称：天津轻工职业技术学院
院系全称：新闻传播系
专业全称：广告设计与制作
学　　制：3 年
地　　址：天津海河教育园雅观路 1 号

网　　址：http://www.tjlivtc.edu.cn/
邮　　编：300350
电　　话：022-27945596

学校名称：天津工艺美术职业学院
院系全称：商业美术系
专业全称：广告设计与制作
学　　制：3 年
地　　址：天津市河北区革新道 10 号
网　　址：http://www.gmtj.com/news/info2/type/23.html
邮　　编：300250
电　　话：26786329

学校名称：重庆工业职业技术学院
院系全称：设计学院
专业全称：广告设计与制作
学　　制：3 年
地　　址：重庆市渝北区（空港）桃源大道 1000 号
网　　址：http://www.cqipc.edu.cn/index.htm
邮　　编：401120
电　　话：023-61879050

学校名称：重庆电子工程职业学院
院系全称：数字媒体学院
专业全称：广告设计与制作
学　　制：3 年
地　　址：重庆大学城重庆电子工程职业学院
网　　址：https://www.cqcet.edu.cn/index.htm
邮　　编：401331
电　　话：023-65928128

学校名称：广州科技职业技术大学
院系全称：艺术设计系
专业全称：广告设计与制作
学　　制：3 年
地　　址：广州市白云区广从九路 1038 号，
网　　址：http://www.gzkjxy.net/
邮　　编：510405
电　　话：020-87410218

学校名称：广州南洋理工职业学院
院系全称：艺术设计系
专业全称：广告设计与制作
学　　制：3 年
地　　址：广州市从化区环市东路 1123 号
网　　址：http://www.nyjy.cn
邮　　编：510925
电　　话：020-87992828

学校名称：广州工程技术职业学院
院系全称：艺术设计系
专业全称：广告设计与制作（数字媒体与动画设计）
学　　制：3 年
地　　址：广州市环市东路 465 号
邮　　编：510075
网　　址：http://www.gzvtc.edu.cn/
电　　话：020-87693663

学校名称：浙江艺术职业学院
院系全称：美术系
专业全称：广告设计与制作
学　　制：3 年
地　　址：杭州市滨江区滨文路邮编
网　　址：https://www2.zj-art.com/zhaosheng/a/201647/283.shtml
邮　　编：310053
电　　话：0571-87150181

学校名称：福州理工学院
院系全称：应用科学与工程学院
专业全称：广告设计与制作
学　　制：3 年
地　　址：福建省福州市连江西江滨大道 8 号
网　　址：http://sase.fit.edu.cn/html/9318574851.html
邮　　编：350506
电　　话：0591-62990202

学校名称：厦门南洋职业学院
院系全称：艺术设计学院
专业全称：广告设计与制作
学　　制：3 年
地　　址：厦门市翔安文教区南洋学院艺术设计学院
网　　址：http://art.ny2000.cn/cn/menu_76/209.htm
邮　　编：361101
电　　话：0592-5061178

学校名称：湖南科技职业学院
院系全称：艺术设计学院
专业全称：广告设计与制作
学　　制：3 年
地　　址：湖南省长沙市雨花区井湾路 784 号
网　　址：http://art.hnkjxy.net.cn/index.php
邮　　编：410004
电　　话：0731-82861777

学校名称：湖南工艺美术职业学院
院系全称：视觉传播设计学院
专业全称：广告设计与制作
学　　制：3 年
地　　址：湖南省益阳市赫山区栖霞路 135 号
网　　址：http://www.hnmeida.com.cn/sjcd/index.htm
邮　　编：413000
电　　话：0737-4200777

学校名称：湖北水利水电职业技术学院
院系全称：商贸管理系
专业全称：广告设计与制作
学　　制：3 年
地　　址：湖北省武汉市武昌珞狮路 306 号
网　　址：http://www.hbsy.cn
邮　　编：430202
电　　话：027-87378091

学校名称：武汉职业学院
院系全称：艺术传媒学院
专业全称：广告设计与制作
学　　制：3 年
地　　址：武汉市江夏经济开发区藏龙岛办事处中洲大道 98 号
网　　址：http://www.wczy.cn
邮　　编：430202
电　　话：027-81335088

学校名称：山东传媒职业学院
院系全称：艺术设计系
专业全称：广告设计与制作
学　　制：3 年
地　　址：山东济南市经十东路 8678 号
网　　址：http://zs.sdcmc.net/
邮　　编：250102
电　　话：0531-61326666

学校名称：山东工程职业技术大学
院系全称：艺术设计系
专业全称：广告设计与制作
学　　制：3 年
地　　址：济南市经十东路 6196 号
网　　址：http://www.sdkevin.edu.cn
邮　　编：250102
电　　话：0634-6268314

学校名称：河北艺术职业学院
院系全称：传媒系
专业全称：影视广告
学　　制：3 年
地　　址：河北省石家庄市长安区青园街 149 号
网　　址：http://www.hebart.com/cmx/ index.htm
邮　　编：050011
电　　话：0311-86663909

学校名称：河北工业职业技术学院
院系全称：经济贸易系
专业全称：广告设计与制作
学　　制：3 年
地　　址：河北省石家庄市红旗大街 626 号
网　　址：http://jmx.hbcit.edu.cn/index.asp
邮　　编：050000
电　　话：0311-85236551

学校名称：河南经贸职业学院
院系全称：艺术设计系
专业全称：广告设计与制作
学　　制：3 年
地　　址：郑州市郑东新区龙子湖高校园区
网　　址：http://zs.hnjmxy.cn/
邮　　编：450018
电　　话：0371-86629993

学校名称：河南艺术职业学院
院系全称：艺术设计系
专业全称：广告设计与制作
学　　制：3 年
地　　址：郑州市郑东新区郑开大道 132 号
网　　址：http://www.hnyszyxy.net/zsjy/zsxx.htm
邮　　编：450018
电　　话：0371-60867529

学校名称：云南文化艺术职业学院
院系全称：艺术设计类
专业全称：广告设计与制作
学　　制：3 年
地　　址：云南省昆明市西山区碧鸡镇苏家村 17 号
网　　址：http://www.ynarts.cn
邮　　编：650111
电　　话：0871-68427871

学校名称：云南旅游职业学院
院系全称：艺术设计类
专业全称：广告设计与制作
学　　制：3 年
地　　址：云南省昆明市龙泉路 268 号
网　　址：http://www.ynctv.cn
邮　　编：650221
电　　话：0871-65187763

学校名称：贵州城市职业学院
院系全称：艺术设计系

专业全称：广告设计与制作
学　　制：3 年
地　　址：贵州省贵阳市贵安新区大学城花燕路 1 号
网　　址：http://www.gzcsxy.cn
邮　　编：550025
电　　话：0851-88308090

学校名称：广西职业技术学院
院系全称：艺术设计类
专业全称：广告设计与制作
学　　制：3 年
地　　址：广西省南宁市市江南区明阳大道 19 号
网　　址：http://www.gxzjy.com/
邮　　编：530226
电　　话：0771-4212633

学校名称：辽宁广告职业学院
院系全称：艺术设计类
专业全称：广告设计与制作
学　　制：3 年
地　　址：辽宁省沈阳市于洪区沈北新区大学城
网　　址：http://www.ggxy.com/
邮　　编：110148
电　　话：024-89346236

学校名称：哈尔滨传媒职业学院
院系全称：艺术设计类
专业全称：广告设计与制作
学　　制：3 年
地　　址：黑龙江省哈尔滨市京哈公路（102 国道）13.5 公里处
网　　址：http://www.hrbmcc.com/
邮　　编：150001
电　　话：0451-86701301

学校名称：吉林科技职业技术学院
院系全称：艺术设计类
专业全称：广告设计与制作
学　　制：3 年
地　　址：吉林省长春市二道区长吉南线 7777 号
网　　址：http://www.jilinkj.com/
邮　　编：130123
电　　话：0431-84813089

学校名称：内蒙古建筑职业技术学院
院系全称：艺术设计系
专业全称：广告设计与制作
学　　制：3 年
地　　址：内蒙古自治区呼和浩特市新华西街内蒙古建筑职业技术学院招生就业处
网　　址：https://zsw.imaa.edu.cn/
邮　　编：010030
电　　话：0471-3996910

学校名称：宁夏职业技术学院
院系全称：艺术设计学院
专业全称：广告设计与制作
学　　制：3 年
地　　址：宁夏银川市西夏区文萃北街
网　　址：http://yssjxy.nxtc.edu.cn/index.htm
邮　　编：750021
电　　话：0951-2135360

学校名称：新疆职业大学
院系全称：艺术设计系
专业全称：广告设计与制作
学　　制：3 年
地　　址：乌鲁木齐市北京北路 1075 号
邮　　编：830013

网　　址：https://zwz.xjvu.edu.cn:81/zsb/default.html
电　　话：0991-3785328

学校名称：甘肃工业职业技术学院
院系全称：艺术学院
专业全称：广告设计与制作
学　　制：大专 3 年
地　　址：甘肃省天水市麦积区廿里铺 18 号
网　　址：http://www.gipc.edu.cn/
邮　　编：741025
电　　话：0938-2793278

中国广告年鉴 2022
CHINA ADVERTISING YEARBOOK

广告监测与研究机构

Advertising Monitoring and Research Companies

全国主要广告监测与研究机构名录

中国版本图书馆（中央宣传部出版物数据中心）

成立时间：1950 年

地　　址：北京市东城区先晓胡同 10 号

邮政编码：100005

电　　话：010-58689915、58689941

网　　址：https://pdc.capub.cn

研究与服务范围：

中国版本图书馆成立于 1950 年 7 月 1 日，2018 年，转隶中央宣传部，副牌更名为“中央宣传部出版物数据中心”，中央宣传部出版物数据中心是我国唯一的国家级出版物数据生产服务机构，具有版本管理的完整数据链，已形成行业权威、业界独有的五大核心数据库：书号实名申领数据（以下简称“ISBN 数据”）、图书在版编目数据（以下简称“CIP 数据”）、馆藏出版物样本数据（以下简称“馆藏数据”）、出版社年检数据和网络文学作品标识数据，出版大数据资源开发利用禀赋明显、优势突出，为国家级权威出版物数据中心。

秒针系统

成立时间 ：2009 年

地　　址：北京市朝阳区利泽中园一区 1 号（北京总部）

邮　　编：100036

电　　话：400-8938-989

网　　址：https://www.miaozhen.com/

研究与服务范围：

基于大数据及人工智能技术，通过真实、客观的全域数字测量，打通感知和认知智能，为企业构建以消费者为中心、覆盖数据分析、洞察及应用的商业智能决策闭环，帮助企业实时、全面、准确地评估营销效果，预测市场走势、优化商业决策，实现商业价值。

尼尔森（中国）

成立时间 :2002 年

地　　址 : 北京市王府井大街 138 号新东安市场
　　　　写字楼第 1 座 11 层

邮　　编：100006

电　　话：010-58129000

网　　址：https://www.nielsen.com/

研究与服务范围：

AC 尼尔森是全球领先的市场研究、资讯和分析服务的提供者，服务对象包括消费产品和服务行业，以及政府和社会机构。在全球 100 多个国家里有超过 9,000 的客户依靠 AC 尼尔森认真负责的专业人士来测量竞争激烈的市场的动态，来理解消费者的态度和行为，以及形成能促进销售和增加利润的高级分析性洞识。

尼尔森网联媒介数据服务有限公司

建立时间：2010 年 07 月 26 日

地　　址：浙江省杭州市上城区新塘路 672 号中豪国际
　　　　商业中心 3 幢 705 室（杭州总部）

邮　　编：310008

电　　话：0571-57165166

电子邮箱：ccdata2006@ccdata.cn

北京分公司：北京市朝阳区西大望路甲 12 号(北京国家广告产业园区)B 座 6 层 601C 室

邮政编码：100022

电　　话：010-56750039

网　　址：https://nielsenccdata.com/

研究与服务范围：

尼尔森网联媒介数据服务有限公司所属中科网联数据科技有限公司（简称中科网联 CCData），是一家市场领先的连接传媒和消费的全域数字智能技术服务商。公司致力于以数据资产＋数据智能平台的模式，赋能数字经济中的企业数字化和商业智能化。公司的服务包括 CMM 融媒体测量，LOS 位置观察服务，DMI 数据与模型智能，IDP 智能决策平台，已成为国内屈指可数的媒体与消费大数据公司。公司设立区域总部 3 个（北京、杭州、广州）、运营中心和大数据处理中心 2 个（北京、宁波）、办事处 5 个（上海、郑州、南京、武汉、成都），核心骨干团队成员由长期从事媒介、消费者、广告研究、分析、洞察的行业专家、大数据采集、处理、建模分析、系统开发的资深的研发工程师组成，长期坚持自主研发，在媒体测量和数据采集、处理和分析软件、硬件技术方面，已先后申请获得国内外专利和软著 50 项。

热云数据

成立时间：2013 年

地　　址：北京市石景山区实兴大街 30 号院 5 号楼 4 层 58 号

邮　　编：100041

电　　话：010-83412810

电子邮箱：maru@reyun.com

网　　址：https://www.reyun.com/

研究与服务范围：

热云数据在大数据采集、海量数据处理、数据挖掘、用户行为分析建模及数据应用等方面拥有多年的积累和丰富的经验。旗下产品覆盖移动广告效果监测、广告防作弊、广告素材智能分析、广告智能投放、A/B 测试等领域，构建起贯穿移动广告投放全生命周期的营销体系。为行业客户提供流畅、安全、高效、便捷的移动营销数据分析及决策服务。

eboR 媒介监测中心 / 十目广告监管系统

成立时间：2015 年

地　　址：成都市新希望路 7 号丰德万瑞中心 A 座 9 楼

邮　　编：610042

电　　话：400-6061-611

商务联系：18215610337

电子邮箱：Service@51ebo.com

网　　址：http://ebor.51ebo.com/

研究与服务范围：

广告信息查询平台易播网、eboR 广告监测平台、十目监测均为易播网旗下产品，公司拥有两项国家市场监督管理总局扶持发展项目库入库项目，拥有近 30 项国家专利和自主知识产权，监测范围覆盖主流报纸广告、主要商圈、地铁、公交系统和交通枢纽的户外广告，为企业市场部门和广告公司提供全面的广告监测数据和市场分析报告，致力于帮助企业媒体投放决策。十目广告监管系统目前监测内容包含广告内容、发布时间、发布范围、发布媒介、广告样件、广告审查许可等内容。

央视市场研究股份有限公司（CTR）

成立时间：1995 年

地　　址：北京市西城区德外大街 5 号

邮　　编：100088

电　　话：010-82015388

电子邮箱：cmc@ctrchina.cn

网　　址：http://www.ctrchina.cn/

研究与服务范围：

央视市场研究股份有限公司（CTR）成立于 1995 年，是中国国际电视总公司和 Kantar 集团合资的股份制企业 CTR 的研究领域包括媒介经营与管理、品牌与传播策略、消费者洞察等诸多专业领域，尤其在 360°营销传播监测、消费者购买与使用行为测量、媒介与消费行为、媒体价值评估等专业研究领域拥有权威的第三方地位和货币型产品。这些优势进一步延续到媒体融合、智能电视、短视频研究、跨平台传播等营销领域。

梅花信息

成立时间：2002 年

地　　址：上海市徐汇区钦州北路 1199 弄智汇园 87 号 2 楼

邮　　编：200233

电　　话：021-6228 3501

邮　　箱：cs@meihua.info

网　　址：http://www.meihuainfo.com

研究与服务范围：

梅花信息成立于 2002 年，多年来聚焦于为企业市场营销（广告，公关和市场研究）部门提供各类信息情报服务。公司的主要产品包括跨媒体的广告监测数据库，新闻监测平台，市场统计数据库等。在标准化的数据产品基础上，还为客户提供定制的媒体监测类服务，包括针对市场推广部门的竞争品牌广告监测服务，针对公关部门的公关传播监测，以及针对战略研究部门的战略信息监测服务。

全国互联网广告监测中心

建立时间：2016 年 9 月 1 日

地　　址：浙江省杭州市拱墅区祥园路 99 号 运河广告产业大厦 1 号楼

电　　话：0571-87028446

邮　　箱：zjggjc@163.com

网　　址：http://www.zjggjc.com/login.jsp

研究与服务范围：

全国互联网广告监测中心由浙江省市场监督管理局承建，为规范互联网广告秩序的政府网站。全国互联网广告监测中心在中国国内外无类似监测机构经验可循的情况下，坚持“互联网 + 广告监管”，利用互联网技术反制互联网违法广告，打造了一个具备监测、预警、研判等功能的全国性互联网广告监测平台。

平台充分利用云计算、智能语义分析、分布式爬虫等信息化技术，确定了一条先主后次、先源头后支流的监测路径，将网络交易平台、大型门户网站、广告联盟、搜索网站等重点实行 24 小时监测，并通过对其链接内容的监测辐射全网。

中国广视－索福瑞媒介研究（CSM）

建立时间：1997 年 12 月 4 日

邮　　编：100022

电　　话：8610- 8508 6666

传　　真：8610- 8508 6888

邮　　箱：csminfo@csm.com.cn

网　　址：http://www.csm.com.cn

研究与服务范围：

中国广视—索福瑞媒介研究（CSM）致力于专业的电视收视和广播收听的市场研究，为中国内地和中国香港地区传媒行业提供可靠的、不间断的收视率调查服务，并提供独立的收视率及收听率调查数据。CSM 结合市场需求和行业新技术，同步开展媒体融合传播效果研究，体育与媒介研究，收视数据与消费数据融合研究等多元化业务，继续丰富产品体系，提升服务质量。

艾媒咨询

建立时间：2007 年

地　　址：广州市番禺区新造镇智港大街 15 号 1101、1102、1105 室

电　　话：020-8922 4700

网　　址：https://www.iimedia.cn/

研究与服务范围：

艾媒咨询 (iiMedia Research) 作为新经济产业第三方数据挖掘与分析机构，2007 年诞生于广州，在广州、香港、北京、上海、硅谷设有运营和分支机构。在产业数据监测、调查分析和趋势发展等方向的大数据咨询方面具有丰富经验。艾媒每年公开或定制发布新经济前沿报告超过 2000 份，通过数学建模，分析推理与科学算法结合，打造有数据、有理论支撑的大数据分析成果。基于公司独立自主研发的“中国移动互联网大数据挖掘与分析系统 (CMDAS)”（广东省科技计划重大专项），艾媒建立了互联网运营数据、企业舆情和商情、用户属性和行为偏好、零售数据挖掘、广告效果、商业模式与商业趋势等多维度的数据监测体系，累计成功为超过 3000 家政企机构提供常年大数据咨询服务。

艾瑞咨询

建立时间：2002 年

地　　址：北京市朝阳区光华路 soho2 期 B 座 3 层

电　　话：400-0262-099、010-51283899

邮　　箱：ask@iresearch.com.cn

网　　址：https://www.iresearch.cn/

研究与服务范围：

艾瑞咨询是中国新经济与产业数字化洞察研究咨询服务领域的领导品牌，为客户提供专业的行业分析、数据洞察、市场研究、战略咨询及数字化解决方案，助力客户提升认知水平、盈利能力和综合竞争力。

易观分析

建立时间：2002 年

地　　址：北京市朝阳区酒仙桥路 10 号
恒通国际商务园 -B12C 座三层

电　　话：400-6010-231

邮　　箱：ygfx@analysys.com.cn

网　　址：https://www.analysys.cn/

研究与服务范围：

中国数智化领域专业的科技和市场分析机构，致力于数字经济的发展与研究，通过 21 年分析及数据源积累、成熟的模型体系，易观分析形成以消费数字化、企业数字化、易观千帆等多项服务矩阵，激发科技与创新活力，为国内外 4000+ 企业客户提供客观、公正的数据支持和市场研究报告，帮助企业提供正确的决策。

中国传媒大学国家广告研究院

成立时间：2011 年 12 月 21 日

地　　址：北京市朝阳区定福庄东街 1 号
中国传媒大学 45 号楼

电　　话：010-65783232

邮　　编：100024

研究与服务范围：

国家广告研究院（NationalInstitute ofAdvertising, NIA）是由国家工商行政管理总局批准，于 2011 年 12 月 21 日在中国传媒大学设立的全国性的广告研究机构。国家广告研究院主要依托中国传媒大学广告学院的学术资源，目前在广告史研究、品牌研究、消费者研究、媒介研究、新技术与传媒、广告主研究、舆情研究、创意表现研究等领域拥有人才资源、科研体系和丰硕的研究成果，并且拥有中国广告博物馆、全国公益广告创新研究基地等研究平台。研究院配合国家政策开展广告业规划发展、监督管理及产业政策和发展趋势的研究，同时每年还要举办国际化化的广告论坛和学术会议，邀请全世界顶尖学者及权威人士开展讲座，为我国广告业研究培养高级人才。

adbug 搜索引擎

建立时间：2013 年 9 月

地　　址：上海新华路 345 弄 2 号楼 A 座

电　　话：021-62595873

邮　　箱：b2b@adbug.cn

网　　址：https://www.adbug.cn/

研究与服务范围：

Adbug 是由上海荷格信息科技有限公司退出的第一家免费的数字广告搜索引擎，让广告营销圈人士检索到日益变化的营销信息，了解营销策略趋势，行业风向，全景洞悉广告生态圈生态发展，并侧面记录广告商业文明。Adbug 也会不断推出创新的广告应用场景来给营销人士丰富的体验，从而完善自身的广告策略。素材丰富的广告库更随时可以提供各类产品的广告创意。

北京鹰视角数据科技有限公司

成立时间：2016 年

地　　址：北京市朝阳区亿利生态广场 1 号楼 4 层

邮　　编：100020

电　　话：010-64772377

邮　　箱：service@yingshijiao.cn

网　　址：https://www.yingshijiao.cn

研究与服务范围：

“北京鹰视角数据科技有限公司” 是业界领先的专业广告数据监播商和广告智能大数据的权威咨询机构。在广告监播数据应用与数据研究开发、市场调研方面独具先天优势，拥有强大的产品设计和研发能力，为客户提供从需求设计、广告监测开发、监播计划和监播运营管理以及调研的全生命周期的综合解决方案。公司拥有自动化高效智能 APP，可实现即时拍照、即时上传，实时 GPS 定位、时间定位，后台自动生成监测报告及报表；同年开发了智能调研系统，自动设置 GPS 商圈设定，样本唯一识别功能，确保调研过程的数据真实有效。

北京中天盈信咨询服务有限公司（CODC）

成立时间：1998 年

地　　址：北京市朝阳区八里庄陈家林甲 2 号尚 8 里文创园 A 座 203 室

邮　　编：100025

电　　话：010-59200326

邮　　箱：codc@codc.com.cn

网　　址：http://www.codc.com.cn

研究与服务范围：

北京中天盈信咨询服务有限公司是中国大陆唯一专门从事户外广告市场研究及相关多元化服务的权威咨询机构。中天秉承公正、准确、客观、及时的工作理念，通过自行设计研发的户外媒体资讯管理系统和自助式数据查询平台，以独特的身份和视角为国内外客户提供全面、真实的户外广告媒体监测报告、数据资料及研究评估。

北京东方剪报国际信息咨询有限公司

地　　址：北京市顺义区复兴四街 3 号院金蝶软件园 B409

邮　　编：101319

电　　话：400-0818-895/ 18701051288

邮　　箱：scb@dongfangjb.cn

网　　址：www.dfjianbao.cn

研究与服务范围：

北京东方剪报国际信息咨询有限公司（简称东方剪报）是一家拥有 20 年行业经验，专门为政府、企业提供国内外全媒体舆情监测与分析的大数据个性化信息服务机构，是全国经济普查领导小组办公室和世博会媒体监测合作商。东方剪报广播体监测覆盖东方剪报广播体监测覆盖：全球覆盖监测 30000+ 国际频率；国内覆盖 24 个省 5 个自治区 4 个直辖市与 2 个特别行政区，同时覆盖 285 个地级城市，1200 多站点同时录制 1500 家广播。

诸葛 io（诸葛智能）

成立时间：2015 年

地　　址：北京市东城区金宝街雅安国际 2 号院

邮　　编：100005

电　　话：400-8094-843

邮　　箱：info@zhugeio.com

网　　址：https://zhugeio.com

研究与服务范围：

新一代敏捷开放的数据智能服务商，通过数据技术助力企业与组织实现数字化升级，提供数据采集、数据治理、数据仓库、分析和营销等数据智能服务，基于数据智能赋能商业，助力企业实现数据驱动增长，目前与已帮助全国 1000+ 家企业实现数字化转型升级，旗下核心产品诸葛 io 已累计为超 70000+ 平台用户提供数据支撑。2021 年 12 月 13 日，容联云宣布：全资收购诸葛智能，通过整合“通讯 + 数据 + 智能”的核心技术能力，更有效地助力企业营销与服务数智化转型。容联云于 2021 年 2 月 9 日在美国纽交所上市，是中国 SaaS 企业赴美上市第一股。

Linkflow 客户数据平台

成立时间：2017 年 3 月

地　　址：上海市徐汇区裕德路 126 号 2012 室

邮　　编：200030

电　　话：400-6969-886

邮　　箱：marketing@linkflowtech.com

网　　址：https://linkflowtech.com

研究与服务范围：

新一代敏捷开放的数据智能服务商，通过数据技术助力企业与组织实现数字化升级，提供数据采集、数据治理、数据仓库、分析和营销等数据智能服务，基于数据智能赋能商业，助力企业实现数据驱动增长，目前与已帮助全国 1000+ 家企业实现数字化转型升级，旗下核心产品诸葛 io 已累计为超 70000+ 平台用户提供数据支撑。2021 年 12 月 13 日，容联云宣布：全资收购诸葛智能，通过整合“通讯 + 数据 + 智能”的核心技术能力，更有效地助力企业营销与服务数智化转型。容联云于 2021 年 2 月 9 日在美国纽交所上市，是中国 SaaS 企业赴美上市第一股。

中关村互动营销实验室

成立时间：2017 年 5 月

地　　址：中国北京市朝阳区通惠国际传媒广场（西大望路甲 12 号）3 号楼 2 层

邮　　编：100124

电　　话：010-87776202

邮　　箱：info@imz-lab.com

网　　址：https://www.imz-lab.com

研究与服务范围：

作为互动营销为基础的实验与服务机构，中关村互动营销实验室（Interactive Marketing Lab Zhongguancun，简称 IMZ），是经国家民政部门正式批准注册，集产、学、研、创新相结合的非物理型重点实验室，通过实验与服务，探索创新营销的方法模式，致力于营造一个更人性化的营销生态环境。实验室致力于互动营销模式的创新研究、未来传播技术的探索和专业人才训练与引进。

互联网广告数据服务平台 / 互联网广告技术实验室（简称 CDA Tech Lab）

成立时间：2019 年

地　　址：北京市朝阳区光华路 9 号天阶大厦 6 层

邮　　编：100020

电　　话：010-65924090

邮　　箱：digitalad@china-caa.org

网　　址：http://www.china-caa.org/digital

研究与服务范围：

中国广告协会与中国信息通信研究院于 2019 年联合成立了互联网广告技术实验室（简称 CDA Tech Lab），旨在打击数字广告数据造假和作弊行为，加强数字广告数据安全和个人隐私保护，科学评估互联网广告投放的真实性和精准性，营造透明真实的广告经营环境，促进产业科学发展。互联网广告技术实验室于 2021 年初正式启动了“TAG 流量反欺诈认证项目”，为中国广告企业提供其具备作弊流量识别能力的证明，帮助中国市场消除作弊流量，提高诚信度和透明度。

AD=Ad Dissector（互联网广告监测分析优化平台）

地　　址：北京市海淀区北四环中路 229 号国双大厦

邮　　编：100020

电　　话：010-82619988

传　　真：010-82619993

网　　址：https://www.gridsum.com/ability/insight.html

研究与服务范围：

这是一个专业的全流程多场景的营销监测分析优化平台。基于大数据处理技术及实时计算能力，为广告主、代理公司在社交、搜索、网站、移动端以及视频端等多场景下的营销活动提供效果分析、投放优化及媒体决策的支持。该产品由北京国双科技有限公司开发，作为中国领先的企业级大数据和人工智能平台软件厂商，国双自 2005 年成立以来，先后在工业互联网、智慧城市、智慧能源、智慧司法、智能营销、财税等领域为客户提供安全可靠的数字化、智能化解决方案和数据仓库等大型基础软件产品。

（资料整理：陆斌）

广告行业研究报告

2021 中国广告市场回顾

（CTR 媒介智讯）

广告市场整体投放情况

2021 年广告刊例花费同比增长 11.2%

表 | 2017-2021 年广告刊例花费同比增幅

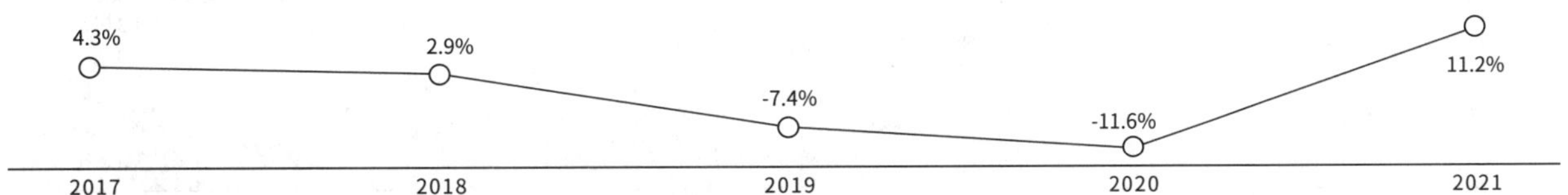

统计范围：电视、广播、报纸、杂志、传统户外、电梯 LCD、影院视频、电梯海报、互联网站

数据来源：CTR 媒介智讯

2021 年各渠道呈现复苏趋势，除传统户外广告，皆有回升

表 | 2019-2021 年各渠道广告刊例花费变化

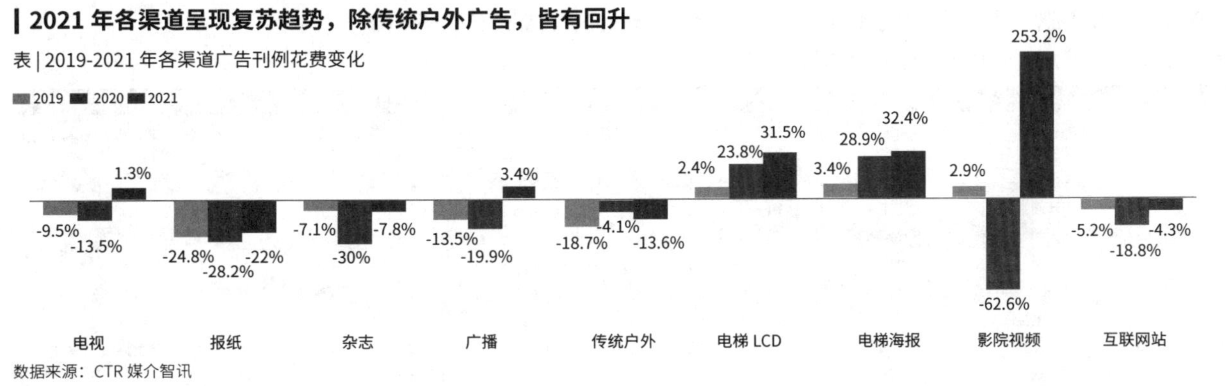

数据来源：CTR 媒介智讯

TOP10 行业：药品、化妆品 / 浴室用品和个人用品增长抢眼

表 | 2019-2021 年 TOP10 行业投放刊例花费同比增幅

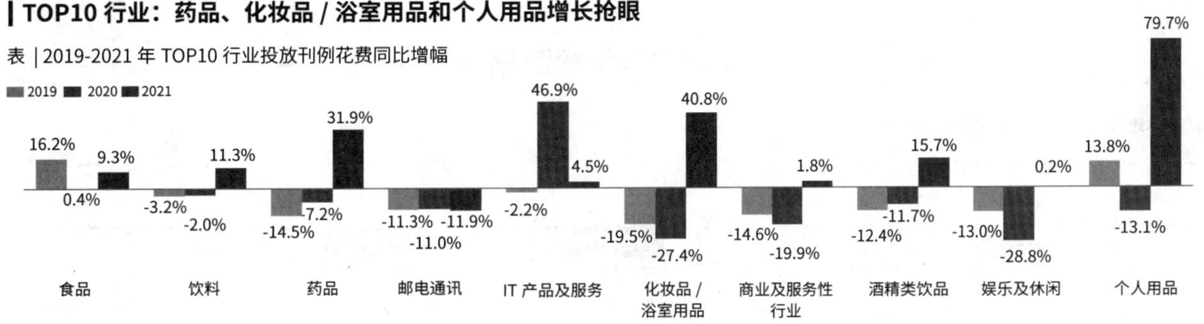

统计范围：电视、广播、报纸、杂志、传统户外、电梯 LCD、影院视频、电梯海报、互联网站

数据来源：CTR 媒介智讯

增幅 TOP20 品类：乳制品、化妆品、药品有多品类上榜

表 | 2021 年整体广告渠道刊例花费增幅 TOP20 品类

排名	品类	2021 年增幅
1	奶类产品	208.2%
2	食品-其他	174.1%
3	便携式播放器材/音响器材及配件	162.3%
4	饮料-企业形象	156.1%
5	个人健康产品	131.6%
6	护肤用品	125.3%
7	化妆品/浴室系列用品	121.1%
8	医疗器械	109.7%
9	心脑血管病药	86.4%
10	眼镜/隐形眼镜	50.1%
11	钟表	48.6%
12	家具/装饰材料及服务	46.3%
13	风湿及骨病药	45.1%
14	耳鼻用药	38.7%
15	奶类饮品	33.0%
16	洗发/美发/护发	32.6%
17	啤酒	32.0%
18	银行	29.9%
19	服装	29.4%
20	补益药	27.4%

注：以广告刊例花费 TOP50 品类做增幅排名

统计范围：电视、广播、报纸、杂志、传统户外、电梯 LCD、影院视频、电梯海报

数据来源：CTR 媒介智讯

TOP20 品牌：近半数品牌增长超 50%，简爱翻十倍增投

表 | 2021 年整体广告渠道刊例花费 TOP20 品牌

2021 年广播刊例花费

TOP20 品牌占广告市场比重 **17.0%**

排名	品牌	同比增幅
1	蒙牛	78.0%
2	陈李济	35.7%
3	伊利	9.6%
4	君乐宝	11.1%
5	舒肤佳	130.8%
6	同溢堂	89.3%
7	养无极	-5.6%
8	妙可蓝多	109.9%
9	鸿茅	48.3%
10	汤臣倍健	-43.3%
11	天草	50.0%
12	简爱	> 1000%
13	天猫	40.1%
14	中国移动通信	23.1%
15	葛洪	376.9%
16	超视立	63.5%
17	飞鹤	-17.2%
18	京东商城	-4.2%
19	汇仁	45.7%
20	泸州	145.8%

统计范围：电视、广播、报纸、杂志、传统户外、电梯 LCD、影院视频、电梯海报

数据来源：CTR 媒介智讯

增幅 TOP30 品牌：化妆品 / 浴室用品和 IT 产品及服务行业品牌占据三分之一席位

表 | 2021 年整体广告渠道刊例花费增幅 TOP30 品牌

排名	品牌	所属行业	排名	品牌	所属行业	排名	品牌	所属行业
1	膜法世家	化妆品/浴室用品	11	SKG	个人用品	21	喜力	酒精类饮品
2	蒂兰圣雪	食品	12	安踏	娱乐及休闲	22	斐特维尔	饮料
3	极米	IT产品及服务	13	丸美	工业用品	23	燕小厨	食品
4	汰渍	清洁用品	14	每日优鲜	邮电通讯	24	拉农	家居用品
5	蚂蚁	IT产品及服务	15	花西子	化妆品/浴室用品	25	飞利浦	化妆品/浴室用品
6	简爱	饮料	16	万国觉醒手机游戏	IT产品及服务	26	一言一好	娱乐及休闲
7	货拉拉	IT产品及服务	17	纽西之谜	化妆品/浴室用品	27	唐皇御医	药品
8	中欧基金	金融业	18	脉动	饮料	28	金牌	个人用品
9	茶里	邮电通讯	19	云米	家用电器	29	润百颜	化妆品/浴室用品
10	炊烟	娱乐及休闲	20	美团	IT产品及服务	30	健民	药品

注：以广告刊例花费 TOP300 品牌做增幅排名，不含新增品牌

统计范围：电视、广播、报纸、杂志、传统户外、电梯 LCD、影院视频、电梯海报

数据来源：CTR 媒介智讯

电视广告投放数据

2021 年电视广告刊例花费同比增长 1.3%

表 | 2017-2021 年电视广告刊例花费与时长增幅

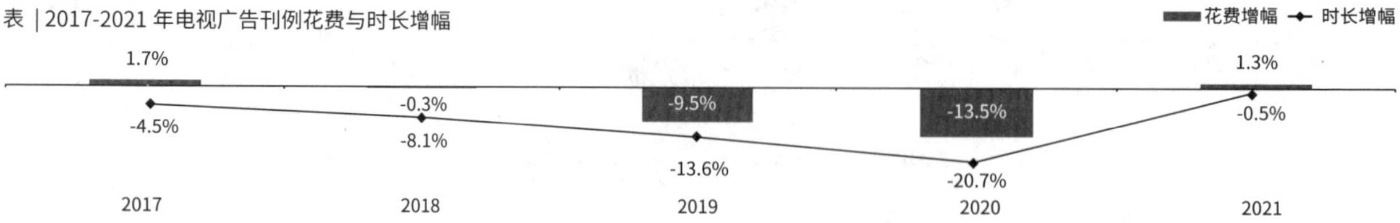

年份	花费增幅	时长增幅
2017	1.7%	-4.5%
2018	-0.3%	-8.1%
2019	-9.5%	-13.6%
2020	-13.5%	-20.7%
2021	1.3%	-0.5%

数据来源：CTR 媒介智讯

TOP10 行业：个人用品行业跻身榜单，呈现快速增长；化妆品 / 浴室用品、娱乐休闲、商服等行业广告恢复正增长

表 | 2020&2021 年电视广告刊例花费 TOP10 行业增幅

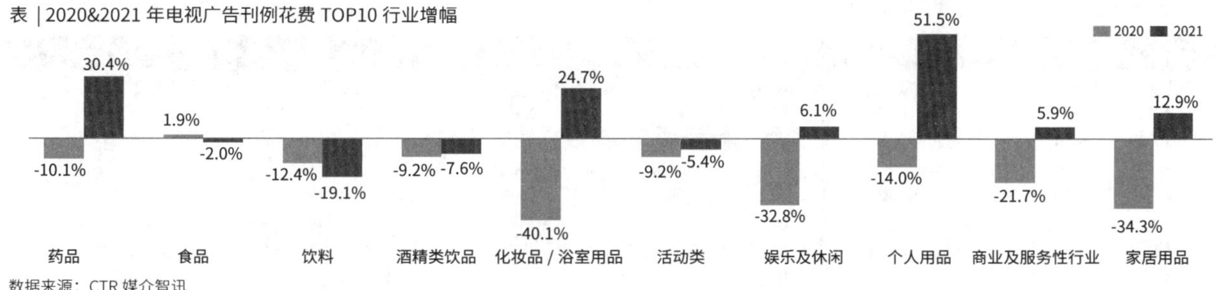

数据来源：CTR 媒介智讯

TOP5 行业各级电视分布：省级地面台和省会城市台广告刊例花费重现正增长

表 | 2020&2021 年电视 TOP5 行业在各级频道广告刊例花费变化　　表 | 2020&2021 年电视 TOP5 行业在各级频道广告时长变化

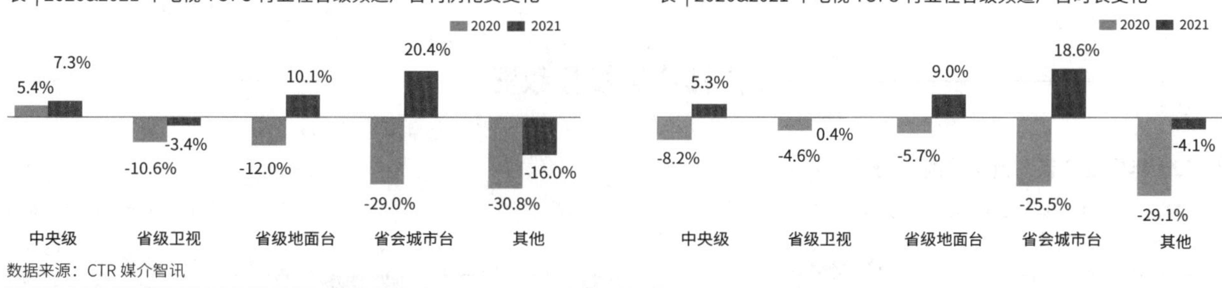

数据来源：CTR 媒介智讯

增幅 TOP20 品类：化妆品 / 浴室用品、个人用品行业中较多品类花费增投抢眼

表 | 2021 年电视广告刊例花费增幅 TOP20 品类

排名	品类	2021年增幅	排名	品类	2021年增幅
1	化妆品/浴室系列用品	178.6%	11	珠宝/首饰	37.7%
2	奶类产品	130.3%	12	银行	33.8%
3	钟表	118.1%	13	眼镜/隐形眼镜	27.3%
4	医疗器械	98.7%	14	补益药	27.3%
5	心脑血管病药	87.3%	15	家具/装饰材料及服务	26.6%
6	泌尿系统药	83.7%	16	洗衣产品	24.8%
7	个人健康产品	78.7%	17	糕点饼干	24.3%
8	洗发/美发/护发	62.7%	18	浴室用品	21.8%
9	风湿及骨病药	41.4%	19	医疗/保健机构	18.9%
10	耳鼻用药	38.9%	20	旅游/区域形象	17.4%

注：以广告刊例花费 TOP50 品类做增幅排名

数据来源：CTR 媒介智讯

TOP20 品牌：舒肤佳、葛洪、谷比利、海飞丝和蒙奇广告花费翻倍增长

表 | 2021 年电视广告刊例花费 TOP20 品牌

2021 年电视广告刊例花费　TOP20 品牌占电视总体比重 21.7%

排名	品牌	同比增幅	排名	品牌	同比增幅
1	陈李济	31.3%	11	汤臣倍健	-52.8%
2	舒肤佳	140.9%	12	汇仁	45.1%
3	同溢堂	86.5%	13	旺旺	15.5%
4	养无极	-6.2%	14	王老吉	74.8%
5	伊利	-1.1%	15	美赞臣	-37.3%
6	鸿茅	49.5%	16	谷比利	641.8%
7	天草	51.0%	17	海飞丝	115.7%
8	君乐宝	12.0%	18	蒙奇	153.7%
9	葛洪	355.7%	19	康师傅	-66.4%
10	超视立	63.5%	20	飞鹤	-27.8%

数据来源：CTR 媒介智讯

增幅 TOP30 品牌：个人用品和食品行业多个品牌增长迅猛

表 | 2021 年电视广告刊例花费增幅 TOP30 品牌

排名	品牌	所属行业	排名	品牌	所属行业	排名	品牌	所属行业
1	翟大夫	药品	11	倍鼻	药品	21	彩陶坊	酒精类饮品
2	爱琴海	个人用品	12	肜膳堂	食品	22	拉农	家居用品
3	美团	IT产品及服务	13	唐皇御医	药品	23	谷比利	食品
4	有道	娱乐及休闲	14	丹麦蓝罐	食品	24	张瘸子	个人用品
5	锅圈	家用电器	15	千禾	食品	25	立白	清洁用品
6	良恩堂	食品	16	匠人智装	家居用品	26	中国光大银行	金融业
7	润袪	化妆品/浴室用品	17	朗丰	家居用品	27	中国安徽	娱乐及休闲
8	周六福	个人用品	18	燕小厨	食品	28	皓月	食品
9	年青保	药品	19	金牌	个人用品	29	学而思	邮电通讯
10	斐特维尔	饮料	20	陕西西安	娱乐及休闲	30	龙牡	药品

注：以广告刊例花费 TOP300 品牌做增幅排名，不含新增品牌

数据来源：CTR 媒介智讯

广播广告投放数据

2021 年广播广告刊例花费同比增长 3.4%

表 | 2017-2021 年广播广告刊例花费与时长增幅

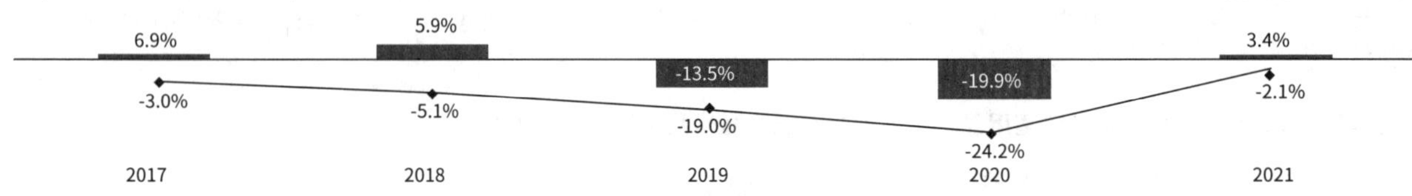

数据来源：CTR 媒介智讯

TOP10 行业：家居用品、药品和酒精类饮品行业广告双位数增长

表 | 2020&2021 年广播广告刊例花费 TOP10 行业增幅

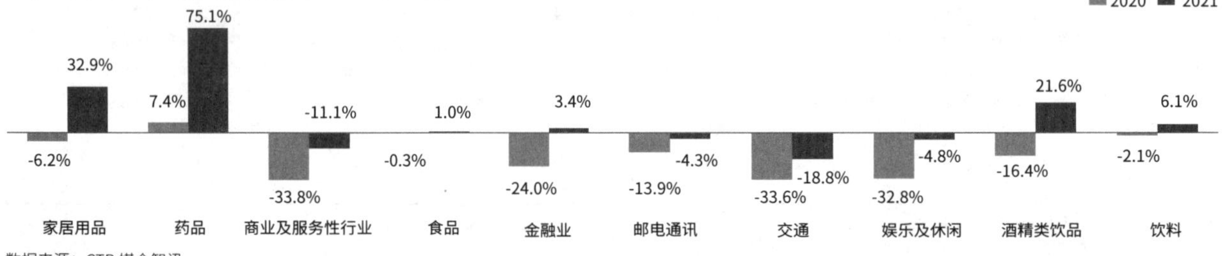

数据来源：CTR 媒介智讯

增幅 TOP20 品类：个人健康产品和家用五金在广播媒体大量投放

表 | 2021 年广播广告刊例花费增幅 TOP20 品类

排名	品类	2020年增幅	排名	品类	2020年增幅
1	个人健康产品	>1000%	11	肉类	82.0%
2	家用五金	>1000%	12	心脑血管病药	72.3%
3	风湿及骨病药	357.8%	13	奶类饮品	44.9%
4	消化系统药	325.9%	14	液体饮料	36.0%
5	家纺	223.4%	15	补益药	33.1%
6	商业演出/电影宣传	158.3%	16	饮水机/家用净水器	32.1%
7	金融业-企业形象	119.6%	17	中国餐酒	29.5%
8	全网服务	101.3%	18	家具/装饰材料及服务	26.5%
9	呼吸系统药	88.4%	19	药酒/补酒	19.4%
10	清热解毒/抗微生物类药	82.8%	20	保健食品	16.2%

注：以广告刊例花费 TOP50 品类做增幅排名

数据来源：CTR 媒介智讯

TOP20 品牌：过半数品牌增投迅猛

表 | 2021 年广播刊例花费 TOP20 品牌

2021 年广播刊例花费　TOP20 品牌占广播总体比重 **28.1%**

排名	品类	同比增幅	排名	品类	同比增幅
1	中国移动通信	50.1%	11	中国电信	-2.2%
2	燕之屋	0.3%	12	飞鹤	7.4%
3	天草	44.1%	13	伯兰美	> 1000%
4	好视力	6.6%	14	上汽通用别克	14.1%
5	小仙炖	65.6%	15	同溢堂	409.0%
6	尚海	-7.8%	16	葛洪	New .
7	陈李济	346.6%	17	魔豆	-3.0%
8	汇正	321.0%	18	椰树	175.7%
9	全包圆	76.8%	19	金牌	> 1000%
10	鸿茅	19.7%	20	极家精装	> 1000%

数据来源：CTR 媒介智讯

增幅 TOP30 品牌：近三分之一品牌来自家居用品行业

表 | 2021 年广播广告刊例花费增幅 TOP30 品牌

排名	品牌	所属行业	排名	品牌	所属行业	排名	品牌	所属行业
1	麦迪格	商业及服务性行业	11	爱林	家居用品	21	匀酒	酒精类饮品
2	龙凤	家居用品	12	红蚂蚁	家居用品	22	谷比利	食品
3	金牌	个人用品	13	开吧手机软件	IT 产品及服务	23	上海闵行区	娱乐及休闲
4	盘龙云海	药品	14	太阳雨	家用电器	24	京东	IT 产品及服务
5	伯兰美	家居用品	15	梦洁	家居用品	25	竹叶青	酒精类饮品
6	阿尔法蛋	娱乐及休闲	16	恩林好管家	家居用品	26	康恩贝	药品
7	六桂福	商业及服务性行业	17	李子园	饮料	27	神州世通	商业及服务性行业
8	蒙娜丽莎	家居用品	18	喜马拉雅	IT 产品及服务	28	仁和	酒精类饮品
9	郎	酒精类饮品	19	极家精装	家居用品	29	益格	房地产 / 建筑工程行业
10	江中	药品	20	罗浮宫	家居用品	30	同溢堂	药品

杂志广告投放数据

2021 年杂志广告刊例花费与资源总量降幅均大幅收窄

表 | 2017-2021 年杂志广告刊例花费与资源量增幅

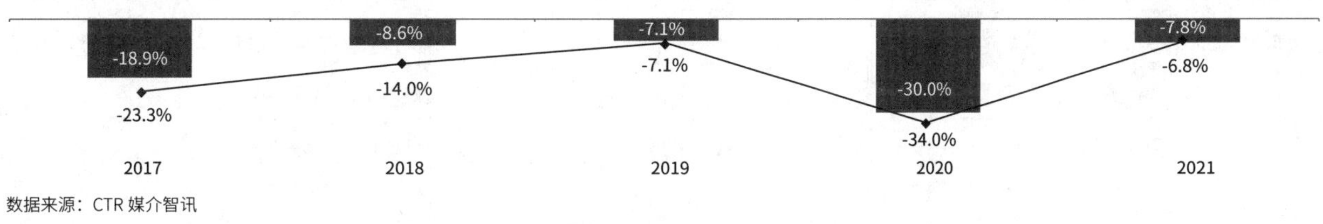

数据来源：CTR 媒介智讯

TOP10 行业：衣着和家居用品行业广告刊例花费呈现明显正增长

表 | 2020&2021 年杂志广告刊例花费 TOP10 行业增幅

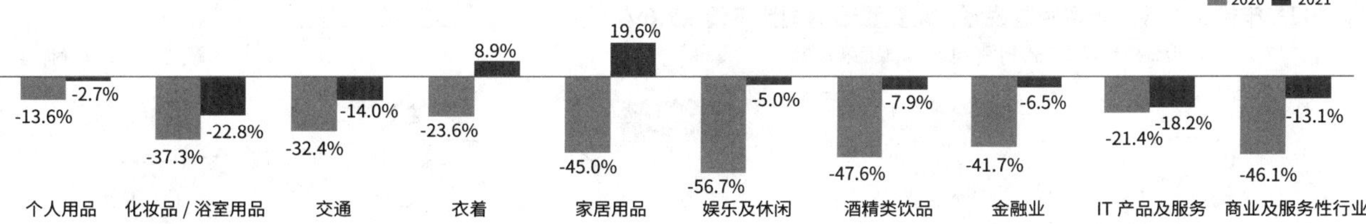

数据来源：CTR 媒介智讯

增幅 TOP20 品类：部分品类呈现增长

表 | 2021 年杂志广告刊例花费增幅 TOP20 品类

排名	品类	2020 年增幅	排名	品类	2020 年增幅
1	活动类 - 其他	58.6%	11	银行	0.2%
2	邮政服务	37.5%	12	箱包	0.1%
3	服装	32.2%	13	珠宝 / 首饰	-2.4%
4	钟表	15.2%	14	金融业 - 企业形象	-4.5%
5	证券	11.6%	15	体育用品及服务	-5.0%
6	交通运输服务	5.4%	16	个人系列用品	-6.8%
7	旅游 / 区域形象	3.4%	17	交通 - 企业形象	-7.9%
8	保险	3.4%	18	教育 / 培训	-10.4%
9	电信运营商企业形象	2.8%	19	移动网络服务	-12.2%
10	衣着系列产品	1.5%	20	中国餐酒	-13.4%

注：以广告刊例花费 TOP50 品类做增幅排名

数据来源：CTR 媒介智讯

TOP20 品牌：头部品牌比重接近 40%，MAXMARA 和浪琴广告花费增长翻倍

表 | 2021 年杂志刊例花费 TOP20 品牌

2021 年杂志刊例花费 TOP20 品牌占杂志总体比重 39.2%

排名	品牌	同比增幅	排名	品牌	同比增幅
1	克丽斯汀迪奥	-7.5%	11	爱马仕	15.7%
2	香奈儿	-12. 3%	12	梅赛德斯 - 奔驰	34.1%
3	路易威登	5.0%	13	MAXMARA	121.8%
4	GUCCI	-10.3%	14	浪琴	376.7%
5	卡地亚	17.3%	15	一汽大众奥迪	-10.4%
6	欧米茄	26.1%	16	梵克雅宝	-21.9%
7	宝格丽	2.9%	17	希思黎	-11.8%
8	FENDI	58.5%	18	DOLCE&GABBANA	-17.2%
9	迪奥	15.6%	19	PRADA	-24.6%
10	劳力士	4.0%	20	EMPORIO ARMANI	-2.9%

数据来源：CTR 媒介智讯

增幅 TOP30 品牌：超过三分之一品牌来自交通和个人用品行业

表 | 2021 年杂志广告刊例花费增幅 TOP30 品牌

排名	品牌	所属行业	排名	品牌	所属行业	排名	品牌	所属行业
1	领克	交通	11	乐划	IT 产品及服务	21	万宝龙	个人用品
2	迈凯伦	交通	12	卡姿兰	化妆品 / 浴室用品	22	科勒	家居用品
3	东方航空 & 上海航空	交通	13	河北赤城县	娱乐及休闲	23	全景	邮电通讯
4	蜂花	化妆品 / 浴室用品	14	PMPM	化妆品 / 浴室用品	24	SALVATORE FERRAGAMO	衣着
5	支付宝	金融业	15	BERLUTI	个人用品	25	OFFICINEGULLO	家居用品
6	奈蔻	衣着	16	波司登	衣着	26	中国移动通信	邮电通讯
7	怡思丁	化妆品 / 浴室用品	17	家	家居用品	27	正开元	食品
8	施华洛世奇	个人用品	18	上汽通用五菱	交通	28	CINDY CHAO	个人用品
9	佳通	交通	19	浪琴	个人用品	29	清华	商业及服务性行业
10	爱驰	交通	20	潘多拉	个人用品	30	杨传老厨	娱乐及休闲

注：以广告刊例花费 TOP300 品牌做增幅排名，不含新增品牌

数据来源：CTR 媒介智讯

传统户外广告投放数据

2021 年传统户外广告资源量锐减，花费受影响同比下滑 13.6%

表 | 2017-2021 年传统户外媒体广告刊例花费与资源面积增幅

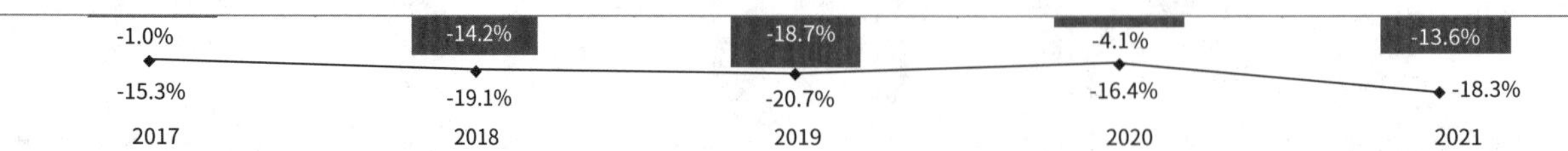

数据来源：CTR 媒介智讯

TOP10 广告牌类型：仅地铁站厅广告呈现 5.9% 的同比正增长

表 | 2020&2021 年传统户外广告刊例花费 TOP10 广告牌类型增幅

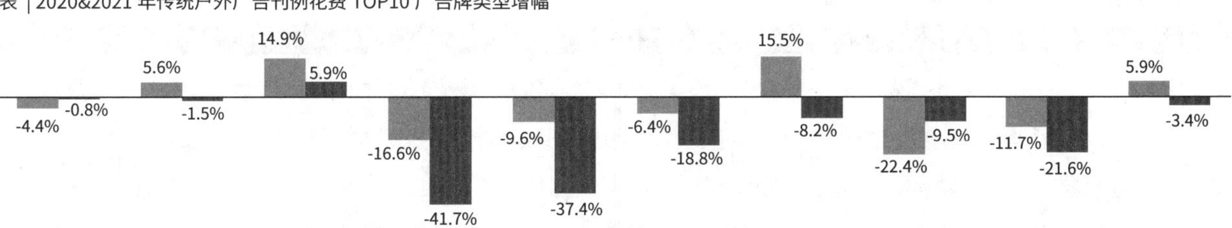

数据来源：CTR 媒介智讯

TOP10 行业：银行企业形象和基金品牌广告投放活跃，带动金融业广告花费增长；超半数行业降幅达两位数

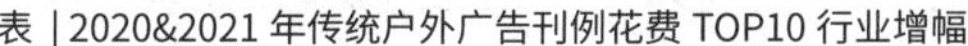
表 | 2020&2021 年传统户外广告刊例花费 TOP10 行业增幅

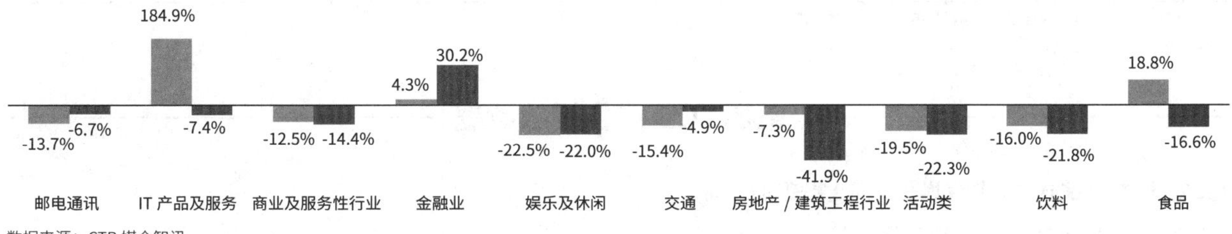

数据来源：CTR 媒介智讯

增幅 TOP20 品类：金融业多个品类广告花费翻倍增投

表 | 2021 年传统户外广告刊例花费增幅 TOP20 品类

排名	品类	2020 年增幅	排名	品类	2020 年增幅
1	基金	515.1%	11	交通 - 企业形象	23.6%
2	金融业 - 企业形象	474.9%	12	活动类其他	21.1%
3	金融业 - 其他	212.0%	13	美容美发美体服务	20.9%
4	全网服务	55.4%	14	液体饮料	20.3%
5	冰雪食品	39.9%	15	方便食品	11.3%
6	交通 - 其他	39.7%	16	啤酒	9.0%
7	银行	38.8%	17	娱乐及休闲 - 企业形象	8.3%
8	交通运输服务	38.7%	18	教育 / 培训	1.0%
9	IT 产品及服务 - 企业形象	37.1 %	19	珠宝 / 首饰	0.9%
10	体育用品及服务	32.2%	20	商业及服务性行业 - 其他	-0.2%

注：以广告刊例花费 TOP50 品类做增幅排名

数据来源：CTR 媒介智讯

TOP20 品牌：多个金融品牌上榜

表 | 2021 年传统户外广告刊例花费 TOP20 品牌

2021 年传统户外广告刊例花费　　TOP20 品牌占传统户外总体比重 21.8%

排名	品牌	同比增幅	排名	品牌	同比增幅
1	全景	132.1%	11	BOSS 直聘	8.9%
2	VIVO	-13.5%	12	东商城	-43.9%
3	支付宝 .	200.7%	13	猎聘	-41.2%
4	朴朴超市微信公众号	142.5%	14	东方红	> 1000%
5	苹果	22.5%	15	前程无忧	112.8%
6	中国银联	-27.5%	16	汇添富基金	338.3%
7	中国电信	24.7%	17	荣耀	> 1000%
8	屈臣氏	667.9%	18	京东金融	-68.9%
9	中国移动通信	-19.4%	19	OPPO	-34.5%
10	中欧基金	554.8%	20	阿里巴巴淘宝 & 天猫	712.5%

数据来源：CTR 媒介智讯

增幅 TOP30 品牌：多数品牌来自 IT 产品及服务、交通和商服行业

表 | 2021 年传统户外广告刊例花费增幅 TOP30 品牌

排名	品牌	所属行业	排名	品牌	所属行业
1	荣耀	邮电通讯	16	DR	个人用品
2	货拉拉	IT 产品及服务	17	美团	邮电通讯
3	东方红	金融业	18	南京公共交通集团有限公司	交通
4	御品轩	食品	19	航天	商业及服务性行业
5	蚂蚁	IT 产品及服务	20	七宝	酒精类饮品
6	福州城市客运场站运营有限公司	交通	21	安踏	娱乐及休闲
7	JNBY BY JNBY	衣着	22	国健	商业及服务性行业
8	长春肿瘤医院	商业及服务性行业	23	君乐宝	饮料
9	济南公共交通总公司	交通	24	绝味	食品
10	武汉公交集团	交通	25	郑州公共交通总公司	交通
11	空格	商业及服务性行业	26	云南白药	化妆品 / 浴室用品
12	上海当代艺术馆	活动类	27	2020 北京榜样大型主题活动	活动类
13	京东	IT 产品及服务	28	麦卡伦	酒精类饮品
14	2021 第 14 届全国运动会	活动类	29	吴氏嘉美	商业及服务性行业
15	巴适公交 & 小码联城	IT 产品及服务	30	中国文明网	邮电通讯

注：以广告刊例花费 TOP300 品牌做增幅排名，不含新增品牌

数据来源：CTR 媒介智讯

电梯 LCD 广告投放数据

2021 年电梯 LCD 广告持续增长，同比提升 31.5%

表 | 2017—2021 年电梯 LCD 广告刊例花费增幅

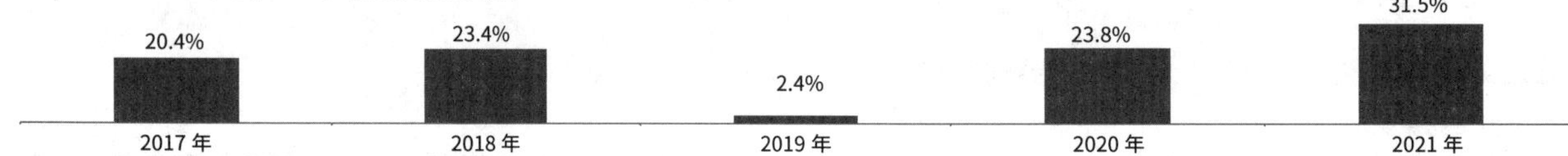

数据来源：CTR 媒介智讯

TOP10 行业：多个行业广告花费增长翻倍

表 | 2020&2021 年电梯 LCD 广告刊例花费 TOP10 行业增幅

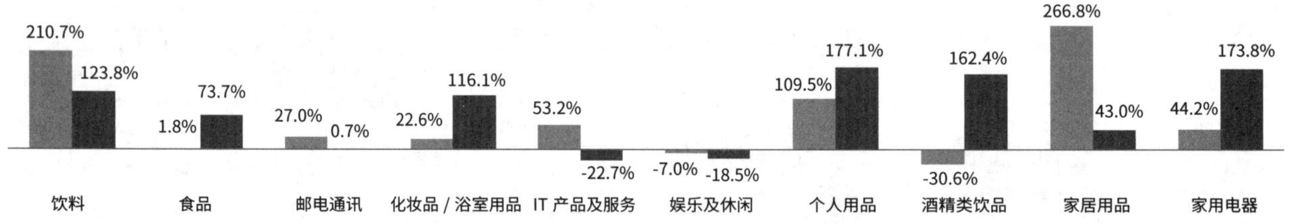

数据来源：CTR 媒介智讯

增幅 TOP20 品类：头部品类均增投抢眼

表 | 2021 年电梯 LCD 广告刊例花费增幅 TOP20 品类

排名	品类	2020 年增幅	排名	品类	2020 年增幅
1	个人健康产品	> 1000%	11	饮料 - 企业形象	441.9%
2	交通运输服务	> 1000%	12	便携式播放器材 / 音响器材及配件	338.7%
3	食品 - 其他	> 1000%	13	啤酒	299.4%
4	冰箱 / 冰柜	> 1000%	14	奶类产品	226.5%
5	彩妆	861.9%	15	零食糖果	21 2.6%
6	娱乐及休闲 - 企业形象	813.6%	16	中国餐酒	127.0%
7	电脑	590.0%	17	消化系统药	115.2%
8	奶类饮品	510.5%	18	家具 / 装饰材料及服务	110.1%
9	葡萄酒 / 果酒	498.4%	19	药品 - 企业形象	107.9%
10	护肤用品	466.9%	20	食品类系列产品	100.3%

注：以广告刊例花费 TOP50 品类做增幅排名

数据来源：CTR 媒介智讯

TOP20 品牌：头部效应明显，其中超三成品牌为首次上榜

表 | 2021 年电梯 LCD 广告刊例花费 TOP20 品牌

2021 年电梯 LCD 刊例花费　　TOP20 品牌占电梯 LCD 总体比重 **41.2%**

排名	品牌	同比增幅	排名	品牌	同比增幅
1	蒙牛	358.6%	11	IBABY	160.2%
2	妙可蓝多	107.7%	12	天猫	59.4%
3	简爱	New	13	伊利	74.8%
4	唱吧	338.7%	14	农夫山泉	107.6%
5	瓜子二手车直卖	270.5%	15	SKG	New
6	妙飞	New	16	ULIKE	New
7	剑南春	164.9%	17	膜法世家	New
8	元气森林	-9.7%	18	京东商城	-5.5%
9	君乐宝	22.6%	19	认养一头牛	New
10	林清轩	653. 4%	20	黑白调	New

数据来源：CTR 媒介智讯

增幅 TOP30 品牌：四成品牌来自化妆品 / 浴室用品和酒精类饮品行业

表 | 2021 年电梯 LCD 广告刊例花费增幅 TOP30 品牌

排名	品牌	所属行业	排名	品牌	所属行业	排名	品牌	所属行业
1	曹操	交通	11	佳贝艾特	饮料	21	康佳	家用电器
2	水密码	化妆品/浴室用品	12	曼秀雷敦	化妆品/浴室用品	22	英雄互娱	娱乐及休闲
3	养生堂	食品	13	惠氏	饮料	23	晶特尔	商业及服务性行业
4	喜力	酒精类饮品	14	国宝	食品	24	花西子	化妆品/浴室用品
5	阿道夫	化妆品/浴室用品	15	毛铺	酒精类饮品	25	滴露	化妆品/浴室用品
6	万国觉醒手机游戏	IT产品及服务	16	阿里	活动类	26	奇瑞路虎	交通
7	梅赛德斯—奔驰	交通	17	北京SKP	商业及服务性行业	27	泸州	酒精类饮品
8	百威	酒精类饮品	18	诗碧曼	化妆品/浴室用品	28	中欧基金	金融业
9	暴龙	个人用品	19	COSTA	娱乐及休闲	29	德亚	饮料
10	金沙	酒精类饮品	20	新浪微博	邮电通讯	30	林清轩	化妆品/浴室用品

注：以广告刊例花费 TOP300 品牌做增幅排名，不含新增品牌

数据来源：CTR 媒介智讯

电梯海报广告投放数据

2021 年电梯海报广告持续增长，同比提升至 32.4%

表 | 2017—2021 年电梯海报广告刊例花费增幅

数据来源：CTR 媒介智讯

TOP10 行业：多数行业增长明显，邮电、交通有所回落

表 | 2020&2021 年电梯海报广告刊例花费 TOP10 行业增幅

行业	2020	2021
商业及服务性行业	11.6%	50.2%
饮料	75.2%	62.6%
IT 产品及服务	124.5%	66.9%
邮电通讯	22.6%	-8.6%
酒精类饮品	-1.9%	124.1%
食品	-6.0%	11.0%
交通	35.1%	-34.5%
金融业	40.5%	42.5%
衣着	111.7%	70.9%
娱乐及休闲	-13.4%	20.7%

数据来源：CTR 媒介智讯

增幅 TOP20 品类：多品类增幅超十倍

表 | 2021 年电梯海报广告刊例花费增幅 TOP20 品类

排名	品牌	2020 年增幅	排名	品牌	2020 年增幅
1	品及服务系列产品	> 1000%	11	电系列产品	431.4%
2	医疗器械	> 1000%	12	衣着—企业形象	412.9%
3	金融业—其他	> 1000%	13	基金	358.8%
4	食品—其他	> 1000%	14	药品类系列产品	263.2%
5	眼镜 / 隐形眼镜	> 1000%	15	化妆品 / 浴室系列用品	238.7%
6	交通运输服务	> 1000%	16	保险	198.8%
7	娱乐及休闲企业形象	> 1000%	17	食品—企业形象	149.2%
8	活动—商业赞助类	743.5%	18	粮食	149.1%
9	葡萄酒 / 果酒	505.8%	19	零售服务	145.0%
10	商业及服务性行业—其他	440.2%	20	中国餐酒	131.7%

注：以广告刊例花费 TOP50 品类做增幅排名

数据来源：CTR 媒介智讯

TOP20 品牌：大量品牌同比提升明显

表 | 2021 年电梯 LCD 广告刊例花费 TOP20 品牌

2021 年电梯海报广告刊例花费　TOP20 品牌占电梯海报总体比重 33.8%

排名	品牌	同比增幅	排名	品牌	同比增幅
1	君乐宝	0.3%	11	乌江	New
2	苏宁	104.9%	12	泸州	301.5%
3	蒙牛	78.3%	13	美团	> 1000%
4	贝拉米	New	14	红星	183.9%
5	波司登	59.1%	15	九牧王	299.2%
6	天猫	62.4%	16	伊利	26.8%
7	饿了么	422.8%	17	京东商城	-0.4%
8	中国移动通信	75.2%	18	还呗	New
9	国美	570.5%	19	大麦	-57.9%
10	飞鹤	116.1%	20	海普诺凯 1897	602.9%

数据来源：CTR 媒介智讯

增幅 TOP30 品牌：饮料、商服和交通行业的品牌占比较多

表 | 2021 年电梯海报广告刊例花费增幅 TOP30 品牌

排名	品牌	所属行业	排名	品牌	所属行业	排名	品牌	所属行业
1	海信 & 容声	家用电器	11	零跑	交通	21	天使	商业及服务性行业
2	每日优鲜	邮电通讯	12	快手	IT 产品及服务	22	可口可乐	饮料
3	鱼跃	药品	13	佳贝艾特	饮料	23	蔚来	交通
4	合生元	饮料	14	京东	IT 产品及服务	24	家佳康	食品
5	简爱	饮料	15	高德打车手机软件	IT 产品及服务	25	丝涟	家居用品
6	绝味	食品	16	麦德龙	商业及服务性行业	26	南京银行	金融业
7	万国觉醒手机游戏	IT 产品及服务	17	T3 出行	交通	27	贝特佳	饮料
8	广药	药品	18	暴龙	个人用品	28	泰山	酒精类饮品
9	顺丰	交通	19	美团	IT 产品及服务	29	沃尔玛	商业及服务性行业
10	迪卡侬	商业及服务性行业	20	家乐福	商业及服务性行业	30	领克	交通

注：以广告刊例花费 TOP300 品牌做增幅排名，不含新增品牌

数据来源：CTR 媒介智讯

影院视频广告投放数据

2021 年影院视频广告刊例花费呈现恢复性增长，同比提升至 253.2%

表 | 2017—2021 年影院视频广告刊例花费增幅

年份	2017 年	2018 年	2019 年	2020 年	2021 年
增幅	25.5%	18.8%	2.9%	-62.6%	253.2%

数据来源：CTR 媒介智讯

TOP10 行业：头部行业普遍增投迅猛

表 | 2020&2021 年影院视频广告刊例花费 TOP10 行业增幅

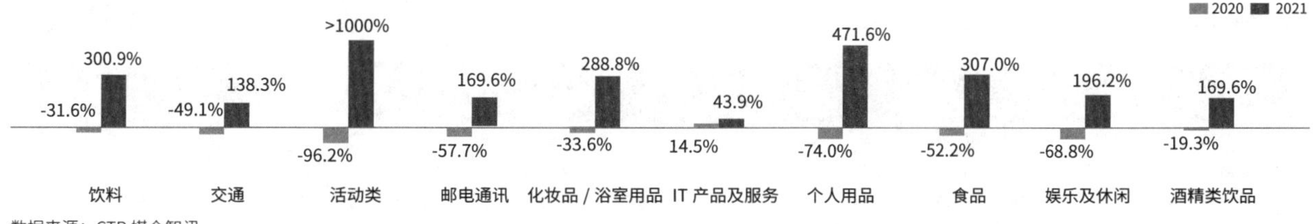

数据来源：CTR 媒介智讯

增幅 TOP20 品类：各品类全面恢复投放并大幅增长

表 | 2021 年影院视频广告刊例花费增幅 TOP20 品类

排名	品牌	2020 年增幅	排名	品牌	2020 年增幅
1	金融业—企业形象	> 1000%	11	家零食糖果	> 1000%
2	家居—企业形象	> 1000%	12	机动车相关服务	890.5%
3	家电—其它	> 1000%	13	商业演出 / 电影宣传	743.8%
4	活动类—其它	> 1000%	14	奶类饮品	717.2%
5	卫生巾	> 1000%	15	药品—企业形象	692.6%
6	啤酒	> 1000%	16	钟表	681.8%
7	彩妆	> 1000%	17	个人系列用品	606.2%
8	内衣	> 1000%	18	眼镜 / 隐形眼镜	521.9%
9	珠宝 / 首饰	> 1000%	19	口腔清洁用品 / 牙膏	447.5%
10	医疗 / 保健机构	> 1000%	20	体育用品及服务	423.0%

注：以广告刊例花费 TOP50 品类做增幅排名

数据来源：CTR 媒介智讯

TOP20 品牌：多数品牌花费增投显著

表 | 2021 年电梯 LCD 广告刊例花费 TOP20 品牌

2021 年影院视频刊例花费　TOP20 品牌占影院视频总体比重 25.5%

排名	品牌	同比增幅	排名	品牌	同比增幅
1	蒙牛	620.8%	11	宝格丽	525.9%
2	索菲亚	686.6%	12	丸美	10.2%
3	简爱	> 1000%	13	农夫山泉	11.8%
4	椰树	168.9%	14	健民	> 1000%
5	蒂兰圣雪	New	15	蚂蚁	New
6	花西子	New	16	戴森	> 1000%
7	壳牌	767.7%	17	BOSS 直聘	> 1000%
8	暴龙	498.6%	18	薇诺娜	675.2%
9	三星	New	19	双汇	179.1%
10	沃尔沃	588.5%	20	乐高	355.9%

数据来源：CTR 媒介智讯

增幅 TOP30 品牌：头部品牌行业涉及广，榜内覆盖 12 个行业

表 | 2021 年影院视频广告刊例花费增幅 TOP30 品牌

排名	品牌	所属行业	排名	品牌	所属行业	排名	品牌	所属行业
1	58 同城	邮电通讯	11	海马体	商业及服务性行业	21	网易	邮电通讯
2	重庆银行	金融业	12	登喜路	个人用品	22	东风雪铁龙	交通
3	戴森	家用电器	13	美年达	饮料	23	可乐	饮料
4	格力	家用电器	14	BOSS 直聘	邮电通讯	24	花王乐而雅	化妆品 / 浴室用品
5	宝马迷你	交通	15	路虎	交通	25	方太	家用电器
6	爱思特	商业及服务性行业	16	吉利	交通	26	巴黎世家	个人用品
7	娇兰	化妆品 / 浴室用品	17	娇韵诗	化妆品 / 浴室用品	27	元气森林	饮料
8	SOUL	IT 产品及服务	18	GUCCI	个人用品	28	完美日记	化妆品 / 浴室用品
9	简爱	饮料	19	健民	药品	29	壳牌	交通
10	高洁丝	化妆品 / 浴室用品	20	雪花	酒精类饮品	30	索菲亚	家居用品

注：以广告刊例花费 TOP300 品牌做增幅排名，不含新增品牌

数据来源：CTR 媒介智讯

全品类投放榜单

广告刊例花费 TOP100 品类榜单【1-100】

排名	品牌	21vs19 增幅	21vs19 增幅	排名	品牌	21vs19 增幅	21vs19 增幅	排名	品牌	21vs19 增幅	21vs19 增幅
1	液体饮料	-5.0%	7.1%	36	钟表	3. .4%	48.6%	71	肉类	26.9%	-4.2%
2	移动客户端应用软件及服务	50.3%	0.1%	37	皮肤科用药	44.1%	9.8%	72	个人系列用品	35.2%	78.8%
3	网络服务	14.2%	-2.2%	38	洗衣产品	-22.8%	16.2%	73	保险	-4.7%	10.9%
4	奶类饮品	25.2%	33.0%	39	消化系统药	16.3%	23.8%	74	IT 产品及服务—企业形象	-16.9%	-32. .8%
5	固体饮料	13.3%	-2.9%	40	食品—其他	487.3%	174.1%	75	商业演出 / 电影宣传	-63.7%	223.4%
6	保健食品	31.2%	-4.3%	41	饮水机 / 家用净水器	42.6%	-28.3%	76	眼科用药	44.1%	78.4%
7	中国餐酒	25.1%	22.8%	42	调味品	-9.5%	-9.2%	77	教学用品及服务	-33.9%	-3.4%
8	活动类—其他	-3.2%	4.5%	43	玩具 / 电子游戏机	45.3%	-7.8%	78	冰雪食品	60.8%	177.0%
9	风湿及骨病药	32.2%	45.1%	44	浴室用品	-39.0%	2.1%	79	机动车相关服务	-27.1%	-1.4%
10	零食糖果	-19.7%	24.6%	45	鞋	-62. 4%	-20.3%	80	感冒用药	-4. 9%	-42.6%
11	心脑血管病药	52.2%	86.4%	46	耳鼻用药	69.9%	38.7%	81	婴幼儿用品	> 1000%	92.4%
12	零售服务	-8.8%	6.7%	47	便携式播放器材 / 音响器材及配件	620.3%	162.3%	82	家电—其他	31.5%	38.5%
13	旅游 / 区域形象	-14.1%	15.1%	48	移动网络服务	27.2%	11.8%	83	粮食	16.1%	5.8%
14	家具 / 装饰材料及服务	14.2%	46.3%	49	医疗器械	65.4%	109.7%	84	电信运营商企业形象	39. 4%	20.3%
15	护肤用品	-18.0%	125.3%	50	饮料—企业形象	525.2%	156.1%	85	电脑	28.6%	19.7%
16	医疗 / 保健机构	-18.4%	7.7%	51	工业—企业形象	0.4%	2.8%	86	基金	271.3%	124.5%
17	交通工具	-45.4%	-20.8%	52	珠宝 / 首饰	-33.7%	41.8%	87	家居企业形象	188.1%	-6.7%
18	奶类产品	103.5%	208.2%	53	教育 / 培训	10.5%	-4.0%	88	清洁系列产品	2299.7%	27.0%
19	个人健康产品	160.1%	131.6%	54	彩妆	51.2%	471.2%	89	洗衣机 / 干衣机	-14.2%	-36.3%
20	洗发 / 美发 / 护发	-6.7%	32.6%	55	厨房电器	-44.4%	-38.4%	90	衣着—企业形象	1 60.5%	290.4%
21	补益药	38.1%	27.4%	56	泌尿系统药	-35.4%	85.3%	91	美容美发美体服务	-7.3%	8.3%
22	呼吸系统药	-14.4%	-10.4%	57	清热解毒 / 抗微生物类药	46.0%	16.9%	92	电脑软件与顾问服务	16.7%	-35.3%
23	服装	69.6%	29.4%	58	家纺	-37.0%	-24.1%	93	博彩	-20.9%	-2.1%
24	方便食品	-4.3%	-25.8%	59	体育用品及服务	-51.9%	61.7%	94	冰箱 / 冰柜	-12.8%	59.7%
25	化妆品 / 浴室系列用品	382.4%	121.1%	60	食品类系列产品	-43.3%	22.2%	95	交通—企业形象	-10.4%	11.0%
26	娱乐休闲服务	-52.9%	-29.6%	61	娱乐及休闲 - 企业形象	133.0%	273.8%	96	家电系列产品	-8.0%	51.5%
27	房地产	-52.9%	-36.0%	62	活动—商业赞助类	-40.2%	-2.9%	97	空调机	-36.8%	-2.3%
28	药酒 / 补酒	-34.2%	-18.8%	63	解热镇痛药	-31.1%	-12.4%	98	金融业—其他	24.8%	94.9%
29	食用油	18.7%	-3.9%	64	葡萄酒 / 果酒	107.1%	167.7%	99	食品—企业形象	-64. 5%	-65.3%
30	糕点饼干	26.0%	17.3%	65	金融业—企业形象	17.6%	-49.5%	100	其他行业投资理财产品	55.5%	26.0%
31	眼镜 / 隐形眼镜	90.5%	50.1%	66	女用脱毛器	> 1000%	> 1000%				
32	通讯产品	-38.6%	-18.5%	67	商业及服务性行业—其他	10.6%	77.4%				
33	口腔清洁用品 / 牙膏	32.5%	-24.8%	68	厨房用品	198.0%	132.3%				
34	银行	20.0%	29.9%	69	药品—企业形象	67.7%	48.4%				
35	啤酒	-31.3%	32.0%	70	银行业务	-20.4%	-1.7%				

数据说明

- 广告花费 \ 面积等绝对量数据均以当年 1 月监测范围为基准，增幅均以前一年 1 月监测范围为基准
- 监测的广告渠道包括：电视、广播、报纸、杂志、传统户外、电梯 LCD、影院视频、电梯海报、互联网站
- 电视、广播、报纸、杂志、传统户外、互联网站（仅包括互联网 PC 展示类广告）广告不含以下项目：
  a. 不含软性广告和植入式广告；
  b. 不含杂类；
  c. 不含“商业及服务性行业”的“传媒业”；
  d. 不含“商业及服务性行业”的“市场研究及咨询服务”
- 广告费以公开报价（刊例花费）为统计标准，不含折扣
- 除特殊说明外，电视频道广告监测时间为 17:00—24:00
- 邮电通讯行业主要涵盖通讯产品（手机）、供应商网络及网站；IT 产品及服务行业主要涵盖计算机相关软件硬件及设备、App 等。如某品牌既有网站产品又有 App 产品，则以广告主题展示的具体产品分类来定义品牌的行业类别。
- 转载引用声明：请原文转载或不加修改地引用文中数据、结论及数据说明，并注明来源。除此之外的任何自行加工与解读均不代表 CTR 观点，对由此产生的不良影响，CTR 保留诉诸法律的权利。

新广播：立体传播生态圈的形成
——2021 年中国广播市场分析

梁毓琳　刘婉婷

工信部发布的数据显示，截至 2021 年 10 月，2021 年全国移动用户规模同比增长 2.5%，其中移动互联网用户增长 5.0%，移动互联网的市场规模及用户活跃度在不断扩大。广播媒体经过多年的媒体融合布局及多种方式的尝试，在 2021 年也略有斩获，线下线上的立体传播生态圈在逐步形成，但融媒体产品的经营之路依然在探索中。本文尝试结合赛立信受众研究及收听率调查数据结果，分析 2021 年广播收听市场的变化及其趋势。

一、广播用户规模及用户特点

（一）广播用户规模过 6.8 亿，车载听众依然是主体

踏入“十四五”开局之年，各大主流媒体积极贯彻党中央“推进媒体深度融合，实施全媒体传播工程，做强新型主流媒体，建强用好县级融媒体中心”的指导方针，媒体融合创新趋势愈发鲜明，尤其在 5G、云计算、大数据、人工智能等各项新兴技术的加持下，传统媒体正高速走向多元化、智能化发展道路。2021 年，中国广播媒体听众规模达到 6.81 亿，车载听众规模及移动互联网听众规模较 2020 年均有明显增长（见图 1），而近年来传统的收音机听众规模在不断缩减，车载收听与移动互联网收听已成为广播媒体发展的两大主阵地。伴随着媒体融合的步伐愈发深入，拓展更新颖、更高效的全媒体传播形式，让广播媒体在新时代语境中拥有更高“音量”的同时找到适合自己的融媒经营模式，成为广播人近年来不断钻研的课题。

（二）受众角色：从听众到用户，收听体验尤为重要

纵观 20 世纪 80 年代至今的广播发展态势，从传统

图 1 2015—2021 年广播听众规模（单位：亿）

数据来源：全国收听率调查，赛立信媒介研究，2015-2021 年

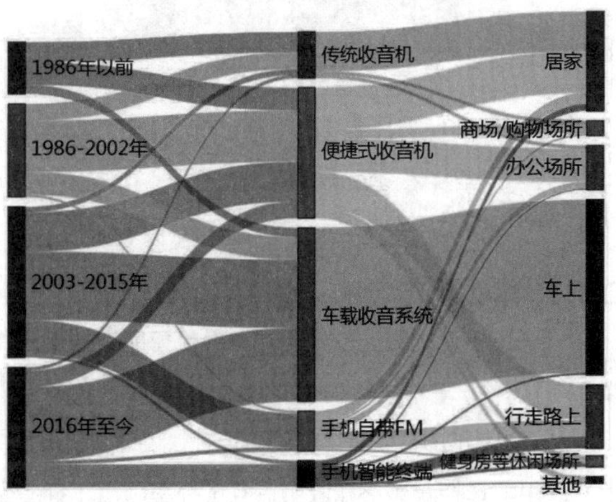

图 2 1980—2021 广播受众及收听方式演变情况

数据来源：赛立信媒介研究，1980-2021 年

收听到车载收听，再到移动互联网收听，广播传播形式、收听终端与收听场景（见图 2）都发生了很大转变。广播受众角色从听众转为用户，意味着听众对广播节目的选择由被动地位转为主动地位。因此，用户需求与用户收听体验成为广播电台内容制作及活动策划等过程中的关键环节，电台需要更加深入地挖掘用户特点，打造个

性化、定制化的节目内容，并通过提升节目互动性，拉近节目或主播与用户之间的距离感等举措，提高用户收听体验，满足用户对电台更多样化的要求。

（三）70—90 年代的用户是广播用户主体

由近三年来的广播用户年龄构成（见图 3）可以看出，70—90 年代用户是广播收听主力，总占比高达 78.6%，尤其“80 后”“90 后”用户占比逐年递增，2021 年“80 后”用户占比 28.1%，“90 后”用户占比 26.3%，过半用户均在 20~40 岁这一年龄层中。数据说明随着广播媒体融合的深化，广播年轻用户有回流之势，这也在一定程度上为广播的融媒发展提供了思路，如使之具备更活跃的节目氛围，更新颖的表现形式，更“有温度”的节目内容，并加强节目或平台的社交性与互动性等，以满足更多广播主体用户的心理性需求。

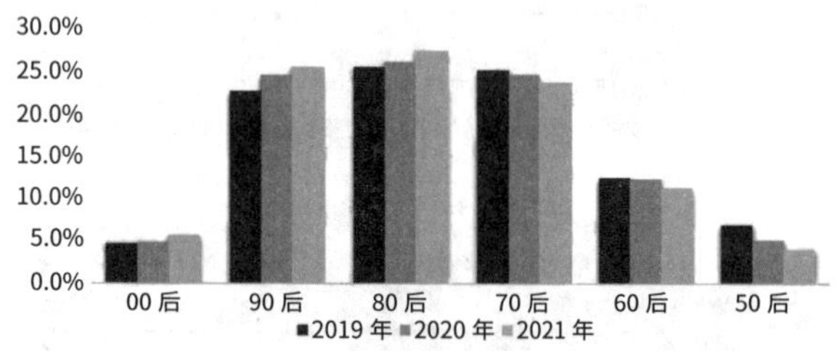

图 3 2019-2021 年广播听众在不同年代人群中的占比

数据来源：全国收听率调查，赛立信媒介研究，2019—2021 年

二、广播收听市场的竞争特点

（一）移动优先，车载终端和手机智能终端用户持续上升

从 2021 年广播收听终端使用情况（见图 4）来看，近六成用户选择车载终端收听，且选择率随汽车拥有量的上升呈现出不断上涨的趋势，可见车载收听仍是广播收听的主要途径及主要场景；选择智能终端收听的用户占比也在稳定上升，2021 年智能收听终端使用率达到 48.3%，这一方面是广播媒体融合发展成效的体现，另一方面也反映出移动互联网市场规模不断增长的趋势；与之相对的是，传统收听终端选择率持续走低，2021 年选择率仅为 17.1%。广播市场形成了以车载收听与智能收听为主、以传统收听为辅的格局，移动优先成为广播媒体的主流发展方向。在车载终端与手机智能终端两大类移动收听用户量持续上升的态势下，车载收听是广播突显伴随性优势的必守之地，而基于移动互联网与全媒体平台传播的智能收听领域则是广播媒体转型发展过程中的必争之地。

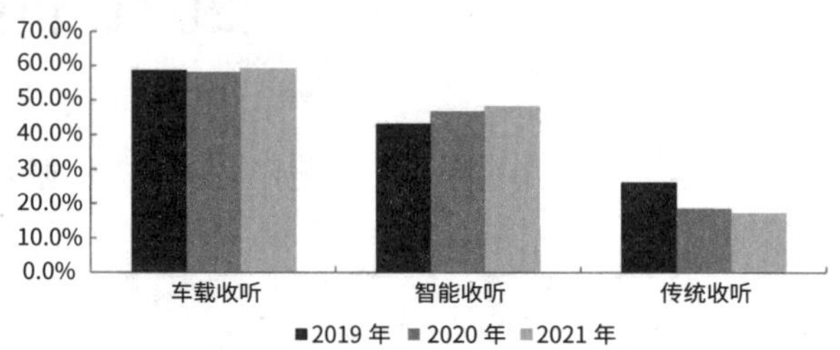

图 4 2019-2021 年各类收听终端的使用率

数据来源：全国收听率调查，赛立信媒介研究，2019—2021 年

（二）区域化明显，市场下沉的机遇

通过 2021 年各级电台市场份额（见图 5）占比与往年数据对比来看，市县级电台占比较 2020 年增长 3.9%，中央级电台与省级电台的占比则稍有下降，这进一步凸显了广播的本地化、区域化特点。尤其在党中央“建强用好县级融媒体中心”精神的指导下，市县级主流媒体融合发展进程加快，市县级电台加入融合创新赛道，为广播市场下沉带来新机遇。

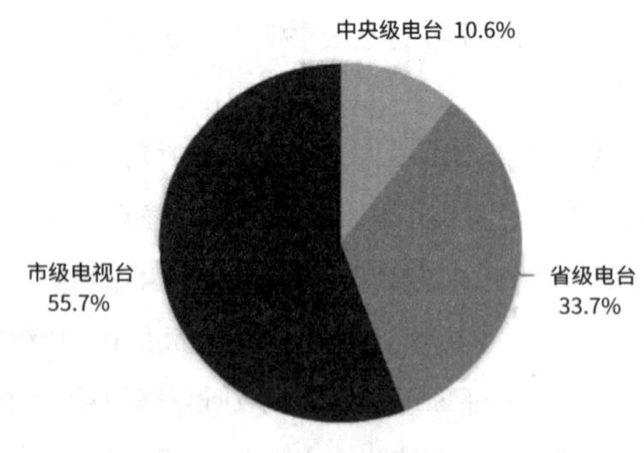

图 5 2021 年各级电台的市场份额

数据来源：全国收听率调查，赛立信媒介研究，2021 年

各城市电台利用当地优势并根据自身频率的特点，灵活运用互联网平台扩大自己的品牌影响力。以杭州交通经济广播为例，在媒体融合的创新发展中，围绕习近平总书记提出的“要研究把握现代新闻传播规律和新兴

媒体发展规律，强化互联网思维和一体化发展理念，推动各种媒介资源、生产要素有效整合”，频率自办“开吧”系统，以广播平台为主体依托，用“开吧”APP 为龙头带动，入驻公众号、抖音号、头条号、微博号、B 站号等头部公域平台，集中发声，形成频率的新媒体矩阵。通过“开吧”App，打破“一对众”的传统传播模式，提供用户之间的全天候互动平台，以达到“多对多”的裂变传播模式，创造更多的用户体验感，很大程度上让用户体验到广播节目带来的“温度”；在 App 上倡导服务先行，为车主解决一站式服务，将汽车维权节目《我的汽车有话说》，从广播中“搬”到 App 线上，用户可以通过 App 直接在线上发起维权，增强用户活跃度及黏性，吸引更多的用户收听频率。同时这种模式可以为其他城市交通频率所复制，以此作为突破区域局限的缺口。

在媒体融合转型方面，部分省级融媒机构联合市县融媒体中心推出系列策划活动，实现了相互引流、相互盘活的良性循环。如浙江广播电视集团旗下“喜欢听”APP 在 2021 年联动各市县广播电台开展了一系列的活动，推出《2020 浙江声音回忆录》融媒特别策划，用画面和声音回顾八大市县 2020 年发生过的大小事件；《“浙”里有年味》大型融媒策划，宣传各地特色人文，吸引外地人员留“浙”过年；联合浙江省博物馆、市县融媒体中心推出《我的家乡有宝藏》，通过邀请当地主持人以方言讲述家乡文物，让文物“开口说话”，弘扬中华优秀传统文化。

（三）收听频率呈“马太效应”，交通、新闻、音乐三驾马车前行

从各频率类型的收听表现来看（见图 6），2021 年广播收听市场依旧由交通、新闻、音乐三驾马车主导，各类频率所占市场份额呈“马太效应”，交通、新闻、音乐三大频率类型竞争力愈发强盛，合计收听份额超 85%，其他频率类型竞争力愈弱。其中，音乐频率与交通频率市场份额较 2020 年有所上涨，新闻频率稍有下降。

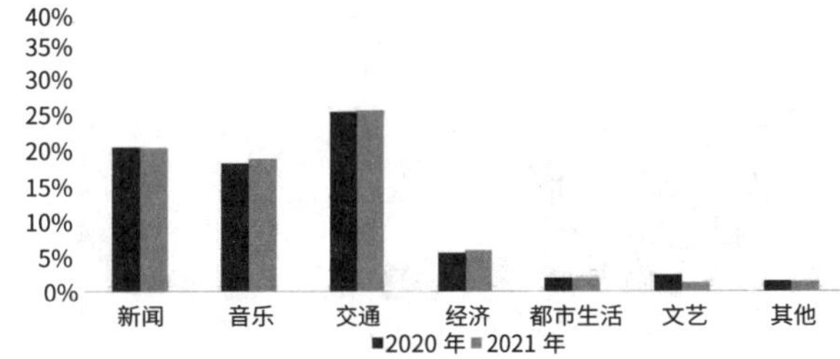

图 6 2020—2021 年各类频率的市场份额

数据来源：全国收听率调查，赛立信媒介研究，2020-2021 年

在用户对各频率类型收听终端的选择上（见图 7），新闻频率较受使用便携式收音设备和手机收听用户的青睐，在这两大终端中收听占比均为最高，说明新闻频率在车载场景以外的众多流动场景下均有着较强的竞争力；而交通频率始终是车载用户的好伴侣，使用车载收音系统收听交通频率的用户占 31.14%，说明交通频率在车载场景下带给用户的声音信息或各式节目内容有着稳定的、值得挖掘的收听潜力。

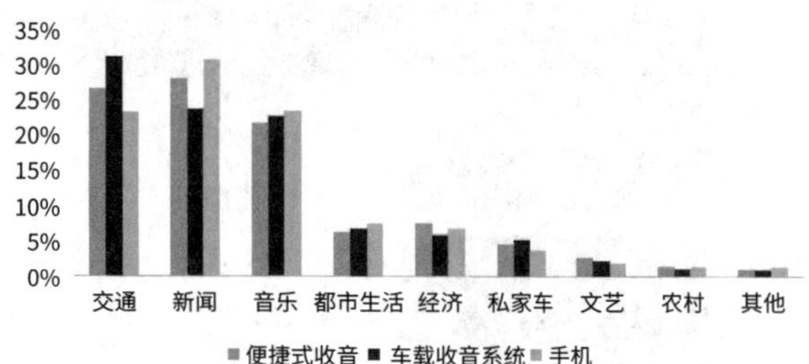

图 7 2021 年各类频率在不同终端中的市场份额

数据来源：全国收听率调查，赛立信媒介研究，2020-2021 年

在各年龄段用户对频率类型的选择方面（见图 8），新闻类频率在多个年龄段广播用户中均有着不俗的收听表现，同时受到 10~24 岁的年轻一代用户与 55~69 岁中老年用户偏爱，可见广播媒体的新闻传播效能在大幅变革的媒体传播生态中仍受到较广泛的肯定；交通频率则更受 25~54 岁青壮年用户喜爱，其中 35~44 岁用户对交通频率的选择率达到 29.99%，这类用户普遍为市场消费的中坚力量，具有较高的用户价值；音乐类频率在各年龄层中的收听占比则基本随年龄层增长而递减，造成这一趋势的原因或与随年龄增长对娱乐性内容需求逐渐减弱有关。

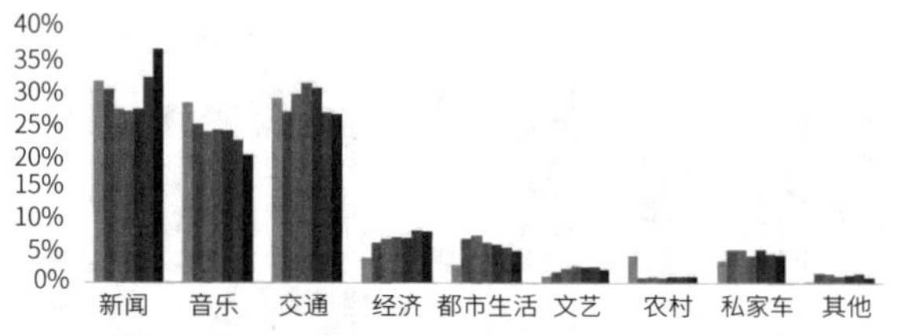

图 8 2021 年各类频率在各年龄段的市场份额

数据来源：全国收听率调查，赛立信媒介研究，2021 年

（四）互联网音频用户逐年递增，线上声音经济发展迅猛

移动互联网的快速发展，带动线上声音经济发展迅猛，据不完全统计，线上声音平台吸引了近 7 亿用户参与，广播在线直播的用户量也随之日益增加。

现在几个头部音频平台上线直播的频率约 1500 个，2021 年累计点击量达 112.3 亿，虽然同比 2020 年轻微下滑 2.3%，但 2019 年上升了 9.1%，说明广播节目线上收听已趋常态。对比不同时期的点播情况，下半年的点播量会较上半年稍高，三、四季度的点播明显要比一季度高。2020 年因疫情原因，第二季度点播量为该年之最，在疫情影响车载收听下滑之际，线上收听成为听众最佳的选择。

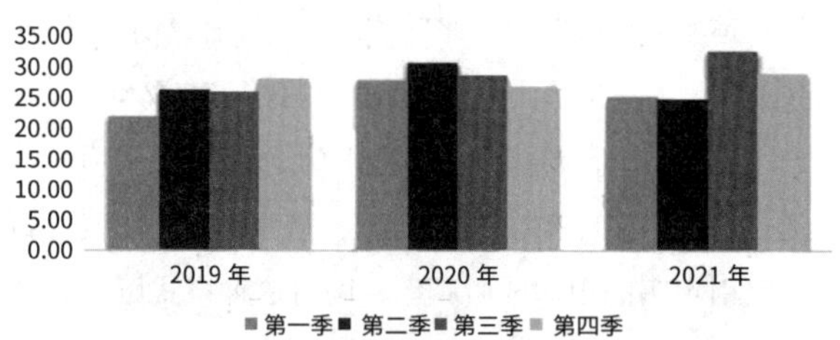

图 9 2019-2021 年四个季度的累计点击量（单位：亿）

数据来源：赛立信融媒体云传播数据，2019—2021 年

华东、华北、华南三大片区是线上用户最为活跃的区域，尤其是华东地区，除了上海、江苏、浙江等省级电台点播量很大以外，杭州台、南京台、济南台、苏州台、青岛台等一线城市电台也拥有众多的线上用户，这些强势城市台的累计点播量同比 2020 年上升了 10.2%，随着广播融媒体的深化，不止省级电台，城市台在线上的传播力也日渐提升。

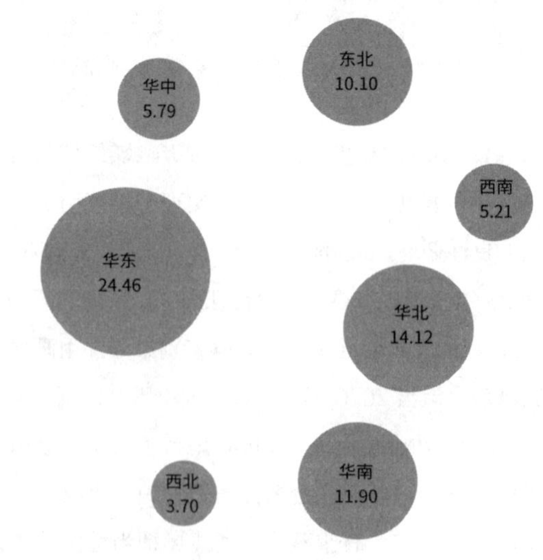

图 10 2019—2021 年不同区域广播节目音频点播量（单位：亿）

数据来源：赛立信融媒体云传播数据，2019—2021 年

（五）广播媒体的音视频产品在微信和抖音平台的传播力日益增强

广播日渐重视私域流量的培育，媒体在微信和抖音两个平台的影响力明显增强，据赛立信融媒体云传播数据显示，2021 年年底，省级电台在抖音平台的累计粉丝量超过 1 亿，下半年的粉丝量较上半年增长 18.1%，平台互动量下半年较上半年上升了 29.5%。

广播不断加强微信公众号的经营，下半年省级电台的发布量超过 20 万，较上半年上升 9.0%，赢得更多用户的热捧，爆款文章量较上半年上升了 51.1%，同时原创在不断加强，原创发布量下半年也增长了 12.6%，为私域流量的积累奠定更雄厚的基础。

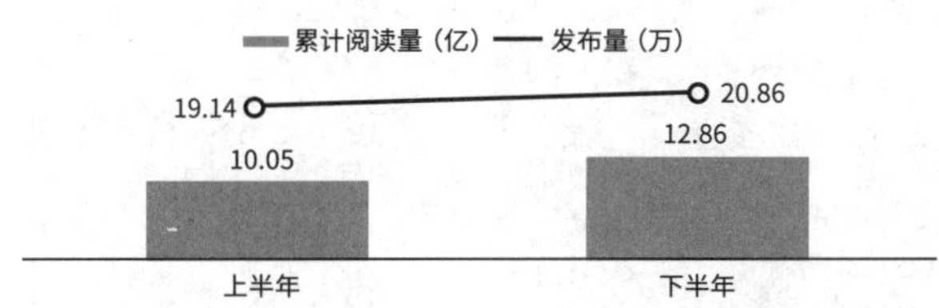

图 11 2021 年省级电台微信公众号的发布量和累计阅读量

数据来源：赛立信融媒体云传播数据，2019-2021 年

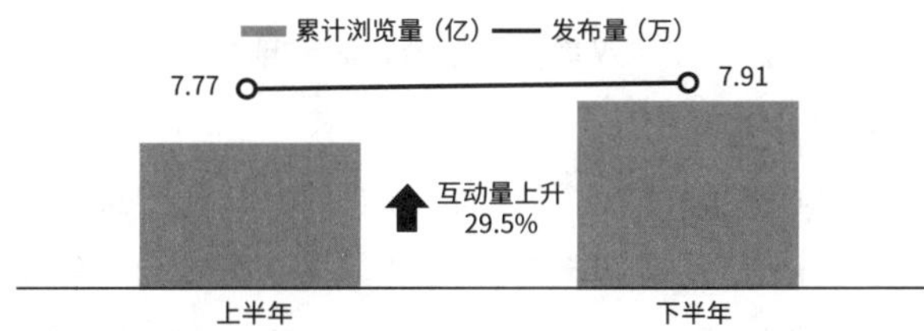

图 12 2021 年省级电台抖音视频的发布量和累计浏览量

数据来源：赛立信融媒体云传播数据，2019—2021 年

三、收听习惯的变化牵动广播节目的改变

为吸引更多流量与激活用户存量，节目的编排、内容和形式的设置更需要切合用户的习惯，以提升用户体验的满意度。近年来，随着音频市场的竞争日趋激烈，节目日益重视用户的收听需求与收听习惯，以求在吸引更多增量用户的基础上，进一步扩大用户在广播媒体的消费量。

（一）“碎片化”收听需求催生小专栏节目

听众收听广播趋于“碎片化”，听众收听广播的时间数据（见图 13）显示，过半广播听众收听广播控制在 60 分钟以内，收听时间在 30 分钟以内的也达到 10% 以上。随着人们生活节奏的加快，用户的“碎片化”收听习惯将日趋明显，在此传播语境下，小专栏节目更能够吸引用户的耳朵，扩大听众的收听量。

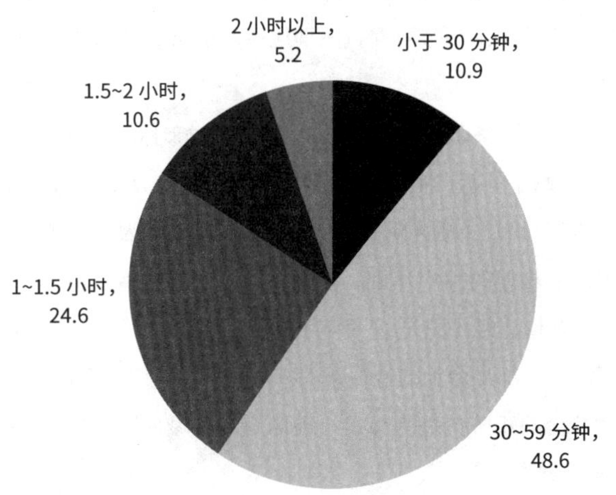

图 13 听众收听广播的时间

数据来源：全国媒体受众调查，赛立信媒介研究，2021 年

为适应现代广播用户的收听习惯，很多大板块节目都下设小专栏，在让用户有快节奏的收听体验以外，还可以促进收听的留存和吸引节目新用户。以北京新闻广播的《在线主播》为例，这是一档早间新闻和资讯服务性节目，节目宗旨是“新闻正在发生，我们就在路上”，强调快速反应与深度报道，注重新闻评论与观察思考，突出节目资讯的及时性、权威性、观点的独特性。节目的播放时间是 7:30-9:00，为适应早晨上班一族用户的快节奏，节目下设《今日头条》《京城京事》《国内新闻》《夹叙夹议》《国际视线》《中行汇市报道》《财经资讯》《前沿科技》《旅游资讯》《文体资讯》《百姓生活故事》等栏目，通过主持人的精巧语言串联、有节奏的小板块穿插、观点独到的评论和生动且感染力强的记者体验分享，将早间各类用户群牢牢抓住，并吸引了更多有社会影响力的、高素质的企业高管、政府官员、各行业精英，让这档有深度、有广度、有质量的早间新闻节目，既有

时效性、思想性、服务性，又兼具知识性、趣味性、话题性，成为听众早间获取新闻资讯的首选节目。2021 年 12 月的数据显示，节目的收听率是 3.37%，每天线下用户规模达 70 多万。又如浙江交通广播在早间 8:30-10:00 播出的《快乐加速度》也是适合碎片化收听的节目，一个半小时节目切割为《上班打打气》《新闻早知道》《上班聊点啥》《奇怪问题小组》《财经快讯》《氧气好推荐》六大板块，每个板块时间不超过 30 分钟。12 月份的收听数据显示，该节目在杭州地区平均一天的线下用户规模接近 30 万。

（二）移动互联网影响力的扩大带动节目的“破圈”

数据显示，截至 2021 年 9 月，移动互联网拥有 11.67 亿用户，成为目前用户量最大的媒体，为“广播 +”提供了雄厚的用户基础。在融媒体时代，广播节目传播力的赛道已经不只是线下节目的收听，还有“线上云听”、互联网头部平台上的音视频、H5 等图文并茂的产品，广播节目的矩阵传播为节目打破原有的区域局限提供了便利的条件。

我国在线音频行业主要形成了以喜马拉雅、蜻蜓 FM、阿基米德、荔枝 FM、酷我畅听、懒人畅听、企鹅 FM 等为代表的在线音频平台，各平台凭借各自的优势积累了不少的用户。在手机音频 App、车载智能音频 App、广播电台自办的手机终端 APP 的收听人数有一定幅度的增长（见图 14），可见节目的线上收听用户在逐步扩大。例如，浙江之声的《方雨大搜索》，一档杭州地区的知名新闻节目，在杭州地区一天的线下用户有 50 多万人，通过移动互联网平台，节目辐射的区域除了杭州地区，还有浙江全省及其他省份，在喜马拉雅的用户

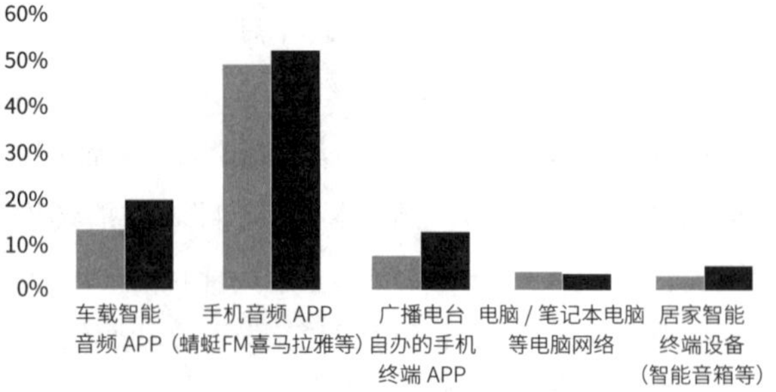

图 14 智能终端用户选择的收听渠道

数据来源：全国媒体受众调查，赛立信媒介研究，2021 年

量在 400 多万。借助移动互联网平台，节目可以打破区域局限扩大用户圈层。

不同节目还利用互联网的头部平台打造网红主播，将探店模式植入节目当中，最终达到人气、财气双赢的效果。如贵州交通广播的《了不起的年轻人》，一个晚高峰时段的综艺脱口秀节目，考虑到声音的传播局限性，借助短视频的热度，节目增加了线下探店的内容，打造出网红主播“羊羊”。2021 年 9 月开设抖音号“羊羊出击”，直击线下探店真实体验，节目中真实讲述，账号开设两个月后，全网自然浏览量突破 200 万。节目尝试承接餐饮商家的带货业务及宣传、会员制方式建立本土美食联盟等商业模式，在当地初见成效。

（三）打造“双需”的结合，满足用户对“资讯”的需求

我们逐渐进入一个信息过载的时代，让用户获取真正想看的信息，是资讯内容产品的主要发展方向。全国媒体受众调查数据（见图 15）显示，用户对信息的需求呈多元化趋势，大多信息需求选择率都达到 30% 以上。其中，用户对信息需求最高的是“新闻资讯”，占比达 45.5%。广播节目可从新闻资讯传播的快捷性、内容剖析的深入性着手，为听众提供更多有量有质的新闻资讯节目。河北新闻广播的《天天天下》、湖南交通频道的《国生开讲》、浙江之声的《方雨大搜索》等各地表现较为出色的新闻节目在聚合音频 App 上的亮丽表现，充分说明了用户需求的重要性。除了新闻资讯，用户对其他各类资讯的需求度也不低，如健康养生等，“购物消费”“阅读学习”“运动健身”“教育科技”“医疗健康”“商业财经”“汽车相关”“体育赛事”和“餐饮美食”等

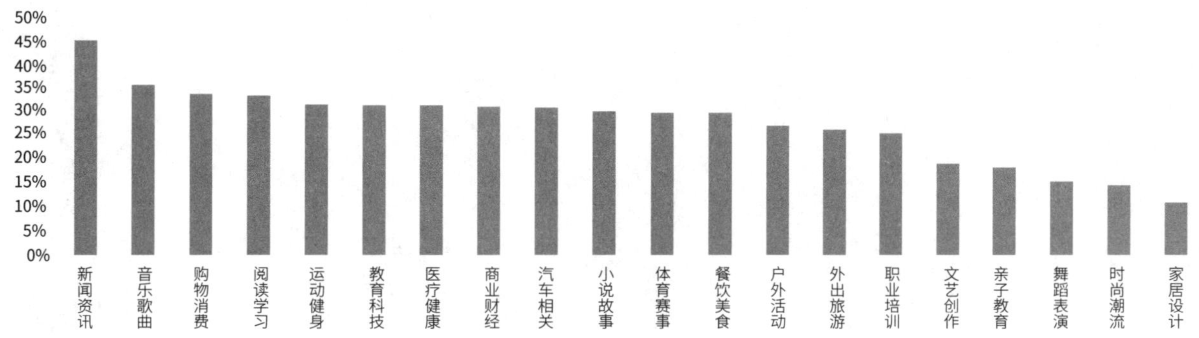

图 15 2021 年受众对信息的需求

数据来源：全国媒体受众调查，赛立信媒介研究，2021 年

信息选择率也较高。

佛山电台的首档保险知识专业类节目——《家有一保》，致力于构建大湾区有影响力的保险科普大众平台，栏目通过嘉宾访谈、精品短音频等形式，为听众解答关于保险投保、核保、理赔等方面的疑惑，为家庭配置兼具性价比及实用性的保险产品，提高家庭风险抵御能力。同时提供保险机构与市民互动平台，增强全民保险意识、提升市民对保险行业的了解。除了线下播音，节目还在“花生 FM”（佛山电台自办 APP）上剪辑每期的精选音频以供节目用户的回听；节目不仅为用户科普保险投保、核保、理赔等方面的知识，还吸引了众多保险行业、金融行业人士的关注，为节目带来行业广告、行业活动等商业模式。可见，节目内容与用户资讯信息需求的有机结合同样可以为节目带来商机。

2021 年，广播媒体通过节目精耕细作、直播带货等模式的探索，拓展出多样化的新广播经营策略。但无论商业模式如何变化，广播运营核心始终归结于用户，以“用户”为圆心，从用户需求、用户特征、用户心理等各方面入手，衍生出进一步适应媒介发展变化的新广播媒体形态，最终通过媒体用户的引流、私域流量的运营等方式，形成新广播的立体传播。

（作者信息：梁毓琳，赛立信媒介研究有限公司运营总经理；刘婉婷，赛立信数据资讯股份公司品牌部高级文案策划）

广告出版物与广告专业网站

Publications and professional websites of China Advertising

2021 年广告类新书书目

《广告创意与设计》

作者：刘春雷

出版社：化学工业出版社

出版时间：2021 年 03 月

国际标准书号 ISBN：9787122381736

《以红之名》

作者：宋轶铭

出版社：社会科学文献出版社

出版时间：2021 年 06 月

国际标准书号 ISBN：9787520142236

《新媒体广告设计》

作者：柳冰蕊，夏镇杰，韩江月

出版社：人民邮电出版社

出版时间：2021 年 01 月

国际标准书号 ISBN：无

《广告设计项目实训（第二版）》

作者：郑书敏

出版社：华中科技大学出版社

出版时间：2021 年 01 月

国际标准书号 ISBN：9787568068352

《解码广告》

作者：（英）朱迪斯·威廉森

出版社：南京大学出版社

出版时间：2021 年 08 月

国际标准书号 ISBN：9787305086175

《广告学原理与实务（第十一版）》

作者：桑德拉·莫里亚提 南希·米切尔查尔斯·伍

出版社：中国人民大学出版社

出版时间：2021 年 11 月

国际标准书号 ISBN：9787300296906

《传神文案》

作者：空手

出版社：机械工业出版社

出版时间：2021 年 02 月

国际标准书号 ISBN：9787111674634

《计算广告学》

作者：林升梁

出版社：中国人民大学出版社

出版时间：2021 年 09 月

国际标准书号 ISBN：9787300299464

《平面广告设计》

作者：闫承恂

出版社：化学工业出版社

出版时间：2021 年 05 月

国际标准书号 ISBN：9787122385581

《计算广告概论》

作者：钟书平，刘庆振

出版社：中国传媒大学出版社

出版时间：2021 年 03 月

国际标准书号 ISBN：9787565728501

《广告策划与创意（第二版）》

作者：孟克难

出版社：清华大学出版社

出版时间：2021 年 01 月

国际标准书号 ISBN：9787302565390

《< 良友 > 画报广告的透视与解析（1926—1937）》

作者：孙梦诗

出版社：中国戏剧出版

出版时间：2021 年 09 月

国际标准书号 ISBN：无

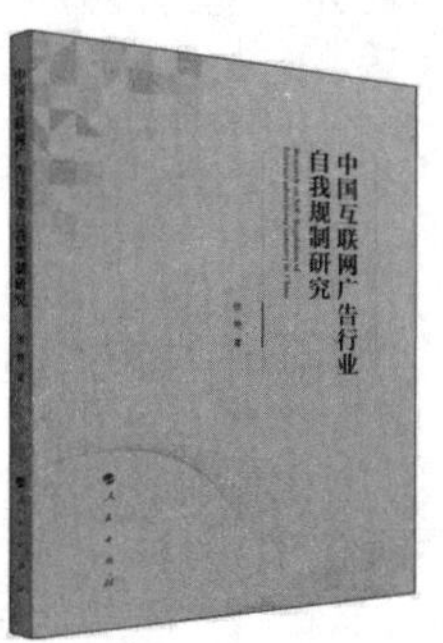

《中国互联网广告行业自我规制研究》

作者：张艳

出版社：人民出版社

出版时间：2021 年 05 月

国际标准书号 ISBN：无

《新媒体广告（慕课版）》

作者：张志，陆亚明，孙建

出版社：人民邮电出版社

出版时间：2021 年 09 月

国际标准书号 ISBN：9787115569660

《广告文案与创意》

作者：秦崇伟

出版社：南京大学出版社

出版时间：2021 年 11 月

国际标准书号 ISBN：9787305245633

《Python 广告数据挖掘与分析实战》

作者：杨游云，周健

出版社：机械工业出版社

出版时间：2021 年 03 月

国际标准书号 ISBN：9787111677628

《国外户外广告标识管理》

作者：北京市城市管理研究院

出版社：中国环境出版集团

出版时间：2021 年 08 月

国际标准书号 ISBN：9787511147080

《广告学：原理与实务》（英文第 十一 版）

作者：（美）莫里亚提

出版社：中国人民大学出版社

出版时间：2021 年 03 月

国际标准书号 ISBN：9787300289021

《广告设计》

作者：凌小红

出版社：北京理工大学出版社

出版时间：2021 年 08 月

国际标准书号 ISBN：9787576302363

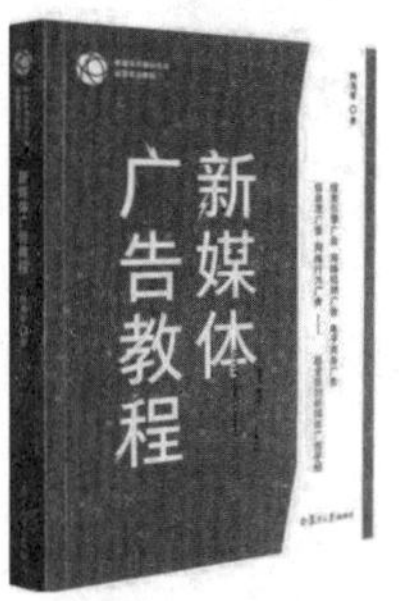

《新媒体广告教程》

作者：杨海军

出版社：复旦大学出版社

出版时间：20121 年 09 月

国际标准书号 ISBN：9787309157963

《突发的繁荣与平日的寂寥：

中日公益广告运行机制比较研究》

作者：邬盛根

出版社：中国传媒大学出版社

出版时间：2021 年 06 月

国际标准书号 ISBN：9787565727597

《网络与新媒体广告》

作者：乔晓娜，莫黎

出版社：人民邮电出版社

出版时间：2021 年 06 月

国际标准书号 ISBN：9787115561251

《广告法律法规》

作者：田雪莲，宋小燕，桑莉

出版社：清华大学出版社

出版时间：2021 年 01 月

国际标准书号 ISBN：9787302570752

《中国网络广告发展史》

作者：王凤翔

出版社：中国社会科学出版社

出版时间：2021 年 03 月

国际标准书号 ISBN：9787520385343

《新媒体广告营销案例集》

作者：郭斌，王成慧

出版社：中国经济出版社

出版时间：2021 年 05 月

国际标准书号 ISBN：9787513630450

《广告实务》

作者：姚丽

出版社：高等教育出版社

出版时间：2021 年 11 月

国际标准书号 ISBN：9787040565652

《新媒体广告创意传播：广告创意的新思维》

作者：黄胜红

出版社：电子工业出版社

出版时间：2021 年 07 月

国际标准书号 ISBN：9787121387968

《数字媒体广告创意》

作者：皇甫晓涛，刁玉全

出版社：上海大学出版社

出版时间：2021 年 04 月

国际标准书号 ISBN：9787567141087

《广告、促销与整合营销传播（第 8 版）》

作者：（美）肯尼思 · 克洛，唐纳德 · 巴克

出版社：中国人民大学出版社

出版时间：2021 年 06 月

国际标准书号 ISBN：9787300293844

《当代中国广告批评的图景与脉络

—基于批评的社会过程考察》

作者：郭瑾

出版社：中国书籍出版社

出版时间：2021 年 01 月

国际标准书号 ISBN：9787506871181

《广告设计与设计美学》

作者：刘晓丹

出版社：化学工业出版社

出版时间：2021 年 08 月

国际标准书号 ISBN：9787122393623

《数字媒介下的广告创意研究》

作者：张阳

出版社：中国纺织出版社有限公司

出版时间：2021 年 11 月

国际标准书号 ISBN：9787518089574

《二十世纪三四十年代中国东北广告画

风格及影响研究》

作者：霍楷，安娜

出版社：化学工业出版社

出版时间：2021 年 02 月

国际标准书号 ISBN：9787565434938

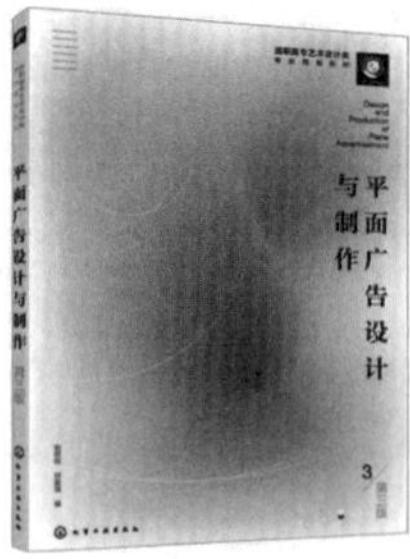

《平面广告设计与制作》

作者：张照雨，何章强

出版社：化学工业出版社

出版时间：2021 年 02 月

国际标准书号 ISBN：9787122379252

《移动互联网时代：广告链接一切》

作者：牛云

出版社：中山大学出版社

出版时间：2021 年 08 月

国际标准书号 ISBN：9787306072580

《广告创意与表现》（第二版）

作者：庄黎，康娟

出版社：华中科技大学出版社

出版时间：2021 年 01 月

国际标准书号 ISBN：9787568068383

《一句话成交：1 句好文案胜过 100 个销售高手》

作者：谢东江

出版社：北京时代华文书局

出版时间：2021 年 12 月 01 日

国际标准书号 ISBN：9787569933529

《广告文案》

作者：杜清华，刘芊宇，赵健，杜振嘉

出版社：华中科技大学出版社

出版时间：2021 年 07 月

国际标准书号 ISBN：9787568072458

《创意的生成：带你直达创意的本质》

作者：（美）詹姆斯 · 韦伯 · 扬

出版社：浙江教育出版社

出版时间： 2021 年 12 月 01 日

国际标准书号 ISBN：9787572230455

《共生 中国数字营销猛进史》

作者：曾巧，王水

出版社：电子工业出版社

出版时间：2021 年 10 月 01 日

国际标准书号 ISBN：9787121344329

《广告的游戏 骗术、艺术与真相》

作者：（加拿大）保罗 · 罗斯福

出版社：哈尔滨出版社

出版时间：2021 年 12 月 01 日

国际标准书号 ISBN：978-7-5657-2441-1

《疯传文案》

作者：哐十三

出版社：辽宁人民出版社

出版时间：2021 年 11 月 01 日

国际标准书号 ISBN：9787205103019

《图形创意与表现（第 2 版）》

作者：李平平，完利华，杨帆

出版社：清华大学出版社

出版时间：2021 年 09 月 01 日

国际标准书号 ISBN：9787302546740

《亚马逊跨境品牌流量闭环：
全阶广告、社交短视频与合伙人制度》

作者：郭振中

出版社：电子工业出版社

出版时间：2021 年 10 月 01 日

国际标准书号 ISBN：9787121420429

《广告心理学：原理与方略》

作者：薛振田

出版社：化学工业出版社

出版时间：2021 年 09 月

国际标准书号 ISBN：9787122127693

《中外广告简史》

作者：秦臻

出版社：重庆大学出版社

出版时间：2021 年 06 月 01 日

国际标准书号 ISBN：9787568921091

《广告心理学》

作者：黄合水，曾秀芹

出版社：厦门大学出版社

出版时间：2021 年 09 月

国际标准书号 ISBN：9787561583074

《互联网广告设计（全彩慕课版）》

作者：郑龙伟

出版社：人民邮电出版社

出版时间：2021 年 09 月

国际标准书号 ISBN：9787115553294

《中国广告产业发展研究》

作者：廖秉宜

出版社：中国书籍出版社

出版时间：2020 年 02 月

国际标准书号 ISBN：9787506878173

《作为知识创新组织的当代中国广告企业生产力研究》

作者：万木春

出版社：人民邮电出版社

出版时间：2021 年 09 月

国际标准书号 ISBN：9787115553294

《广告隐喻研究》

作者：何玉杰

出版社：人民出版社

出版时间：2020 年 10 月

国际标准书号 ISBN：9787010213330

《广告监管法律规范速查手册》

作者：谢旭阳

出版社：工商出版社

出版时间：2021 年 09 月

国际标准书号 ISBN：9787520901512

（资料整理：陆斌）

广告专业网站

统计说明

1. 2021 广告类网站，为本年度能够在中国大陆境内正常浏览、使用的广告行业专业网站；

2. 网站以中文网站为主，同时也收录了少部分能够在中国大陆境内正常浏览的海外知名的广告类英文网站，共 80 家；

3. 网站的定位和内容各有侧重，按照广告行业的分工以及专业类型，分为 10 类，基本涵盖了广告行业以及广告从业人员所需，具体如下：

（1）以平面广告设计为主的创意设计类；

（2）以图片库为主的应用素材类；

（3）广告教育界以及业内举办的广告竞赛类；

（4）以广告设计制作的应用软件、字体、配色等为主的工具类；

（5）以集纳优秀广告案例及聚合营销创意案例及资源为主的营销创意类；

（6）以服务文案人员为主的广告文案类；

（7）以搜集优秀的广告视频作品为主的广告视频类；

（8）以发布、评论广告行业新闻资讯为主的广告资讯类；

（9）以数据分析、数据营销为主的数据库工具类；

（10）以专门服务广告行业、并以广告从业人员为主要用户的广告垂直信息类。

4. 资料整理：陆斌，浙江财经大学副教授、硕士生导师

类别	序号	名称	主办机构	网址	特点
创意设计类	1	花瓣网	杭州纬音智网络有限公司	https://huaban.com/	花瓣网为用户提供了一个简单地采集工具，帮助用户将自己喜欢图片重新组织和收藏，是设计师寻找灵感的必备站点。
	2	UI 中国		https://www.ui.cn/	UI 中国致力打造国内用户体验设计师一站式生态服务平台，设计师人才数据库，是专业的用户体验设计行业媒体、知识分享互动社区、创意整合营销平台，包含学习、展示、外包、竞赛、招聘等，是用户体验设计师的职业成长平台，同时也是用户体验设计人才库。
	3	设计之家		http://www.sj33.cn	设计之家成立于 2006 年，是自发组织的公益的视觉设计、联盟的网络媒体。内容涵盖平面设计、工业设计、网页设计、CG、设计教程、环艺设计、艺术、素材等。
	4	IconFont	阿里妈妈 MUX	https://www.iconfont.cn/	阿里妈妈 MUX 倾力打造的矢量图标管理、交流平台。设计师将图标上传到 Iconfont 平台，用户可以自定义下载多种格式的 icon，平台也可将图标转换为字体，便于前端工程师自由调整与调用。

类别	序号	名称	主办机构	网址	特点
创意设计类	5	HowDesign		https://www.howdesign.com	HowDesign 是一个在国外设计师圈中知名度极高的平面设计资讯网站，该网站每个月都会公布一份设计师们最值得一看的网站榜单，网站介绍关于设计界的各种新动态，分享各种灵感来源，并且与商业紧密联系。
	6	Dribbble		https://dribbble.com/	Dribbble 是一个面向创作家、艺术工作者、设计师等创意类作品的人群，提供作品在线服务，供网友在线查看已经完成的作品或者正在创作的作品的交流网站。
	7	视觉同盟	视觉同盟网站	www.visionunion.com	视觉同盟网是为全中国及全球各行业的设计师和设计院校在校学生提供全方位服务的专业内容提供商，全面覆盖设计行业，内容信息全面高效及时。
	8	Logopond		https://logopond.com/	Logopond 是一家国外 LOGO 展示社区，展示了来自世界各地的设计师不同风格的 LOGO 作品。主办者寻求通过分享知识和有益经验来激励和提高设计家族的人才技能。
	9	Ello		https://ello.com/	Ello 致力于创作卓越的全球艺术家社区。由艺术家建造，供艺术家使用。
	10	Yanko		www.yankodesign.com	Yanko Design 创办于 2002 年，是北美、澳洲、日本、印度最具人气的工业设计发布站点，是工业设计师寻找灵感的常备网站之一。
	11	core77		http://www.core77.com	Core77 是一个比较权威的工业设计网站，专注于介绍全球工业设计行业信息，于 1995 年在美国创建。发表的文章包括了工业设计作品，工业设计论文，工业设计最新动向等内容，拥有来自全球各个国家的工业设计粉丝。
	12	站酷网	北京站酷网络科技有限公司	https://www.zcool.com.cn/	站酷网是一家国内综合设计展示平台，一直致力于打造以原创设计为核心的“站酷原创版权生态体系”。
	13	红动中国		https://www.redocn.com/	红动中国设计网是中国知名的专业设计素材服务平台，有设计素材下载，定制等服务，为设计师，设计公司，印刷公司带来极大便利。红动论坛是中国知名设计作品交流平台。专注设计领域十三年，是设计师、摄影师、插画师、艺术家、创意人聚集地，在设计行业具有较高的影响力。
	14	IXDC	广东省工业设计协会	https://ixdc.org/	IXDC 是一家引领中国交互设计行业发展的网站，提倡应用体验设计为企业和社会创造价值。
	15	设计师之家	广东粤图之星科技有限公司	http://www.51sjsj.com/	设计师之家致力于打造全球领先的设计师在线学习平台、资源中心、创客中心，涉及工业设计、环境艺术、平面设计、UI 设计、影视后期、影视动画、游戏制作、数字绘画、摄影摄像 9 大模块。
素材类	16	图虫网	上海图虫网络科技有限公司	https://tuchong.com/	图虫网是摄影爱好者的入驻地，基于共同兴趣，鼓励原创和分享精神，展示美好的摄影和技能。
	17	千图网	上海千图网络科技有限公司	https://www.58pic.com/	千图网搭建了一个以创意作品库为核心，围绕着设计人群及泛办公人群提供优质创意服务的基础平台。
	18	Captain Icon		https://mariodelvalle.github.io/CaptainIcon-Web/	Captain Icon 是一个免费图标集网站，包含 350 多种有趣的矢量图标，类别丰富，提供多种格式，可用于 web、移动和桌面项目中。
	19	全景	北京全景视觉网络科技股份有限公司	https://www.quanjing.com/	全景视觉整合 1.5 亿张正版图片以及千万高清视频资源，深挖音频素材，打造全球领先的数字版权商店，实现搜索、购买、支付线上一站式服务，提供全媒体创意解决方案。

类别	序号	名称	主办机构	网址	特点
素材类	20	视觉中国	汉华易美视觉科技有限公司	https://www.vcg.com/	视觉中国是全球性优质正版图片、视频等视觉内容平台型互联网上市公司，与 Getty Images 深度合作，并拥有 1300 万用户的全球摄影创作社交平台。
	21	包图网	上海包图网络科技有限公司	https://ibaotu.com/	包图网于 2016 年 7 月上线运营，总部位于上海市，其主要服务是提供图片、视频、音频、psd 源文件等形式的素材，内容版块有广告设计、摄影图、字体、UI 设计等九大类别。
	22	锐景创意	苏州原本图像科技有限公司	http://www.originoo.com	锐景创意是一个集聚世界各地艺术家摄影、插画、视频、音乐作品的正版媒体素材库。
	23	Pexels Videos		https://www.pexels.com/videos/	Pexels 是集大成的素材站，无版权的图片和视频它都有，种类和数量都很可观。Pexels 上的视频均为 HD 高清格式，无须注册即可直接下载，鼠标悬停可预览，点击进入视频页面还能看到相似视频的推荐。
	24	稿定素材		https://sucai.gaoding.com	稿定素材是多场景商业视觉设计平台，提供 30w+ 原创海报平面模板，涵盖电商 banner 海报、新媒体配图、教育培训海报、H5、PPT 以及 9000 万正版素材等。
	25	图虫创意	北京字节跳动科技有限公司	https://stock.tuchong.com/	图虫创意是提供正版图片及视频的电商品牌，全面整合了全球优质图片、插画、矢量图、视频等资源，结合智能算法技术优势，致力于为用户提供正版素材内容及数字资产管理解决方案。
竞赛类	26	大学生广告艺术大赛	全国大学生广告艺术大赛组委会、中国传媒大学、大广赛文化传播（北京）有限公司	http://www.sun-ada.net/	自 2005 年至 2021 年，遵循“促进教改、启迪智慧、强化能力、提高素质”的竞赛宗旨，成功举办了 13 届共 14 次赛事，全国共有 1679 所高校参与其中，超过百万学生提交作品。
	27	创意星球网	天津创意星球网络科技股份有限公司	http://www.5iidea.com/	创意星球网是专注创意产业的青年众包网络平台，是广告人文化集团在 2016 年推出的互联网产品，也是中国大学生广告艺术节学院奖的官方网站。
	28	金犊奖	旺旺中时媒体集团、北京大学新闻与传播学院	http://www.ad-young.com/	每年都有来自世界各地的学生参与，被行业称为青年创意的奥斯卡，是华人圈历史最悠久的青年创意奖项。
	29	全国公益广告大赛	中央文明办、人民日报社、中国宋庆龄基金会	http://gygg.jintai.com.cn/	以高规格、高水准、高平台为特色，以“广告＋公益＋创意”为形式，依托公益广告载体，传递社会主义核心价值观，弘扬中华优秀传统文化，倡导文明新风，得到了社会各界的高度关注和广泛好评。
工具类	30	Adobe color	无	https://color.adobe.com/zh/create	Adobecolor 是一家专业的配色网站。
	31	MAKA	深圳格莱珉文化传播有限公司	http://maka.im/	MAKA 平台可以提供免费 H5 制作页面。
	32	Tooleyes		https://www.tooleyes.com/	在线工具大全类网站，包含了生活常用、教育学习、办公辅助、图片视频、网络工具、程序开发六大类。
	33	起步网		http://www.diqibu.com/	在线工具网，包含了字体转换下载、PPT 模板、在线美图秀秀 ps、图片文本识别等功能。
营销创意类	34	数英网（营销创意类）		https://www.digitaling.com/	数英网是汇集众多营销、新媒体、文案、广告人的垂直营销互动媒体平台，涵盖时下最新鲜、最热门的文章以及项目，包括广告、文案、创意相关的各种案例。
	35	4A 广告提案论坛		http://www.4adown.com.cn/forum.php/	广告人下载第一站。

类别	序号	名称	主办机构	网址	特点
营销创意类	36	PITCHINA		https://www.pitchina.com.cn/Pitchina	PITCHINA 是一个分享全球优秀创意营销广告及行业动态的平台，主要包括深度最新最热热门营销案例、广告的解读、专业观点以及国内外顶尖营销人、广告人、市场人的深度专访等。
	37	亚洲 CI 网		www.asiaci.com	企业品牌经营人及品牌设计创意人交流互动平台。专业 CI 战略规划、品牌管理、视觉设计网络互动平台。
	38	addog.vip		http://addog.vip/	广告人的网址导航类聚合网站，它涵盖了 400 多个创意营销人常上的站点。
	39	TOPYS	深圳市看见文化传播有限公司	http://www.topys.cn/	TOPYS 是全球顶尖创意分享平台，积累创意的素材，分享更具创意、格调和文艺。TOPYS 的主题站是一大亮点，创意越过界，好广告，大设计，轻艺术，方法论，泛阅读，建筑派，品牌声浪，这些主题站各具特色。
	40	thefwa		http://www.thefwa.com	全球互动网站的风向标。
	41	好奇心日报	北京酷睿奥思科技发展有限公司	http://www.qdaily.com/	好奇心日报网主旨以商业视角观察生活并启发你的好奇心，囊括商业报道、科技新闻、生活方式等各个领域，为用户提供很有创意性的信息资讯。
	42	网络广告人社区		http://iwebad.com/	分享国内外创意广告和网络营销及市场营销案例。
	43	社会化营销案例库	北京微梦创科网络技术有限公司	https://hd.weibo.com/	搜罗最全最 IN 的营销案例，为品牌提供可参考复制的社会化营销范本，来自上百家企业的上千个成功营销案例，可在线浏览、可下载。
	44	广告买卖网		www.maiguanggao.com.cn	是广告网中最权威的广告资源交易平台，提供最新的广告价格，最全的媒体类别和媒体资源信息，为广告代理公司提供优势广告资源发布平台。
	45	Panda		https://usepanda.com/app/#/	Panda 是一家设计作品和咨询文摘订阅平台。
广告文案类	46	我是文案		copywrite-tw.com	这是一家办公地点在台湾嘉义县的文案素材网站，提供中文文案写作服务。
	47	文案狗		www.wenangou.com	文案狗网收集各种中文创意文案，广告语，让您取名，找 slogan 不再难。
	48	Dizoom		http://www.dizoom.com/	“Dizoom”是一个帮你搜集整理全网中文创意优秀案例，广告词，给您供给广告文案 logan 的案例灵感参考的网站，这里聚集了灵感文案、广告文案、广告语等资源。
	49	文案迷		www.wenanmi.com	文案迷网是一家专注于文字表达的广告文案、广告语、广告词以及新媒体文案策划网站。为你整理经典案例，包括公益广告文案、电视广告语以及纪录片宣传语。
广告视频类	50	新片场	北京新片场传媒股份有限公司	https://www.xinpianchang.com	新片场汇聚全球原创优质视频及创作人，提供 4K、无广告、无水印视频观看，专业的视频艺术学习教程，正版视觉素材交易等，围绕线上创作人社区平台，逐步拓展出了新片场影业、新片场短视频、新片场营销等多个业务品牌。
	51	TVCBOOK	上海汉融广告有限公司	https://www.tvcbook.com/	2015 年推出 TVCBOOK 全球广告导演搜索引擎，利用行业资源大数据，致力于实现优质客户与全行业优秀创意制作团队的精准对接，帮助用户大大提高创作的效率。
	52	广正网		http://www.adzop.com/	汇聚国内外广告视频，供学习、欣赏、观看。
	53	片区		http://ipianqu.com/	致力于全球广告导演信息和广告作品的搜索引擎站点，拥有全球顶级广告导演 700+，广告作品可浏览超过 10000+。

类别	序号	名称	主办机构	网址	特点
广告视频类	54	广告最好看		https://zhk8.com/	全球品牌 TVC 创意广告视频案例收藏秘典．独家中文字幕与文案解读，高效分类搜索整理工具．创意总监，文案，策划，广告片导演参考必备。
	55	开眼		https://www.kai-yanapp.com/	开眼是一个全球精品短视频平台，汇集了动画、广告、影视、运动、创意、游戏、旅行等领域的优质短视频以及这些领域的创意人群。
广告资讯类	56	梅花网	上海梅花信息股份有限公司	https://www.meihua.info/	梅花网除提供市场营销资讯、资源、案例外，还聚焦于为企业的市场营销（广告、公关和市场研究）部门提供各类信息情报服务。2021 年新版梅花网，聚焦行业作品，致力成为国内收录数量和信息价值俱佳的作品宝库，并为行业上下游打造一个合作共赢的互动交流平台。
	57	麦迪逊邦		http://www.madison-boom.com	麦迪逊帮创立于 2006 年，起源于一个博客网站，专注于广告圈的人事动态、媒介代理，专栏文章中，对其他代理商负责的创意案例以及热门营销事件或行业趋势分析，在业内有一定影响力。
	58	钛媒体	钛媒体集团	https://www.tmtpost.com/	钛媒体成立于 2012 年，现已经形成“新媒体、科技股数据服务、全球技术专家网络、科技 IP 与创意产品服务”四大业务板块和“钛媒体国际”全球业务布局。作为中国新媒体标杆之一，钛媒体持续致力于打造颇具影响力的中国财经科技信息服务平台，以及数字经济生态服务商。
数据库工具	59	清博大数据	北京清博智能科技有限公司	http://www.gsdata.cn/	基于网络公开数据的产业、融媒体和舆论大数据人工智能服务商，新媒体大数据评价体系和影响力标准的研究制定者，舆论分析报告和软件供应商，一站式行业大数据解决方案服务商。公司核心产品就是自主研发的一款舆情大数据分析 saas 软件—清博舆情。
	60	大数据导航		http://hao.199it.com/	为大众提供各种行业等数据信息。
	61	360 趋势	奇虎 360 旗下搜索服务	https://trends.so.com/	大数据分享平台。
广告垂直信息类	62	中国广告协会官网	中国广告协会官网	http://www.china-caa.org/	网站宗旨：服务行业自律；服务行业维权；服务行业发展。
	63	中国广告门户网		http://www.yxad.com/	在构建中国专业的户外媒体及媒体刊例门户网站。并为中国广告人提供一个自己的俱乐部和资讯平台。
	64	中华广告网（综合类）	华广传媒有限公司	http://www.a.com.cn/index.html	广告行业第一家互联网平台，在业内以 A 网著称。20 年的历史沉淀及资源积累，中华广告网已成为中国广告传媒行业主流权重平台及著名品牌，是行业资源众包、众筹、众创的天然平台。
	65	Ads of the world		http://adsoftheworld.com	知名社群网站、专门网罗来自世界各地的广告作品，也有很多创意人在这里分享、讨论他们所创作的广告。
	66	Socialbeta	上海舍而文化传媒有限公司	https://socialbeta.com/	Socialbeta 是一家社交媒体和数字营销内容与招聘平台，分享营销动态、创意案例，营销趋势和实践经验，为来自品牌主、营销代理商和媒体平台从业者提供交流和学习。
	67	中国广告网	广东广盟网络发展有限公司	http://www.cnad.com/	国内享有知名度且规模比较大的广告媒体行业专业网站之一。
	68	广告门	北京第三视观科技有限公司和北京集媒互动科技股份有限公司	https://www.adquan.com/	专注于广告创意领域，提供了互联网、数码、汽车、金融、快消、时尚、家居、文化艺术等多个行业的广告案例，也会整理一些创意、作品集供欣赏。
	69	现代广告	现代广告杂志社	http://www.maad.com.cn/	《现代广告》杂志官网，致力于领航中国互动创意、媒介营销的新路径。

类别	序号	名称	主办机构	网址	特点
广告垂直信息类	70	中国广告AD网	《中国广告》由中国出版传媒股份有限公司主管，中国出版传媒股份有限公司、上海百联集团资产经营管理有限公司、上海市广告协会联合主办	http://ad-cn.net/	中国广告AD网是中国品牌营销与融合传播平台。
	71	Adweek（资讯类）	尼尔森公司	https://www.adweek.com/	Adweek全球广告周刊是由尼尔森公司出版的著名广告周刊，是广告行业重要的资讯源泉，每期包含美国和全球广告业的最新动态、重要广告案例的专门研究、重要事件和话题的专题报道、最新广告影片点评等内容。
	72	媒体资源网	北京宏业凯广告有限公司	http://www.allchina.cn/	是一家帮助国内跨地区发展的企业开辟市场、进行市场营销策划、公关执行、媒体采购及广告投放的专业广告服务机构。
	73	RTB China		https://www.rtbchina.com/	中国程序化广告技术资讯网。
	74	MediaPost		https://www.mediapost.com/	MediaPost是比较有影响力的国际化媒体、营销和广告网站，其使命是为全球媒体、营销和广告专业人员提供完整的资源。
	75	brandchannel		https://www.brandchannel.com/	brandchannel汇聚了来自记者的原创新闻、评论和分析，以及外部投稿、与主要从业者的问答等。从全球角度看待品牌，鼓励世界各地的从业者就品牌和品牌进行公开交流。
	76	虎嗅网	北京虎嗅信息科技股份有限公司	https://www.huxiu.com/	网站内容是由编辑和用户共同筛选，然后再精要加工，走个性化与社会化结合的路线。
	77	网络广告人社区	厦门创美立成文化传播有限公司	http://iwebad.com/	是一家致力于原创翻译国外营销案例的垂直类传媒网站。最初主要是分享国外创意Banner，随着国内外互联网环境的改变，网站也由此扩展出整合营销、品牌营销、移动营销、病毒营销、社会化营销、活动网站、邮件广告等类别，设有IT、金融、汽车、房地产、电信、日化用品、消费电子、食品饮料八大行业广告案例。
	78	古田路9号		https://www.gtn9.com/index.aspx	国内专业品牌创意平台，以品牌为核心，集创意作品分享、活动招聘发布、广告推广、正版字体素材下载等多元化的交流分享平台。
	79	Adforum	美国ADForum广告资源论坛	https://cn.adforum.com/	ADForum是美国一个广告信息交流论坛，提供世界广告业内最新资讯，解析优秀广告作品，欣赏优秀广告案例。
	80	品牌星球		https://www.brandstar.com.cn/	品牌星球是关注美好品牌的数字媒体，内容涵盖品牌的前沿资讯、深度报道、营销案例、创意设计及趋势洞察等，并通过网站、社交媒体、Podcast、MOOK等媒介形式与用户互动交流，一同见证美好品牌的发展。品牌星球致力于以国际的视野挖掘驱动美好生活的品牌，更好地将品牌与消费者连接在一起，成为中国品牌创新的重要推动者之一。

广告行业展会、论坛

Exhibitions and Forums of China Advertising Industry

2021 年全国主要广告行业展会 / 论坛

2 月 7 日— 9 日 . 长春

2021 长春第 23 届广告标识 LED 展及办公图文印刷展

长春市广告协会

广告展有 2.4 万平方米，参展商有 500 多家，设在长春会展中心的 6、7 号馆。广告展涵盖了广告制作技术设备、广告材料及物料、标识标牌、展览展示器材及材料，展品丰富，百花齐放。

2 月 27 日— 3 月 1 日 . 广州

2021 第二十四届迪培思广州国际广告展

广州市保轩展览有限公司

这是春节过后国内举办的第一家大型广告展。迪培思广州国际广告展于 2010 年创办，现已呈现出了一个完整成熟的制作应用体系，一个专业商洽的采购交易平台。展会重在推进广告产业链上下游的快速发展，规划了喷印、雕刻、标识展示器材、LED 发光源、广告耗材五大品类，已成为引领中国南方乃至东南亚国家最新广告制作工艺的风向标。

3 月 6 日— 8 日 . 长沙

2021 第六届长沙国际广告标识及 LED 展 / 印刷及包装展

广州市保轩展览有限公司

这是迪培思在湖南长沙搭建起辐射整个湖南及周边市场的一个重要、大型的广告标识 + 图文快印行业商贸平台展会，参展商突破 350 家，吸引近 2 万多名采购商莅临现场。本届展会室内展出面积 27000 平方米，参展企业 191 家。本次展会上，智能贴灯机集雕刻贴灯于一体、商业美际泡沫浮雕、党建标识得到广大用户的关注。

3 月 12 日— 14 日 . 沈阳

2021 第 28 届辽宁国际（广告 / 标识 / LED 光电照明）精品展

上海现代国际展览有限公司

2021 辽宁第 28 届广告 / 标识 /LED 光电照明 / 图文印刷展（简称“辽宁广告展”）是我国东北地区广告行业旗舰级展览会，展出规模超过日本及韩国行业展会，成为东北亚地区专业行业展览会的典范之作。本届展会以“广告技术设备及标识”“LED 灯饰照明展”“印刷包装纸业精品展”几大展区为核心，覆盖广告行业全产业链，展览面积 24000 ㎡，参展商超 500 家，专业观众约 70000 人次。

3 月 20 日— 22 日 . 贵阳

2021 第九届华展贵州广告节

贵州华展众志文化传播有限公司

华展贵州广告节，深度服务于广告行业各领域企业及观众，展览面积达 3 万平方米，展会 3 号馆是雕刻设备展区、LED 展区，5 号馆是标识标牌灯箱展区、图文印刷展区和行业材料展区，7 号馆是喷印设备展区。2021 年第九届华展贵州广告节参展商家 500 余家，参展品牌 1500 余个，参观突破 25000 人次。

3 月 20 日— 22 日 . 甘肃

2021 兰州国际广告节

甘肃省标识行业协会
甘肃省广告协会

为期三天，集展览展示、学术交流、行业培训、高峰论坛、经贸洽谈为一体，是 2021 年西北地区规模最大的广告节活动。

3 月 21 日— 23 日 . 武汉

2021 第 25 届中国（武汉）广告技术与设备展览会

湖北好博塔苏斯展览有限公司
武汉英奇会展公司

“人间烟火气，最抚凡人心”，取得抗疫胜利的武汉市开启了第 25 届广告展，展示了湖北广告业历经淬炼生机勃勃的发展势态。展会覆盖广告行业全产业链，展览面积 50000 ㎡，参展商超 1000 家，观众达 70000 人次，连续三天展区热闹不凡。现场交易额再次突破 10 亿元。

3 月 28 日— 30 日、10 月 10 日 - 12 日 . 济南

2021 第 34 届济南国际广告展（春季）
2021 第 35 届济南国际广告标识、LED（秋季）展

山东雅昌会展服务有限公司

济南国际广告展是济南市政府大力培育的重点展览会之一，是继上海广印展之后，中国第二个通过全球展览协会 (UFI) 权威认证的专业品牌广告展。由于得到山东广告行业的广泛支持，形成了稳定的参展商群体，2021 年济南先后举办了第 34 届济南国际广告展（春季）和第 35 届广告标识（秋季展）。

3 月 19 日— 21 日、4 月 16 日 - 18 日 . 南京、合肥

2021 中国（南京）广告产业博览会
2021 第 15 届安徽广告设备、LED、标识及图文快印展览会

南京亚东展览服务有限公司

南京、合肥两地的展会，链接长江下游地区广告产业链，涵盖从广告制作端到广告发布端的新技术、新材料、新设备等全产业链的创新成果，为长三角地区广告业创新发展提供了推广展示和商业交易平台。

4 月 10 日— 12 日 . 天津

2021 第 15 届京津冀（天津）
“展特杯”广告标识及数码图文设备博览会

北京中创华信展览服务有限公司

京津冀协同发展，首都行政副中心以及雄安新区的设立，首都二机场空港新区建设，2022 年冬奥会，京津冀广告业发展愈发迅猛，成为我国华北乃至东北广告印刷包装产业的主要市场。本次展会共计 200 余家参展商设展，现场观众数量达 2 万人次。

4 月 16 日— 18 日 . 杭州

ASPL 新华广印展 2021 第 28 届浙江广告设备 / 标识标牌 /LED 照明城市亮化展览会

杭州新华展贸有限公司

G20 后时代杭州已成长为国内新一线城市，2022 年亚运会将在杭州举办，杭州广告行业正在呈现井喷式发展态势，“杭州新华广印展”也打造成为一个高水准、高品味、规模化的广告盛会。

4 月 17 日— 19 日 . 内蒙古

2021 年第 31 届内蒙古广告、LED 及数码办公印刷设备，办公用品博览会广告技术设备展览会

北京中创华信展览服务有限公司

内蒙古地区唯一的专业广告展会，2021 年内蒙古各类广告企业已达 20000 多家。

4 月 21 日— 23 日 . 郑州

2021 春季（郑州）第 37 届中原广告展

河南省广告协会
天天公司

中原广告展始终坚持深耕内销市场，在业界有“打开中国内销市场大门的钥匙”之称。为期三天的展会共分为智能标识、广告标识、LED 照明、图文办公快印、商业印刷展五个展览单元，有 1000 余家企业参展，展会使用了 12 个展馆、展览面积近 7 万平方米。

4 月 22 日— 25 日 . 成都

2021 第 19 届成都广告标识产业博览会

成都现代德纳展览有限公司
上海现代国际展览有限公司
成都华展众志展览展示有限公司

本届成都广印展特设“数码喷印设备、数控及字设备、广告装饰材料、LED 标识标牌、广告其他类、瓦楞暨彩盒包装、包装印刷成品暨容器、数码快印及图文办公、印刷标签”9 大主题展区，展会期间还举办 9 场智慧论坛，2 场精品展示。

4 月 26 日— 28 日 . 哈尔滨

2021 哈尔滨第 28 届广告四新展

哈尔滨东方行展览展示服务有限公司
哈尔滨神州行会议服务有限公司

哈尔滨广告四新展已成为哈尔滨的一张城市名片。

5 月 15 日— 16 日 . 杭州

2021（第十七届）中国广告论坛

中国广告协会
余杭区人民政府

中国广告论坛是中国传媒和广告领域级别高、规模大、影响广的大型专业活动。在中国共产党成立 100 周年、“十四五 ”” 规划的开局之年这样的时代背景下，2021（第十七届）中国广告论坛以“时代定义广告，广告顺应时代——构建中国广告新发展格局”为主题，探讨广告行业在新变局中助力品牌营销实现突破与进取及在新时代下规范、健康、可持续地发展新营销。论坛同期还举办了首届中国绿色直播电商生态博览会，举行了中广协网络直播产教融合职教集团启动仪式，启动了“好品中国”的项目仪式等活动。

5 月 21 日— 23 日 . 新疆

2021 新疆国际广告产业展览会

北京中创华信展览服务有限公司

主办方联合业内各知名企业将国内外先进的广告资源引进到西北边疆，让新疆国际广告展成为搭建亚欧大陆广告行业的桥梁。

7 月 21 日— 24 日 . 上海

2021 上海国际广告节暨数字广告高峰论坛 第二十九届上海国际广告技术设备展览会（APPPEXPO 上海国际广印展）

上海现代国际展览有限公司
上海广告设备器材供应商协会
上海新格雷展览服务有限公司
上海市广告协会

上海市委、市政府将“上海国际广告节”作为“上海重要国际节事活动之一”写入了“加快推进实施，打响四大品牌”的三年行动计划。2021 上海国际广告节以打造数字化广告节为目标，涵盖高峰论坛、颁奖典礼、展览展示和新锐挑战营四大板块。内容上聚焦“数字广告”发展，围绕广告业数字化转型、长三角广告一体化发展和数字时代青年人才的培养展开，助力上海打造国际数字广告之都。有着 28 年发展历史的“APPPEXPO 上海国际广印展”为“SHIAF 上海国际广告节展览单元”，本届展会有来自 100 多个国家的超过 180,000 观众前来参观采购，并有来自 30 多个国家和地区的 2,000 多家企业参展，展览面积超过 23 万平方米。

7 月 28 日— 29 日 . 西宁

2021 中国户外广告论坛

中国广告协会
西宁市人民政府

中国户外广告论坛是中国广告协会打造的重要年度活动，是中国户外广告业规格高、规模大、影响力广的大型行业论坛，至今已举办十年。2021 中国户外广告论坛在青海西宁举办，论坛紧扣“新起点，共未来”这一主题，重点围绕“十四五”开局之年中国户外媒体的新形势、中国城市规划建设与户外广告、数字化数据化赋能中国户外媒体、品牌对户外广告新需求、打造中国户外媒体第二曲线等八个议题展开研讨。

10 月 21 日— 23 日 . 北京

2021 年第十三届北京国际创意节 暨第七届京津冀广告节

主办单位：北京广告协会
天津市广告协会
河北省广告协会
北京国家广告产业园区
承办单位：鸿蒙蝴蝶云（北京）传媒科技有限公司
北京鸿蒙网科技有限公司
中国国际广告有限公司

本届创意节活动包括开幕式、主题论坛、颁奖典礼、优秀作品展览展示、新产品、新技术推介等多项精彩活动内容。系列会议包括“广告产业园区发展研讨会”“5G 营销新势力高峰论坛”“协会合作发展经验交流会”等。大会以“数字洞察世界，传播赋能未来”为主题，紧扣 5G、物联网、大数据、人工智能等新技术与广告产业转型升级，延展文化创意产业，形成新生态，利用北京国际广告创意节和京津冀广告节行业影响力推动北京数字经济。

12 月 10 日— 13 日 . 厦门

第 28 届中国国际广告节

中国广告协会
厦门市人民政府

由于主办地厦门疫情防控，第 28 届中国国际广告节延期至 12 月 20 日召开。全国各地近 1 万人注册参会。在“严密防控 办好盛会”的防疫总体指导原则下，中国国际广告节上演了一场广告传媒及创意界的狂欢盛宴。庆祝建党百年公益宣传片《一百年，一切为了人民》获得公益广告黄河奖全场大奖。《蕉内三部曲 - 底线》获得了长城奖全场大奖。长城奖终审会评审团主席、中国广告协会会长张国华评价，长城奖在注重创意、效益的同时也在不断引领消费升级背景下消费者的价值取向。主论坛以“助力‘双循环’，赋能‘国品潮’”为主题，聚焦自主品牌影响力和竞争力的提升；2021 品牌全球化论坛、中国互动广告高峰论坛、总裁读书会、广告人吐槽会等其他论坛活动亮点纷呈，世界优秀广告作品展、大国好货创新联展、媒介 • 广告企业展示交流会、广告四新展、中国户外媒体创新体验馆、AD.fair 媒企展示交易会设置的两个展区 -- 媒企资源展和青春好物节闪亮登场。

（资料整理：陆斌）

中国广告年鉴 2022
CHINA ADVERTISING YEARBOOK

广告案例

Advertising Case

一颗菠萝的“黄金 15 分钟”——徐闻菠萝和 TA 的朋友们

广告品牌 / 产品：**徐闻菠萝**

类别：**媒介整合—事件与公关营销案例**

投放时间段 :2021 年 3 月 13 日—2021 年 4 月 13 日

2021 年 3 月海关总署决定暂停台湾地区菠萝输入大陆，菠萝（凤梨）这一普通的水果突然成了社会舆论的焦点。借着台海局势下凤梨输入的问题，大众支持本地菠萝的意愿强烈，徐闻大片的菠萝田组成“菠萝的海”大有成为抖音新网红打卡地的潜质。抖音依托在宣传销售农产品水果类商品方面的丰富经验和成功案例，携手广东省农业农村厅、南方农村报，组建“徐闻菠萝”“黄金 15 分钟”朋友圈，通过线上线下联动，结合全民互动 + 网红助热 + 内容生态 + 跨界潮玩 + 全域宣发五大策略，帮助徐闻菠萝乘势而上，强化品牌印象、带动消费转化、助推文旅宣传，打响互联网平台品牌知名度，全平台话题曝光超 20 亿次，成功打造乡村振兴互联网文商旅融合营销创新模式。

一、市场分析

1. 一次访谈，低调的徐闻菠萝被意外推到大众眼前

2021 年 3 月，海关总署决定暂停台湾地区菠萝输入大陆。台湾主持人在节目连线大陆网友并提问“暂停进口台湾凤梨是否会对大陆造成影响”，网友告知“大陆有一个县叫徐闻县，每年生产凤梨 70 万吨”，惊到台湾名嘴。一夜之间，菠萝（凤梨）这一普通的水果突然成为舆论焦点，徐闻菠萝走入大众视线。

2. “台湾凤梨”广为人识，“徐闻菠萝”鲜有人知

广东湛江徐闻县风景优美，被誉为“中国的普罗旺斯”。全国每 3 个菠萝，至少有 1 个产自徐闻。坐拥全国面积最大菠萝种植面积，被称作“菠萝的海”。菠萝年产量超全国的 30%，远超台湾整岛的年产量，却未形成自身品牌知名度。早年间，甚至有部分商家给“徐闻菠萝”贴上“海南菠萝王”标签以促进销售。

3. 强化品牌印象、带动消费转化、助推文旅宣传

1）核心洞察

舆论引导下公众支持大陆菠萝意愿强烈，徐闻菠萝迎来品牌推广绝佳机遇；

抖音在农产品、产地营销推广、爆品打造方面已积累丰富经验和成功案例；

坐拥全国最大面积种植地，“菠萝的海”大有抖音新晋新网红打卡地潜质。

2）合作目标

品牌：全面打响徐闻菠萝知名度，实现品牌关注 + 认知 + 认可度迅速提升；

转化：提升徐闻菠萝市场销售额，创意 + 内容 + 流量全面提升品牌附加值；

产业：打造菠萝的海网红打卡地，拉动徐闻本地文商旅产业经济共提振。

二、案例阐述

携手广东省农业农村厅、南方农村报，组建“徐闻菠萝”“黄金 15 分钟”朋友圈

1. 核心策略：破解流量密码，整合营销助推徐闻菠萝“火出圈”

1）全民互动：多元产品矩阵搭建打造线上流量阵地；抖音话题 + 全民任务现金模式 + 投票 H5 掀起互动热潮。

19 位菠萝英雄 +5 大网红品种菠萝，全民投票互动

· 活动话题全平台总曝光超 20 亿次

· # 我家有菠萝话题总曝光 14.1 亿次

· 菠萝星光榜累计投票次数 405,235 次

2）网红助热：明星达人、三农专家齐联动形成示范效应

11 位网红达人 + 三农专家、菠萝英雄内容共创，私域流量助力话题持续发酵，引爆优质内容创作互动热潮。

2. 核心策略：好吃好看好玩，发掘徐闻菠萝网红爆款隐藏属性

1）品牌助力：深度发掘产品内涵，强化产品网红属性；开启脑洞创意玩法，打破固有认知壁垒。

花式吃菠萝

蓝莓菠萝宴 菠萝咕噜肉 菠萝炒饭 菠萝罐头

2）内容生态：多元优质内容引领 UGC 反哺宣发主场生态；音视频内容打造，联动 UGC 注入长效原生动力。

【菠萝星光榜】告别传统，使用全面生动的趣味包装，讲述 19 位菠萝英雄事迹。同时呈现徐闻五大品种菠萝特点。

五大网红主“菠”创意短视频《我家有菠萝》宣传片

3. 核心策略：跨界潮玩联动，激活“菠萝的海”文商旅新生力

1）跨界潮玩：承接线上流量，激发丰富味蕾想象世界

·广式菠萝啤 x 徐闻菠萝快闪店 + 联名特饮

菠萝啤酒中最著名的莫过于广氏菠萝啤，它既有啤酒风味，又清甜可口，是广东人的童年回忆之一。快闪店采用新鲜徐闻菠萝果肉制作，限时推出特制饮品，吸引众多年轻人前往现场尝鲜打卡，拍摄发布抖音视频作品，助推徐闻菠萝创意品宣。

·音乐节助力“菠萝的海”强势出圈

3 月 20 日，广东菠萝的海蜜浪音乐节在抖音、新浪微博、咪咕视频、咪咕音乐、南方 + 等平台同步直播，全平台观看人次突破 1257 万人次。群星齐聚菠萝的海，用歌声唱出徐闻农民丰收的喜悦。抖音平台话题累计播放近 2.2 亿次，全平台累计播放 5.5 亿次。

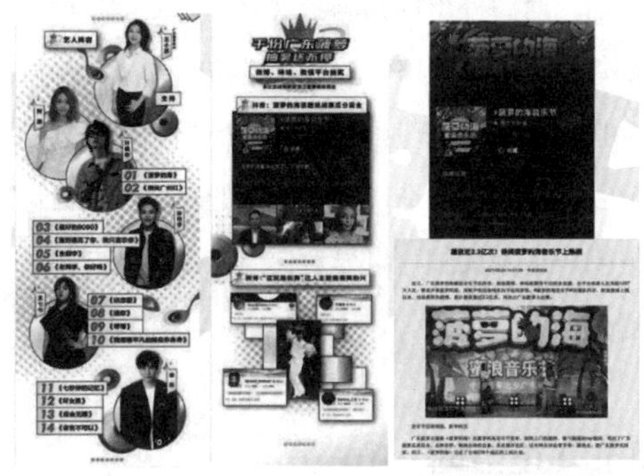

2）全域宣发：主流媒体 + 网络媒体强势联动全程热度持续

宣传全程全面铺设，结合政策导向乘势上行，打造现象级区域品牌事件营销。全平台话题宣传总曝光超 20 亿次。

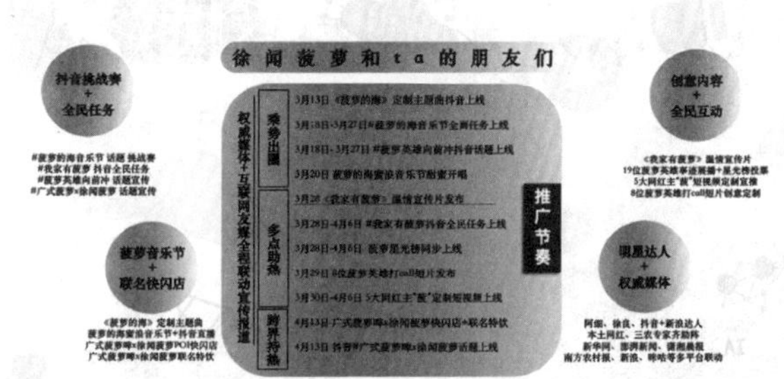

三、广告费用

项目总额【57W】

四、效果展示

1. 品牌声量全面提升，徐闻菠萝形象深入人心 .

活动话题全网总曝光超	#我家有菠萝挑战赛播放量超	#我家有菠萝话题全网曝光超
20亿	14亿	10亿
#菠萝的海音乐节全网播放超	菠萝的海音乐节直播观看超	POI联名快闪店曝光超
5.5亿	1257万	67万

2. 创意出圈亮点云集，多元玩法激活网红属性

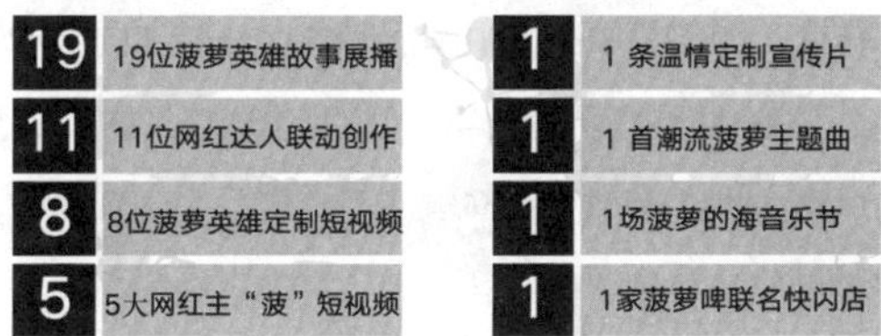

3. 模式创新产业提振，文商旅融合助力区域宣传

截至 2021 年 4 月 22 日，在广东“12221”农产品市场体系作用指导下，徐闻菠萝话题全网总曝光超 25 亿次，创通过资源链接、打造可复制的现代化农产品整合营销创意样板，帮助田间收购价创近 30 年历史新高，产值超 18.3 亿元。抖音作为宣传主要平台之一，发挥重要作用。探索农产品从触电到出圈的品牌化经营一站式链路，洞察消费新商机，助力乡村振兴。

4. 网友热评

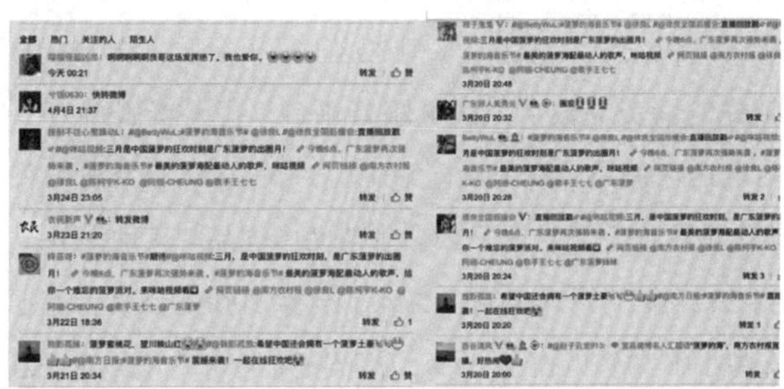

风从东方来 潮自中国起

入世 20 年，外资企业引进来，中国企业走出去。20 年间，中国从世界级的制造工厂到世界级的消费市场，国际地位日渐提升；与此同时，中国也在从产品出海向品牌出海转变。如何将中国、中国品牌的这一转变向全球华人呈现，讲好中国的品牌故事？2021 年 10 月初，立足全球的凤凰，携手全球互联网电商引领者、中国领先的消费品数字供应链服务平台行云集团，打造了中国品牌出海大型纪录片——《风从东方来》，立足时代、面向全球，讲述中国品牌的出海故事。

自 10 月起到 12 月结束，《风从东方来》在凤凰卫视中文台、美洲台、欧洲台、凤凰网、凤凰秀等多个平台正式播出，并在微博等社交平台的传播中广获认同。

从大时代脱颖而出

早在 2020 年，大湾区即以不到 0.6% 的国土面积，创造了全国近 13% 的 GDP。这里不仅是中国品牌崛起的宝地，更是中国品牌出海的起点。无数的中国品牌争相布局和扎根大湾区，争相在这里扬帆启航。作为中国领先的消费品数字供应链服务平台，行云集团致力于打通出海航路，以大湾区为中心，在全球 72 个国家和 1 个地区设立了控股子公司，帮助中国品牌落地海外。到 2021 年，行云集团已实现了全球 2000+KA 及 10 万 + 中小 B 渠道的链接，线上店铺覆盖全球 7 大区域，超 20 家线上平台和 100 个国家，为中国品牌铺设了完备的全球销售通路。

而依托大湾区而生的凤凰，在全球拥有超过 60 个记者站，落地覆盖超 190 个国家，为品牌打造出一艘影响力遍及全球的“出海巨轮”。在全球化竞争的新格局中，媒体与品牌的关系更加紧密。他们，正在彼此的支持和鼓励中走在世界舞台的聚光灯下。

“智”造扬帆 品牌突围

在《风从东方来》，追觅、SmallRig、德尔玛、齐心、可以科技、realme、万魔、倍轻松、联想、小米、欧凯、拓牛、行云集团、中远海运，陆续揭开中国品牌在海外市场备受欢迎的特质——专精于研发、供应链管理、海外网络基础设施搭建、本土化运营等无所不包。对自身产品的清晰认知、对海外市场的洞若观火、对复杂环境的从容应对，令其突破市场缺口，找到突围法门。

品牌通过专注于时代叙事、个体洞察的凤凰，展现了中国制造向中国质造、中国智造的转变。而凤凰，也与行云集团一道，加强与世界对话，深化区域合作，为品牌崛起提供动力。

国潮于飞正当时

回顾 13 集系列纪录片《风从东方来》，在全面呈现中国智造、中国智慧、中国故事，记录中国品牌出海的进程中，更带来许多思考——中国品牌需要超越当下的研发、强大的海外供应链，和本地化的营销运营，及扎实的用户信任，更需要以凤凰为代表的、备受全球华人信赖和推崇的、国际化媒体的关注和传播。

插上凤凰的翅膀、扬起出海的风帆，相信在不久的未来，凤凰和行云集团将助力更多优秀的中国品牌从大湾区、从中国出发，将中国的品牌文化、中国的文化传遍全球。

《全球观察团》——凤凰构筑品牌出海之路

回想过去十几年，提到精工品质，就想到德国；提到高端马桶盖，率先想到日本；提到婴儿奶粉，就会想到新西兰等地的产品……多年来，“国外的月亮圆，国外的品牌好”的观念根深蒂固。如今，随着中国经济的高质量发展，中国品牌这轮“月亮”是否也在照亮全球？

放眼世界，跻身高端商务市场的华为手机，飞遍全球的大疆无人机，科技含量和颜值俱佳的海尔家电……在越来越多的中国品牌成功出海、为“中国制造”正名的同时，更多的本土品牌也期待加入全球化的大舞台。然而，面对陌生的市场环境和目标人群，面对千差万别的文化风俗，面对当地品牌的虎视眈眈，中国品牌该如何讲好属于自己的“出海故事”？过去一年，凤凰全球观察团针对这些痛点，为中国品牌开辟了一条出海新路径。

《李淼の日本观察》——深入日本市井探索真实口碑

东京奥运会期间，全球观察团成员——凤凰驻日本首席记者李淼深入日本当地生活，体验日常生活中的中国品牌。她通过与日本市民、家庭及社区的对话，讲述中国品牌出海故事，揭开海尔成功出海的秘密。两段视频通过凤凰新闻客户端等主流媒体平台发布，知名 KOL 相继转发传播，让世界听见中国的声音。节目一经播出，两次登上微博热搜榜，观看量均突破 1.2 亿次。

《最是一年思乡时》——华人庆新春 共情暖人心

春节期间，一组来自美国、澳大利亚、南非、英国街头的记者第一视角的采访，讲述了一个个华人家庭的新年小故事，让大家看到了疫情之下，海外游子浓郁的思乡情，引发了国内外观众的情感共鸣。全平台视频播放量观看量突破 1900 万，全网曝光高达 1.5 亿。

而背后的品牌方中国银行，也伴随五大洲记者的脚步，深入当地华人家庭，在发掘新春故事的同时，顺势传递了中国银行“融通世界 造福社会”的品牌使命，借助中国新年的火爆 IP，让品牌悄然温暖了消费者的心。

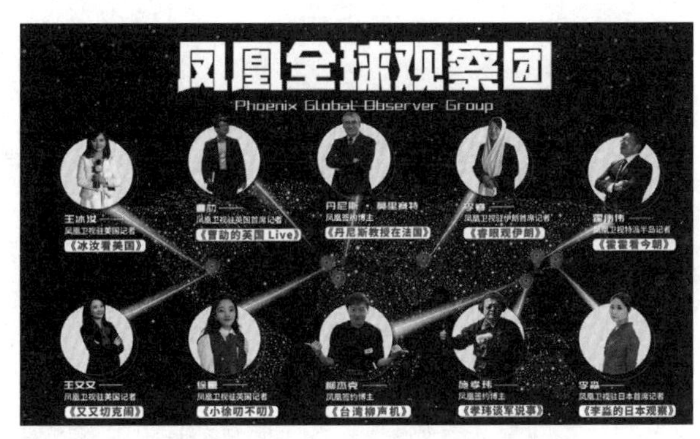

《中日教育大对比》——玩转直播 吸睛无数

教育无国界，现今，育儿变成了全世界关注的话题。在六一、高考、三胎政策开放三大节点，凤凰驻日本首席记者李淼与日本友人竹内凉及教育专家李小萌一道，在线畅谈自己所处国家的教育情况，解答宝妈、宝爸们最关心的教育问题。

而在凤凰全球观察团既往播出的节目中，精彩内容不止于此。有凤凰卫视驻美国记者在北美地区为大家带来的“冰汝看美国”和“又又切克闹”、有凤凰卫视驻英国记者在欧洲呈现的“曹勐的英国 LIVE”和“小徐叨不叨”。他们用全球视野解读当地新闻的“操作”，不时在中文互联网引发热议。立足海外 60+ 记者站，覆盖 190+ 个国家和地区的全球观察团，凤凰不仅带着观众解析全球政经大势，更让不同区域的文化、思想得以充分交流。

凤凰此刻，也正以全球的视角、理性的思辨、包容的心态，承担起连接品牌与世界的重任，为中国品牌出海，也为国际品牌本土化转型创设全方位的媒体环境，探索讲好品牌营销故事的全新模式，加速赋能品牌全球化增长。

共青团中央 × 知乎五四微电影《重逢》

广告品牌 / 产品：知乎

类别 : 公益广告、IP 内容营销案例

投放时间段 :2021 年 /5 月 /4 日—2021 年 /5 月 /11 日

有人举手发问：「这一代年轻人还有不计生死的血性吗？」，其实早已有人用热血和生命做出了回答。在建党百年暨五四青年节之际，知乎联合共青团中央特别献映微电影《重逢》，再现感动无数人的戍边英雄故事：中国，总是被最勇敢的人保护着。知乎「吾辈问答」，这代人的问题，会找到这代人的答案。

一、市场分析

微电影《重逢》1921 － 2021

致敬每一段奋不顾身的青春，重逢每一代逐日移山的少年。建党百年暨五四青年节，共青团中央与知乎联手以微电影的形式为五四献礼。

知乎品牌角色主流化的入口——「吾辈问答」

作为知乎高端中长视频商业品牌内容 IP，「吾辈问答」以「我们这辈人的答案」为基调，通过「定议」，打造一场深度联合问答，拆解呈现热点，化公关宣传为公议价值内容。

以「吾辈问答」为 IP，放大自身作为一个问答社区所拥有的天然优势：一切能够在舆论场中被大家所关注到的社会议题，知乎都可以以问答主持人的身份，将其转化为一个个与民众、与民生、与民本相关的具体问题。

二、案例阐述

这部微电影以 2020 年 6 月 15 日我国边境出现的冲突事件为素材，以“寻找”为母题，讲述一位烈士奶奶代替孙儿千里迢迢看望其女友的故事。影片一开场，作为一家之主的乡村老太太吵着要去看她的「孙媳妇」。她身无分文，靠着一袋点心就从河南到了上海虹桥，又回到了河南的红桥村，终于找到了双眼通红的女孩。

出人意料的是，老太太平静地将改好的红棉袄给了女孩，劝她隐瞒恋情将来好嫁人，又出尔反尔收走了红棉袄不再送她，在回家的车上听着相关的新闻号啕大哭，回想孙子生前的种种情形。片尾风格一转，细数我国近现代重大的军事战争阶段，配上情真意切的动人歌曲，再插入年轻一代军人的战场雄姿，影片在满满的感动中达到高潮完美落幕。

三、广告费用

整体费用 400 万－ 800 万，包括：视频制作费用、IP 费用、投放费用……

四、效果展示

《重逢》上线后全网刷屏，上线 3 天播放量即超 1 亿次，占据「五四档」TOP1。截至 5 月 11 日，全网播放量已达 2 亿次。

影片在各平台口碑一路攀升并收获许多正向评价，在微博和微信平台获得大量自来水传播，在抖音上被众多账号搬运。

影片获得了共青团中央核心资源的推荐，并得到各地团省委新媒体矩阵、学校共青团的转发，还作为优质内容登上了团中央五四云团课全网大直播，知乎成为直播合作伙伴。

此外，影片获学习强国 App 首页、新华网微信头条、中华全国学联微信头条、新华社、B 站的推荐及香港大公文汇境外转发。

《重逢》全网刷屏后，多地政府机关、各级团委、部队、高校、中学、社区自发形成集体观影潮，成为 2021 年五四必看“爱国主义教育”优秀影视作品。

广告人物

Advertising Characters

李硕

北京百孚思广告有限公司
战略及业务管理部副总经理

北京外国语大学国际新闻与传播专业在读在职硕士研究生，曾就职于麦肯光明、达彼思等国际 4A 广告公司及百孚思、DMG 印迹国际等国内知名广告公司。中国商务广告协会数字营销委员会常务理事、中国广告协会理事、北京广告协会常务理事、中国国际公共关系协会个人会员、虎啸奖评委、金印奖评委、大中华区艾菲奖评委、中国广告数字年度大奖终审评委。

2004 年进入中国广告行业，从业至今见证了中国广告逐步进化为数字商业传播的飞跃发展，“广而告之”的历史观念逐步被更具竞争力的数字精准模态所替代，“广告传播”逐渐健全到数字化洞察、数字化运营与数字化资产等纵深。

坚信移动互联网时代给予了企业快速崛起的新途径，带来机遇的同时也考验品牌的运营实力；流量是一把双刃剑，品牌才是商业经营的护城河；通过提升产品力和品牌力，用“信任感”将流量留存固定为品牌的忠实用户，才是企业在当红之际最需要做的事情。

池小燕

凤凰网执行董事、高级副总裁，
凤凰卫视集团营销管理委员会副主任

2002 年进入互联网领域，第一代互联网人，中国首届网络广告高峰论坛和首届网络广告大赛发起人之一。戛纳幼狮中国区终审评委，长城奖评审主席，中国传媒大学广告学院客座教授，中国广告协会互联网广告工作委员会副主任，中国广告协会数字元宇宙工作委员会副主任。荣获“2020 年度中国公益人物”奖项。

主要成就：带领团队达成了与国际国内 100+ 知名企业的深度合作关系，实现了凤凰网广告收入超 10 倍的增长；在营销创新方面，致力于构建“内容 + 技术”双轮驱动的营销体系，在强化原生营销内容体系的同时，搭建了凤眼系统、凤羽、凤翼等程序化产品和技术体系，并构建了内容与广告部门更好的协作机制；2019 年以来，在汽车、公益、旅游、酒业、家居、教育、健康等多个垂直领域持续发力，创立美好生活内容中心、整合 MCN 供应链体系、创建电商品牌——凰家尚品、打造凤飞全域整合营销平台，推动凤凰网由单一品牌奋战向多品牌协同发力转型，进而带动各项业务健康、高速增长；2022 年推出“全球品牌合伙人计划”，助力中国品牌出海，提升品牌价值和影响力，共同塑造海外对中国的形象认知。

刘振宇

西窗科技 创始人兼 CEO

2004 年加入 MSN 中国，担任总经理，全面负责微软在线的各项工作。13 年来，刘振宇先生带领本地团队，基于全球平台，推出了一系列本地创新产品和服务，拓宽了公司的市场份额以及业务范畴，成功塑造了微软在线的品牌定位，并积极拓展了大量本地合作伙伴。刘振宇先生率领的团队为微软在线在中国市场的品牌建设和用户体验提升做出了积极的贡献。

2016 年 8 月 10 日，微软在线 (MSN 中国) 达成管理层收购协议 (MBO)，成为西窗科技旗下公司，刘振宇出任西窗科技 CEO。作为西窗科技首席执行官，刘振宇先生制定了专注跨境营销的业务策略，帮助中国企业主掘金全球市场的同时，牵引海外广告主进入正处于强势增长中的中国市场。与此同时，刘振宇还制定了“坚持做广告，坚持帮助实体经济成长”的核心运营思路，从而实现信息、资本、技术的“无国界”流通。

在运营西窗科技的六年时间里，刘振宇多次出席海内外广告峰会，以精准的洞察输出及领先的广告投放思路获得海内外广告从业人士的一致认同。

靳杰

北京沃姆互动行销策划有限公司 CEO

从事公关行业 14 年深耕于全链路整合营销传播策划与执行，并为众多国内外大型企业提供品牌战略、内容营销、公关传播等一站式整合营销服务，精准定制品牌传播框架，对创新、策略打法有独到见解。

如何更多地为客户创造价值，是在提供营销策略服务中需要认真思考的问题，因此，靳杰深入洞察品牌需求，来不断拓展新赛道为其提供整合营销全定制型服务，打造真正的品牌体验营销公司。

2021 年参与到中国商务广告协会发布的《数字营销生态图 2021 版》，帮助品牌主及从事营销行业的同仁全面了解当前中国数字营销整体发展的版图和生态，有利于行业发展能更有效地进行布局实战，共建大生态。

同时靳杰还兼任中国国际公共关系协会理事，中国国际公共关系协会公关公司工作委员会委员，荣膺中国国际公共关系协会 2019 年度最佳经理人，2019 中国品牌百名杰出人物，2021 金旗奖营销新力量人物。曾主导项目《墨迹天气 35℃计划》荣获 IAI 国际广告奖金奖，《中国人民保险—手绘长图系列》荣获中国广告长城奖优秀奖，且主导参与的众多案例均荣获过中国行业内各知名奖项。

中国广告年鉴 2022
CHINA ADVERTISING YEARBOOK

广告优秀作品评选
Excellent Advertising

第二十八届中国国际广告节长城奖获奖名单

全场大奖

类型	作品名称	参赛单位
内容营销	蕉内三部曲	SG 胜加

特别奖

类型	作品名称	参赛单位
整合营销	2021“品牌强国工程”融媒体传播服务方案	中央广播电视总台

金奖

类型	作品名称	参赛单位
社会化营销	共青团中央 × 知乎五四微电影《重逢》	知乎
音频	我们，回不去了	陕西营火虫品牌营销策划有限公司
平面	GREEDY PIGGY！（贪吃的小猪）	北京我风堂公关顾问有限公司
整合营销	微信「十年一刻」十周年特别策划	蓝色光标数字营销机构
视频	《你就是我的齐天大圣》	好旺角 GMKOK
智能营销	双汇筷厨 × 小米 ,AI 上家的味道	小米营销
视频	HUAWEI FreeBuds 4i Teaser《小蚊子》	北京新意互动数字技术有限公司
电商营销	破圈又破亿，小米雷军抖音电商直播首秀	巨量引擎
场景营销	百度 × 士力架：“横扫饿兽做回自己”新春营销	百度营销
社会化营销	《这平常的一天》系列	木瓜创意
内容营销	《这平常的一天》系列	木瓜创意
整合营销	一颗菠萝的“黄金 15 分钟”——徐闻菠萝和 TA 的朋友们	巨量引擎
整合营销	宏光 MINIEV 马卡龙《春色 IN 象》	上海擅美广告有限公司
跨界营销	伊利 × 小米，AIoT 打造牛奶“白科技”	小米营销
平面	别克 昂科旗 SUV 系列海报	因赛集团
场景营销	2021 年淘宝造物节线下事件	北京天与空互动广告有限公司
视频	新技术还是老朋友可靠—创新 BMW iX3 品牌视频	上海观池文化传播有限公司
公益营销	我在秦陵修兵马俑	英扬传奇集团
内容营销	中国银联诗歌 POS 机《万物有诗》	上海天与空广告有限公司
场景营销	中国银联诗歌 POS 机诗歌长河	上海天与空广告有限公司
品牌营销	奥利奥新年大戏《三仙归洞》	上海天与空广告有限公司
社会化营销	潘婷 3# 闪耀如她 # 社会化营销	有氧 YOYA DIGITAL
平面	非遗不生僻	上海黑闻黑尔广告有限公司
品牌营销	蕉内三部曲	SG 胜加

（续）

类型	作品名称	参赛单位
视频	美团买药——真的值得更多人知道	SG 胜加

银奖

类型	作品名称	参赛单位
音频	没有刘海的人最自信	陕西营火虫品牌营销策划有限公司
社会化营销	OLAY「无惧人言，我就是美」	知乎
视频	守味云南咖啡	广州天与空广告有限公司
平面	舒适降噪 听我想听—办公篇、工地篇	铂扬广告有限公司
智能营销	康师傅畅饮社小程序	广东圣火传媒科技股份有限公司
整合营销	中国邮政储蓄银行 2020 年—2021 年全媒体整合传播项目	昌荣传媒股份有限公司
平面	美的扫地机器人抬脚系列	广东广旭整合营销传播有限公司
整合营销	2021 Killer Recipe 家乐热卖菜	传立媒体
场景营销	2020 广场舞奥妙杯—舞出奥妙人生	传立媒体
整合营销	“我是民乐守艺人”——OPPO 如何用 AI 传承民乐文化	OPPO 小布助手 / 数动传媒
整合营销	「路上坦克」— 沃尔沃 XC60 叠叠乐挑战	朗知传媒
整合营销	Ubras 小凉风内衣新品整合营销案	OIB.CHINA
品牌营销	每一刻 都是伟大时刻	北京新意互动数字技术有限公司
内容营销	每一刻 都是伟大时刻	北京新意互动数字技术有限公司
跨界营销	iQOO × BMW M Motorsport 性能输出，强悍跨界	iPlus 艾加营销
整合营销	《这平常的一天》系列	木瓜创意
内容营销	彩虹糖出了一条你看不懂的广告	DDB 广州
内容营销	《某人》系列	木瓜创意
品牌营销	一加手机 x 五条人 & 文淇「120Hz 电力剧场」创意传播	PAST|NEXT® 去来传播
整合营销	伊利 × 小米，AIoT 打造牛奶 " 白科技 "	小米营销
视频	一加手机 x 空山基「全时空闪银」创意传播	PAST|NEXT® 去来传播
公益营销	中国工商银行“童行人”公益	网易传媒
电商营销	自然而燃 - 我本来就很美	上海天与空广告有限公司
社会化营销	飘柔 × 高考“无脚本” 纪录片营销：“18 岁的美”，不能缺席	蓝色光标数字营销机构
视频	《中国枪，掠如火》王者荣耀新英雄云缨中国枪法宣传片	上海观池文化传播有限公司
社会化营销	和我一起吃瓜吧	上海天与空广告有限公司
内容营销	我在秦陵修兵马俑	英扬传奇集团
场景营销	青岛啤酒《请看好中国》雪地广告牌	上海天与空广告有限公司
品牌营销	饿了么改了一万个名字	上海天与空广告有限公司
视频	中国银联诗歌 POS 机《万物有诗》	上海天与空广告有限公司
视频	中国银联诗歌 POS 机诗歌长河	上海天与空广告有限公司
平面	百威啤酒《喝酒，会友少不了百威啤酒》 《球友篇》《烧烤篇》	广东希尔文化传媒投资股份有限公司
社会化营销	《分开的奥利奥》儿童节情感营销	上海天与空广告有限公司

（续）

类型	作品名称	参赛单位
内容营销	天猫毕业季——加油白衬衫	上海申通德高地铁广告有限公司
场景营销	奥利奥——无与伦比地铁艺术展	上海申通德高地铁广告有限公司
平面	图书馆篇 、电影院篇	珠海灵蜥创意文化传播有限公司
品牌营销	潘婷 3.8# 闪耀如她 # 品牌营销推广	有氧 YOYA DIGITAL
整合营销	LEXUS 雷克萨斯“待人有情”品牌传播	朴睿铂尔
平面	睡不好	广州英本创意品牌营销有限公司
视频	翻书越岭	上海黑闻黑尔广告有限公司
平面	翻书越岭	上海黑闻黑尔广告有限公司

铜奖

类型	作品名称	参赛单位
视频	订单情书	TOPic & Loong
平面	小东西系列——耳机篇、图钉篇、钥匙篇	广东省广告集团股份有限公司
平面	华为 Mate40 7680 帧超高速视频录制	江西华赣传媒集团 · 华赣创意
品牌营销	沃尔玛 - 妈妈的账本	北京峰芒广告有限公司
整合营销	百事太汽桂花国风潮级秀	广东圣火传媒科技股份有限公司
平面	《急中生智》	潍坊市公共交通集团有限公司广告分公司
平面	生鲜赌徒系列	杭州致力品牌管理有限公司
平面	美的半岛庄园—有湖，才是人生	宁波美颐传媒有限公司
社会化营销	你就是我的齐天大圣	好旺角 GMKOK
平面	《千载不难逢》抖音电商非遗购物节系列海报	北京赞意互动广告传媒有限公司
视频	煌煌国货正当潮	北京金上元文化发展有限责任公司
视频	万味榜城市榜系列影片	北京金上元文化发展有限责任公司
视频	伊利冬奥学院 4.0	伊利
品牌营销	棉 · 自然 · 出色 用色彩演绎全棉时代的环保初心	蓝色光标数字营销机构
平面	美的电动牙刷心电图篇	广东广旭整合营销传播有限公司
视频	让爱不止于只言片语	火研社
平面	别克	泰安闪亮登场展览服务有限公司
内容营销	大山里的炫腹	英扬传奇集团
平面	穿越千年系列	广州金燕达观文化传播有限公司
整合营销	洗护界的电竞之王 清扬的电竞新文创全链路整合营销	传立媒体
整合营销	2020 广场舞奥妙杯—舞出奥妙人生	传立媒体
场景营销	金典 x 言几又“言有机”跨界体验营销	传立媒体
整合营销	持续 3 年打造肯德基 KI 上校 IP 做中国玩家的长期兄弟	传立媒体
视频	万式拜年	北京峰芒广告有限公司
视频	京东电脑数码 Switch 健身环快乐等式	北京峰芒广告有限公司
整合营销	2021 年碧桂园“5 爱 5 家直播购房节”	碧桂园控股有限公司
视频	好科技，应该好简单	北京杰尔思行广告有限公司
整合营销	Keep x 扶他林 职人季 整合营销	Keep
品牌营销	中国银联《用支付为人民服务》	上海天与空广告有限公司
视频	Ubras 小凉风《夏天的身体需要什么？》	OIB.CHINA
平面	南航绿色飞行	想象传媒

（续）

类型	作品名称	参赛单位
整合营销	宝洁洗护发 x 屈臣氏 # 作作女孩敢作敢为 # 整合营销推广	有氧 YOYA DIGITAL
整合营销	五菱宏光小红车：人民的想象力 五菱的爆款潜力	小红书
场景营销	爱奇艺《迷雾剧场》之沉浸式地铁场景创意营销	爱奇艺
跨界营销	7 喜 × 小米，IoT 全链路 IP 跨界营销	小米营销
跨界营销	伊利金典 X 周大福跨界贺岁	网易传媒
电商营销	聚划算百亿补贴刘涛直播刘一刀 ip 打造	上海天与空广告有限公司
品牌营销	BaMaWo 年在一起，春节暖心营销	巨量引擎
视频	《这平常的一天》独白篇	木瓜创意
场景营销	“名创优品火星列车”场景营销案例	广州地铁德高广告有限公司 / 南京德高轨交传媒科技有限公司上海分公司
音频	945 就是我的广播（陪伴篇）	北京广播电视台
整合营销	Libresse 薇尔高端新品上市，首个「经期 V 区」艺术展直播	广州蓝色光标市场顾问有限公司
视频	小度耳机「左右」广告片	小度科技
社会化营销	一加手机 x 奥特曼「光之 9R」创意传播	PAST|NEXT® 去来传播
社会化营销	OPPO Find X3 新机发布微博营销	微博
平面	香水《油画篇》	北京导火线创意机构
社会化营销	我在秦陵修兵马俑	英扬传奇集团
场景营销	青岛啤酒夏季奥运会《啤酒礼花》	上海天与空广告有限公司
内容营销	腾讯小鹅拼拼《小拼哲学》3cm 小小书	上海天与空广告有限公司
社会化营销	青岛啤酒《请看好中国》雪地广告牌	上海天与空广告有限公司
社会化营销	腾讯小鹅拼拼《小拼哲学》3cm 小小书	上海天与空广告有限公司
智能营销	爱彼迎“给旅行加点爱”	讯飞 AI 营销云
内容营销	百草味 年的味道	上海天与空广告有限公司
平面	西门子助听器《声音就在耳边》	广东希尔文化传媒投资股份有限公司
公益营销	《分开的奥利奥》儿童节情感营销	上海天与空广告有限公司
内容营销	闲鱼——“第一桶金”大揭秘	上海申通德高地铁广告有限公司
品牌营销	一加手机 - 总有故事被影像看见 - 周迅 & 胡歌篇	PAST|NEXT® 去来传播
平面	美团《等你开饭系列》《家庭饭桌篇》《朋友相聚饭桌篇》	广东希尔文化传媒投资股份有限公司
整合营销	百度 x 君尚国潮 AI 市集	百度（中国）有限公司深圳分公司
平面	和平精英大吉大利中国年预热海报《四圣觉醒》	因赛集团
平面	大巧工具	南通方舟广告有限公司 杨红杰
整合营销	非遗不生僻	上海黑闻黑尔广告有限公司
视频	腾讯游戏 妄想山海 & 岳云鹏 系列	HuSee
内容营销	哔哩哔哩——我不想做这样的人	SG 胜加
内容营销	美团买药——真的值得更多人知道	SG 胜加
视频	共青团中央 x 知乎——重逢	SG 胜加
视频	凯迪拉克——你是我特别的光	SG 胜加

（续）

年度成长力广告公司

类型	作品名称	参赛单位
公司类	Heaven&Hell 上海黑闻黑尔广告有限公司	上海黑闻黑尔广告有限公司

年度传播影响力品牌

类型	作品名称	参赛单位
品牌类	vivo 手机—年度品牌营销传播	PAST|NEXT® 去来传播
	一加手机—年度品牌营销传播	PAST|NEXT® 去来传播

年度广告投放价值媒体 / 平台

类型	作品名称	参赛单位
平台类	微信广告	腾讯广告
	百度营销	百度

年度营销创新媒体 / 平台

类型	作品名称	参赛单位
平台类	腾讯新闻——出品美好，打开眼界	腾讯广告
平台类	快手磁力引擎长城奖 年度创新媒体平台	快手
平台类	年度营销创新平台申报—讯飞 AI 营销云	讯飞 AI 营销云
平台类	腾讯视频	腾讯广告
平台类	微信	腾讯广告

年度营销创新品牌

类型	作品名称	参赛单位
品牌类	蕉内	胜加
品牌类	宏光 MINIEV 人民的代步车	上海擅美广告有限公司
品牌类	一加手机—年度品牌营销传播	PAST|NEXT® 去来传播
品牌类	vivo 手机—年度品牌营销传播	PAST|NEXT® 去来传播
品牌类	方太「五问创新」	知乎
品牌类	OLAY「无惧人言，我就是美」	知乎

年度营销广告公司

类型	作品名称	参赛单位
公司类	蓝色光标数字营销机构	蓝色光标数字营销机构
公司类	胜加	胜加
公司类	新意互动	北京新意互动数字技术有限公司

2021 中国广告业大奖——长城奖（广告学术类）获奖名单

银奖

类型	作品名称	申报人
著作	《作为学科的广告史：发展、个案及趋势》	祝帅
论文	构建中国特色马克思主义广告学	葛在波
论文	竖视频广告效果：分析框架与测量指标	喻国明
论文	《仪式传播如何影响受众对商品的态度》	王霏

铜奖

类型	作品名称	申报人
论文	《美国信息流广告的规制框架及其借鉴意义》	黄玉波
论文	《社交媒体使用对广告态度影响的倒 U 形模式研究》	宣长春
论文	《互联网广告标识问题研究与应对建议》	杨正军
著作	《突发的繁荣与平日的寂寥：中日公益广告运行机制比较研究》	邬盛根
著作	《 程序化广告的道与术：数据技术时代的营销变革》	陈韵博
著作	《2020—2018 年中国商业化新趋势及政策研究报告》	深圳市腾讯计算机系统有限公司杨乐、易镁金

优秀奖

类型	作品名称	申报人
论文	《中国广告学研究进展的知识图谱分析一 ——基于 Citespace 的 CSSCI 数据 库分析》	蔡立媛、李晓
论文	《线下媒体数字化转型研究》	陈岩
论文	《短视频、直播模式中的法律角色》	杜东为
著作	《整合品牌传播：从 IMC 到 IBC 理论构建》	段淳林
论文	《沉浸营销的渊源与发展刍议》	龚思颖、沈福元、陈霓、彭雪华、赵心树
著作	《广告隐喻研究》	何玉洁
论文	《网络直播营销活动的法律问题研究》	孔祥俊、孟春婷、彭官棋、王喆
论文	《中国意见广告型公益广告的发展》	旷琳
论文	《困境、 破局与重构：新零售对消费者主权的新诠释》	李玉蝶、周茂君
论文	《微信朋友圈用户广告分享行为的影响因素研究》	廖秉宜、李嫣然、刘诗韵
论文	《改革开放四十年广告创意模式的发展变迁》	刘晓英
论文	《手机成瘾对广告回避的影响：一个有调节的中介模型》	蒲信竹
论文	《论广播电视广告数字化营销》	荣欣欣

（续）

类型	作品名称	申报人
论文	《试论媒体融合经营的三条主线》	佘贤君
论文	《殊途同归 一－改革开放以来的中国广告与平面设计 》	石晨旭
著作	《品牌透视》	唐仁承
论文	《争议广告视野中的中国社会变迁（1978-2018）》	王晶
论文	《“抗击新冠疫情”公益广告的符号叙事研究 ——以 2020 中国公益黄河奖“抗击疫情”专项奖为例》	王世龙
论文	《数字媒体时代跨媒介视角下广告与设计的双向融合》	王树良、张耀耀、张玉花
论文	《Influence of incentive frames on offline-to-online interaction of outdoor advertising 激励因素对户外广告线下线上互动效果的影响》	卫志勇、窦文宇、蒋青云、古晨妍
著作	《作为知识创新组织的当代中国广告企业生产力研究》	万木春
论文	职业教育，创造多种未来——《2020 职业教育行业洞察》	魏耕
论文	《新中国七十年品牌发展历程与成就》	许正林
论文	《计算广告研究述评：学术史，学术面向及反思（修改版）》	张驰
论文	《疫情公益海报的图像叙事评析》	郑欢、李欣怡

2021 年互动创意奖 & 媒体营销奖获奖名单

全场大奖名单

互动创意奖·全场大奖

奖项	作品名称	提报公司
网络及移动媒体类 -H5 创意广告	我在秦陵修兵马俑	英扬传奇集团

媒介营销奖·全场大奖

奖项	作品名称	提报公司
媒介整合 - 事件与公关营销	一颗菠萝的“黄金 15 分钟” ——徐闻菠萝和 TA 的朋友们	巨量引擎

公益广告奖·全场大奖

奖项	作品名称	提报公司
社会事业公益广告	中国宝宝人生第一次公益 ——佳贝艾特品牌公益战役	华扬联众数字技术股份有限公司 长沙公司

内容原生营销奖·全场大奖

奖项	作品名称	提报公司
IP 内容营销	共青团中央 × 知乎五四微电影《重逢》	知乎

大健康营销奖·全场大奖

奖项	作品名称	提报公司
企业形象传播	莫扎特 80 岁音乐会	方树文化传播（上海）有限公司

年度品牌主

获奖公司
京东零售

年度广告公司

获奖公司
华扬联众

金奖名单

互动创意奖·金奖

奖项	作品名称	提报公司
网络及移动媒体类 -H5 创意广告	我在秦陵修兵马俑	英扬传奇集团
平面及户外类 - 平面创意广告	脱贫托屏系列——苹果篇、橘子篇、栗子篇、水稻篇、蔬菜篇、鱼篇	省广集团
平面及户外类 - 场景创意广告	滴露“热力”换“福利”	雅仕维传媒集团
网络及移动媒体类 - 交互创意广告	彩虹糖出了条你听不懂的广告	DDB 中国集团
网络及移动媒体类 - 信息流创意广告	永不消逝的电波	网易传媒
网络及移动媒体类 -H5 创意广告	我在秦陵修兵马俑	英扬传奇集团
网络及移动媒体类 -APP 开屏创意广告	彩虹糖 x 抖音摇动彩蛋	巨量引擎
网络及移动媒体类 - 二次元创意广告	有实力，敢随变 ——随变冰品 × 虚拟偶像潮咖次元派对	北京爱奇艺科技有限公司
网络及移动媒体类 - 竖屏创意广告	移动 5G 新春营销	网易传媒
网络及移动媒体类 - 小程序创意广告	泡泡玛特潮 FUN 新街区	北京数聚智连科技股份有限公司
网络及移动媒体类 - 社交创意广告	志邦家居 3.8 男人下厨节《就耀你幸福》	华扬联众数字技术股份有限公司合肥公司
网络及移动媒体类 - 移动终端创意广告	一汽丰田全系全域云 3D 数字展厅	EASTWILL DIGITAL 东岸未来
影音游戏媒体类 - 微电影创意广告	京东手机“放心换”品牌短片 《最长的一盘棋》	华扬联众数字技术股份有限公司北京公司
影音游戏媒体类 - 短视频创意广告	此刻，爱可「说」出口	北京杰尔思行广告有限公司
影音游戏媒体类 - 音频类创意广告	京东超市 × 认养一头牛 CNY 营销事件	北京京东世纪贸易有限公司
影音游戏媒体类 - 游戏互动创意广告	敦煌博物馆奇妙夜	网易传媒
影音游戏媒体类 - 智能屏端创意广告	伊利 x 小米，AIoT 打造牛奶“白科技”	小米营销
影音游戏媒体类 -OTT 终端创意广告	《比得兔 2》× 小米 OTT， 重新定义影视 IP 宣发新模式	小米营销
影音游戏媒体类 - 影视植入创意广告	《京东奇葩超市年货节》 京东超市 x 奇葩说第七季营销案例	北京京东世纪贸易有限公司
影音游戏媒体类 - 直播创意广告	雪佛兰「隐秘的实力－硬核拆车实验室」	知乎
融媒体全媒体类 - 公关活动创意	“民族之光 飞鹤向月” 2021 飞鹤探月品牌营销	北京数聚智连科技股份有限公司
融媒体全媒体类 - 整合营销创意	金典娟姗 x 卢浮宫 IP 跨界	蓝色光标数字营销机构
融媒体全媒体类 - 娱乐营销创意	特仑苏《更好的青春》5.4 青年节大电影	华扬联众数字技术股份有限公司北京公司
融媒体全媒体类 - 体育营销创意	凯迪拉克 CT5「车顶运动会『稳赢』」	知乎
融媒体全媒体类 -AI 营销创意	1000 年前夜宴上的你	网易传媒

（续）

奖项	作品名称	提报公司
融媒体全媒体类 -AR/VR 营销创意	大众 ID. 品牌“自我而始”上市项目	北京杰尔思行广告有限公司
融媒体全媒体类 - 场景营销创意	《打个曹操，坐得更好》 品牌营销创意 TVC	杭州优行科技有限公司
融媒体全媒体类 - 电商营销创意	带瑞兽回家，过金典有机新年	蓝色光标数字营销机构
融媒体全媒体类 - 社会化营销创意	华帝 × 快手「华帝家乡味」节日营销	快手磁力引擎

媒介营销奖·金奖

奖项	作品名称	提报公司
平面户外类 - 年度户外媒介营销	水井坊·成都美学系列稿	省广集团
影音视频类 - 年度电视媒介营销	《敢从 0 创》珠江 0 度品牌形象片	省广集团
影音视频类 - 年度 OTT 大屏营销	宝马 × 小米 OTT —大屏营销“马拉松”	小米营销
影音视频类 - 电影 / 微电影媒介营销	特仑苏《更好的青春》5.4 青年节大电影	华扬联众数字技术股份有限公司
影音视频类 - 短视频营销	《让爱时刻在身边》 中国联通国际品牌形象片	省广集团
影音视频类 - 广播与音频媒介营销	知乎城市电台「618 无敌带货王」	知乎
影音视频类 - 网络综艺营销	五粮液《酌见》：一杯好酒的“酝酿”到“品鉴”	腾讯新闻 腾讯广告
网络及移动媒体类 - 搜索营销创意广告	Dior× 小爱同学，七夕用“AI”选礼	小米营销
网络及移动媒体类 -AI 技术营销	“我是民乐守艺人” ——OPPO 如何用 AI 让传统民乐“活”起来	OPPO 小布助手
网络及移动媒体类 - 垂直资讯营销	MaxMara 大衣的爆款之路	小红书
网络及移动媒体类 - 电商营销	2021 芝麻开门， 京东超市 × 芝麻街新年营销大事件	北京京东世纪贸易有限公司
网络及移动媒体类 - 门户营销	2021 雷凌暑期“反套路”营销	网易传媒
网络及移动媒体类 - 娱乐营销	伊利臻浓 &《我和我的家乡》	蓝色光标数字营销机构
网络及移动媒体类 - 游戏营销	百事可乐无糖：一次跨界碰撞两大盛事	传立媒体
网络及移动媒体类 - 直播营销	新华社 × 知乎《28 岁的你》 28 小时不间断直播	知乎
网络及移动媒体类 - 自媒体平台营销	滴露 x 京东超市： # 专业除菌 11 守护 # 跨界玩转除菌日	广州梵也广告有限公司
网络及移动媒体类 - 社交营销	“生生不息”小米春季新品发布会	微博
网络及移动媒体类 - 移动终端营销	支付宝 × 小米，语音一下·服务直达	小米营销
媒介整合 - 媒介整合创新营销	五菱宏光小红车：人民的想象力 五菱的爆款潜力	小红书
媒介整合 - 跨媒介整合营销	「路上潜艇」 — 沃尔沃 XC40 纯电版水底漫游挑战	朗知传媒
媒介整合 - 程序化广告营销	FAST 营销方法论 助力 Adidas 官方 App 用户新增长	OPPO 营销
媒介整合 - 智能屏营销	伊利 x 小米，AIoT 打造牛奶“白科技”	小米营销
媒介整合 -AR/VR 场景营销	QQ 星 x Discovery 整合营销项目	传立媒体
媒介整合 - 事件与公关营销	一颗菠萝的“黄金 15 分钟” ——徐闻菠萝和 TA 的朋友们	巨量引擎
媒介整合 - 体育营销	凯迪拉克 CT5「车顶运动会『稳赢』」	知乎

（续）

内容原生营销奖·金奖

奖项	作品名称	提报公司
文案内容营销	蚂蚁财富「理财 100 问」	知乎
场景内容营销	vivo：大数据共创开启“夜生活”的社交密码	小红书
IP 内容营销	共青团中央 × 知乎五四微电影《重逢》	知乎
短视频内容营销	特仑苏《更好的青春》5.4 青年节大电影	华扬联众数字技术股份有限公司北京公司
社交内容营销	兰蔻小黑瓶正面对话 95 后：多面生活，肌肤同样精彩	小红书
影视内容营销	“你们来了，便有了深圳！” 深圳人才宣传片《深圳脚步》	华扬联众数字技术股份有限公司深圳公司
直播内容营销	搜狐新闻雪山行	搜狐公司
音频内容营销	知乎城市电台「618 无敌带货王」	知乎

公益广告奖·金奖

奖项	作品名称	提报公司
年度移动端内容营销	上汽大众 ID.4 X《未来出行狂想曲》	搜狐公司
年度网综内容营销	《送一百位女孩回家 4》	搜狐视频
MCN 内容营销	必胜客“牛排自由”上市营销战役	北京鹏泰互动广告有限公司
代言人营销	OPPO 年轻世代 KOL Pro+ 娱乐营销	北京爱奇艺科技有限公司
品牌形象公益广告	中国宝宝人生第一次公益 ——佳贝艾特品牌公益战役	华扬联众数字技术股份有限公司长沙公司
社会事业公益广告	中国宝宝人生第一次公益 ——佳贝艾特品牌公益战役	华扬联众数字技术股份有限公司长沙公司
人文关怀公益广告	此刻，爱可「说」出口	北京杰尔思行广告有限公司
自然环保公益广告	空降北京中轴线	网易传媒
扶贫救助公益广告	美好盒子：及时送达美好——公益营销项目	无锡核心信息科技有限公司
建设家乡公益广告	脱贫托屏系列 ——苹果篇、橘子篇、栗子篇、水稻篇、蔬菜篇、鱼篇	省广集团
文化传承公益广告	我在秦陵修兵马俑	英扬传奇集团
全球视角公益广告	《词义新解》（视频）	汕头市精英广告有限公司
公益创新营销	“我是民乐守艺人” ——OPPO 如何用 AI 让传统民乐“活”起来	OPPO 小布助手

大健康营销奖·金奖

奖项	作品名称	提报公司
企业形象传播	莫扎特 80 岁音乐会	方树文化传播（上海）有限公司
健康产品营销	丁香医生 x 丁香妈妈 x Babycare | 以专业知识治愈妈妈焦虑	丁香园·丁香医生
健康数字营销	伊利 X 小米 –“白科技，让牛奶更懂你”	传立媒体
健康整合营销	丁香医生 x 迪卡侬 | 好动没毛病研究所	丁香园·丁香医生
全民健康意识推广	中国宝宝人生第一次公益—佳贝艾特品牌公益战役	华扬联众数字技术股份有限公司长沙公司
宠物健康营销	用爱改写流浪记	网易传媒

中国广告年鉴 2022
CHINA ADVERTISING YEARBOOK

公益广告

Public Welfare Advertising

2020 年与 2021 年全国公益广告事业发展综述

星亮[1]　海韵[2]　文昱[3]

2020 年和 2021 年，全国公益广告领域各相关主体，面对新冠肺炎疫情的严峻挑战，围绕复工复产、脱贫攻坚、中国共产党成立 100 周年等一系列重大社会责任和重大宣传任务，同舟共济、砥砺奋进，发挥了强大的公益动员功能，展现了前所未有的使命担当。全国公益广告事业在应急公益传播的模式创新与组织动员、重大公益使命的责任担当、标志性公益广告活动、公益广告的数字化转型发展、公益广告科研等诸多方面，经受住了重大的历史考验、取得了不俗成绩、创造了新的辉煌。

一、公益广告领域创新应急公益传播模式显担当

2020 年，注定是一个不寻常的年份。新春伊始，面对不期而至的新冠肺炎疫情冲击，中国广告协会、国家广播电视总局作为我国公益广告事业最重要的领帅机关，主动承担社会责任，充分发挥全国性组织的动员优势，与国家相关部门紧密合作，动员广大会员单位和全国广电机构投身伟大的抗疫战争，创新应急公益传播模式，策划并实施了一系列的全国性公益广告和公益行动，传递中央声音、传播防疫知识、鼓舞全民抗疫士气、讴歌奋战在抗疫一线的“最美逆行者”，为取得“抗疫”战争的伟大胜利，做出了积极的贡献。

早在 2020 年 1 月底，全国性的抗疫行动方兴未艾，中国广告协会即以敏锐的专业判断和高度的社会责任感，联合国家卫健委和中国家庭报，共同发起了“抗击疫情公益广告行动”，在短短几天时间内，即动员了全国无数的广告公司、媒体机构、知名品牌和明星代言人等社会力量，迅速投身到抗疫战争的伟大斗争之中。一批广告公司义务策划抗疫公益行动、设计和拍摄抗疫公益广告，大量媒体义务刊播抗疫公益广告，众多明星代言人纷纷义务出镜、为全民抗疫积极发声，全国广告人和明星代言人以广告人特有的方式，为全民抗疫奉献力量。（图 1）

图 1 第一批参加中广协抗疫公益行动的部分明星代言人

---

[1] 星亮，博士、教授、博士研究生导师，暨南大学公益传播研究中心主任，中国广告协会学术委员会常委，广东省广告协会公益广告专委会主席。[2] 海韵，暨南大学新闻与传播学院新闻传播学 2021 级博士研究生。[3] 文昱，暨南大学新闻与传播学院广告学系 2021 级硕士研究生。

据不完全统计，截止到 2020 年 2 月底，中国广告协会联合国家卫健委发起的此项公益行动，全国参与的广告公司超过 400 多家，覆盖的城市达到 300 多个，全国各地免费发布抗疫公益广告作品的广告点位在 120 万个以上，广告刊例价总计突破 20 亿元。

疫情阴霾之下，中国广告协会扛起重担，积极发挥桥梁纽带作用，反映行业诉求、争取政策支持，通过组织一系列公益广告活动助力企业复工复产、扶贫助农。2020 年 3 月，中广协面向国内各大媒体、广告公司、市场调查 / 咨询公司，发起了“新冠肺炎疫情对中国广告业的影响及企业诉求调查”，得到了数百家企业的问卷反馈，并分析形成调查报告；4 月，中广协联合相关单位发起“全民洗手舞挑战赛”，通过短视频形式引导勤洗手的良好习惯，以寓教于乐的方式提高民众防疫意识；6 月起，中广协联合人民日报旗下电商平台人民优选举办“百城百县直播助农”公益活动，推荐来自全国各地的特色产品，分享助农故事，推进经济复苏，通过有效的公益传播，为广告业及其他相关产业的复工复产作出了积极贡献。

与此同时，国家广播电视总局充分发挥在全国广播电视系统的动员能力，采取一系列有力措施，动员、鼓励全国广电系统各级播出机构发挥专业优势，积极投身伟大的抗疫战争，为全国取得抗疫工作的阶段性胜利作出了积极贡献。早在疫情初现之际，国家广电总局即联合国家卫健委，协调中国健康教育中心和部分广播电视播出机构，紧急创作了一批抗疫主题的应急公益广告（图 2、图 3），并纳入“全国优秀公益广告作品库”，免费供全国各级广播电台和电视台下载播出，短短几天时间内，下载量就接近 10 万次。据国家广播电视总局统计，仅在 2020 年大年初一至初七的 7 天内，全国广电系统各级播出机构制作的抗疫公益广告就接近 3 万条，抗疫公益广告作品的播出总量达到 400 余万条次，播出总时长则超过了 300 万分钟。与此同时，广电总局还组织腾讯、优酷、爱奇艺、快手、抖音等新媒体平台，设立防疫公益广告专区。为鼓励全国各级广电主管机关和各级各类广播电视播出机构的抗疫积极性，国家广电总局特设了“2020 年度新冠肺炎疫情防控主题公益广告扶持”项目，以明确的政策导向，有力践行了公益广告领帅机关的责任担当，为广电行业的全员抗疫作出了实实在在的贡献，也为全国的抗疫公益传播奉献了一大批优秀的公益广告精品。

图 2 中央广播电视总台：野生动物保护

图 3 中央广播电视总台：中国速度

面对疫情的“大考”，除中央有关部委和行业协会外，全国各地各级党委宣传部门、市场监管部门、卫生健康部门、广播电视部门、广告行业协会，以及各级各类广播电视播出机构、各级报刊社、各类广告经营主体等相关机构同声同气，发挥各自优势，奉献各自资源，纷纷投身伟大的“抗疫”战争，在城市，在乡村，用形式多样的公益广告传播“抗疫”知识、鼓舞“抗疫”斗志、讴歌“抗疫”勇士（图 4）、弘扬“抗疫”精神，用极具中国特色的“抗疫”公益广告，奏响了全民“抗

图 4 福建省广电局等：背影

疫”的“黄河大合唱”，以或简单实用、或真实质朴、或感人至深、或催人奋进的广告话语，实践并诠释着“公益广告的价值导向”，为伟大的“抗疫”战争取得重大阶段性成果做出了特殊的贡献。

随着全国性“抗疫”工作的深入，全国广告行业各有关主体在持续创作、刊播“抗疫”主题公益广告的同时，根据形势发展的需要，及时调整工作重点，创作了一批以“复工复产”（图 5）、“心理疏导”（图 6）、“关心医护人员”（图 7）、“强化社区管理”为主题的公益广告作品，将“抗疫”公益广告工作推向深入，为全民“抗疫”的稳步推进奉献着广告人的智慧与担当。

图 5 中国（成都）超高清视频创新应用产业基地：精准防疫 有序复工（左）
图 6 中国疾控中心：居家隔离人员心理调适（右）

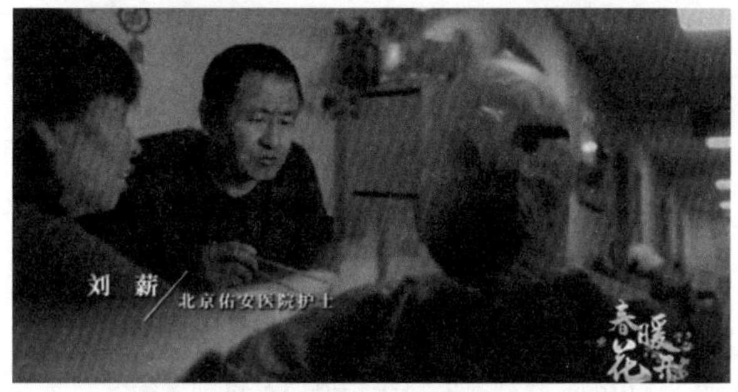

图 7 北京电视台：春暖花开

面对突发重大公共卫生危机，公益广告领帅机关主动担责，积极筹划，举全行业之力全面开展应急动员，各级各类相关机构和人员积极响应，以同样的真诚与热忱投身应急行动，开创了全民动员、共同应对突发公共危机的应急公益传播新模式，而这一全新模式的创建，不仅充分展现了公益广告在应对突发公共危机时所具有的独特作用，更为重要的是，为国家和社会有效应对突发公共危机，探寻到了一条高效的全民动员和全民行动方式，因此，在我国公益广告事业的发展中，具有十分重要的里程碑意义。进入 2021 年后，虽然全国的疫情得到了全面有效控制，但面对时有反复的局部疫情，经受了重大危机考验的这一应急公益传播模式，仍然在全国各地的后续抗疫工作中继续发挥着积极作用，进一步彰显了这一模式的强大社会动员能力和高效行动促进能力，对公益广告在应对重大公共危机中的独特作用作出了最佳的注解。

二、公益广告领域相关主体承担重大公益使命展风采

2020 年和 2021 年期间，在积极应对疫情考验的同时，全国公益广告事业还面临着脱贫攻坚、中国共产党成立 100 周年等一系列重大社会责任和重大宣传任务，面对重担，全国公益广告领域相关主体在承担多元公益使命、履行重大宣传责任两个方面，展现了优异的专业风采，交出了令人满意的答卷。

中国广告协会作为全国公益广告领域的领帅机关，充分利用自身所掌握的行业资源，积极承担重大公益主题的传播使命，在“中国国际广告节公益广告黄河奖”作品征集和评审中，全面布局，强力引导，除在 2020 年第 27 届中国国际广告节黄河奖中特设抗疫专题奖外，还在 2021 年的第 28 届中国国际广告节公益黄河奖中，特设了重大主题公益广告奖，所征集、评选的优秀公益广告作品，涵盖了“庆祝中国共产党建党 100 周年”“八一建军节”“脱贫攻坚”“十四五规划”等重大主题，评选出了“妈妈的请假条”“百年封面 青春特刊”“共绘新蓝图”“中国速度”等一批重大主题的公益广告精品，其中，由中央广播电视总台总经理室创作的庆祝建党 100 周年主题的作品“一百年 一切为了人民”，获得了全场大奖，充分体现了中国广告协会在承担重大公益传播使命上的责任担当。

2021 年，中央有关部门持续鼓励公益广告的创作与播出，引导公益广告把握正确导向，涌动时代大潮。2021 年 5 月，由中央文明办、人民日报社、中国宋庆龄基金会联合主办的“2021 全国公益广告大赛”正式启动，旨在培育和践行社会主义核心价值观，为建党 100 周年打造活跃且正向的舆论氛围。2021 年 6 月，国家广播电视总局联合文化和旅游部，发布首届全国旅游公益广告（红色旅游主题）遴选结果，该活动以旅游公益宣传的

形式传递庆祝中国共产党成立 100 周年、推进落实国家战略的内核导向，一批具备红色内涵的优秀作品于 2021 年 7 月起在全国各级电台、电视台集中展播，并被纳入“全国优秀广播电视公益广告作品库”；2021 年 8 月，国家广电总局、中国老龄协会、国家卫生健康委（全国老龄办）联合开展了“2021 年全国敬老养老助老公益广告作品征集活动”，并最终评选出 30 部全国敬老养老助老公益广告扶持作品，其中广播类作品和电视类作品各 15 部，并纳入“全国优秀广播电视公益广告作品库”供全国各级广播电视播出机构下载展播，以此积极响应人口老龄化国家战略，发扬孝老爱亲传统文化与积极老龄观，助益家风传承和代际认同。

2020 年是全国脱贫攻坚的决胜之年，全国公益广告相关主体创作了一大批以脱贫攻坚为主题的优秀公益广告作品，在多方面反映脱贫事业伟大成就的同时，聚焦脱贫攻坚事业中的典型人物和感人事迹，用“典型事例 + 典型人物”相结合的方式，创作出了以“奋斗在脱贫攻坚主战场的‘农民院士’朱有勇”“扎根基层一线的脱贫攻坚楷模——毛相林”为代表的公益广告精品，塑造了一批奋斗在脱贫工作一线的典型代表人物，并以公益广告的名义，向为脱贫攻坚事业取得最后胜利作出贡献的奋斗者们表达敬意。在众多的优秀作品中，新疆广播电视台制作的“脱贫攻坚致敬每一位奋斗者”呈现了一个个普通人在国家政策扶持之下，以自己的双手打造出美好生活的生动事例（图 9）。中央广播电视总台总经理室制作的“幸福大凉山”（图 10），则展现了大凉山特有风土人情，勾画了大凉山区在全面小康政策扶持下的全新面貌。广东广播电视台创作播出的《致敬脱贫攻坚路上的追梦人》，讲述了驻村扶贫干部南哥帮助村民实现脱贫致富，却因劳累过度以身殉职的感人故事。更令人感到可喜的是，以湖南广播电视台策划实施的“芒果扶贫云超市”为代表的一批公益传播项目，超越了单纯的公益广告层面，以更为开阔的技术思维，将公益广告作品的播出与助农行动相结合，电视观众在观看公益广告作品的同时，可通过二维码扫描，直接参与实际的助农行动，通过大小屏联动的方式，从公益传播的高度，延伸、放大了公益广告的社会动员力和行动力，有效提升了公益传播项目的运行实效。

图 9 脱贫攻坚 致敬每一位奋斗者

图 10 幸福大凉山

2021 年是伟大的中国共产党百年华诞之年，也是全面建设社会主义现代化国家新征程的启程之年，因此，有着极其重大的历史纪念意义。为此，全国公益广告领域各级各类相关主体积极尽职担责，策划、组织、实施了一批以“纪念中国共产党建党 100 周年”和“红色”为主题的公益传播活动，创作、传播了一大批优秀的公益广告精品，在为党的百年华诞送上特别祝福的同时，也以公益广告的名义，履行着神圣的公益使命。广东省广电局在 2021 年度公益广告政府采购项目中，将“庆祝中国共产党成立 100 周年”列为重大主题，鼓励业内外相关主体积极参与，征选出了一批创意精当、制作精美的佳作；2021 年 3 月，湖南省以“庆祝中国共产党成立 100 周年”为特别主题，组织实施了 2021 年度广播电视公益广告大赛；4 月，南京市开展以“奋斗百年路，启航新征程”为赛事主题的第六届“金梧桐”公益广告大赛；同在 4 月，2021 年重庆市公益广告大赛以“辉煌一百年”为主题正式启动；2021 年 12 月 17 日，湖北省广告协会配合湖北省文明办、湖北省委网信办、湖北省市场监管局，举办了以“百年辉煌，照亮前路”为主题的“楚天杯”公益广告征集推广活动，100 件传颂红色经典、传播红色故事、传承红色精神的优秀作品在交流活动中与公众见面。2021 年，以庆祝中国共产党百年华诞为主题的公益广告赛事如雨后春笋般在全国各地涌现，充分表达了全国人民对党的生日的热忱祝福，同时也体现了全国公益广告相关主体积极承担重大公益传播责任的使命担当。

文体明星作为有一定社会影响力的特殊群体，在公益广告事业中始终扮演着十分重要的角色，并在重大公益行动中发挥着积极的示范动员作用。2020 年上半年，众多文体明星以极高的社会责任感投身全国的“抗疫”公益行动，在全民“抗疫”动员和行动引导中发挥了积极作用。2020 年下半年，随着全国“抗疫”形势的明显好转，不少明星又以极大的热忱，在助力“脱贫攻坚”的公益行动中奉献爱心。进入 2021 年，为迎接北京冬奥会的到来，一大批明星代言人又结合品牌推广，在喜迎北京冬奥的公益传播活动中大放异彩，为营造热烈的冬奥氛围奉献了责任与激情。

三、标志性公益广告活动行稳致远

年度大型公益广告活动以其对时代公益主题的精准把握，以及在公益传播中所拥有的巨大影响力，而对全国公益广告事业的发展，起着积极的推动作用，也因而成为代表中国公益广告水平、展现中国公益广告使命、宣示中国公益广告价值的标志性公益广告活动。这其中，由中国广告协会主办的“中国国际广告节公益广告黄河奖”征评活动、国家广播电视总局举办的“全国广播电视公益广告扶持项目”评选活动，以及由北京市人民政府主办、北京市广播电视局承办的“北京国际公益广告大会”最具代表性。

2020 年 11 月 14 日晚，第 27 届中国国际广告节黄河奖颁奖典礼在厦门举办，这也是中国国际广告节宣布永久落户厦门后的首届黄河奖颁奖活动。与往届中国国际广告节黄河奖有所不同的是，本年度因突发席卷全国的新冠疫情，举国掀起了波澜壮阔的“抗疫”斗争，为此，在国家卫健委的支持下，中国广告协会在本年度的公益广告黄河奖中，除常规的“年度类”和“创作类”主题外，还特设了“抗击疫情”专项奖，以激励全国公益广告相关主体用公益广告为全民“抗疫”鼓与呼。本年度黄河奖共征集到作品 9130 件，经初审、终审两轮评审，最终产生了 6 件金级作品、12 件银级作品、17 件铜级作品和 175 件优秀级作品。其中，抗疫主题的作品“致敬抗疫女性篇”“战疫凡星”和“武汉莫慌 我们等你”分获黄河奖金级、银级和铜级荣誉，“苏州 好久不见”等 26 件抗疫主题的作品，获得优秀级荣誉。

2021 年 12 月 11 日晚，第 28 届中国国际广告节黄河奖颁奖典礼在厦门隆重举行。与往届相比，本年度黄河奖的评选活动，在奖项的设置上，做了较大幅度的调整，在常规的社会主题类公益广告作品之外，增设了“重大主题”类和“公益人物”类作品的评审，作品类型的设置更为丰富。在颁奖晚会上，庆祝建党百年主题的作品“一百年，一切为了人民”获得全场大奖，其他 200 件作品分获金、银、铜奖和优秀奖，特别值得关注的是，“妈妈的请假条”等 10 件作品，则分获首次设置的“重大主题”类的金银铜奖。

2020 年和 2021 年度中国国际广告节黄河奖在奖项设置上的调整，一方面反映了我国公益广告事业发展的繁盛景况，另一方面，则反映了中国广告协会与时俱进的办节思维和创新意识，而这种根据环境和条件变化适时调整奖项设置的做法，则为中国国际广告节公益广告黄河奖保持持久生命力，注入了创新活力。

“全国广电公益广告扶持项目”，是国家广电总局于2013年起创建的一项行业性年度公益广告专项工作，旨在通过扶持优秀的公益广告作品和相关机构，来推动全国广电系统的公益广告创作和播出。2021 年 10 月 25 日，国家广电总局正式公布了 2020 年度广播电视公益广告扶持项目评审结果，北京广播电视台报送的“山河无恙 英雄不朽”、广州市广播电视台报送的“大自然的情话”等 53 件作品，分获一、二、三类广播类作品扶持项目，中央广播电视总台总经理室报送的“国家勋章和国家荣誉称号获得者系列公益广告 黄旭华篇”等 57 件作品，则分别获得一、二、三类电视类作品扶持项目，另有中央广播电视总台、广东广播电视台等 33 家播出机构和北京市广播电视局、广东省广播电视局等 26 个单位，名列传播机构类和组织机构类扶持项目名单。为鼓励全国各级各类广播电视播出机构和相关机构积极参与抗击新冠肺炎疫情的公益广告活动，国家广电总局在年度公益广告扶持项目的申报和评审活动之外，专门设立了“新冠肺炎疫情防控主题公益广告扶持作品”的申报和评选活动，得到了全国各地广播电视播出机构的大力支持和积极参与，最终，苏州电视台创作的“一个人的生产线”等13件电视作品，及上海广播电视台东方广播中心制作的“疫情防控歌系列宣传”等6件广播作品，分获一、二、三类扶持作品。这些优秀抗疫公益广告作品的创作和播出，在全国人民抗击新冠疫情的不同阶段，及时发出了恰当的声音，在普及防疫常识、激励抗疫斗志、讴歌抗疫英雄等方面，产生了良好的传播效果，为全国抗疫斗争的胜利，作出了积极贡献。虽然因项目评审的时间节点原因，2021年度广电公益广告扶持项目的评审尚未正式开始，但在2021年全年，根据国家广电总局的部署，全国广电系统各级各类播出机构聚焦“庆祝中国共产党建党100周年”“十四五”规划等重大公益主题，创作、播出了大量优秀的公益广告作品，已经为2021年全国广电公益广告扶持项目的评审，奠定了扎实的作品基础。

北京国际公益广告大会，是由国家广播电视总局、北京市人民政府指导，北京市委宣传部、北京市广播电视局主办的大型年度公益广告活动，也是目前世界上唯一的国际性公益广告专项活动。首届北京国际公益广告大会于2019年举办，第二届北京国际公益广告大会于2020年11月8日在北京国家会议中心隆重开幕，大会以“公益视界 向光前行”为主题，举办了高峰论坛和“大师盛宴”两个主论坛，并设置了“筑梦小康”“逐梦冬奥”“圆梦未来”等分论坛，特邀嘉宾就公益广告对社会发展的积极作用展开研讨。大会期间，会议主办方还同步举办了“优秀公益广告作品展映展示”活动，1302部国内外优秀公益广告作品集中亮相，吸引了众多观众驻足观看。11月10日晚，在2020北京国际公益广告大会公益盛典上，公布了本年度公益广告大赛获奖作品名单，《记忆是一扇扇彩色的窗 我和我的小康》等14部公益广告作品分获特等类、一类、二类、三类作品奖和优秀奖。在盛典现场，主办机构还发布了《公益广告北京倡议》。本届北京国际公益广告大会的公益广告大赛，吸引了来自中国、英国、印度、新加坡、日本、巴基斯坦等国家的参赛作品共2912件，充分体现了大会的国际性。

2021年12月8日，第三届北京国际公益广告大会以“线上+”的方式隆重开幕。本届大会突出“公益传播”理念，注重加强中国公益广告国际传播能力建设，在常规的高峰论坛和“大师盛宴”两场主论坛外，还特别增加了“共圆冰雪梦，一起向未来”主题论坛，与会嘉宾以“圆梦冬奥”为主题，探讨如何通过公益广告来弘扬奥运精神，讲好中国故事，传播中国形象。在大会的启动仪式上，中国广告协会等9家单位，共同发出了《规范明星代言 共塑文娱生态倡议书》。本届大会的创意征集大赛共收到来自中国、白俄罗斯、尼日利亚、马来西亚、塞浦路斯、智利、阿塞拜疆等近10个国家和地区的5166件作品，大赛的国际性进一步增强。经多轮评审，107件作品获本届大赛等级作品奖，400件作品获优秀作品奖。大会期间，主办方还别出心裁地组织开展了两场名为“红色文化旅游公益广告活动”和“优秀传统文化公益广告传承与发展交流活动”，以新颖的线上活动方式，丰富了大会的内容，也体现了大会主办方不拘一格、锐意创新的办会思维，这对我国公益广告事业的可持续发展而言，是一种积极的取向。

除上述影响力较大的大型公益广告活动项目外，全国公益广告领域还有其他各个级别、各种形式的公益广告活动。众多公益广告活动的举办，从一定程度上标志着我国的公益广告事业步入了一个较为活跃的发展时期。而标志性年度公益广告活动的持续开展，则从一定角度反映出我国公益广告事业发展的连续性和稳定性。中国国际广告节公益广告黄河奖、国家广电总局公益广告扶持项目、北京国际公益广告大会等三项标志性年度公益广告活动的持续举办，则是对我国公益广告事业行稳致远的发展态势，做出的最好注解。

四、公益广告数字化转型显成效

2020年，全国公益广告事业在中央及地方各有关行业与相关部门的推动下，持续以技术赋能行业发展，在“抗疫”挑战面前，整合全媒体资源共克时艰，并在发展的关键节点，以创新展现百年辉煌历程，以技术促进社会全面进步。疫情成了公益广告加快数字化转型发展的催化剂，在这一特殊时期，短视频、直播、大数据、人工智能等新技术与业态持续渗透到广告产业，公益广告的数字化进程得以进一步加速，社会价值得以进一步彰显。

2020 年疫情形势严峻时期，为了向更多的受众传递有效信息，以中央广播电视总台为首的广播电视媒体充分利用台网融合优势进行全网传播，运用“5G+4K/8K+AI”等新技术，做到“PC 端、移动端、PAD 端”全覆盖。仅 2020 年 1 月 25 日至 31 日，全国就制作了疫情防控主题视频公益广告近 3 万条，各级播出机构播出 400 多万次，新媒体平台播出相关作品累计点击量达 2 亿次。在脱贫攻坚的关键节点，从中央到地方电视频道踊跃进行跨平台、融媒体、整合式宣传，2020 年 1 月至 7 月，39 个卫视频道累计播出脱贫攻坚主题公益广告 5.13 万条次，播出总时长 503.42 小时，条次数比 2019 年同比增长 45.73%，总时长增长 15.7%，在决战脱贫攻坚舆论引导中发挥了重要作用。网络新媒体、户外 LED 屏、各类移动屏的也在这一时期共同发力，形成了立体的传播效果，以技术赋能公益广告的社会价值。

2021 年 3 月，《中华人民共和国国民经济和社会发展第十四个五年规划和 2035 年远景目标纲要（草案）》正式提出，其中关于健全公共文化服务体系和文化产业体系的相关内容，为公益广告事业的发展提供了新的方向。纲要指出，数字时代的来临改变社会发展形态，人工智能、虚拟现实、大数据等打通了“产业 + 技术”深度融合渠道，并提出实施“上云用数赋智”行动，以推动数据赋能全产业链协同转型。公益广告数字化转型已经成为时代发展要求，如何将技术嵌入产业、将数字融入人文已成为公益广告事业发展的核心问题。中国广告协会会长张国华在发表于《中国广告》杂志上的文章中表示，“十四五”时期，我国广告业面临创新发展的重大战略机遇，国民经济保持平稳增长，居民收入水平提升，国家综合实力增强，为广告业发展打下坚实的经济和社会基础。国家深化改革开放，再加上互联网、大数据等新媒体、新技术的快速发展，新形态、新业态的发展，极大地开拓了新的广告服务领域，为广告产业创造了新的增长点。公益广告的数字化升级已成为时代必然，在技术创新之下，不变的是公益广告弘扬社会主义核心价值观、聚焦社会问题、维护公共利益的社会价值内核。

2020 年，在脱贫攻坚的决胜之年，以阿里巴巴公司为首的互联网企业着力推助以公益直播等新兴形式带动农村振兴，截止 2020 年底，阿里巴巴共举办大型“脱贫攻坚公益直播盛典”活动 7 期，小型公益直播数十场，超过 11 万农民主播在淘宝累计开展直播 330 万场；2020 年，阿里巴巴还携手联合国环境署、生态环境部发起“云探访”濒危动物公益直播等一系列绿色公益行动，联合高德地图与《中国国家地理杂志社》旗下《博物》杂志推出“聆听大自然”系列科普语音讲解，以技术调动公众的公益参与热情，让一系列新的公益传播模式发挥实效。2020 年“三 · 八”国际妇女节，正值“抗疫”关键时刻，快手联合全国妇联等有关部门，发起《致敬了不起的她》短视频征集活动（见图 11），邀请网友记录在抗疫一线的女性们，还运用业界领先的自研 AI 新媒体技术，脱出《抗疫天使》主题魔法表情，创新性地致敬抗疫工作者，传播公益声音。

图 11《致敬了不起的她》公益海报

2020 年与 2021 年，腾讯公益慈善基金会主办的“99 公益日”持续拓宽着公益传播的可能性，朋友圈“小红花”、知识问答、开网络会议、看视频新闻、订制接龙、直播公益等新玩法都成了传播公益的创新手段，让充满善意的声音得以更好地被表达，更多地被看见。同是由腾讯主办的第四届与第五届“我是创益人”公益广告大赛继续发扬初心，强调“创意 + 公益 + 科技”的融合力量，聚焦抗击疫情、扶贫助农、教育公平等等重大主题，并通过对参赛者的辅导与沟通、利用腾讯平台生态下的多元流量常见与广告资源，让普通创作者原本难以被看到的作品得以广为流传。2021 年 12 月，字节跳动公益联手巨量引擎推出“创意季”，聚焦儿童关怀与发展、生态保护与乡村振兴主题，优秀作品能够获得公益运营支持；互动广告产品定制、技术与开发能力支持；DOU+、全民任务、信息流等一系列商业广告产品和广告投放加持，推助公益广告全民共创的公益日常化趋势。各大互联网公司持续发扬以技术和平台为支撑的优良公益传统，积极开展公益广告活动，以创新思维推进公益项目的传播，让越来越多的公众能够亲身参与到公益广告事业中来，为公益广告事业保持长久生机与活力提供了强有力的支持。

五、公益广告科学研究成绩斐然

2020 年与 2021 年，全国广告学界持续深耕公益广告领域，公益广告科研项目立项取得重大突破，学术著作的出版数量与科研论文发表数量双双保持较快增长，公益广告学术研究成果丰硕。

2020 年，对公益广告领域乃至整个广告学理论研究领域而言，都是一个具有里程碑意义的年份。一批以公益广告为选题的科研项目，在全国各级各类科研项目的立项名单中榜上有名。其中，最值得关注的，是 2020 年 12 月 3 日公布的《2020 年度国家社科基金重大项目立项名单》中，中国传媒大学广告学院初广志教授负责的《新中国公益广告发展史》名列其中，这是公益广告科研项目首获国家社科基金重大项目立项，是公益广告乃至整个广告学在国家最高级别科研立项中所取得的重大突破，对显著提升公益广告在国家社科研究领域的学术分量，有着十分重大的意义。此外，在 2020 年 9 月 27 日公布的《2020 年国家社科基金年度项目立项名单》中，河海大学公共管理学院沈汪兵负责的《区块链赋能视角下环保微公益的创意及传播效果研究》榜上有名；在 2020 年 10 月 14 日公布的《2020 年国家社科基金后期资助项目立项名单》中，由上海大学新闻传播学院教授杨海军负责的《民国时期上海公益广告研究（1912—1949）》被评为年度项目。上述科研项目的正式立项，从一定程度上反映了我国公益广告科研所取得的进步，从另一个侧面来讲，也是我国公益广告学术研究水平的具体体现。

2020 年与 2021 年，国内公益广告研究领域的学术著作迎来了出版的高峰。2020 年，由李京丽编著的《社会救助公益传播模式研究》一书出版，该书是教育部青年基金课题《社会救助体系中的公益传播研究》的研究成果之一，书籍内容从历史追溯到现实，结合我国国情，提出了新的社会救助的公益传播模式。由四川大学文学与新闻学院博士陈持、黎薇、王玮三人合著的《公益电视的创作与传播》深入研究分析了公益电视节目、公益电视剧、公益电视广告的发展历程、重点案例、创作手法、风格特色，从中总结出公益电视作品的传播模式与价值。由中国传媒大学与全国公益广告创新研究基地联合创作的《中国公益广告年鉴 2014 — 2019 年》记录了广电总局传媒司全面指导公益广告五年来我国公益广告事业蓬勃发展的光辉历程。由上海交通大学设计学院的萧冰教授与媒体与传播学院王茜教授所著的《公益广告的设计与视觉传播力》采用了眼动实验、回想测试、内容分析、与多模态语篇分析等研究方法相结合，研究受众观看公益广告时的视觉注意的运动，将受众视觉关注的过程与兴趣点可视化分析。2021 年，厦门理工学院传播系赖祯黎的著作《中国大陆报刊公益广告发展研究：1986—2018》以 1986-2018 年刊登在《人民日报》《解放日报》和《厦门日报》这三份报刊上的公益广告为样本，对中国大陆报刊公益广告进行深入研究。这些著作展现了我国公益广告研究精思博览、会通古今的面向，为学界与业界提供了丰富的研究与实践参考素材。

在公益广告期刊论文的发表方面，以“公益广告”为主题关键词在中国知网（CNKI）平台检索相关期刊文献，结果显示 2020 年共有 547 篇、2021 年共有 456 篇相关论文被收录。运用 Cite Space 软件对 2020 年与

2021 年的期刊文献进行可视化聚类分析，以“公益广告”为核心节点，形成了围绕“主流媒体”“新媒体”“融媒体时代公益广告”等元素的节点群，说明学者对于基于公益广告的主流媒体深度融合发展进行了深入探讨；而以“文化”“传统文化”“中国元素”为主的节点群，则显示出学者对于公益广告传播、传承中国特色文化的功能的重视；“保密宣传教育”“课程思政”“专项整治”“主流价值”等节点（图 12）则说明了学者对于公益广告的舆论动员以及价值导向功能有着明确的认识以及积极的探讨，充分展现了公益广告的凝聚思想共识、服务国家需要的社会功能与价值。

回望 2020 年与 2021 年，在这不同以往的特殊时期，我国公益广告领域的行业组织、有关部门、高等院校、企事业单位团结发力，不仅经受住了重大公益使命的历史性考验，也以积极的创新精神紧贴时代变化。全国公益广告领域的发展充满活力，为我国公益广告事业的长期稳定发展，奠定了扎实的基础。

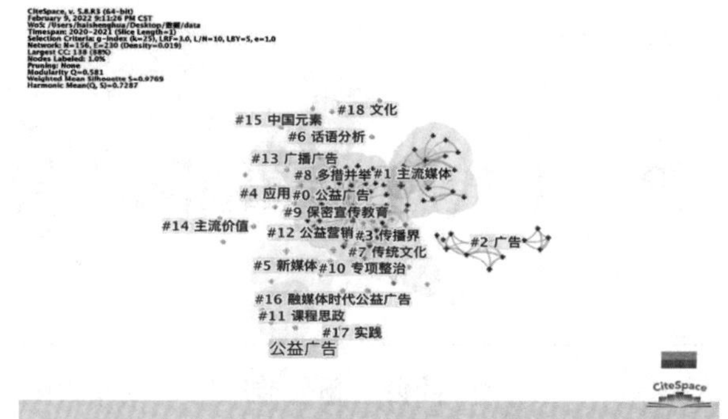

图 12 2020 年与 2021 年公益广告关键词共现分析图

【注 释】

① 高建民出席 2019 首届北京国际公益广告大会并致辞 [EB/OL]. http://www.nrta.gov.cn/art/2019/11/14/art_2146_48733.html:2019.11.14.

② 我院圆满承办 2019 年全国广播电视公益广告创作培训班 [EB/OL]. http://www.rti.org.cn/yxdt/hypx/2019/06/06/0936273225.html:2019.06.06.

③ 2019 年全国广播电视行业统计公报 [J]. 广播电视网络 ,2020,27(07):11-13.

④ 阿里巴巴发布 2019 财年社会责任报告 .[EB/OL]. http://finance.sina.com.cn/stock/relnews/us/2019-06-05/doc-ihvhiqay3764372.shtml.

⑤ 齐鲁网 .2019 年山东药品安全公益广告大赛作品展示 .[EB/OL].http://www.iqilu.com/html/zt/shandong/2019ypaqgygg/.

⑥ 广东省广播电视台 .2019 粤港澳青年原创优秀 4K 短视频及公益广告征评活动终评优秀作品名单出炉！ [EB/OL].http://www.gdetv.net/article/detail/id/1979.html.

⑦ 新浪网 .2019 全国平面公益广告大赛暨全国大学生公益广告征集活动遴选结果公示 .[EB/OL].http://k.sina.com.cn/article_1708159150_65d070ae01900mitk.html?from=edu.

⑧ 搜狐网 . 大会进行时 | 首届北京国际公益广告大会创意征集大赛成功举办 .[EB/OL].https://www.sohu.com/a/347571145_120314598.

⑨ 中国新闻网 . 第十四届设计之都（中国深圳）公益广告大赛颁奖仪式举行 .[EB/OL].https://www.chinanews.com/cul/2019/12-26/9044514.shtml.

⑩ 闪电新闻 . 公益广告讲述济南故事，济南“先行杯”第四届公益广告大赛颁奖 .[EB/OL].https://baijiahao.baidu.com/s?id=1653987277797252364&wfr=spider&for=pc.

⑪ 凤凰网 .2019 中国公益广告黄河奖、315 公益奖颁奖 .[EB/OL].http://biz.ifeng.com/c/7r4jkH2WNhw.

⑫ 腾讯广告 . 从“一个人的球队”看冷门话题三步变为传播爆款 .[EB/OL].https://mp.weixin.qq.com/s/bQ_7sNzOYjm8B_grSelynw.

第二十八届中国国际广告节公益广告黄河奖获奖名单

社会主题公益广告（按投放渠道分：电视、互联网、平面、音频）

金奖

作品名称	参赛单位
《我的超级英雄》	湖南广播电视台
没有尽头的朝圣	TOPic & Loong
冰川的“碳”息	南京市广告协会
坐井观天篇	珠海华发文化传播有限公司

银奖

作品名称	参赛单位
《带上你的眼睛》	海南广播电影电视传媒集团有限公司
这次带货 非常垃圾	TOPic & Loong
一个人的乐队	TOPic & Loong
云山上的音乐家	麦肯 · 光明广告有限公司上海分公司
《国“潮”正兴》	郭士飞 胡志芳 杨展 隋莉 孔琛 陈小莉
面包店的神秘来客	北京峰芒广告有限公司
《别让手机 挡住了孩子的安全》	大方众智创意广告（珠海）有限公司

铜奖

作品名称	参赛单位
2021 春晚公益广告《一声爸妈 就是过年》	中央广播电视总台总经理室
铜瓷的秘密：惜物，惜福	佛山人民广播电台
国华的孩子	碧桂园
“人人学急救，急救为人人”红十字应急救护公益广告	红十字会
《矮寨腔调》	湖南经视马栏花开传媒有限公司
珍惜粮食拒绝浪费	广东广旭整合营销传播有限公司
关怀	北京巴士传媒股份有限公司广告分公司
请对导盲犬说 YES！	湖南广播电视台广播传媒中心
拒绝网络暴力——不喜欢大战	中央广播电视总台总经理室

重大主题公益广告

金奖

作品名称	参赛单位
《八一建军节公益片》	湖南广播电视台卫视频道
《妈妈的请假条》	中央广播电视总台总经理室

银奖

作品名称	参赛单位
开好“慢火车” 生活更美好	陈路莎 鲍新文 颜欢 黄一珂 蔡霞
《百年封面 青春特刊》	湖南广播电视台
锐燚青春	芒果 TV

铜奖

作品名称	参赛单位
“十四五”主题公益广告《共绘新蓝图》	中央广播电视总台总经理室
《年轻人的答案书》	湖南广播电视台
《这是怎样一个人》	湖南广播电视台
《中国速度》	陈浩然、侯兆益、李诺
G100 次列车	安徽今扬映画文化传播有限公司

公益人物广告作品

金奖

作品名称	参赛单位
吉心工程	吉广控股有限公司

银奖

作品名称	参赛单位
爱心厨房	江西广播电视台
一只手转动梦想	广州市广播电视台

全场大奖

作品名称	参赛单位
庆祝建党百年公益宣传片《一百年，一切为了人民》	中央广播电视总台总经理室

第四届 3 · 15 消费者权益保护公益广告大赛获奖名单

金奖

作品名称	参赛单位
《别让预付式消费困住了自己》	广东希尔文化传媒投资股份有限公司
315 是您坚强的后盾	崔建德
@ 谨防消费陷阱	宁波市奉化滤镜广告设计工作室
厚道经营 方能长远发展	秦永杰

银奖

作品名称	参赛单位
我选 12315	南京林业大学 / 彭佳妮
《屏里屏外 货不对板》《水果篇》《肉类篇》	广东希尔文化传媒投资股份有限公司
盗取篇	西安九里观广告文化传播有限公司
《守住钱袋子，护好幸福家》	东莞市道滘镇文化服务中心
12315 就在您身边	吉林广播电视台乡村广播
赌一把	杭州致力品牌管理有限公司
(皮影戏风格) 倡导文化消费 共享幸福生活	查佩仙
保护个人信息安全 你的重视很重要!	查佩仙

铜奖

作品名称	参赛单位
拒绝老年保健品消费陷阱 - 药瓶篇	中央广播电视总台总经理室
个人信息保护（扫码送鸡蛋篇）50 秒	佛山人民广播电台
内外如一系列	碧桂园
当心欺诈	红十字会
索引	湖南经视马栏花开传媒有限公司
红包勿乱点，当心被“钓鱼”！	广东广旭整合营销传播有限公司
多种面孔	北京巴士传媒股份有限公司广告分公司
《保健品“坑老”常见骗局》	湖南广播电视台广播传媒中心
网络直播背后	中央广播电视总台总经理室
食品不是药品 请勿虚假宣传	查佩仙
强化监管担使命，“神医”无处遁形	云风话语传媒广告公司
防范套路 理性消费	云风话语传媒广告公司
到底怎么办	主播小帅工作室

2021 第三届北京国际公益广告大会创意征集大赛等级名单（发布类）

特等奖

类别	作品名称	参赛单位
视频	一百年 一切为了人民	中央广播电视总台总经理室

一等奖

类别	作品名称	参赛单位
视频	祖国花朵心向党	北京广播电视台
视频	小羊快跑	中央广播电视总台总经理室
视频	你记得我 我就活着	兰普博森（北京）国际文化传媒有限公司
视频	逐梦冬奥，青春无悔	北京广播电视台
视频	接力	新华社中国搜索信息科技股份有限公司
视频	大事小事	湖南广播电视台电视剧频道
平面	彷徨	刘怡晨
平面	National development strategy in Macao Special Administration Region 国家发展战略在澳门特别行政区的实施	University of Macau 澳门大学
音频	求救电话	北京广播电视台
音频	答案	中央广播电视总台总经理室

二等奖

类别	作品名称	参赛单位
平面	冰雪梦古今	江西师范大学 戴雨洁 官诗颖 舒涵
平面	无处遁形	天津嘉鹤广告有限公司
平面	杜绝以开会考察之名，行公款吃喝之实	陈宇
平面	失眠	海南省广协选送
平面	来自星星的孩子	陈小兰
音频	山河无恙 英雄不朽	北京广播电视台
音频	入党志愿	中央广播电视总台总经理室
音频	你可能想不到	中央广播电视总台总经理室
视频	人民之光	中央广播电视总台总经理室
视频	一声爸妈 就是过年	中央广播电视总台总经理室
视频	妈妈的请假条	中央广播电视总台总经理室
视频	从黑白到五彩斑斓的世界	佛山拍掂影传媒有限公司
视频	奔跑吧，追梦少年	云南广播电视台
视频	中国腔调	湖南广播电视台电视剧频道

类别	作品名称	参赛单位
视频	海龟勇士正在集结	野生救援（美国）北京代表处
视频	珍惜粮食	湖南广播电视台电视剧频道
视频	Zina Stories Zina 的故事	Be Brand People Digital & Marketing 俄罗斯 Be Brand People 数字营销公司
视频	新中国之歌	北京师范大学中国文化国际传播研究院
	三等奖	
类别	**作品名称**	**参赛单位**
平面	二十四节气系列	杨小汀
平面	关心孩子成长 合理安排学习时间（系列作品）	曾军婉
平面	雄狮怒吼国民醒，巨龙腾飞九州欢	青岛农业大学海都学院 乔译苇
平面	语言暴力系列之《子弹篇》《匕首篇》《冷箭篇》《斧头篇》《地雷篇》	李建明
平面	人与自然	临沂大学 宋苗苗
平面	愚昧	曲阜师范大学 季丞
平面	关注儿童用药安全	安庆正奇远航营销策划有限公司
平面	百年风华	范书斌
音频	用公筷 不见外（相声）	中央广播电视总台总经理室
音频	你的食物余额不足	中央广播电视总台总经理室
音频	没事儿，有我呢	云南广播电视台
视频	百年封面 青春特刊	湖南广播电视台卫视频道
视频	幸福美好生活分享给你	海南广播电影电视传媒集团有限公司
视频	石头的秘密	海南广播电影电视传媒集团有限公司
视频	我们向阳而生	四川外国语大学新闻传播学院
视频	Earn Respect 赢得尊重	AIDA Pioneer 白俄罗斯 AIDA Pioneer 创意公司
视频	做个自带派	野生救援（美国）北京代表处
视频	Hope to wear 重塑衣着 寻找希望	Articul Media 俄罗斯 Articul Media 数字营销公司
视频	随手做志愿 生活有品位	浙江星耀文化传播有限公司
互动	忆昌平百年，获达人称号	北京市昌平区融媒体中心

广告经营单位选介

Advertising Business Unit Introduction

广告经营单位选介

北京

益世传媒科技有限公司

15810389215

北京市亦庄经济技术开发区西环南路 2 6 号院

深圳地铁口文化传媒有限公司

13905422310

深圳市南山区桃源街道南山云谷创新产业园综合服务楼 414

懿赢文化传媒有限公司

18561842720

山东省青岛市市南区香港中路 8 号

北京中广聚力信息技术有限公司

010-67589899

北京市朝阳区西大望路甲 12 号 D 座 11A

北京美景创意文化传播有限公司

010-673127449

湖南省长沙市雨花区湘府东路托斯卡纳 D1-103

中国国际广告有限公司

18701332505

北京市西城区复兴门内大街 158 号 F106B

北京海逸风传媒股份有限公司

15901120083

北京市东城区广渠门南小街领行国际 3 号楼 1-2305

大棒映画（北京）文化传播有限公司

13810088094

北京市朝阳区酒仙桥路 798 艺术区中 2 街 6 号院办公区 2 楼（十一月餐厅旁大门进门直行办公区 2 楼）

北京永佳国际文化传媒有限公司

13811625937

北京市怀柔区杨宋镇地和路

北京天下秀广告有限公司

17630610265

北京市朝阳区三里屯西五街 5 号院 D 座

北京美通互动广告传媒股份有限公司

18518044696

北京市东城区东四十条 68 号平安发展大厦 402 室

原生动力（北京）数字传媒科技有限公司

13601331120

北京市朝阳区高井文化园路 8 号

东亿国际传媒产业园区二期 C15 号楼 2 层

北京国际广告传媒集团有限公司

13552819773

北京市朝阳区西大望路甲 12 号

北京国家广告产业园区主楼 AB-01 室

北京高和誉远文化传媒有限公司

15234261990

北京市北京海淀区北京市海淀区中关村大街 1 号 15 层 1507

北京宾臣国际传媒集团有限公司

13301125005

北京市丰台区嘉园路 58 号

引力传媒股份有限公司
15701595044
北京市朝阳区建国路甲 92 号世贸大厦 B 层 12 层

华铁传媒集团有限公司
15076079336
北京市西城区北礼士路甲 98 号 1 幢 312 室

北京联合时空信息技术有限公司
010-65181800
北京市东城区建国门内大街 18 号恒基中心办公楼一座 10 层

北京得天力广告中心
010-64588368
北京市顺义区天竺镇裕丰路东侧

北京中视电传传媒广告股份有限公司
010-65166288
北京市朝阳区建国路 93 号万达广场 10 号楼 15 层

北京巴士传媒股份有限公司
010- 68429295
北京市海淀区紫竹院路 32 号（北门车站）

北京博瑞恋特文化传媒有限公司
13269165583
北京市朝阳区广渠路 3 号竞园 66-D 路

北京车之家信息技术有限公司
13911134629
北京市海淀区丹棱街 3 号中国电子大厦 B 座 18 层

北京达观经纬广告有限公司
13501218583
北京市朝阳区朝阳北路白家楼甲 1 号红庄国际文化保税创新园 A-1 栋

北京和润天地广告有限公司
13901351328

北京市朝阳区高碑店 C3 青年文创园 D 座 306 室

北京康智乐思网络科技有限公司
010-65499266-8123
北京市朝阳区丽都花园路 5 号院东方金融中心 6 层 601 号

北京创智汇聚科技有限公司
15101111424
北京市海淀区苏州街维亚大厦 6 层

北京立奥慧邦广告有限公司
18510278499
北京市朝阳区东三环中路建外 SOHO 西区 18 号楼 2305

北京奇树文化传媒有限公司
18600023346
北京市朝阳区来广营诚盈中心 5 号楼 606 室

北京晴朗一州文化传播有限公司
18610268113
北京市朝阳区农展馆南路 9 号博雅园 2 座 101

众成就（海南）融媒体科技有限公司
13718180098
北京市海淀区北三环西路 -43 号中航广场 A2-12 层

北京万木迦一文化科技有限公司
13672063899
北京市朝阳区高碑店乡北花园金家村中街 8 号 C 座三层 C3001A 室

北京沃姆互动行销策划有限公司
010-6527 2280
北京市东城区西水井胡同 1 号楼二层 201 室

北京星海文化传媒有限公司
400 818 5688
北京市海淀区中关村东路 1 号院 5 号楼

北京雅迪传媒股份有限公司
15001010403

北京市朝阳区工体北路 4 号雅迪传媒办公楼

北京雅铁广告传媒有限公司
010-65179999
北京市朝阳区建国门外大街甲 6 号华熙国际中心 C 座 31 层

北京阳光印易科技有限公司
010-65614881
北京市朝阳区光华路 7 号汉威大厦 3A11

北京易车信息科技有限公司
010-68616666
北京市海淀区西直门外大街 168 号 腾达大厦 裙楼

北京英迈策源文化传媒有限公司
010-58205260
北京市朝阳区建国路 93 号万达广场 9 号楼 13 层

北京优视空间广告传媒有限公司
010-65907081
北京市朝阳区建国路 89 号华贸公寓 1 号楼 2001 室

北京悦影映画文化传媒有限公司
13911842508
北京市海淀区燕西台嘉苑 18-2-102

北京掌城文化传媒有限公司
13601370492
北京市海淀区东北旺西路 8 号中关村软件园 27 号院 千方科技大厦 B 座 2 层

北京壹通佳悦科技有限公司
17611132005
北京市朝阳区百子湾路 33 号院 万利中心 A335

北京中科实达科技有限公司
13146901055
北京市海淀区上地信息路 1 号 2 号楼 8 层 804

北京中外名人文化科技有限公司
18610633136
北京市朝阳区东三环北路甲 2 号 中外名人文化产业集团

北京雅仕维广告有限公司
010-65179999
北京市朝阳区建国门外大街甲 6 号华熙国际中心 C 座 32 层

北京创世博维规划设计院有限公司
010-6519999
北京市朝阳区建国门外大街甲 6 号华熙国际中心 C 座 33 层

北京视域四维城市导向系统规划设计有限公司
010-65953870
北京市朝阳区西大望路 27 号 [2-1]22 幢 1-619

河北

河北春秋文化传播有限公司
0311-85819390
河北省石家庄市富强大街与槐中路交叉口

河北华糖云商营销传播股份有限公司
0311-89105660
河北省石家庄长安区广安大街 36 号银泰国际大厦 15 层

河北益和文化传播有限公司
0311-86045640
河北省石家庄广安大街时代方舟 1706

河北汇景广告传媒有限公司
0311-68011389
河北省石家庄市中山中路 97 号

铂扬广告公司
0311-85115555
河北省石家庄市广安大街安桥商务

石家庄市天长文化传媒有限公司
0311-83079494
河北省石家庄市中山东路与翟营大街交叉口

石家庄市盛世恒易广告有限公司
0311-80820296

河北省石家庄市建设北大街 101 号

河北众易网络科技有限公司
0311-80669050
河北省石家庄高新区长江大道

河北领帝文化传媒股份有限公司
0311-86051313
河北省石家庄市建设大街与裕华路交叉口

石家庄正邦华谊广告有限公司
0311-87222398
河北省石家庄槐安西路卓达中苑 88 号

石家庄亚软动力科技有限公司
0311-69009633
河北省石家庄市建设北大街 5 号

河北广电网络集团传媒科技有限公司
0311-89887172
河北省石家庄建华南大街 100 号

石家庄星河广告有限公司
18032860220
河北省石家庄桥西区维明南大街 266 号恒大华府 3 号商业办公楼

石家庄君悦广告股份有限公司
0311-80980626
河北省石家庄市长安区中山东路 466 号
新世纪钻石广场 B 座 24 层

河北鹏祥展示广告有限公司
0311-85829878
河北省石家庄裕华区槐安东路 138 号东明工业园 13 栋

河北智捷网络科技有限公司
18931705421
河北省石家庄塔谈国际 3 号写字楼

河北盘古网络技术有限公司
0311-66695689
河北省石家庄勒泰中心写字楼 B 座 37 层

河北久瑞文化传播有限公司
0311-86966675
河北省石家庄长安区剑桥春雨

河北众美传媒股份有限公司
0311-89185697
河北省石家庄市建设北大街 5 号富邦大厦 10 层

承德中达广告商贸有限公司
0314-3011193
河北省承德县下板城文化中心底商

承德市科海广告装饰有限公司
0314-20764170
河北省承德市帝景园 2103 室

张家口市恒远博文广告传媒有限公司
0313-2163999
河北省张家口桥西区西坝岗路 54 号 14 号楼 03 号写字楼二层

张家口市圣源广告工程有限公司
0313-4169777
河北省张家口市高新区

张家口市新主流广告传媒有限公司
0313-5263399
河北省张家口市桥东区工业街

张家口市天元广告有限公司
0313-2163566
河北省张家口市桥西区张家口桥西区西坝岗路

张家口市巴士公交广告有限公司
0312-5887097
河北省张家口市桥东区纬一路龙山水郡小区底商二层

中广艺达（唐山）广告有限公司
0315-2188211

河北省唐山市路南区万达写字楼 D 座 1221 室

廊坊市速腾文化传媒有限公司
0316-2190280
河北省廊坊市广阳区广阳道 260 号

河北消费广场广告有限公司
0317-2158853
河北省廊坊市新华路 6 号

廊坊市智达广告有限公司
0316-5176132
河北省廊坊市广阳区第六大街

山西

山西云媒体发展有限公司
0351-6020098
山西省太原市晋源区晋源镇晋源四巷 14 号

山西市场导报社
0351-7018601
山西省太原市迎泽区迎泽大街 229 号

山西经济日报社
0351-4661002
山西省太原市桃园北路水西关街 26 号

山西闻汇报业发行广告有限公司
0351-4281168
山西省太原市双塔寺街 124 号

太原市华妙广告有限公司
0351-5602588
山西省太原市府西街 169 号华宇国际大厦 A-28 层 D 号

山西京轩科技集团有限公司
0351-7018601
山西省太原市晋源区西中环南段 199 号国投大厦 11 层（时代网创孵化器）第 101 室

大同市蓝博沐文化传媒有限责任公司
0352-2997777
山西省大同城区迎宾街 1 号大有广场 17 层 C 区

山西睿信智达传媒科技股份有限公司
0351-3194555
山西省太原市杏花岭区富力中心 6 层

山西全媒体科技集团有限公司
0351-7018601
山西省太原市小店区经济开发区孵化基地 5 号楼

山西龙采科技有限公司
0351-241333
山西综改示范区太原学府园区南中环街 529 号太原清控创新基地 B 座 3 层

华意文化传媒有限公司
0351-7018601
山西省太原市小店区南中环街智创城 A 座 14 层

国术之光文化传媒有限责任公司
0351-7018601
山西综改示范区太原学府园区电商街 8 号 A 座 1506 室

山西首诚文化传媒有限公司
0351-7018601
山西省临汾市尧都区鼓楼北大街 82 号

山西爱新文化科技有限公司
0351-4177210
山西省太原市五一路金纪元大厦 C 座

山西石门沟商贸有限公司
0351-7018601
山西省太原市小店区凯通大厦

山西广谷汇科技有限公司
0351-8333811
山西省太原市寇庄北街 2-9 号

山西英皓广告有限公司

0352-7609285
山西省大同市平城区御河西路御华帝景写字楼

山西举名继续教育科技有限公司
0351-7018601
山西省小店区晋阳街 68 号海棠壹号 22 层

太原金红花科技有限公司
0351-7018601
山西省太原市小店区真武路 68 号（恒大绿洲）24 幢商铺 1076 号

山西华通广告传媒有限公司
0351-7425661
山西省太原市高新区长治路 306 号火炬创业大厦 C 座 19 层 01 号

太原市森奥标识设计制作有限公司
0351-7018601
山西省太原市小店区体育路亲贤苑 1 号楼 1402 室

山西领先云天文化传媒有限责任公司
0351-8225516
山西省太原市小店区学府街华宇百花谷 D 座 2209 号

山西智胜传媒科技有限公司
0351-8390158
山西省山西综改示范区太原学府园区电商街 8 号电子商务产业园区 A 座 909 室

太原汪氏广告有限公司
0351-7339158
山西省太原晋源区长兴南街 8 号阳光环球金融中心 B 座 1305 房

分众传媒太原分公司
0351-8390688
山西省太原市小店区长风大街 123 号君威财富中心 807

太原晋太广告印刷有限公司
0351-2690139
山西省太原市杏花岭区建设北路 180 号

山西晋商讯网络科技有限责任公司
0351-7018601
山西省太原市小店区体育路 62 号永利国际中心 1 幢 18 号 1808 室

内蒙古自治区

内蒙古锐意广告有限公司
0471-4974455
内蒙古自治区呼和浩特市新城区北垣东街 272 号

内蒙古伙伴传媒有限责任公司
0471-3482310
内蒙古自治区呼和浩特市新城区科尔沁北路内蒙古大学生科技园 2 号楼

内蒙古添意文化传媒（集团）有限公司
18847100099
内蒙古自治区呼和浩特市新城区新华东街太伟方恒广场 C 座

内蒙古异想天开文化产业发展有限公司
0472-5100989
内蒙古自治区包头市少先路 2 号工商联大厦 25 层 B6

内蒙古采纳营销策划广告有限公司
0471-3913311
内蒙古自治区呼和浩特市新城区新华东街 85 号太伟方恒广场 C 座 0634 号

包头市平安广告有限公司
18647236666
内蒙古自治区包头市青山区少先路 2 号商会大厦 1503 室

包头市百年经典广告装饰有限公司
0472-2165666
内蒙古自治区包头市青山区万达广场写字楼 A 座 1106 号

鄂尔多斯报业传媒广告有限公司
0477-8592089
内蒙古自治区鄂尔多斯市康巴什区鄂尔多斯新闻大厦 A 区

乌海市浩达广告制作有限责任公司
18804736688
内蒙古自治区乌海市海勃湾区黄河西街北一街坊 8 号 35 栋

内蒙古博洋广告有限责任公司
0471-3390399
内蒙古自治区呼和浩特市新城区新城南街鼓楼新世纪商厦北六楼

内蒙古万维广告有限公司
13948953021
内蒙古自治区霍林郭勒市天润百合园 2- 商 14 号

内蒙古中拓广告工程有限公司
0471-5975809
内蒙古自治区呼和浩特市赛罕区兴安南路永光巷 28 号

内蒙古东视文化产业有限公司
15047318999
内蒙古自治区鄂尔多斯市东胜区创世纪大厦 A 座 11 层

大魏盛唐文化传媒有限公司
0471-4938865
内蒙古自治区呼和浩特市新城区世贸晶钻 C 座 310 号

呼和浩特市盛世方舟广告有限责任公司
0471-6556547
内蒙古自治区呼和浩特市新城区海东路东方银座 1 号楼 11 层中户

北京首都机场广告有限责任公司内蒙古分公司
0471-4694150
内蒙古自治区呼和浩特市赛罕区长安金座 C 座 704 室

内蒙古风尚文化传媒有限公司
0471-3257081
内蒙古自治区包头稀土高新区创业中心万达 A 座 222 室

内蒙古滋润广告传媒有限责任公司
15661309999
内蒙古自治区包头市钢铁大街帝豪天下 12 层 1212 室

包头市兄弟联众文化传播有限公司
0472-2525868
内蒙古自治区包头市昆区钢城饭店 6301

呼和浩特市辰旭文化传媒有限责任公司
18904718589
内蒙古自治区呼和浩特市工业大学北文苑大厦 A 座 2408 号

呼和浩特市品艺文化传播有限责任公司
4000471130
内蒙古自治区呼和浩特市新城区通道北路教育学院往北 1000 米最南棕色楼高层 1301 室

呼和浩特市新时尚文化传媒有限公司
0471-6578457
内蒙古自治区呼和浩特市新城区海东路丽苑小区 15 号楼副楼 3 层

内蒙古红旗广告装饰有限责任公司
0477-4213123
内蒙古自治区鄂尔多斯市准格尔旗薛家湾景泰商务楼五楼

通辽市北方画苑广告有限责任公司
0475-8239326
内蒙古自治区通辽市建国路中段 0321 栋

呼和浩特市莲讯文化传媒有限责任公司
15047825111
内蒙古自治区呼和浩特市金桥开发区金桥电子商务产业园 8025 号

内蒙古路广文化传媒有限公司
18647389950
内蒙古自治区呼和浩特市哲里木路文苑大厦 A 座 2406 号

乌海市新泰广告公司
联系电话：18804735588
内蒙古自治区乌海市海勃湾区新华东街创客空间

赤峰春晖文化传媒有限责任公司
联系电话：13704769998
内蒙古自治区赤峰市文化广场东侧春晖大厦

通辽市给力文化传媒有限公司
15149920987

内蒙古自治区通辽市科尔沁区红星路北段西侧 04-08 号

包头市腾龙广告设计制作有限公司
13327178111
内蒙古自治区包头市昆都仑区鞍山道 9 号

乌兰察布市德艺轩广告有限责任公司
15034945685
内蒙古自治区乌兰察布市集宁区恩和路 78

内蒙古高速广告传媒有限责任公司
4001600471
内蒙古呼和浩特市新城区哲里木路 9 号

辽宁

辽宁北方传媒广告有限公司
024-23181111
辽宁省沈阳市沈河区青年大街 167 号

沈阳飞乐广告传媒有限公司
13664147777
辽宁省沈阳市皇姑区崇山中路 47-1 号

大连昱锦传媒有限公司
0411-82354358
辽宁省大连市中山区长江路 38 号 2 号楼 1 单元 12 层 2-5 号

中瑞时代文化产业（大连）有限公司
0411-81301267
辽宁省大连市甘井子区金龙寺路 300-7 号

辽宁广播电视广告有限公司
024-2318799
辽宁省沈阳市和平区文化路 79 号

沈阳天一智合传媒广告有限公司
024-23251919
辽宁省沈阳市和平区三好街 100 号华强广场 A 座 17 楼

沈阳铁道文化传媒集团有限公司
024-62037188
辽宁省沈阳市和平区新兴街 19 号

辽宁易为营销传播控股集团有限公司
024-88787888
辽宁省沈阳市沈河区青年大街 1 号，市府恒隆广场 20 层 2002 号

辽宁榜样传媒广告有限公司
024-22895011
辽宁省沈阳市和平区北三经街 22 号

辽宁君弘兆业文化传媒有限公司
024-66692029
辽宁省沈阳市和平区北约客置地广场 2505

大连煜鼎文化产业发展有限公司
0411-81822446
辽宁省大连市中山区七七街南山 1910 小区

阜新天马广告传媒有限公司
0418-3888399
辽宁省阜新市海州区兴隆财富大厦 a 座 17 楼（兴隆商场 B 座 1 号门）

沈阳北方联创传媒有限公司
024-83838885
辽宁省沈阳市沈河区友好街 10-3 号新地中心 3 号楼 2503

沈阳天成亲邻科技有限公司
18240403111
辽宁省沈阳铁西区建设西路 2 号长峰中心 1603

沈阳唐道广告传媒有限公司
13998391799
辽宁省沈阳市大东区滂江街 22 号长峰中心 35 层

辽宁省高速公路实业发展有限责任公司文化传媒分公司
024-67918834
辽宁省沈阳市浑南区飞云路 7-1 号

辽宁天之传媒有限公司

024-31226352
辽宁省沈阳市和平区天津南街 46 号城开中心 T3 座 17 楼

辽宁舞帝网络科技集团有限公司
024-86725555
辽宁省沈阳市沈抚新区双树子 7014 号 5 门

沈阳杰湃文化传媒有限公司
13080777768
辽宁省沈阳市和平区长白岛万科商务中心 7 楼

沈阳中冉尚信文化传媒有限公司
024-88271222
辽宁省沈阳市和平区北市一街 11-4 号一门

大连周艺广告有限公司
13904264301
辽宁省大连市旅顺口九三路五十四号

辽宁省沈阳新辽广传媒广告有限公司
024-22874455
辽宁省沈阳市沈河区十一纬路 169 号富

沈阳鑫宝发展览展示有限公司
13322452299
辽宁省沈阳市浑南新区三义街 8 号利波莎依得 103 栋 3 单元 1024

沈阳有为者营销策划有限公司
13002443993
辽宁省沈阳市和平区民主路 181 号 A 座 911 室

丹东艺华广告有限公司
0415-2895777
辽宁省丹东市振兴区九纬路双星大厦 b 座 1406 室

沈阳金麦广告有限公司
13889883006
辽宁省沈阳市和平区北四马路 6 巷 4-1 号

辽宁旭子创意广告有限公司
0419-93780000
辽宁省辽阳市白塔区新华路 407 号

本溪市天文广告装饰工程有限公司
024-7199666
辽宁省本溪市岭山区塔西社区 66 栋

辽宁亚盛科技有限公司
13998858789
辽宁省沈阳市浑南区营盘北街 7-2 号招商局大厦 A 座

吉林

吉林广播电视台
0431-85816911
吉林省长春市卫星路 2066 号

中国吉林网
0431-82530008
吉林省长春市经开区营口路 956 号

吉林东亚经贸新闻报社
0431-85899788
吉林省长春市南关区南环城路 1088 号绿地中央广场

吉广控股有限公司
0431-8802000
吉林省长春净月高新区生态东街 3330 号

吉林省林田远达形象集团有限公司
0431-88788444
吉林省长春市高新产业开发区飞跃东 555 号

吉林省中麒影视制作有限公司
0431-81178871
吉林省长春市生态大街与天富路交汇伟峰东樾 H3 栋

吉林省国迅广告有限公司
0431-88678808
吉林省长春市解放大路 810 号

吉林省深海广告有限公司

0431-81974700
吉林省长春市南关区亚泰大街
南三环交汇新星宇观塘 B 区

吉林省正进供求世界广告集团有限公司
0433-2813050
吉林省延吉市河南街 24 号

长春海和信息技术有限公司
0431-85610189
吉林省长春市高新开发区硅谷大街 288 号
吉林动漫游戏原创产业园八楼

长春盛世金桥广告有限公司
0431-89319977
吉林省长春市朝阳区绿地蓝海 A 座

吉林省逸品传媒集团有限公司
0431-84662245
吉林省长春市东南湖大路与东环城路交汇

吉林省长衡文化传播有限公司
13804376999
吉林省长春市南关区繁荣路与东岭南街交汇税苑花园

吉林分众广告有限公司
0431-81178395
吉林省长春市西安大路 2058 号绿地蓝海 A 座 1427

长春盘古网络技术有限公司
0431-88981008
吉林省长春市西安大路 727 号中银大厦 A 座 9-10 楼

小白智能科技（长春）股份有限公司
4000820518
吉林省长春市北湖科技开发区盛北大街 333 号
北湖科技园 A 区 B10 栋

吉林省大禹广告有限责任公司
0431-85691973
吉林省长春市东南湖大路天骄大厦 B 座 4 单元 4231 室

吉林省天成龙行广告有限公司
0431-86158677
吉林省长春市青年路 83 号

吉林大爱文化传媒有限公司
13258885666
吉林省长春市西安大路 3099 号猪八戒园区 2F

长春市青年力量创意文化传媒股份有限公司
13086887706
吉林省长春市净月高新区生态东街 3330 号
吉林省国家广告产业园 4 号楼

黑龙江

黑龙江农垦广播电视台
0451-55195060
黑龙江省哈尔滨市南岗区红旗大街 210 号

黑龙江大齐文化传媒有限公司
0452-2444440
黑龙江省齐齐哈尔市建设区军校街部队营西 15-17 号门市

哈尔滨彬尔森传媒有限公司
18774597777
黑龙江省哈尔滨市南岗区哈平路 162 号

哈尔滨分众广告传媒有限公司
0451-51991616
黑龙江省哈尔滨市道里区盛和天下 G13 栋 5 楼

哈尔滨日报报业集团
0451-84890888
黑龙江省哈尔滨市道里区友谊路 399 号报业大厦

哈尔滨铁路站车文化传媒有限公司
0451-86430766
黑龙江省哈尔滨市南岗区铁路街 8 号昆仑大酒店

哈尔滨海润国际文化传播股份有限公司
0451-82335867
黑龙江省哈尔滨市南岗区天顺街 22 号

黑龙江华讯纵横天下国际影视文化有限公司
0454-2738888
黑龙江省佳木斯市向阳区中山街 326 号

黑龙江日报报业集团黑龙江日报广告部
0451-84612318
黑龙江省哈尔滨市道里区地段街 1 号

七台河市坤鹏广告有限责任公司
0464-8150456
黑龙江省七台河市桃山区桃西街红十字养老院对面

哈尔滨千墨设计有限公司
0451-87821115
黑龙江省哈尔滨市香坊区旭升街日升家园
2 栋 1-2 层 10 号商服

黑龙江省完达山乳业股份有限公司
0451-82343376
黑龙江省哈尔滨市南岗区长江路 386 号

新天地广告装潢有限公司
0467-5831118
黑龙江省虎林市平安北路 86 号

黑龙江大德广告有限公司
0451-51178767
黑龙江省哈尔滨市道里区群力金中环商业广场 A388

上海

麦肯 · 光明广告有限公司
021-24111110
上海淮海中路 1045 号 25 楼

上海美术设计有限公司
021-64836488
上海市漕溪路 258 弄 23 号

上海唐神广告传播有限公司
021-51087800-896
上海市金陵东路 2 号光明大厦 9 楼

上海飞帆广告有限公司
021-54252779
上海市中山南二路 777 弄 2 号楼 14 层

上海辰源企业形象设计有限公司
13764227042
上海市徐汇区龙漕路 299 号
天华信息科技园 3A 栋 9 楼

上海赤马广告传媒股份有限公司
021-56652162
上海静安区灵石路 697 号健康智谷 3 号楼 207 室

上海东方广播有限公司
021-22005666
上海市长宁区虹桥路 1376 号 1505 室

上海动观文化传播有限公司
17521327249
上海市静安区江宁路 958 号 5 楼 502

上海广湾广告有限公司
15958809945
上海市普陀区真北路 2500 号 A 栋 608 室

上海恒能泰企业管理有限公司
021-65190686
上海市杨浦区昆明路 739 号文通大厦 20 楼

上海嘉捷广告设计有限公司
13901741008
上海市普陀区武宁路 423 号 2 号楼 102 室

上海郡州广告传媒股份有限公司
021-60325858
上海市长宁区红宝石路 188 号古北 SOHO A 幢 16 楼

上海卡睿微文化传播有限公司
13918417999
上海市长宁区程家桥路 168 号 39 弄大树下
新媒体创意园区 307

新榜（上海看榜信息科技有限公司）
400-0066-059
上海市徐汇区龙启路 258 号绿地汇中心 B 座 18 层

上海米那文化传播有限公司
13916977811
上海市静安区泰兴路 341 弄 8 号

上海纳恩文化艺术发展有限公司
13564567200
上海市徐汇区淮海中路 1285 弄 17 号

上海千羲文化传媒有限公司
13671737873
上海市长宁区万航渡路 2452 号
DOHO 创意园 A 区 102 室

上海瑞狮网络科技有限公司
15317533220
上海市闵行区宜山路 1618 号新意城 A705-708

汇聚商媒数字广告（上海）有限公司
021-64758851
上海市徐汇区桂平路 471 号桂果园 10 号楼 (西)5 层

上海雅仕维广告有限公司
021-64031999
上海长宁区长宁路 1027 号兆丰广场 2102 室

江苏

扬子晚报
400-0908-850
江苏省南京市建邺区江东中路 369 号新华传媒广场 1 号楼
扬子晚报

南京银都奥美广告有限公司
025-68586767
江苏省南京市鼓楼区中山北路 8 号云峰大厦 19 楼南京银都

南京永达户外传媒有限公司
025-86922800
江苏省南京市建邺区嘉陵江东街 18 号（国家广告产业园）
5 栋 13 楼

江苏号百信息服务有限公司
025-86788211
江苏省南京市秦淮区中山南路 501 号通服大厦 18 楼江苏号百

南京华泽云媒广告有限公司
025-83287770
江苏省南京市鼓楼区北京东路 22 号和平大厦 9 层南京华泽

南京乔恩广告传播有限公司
025-86887630
江苏省南京市秦淮区中山南路 49 号商茂世纪广场 12 楼 C2-C5 座

江苏路铁文化传媒有限公司
025-87759816
江苏省南京市建邺区富春江东街 69 号方中大厦 6 楼
江苏路铁文化

江苏银苹果文化传媒有限公司
025-58055088
江苏省南京市建邺区庐山路 248 号南京金融城 4 号 14 层
江苏银苹果

南京国广联传媒股份有限公司
025-52346068
江苏省南京市建邺区嘉陵江东街 18 号国家广告产业园 5 栋 4 层

苏州市明日企业形象策划传播有限公司
0512-65118581
江苏省苏州市姑苏区工业园区旺墩路 318 号苏州明日传播

南京德高公交广告有限公司
025-84711070
江苏省南京市秦淮区汉中路 89 号金鹰国际商城 22 层南京德高

大唐灵狮南京文化传播有限公司
025-86896060
江苏省南京市鼓楼区北京东路 22 号和平大厦 9 层大唐灵狮

南京雷迪欧广告有限公司
025-86644699
江苏省南京市秦淮区白下路 273 号海院伯利兹南门左手小二楼
南京雷迪欧

江苏汇特传媒股份有限公司
025-84200808
江苏省南京市建邺区创智路 1 号北纬国际 A 幢 14 层江苏汇特

江苏金鼎文化传播有限公司
13905153222
江苏省南京市鼓楼区山西路 67 号世界贸易大厦
A1 楼 1101 室

江苏天人合一传媒有限公司
0519-88129900
江苏省常州市新北区太湖中路 27 号 602 室江苏天人合一

淮安市长江广告有限公司
0517-83924158
江苏省淮安市清江浦区淮海北路 10 号茂业大厦 21 楼
长江广告有限公司

江苏金海洋互动城市文化发展股份有限公司
0514-87893344
江苏省扬州市邗江区邗江中路 619 号兰苑商务楼 301 室
江苏金海洋

镇江三山文化传媒有限公司
0511-88880013
江苏省镇江市丁卯新区兴泽路 12 号
文旅国际文化创意产业园 6 号楼 618 镇江三山

江苏三喜传媒有限公司
0510-83398888
江苏省无锡市梁溪区江海西路 990 号
智慧大厦 11 楼 1105 江苏三喜传媒

新华网股份有限公司江苏分公司
18936005899
江苏省南京市嘉陵江东街 18 号 5 栋 14 楼

常州江东现代传媒有限公司
0519-82108038
江苏省常州市金坛区晨风路 61 号金坛电视台

江苏弘润广告传媒有限公司
025-86567486
江苏省南京市秦淮区太平南路 389 号凤凰和睿大厦 1409 室

南京东郊传媒有限公司
13584051979
江苏省南京市栖霞区紫东国际创意园东区
A4 栋 2 楼南京东郊传媒

南京零距离国际广告有限公司
13905172497
江苏省南京市秦淮区江宁路 5 号
南京无为文化创意产业园 D 幢 4 楼南京零距离

南京博尚广告传播有限公司
025-52337511
江苏省南京市建邺区燕山路 150-5 号博尚广告

江苏天合营销策划有限公司
0510-85059918
江苏省无锡市湖滨区建筑西路 777 号 C5 幢江苏天合营销

江苏蔷盛文化传媒有限公司
0516-66690977
江苏省徐州市民主南路 175 号梅园公寓 8#502 江苏蔷盛文化

江苏意百佳影视文化传媒有限公司
0517-83904888
江苏省淮安市清江浦区淮海东路一号
丰惠广场 25 楼江苏意百佳

苏州工业园区苏城广告有限公司
0512-65217613
江苏省苏州市姑苏区金门路 1172 号苏城广告

江苏智慧空间广告传播有限公司
0510-81125566

江苏省无锡市梁溪区清扬路 228 号地铁大厦 1101-1109

浙江

浙江风盛传媒股份有限公司
张蒙，15382393369
浙江省杭州市上城区望江东路 332 号
中豪望江国际 1 幢 6 楼

浙江互联集团
北京市朝阳区四惠武梦琪 18511888823
桥南甲一号伊莎文心广场 A 座 5 层

浙江金澜文化传媒股份有限公司
刘键 18888773777
浙江省嵊州市官河南路国商总部大楼 7 楼

浙江巨划算信息技术有限公司
贾金金 18857535373
浙江省宁波市鄞州区深蓝大厦 602

浙江鑫启瑞广告传媒有限公司
朱晓璐 13588701575
浙江省杭州市江干区凯旋路 445 号 18C

浙江亦芃广告有限公司
吴文燕 18968902000
浙江省温州是人民西路 278 号三楼

温州市轨道传媒有限公司
0577-88955911-600
浙江省温州市鹿城区锦江路 458 号深蓝大厦 601 室

浙江雅铁广告有限公司
0571-87069299
浙江省杭州市上城区城星路 111 号
钱江国际时代广场 2 号楼 1402 室

安徽

金鹏传媒科技股份有限公司
0551-65601111
安徽省合肥市高新区望江西路 766 号

安徽高速传媒有限公司
0551-62848868
安徽省合肥市滨湖区徽州大道 6669 号
高速时代广场 C8 栋 5 楼

安徽黑白广告有限责任公司
13605516666
安徽省合肥市政务区合肥市总商会大厦 2601 室

安徽省清泉广告有限责任公司
0551-63510789
安徽省合肥市蔚蓝商务港 B 座 1720

安徽广播电视台
0551-65993877
安徽省合肥市政务区龙图路 666 号
安徽广播电视台西区综合楼五楼

安徽日报社广告中心（安徽传媒信息广告公司）
0551-65179111
安徽省合肥市潜山路 1469 号报业大厦

合肥新方舟广告有限责任公司
0551-68881038
安徽省合肥市肥西县南方路与灯塔路交叉口向西 500 米

安徽省博达传媒有限公司
4008703222
安徽省合肥市高新区创新大道 2800 号创新产业园二期 F3 栋 5 层

科大讯飞股份有限公司
0551-65309052
安徽省合肥市高新区望江西路 666 号讯飞大厦

合肥汉邦广告传播有限公司
0551-64681288
安徽省合肥市庐阳区桐城路 127 号合作经济广场
3 号楼 22 层

网新科技集团有限公司
0551-62835971

安徽省合肥市庐阳区金寨路 329 号国轩凯旋大厦 11 楼

安徽金运来文化传媒有限公司
0551-65581556
安徽省合肥市蜀山区环球金融广场 B 座 1602

安徽星视窗广告传媒有限公司
0554-7781688
安徽省淮南市田家庵区龙湖中路世纪天成 3 号楼

芜湖市广电新视界广告传媒有限公司
0553-3117048
安徽省芜湖市镜湖区文化路 41 号 -3

滁州市飞天广告文化传媒有限公司
0550-3708188
安徽省滁州市南谯区花园东路 766 号公交公司四楼

合肥市金财智文化传播有限公司
0551-64239565
安徽省合肥市瑶海区凤阳路澳澜宝邸 A 座 5 楼

合肥第一房网络科技有限公司
0551-67106685
安徽省合肥市经开区芙蓉路 268 号合肥创新创业园 9#3 层南

安徽省高路广告传媒有限公司
0551-64226055
安徽省合肥市滨湖新区金融港 A3 栋 1001 室

安徽东宜广告有限公司
0551—65501689
安徽省合肥市包河区绿地中心
c 座 13 层 / 安庆市人民路 222 号

安徽光华广告装饰有限公司
400-0019-989
安徽省六安市裕安区大别山路信德时代广场 6# 楼 3F

安徽远传广告传媒有限公司
18912966646
安徽省合肥市京商商贸城 1 区商业街 M0115 号

易果文化控股有限公司
0551-63430218
安徽省合肥市包河区合柴 1972 创意园 10 号整栋

安徽迪赛广告有限公司
0551-68999999
安徽省合肥市濉溪东路南侧 1 幢迪赛大厦 6 层

分众传媒控股有限公司安徽分公司
0551-837537810
安徽省合肥市包河区东流路 11 号
信达好第坊 8 幢商办综合楼 602 室

安徽今日互联科技有限公司
0551-65308898
安徽省合肥市经济技术开发区智能装备园 B1 栋 2-7 层

福建

福建海呐天成广告股份有限公司
13809500668
福州市五四北秀峰路 188 号闽台 AD 创意园 2 幢 2 楼

福州策元第文化传媒有限公司
15659996727
福州市晋安区鼓山镇福兴大道 32 号 1# 楼 4 层 8407

福建省北辰广告有限公司
13905929345
福州市湖东路 168 号宏利大厦 26 层 A 区

福建希望文化传播有限公司
13805959999
晋江市青阳阳光时代广场 A1-10 层

福建新联合广告有限公司
13906091828
泉州市源和 1916 创意园 M7 幢二楼

福建省漫鱼动漫科技有限公司

18859933999
泉州市晋江市国际工业设计园 3 号楼 408 室

福建省光辉文化传媒有限公司
18059005191
福州市软件园 G 区 1 号楼 22 楼

福州天之谷网络科技有限公司
13906938956
福州市鼓楼区福州软件园 G 区 1 号楼 4 层

厦门尊创文化传媒有限公司
13328792010
厦门市湖里区安岭二路宝远大厦十楼

福建省广设计顾问有限公司
18905910007
工业路 523 号福州大学机械厂
福大怡山文化创意园 8#102 座 1 层

百纳互动网络（福建）有限公司
13696833854
福州市鼓楼区洪山园路 1 号
华润万象城三期 TB 楼 15 层 1502

福州明灯广告制作有限公司
13665000771
福州市闽侯县祥谦镇霞南村福铁小区 118 号

福州明飞广告制作有限公司
18650057533
福州市仓山区叶下工业区 2 号

福建新东湖文化传媒有限公司
18059151111
福州市台江区八一七中路 760 号钦榕大酒店六楼

福建青花传媒有限公司
13705010040
福州市台江区江滨西大道 233 号半岛国际 3# 楼 13 层 1101

厦门澜天电子科技有限公司
13950003526
厦门市同安区同集中路 1007 号 2 号厂房

厦门市恒马广告有限公司
18965146619
厦门市集美区杏滨街道锦亭北路 265 号鹭优速物流园

厦门英锐营造设计有限公司
13779934169
厦门市湖里区古地石广场 A1 栋 5 楼

泉州市玉米田广告传播有限公司
13805974281
泉州市惠安县黄塘镇后西工业区惠黄公路右侧玉米田大厦

中联（福建）广告传媒有限公司
13706069715
莆田市荔城区新日财富广场 B 幢 12F（海源国际酒店对面）

中桥文化传媒（福建）股份有限公司
13506061976
福建省泉州晋江市青阳街道洪山文创园奇峰电商会园 A 栋 4 楼

福建省软众数字科技股份有限公司
13959835931
泉州市丰泽区丰海路泰禾广场 19 号楼泰禾中心 17 层

福建新思维企划有限公司
13959181185
福州市五四路环球广场 15 楼

泉州市泉港区红叶庆典广告有限公司
15659500666
泉州市泉港区山腰中心工业区山前村红叶广告大楼

江西

江西报业传媒地铁文化广告有限公司
0791-86849177
江西省南昌市红谷中大道 1326 号江报传媒大厦 17 楼

江西华赣文化旅游传媒集团有限公司
0791-88611933
江西省南昌市青云谱区施尧路 1111 号天使水榭公馆 A 座 22 楼

南昌轨道交通资产经营有限公司
13970896757
江西省南昌市丰和中大道 912 号地铁大厦

江西省红月亮广告有限公司
13767964011
江西省南昌市高新区紫阳大道 2999 号紫阳明珠 B2 栋 11 楼

江西时刻互动科技股份有限公司
0971-88350002
江西省南昌市红谷滩区凤凰印象网易文创基地 1-2 层

江西广播电视台广播电视广告中心
0791-86301333
江西省南昌市洪都中大道 207 号

江西天义广告艺术有限公司
0794-8266099
江西省抚州市临川区上沿河路 92 号天义大楼 3F

江西永祥广告装饰有限公司
0795-3583222
江西省宜春市明月北路 538 号丰华花苑（十运村）

南昌荣誉广告传媒有限公司
15870012111
江西省南昌市红谷滩中洋大厦 21 层

江西意创实业有限公司
0792-8236611
江西省九江市八里湖新区管委会旁

江西高速传媒有限公司
0791-86519102
江西省南昌市西湖区沿江南大道 1299 号力高滨江国际天郡 B 座 36 楼

江西日报社广告部
0791-86849307
江西省南昌市红谷中大道 1326 号江报传媒大厦 1306 室

南昌圣侨文化传媒有限公司
0791-86808920
江西省南昌市红谷滩新区红谷中大道鼎峰中央写字楼 B 座 1001-3

江西江豫文化发展有限公司
0791-86227277
江西省南昌市东湖区豫章壹号文化科技园

南昌顺星广告标识有限公司
13970888074
江西省南昌市经济技术开发区枫林大道 37 号

江西前岸广告装饰工程有限公司
0791-88105256
江西省南昌市高新大道怡兰苑

上饶市创世纪实业有限公司
0793-2688885
江西省上饶市广丰区康城西路 30 号

江西嘉实传媒有限公司
18979256333
江西省宜春市袁州区袁河东路 888 号
金悦湾小区 17 号楼 01 店

景德镇市友情广告创意有限公司
18279888888
江西省景德镇市珠山区朝阳路四季春晖 43 栋 -14 号复式店

宜春公交广告有限公司
0795-3239387
江西省宜春市袁州区秀江东路 468 号
欧式风情街 2 栋 1 － 3 层 471 室

江西时速文化传媒有限公司

18720059989
江西省南昌市青云谱区井冈山大道 666 号
蓝天郡 1 号商业、办公楼 606 室

江西赣江传媒有限公司
13647006763
江西省南昌市西湖区沿江南大道煌盛外滩国际 B 座 1803

江西赣威广告有限公司
0791-86391589
江西省南昌市青山湖区昌东工业区义坊井坊张村
175 号（江西赣威广告）

南昌九霄文化传播有限责任公司
0791-86655580
江西省南昌市西湖区中山西路 10 号滨江首府

南昌远景资讯有限公司
18070289955
江西省南昌市红谷滩新区华尔街广场 1003

绿地集团江西区域管理总部
13247716002
江西省南昌市新建区九龙湖北龙蟠街绿地集团
江西区域管理总部

山东

山东百盛文化传媒集团有限公司
0539-3100006
山东省临沂市兰山区通达路与涑河北街交汇处
左岸观澜 3 号楼 602

菏泽思领文化传媒有限公司
15554088989
山东省菏泽市开发区丹阳路东段阳光新都小区 17 号楼 0111 室

济南广播电视传媒有限公司
0531-85652458
山东省济南市历下区经十一路 32 号

聊城市金鼎广告有限公司
13506356466
山东省聊城市东昌府区建工大厦 16 楼 1603

青岛深度传媒有限公司
400-8532-001
山东省青岛市北区延吉路 128 号卓越大厦 23 层

山东大众日报融媒传播有限公司
0531-85196619
山东省济南市泺源大街 2 号大众传媒大厦

山东高速新实业开发集团有限公司
0531-68971781
山东省济南市历下区经十路 9999 号
黄金时代广场 D 座 2201 室

山东广电网络有限公司
0531-89938342
山东省济南市历下区经十路 11616 号 奥体金融中心 C 栋

山东汉亚都都传媒股份有限公司
0531-68090700
山东省青岛市市北区连云港路 17 号
财富地带 3 号楼 25 层

山东航空新之航传媒有限公司
0531-85698706
山东省济南市历下区二环东路 5746 号山航大厦 27 层

山东教育电视台办公室主任
0531-85591006
山东省济南市千佛山西路 38 号

山东开创集团股份有限公司
0531-68973960
山东省济南市槐荫区腊山河西路与日照路交叉口
报业大厦 B 座 22 层

山东开创文化产业有限公司
0533-7012119
山东省淄博市桓台县柳泉北路 3888 号创智谷 B2 座

山东昆嵛电视广告有限公司
0631-5218886
山东省威海市环翠区建设街 58 号

山东鲁政传媒有限公司
18906358858
山东省聊城市兴华西路水城华府 1 号大厦

山东路通文化传播有限公司
0539-8211366
山东省临沂市兰山区通达路 36 号
城建时代广场 1646 室

山东麻雀文化传媒有限公司
0531-55775800
山东省济南市高新区汉峪金谷 A3-2 号楼 1106 室

山东尚播文化传媒有限公司
0632-5215019
山东省枣庄市市中区鲁南水城 5 号楼

山东通广传媒股份有限公司
4006678999
山东省济南市汉峪金谷三区 5 栋 3001 室

山东万腾文化传媒有限公司
0531-86099558
山东省济南市高新区汉峪金谷 A3-1-803

山东阳光盛世文化传播有限公司
0531-81756667
山东省济南市历下区青年东路 16 号办公楼 5 层

山东易搜信息科技集团有限公司
18766168788
中国（山东）自由贸易试验区济南片区经
十路 7000 号汉峪金谷 A8-1 楼 19 层

山东智慧广告传媒有限公司
18660585888
山东省烟台市芝罘区通世南路 7 号 B3 号楼 17 楼

山东中铁文旅发展集团有限公司
0831-82429013
山东省济南市天桥区经一路 87 号

世纪人传媒集团有限公司
0531-55690707
山东省济南市历下区龙奥北路海信龙奥九号一号楼 16 层

泰安闪亮登场展览服务有限公司
0538-8236848
山东省泰安市长城路 96 号
天龙国际大厦 B 座 607 室

潍坊市公共交通集团有限公司广告分公司
13583678958
山东省潍坊市奎文区东风东街 8253-2 号

新之航传媒科技集团有限公司
0531-85876707
山东省济南经十路 13777 号中润世纪广场 18 栋 18-19 层

郓城圆之翰置业有限公司
18366037579
山东省菏泽市郓城县郓州街道
水湖国际商贸城 31 号楼 3 层

长城梅地亚文化产业集团有限公司
0531-86938899
山东省济南市历下区青年东路 16 号

淄博市广告协会
13953358678
山东省淄博市张店区华光路 52 号

日照市俊驰文化传媒有限公司
18963837077
山东省日照市东港区海曲东路 187 号

河南

河南大河全媒体广告集团有限公司
0371-63860099

郑州市农业南路楷林中心 9 座

河南广新广告有限公司
18638779966
河南省郑州市管城区东大街 205 号 A 座四层

河南地平线传媒股份有限公司
0371- 65862058
郑州市郑东新区博学路 277 号
正商 · 学府广场 A 座 22 层 2207 室

河南锐之旗网络科技有限公司
18638208686
郑州高新技术产业开发区冬青街 26 号 3 号楼 3 层 18 号

河南白马传媒有限公司
13733871299
郑州市金水区中州大道黄河路金成时代广场 12 号楼 1701 室

郑州互通合众文化传媒有限公司
0371-55679611
河南省郑州市高新区科学大道 57 号
中原广告产业园 4 号楼 22 层 341 室

河南华禾传媒集团有限公司
18860356789
河南省郑州市东风南路创业路绿地之窗云峰 A 座 3610

河南中原广告研究院
13674913835
河南省郑州市高新区冬青街 12 号创业中心 5 号园 607 室

郑州天天广告有限公司
15981801027
河南省郑州市郑东新区商务外环路 23 号中科大厦 2111 室

河南艳阳天传媒广告有限公司
15516166363
郑州市金水区政六街 3 号 1 号楼 5 楼

河南龙马影视有限公司
13837120206
河南省郑州市金水区经二路 2 号中州都会广场 2 号楼
1503 室

河南红旗飘飘文化传播股份有限公司
13938498285
郑州市金水区政六街 3 号 1 号楼 7 楼

阿呆猫数字科技（郑州）有限公司
17621317733
河南省郑州市郑东新区商都路 166 号
电子商务大厦 A 栋 20、27 层

河南三宝鸿鑫文化发展有限公司
19913810176
郑州市郑东新区千玺广场 32 层

河南万众文化传播有限公司
15237155888
郑州市金水区纬五路 30 号院

河南恒誉文化传媒有限公司
0371-88884886
郑州市金水区经二路 2 号院 3 号楼 1103 号

河南鑫艳文化传播有限公司
13837160333
河南省郑州市金水区花园路东风路交叉口正弘中心 1205 室

河南翊端科技有限公司
18037697026
河南省郑州市管城回族区商都路贾陈街
天琴直播产业基地 3 楼

郑州墨客丹青企业营销策划有限公司
18603825830
河南省郑州市金水区金成时代广场 6 号楼 1911 室

洛阳市烽火广告有限公司
13703883339
洛阳市涧西区辽宁路与丽新路口华阳广场国际大饭店 7 楼

河南高速文化传媒有限公司
0371-67166610
河南省郑州市二七区中原东路 93 号院

郑州新纪元广告有限公司
13607699855
郑州市金水区农科路 38 号 5 号楼东 1 单元 1703 号
河南广播电视台广告经营中心
0371-65889111
郑州市金水区纬一路 2 号

河南唐宫文创传媒有限公司
13383716999
郑州市郑东新区七里河北路与众旺路交叉口大象融媒

郑州臻合荣文化传播有限公司
15639018835
郑州市地润路 1 号绿城百合云霞苑 1-3-703

河南路广网络科技有限公司
18838887000
河南省郑州市郑东新区黄河南路祥盛街
SOHO 新干线 B 座 1212 室

河南空港雅仕维传媒有限公司
0371-60239919
河南省郑州市郑东新区金水东路 88 号楷林 IFC A 栋 15 层

湖北

湖北联投传媒广告有限公司
027-81736838
湖北省武汉市江夏区文化大道联投大厦五层

武汉道森媒体股份有限公司
武汉锐特展览文化股份有限公司
13971000989
湖北省武汉市江汉区江汉北路 IFC7 楼

武汉道森媒体股份有限公司
4000270050
湖北省武汉市洪山区徐东大街 128 号联发国际大厦 36 楼

武汉牌洲湾广告科技有限公司
027-87107008
湖北省武汉市洪山区白沙洲中小企业城 38 栋

湖北空港首广联合传媒有限公司
027-85818625
湖北省武汉市天河国际机场湖北机场集团大厦 C309

北东方卓越文化传媒有限公司
027-88562141
湖北省武汉市武昌区和平大道三层楼富贵里 93 号

武汉杨园教育科技创业园有限公司
19972154484
湖北省武汉市武昌区和平大道 1004 号 6 栋

湖北长江启林文化传播有限公司
18186123833
湖北省武汉市洪山区雄楚大街 268 号出版文化城出版大厦

襄阳孔明广告有限公司
18807272888
湖北省襄阳市襄州区汉津大道 6 号（紫荆花园 A2-4-607）

襄阳市公共交通集团公交广告有限公司
18671011588
湖北省襄阳市樊城区星火路 1 号

湖北广播电视台 广
15927027691
湖北省武汉市解放大道 1237 号

二更文化传媒（武汉）有限公司
13817894588
湖北省武汉市武昌区中山路 338 号华宇旭辉大厦 8F802-804

鄂州立永广告有限公司
13607230770
湖北省鄂州市南浦路 143 号（气象局旁综合楼）

湖北非常道励创文化传播有限公司

18502719999
湖北省武汉市武昌区三角路水岸国际 1 号楼 8 楼

湖北亮点城市电视传媒有限公司
13907210019
湖北省荆州市沙市区江津西路 266 号广电大厦

武汉当加源盛广告有限公司
027-83628618
湖北省武汉市江汉区发展大道金墩街 1 号东方商都 10 楼

武汉十点半文化传播有限公司
027-83777769
湖北省武汉市江岸区青岛路 10 号多牛世界四层

湖北交投文化传媒有限公司
18696117823
湖北省武汉市汉阳区四新大道湖北国展中心东塔 27 楼

湖北日报传媒集团
13807199926
湖北省武汉市武昌区东湖路 181 号

武汉美华星文化传媒有限公司
13907219298
湖北省武汉市武昌区东湖路湖北日报传媒大厦 2 楼

宜昌三峡日报传媒集团有限责任公司
13908600483
湖北省宜昌市东山大道 119 号

武汉浅奇造文化传播有限公司
13986206291
湖北省武汉市江汉区新华街 296 号
汉江国际 1 幢 1 单元 5 层 1 号

武汉北极光数字科技有限公司
13971622852
湖北省武汉市武昌区中商广场 4509

武汉盛世在线广告传媒有限公司
13907104589
湖北省武汉市武昌区东湖路 181 文化创意产业园 6 号楼 3 楼

湖南

湖南振企网络传媒有限公司
13755065830
长沙市贺龙体育馆南门嘉盛国际广场 24 楼

湖南可为文化传播有限公司
13508472898
长沙市芙蓉区浏阳河大道 98 号

湖南省奥光广告传媒装饰有限公司
13973089446
湖南省怀化市鹤城区迎丰中路奥体商都三楼

湖南西瓜文化传播有限公司
13187069111
世贸环球中心 53 层

湖南旭晖正升广告传媒有限公司
18907314999
长沙市天心区创谷广告产业园 B2 栋 801、802

长沙新凯美广告有限公司
13574800962
长沙市雨花区韶山中路 412 号商业 1 区 307 房

湖南金钟传媒有限公司
400-0734-918
湖南省衡阳市船山大道 41 号金钟 . 精英城 8 楼

湖南星华信息科技有限公司
13787023110
长沙高新开发区麓谷企业广场 F3 栋 2 楼

湖南怀化市正兴广告艺术有限公司
0745-2230898
湖南省怀化市迎丰西路 207 号（琼天广场十楼）

湖南友加秀文创发展有限公司

18684828900
长沙市天心区劳动西路 289 号嘉盛商务广场 7018 房

长沙达美文化传播有限公司
0731-84168690
湖南省长沙市雨花区人民路 400 号城投大厦 12 楼

湖南乐购文化传媒有限公司
0731-89900606
湖南省长沙市芙蓉区浏阳河大道红橡国际广场 11 楼

湖南竞网智赢网络技术有限公司
0731-82735228
湖南省长沙市高新开发区文轩路 27 号
麓谷钰园 C3 幢 1 层 106 号

湖南尚鼎国际传媒有限公司
0730-8657168
湖南省岳阳市岳阳楼区南湖游路南浦云大厦 1201 室

湖南伟达文化传播有限公司
0731-84119077
湖南省长沙市经济技术开发区寿昌路 6 号

湖南新景想广告有限公司
400-0731-680
湖南省长沙市天心区友谊路中欣国际 12 楼

湖南顺风传媒有限公司
0731-85462211
湖南省长沙市天心区刘家冲北路 129 号喜民大厦 401

湖南北纬三十文旅股份有限公司
0731-89970999
湖南省长沙市芙蓉区火星街道马王堆北路 18 号
福临古汉商业广场第 1 栋 1 单元 18 层 1802 号

湘潭市科美广告装饰有限公司
0731-52312901
湖南省长沙市雨花区左家塘街道人民中路 332 号
鑫泰科技大厦六层

长沙浚云广告有限公司
0731-84190588
湖南省长沙市雨花区左家塘街道人民中路 332 号
鑫泰科技大厦六层

湖南天闻地铁传媒有限公司
0731-86853555
湖南省长沙市雨花区杜花路轨道交通集团 11 楼

湖南智科传媒广告有限公司
13874562628
怀化市红星南路 722 号

湖南省青蓝文化传媒集团有限公司
15874599999
湖南省怀化市河西经开区广告创意园 A1 栋

湖南海天广告传媒有限公司
13307468699
湖南省永州市冷水滩区远志外滩 7 号楼 26 层

湖南创研科技股份有限公司
18569069097
湖南省长沙高新区文轩路 27 号麓谷钰园 F4 栋 301 号

岳阳创一文化传媒有限公司
13973010074
湖南省岳阳市站前路 213 号商业城八区 312 号 201 室

湖南亚文传媒股份有限公司
0731-85540405
湖南省长沙市天心区雀园路 568 号长沙（国家）广告产业园
A5 栋 1 楼 101/102 号

湖南湘江致远广告传媒有限公司
0731-81868825
湖南省长沙市岳麓区梅溪湖环湖路湘江集团大厦 27 楼

天下商帮（湖南）国际商务有限公司
13347316063
长沙市芙蓉区东二环湖南国际商务中心 4 楼

湖南拓合传媒有限公司
0731-8509999
湖南省长沙市岳麓区潇湘南路柏宁地王广场南栋 14 层

北京首都机场广告有限公司湖南分公司
0731-85232921
湖南省长沙市雨花区侯家塘街道韶山北路 387 号汇财中心

湖南悦赢文化传播有限公司
0731-85232921
湖南省长沙市雨花区侯家塘街道韶山北路 387 号汇财中心

株洲市公交广告文化传媒有限责任公司
0733-22035888
天元区泰山西路高科汽配园 D 区 6 栋

湖南新财智文化传媒股份有限公司
0731-85819488
湖南省长沙市天心区芙蓉南路 368 号
BOBO 天下城第一栋 20009 房

湖南日报全媒体发展有限公司
0731-84326322
湖南省长沙市芙蓉中路一段 442 号
新湖南大厦产业楼 46 楼

长沙天心文化广告产业园管理委员会
0731-88730108
湖南省长沙市天心区雀园路 568 号创谷主楼 2 号

湖南红网传媒有限公司
0731-87961297
湖南省长沙市韶山南路 258 号

湖南众益传媒股份有限公司
0731-84510008
湖南省长沙市五一大道 456 号亚大时代 22 楼

长沙广电数字移动传媒有限公司、长沙市地铁电视传媒有限公司
0731-82777478
湖南省长沙市雨花区湘府东路 989 号广电产业园 18 楼

湖南幸运星上扬广告有限公司
0731-84152550
湖南省长沙市芙蓉区韶山北路维一国际 6 层

湖南三化文化传播有限公司
0730-8275565
湖南省岳阳市岳阳楼区金鹗中路 286 号粮贸大厦二楼东边

广东

广东省广告集团股份有限公司
020-87301773
广东省广州市海珠区新港东路 996 号保利世贸中心 G 座

广东广播电视台广告管理中心
020-61228839
广东省广州市环市东路 331 号

广东省南方广告有限公司
020-87393738
广东省广州市广州大道中 289 号

羊城晚报社
020-87133356
广东省广州市天河区黄埔大道中 309-315 号 3-10A

广东因赛品牌营销集团股份有限公司
020-62606088
广东省广州市番禺区番禺大道北 555 号
番禺节能科技园 26 号楼

广东新年文化传媒集团有限公司
020-28823697
广东省广州市天河区珠江西路 17 号广晟国际大厦 26 楼

珠海华发文化传播有限公司
0756-3239600
广东省珠海市香洲区吉大路 101 号建行大厦 2-3 层

科大讯飞股份有限公司
0551-65309405
安徽省合肥市蜀山区高新区望江西路 666 号

深圳报业集团
0755-83517950
广东省深圳市福田区深南大道 6008 特区
报业大厦 37 楼经营管理部

江门市江诚实业有限公司
0750-3525803
广东省江门市蓬江区建业街 12 号 2 楼

广东嘉年广告有限公司
020-84893231
广东省广州番禺区市桥街光明北路 242 号雍雅园华联大厦 9 层

广州四方传媒股份有限公司
020-87362052
广东省广州市黄埔区映日路与揽月路交叉路口西北侧
（广州科学城总部经济区 -1 期）A10 栋 6 楼

广东红太阳传媒股份有限公司
0750-3130128
广东省江门市蓬江区江门万达广场 16 幢 6 楼

广东希尔文化传媒投资股份有限公司
0756-3229500
广东省珠海市前山明珠南路 2021 号金嘉大厦
2 栋 2 楼希尔传媒

广州市悦和美广告有限公司
020-34813488
广东省广州番禺区市桥光明北路 242 号 8 层

分众传媒有限公司
020-66220999
广东省广州市天河区天河北路中天购物城 4 楼 402 单元 12 号

深圳市京城传媒有限公司
0755-82506999
广东省深圳市福田区福华一路大中华国际交易广场东区 36 楼

广州旗智企业管理咨询有限公司
020-85607159
广东省广州市珠江新城花城大道 20 号广州远洋大厦 1304 室

广州日报报业经营有限公司
020-81163280
广东省广州市海珠区阅江西路 386 号广报中心

广州市珍宝广告有限公司
020-38103810
广东省广州市天河区天河路 385 号太古汇一座 2406 室

广东平成广告有限公司
020-87351480
广东省广州市越秀区二沙岛烟雨路 28 号 2F

珠海市北合广告有限公司
0756-3376061
广东省珠海市吉大水湾路 333 号轩坤花苑 14 栋

广东昌辉传媒投资有限公司
0762-3355333
广东省阳江市登峰东路 4 号

清远尚美创意策划传播有限公司
0763-3366999
广东省清远市小市丽清花园丽兴苑 A、B 座 2 楼

广州市美尚广告有限公司
020-87303642
广东省广州市天河区天河路 490 号壬丰大厦 2606 室

广东英信文化传播有限公司
0754-88979985
广东省汕头市金平区跃进路 23 号利鸿基中心大厦 3 幢 2401 室

广东广旭整合营销传播有限公司
020-38327654
广东省广州市越秀区东风东路 761 号丽丰中心 21 楼

广州悠派振运整合营销策划有限公司
020-38732118
广东省广州市海珠区聚德北路 29 号 UP 智谷 B1 栋五楼

广东省广告集团股份有限公司
020-87600168（总机）
广东省广州市海珠区新港东路 996 号保利世贸中心 G 座

南方电网数字传媒科技有限公司
020-38122925
广东省广州市越秀区东风东路 846 号天联大厦

广州公交集团广告传媒有限公司
020-83528859
广东省广州市天河区天河北路尚层商务国际写字楼 29 楼

广东圣火传媒科技股份有限公司
020-66655308
广东省广州市天河区黄埔大道西 100 号
富力盈泰广场 B 座 902-905

上海奥美广告有限公司广州分公司
020-81136208
广东省广州市海珠区滨江东路 191-195 号金海湾 3F

北京电通广告有限公司广州分公司
020-83977888
广东省广州市天河区珠江新城珠江东路 28 号
越秀金融大厦 42 层

广州市珍宝广告有限公司
020-38103810
广东省广州市天河区天河路 385 号太古汇一座 2406

广州市汉狮咨询有限公司
020-8350999
广东省广州市越秀区团结路 26 号

有米科技股份有限公司
400 822 8666
广东省广州大学城青蓝街 26 号有米科技大厦 14-17 层

广东喜喜传媒有限公司
020-38131396
广东省广州市番禺区番禺大道北 62 号中辉大厦 B 栋 6 楼

广州昭阳和牧场广告有限公司
020-37616399
广东省广州市越秀区先烈中路 80 号汇华商贸大厦 2612 房

广州市美联广告有限公司
020-34813488
helifen@yomeiad.com

广州市正点未来营销策划股份有限公司
13570280370
广东省广州市荔湾区芳村大道东 200 号 1850 创意园 40-43 幢

广州金燕达观文化传播有限公司
020-87377957
广东省广州市天河区黄埔大道中 666 号
保利金融大都汇之中融广场 1512

广东九易广告有限公司
020-87385808
广东省广州天河区珠江新城华穗路 406 号
保利克洛维二期 23F19-22 室

广东太平网联广告有限公司
020-89773352-169
广东省广州市海珠区琶洲大道 83 号宝地广场三层

盛世长城国际广告有限公司广州分公司
020-38791228
广东省广州市天河区珠江新城金穗路 1 号邦华环球广场 6 楼

时趣互动（北京）科技有限公司广州分公司
020-37785550
广东省广州市越秀区广州大道中 289 号采编楼 2401、2402、2403、2404 室

广州艾媒数聚信息咨询股份有限公司
18102730697
广东省广州市番禺区新造镇智港大街 15 号
思科智慧城 A5 座 11 层

广州交易会广告有限公司

020-89268246
广东省广州市海珠区凤浦中路 679 号 8 楼

广州圣达广告有限公司
020-37804916
广东省广州市越秀区广州大道中 307 号（C 栋）3702 房

广东意博广告有限公司
020-83547972
广东省广州市越秀区小北路 187 号鹏源发展大厦 11 层

广州凡拓数字媒体科技有限公司
020-29166080
广东省广州市天河区石牌街道龙怡路 117 号
银汇大厦 27 楼

广州奇异果互动科技股份有限公司
020-38615326
广东省广州市天河区珠江东路 12 号
高德置地冬广场 H 座 2801

广州英扬传奇品牌营销有限公司
020-83489200
广东省广州市天河区华就路 12 号三银大厦 14F

广东希尔文化传媒投资股份有限公司
0756-3229500
广东省珠海市前山明珠南路 2021 号
金嘉大厦 2 栋 2 楼希尔传媒

广州数讯营销策划有限公司
020-34329412
广东省广州市海珠区新港东路 996 号 1401 房自编 A 房

广州雅仕维广告有限公司
020-83510252
广东省广州市天河区黄埔大道中 662 号
金融城绿地中心 1008 室

珠海雅仕维报业传媒有限公司
0756-3323003
广东省珠海市香洲区九洲大道中 1009 号
钰海环球金融中心 2901-2902

珠海粤雅传媒有限公司
0756-3323003
广东省珠海市香洲区九洲大道中 1009 号
钰海环球金融中心 2901-2902

广西

广西广播电视台
广西美丽天下广告有限责任公司
1397177007
广西壮族自治区南宁市民族大道 73 号
广西广播电视台 1 楼 103 室

广西新广播传媒有限公司
13977166918
广西壮族自治区南宁市民族大道 73 号

广西乐达传媒有限公司
13737034423
广西壮族自治区南宁云景高坡岭路口南宁轨道大厦 B 座 6 层

广西顶源传媒有限责任公司
1877650241
广西壮族自治区南宁市青秀区中柬路 9 号
利海亚洲国际 9 栋二单元 802

广西锐力鑫达传媒有限公司
18577187789
长虹路 66 号南宁火车东站北商业区三楼

广西回南天传媒科技有限公司
18277114068
广西壮族自治区南宁市青秀区佛子岭路 18 号
德利 · 东盟国际文化广场 B2 栋 501 号

广西驿道广告有限公司
18977184836
广西壮族自治区南宁市青秀区中柬路 9 号
利海亚洲国际一号楼 1 单元 903A 号

广西高铁商旅服务有限公司
13788114256
广西壮族自治区南宁市青秀区民族大道 157 号
财富国际广场 B 区 4 号楼 28 层

南宁兆利来金属制品有限公司
13407708913
广西壮族自治区南宁市江南区长凯路 23 号第一、二层西侧

广西富和广告策划有限公司
18070908585
广西壮族自治区南宁市江南区白沙大道 35 号
南国花园商城 E2 栋 12 号

广西白马文化传媒有限公司
0771-5853880
广西壮族自治区南宁市青秀区通达东路 1 号

广西广聚文化传播有限公司
18778089455
广西壮族自治区南宁市西乡塘区大唐天城 7 号楼 33 层

广西赛扬文化传媒有限公司
0771-5778760
南宁市青秀区通达东路 1 号 -1 号楼 16 层

广西蓝图传媒集团有限公司
18977303888
广西壮族自治区南宁市良庆区盘歌路 8 号
大唐国际中心 1 号楼 16 层

南宁华策广告策划有限公司
18978800998
广西壮族自治区南宁市凤景路 6 号铁建地产大厦 12 楼
广西创易企建科技服务有限公司

18978166557
广西壮族自治区南宁市西乡塘区创新路 23 号
南宁中关村 10 栋

广西源耀传媒有限公司
0771-3338883
广西壮族自治区南宁市兴宁区昆仑大道 58 号
盛天东郡 1 号商业楼 2 楼

广西新浪信息服务有限公司
0771-3186593
广西壮族自治区南宁市高新区总部路一号总部基地一期 A11 栋

广西南宁快乐广告有限公司
19994416669
广西壮族自治区南宁市东葛路 86 号星和园 C 栋 303 号房

广西盛拓信息技术有限公司
18776761994
广西壮族自治区南宁市青秀区竹溪大道 71 号领东尚层 912 号

广西南宁华驰广告有限公司
18277156855
广西壮族自治区南宁市秀园三里路沿线 6-6 号仓库

广西综路传媒集团有限公司
13607813830
广西壮族自治区南宁市青秀区金湖路 55 号亚航财富 19 楼

南宁市品冠广告有限公司
13647870202
广西壮族自治区南宁市兴宁区邕武路 16 号

广西南宁可正文化科技有限公司
13978711146
广西壮族自治区南宁市良庆区五象大道 403 号
富雅国际金融中心 G1 栋三十八层

广西集翔网大信息科技有限公司
19907701088
广西壮族自治区南宁市高新区总部路 1 号
东盟总部基地 1 期 D2 栋

广西哎哟喂文化传播有限公司
18648806406
广西壮族自治区南宁市青秀区民族大道 137 号永凯大厦 23 层

广西南宁拓普文化传播有限公司
18607716543
广西壮族自治区南宁市青秀区长湖路长湖景苑 9 栋 32 层

广西第五格融媒体文化传播有限公司
15678869101
广西壮族自治区南宁市西乡塘北湖北路大唐·天城 7 号楼 3317

广西华骏胜辉广告有限公司
18677100722
广西壮族自治区南宁市兴宁区长堽路 103 号 7 栋 3 楼

南宁桌面功夫品牌管理有限公司
18648909937
广西壮族自治区南宁市青秀区长虹路 5 号
荣和悦澜山 16 栋 2 单元 2805 室

广西自贸区天创广告有限公司
13517776068
广西壮族自治区自由贸易试验区南宁市片区平乐大道 35 号
宝能五象湖 1 号 S6 号楼二层 219 号商铺

广西全众科技有限公司
18978999240
广西壮族自治区南宁市良庆区金龙路 2 号
广西新能源大厦 14 楼 15A10

广西宝投传媒股份有限公司
0771-5598884
广西壮族自治区南宁市滨湖路 55 号南湖国际广场 5 栋 302 室

广西无疆传媒有限公司
15177100915
中国（广西）自由贸易实验南宁片区体强路 19 号
阳光城时代中心 A 座 18 层 16-22 号

广西锐力鑫达传媒有限公司
18577187789
广西壮族自治区南宁市南宁东站北商业区 3 楼

广西宝投传媒股份有限公司
0771—5598884
广西壮族自治区南宁市滨湖路 55 号
南湖国际广场 5 栋 302 室

南宁市神雕广告有限公司
13768889958
广西壮族自治区南宁市西乡塘区园北路 2 号
都龙科技园 8 栋 2 楼

广西鸿志文化传媒有限公司
14777765588
广西自由贸易实验区南宁片区五象大道 401 号
南宁航洋信和广场 2 号楼四十层 4018 号办公

海南

海南三乐传媒投资有限公司
13389883399
海南省海口市百方广场

海南日报
18389815666
海南省海口市金盘路 28 号

海南广播电影电视传媒集团
13876300505
海南省海口市南沙路 61 号

海口广播电视台
13976997777
海南省海口市中沙路 15 号

海南信立传媒股份有限公司
13876163999
海南省海口市龙昆南路 50 号首领公馆 20 层 2006 室

海南中信投传媒产业集团有限公司
18907518888
海南省海口市龙华区嘉陵大厦五楼

海南二十一城文化传媒有限公司
13876808988

海南省海口市龙华路 43 号椰岛广场 B2 栋 30 层

海南画王文化传播集团有限公司
18876170111
海口市龙昆南路 39-2 号乔海阳光大厦 3 楼

海南壹玖文化传播有限公司
13807571775
海南省海口市龙华区帝豪大厦十八楼

天道创服（海南）网络科技集团有限公司
13078997895
海南省海口市琼山区府城镇中山南路延长线迈瀛东一路 32 号

海南印象广告工程有限公司
13976680884
海南省海口市海秀东路北方大厦三楼

海南风行天下广告有限公司
13876698778
海南省海口市龙华区金龙路 1 号椰岛大厦 5 楼 B 座

海口壹媒介广告有限公司
18898276688
海南省海口市国贸路 48 号新达商务大厦 10 层

海南潮博文化传媒有限公司
18808956605
海南省海口市龙华区绿地海德公馆北面商业街 S110 二楼

海南亿林光电照明科技有限公司
15607566888
海南省海口市椰海大道港昌物流中心亿林光电加工厂

海南谷歌广告有限公司
13876092986
海南省海口美兰区国兴大道 15 号全球贸易之窗

海口乐柠文化传媒有限公司
18907549060
海南省海口市海秀东路申鑫中际广场 A 座 3011 室

海南龙马传媒有限公司
13518883349
海南省海口市龙昆北路 38 号银大厦 2033

海南华彤文化传媒有限公司
13907663611
海南省海口市龙昆南路道客村国和苑 2 号楼 201 房

海南和彩广告有限公司
18689976111
海南省海口市龙华路 43 号椰岛广场 A1 栋 13 层

海南雅仕维广告有限公司
0898-68533303
海南省海口市美兰区和平大道 20 号鹏晖国际大厦 5 层 B 室

四川

四川日报社
028-86058879
四川省成都市红星中路 2 段 70 号

成都商报社
028-87890909
四川省成都市红星路二段 159 号

成都深报地铁传媒有限公司
028-69887777
四川省成都高新区吉泰五路 88 号 3 栋

成都大禹伟业广告有限公司
028-85151786
四川省成都市武侯区洗面桥街 35 号 1-1 栋

成都经典视线广告传媒有限公司
028-86066888
四川省成都青羊区鼓楼南街 117 号 1 栋

成都铁路文化传媒有限责任公司
028-86484330
四川省成都市青羊区王家塘街 4 号

成都瘾食文化传媒有限公司
18581849416
四川省成都市锦江区红星路中段 1 号国际金融中心办公楼

成都泽浩文化传播有限公司
028-87689404
四川省成都市高新区天府大道北段 1700 号

四川虎马文化传媒有限公司
028-61332115
四川省成都市高新区益州大道中段 722 号

成都易播科技有限公司 公司类
028-83381611
四川省成都市高新区益州大道中段 1858 号

成都恒泓立金文化传播有限公司
028-87044466
四川省成都市武侯区长华路 19 号

四川省北辰广告有限公司
0825-2267007
四川省遂宁市开发区滨江北路 509 号

凤凰都市传媒（四川）有限公司
028-85268790
四川省成都市武侯区人民南路四段 19 号

四川今日头条科技有限公司
010-58341751
四川省成都市成华区双庆路 10 号华润大厦 26 层 2602 号

四川博瑞眼界文化传媒有限公司
028-87681650
四川省成都市锦江区工业园区锦盛路 138 号

四川蜀都大厦广告有限公司
028-86518972
四川省成都市锦江区暑袜北三街 20 号东楼栋 1 层 9 号

成都源点互娱科技有限公司
15828298410
四川省成都市锦江区梨花街 50 号 19 层

四川中油驰加广告有限公司
13982162049
四川省成都市锦江区一环路东五段 108 号
1 栋 1 单元 5 层 509 号

成都轨道资源经营管理有限公司
028-68443000
四川省成都市蜀汉路 158 号

泸州智慧城市运营管理有限公司
0830-2866226
四川省泸州市江阳区龙腾路 10 号

成都市玉泉星广告有限公司
028-83315166
四川省成都市金牛区一环路北三段顺沙巷 23 号

成都高新文创传媒有限公司
028-86916215
中国（四川）自由贸易试验区成都高新区锦城大道 539 号
B1 座 13 楼

四川蜀道文化传媒有限公司
028-86716610
四川省成都市锦江区工业园区三色路 163 号
银海芯座二期 B 幢 15 楼

成都燧石行影视科技有限公司
028-86756689
四川省成都市锦江区红星路三段 99 号
1 栋 1 单元 11 层 12 号

成都念初文化传媒有限公司
15010100520
四川省成都市青羊区东胜街 40 号
少城视井文创园 2 栋 12 楼 1 号

四川省雅仕维广告有限公司

028-86736536
四川省成都市锦江区 IFS 国际金融中心 3 号办公楼 4105

贵州

黔东南州风讯传媒广告有限责任公司
18985281011
贵州省凯里市北京西路清江公寓一单元 202 室

贵州今时代传媒有限公司
13885114161
贵州省贵阳市南明区瑞金南路工会大厦 M 层

毕节市一马文化传媒有限公司
13017069777
贵州省毕节市七星关区麻园街道百里杜鹃大道国贸中心七楼 13 号

贵州高速传媒有限公司
18275327888
贵州省贵阳市云岩区北京路 310 号

贵州七彩人生文化产业有限公司
13310787888
贵州省六盘水市钟山区印象城 8 栋 407、408 室

贵州一品传媒有限公司贵州神韵户外传媒有限公司
13984643819
贵州省六盘水市盘州市亦资街道胜境大道西侧华泰阳光大厦

贵州淘屏物联网有限公司
13885112698
贵州省贵阳市观山湖区林城西路盘江集团 A 坐 14 楼

安顺淘屏广告传媒有限公司
18786643774
安顺市西秀区贵航塔山小区 6 栋 1 楼

凯里安好行公共交通有限责任公司
18585180322
贵州省凯里市金山大道开怀公交场站（凯里新一中旁）

贵州天马传媒有限公司
13809480911
贵州省贵阳市南明区花溪大道北段 76 号广电天马大厦

贵州广播电视台
13809432375
贵州省贵阳市南明区瑞金南路 149 号

贵州高速广告有限公司
13608512280
贵州省贵阳市观山湖区诚信南路麒龙 CBD 中心 A 座 12 楼

贵州日报当代融媒体集团有限责任公司
13511989177
贵州省贵阳市云岩区宝山北路 37 号贵州日报新闻业务楼

贵阳日报传媒集团经营有限公司
13984151418
贵州省贵阳市中山东路 25 号报业大厦 20 楼

贵阳创天公交车体网络联合广告有限公司
18685150800
贵州省贵阳市南明区新华路富中国际 26 楼 D 座

多彩贵州网有限责任公司
13765061160
贵州省贵阳市高新区长岭南路 33 号天一国际广场 11 栋

贵州薇蓝图文化传媒有限公司
13985303338
贵州省安顺市西秀区龙青路天瀑阳光商业街 2 栋 7 号

贵阳广电传媒有限公司
18685102312
贵州省贵阳市贵阳国家高新技术产业开发区金阳科技产业园创业大厦

贵州斌一亨广告制作有限公司
13984821788
贵州省贵阳市观山湖区阳关大道麒龙商务港 A 座 26 楼 2 号

云南

云南成名广告文化产业园经营开发有限公司

15887100625

云南省昆明市五华区学府路 690 号昆明国家广告产业园 18 号平台 B205

昆明市五华区致祯职业培训学校

18587193326

云南省昆明市五华区学府路 690 号昆明国家广告产业园 18 号平台 A107

昆明风云文化传媒有限公司

0871-65333798

云南省昆明市人民西路保利中心 29 楼

云南空港雅仕维信息传媒有限公司

0871-67085111

云南省昆明长水国际机场南工作区机场东路地勤楼 5 楼

云南煮雨文化传媒有限公司

18100887855

云南省昆明市五华区学府路 690 号昆明国家广告产业园 18 号平台 B 座 1 楼

昆明微想智森科技股份有限公司

13629641730

云南省昆明市五华区学府路 690 号昆明国家广告产业园 18 号平台 B305

云南讯海科技有限公司

18788532667

云南省昆明市五华区学府路 690 号昆明国家广告产业园 18 号平台 B 座平台

滇上云品商业管理有限公司

15911629690

云南省昆明市五华区学府路 690 号

昆明国家广告产业园 18 号平台 A 座

昆明科莱斯文化传播有限公司

18214607541

云南省昆明市五华区学府路 690 号

昆明国家广告产业园 18 号平台 A 座 5 楼

昆明苏荷文化传播有限公司

13987166011

云南省昆明市五华区金鼎山路 1919 金鼎文创园

云南夕颜文化传播有限公司

13987166011

云南省昆明市五华区金鼎山路 1919 金鼎文创园

云南大象好在商业管理有限责任公司

13208858273

云南省昆明市盘龙区恒隆广场 5 楼

云南同景文化传播有限公司

138 8823 6772

云南省昆明市滇缅大道昆建路同景 108 智库空间

云南网星大数据科技股份有限公司

13577016566

云南省昆明市五华区学府路 690 号

昆明国家广告产业园 20 号平台

昆明裕滇文化传播有限公司

13708879637

云南省昆明市五华区普吉路 47 号

昆明冲击力广告有限公司

13888075163

云南省昆明市五华区创意英国英伦苹果公园 3 幢 1 单元 301 号

昆明碧眸文化传播有限公司

13759538919

云南省昆明市五华区普吉路 47 号

玉溪报业传媒

0877-2051122

云南省玉溪市红塔区紫艺路 7 号

云南报业传媒（集团）有限责任公司
0871-64142253
云南省昆明市西山区日新中路 516 号

云南日报报业集团
0871-65652121
昆明市新闻路 337 号

云南雅仕维地铁广告有限公司
0871-63825990
云南省昆明市盘龙区东风东路 15 号
恒隆广场写字楼 OT1-601 号

陕西

陕西广告产业园投资控股有限公司
029-83325555
陕西省西安国际港务区港务大道陕西国家广告产业园赢台 2 号

陕西典汇传播股份有限公司
029-89669966
陕西省西安曲江新区翠华路 1819 号
西安人力资源产业园 1401 室

西安市振兴公交广告有限责任公司
029-88412322
陕西省西安市高新区高新六路 52 号立人科技园 B 座三层 02 号

西安高新技术产业开发区艾特广告有限责任公司
029-86696550
陕西省西安市高新区唐延路 1 号旺座国际城 B 座 18 层 1801 号

陕西省交通广告传媒有限公司
029-88662761
陕西省西安市碑林区含光北路 110 号
陕西省公路局写字楼 B 区 1006

陕西新浪互联信息服务有限公司
029-81778488
陕西省西安市雁塔区科技西路绿地鸿海大厦 B 座 25 层

陕西广电融媒体集团有限公司
029-85339170
陕西省西安市雁塔区长安南路 336 号

陕西金色西部广告传媒股份有限公司
029-88470405
陕西省西安曲江新区翠华南路 1819 号
西安人力资源产业园 15 楼 1501 号

三人行传媒集团股份有限公司
029-85510881
陕西省西安市高新区科技二路 72 号西安软件园唐乐阁 E401

西安三力中盈会展服务有限公司
029-88698969
陕西省西安市浐灞生态区欧亚大道 3639 号
丝路国际创意梦工场二栋 601 室

陕西百川文化传播股份有限公司
029-85269661
陕西省西安市碑林区长安北路 118 号
中贸广场 15 幢 10804-10806 室

西安传奇广告文化传播有限公司
029-88255667
陕西省西安市高新区新区丈八东路南侧汇鑫 IBC
第 1 幢 2 单元 4 层 20405 号房

陕西中讯文化产业投资有限公司
029-88478811
陕西省西安市科技路 30 号合力紫郡 A 座 1202

西安倚天广告传媒有限公司
029-88860517
陕西省西安市高新区锦业一路 52 号宝德云谷国际
1 幢 1 单元 10 层 11005 号房 A 室

西安绿一传媒有限公司
029-81616161
陕西省西安市丈八一路 1 号汇鑫 IBC-A 座 2 层

陕西《三秦都市报》社

029-82255222
陕西省西安市碑林区环城南路东段 1 号

陕西鑫汇通广告有限责任公司
029-87403720
陕西省西安市莲湖区北大街 29 号 1 幢 1 单元 10303 室

咸阳日报广告传媒有限责任公司
029-33313878
陕西省咸阳市秦都区渭阳西路付 64 号

铜川市立新广告装饰工程有限公司
0919-3288881
陕西省铜川市新区正阳路华阳小区冬云阁二十号

汉中报业传媒集团有限责任公司
0916-2727817
陕西省汉中市汉台区中山街 41 号

榆林市金马广告装饰有限责任公司
0912-3856111
陕西省榆林市榆阳区航宇路友谊路 51 号

杨凌金桥广告有限公司
029-87099133
陕西省杨凌示范区康乐西路 A 区农大雅苑 1 号商业楼 1 号商铺

陕西广视传媒有限公司
0912-3446000
陕西省西安市碑林区南关正街 1 号泛美大厦 B2007 号

宝鸡市华业公交广告装饰工程有限责任公司
0917-3657706
陕西省宝鸡市金台区宝福路 1 号

安康市安广传媒有限责任公司
0915-3220908
陕西省安康市汉滨区巴山中路安康广播电台内

延安市公共交通广告传媒有限公司
0911-2495298
陕西省延安市宝塔区柳林镇警苑花园 17 号楼

陕西西咸广告传媒有限责任公司
029-33186396
陕西省西咸新区沣西新城西咸国际文化教育园中央大街 1 号

商洛日报广告发行有限公司
0914-2317997
陕西省商洛市商州区北新街西段 59 号

西安麦道品牌传播有限公司
029-87201229
陕西省西安市西华门 1 号凯爱大厦 B 座 808 市

陕西汉三宝广告文化传播有限公司
029-88228088
陕西省西安市高新区电子一路紫薇大厦 11602

陕西壹禾文化传播有限公司
029-85251239
陕西省西安市高新区丈八街办沣惠南路唐沣国际广场 D 座 901 室

陕西亲邻科技有限公司
029-83356957
陕西省西安国际港务区陕西国家广告产业园综合办公楼二楼 203

陕西国广影视制作有限公司
029-83562187
陕西省西安国际港务区港务大道 7 号物联网应用产业园一层 103 号

甘肃

甘肃省广播电视总台广告管理中心
13919430976
甘肃省兰州市城关区张苏滩高新技术开发区 561 号

甘肃广电网络传媒有限责任公司
18693128130
甘肃省兰州市城关区东岗西路 226 号

甘肃星美影业有限责任公司
13809318468
甘肃省兰州市名城广场 2 号楼 1302 室

甘肃日报报业集团兰州晨报分公司
13919181948
甘肃省兰州市城关区白银路 123 号

定西新闻媒体发展有限公司
13141768178
甘肃省定西市安定区新城区建设大厦 A 区 3 楼

读者出版传媒股份有限公司
0931-2130173
甘肃省兰州市城关区读者大道 568 号 A 座 115 号

兰州伙伴广告传媒有限公司
13919407340
甘肃省兰州市城关区中山路 1 号佳润酒店 18 楼

兰州华强世纪广告有限公司
13919009911
甘肃省兰州市名城广场 4 号楼 2706 室

兰州正能量广告有限公司
13909401011
甘肃省兰州市名城广场 2 号楼 1918 室

兰州天麒通文化传播有限公司
18993194948
甘肃省兰州市城关区庆阳路 235 号广星大厦 10C

甘肃金轮文化传媒公司
13919257680
甘肃省兰州市城关区和政路 291 号

兰州广联文化传播有限公司
13993144447
甘肃省兰州市城关区张掖路 250 号

甘肃龙创意文化传媒有限公司
18993222345
甘肃省定西市安定区新城佳苑 26 栋 103 室

酒泉市太阳火广告有限责任公司
18209376888
甘肃省酒泉市肃州区世纪大道 55-49

天水羲通公交广告公司
15593831689
甘肃省天水市秦州区时代丽都 2 号

陇南三迪文化传媒有限公司
18609399999
甘肃省陇南市武都区东江三号路阶州大道十字

甘肃澳科文化传播有限公司
18919828188
甘肃省兰州市城关区天水路枫叶国际

甘肃三力会展服务有限公司
13609333658
甘肃省兰州市城关区甘南路 62 号

甘肃长兴公路管理有限公司
13993123088
甘肃省兰州市城关区雁北路 2826 号

青海

青海昆仑广视传媒集团有限公司
13909785670
青海省西宁市城西区冷湖路 27 号

青海雅雄广告传媒有限公司
15117223333
青海省西宁市海湖新区万达广场甲 A4 号

青海大海文化传媒有限公司
18801100888
青海省西宁市城西区文苑大街 13 号

西宁汇视广告有限公司

18909787031
青海省西宁市胜利路 58 号宏业大厦

青海海畅广告传媒有限责任公司
18501291999
青海省西宁市城西区万达中心 4 号 13 楼

青海伟一文化产业发展有限公司
18997175209
青海省西宁市西大街 1 号西门商厦 9 楼

青海柏尔菲特文化传媒有限公司
17697181886
青海省西宁市同仁路 7 号楼

青海金策广告传媒有限公司
13119766998
青海省西宁市金座 C 区 19 号楼

青海政昊广告有限公司
13639767351
青海省西宁市城东区花园北街 20 号

青海旗王广告有限公司
18997071137
青海省西宁市城北区门源路 11 号

青海朵儿光电科技有限公司
18397086882
青海省西宁市城东区建国路 5 号

青海常青藤广告传媒有限公司
18935512608
青海省西宁市城西区黄河路 102 号

青海友邻广告有限公司
18797155955
青海省西宁市城北区万佳家博园 2 期

青海中广传播有限公司
18797002276
青海省西宁宁张路西宁创业孵化基地 B 栋

青海观行文化传媒有限公司
13897252024
青海省西宁市海湖路 4 号

青海吾同广告传媒有限公司
18697190162
青海省西宁城西区西川南路 76 号

西宁盛弛广告有限公司
15719753333
青海省西宁城西区西关大街 56 号

青海奇彩商贸有限公司
18997062520
青海省西宁市七一路 169 号

青海抬头乐文化传播有限公司
15500741999
青海省西宁市胜利路 25 号 1 号楼

西宁金语智宸广告传媒有限公司
18997068333
青海省西宁西川南路 76 号 4 号楼 39 层

宁夏

宏强文化传媒集团（宁夏）有限公司
13995107999
宁夏银川市兴庆区西北农资城三期营业房 9 号楼 106 室

宁夏广电传媒广告有限公司
13895186992
银川市新华西街 346 号

宁夏动感飞扬文化传媒集团有限公司
13909501969
银川市兴庆区凤凰南街 177 号 -3 号楼

宁夏报业传媒集团有限公司
13995100298

宁夏银川市中山南街 47 号

宁夏金策广告有限公司
17795106308
宁夏银川市兴庆区解放东街 143 号

西部机场集团广告公司宁夏事业部
13995171717
宁夏回族自治区宁夏银川河东机场

宁夏蓝平广告策划有限公司
13909505038
宁夏回族自治区银川开发区创新园 5 号

银川视博影视制作有限公司
13909508283
宁夏银川市兴庆区兴水路 1 号绿地 21 商城
B 区 8 号楼 101（复式）室 B1

银川城市快讯广告有限公司
13895601777
宁夏回族自治区银川市金凤区大世界商务广场
E 座公寓楼 1003 室

宁夏中德易家信息科技有限公司
18169090777
宁夏回族自治区银川市金凤区银川阅海湾中央商务区
团结路（北）227 号 C

宁夏玖威文化传媒有限公司
13309585555
宁夏回族自治区吴忠市利通区吴忠清真东大寺三号营业房

新疆

新疆天广广告公司
13309913791
新疆乌鲁木齐市天山区团结路 830 号

新疆普拉纳广告有限公司
13809910978
新疆乌鲁木齐市天山区人民路 38 号新宏信大厦 2204 号

新疆共享向上广告有限公司
13999856596
新疆乌鲁木齐市天山区新疆北路 8 号

新疆春晓广告有限公司
13899966496
新疆乌鲁木齐新华南路 3 号世纪百盛大酒店 A 座 14 楼

新疆窗景文化有限公司
18999218390
新疆乌鲁木齐市水磨沟区会展大道 1119 号
晚报报业大厦 A 座 1501 室

新疆卓越广告有限公司
1399908618
新疆乌鲁木齐市水磨沟区安居南路 802 号鸿瑞豪庭 4 栋
1109 室

新疆报烨传媒有限公司
0991-5593708
新疆乌鲁木齐市沙依巴克区扬子江路 1 号

新疆三原色文化产业发展有限公司
13899879922
新疆乌鲁木齐经济技术开发区（头屯河区）玄武湖路 1097 号
爱地商务快线中心 1301

新疆美网文化传媒有限公司
18199158468
新疆乌鲁木齐市水磨沟区会展大道 1119 号
晚报报业大厦 A 座 1504 室

新疆盈文盛雅文化产业有限公司
13579882555
新疆乌鲁木齐市水磨沟区南湖东路 222 号
南湖小高层商住楼 1 栋 1 层商铺 1

新疆众惠睿智文化传媒有限公司
15899128447
新疆乌鲁木齐市沙依巴克区克拉玛依西街 416 号
金阳大厦 10 层 D

新疆方大国际广告传播中心
13609923466
新疆乌鲁木齐市天山区团结路 830 号

新疆盛世空间文化传媒股份有限公司
13629905956
新疆乌鲁木齐市经济技术开发区（头屯河区）喀什西路 499 号
龙海置业综合楼 666 室

新疆共赢未来文化传媒有限公司
180 9923 3968
新疆乌鲁木齐市新市区阳光恒昌商务公园 7-12-101

新疆石榴精神文化传媒有限公司
18290630022
新疆乌鲁木齐市天山区幸福路 491 号幸福堡 6 层

新疆民航广告有限公司
13609900620
新疆乌鲁木齐市新市区迎宾路 33 号

新疆普美尔广告有限公司
13999959606
新疆乌鲁木齐高新技术产业开发区（新市区）北区 57 号一楼

新疆中合德成文化传媒有限公司
18997989443
新疆乌鲁木齐（高新区）新市区京疆路 72 号
呈信 · 朗悦盛境三期 7 号底商住宅楼 1 单元 1602 室

新疆智狼时代科技有限公司
15909979969
新疆阿克苏地区阿克苏市英巴扎街道滨河路御景湾 14 号
106 商铺

新疆阿克苏市正欣传媒有限公司
13201326666
新疆阿克苏地区阿克苏市建设路 1 号
美家物流园 M 栋 2001 号商铺

新疆克拉玛依市向天广告有限公司
13031396570
新疆克拉玛依市昆仑路昆仑花园一楼 49-1-26 号

新疆金凯文化传媒有限公司
13699952172
新疆乌鲁木齐市天山区延安路 556 号边疆世贸
1 栋 c 区 12 室 1209 室

新疆巴州凸凹广告有限责任公司
13399768000
新疆巴州库尔勒市新城辖区迎宾路 2 号南航华府
1 栋 1 层 01-2

阿克苏一家广告传媒有限公司
18799933554
新疆阿克苏地区阿克苏市南大街新伟大厦 67 号

阿克苏薪火相传文化传媒有限公司
13999071877
新疆阿克苏市水韵明珠文沁阁 14 号别墅

阿克苏新丝路广电传媒有限责任公司
15899336988
新疆阿克苏市教育路 11 号

阿克苏视界广告传媒发展有限公司
18799929969
新疆阿克苏地区阿克苏市乌喀东路 3 号市文广局办公楼

阿克苏市风向标广告传媒有限责任公司
18196380908
新疆阿克苏地区阿克苏市民主路 1 号
电力小区北院门面房 1-09-10

阿克苏大业广告装饰装修工程有限公司
15899336666
新疆阿克苏地区阿克苏市新城区迎宾路 C 幢
（新疆安广厦房地产开发有限公司院内）

阿克苏彩虹文化传媒有限责任公司
18096973202

新疆阿克苏市美家物流园 M 幢 2003 号

上海雅仕维广告有限公司新疆分公司
0991-2846600
新疆乌鲁木齐市天山区光明路 59 号
广汇时代广场 A 座 22 层 F 号

大连

大连国域无疆传媒集团股份有限公司
0411-82728168
辽宁省大连市中山区人民路 68 号，宏誉大厦 8 楼

大连交通广告有限公司
0411-84337290
大连市甘井子区祥龙南街 13-1-1 鑫汇茗苑小区内

大连长江世纪传媒有限公司
0411-82789839
大连市中山区解放路智仁街同福巷 12 号

大连艾森品牌传播有限公司
13332228649
大连市西岗区新开路 87 号金福星大厦 27 层 5 号

大连分众传播有限公司
0411-88008103 转 1837
大连市中山区中山路 136 号希望大厦 1702 室

大连天鹰文化传媒有限公司
0411-86488999
辽宁省大连市沙河口区长江路 842-2 号 1-2 层公建

大连东方视野文化传播有限公司
0411-82520112
辽宁省大连市中山区友好路 158 号友好大厦 1701-1705

大连一拍即合广告有限公司
13704110656
辽宁省大连高新技术产业园区高能街 26 号 404 号

鑫天天传媒（大连）有限公司
0411-65830002
辽宁省大连市沙河口区长生街 8 号 1 单元 1 层 3 号

大连新动广告有限公司
0411-18698605007
大连市中山区杏林街

大连新瑞广告有限公司
0411-82798710
大连市中山区五五路金佰国际酒店 11 层

桥美文化传媒（大连）有限公司
18941123006
大连市沙河口区永明巷 2 号一单元 702 室

大连爱迪广告有限公司
0411-81718483
辽宁省大连市西岗区亿达新世界 A 区 2 号楼 1 单元 10 层 1 号

大连迈达威传媒有限公司
0411-39676888
西岗区新开路 99 号珠江国际 2007 室

大连亿品天成广告有限公司
0411-13941176977
大连沙河口区金玉星海 2 单元 2801

大连延旭传媒有限公司
0411-62187988
沙河口区星台街 5 号 2-401

力拓巴士广告有限公司
0411-84368000
西岗区新开路 99 号珠江国际 2007 室

大连九蝶文化发展有限公司
18640800307
辽宁省大连市沙河口区西南路冰山慧谷产业园区 C3 栋

青岛

青岛深度传媒有限公司

400 -8532 -001
山东省青岛市市北区延吉路 128 号卓越大厦 23 层

青岛盛世奥海文化产业股份有限公司
0532-80776677
山东省青岛市崂山区香港东路 69-13 号奥海文创中心

山东智慧数字技术有限公司
15320058581
中国（山东）自由贸易试验区济南片区新泺大街 2117 号
铭盛大厦 9 层 I 区

青岛视觉志文化传媒有限公司
17685571233
山东省青岛市市北区卓越世纪中心 2 号楼 36 楼

青岛青铁商业发展有限公司
18663936767
山东省青岛市常宁路 6 号

青岛市广播电视台
0532- 85701866
山东青岛市宁夏路 200 号

青岛首页传媒有限责任公司
0532- 68068516
山东省青岛市海尔路 182 号出版大厦

山东胧爱科技发展有限公司
18866330981
山东省青岛市胶州市上合示范区
上合国际贸易中心 10 楼

青岛报业传媒集团有限公司
0532-82933231
山东省青岛市崂山区株洲路 190 号创业大厦

宁波

宁波爱珂文化传媒有限公司
18805747020
浙江省宁波市海曙区沁园街 345 号海曙文体中心 2-8

宁波海曙青木广告传媒有限公司
0574-87361418
浙江省宁波市海曙区布政巷 16 号（4-1）室

浙江联合动力传媒广告有限公司
13586561050
浙江省宁波市鄞州区彩虹南路 11 号嘉汇国贸 A 座 12 楼

宁波市镇海爱维文化传媒有限公司
13566629720
浙江省宁波市镇海区招宝山街道南大街 36 号

浙江美成在久传媒有限公司
18668291703
浙江省宁波市鄞州区首南街道泰康中路 558 号 3401 室

宁波企航广告传媒有限公司
13336630006
浙江省宁波市鄞州区实怡中心 8 幢 26 号 11-6

宁波市明日企业形象策划传播有限公司
13501659186
浙江省宁波市鄞州区首南街道泰康中路 500 号 701 室

宁波远见传媒股份有限公司
13685851033
浙江省宁波市鄞州区天童南路 707 号（明创大楼六楼）

宁波坤晨广告有限公司
13505749998
浙江省宁波市鄞州区潘火街道启明路 818 号 14 幢
110 号

浙江平行线文化有限公司
13705745132
浙江省宁波市鄞州区首南街道天童南路 707 号
明创大楼二楼

宁波米瑞科技有限公司
18258700005
浙江省宁波市鄞州区泰康中路 468 号 1203-1 室

宁波中桓文化创意发展有限公司
13738432039
浙江省宁波市鄞州区天健巷 118 号 1403 室 -3

宁波市奉化方圆广告装饰有限公司
15558258888
浙江省宁波市奉化区锦屏街道城基路 47 号

浙江海涛文化传媒有限公司
13566326666
浙江省宁波市奉化区锦屏街道广南商城
一区一幢 16-18 号营业房

宁波市奉化区华东广告装潢设计有限公司
13805838006
浙江省宁波市奉化区岳林街道中山东路 518 号
金城大厦 A 幢 4 楼 406 室

宁波奉化弘奥文化传媒有限公司
13566332277
浙江省宁波市奉化区岳林街道大成东路 39 号

宁波启阳广告传媒有限公司
18888663622
浙江省宁波市奉化区岳林街道中山东路 518 号
金城大厦 B 幢 7 楼南面

慈溪市鸿达广告有限公司
13906741979
浙江省慈溪市白沙路街道凯玛大厦 11-1 室

浙江省慈溪广告有限公司
13819444445
浙江省慈溪市白沙路街道新城大道北路 288 号

慈溪中兴网络信息广告有限公司
18906625888
浙江省慈溪市白沙路街道新城大道北路 1698 号
承兴大厦 17-1 至 17-4 室

慈溪市嘉诚广告有限公司
15306746789
浙江省慈溪市浒山街道孙塘南路 77 号

宁波市暴风动漫有限公司
13777244888
浙江省慈溪市白沙路街道金帅大厦 15-3 室 01

慈溪市优佳文化传播有限公司
18668270058
浙江省慈溪市白沙路街道辰佳大厦 17-4 室 17 号

慈溪市邦艺广告有限公司
13906740338
浙江省慈溪市浒山街道环城南路金星大厦五楼

慈溪新动力广告有限公司
13858309666
浙江省慈溪市浒山街道慈溪中央大厦北 903 号

慈溪市江南红文化传播有限公司
13600611950
浙江省慈溪市白沙路街道凯玛大厦 11-1

宁海县中天广告策划有限公司
13777285557
浙江省宁波市宁海县跃龙街道兴宁南路 31 号

宁波市顺通广告装潢公司
13805861478
浙江省宁波市东钱湖鄞县大道东钱湖段 217 号

厦门

厦门报业传媒集团有限公司
0592-5581169
厦门市思明区吕岭路 122 号报业大厦 1501 室

厦门广播电视广告有限公司
0592—5301592
福建省厦门市思明区湖滨北路 121 号广电中心

海峡导报社

0592-968801
福建省厦门市厦禾路 820 号帝豪大厦 20 层

厦门东帝士广告股份有限公司
13806006972
福建省厦门市湖滨南路 81 号第二十层

厦门万舜文化传播有限公司
0592-5659177
福建省厦门市集美区杏林湾路 368 号嘉庚艺术中心 3 楼

福建兆翔广告有限公司
18030089090
福建省厦门市湖里区翔云一路 95 号运通中心 601

厦门城建市政建设管理有限公司
13606060734
中国（福建）自由贸易试验区厦门片区（保税港区）兴港路京口里 231 号京口岩小区 35 栋

厦门市唐码博美广告有限公司
0592-5206868
福建省厦门市思明区湖滨北路 59 号中信惠扬商务楼 22 层

厦门联掌文化传媒有限责任公司
0592-2950080
福建省厦门市软件园二期望海路 59 号 802 室

厦门市整点广告有限公司
18695621314
福建省厦门市思明区龙山中路 70 号文全园 3 号 2 楼

厦门市天下集美文广传媒有限公司
0592-6153706
福建省厦门市集美区银亭路 2 号

厦门威扬广告有限公司
0592-5568888
福建省厦门市湖里区蔡塘社 1021 号威扬大厦六楼

厦门书生企友通科技有限公司
13806081066
福建省厦门市集美区软件园三期 B19 栋 19 楼

厦门狐飞传媒有限公司
13696907676
福建省厦门市翔云一路 102 号云泰国际 A 楼 307 单元之二

厦门风盛传媒有限公司
0592-2087199
福建省厦门市思明区前埔工业园 61 号万物社 C302-C307

厦门全聚彩文化传播有限公司
13124455444
福建省厦门市湖里区枋湖西一里 34 号六楼

厦门市艺述集团有限公司
0592-5536296
福建省厦门市湖里区园山南路 367 号 301 单元

厦门纳海传媒有限公司
18965844913
福建省厦门市湖里区湖里大道 14 号海峡设计文创园 3 号 301

漳州好点子广告传媒有限公司
13806008275
福建省漳州市芗城区元光南路万豪国际西门黔茅酒专卖店

漳州市经发广告传媒有限公司
0596-6862995
福建省漳州台商投资区美润佳园 8 栋店面 1 楼 1-4 号

厦门都市魅力广告有限公司
13859957971
中国（福建）自由贸易试验区厦门片区象屿路 97 号厦门国际航运中心 D 栋 03 单元 A 之三

福建省广告公司厦门分公司
0592-2282229
福建省厦门市思明区鹭江道 96 号之一 2204 室

厦门美城广告有限公司

0592-2119333
福建省厦门市思明区仙岳路 569 号 1102

厦门奥柏林广告有限公司
0592-6786555
福建省厦门市湖里区南山路 466 号广兴大厦 508 室

厦门凝博思文化传媒有限公司
0592-5612295
福建省厦门市湖里区枋湖路 9-19 号军梦双拥双创科技园 A 栋 515 室

厦门壹文贰艺传媒有限公司
0592-2191131
福建省厦门市思明区龙虎山路 458 号 304

厦门世联广告有限公司
0592-5022538
福建省厦门市思明区厦禾路 863 号 912 室

厦门市掌舵文化传播有限公司
0592-6158448
福建省厦门市集美区下头路 20-101 号

厦门市青友文化传播有限公司
0592-5151159
福建省厦门市湖里区湖里大道 47 号 5 楼

厦门枫叶红广告有限公司
138036012513
福建省厦门市厦禾路 1222 号国骏大厦 12B

厦门声连网信息科技有限公司
0592-5999679
福建省厦门市思明区前埔路 159 号 1205

厦门鑫格广告有限公司
0592-5591031
福建省厦门市湖里区洪塘社 129 号 -130 号

厦门德隆巨彩光电科技有限公司
13720888055
福建省厦门市湖里区县后 448 号二楼厂房

厦门市伊伯乐广告有限公司
0592-5801818
福建省厦门市思明区文屏路 47 号领秀城 16 号楼 2401 室

厦门必佳索装饰工程有限公司
13696966211
福建省厦门市湖里区下湖社 66 号三楼

厦门金鹊广告有限公司
18906040608
福建省厦门市集美普林路 68 号 20 单元第 07 号 1-4 层

厦门视希文化传媒有限公司
17605923999
福建省厦门市湖里区安岭二路 50 号万科云设计公社 1 期 901-1

上海雅仕维广告传播有限公司厦门分公司
0592-5758699
福建省厦门市思明区高雄路 18 号通达国际中心 1606 单元

深圳

深圳报业集团
0755-83518430
广东省深圳市福田区深南大道特区报业大厦

深圳广播电影电视集团
0755-88312338
广东省深圳市福田区鹏程一路广电大厦

深圳今日头条科技有限公司
15889286584
广东省深圳市南山区粤海街道南海大道 2163 号来福士广场 22 层 2201 单元

深圳市海王广告有限公司
13715379999
广东省深圳市南山区科技中三路 1 号海王银河科技大厦 2102 室

深圳市灵臻广告有限公司

13510362985

广东省深圳市福田区商报路 7 号天健创业大厦 1625

深圳机场雅仕维传媒有限公司

0755-23638999

广东省深圳市福田区滨河大道京基滨河时代广场北区（A 座）2101

深圳符号经济知识产权有限公司

13425185153

广东省深圳市福田区深南中路 2010 号东风大厦 1913

凤凰都市传媒科技股份有限公司

010-65207500

北京市朝阳区朝阳公园南路 3 号凤凰中心南楼 5 层

深圳之光传媒科技有限公司

13662266658

广东省深圳市南山区软件产业基地 4A 栋 601

深圳市森广源广告有限公司

13823667788

广东省深圳市福田保税区华宝 1 号大厦 C 座 302

深圳市江聚贤广告策划有限公司

18128850898

深圳市南山区粤海街道海德三道海岸城西座 1303

深圳公交传媒有限公司

0755-82787579

广东省深圳市福田区莲花支路 1001 号公交大厦附楼五楼

中国南航集团文化传媒股份有限公司深圳分公司

13808836483

广东省深圳市南山区南航大厦办公楼二楼北侧

深圳市尊豪广告有限公司

13714319142

广东省深圳市福田区商报路奥林匹克大厦 12 层 CD

深圳报业地铁传媒有限公司

0755-83518102

广东省深圳市福田区深南大道特区报业大厦 26B

深圳市天威广告有限公司

13802286133

广东省深圳市福田区彩田北路 6001 号天威花园 3 栋 3F

深圳经典视线文化传播有限公司

13590264639

广东省深圳市福田区民田路 178 华融大厦 2702A 室

深圳市豪金叶实业发展有限公司

0755-83146100

广东省深圳市福田区深南大道 6006 号华丰大厦 2407 室

深圳市中绘图像科技有限公司

18938669899

广东省深圳市龙华区大浪街道同胜社区华兴路上横朗第二工业区 3 号厂房 2 层

深圳市盛世昊业文化传播有限公司

13823511149

广东省深圳市南山区 A8 音乐大厦 1905-6

深圳市博创文化传播有限公司

18926066808

广东省深圳市龙华区大浪街道同胜社区华兴路上横朗第二工业区 3 号厂房 2 层

深圳市易售科技有限公司

15889636880

广东省深圳市南山区深圳湾科技生态园 11 栋 A 座 2506

深圳雅仕维广告有限公司

15017987250

广东省深圳市福田区福田街道岗厦社区金田路 3038 号现代商务大厦 2902

中国广告年鉴 2022

CHINA ADVERTISING YEARBOOK

附录

Appendix

2020 年中国广告行业发展综述

陈刚 董婧

2020 年初，新冠肺炎疫情暴发，突然按下的暂停键给社会发展、国内外环境，行业变化等都带了很多不确定性。尤其是在 2020 年上半年，作为经济发展晴雨表的广告行业，对这种不确定性的担忧也表现的相对明显，“后疫情时代”的行业发展和走向成为思考的常态。

在党中央的领导下，全国人民万众一心，克服各种困难，在较短的时间内成功地控制住了新冠肺炎疫情的在国内的发展和蔓延。2020 年 5 月，习近平总书记强调要“逐步形式以国内大循环为主题、国内国际双循环相互促进的新发展格局”，党的十九届五中全会也将此纳入《中共中央关于制定国民经济和社会发展第十四个五年规划和二〇三五年远景目标的建议》，这一重大战略部署为我国经济发展的有序恢复和未来发展指明了方向，也为广告业的整体发展注入了动力。2021 年 1 月世界银行发布的《全球经济展望》报告指出预计 2021 年全球经济有望增长 4%，中国经济将实现比预期更为强劲的复苏[1]。2021 年 1 月 18 年，国家统计局发布，初步核算，全年国内生产总值 1015986 亿元，首次突破万亿人民币关，增长 2.3%，一系列数字的背后表明了企业和消费者信心的恢复，为广告业的发展提供了一个良好的经济环境。同时，新冠肺炎疫情的突如其来让我们更加清晰地看到，人类进入数字社会是不可逆的趋势。我国经济得以在相对短的时间内得以恢复，人民在足不出户的情况下仍可保证正常生活，也得益于中国消费互联网发展的相对成熟、数字技术在日常生活中的渗透和应用、数字生活空间与现实生活的相互融合。《中共中央关于制定国民经济和社会发展第十四个五年规划和二〇三五年远景目标的建议》第十五条也明确提出“要加快数字化发展”，更坚定了这条数字化之路的信心。数字化是所有的不确定之中最确定的事。

一

新冠肺炎疫情的出现，加速了整个社会的数字化进程，也进一步促进了数字技术支撑下的智能营销的发展。2020 年，中国广告行业发展最突出的特点就是“加速”。中国数字营销传播的发展在全球数字营销发展中表现依然抢眼，可圈可点。但这里的加速并不仅是指增长速度，而是营销技术的升级迭代、整个行业的数字化程度、企业的数字化转型等等，都因为这场看似让一切暂停的战“疫”而加速来临。

数字营销行业格局进一步调整，共同发展

随着数字营销的高速规模化发展，2019 年开始，笔者把数字营销行业分为四大阵营：领航阵营，处于行业领军地位的平台公司；头部阵营，营业额超 500 亿元的平台公司；中坚阵营，营业额超百亿的平台的公司；以及基础阵营，营业额超 10 亿元的平台公司。根据这个划分标准，2020 年的行业格局有很大变化。（1）领航阵营。阿里前三季度与营销传播相关的收入约为 1350 亿元，由于最后一个季度尚未公布，比较往年数据，最后一个季度约等于上半年季度收入（由于双 11 等活动），预计 2020 营销传播类收入为 2200 亿元。字节跳动继续发展迅猛，预计 2020 年营业额为 2000 亿元左右。这两个平台在数字营销传播领域明显处于领军位置（2）头部阵营。在头部阵营中，2020 年营销传播类收入腾讯约 800 亿元。

百度约 750 亿元，这两个平台发展一直较为稳定；出现的变化在于京东从 2019 年的中坚阵营进入头部阵营，营销传播类收入超 500 亿元。（3）中坚阵营。在中坚阵营中，拼多多是成长最快的平台，营销传播类收入超 400 亿元。快手和美团发展迅速，快手达到 300 亿元，美团达到 200 亿元，小米也达到 120 亿元。微博数字营销传播类的收入虽然也达到百亿左右，但发展速度在放缓。预计 2021 年中坚阵营将会有 1 家到 2 家平台今日头部阵营，同时，还会有更多的优秀平台公司进入中坚阵营，规模不断扩大。（4）基础阵营。2020 年，基础阵营的数字营销平台公司数量虽然进一步增加，但是根据现有的资料分析，目前基础阵营中的企业，2021 年营业额能够超过百亿进入中坚阵营，有较大的难度。

数字营销技术从致力于提升营销智能化转向强调为广告主的数字商业赋能。虽然 2020 年数字营销技术没有现象级的创新应用，但数字技术已介入营销传播作业流程的各个环节，功能也愈发的完善、稳定。各大平台不断加强自身营销闭环建设，整个行业的智能化水平越来越高，从赋能数字营销升级为助力企业的数字商业发展。比如：2020 年巨量引擎打通广告与经营的链路，实现从流量经营向生意的全局经营转变，助力企业应对外部经营环境的巨变，同时以巨量引擎平台为依托，推出了国内首个以经营成长能力为核心指标的商业营销大奖——引擎奖。阿里妈妈提出品牌营销新主张，在保障营销效果的同时助力品牌的长效成长，帮助品牌从前端的广告投放到中端的点击、转化，再到后端的交易链路，进行全生命周期的消费者洞察、运营和管理，通过和淘系联合打造品牌人群资产的新赛道、构建货品成长的周期解决方案、创造营销新场景，用这套数字时代的营销体系直接催化商家的生意增长。京东营销 360 借助其多年积累消费者数据方面优势，围绕对消费者数据的分析挖掘，提出“JD GOAL” 即 Targeting Group 靶向人群、Osmosis 渗透增长、Advancing 价值增长、Loyalty 忠诚增长，升级以后的京东营销 360 依靠数据产品的持续优化迭代与技术能力升级，以全渠道数据整合、全方位营销能力、全链路精细运营，帮助和指导品牌商家更好的突破数字化浪潮下的各类经营困局和挑战。百度联手北京大学新媒体营销传播研究中心，在“创意传播管理”理论的指导下，对原有的营销方法论进行升级，提出“SIVA PLUS”，聚焦于数字生活空间里，生活者数据库的价值，通过自身营销工具，帮助广告主进行公域、私域数据的打通，为广告主的营销和商业赋能。

电商直播成为后疫情时代的营销标配。因为新冠肺炎疫情导致的长时间的居家生活、工作，无形中又一次推动了本已火爆的以短视频和直播为代表的各类营销。电商直播因为真实性、互动性、极易在直播过程中给生活者心里造成冲动，以及相比线下购物的价格优势，成功的拉动了线上消费，活跃了疫情后的线上经济。如今电商直播的主体越来越多元，从个体经济到品牌商家、从网红 KOL、企业高管到普通员工，所涉及的品类也日益多元、美妆、零食、旅游、理财、快消、农产品等，根据中国互联网络信息中心发布的第 46 次《中国互联网络发展状况统计报告》现实，截至 2020 年 6 月，我国网民规模达 9.40 亿，其中网络视频（含短视频）用户规模达 8.88 亿，占网民整体的 94.5%，另外我国电商直播、短视频及网络购物用户规模较 3 月增长均超过 5%[2]，2020 年 10 月，毕马威联合阿里研究院发布研究报告《迈向万亿市场的直播电商》，报告预计 2020 年直播电商整体规模将突破万亿，达到 10500 亿元，渗透率将达到 8.6%；2021 年直播电商规模将扩大至 2.0 万亿元，继续保持高速增长态势，渗透率将达到 14.3%。[3] 电商直播已然成为企业营销的标配，商务部数据显示，2020 年上半年，全国范围电商直播数量超过 1000 万场，活跃主播数量超过 40 万次，观看人数超过 500 亿人次，上架商品数量超过 2000 万件。电商直播用户规模达 3.09 亿人，较 2020 年 3 月增长 4430 万人，规模增速达 16.7%，成为上半年增长最快的个人互联网应用[4]。2020 年 11 月快手大数据研究员联合快手电商发布的《2020 快手电商生态报告》显示，仅快手一家的电商 GMV2 年就增长了 1000 倍，平均每秒就有 2 场电商直播，快手电商订单增长 254%，商家数增长 74%，买家数增长 68%[5]。虽然数据显示，未来电商直播仍有广阔空间，但值得再次强调的是，无论是直播带货还是电商直播，都是多元数字营销生态中的一员，将会成为一类常态的也营销手段，不能将其作为企业进行营销突破的救命稻草。

二

新冠肺炎疫情的初期，由于对不确性的担忧以及停工停产对各行各业短期经营的影响，在一段时间内企业的营销投入比以往更加谨慎，但此次疫情中数字营销对企业发展的拉动、我国数字经济焕发出的活力以及数字化的大趋势，对于数字营销投入的持续增加是必然的。根据 CTR 洞察发布的《2020 中国广告市场趋势》显示：2020 年减少广告预算的广告主比例高于增加预算的广告主比例，这也是这么多年来广告主营销调查中首次出现的情况，意味着广告主营销预算有收缩倾向。但从分月的表现来看，广告市场的同比缩减正在慢慢回升，6 月份之后整个市场基本回到了疫情前的状况。报告同时显示，广告主在数字化媒体的投放比例逐年递增，从 2016 年 43% 增长到 2020 年的 58%[6]。

对于广告主来说，首先必须明确，如今一切的营销都是数字营销。伴随生活者生活、消费、学习、娱乐、工作等各方面的数字化迁移，数字生活空间和现实生活加速融合，难分彼此。因此，如今一切营销都是数字营销。无论是数字与传统的配合、线上线下的互动还是对 IP 营销、直播带货、综艺植入等各种手段的综合运用，都要从数字化的角度出发，运用智能化营销技术，去完成每一次的营销。

丰富的生活者大数据倒逼企业的数字化转型。笔者多年前就曾提出，互联网的发展遵循着传播方式变革、生活方式变革、生产方式变革的路径，现在看来这一判断是正确的。在经历了从传播到生活方式的变革后，互联网平台的 C2B 模式早已不是新鲜事，对于生活者数据进行更有深度的分析和将这种分析进行更为广泛的应用，已成为企业的需求和互联网平台体现自身价值的方向之一。天猫小黑盒、京东魔方等，都是借助消费者数据指导企业进产品创新，且这种反向创新非常容易打造爆款产品，通过爆款新品也成为拉动企业营收的主要手段。只是，在企业数字化加速转型的今天，这种趋势更加迫切和明显，阿里妈妈、京东营销 360 等各营销工具的升级也是这一趋势的印证。2020 年天猫首发的新品数量达到 2 亿款，相比 2019 年的 1 亿款，一年增长了一倍，天猫已成为全球品牌新品首发的阵地。同时，2020 年在天猫平台有近 1000 个品牌实现新品成交额过 1 亿元，推出新品成为拉动企业销售增长的重要途径。比如完美日记，通过天猫消费者趋势洞察，紧扣中国文化符号、品质与价格结合等形式，推出诸如“动物眼影”“反重力唇釉”等爆款新品，成为年轻人最爱的国货彩妆品牌。[7]

数据成为生产要素之一，对于数据的管理和应用，是企业进行优质的数字营销乃至数字服务化转型的关键。2020 年《中共中央 国务院关于构建更加完善的要素市场配置体制机制的意见》文件中，再一次明确数据已成为生产要素之一，因此在数字化的进程中企业只会更加重视对数据资产的积累和应用。从 2019 年开始对“私域流量”的热议和实践已经证明企业要求数据“为我所有，为我所用”的意识。从数字营销的角度来看，对于大数据的分析和应用本质上就是对数据的管理，对数据的管理贯穿营销传播的始终。通过对年内各类营销案例评选的优秀案例进行分析不难看出，成功的营销案例均都离不开对数据的分析和应用。只不过，在企业数字化转型的角度来看，目前生活者数据的积累已相对丰富，未来伴随着物联网的发展和数字生产的开展，将会形成产品大数据和生产大数据，三者将共同组成属于企业自身的超级数据库。企业通过对这些数据之间的打通、分析和应用，实现真正的数字化转型。

企业的数字化转型的加速，影响数字营销发展走向。新冠肺炎疫情的出现必将加速企业数字化转型的步伐也已成为经历过这场战“疫”后大家的共识。截至 2020 年 10 月，我国已累计建设 5G 基站超过 70 万个，5G 终端连接数超过 1.8 亿，已建成全球最大规模的 5G 商用网络，为数字化生产的技术应用，基础设施改造和升级奠定了基础；以阿里、腾讯、字节跳动、百度等为首的头部互联网企业，借助自身丰富的数据资源和强大的算法算力，加速为 B 端赋能并向制造业、农业、金融业等行业布局。比如，疫情期间为企业的数字化运行免费提供云资源、办公软件等等，对企业的技术赋能从营销传播延伸到组织管理、生产运营等模块。数字营销传播作为企业未来数字化运行的一部分，必将会受到这一变化的影响，因此更应未雨绸缪，密切关注企业数字化转型过程中对数字营销需求的变化。

三

2020 年，传统媒体在媒体融合的道路上进行了积极的探索和尝试，但效果和成绩平平。以电视为例，据 CTR 相关数据显示，2020 年 2 月份到 4 月份电视广告的刊例花费都出现了超 30% 的同比大幅下滑，2020 年前三季度整体广告刊例花费同比下滑 15.4%。虽然三季度后随着经济的复苏，广告花费的降幅收窄，10 月份广告刊例花费环比和同比迎来双增长[8]，但始终增长乏力。

在人们都在探讨精准、碎片、千人千面的同时，以中央人民广播电视总台为代表的传统媒体的大公共传播平台作用仍然值得肯定，新冠肺炎疫情期间，传统主流媒体的新闻报道仍是人们获取信息的重要渠道之一。根据 CTR 对疫情防控最关键时期（1 月 20 日到 2 月 20 日）8 家央媒和 38 家省级以上广电机构战“疫”报道的网络传播力监测评估，中央广播电视总台、人民日报和新华社位列央媒前三位。全国电视市场收视数据显示，2020 年 1 — 11 月人均收视时长达 253 分钟，创十年同期新高，其中，2020 年上半年央视新闻频道的收视份额提升 73%，1 月 26 日的单日份额高达 8.73%，是该频道 2003 年开播以来的单日最高值。[9] 只是，在整个社会都在加速进入数字社会的时代，传统媒体的整体式微，媒体格局的调整与变化是必须面对和承认的。

2020 年传统媒体在 5G+4K+AI 背景下加速媒体融合探索，在组织结构、内容生产等数字化经营方面进行了一定的创新。比如：中央广播电视总台在全新战略布局下内容供给侧结构性改革全面推开；湖南广电的“芒果模式”迭代为 2.0 版，从原有的“一体两翼 一体多元”升级为“一云多屏 多元一体”；SMG 重磅推出 BesTV+ 流媒体战略，将流媒体战略上升为集团整体战略[10] 等等。广泛采用数字技术、尝试直播带货进行营销传播创新。比如“央视频”在火神山、雷神山医院施工建设期间的不间断直播，迅速在微博等社会化媒体圈粉引发关注；“央视 boys”“小猪配琦”组合，试水直播带货，成绩不俗……目前在传统媒体数字化转型的尝试中，内容的创新多于机制的创新，优化式的创新并不能满足数字化转型的真正需要。2020 年 9 月，中共中央办公厅国务院办公厅印发《关于加快推进媒体深度融合发展的意见》为未来的传统媒体转型提供了政策和方向。

户外广告的数字化布局尚未完成，以分众为代表的户外广告数字化升级初见成效。2018 年阿里与分众达成战略合作、2019 百度入股新潮传媒、2020 京东启动“京屏果”……将越来越多的社区、商超、办公、出行等线下场景进行整合，实现与线上的数据匹配、营销互动。2020 年作为户外广告数字化转型代表的分众传媒，加速用技术对户外广告作业流程的改造，在疫情期间对广告投放系统进行升级，在程序化投放、投放数据与消费数据的回流匹配，线上线下的营销闭环等多方面进行尝试和突破，未来这也是分众新一轮增长周期的重要动力。12 月，分众传媒发布 2020 年度业绩报告，预计实现净利润 38.6 亿 ~42.6 亿元，同比增长 105.84%~127.12%。[11] 作为户外广告融入数字生态的先行者，分众的尝试只是户外广告数字化升级迈出的第一步，户外广告的数字化发展和竞争才刚刚开始。

四

2020 年，对于广告代理公司来讲是一个加速优胜劣汰的过程。受新冠肺炎疫情的影响，线下营销活动大规模取消，在疫情防控常态化背景下，广告主更加重视和依赖数字营销，更加在意品效协同，希望每一次投入都可带来品牌和销售的双丰收。因此对于广告公司所提供的数字营销服务也提出了更多和更高的要求。

根据笔者的观察和判断，“综合类服务代理公司”“技术优化服务公司”“创意内容生产服务公司”依然是广告公司的三个发展方向。只是无论服务类型、无论规模大小，2020 年，广告公司为广告主提供精细化服务的趋势明显。许多广告公司在服务客户的过程中注意对营销方法、营销模型的归纳和总结；积极开发自有技术，通过技术去更好的洞察和挖掘数据的价值，为客户服务提供更加真实可靠的策略支持；帮助客户沉淀搭建自有数据库，与广告主一起开发和尝试营销新技术、新玩法，与客户共同成长，协同共创。其次，数字时代的广告公司也需要进行基于大数据的传播管理，借助数字技术赋能的服务去更好的体现专业价值。广告公司已越来越重视数据在营销中的价值作用，形成从投放到转化的全链路数据监测，基于数据对营销传播进行优化，提高转化。但是从未来发展来看，每次营销活动引流和沉淀的数据最终都会成为企业自有的核心资产，因此长远来看，究竟什么是广告公司的核心价值？如何形成广告公司的核心价值？这是广告从业人士应该首要关注和思考的问题。

另外，伴随广告行业数字化、智能化程度的加深，广告公司服务模式、经营模式的变化一直都没有停止，以 4A 为代表的传统巨无霸广告集团的竞争优势已不复存在，且在转型道路上始终没有找到突破口。2020 年 6 月奥美宣布 Andy Main 接任首席执行官。值得关注的是，Andy Main 曾担任德勤全球数字业务负责人和德勤咨询掌托人，在他任职期间成功帮助德勤进行业务转型，推动德勤数字为全球许多客户提供创意、技术和咨询服务。因此他的加入某种程度上释放出了一种信号，即除了数字化的重点不变以外，咨询业务很有可能成为传统广告公司转型的突破口。

五

积极探索数字化教学模式。今年因为新冠肺炎疫情的原因，全国高校在上半年均采用了线上教学模式，无形中带动了线上教育的发展。虽略显被动但也在一定程度上推动了有关数字化教学模式的思考和讨论。可以肯定的是数字化教学不等同于简单的线上教学，需要从教学理念、教学设计、教学内容、教学形式、教学效果等各方面进行转变和实践。以北大数字营销实战教学模式为例，2020 年春季学期，北京大学新闻与传播学院实施多年的数字营销实战教学在今年这一特殊时期实现了“线上授课 + 线上实战”的全数字教学模式。100 名北大学生，在巨量引擎、京东黑珑监测、筷子科技、快决策等技术工具的支持下，围绕荣耀 30 手机进行了为期 38 天的营销实战。 分布在世界各地的学生数字技术的支持下以小组为单位进行团队作业，实现了理论学习、策略制定、内容生产、广告投放、优化提升的线上作业流程。整个教学过程的执行，并未因为学生分散在家而受到影响，是对该模式顺应数字化需求的最好的证明。营销实战，模式，再次证明，是适应数字时代要求的教学模式。

产学研合作，多途径推动数字人才培养。实战教学、产学合作是这几年广告教育进行教学升级的主要方式之一，2020 年，高校持续探索符合数字时代人才需求的培养模式，比如北京大学的数字营销实战教学、暨南大学实行的数字化、实训化、国际化（简称三化）广告人才培养模式、中国传媒大学与虎啸数字商学院合作的营销实战系列课程等，虽然路径各具特色，但数字人才的培养需要加强产学合作是高校和行业的共识。除此之外，互联网平台也在借助自身的技术优势，为高校学生、代理公司、专业机构进行人才赋能。比如巨量大学、百度认证、京东营销 360、阿里妈妈等均通过网上课程，拓展渠道合作等方式进行人才储备。2020 年，中国广告协会、阿里、字节跳动、京东、百度等经教育部批准获得“1+X”职业技能证书评价组织，在职业技能培训和产教融合方面进行探索。

智能化研究成为广告学术研究的重点和热点。2020 年，以智能营销为主题的研究成为日前学界关注的热点，无论学术期刊还是行业杂志纷纷开设相关专题对智能营销进行专题研讨。研究内容涉及中外智能广告研究的对比、各类营销技术的发展、应用研究、数字营销生态中的各类具体营销形态的研究、计算广告研究等等，与智能营销研究相关的论文发刊数量也呈现明显的上升趋势。2020 年 11 月 7 日，由第三届智能科学与广告发展国际学术研讨会在上海举办。会议以“智能技术与广告创新”为主题，旨在深入探讨人工智能对广告产业的深刻影响，积极推动人工智能和广告教育的深度融合，通过“线上 + 线下”形式，共邀请了国内国际 60 位专家学者参与。智能科学与广告发展国际学术研讨会由上海外国语大学发起，已成功举办三年，积极推动了我过相关专业领域的课题研究及行业实践。与此同时，我们也应该冷静思考和客观看待研究中存在的问题和不足。目前的研究中，缺少对现象背后的真正问题的洞察和思考。对于广告学术研究来说，需要对现象的描述和总结，更需要基于基础理论的纯学术研究；需要了解行业深入行业，更需要抽离行业，客观评价，进行提炼和总结；需要突破原有专业背景的跨学科研究，更需在融合同时的洞察力与判断力。笔者曾多次呼吁在这样一个巨变的大时代，是做学问的好时代，在快速发展的繁荣背后找到真正值得研究的真问题。因此对于广告学术研究来讲，任重而道远。为了持续推动我国广告学术研究的发展，鼓励研究创新、树立研究标准，2019 年起经过中国广告协会学术委员会的倡议，在中国广告协会的支持下，中国广告长城奖下增设了广告学术类奖项，2020 年共有《中国品牌四十年》《The Impact of AI on the Advertising Progress: The Chinese Experience》等在内的十部学术作品获奖。

2020 年 11 月 14 日，2020 全国广告学术研讨会暨中国广告教育学术年会在厦门成功举办。会议以“数字世界 全新起航”为主题，作为同期举办的第 27 届中国国际广告节的首场活动，在严格限制会议规模的前提下，仍吸引了国内营销传播领域的专业人士和高校师生 300 余人参与，体现了我国广告业专业人士对广告学术研究发展的关注与热情。会议围绕“技术与广告产业发展”“广告与文化研究”“广告教育的创新探索与实践”“广告学术前沿”“抗疫广告与品牌传播”等议题进行了深入探讨。2020 年 6 月，“整合营销传播之父”美国西北大学唐 E·舒尔茨教授因病去世，本次会议还特别设置了“唐 E·舒尔茨与中国广告业发展”的特别环节，用以纪念这位始终热爱中国、关心中国广告业发展、推动中美广告学术研究交流与合作的中国广告业的老朋友。舒尔茨教授的夫人 Heidi 女士、美国西北大学教授爱德华·马特豪斯教授应邀参与，北京大学陈刚教授、中央民族大学沈虹老师、中国传媒大学初广志教授、平成广告董事长吴晓波等作为代表在本环节发言致意。

2020 年是极不平凡的一年。对中国的广告业而言，是转折与重生之年，是承上而启下之年。中国的广告业成功地经受了一次惊心动魄的历史洗礼，交出了一份出色的答卷。经过这次洗礼，中国的广告业将以全新的面貌，高歌猛进，迎接新发展阶段的新机遇与新挑战。

（陈刚，北京大学新闻与传播学院院长、教授，中广协学术委员会主任；董婧，北京大学新媒体营销传播研究中心副主任，中广协学术委员会委员）

【参考文献】

[1] 中华人民共和国中央人民政府，《世界银行 < 全球经济展望 > 报告：中国经济复苏将更加强劲》，http://www.gov.cn/xinwen/2021-01/07/content_5577578.htm，2021 年 1 月 7 日 .

[2] CNNIC，《中国互联网络发展状况统计报告》http://www.cnnic.net.cn/hlwfzyj/hlwxzbg/hlwtjbg/202009/t20200929_71257.htm，2020 年 9 月 29 日 .

[3] 阿里研究院，《< 迈向万亿市场的直播电商 > 报告 : 价值驱动，迈进“万亿时代”》https://mp.weixin.qq.com/s/lYfMf9NGgVU87bTSYdtM1g ,2020 年 10 月 12 日 .

[4] CNNIC，《中国互联网络发展状况统计报告》http://www.cnnic.net.cn/hlwfzyj/hlwxzbg/hlwtjbg/202009/t20200929_71257.htm，2020 年 9 月 29 日 .

[5] 快手大数据研究院，《快手电商 GMV：2 年增长 1000 倍》，https://mp.weixin.qq.com/s/Mv3Y_RqnoETGSdnooRqUPQ，2020 年 11 月 10 日 .

[6] CTR 洞察，《广告市场活力正在回归》，https://mp.weixin.qq.com/s/bJX3BpDHaBFS7sAtsOwbVg，2020 年 11 月 19 日 .

[7] 阿里妈妈数字营销，《天猫新年小目标：打造 1 万款“千万级”新品 2020 年新品首发已超 2 亿款！》，https://mp.weixin.qq.com/s/p1MdrTmA-cmJsF7FNwh53A，2020 年 1 月 8 日 .

[8] CTR，《CTR 年终特稿：疫情重压下奋力撑起的中国主流媒体》，https://mp.weixin.qq.com/s/q3jb5U2n2eSAjccSfYu4gw，2020 年 12 月 31 日 .

[9] CTR，《CTR 年终特稿：疫情重压下奋力撑起的中国主流媒体》，https://mp.weixin.qq.com/s/q3jb5U2n2eSAjccSfYu4gw，2020 年 12 月 31 日 .

[10] CTR，《CTR 年终特稿：疫情重压下奋力撑起的中国主流媒体》，https://mp.weixin.qq.com/s/q3jb5U2n2eSAjccSfYu4gw，2020 年 12 月 31 日 .

[11] 分众传媒，《分众传媒第四季度广告量价齐涨，全年业绩预告净利同比增长》，https://mp.weixin.qq.com/s/riD0M2YEL8XV8leSWtjalw，2021 年 1 月 4 日 .

中国广告年鉴 2022
CHINA ADVERTISING YEARBOOK

广告刊户名录

List of Advertisers

广告刊户名录

凤凰网

北京百孚思广告有限公司

北京沃姆互动行销策划有限公司

中国飞鹤

北京首都机场广告有限公司

腾讯广告

阿里巴巴（中国）有限公司

中国广告协会